《万章》上下两篇的内容，似乎说理的，而且许多都是前几篇曾经说过的，颇有重复之嫌，但其立意精神，则有其不同之处。同时这里也存在一个很大的问题，为什么在《万章》篇中，再三提出有关尧舜的历史故事？而且，自孟子以后，直到现在，后世所知道有关尧舜的历史故事，大多是从《孟子·万章》上下篇中来的，在《孟子》以前的史料中，很少见到。所以《孟子》中所述有关尧舜的资料是否确实，是一个非常严重的问题。

其次，假如《孟子》中有关尧舜的史料是正确的，为什么他们师生之间，对这些史料再三辩论？其中心的思想，又在什么地方？

《万章》上下两篇，主要在阐述君道、臣道、师道、友道的关系。中国几千年来，帝王政治制度的建立，与孟子的君道思想，有密切的关系。但是，我们要特别注意，孟子所谓的帝王政治精神，与战国以后，秦汉以来的帝王政治精神，是否有很大的差别？这又是一个大问题了。

同时也可以看出来，几千年以来，儒家所标榜的君臣之道，人伦、社会之间的中国文化，是否与孔孟思想有所出入？这些都是我们身为后代的人，应该注意的地方。

南怀瑾

孟子与万章

人民东方出版传媒
東方出版社

图书在版编目(CIP)数据

孟子与万章/南怀瑾讲述.—北京:东方出版社,2014.4

ISBN 978-7-5060-7435-3

Ⅰ.①孟… Ⅱ.①南… Ⅲ.①儒家②《孟子》-研究 Ⅳ.①B222.55

中国版本图书馆 CIP 数据核字(2014)第 079166 号

孟子与万章

南怀瑾 讲述

责任编辑: 冯文丹
出　　版: 东方出版社
发　　行: 人民东方出版传媒有限公司
地　　址: 北京市东城区朝阳门内大街 166 号
邮　　编: 100706
印　　刷: 环球印刷(北京)有限公司
版　　次: 2014 年 10 月第 1 版
印　　次: 2014 年 12 月第 2 次印刷
开　　本: 640 毫米×960 毫米　1/16
印　　张: 8.75
字　　数: 94 千字
书　　号: ISBN 978-7-5060-7435-3
定　　价: 36.00 元
发行电话: (010)64258117　64258115　64258112

编者的话

南怀瑾先生是近年来享誉国内外，特别是华人读者中的文化大师、国学大家。先生出身于世代书香门第，自幼饱读诗书，遍览经史子集，为其终身学业打下了扎实的基础；而其一生从军、执教、经商、游历、考察、讲学的人生经历又是不可复制的特殊经验，使得先生对国学钻研精深，体认深刻，于中华传统文化之儒、道、佛皆有造诣，更兼通诸子百家、诗词曲赋、天文历法、医学养生等等，对西方文化亦有深刻体认，在中西文化界均为人敬重，堪称“一代宗师”。书剑飘零大半生后，先生终于寻根问源回到故土，建立学堂，亲自讲解传授，为弘扬、传承和复兴民族文化精华和人文精神不遗余力，其情可感，其心可佩。

南怀瑾先生曾于1976年应台湾《青年战士报》之邀公开讲解《孟子》，其中关于《梁惠王》的讲授整理成《孟子旁通》（一）于1984年出版。因缘境遇波折，三十多年后的今天，南先生关于《孟子》的其余讲授在整理后将陆续与读者见面。鉴于他对其中各篇的讲授皆可单独成书，整理《梁惠王》以外篇章的讲授时不再沿用《孟子旁通》之名，而是各篇自成一书、各书重定名目。本书是南先生讲授《孟子》

的《万章》篇的整理，南先生将之定名为《孟子与万章》。经南先生授权，由我社首次出版横排简体字本，献给广大热爱中国传统文化的读者。

受传统文化浸润而兼晓西学的南先生，对《孟子》的解读既充满了对古人深切的理解，又能持论客观，融入现代精神。孟子在《万章》篇提出了许多重要的概念，如知人论世、以意逆世等，涉及为人处世的诸多原则。南先生在讲授时采用一贯的"经史合参"、融会百家的方式，旁征博引、贯穿古今中外地对这些概念和原则给予了精辟的阐释。如《万章》篇阐释伦理之道，切入点即是弟子万章向老师孟子发难，请教有关古圣往哲的历史传说中存在的诸多疑点。南先生以浅近的白话对文本逐段加以解释，探讨师生对话发生的背景和双方的心理，成一家之言，令众多疑难豁然而解。南先生指出，后人对儒家立德、立功、立言的典范——尧舜文武等圣贤的怀疑其实早已存在，孟子为他们所作的辩护十分精彩，如舜如何处理与父母兄弟的恶劣关系，可惜现今已找不到史料依据。

在讲解的同时，南先生以具体的实例，教人当读书、读活书、避免读书而愈懵懂。他更表达了自己对于人生诸多问题的独特看法，传授持身立世之道，间或以佛教的故事、道理相譬喻，润物无声，化人无形。

我社与南怀瑾先生结缘于太湖之滨。出于对中华优秀传统文化的共同认识和传扬中华文明的强烈社会责任感、紧迫感，承蒙南怀瑾先生的信任和厚爱，独家授权，我社陆续推出南怀瑾先生作品的简体字版，其中既包括世有公论的著述，更有令人期待的新说。作为一代国学宗师，南怀瑾先生“通古今之变，成一家之言”，毕生致力于民族振兴和改善社会人心。我社深感于南先生的大爱之心，谨遵学术文化“百花齐放，百家争鸣”之原则，牢记出版人的立场和使命，尽力将大师思想和著述如实呈现读者。其妙法得失，还望读者自己领会。

需要特别说明的是，本书是南师仙逝前夕最后亲自定下的由我社出版大陆简体字版的几本著作之一。我们在最初的悲痛和忙乱过后，更明白自己应该做的事——逝者长已矣，生者如斯夫。南先生一生从发愿到功德圆满于壬辰年中秋，殚精竭虑，矢志不移，辛苦操劳，无怨无悔，诚如他的秘书马先生所说，南师是一个点灯的人，他来这个世上，是希望点亮越来越多人的心灯。而我们要做的就是点亮自己这盏灯，自然会照亮周围。这才是对他最好的怀念和祭奠！

太湖茫茫，雁荡苍苍，大师云逝，百代留芳。书剑飘零，道德文章，惠泽后世，桃李芬芳。

谨以此作为对大师的致敬！

东方出版社

二〇一三年四月

目　录

出版说明

在《孟子》一书的七篇中，《万章》这一篇最短，但却最引人入胜；原因是孟子与万章师生二人，问答犀利，又充满禅机，内容所涉及的，有些更是数千年来炎黄子孙心中的疑问。

譬如说，尧舜真像历史记载的那么伟大吗？而且，舜的家庭父子之间，是不是真的那样不近人情呢？……

再说秦穆公赠食子思一事，这位《中庸》的作者，孔子的孙子，为什么认为君主是以犬马相待呢？

《万章》下篇中，更有一个铁证，说明宋儒对“不孝有三”的解释是错误的。这个影响我们千多年的谬解，在《离娄》篇已有说明，在本篇下章，孟子说“仕非为贫也”这句话，彻底粉碎了朱熹所谓“家贫不仕”为不孝的说法。

对《孟子》一书，后人注释多，误解更多，几千年来的各种不求甚解的说法，对我们先圣先贤造成的误解，太多太多了。

南师怀瑾先生，再次带领大家深入研读并解析孔孟思想的原义，令人豁然于胸；再加孟子和万章师生针锋相对的妙问妙答，故而说引人入胜。

刘雨虹　记

二〇一二年八月于庙港

万章章句上

上天创立了公天下

人神合一

得民心则得天下

夏禹为何不禅让

继承家业的一代

臣道的标准人物

伊尹是个厨师吗

孔子的进退行止

百里奚助秦的多种说法

《万章》上下两篇的内容，似乎说理的多，而且许多都是前几篇曾经说过的，颇有重复之嫌；但其立意精神，则有其不同之处。

同时这里也存在一个很大的问题，为什么在《万章》篇中，再三提出有关尧舜的历史故事？而且，自孟子以后，直到现在，后世所知道有关尧舜的历史故事，大多是从《孟子·万章》上下篇中来的，在《孟子》以前的史料中，很少见到。所以《孟子》中所述有关尧舜的资料是否确实，是一个非常严重的问题。

其次，假如《孟子》中有关尧舜的史料是正确的，为什么他们师生之间，对这些史料再三辩论？其中心的思想，又在什么地方？

《万章》上下两篇，主要在阐述君道、臣道、师道、友道的关系。中国几千年来，帝王政治制度的建立，与孟子的君道思想，有密切的关系。但是，我们要特别注意，孟子所谓的帝王政治精神，与战国以后，秦汉以来的帝王政治精神，是否有很大的差别？这又是一个大问题了。

同时也可以看出来，几千年以来，儒家所标榜的君臣之道，人伦、社会之间的中国文化，是否与孔孟思想有所出入？这些都是我们身为后代的人，应该注意的地方。

万章、公孙丑，都是孟子的学生，《万章》这一篇，等于我们现代文章的题目——“与万章同学对话录”一样。在这一篇中，大部分是答复万章问题的记录，所以题为《万章》。本章也分作上下两篇，其内容、立意，与《离娄》章大致相同。但是可以发现，对于孟子的话，弟子们各自的记录都不同；也许对于某一个问题，如果再多问一次，了解的就可能更深入一点。孟子所说的话，也许每人对于重点的掌握不同，因此记录就不同。所以《万章》与《离娄》两篇内容，大原则上可见重复之处，但又并非完全相同；其中重点、讨论目标、意义上又有所不同。而大体上说来不外乎阐释君道、臣道、师道、友道，以及士大夫、知识分子立身处世，做人做事的大原则；也就是所谓伦理之道，人伦之道。

《万章》一开始，就讨论尧舜的问题。看《孟子》全书，几乎每一章都提到尧舜，为什么孟子一再谈尧舜？孔子也谈尧舜，但远不及孟子谈得那么多。《万章》这一章，一开始又谈尧舜的问题，因为这是一个历史问题，所以读《孟子》也是应该特别注意的。

这是古人对上古史的疑案，事实上，对前代的历史，后代都会有存疑的地方。一部“二十五史”，每一人，每一事，几乎资料都不翔实，有很多很多问题。尤其中国儒家，讲到君道与臣道的标准，每以尧舜为标榜，所以尧舜也就成了后世讨论的大话头。宋朝以后，尤其在明朝，对于远古时代的尧舜，怀疑更甚。老实说，在民国初年五四时代，“打倒孔家店”的种子，在几百年前就已经种下了。只不过那是专制时代，考试制度是以孔孟思想为依归的，所以许多人不敢明目张胆地讲出来。否则的话，一个读书人，如果提到这类意见，一生的前途就完了，至少会被踢出“读书人”的圈子，后果就有如此之严重。所以从前有关这类疑古的著作并不多，现代则已经慢慢可以看到了。

现在先看原文的故事，再作讨论。

舜是孝子吗

万章问曰：“舜往于田，号泣于旻天。何为其号泣也？”

孟子曰：“怨慕也。”

万章曰：“父母爱之，喜而不忘；父母恶之，劳而不怨。然则舜怨乎？”

曰：“长息问于公明高曰：‘舜往于田，则吾既得闻命矣；号泣于旻天、于父母，则吾不知也。’公明高曰：‘是非尔所知也。’夫公明高以孝子之心，为不若是恝。我竭力耕田，共为子职而已矣，父母之不我爱，于我何哉？

万章问孟子：老师你说舜是大孝子，舜的父亲、母亲、弟弟都对他不好，逼他到偏僻荒野的地方去开垦。他当然很痛苦，在那里“号泣于旻天”，一边流着眼泪，一边悲痛地喊：我的天呀！一个人哭有三种状况，有声无泪为“号”，有泪无声为“泣”，有声有泪为“哭”。那么你说他大孝，奉父母之命去开垦，“何为其号泣也”，为什么他又要流泪大叫呢？孟子说：“怨慕也。”这是他的一种怨慕。当然有怨，他因离开兄弟父母而痛苦，所以怨慕。

这种怨慕的哭，等于从前的新娘子出嫁，本来是喜事，不该哭的，临到上花轿却哭了。因为顿然离开父母和生活了十多二十年的温暖家庭，嫁到别人家去，生活习惯都陌生，因此哭了。舜的怨慕与这个情形相似。

万章又问了：一个真的孝子，如果父母喜欢自己，就高兴，父母对自己的慈爱，是永远忘不了的；假如父母讨厌自己，要你去劳苦，也不应该有怨恨的心理。老天既然安排他们是自己的父母，就没有什么话说，只有顺着父母的心意去做，才是做子女应有的立场和态度。现在舜被赶出门来去垦荒，他却在那里流泪喊天，他是在埋怨。老师曾说他是那么好的圣人，他这样埋怨，总不应该吧！

孟子于是就提出曾子的弟子公明高，和他的弟子长息之间的一件事，作为对万章的答复。

孟子说：以前长息对老师公明高，和你万章现在一样，提过这个问题。那时长息向公明高说：舜被父母赶出去垦田，这件事历史相传都是如此。可是舜垦田的时候，在那里怨天尤人，埋怨父母，而大家又说他是孝子，我就不懂这是什么道理了。当时公明高告诉长息说，你还年轻，对于这种道理，不是你可了解的。

孟子说了这段话，继续解说：一个真正的孝子，在心理上，只有接受、听命。父子之间，没有什么道理可以讨论的，因为讨论起道理来，那就很麻烦了。所以公明高只能说到这里为止。实际上，舜当时的心情是想父母命他去开垦种田，他就尽力去开垦种田；身体是父母生的，生命是由父母那里来的，父母即使要将自己的生命拿去，也只有顺他们的心意做，这是没有办法的。至于父母爱不爱我，对我这个孩子所要求的是对或错，这是父母的事情，和我这个为人子女的毫不相干。做儿女的，只有尽对父母的责任，守儿女的本分而已。

孟子口中的舜

“帝使其子九男二女，百官牛羊仓廪备，以事舜于畎亩之中。天下之士多就之者，帝将胥天下而迁之焉。为不顺于父母，如穷人无所归。

“天下之士悦之，人之所欲也，而不足以解忧。好色，人之所欲；妻帝之二女，而不足以解忧。富，人之所欲；富有天下，而不足以解忧。贵，人之所欲；贵为天子，而不足以解忧。人悦之、好色、富贵，无足以解忧者，惟顺于父母，可以解忧。

“人少则慕父母，知好色则慕少艾，有妻子则慕妻子，仕则慕君，不得于君则热中。大孝终身慕父母，五十而慕者，予于大舜见之矣。”

孟子又说：尧年纪大了，向各地诸侯征求意见，要选一个年纪比他轻，能够继承帝位的国家元首人才，问谁最适合。大家都推荐舜。这是古代的选举，认为他孝道第一，因此尧就要他来，然后将两个女儿，历史上著名的娥皇、女英两姊妹嫁给他。尧还有九个儿子，也都交给舜，听舜的指挥，做他的部下。并且又教舜去管理各种事务，全力培养他，练习到能做皇帝。

尧并把国家的财富、牛羊、稻麦仓储、官吏，都给舜备好，给他指挥或使用。

皇帝这一名词，我在之前讨论《论语》及前面讨论《孟子》时，常常提到，大部分都是为解说方便而借用的；真正的含义，是指国家的元首，一国的领袖。春秋战国时，各国的诸侯，如梁惠王、齐宣王等，我每每称之为“皇帝”，这都是借用了这个名词，与后世秦汉以下的政治制度上的皇帝，在含义上是不尽相同的。为免观念混淆，特别在这里作一个说明。

当舜被父母赶出来，到远处去垦田的时候，“天下之士多就之者”，许多知识青年，都因仰慕他而跟他走，到他所在的地方开垦，所以荒地很快就被他们建设起来。因此帝尧准备把首都迁到舜新开垦的地方去。

虽然舜有这样的威风，可是他心里还是很难过。因为功名富贵、地位声望，样样都有，但是和父母相处不顺，似乎自己的孝道还没有做好。“惟顺于父母，可以解忧”，一个人漂泊在外，不能与父母相处，所以对自己不满意。

孟子又说：各处的知识分子、青年人都信服于舜。这种情况，谁都希望做到，舜做到了，却觉得并没有多大意思，心里还是有忧。他有两个漂亮的好太太，而且是帝尧的女儿，这也是谁都会高兴的事情；钱，也是人人希望有的，而舜富有天下，天下的财富都由他管理，等于是他的；讲到地位，舜贵为天子，天下第一人。总而言之，一切凡人所希望而得不到的，他都得到了，富贵功名、妻室儿女，样样俱足，但他仍然心忧，因为父母不喜欢他，总认为他不对，所以他始终在烦恼中。

这是孟子对学生讲话，描写舜的大孝到如此的程度，说得很清楚，好像他在旁边看见似的。实际上他和舜相距的时代，至少有一千多年。

孟子又说："人少则慕父母"，一个人在孩童的时代，唯一爱的，只有父母；长大以后，就爱异性朋友，如果和爱人约会，被父母阻止，心里就会非常反感，因为这时是爱情第一了。等到结婚以后，老婆第一，父母在其次，朋友也在其次。到了做官之时，当然对于长官最为推崇、服从、爱护。假使长官，乃至国家元首对他不满，那他就"热中"了，吹牛、拍马、钻营，各种手段、花样都搬出来了。过去说"热中功名"，我说热中就是"发炎"，发高烧了，烧得晕头转向，饭也吃不下，觉也睡不着。

孟子说，一个真正的大孝子，从年轻时孝顺父母，到老都不会变；乃至于自己都有了子孙时，想到父母，仍像幼年的心情一样。这在现代来说，是唯情主义，是一种至性至真的感情。孝顺也就是人性感情至性的流露，如果连父母都不爱慕，这个人的问题可就大了。但当一个人过了五十岁，而爱慕父母之情，还像小孩子一样，在历史上，只看到大舜如此。

关于舜的孝道，在孟子以前的历史上，有过记载；至于将舜的孝说得如此完整无缺，如此之好，则是孟子。

有些年轻人读到这一段，会觉得很烦，实际上，把这些当做经书，当做小说，或当做历史、人生问题来研究，也是可以的。

未得父母同意而结婚

万章问曰："《诗》云：'娶妻如之何？必告父母。'信斯言也，宜莫如舜。舜之不告而娶，何也？"

孟子曰："告则不得娶。男女居室，人之大伦也。如告则废人之大伦，以怼父母，是以不告也。"

万章曰："舜之不告而娶，则吾既得闻命矣。帝之妻舜而不告，何也？"

曰："帝亦知告焉则不得妻也。"

万章有一天问孟子：古诗上说的："娶妻如之何？必告父母。"娶妻子，无论如何，事先一定要禀告父母，得到父母的同意才可以。对于这句话，舜既是一个大圣人，他应该知道，并且是相信而遵守的。在我国的古代文化习俗上，如果不先禀告父母而结婚，在道德上是一个很严重的问题。即使在现代，除了城市绝大多数家长较开明以外，在其他县市，尤其是乡间，男女相爱，如果不征得父母的同意，仍然不能结婚。即使真的爱得"死"掉了，也是毫无用处，这是几千年来的传统。所以万章认为，舜虽然是奉帝尧的命而结婚，但还是没有得到父母的同意，这也不对。

可见万章这个人，也是喜欢鸡蛋里挑骨头的。不过这个鸡蛋里，好像真的有点骨头似的，被他挑到了；而孟子则非把骨头磨成粉不可。孟子说：假如舜禀告了父母，哪里会获得同意啊！一定就娶不成了。可是"男女居室，人之大伦也”，现代青年男女谈恋爱，似乎可以引用孟子这句话为借口了。男女结婚，是人伦的大道，舜如果告诉了父母，父母一定不答应，如果结不成婚的话，就是废掉了人伦的大礼法。

现代也有人这样做。曾有一对青年，大学毕业，禀告双方父母，要求允许他们结婚。女方的家长硬是不同意，这对青年无可奈何，请求老师说服女方家长来撮合。这位女方家长说，将来的女婿，需要有三才——人才、钱财、文才。对于这种“三才的人生哲学”，这位老师也难以置辞，只有像孟子这里所说的理由，告诉学生，拿了身份证，去结婚生子以后，自然就好了。后来的发展，果真如此，这就是孟子这里所说的，为了真正安慰父母，所以不告而娶。

这是孟子替舜所作的辩护。至于孟子所说的理由，是不是正确，姑且不作评论，大家自己去研究吧。

但是，舜等于被告，万章像是原告，现在，孟子是大舜的律师，替舜作了一番辩论。原告万章再提出理由来说：你说大舜是为了真正安慰父母，才不告而娶，“得闻命矣”，我姑且听你的了。这“得闻命矣”四个字，用得很巧妙，等于说，不管你说得对或不对，都听你的吧，但并不见得就心服。可奇怪的是，帝尧当时是一国的元首，瞽瞍尽管对舜不好，到底是舜的父亲，帝尧为什么不下一道命令给瞽瞍夫妇，说要将两个女儿下嫁给舜呢？

万章的疑惑，的确有道理。讲礼讲法、讲道德、讲风俗，帝尧都不该这样做的。但孟子说：“帝亦知告焉则不得妻也”，帝尧也知道，舜的父母是很难缠的人，即使他下命令告诉他们，说要将两个女儿嫁给舜，万一舜的父母不同意，作为天子，又要怎么处置才更妥当呢？

试想想看，孟子这一辩护是不是有理？如果孟子所说的这种假设是对的，那么尧也只能两害相衡取其轻了。《孟子》一书，从这里一路下来，都是历史上招致争辩的大问题。我们想想看，孟子答复到这里，他的学生万章，心中信服不信服呢？文字上没有记载，但也会像我们现在一样，心想：孟老夫子呀！你的话讲得真有点不通。所以万章继续问下去：

> “父母使舜完廪，捐阶，瞽瞍焚廪。使浚井，出，从而揜之。象曰：‘谟盖都君咸我绩。牛羊父母，仓廪父母，干戈朕，琴朕，弤朕，二嫂使治朕棲。’象往入舜宫，舜在床琴。象曰：‘郁陶思君尔。’忸怩。舜曰：‘唯兹臣庶，汝其于予治。’不识舜不知象之将杀己与？”
>
> 曰：“奚而不知也？象忧亦忧，象喜亦喜。”
>
> 曰：“然则舜伪喜者与？”
>
> 曰：“否。昔者有馈生鱼于郑子产。子产使校人畜之池，校人烹之，反命曰：‘始舍之圉圉焉，少则洋洋焉，攸然而逝。’子产曰：‘得其所哉！得其所哉！’校人出，曰：‘孰谓子产智？予既烹而食之，曰：“得其所哉！得其所哉！”’故君子可欺以其方，难罔以非其道。彼以爱兄之道来，故诚信而喜之。奚伪焉！”

关于舜的弟弟象，跑到舜的家中，对舜撒谎的这一段，在《孟子》以前的上古史资料中，记载少见，只有在《孟子》以后，才有这类的详细记载。万章依据什么历史资料，提出这项问题呢？这是考据家的工作，暂且不去推敲，姑且把它当评书来听。

舜的父母和弟弟

前面已经提过，大家都知道，舜的父母是父顽、母嚚，但是要知道，这一对夫妇并不是平民，而也是一方之长。所谓唐尧、虞舜，虞也是上古的诸侯封地，瞽瞍也是虞这个封地的一方之长，也很强。以现代的国际局势来做比拟，就像以色列，虽是一个小国家，但也是一个很强的国家。所以舜也不是一个平民。至于舜的父母，为什么会对他不好呢？历史上说，他有一个弟弟，名叫象，是一个大“太保”，无所不为，性情又傲，尤其对哥哥不服，而舜的父母溺爱象。他们的母子状况，就像后世春秋五霸的霸主郑庄公的家庭状况一样。

孔子写《春秋》，《郑伯克段于鄢》，把第一个霸主郑庄公的故事放在第一篇，就是指出一个国家社会的风气败坏，是先从家庭开始的。家庭教育做不好，整个教育都坏了，所以家庭教育比学校教育更重要。而家庭教育中，最重要的是母教，孩子在幼儿的时候，母亲对孩子的影响，比父亲的影响更重要。郑庄公的母亲武姜，因为生庄公的时候难产，于是就恨庄公，而爱次子共叔段，成为一种心理变态。

舜的父母也许有同武姜一样的情绪。他们叫舜去“完廪”。什么叫完廪？在以前的农村社会中，当秋收时，将收割的稻谷晒干以后，堆在晒谷场上，以篾编竹围层层围上去，可高达七八层乃至十层，宛如一座圆形的谷塔。最后在顶上加盖一层篾蓬，以防雨水浸湿。这种古代堆积稻谷的圆形“谷塔”就叫做廪。廪是一个象形字，从这个字的结构上，就可以看出它的形状来，可惜现代已经看不到这种廪了，四五十年前我们在乡下农村社会还看得到。完廪就是去上面加盖那一层篾蓬，完成廪的最后一步工作。

瞽瞍夫妇欲杀掉舜，但到底是亲生的儿子，下不了手，于是叫他去完廪，到好几丈高的顶上盖篾蓬。当他爬到顶上以后，他们把扶梯拿掉，在下面放起火来。好在舜有两个好的参谋，就是他的两个太太，知道瞽瞍叫舜去做这件事，大有问题，于是事先为他准备了两个大斗笠，叠着戴了上去。当下面起火的时候，就用两手举起了两个大斗笠（等于现在的降落伞），从空中安全地落下来了。

一次谋害不成，第二次又叫他去挖井，大有活埋他的企图。舜的两个太太教他挖到相当深度的时候，就向横挖，先挖好另一条出路。果然，后来他继续下井去挖时，他的弟弟就把土推下去埋他，而他则从横挖的通道中逃出来了。

可是，这时他弟弟向父母说：“谟盖都君咸我绩。”，活埋了都君，都是我的功劳，“都君”就是舜，因为他被父母赶去开垦，许多人仰慕他，跟他一起去，大家共同努力下，很快地就把荒地建设起来，成了都市。而他也被大家推举为都君，等于现代的民选市长。象又说，现在哥哥所有的财产、牛羊、仓廪，都给你们两个老的；至于别的东西，干戈武器归我，他那张好琴，也归我，那把弓不错，也归我，还有两个嫂嫂，由我接收好了，也归我吧！

于是，他跑到舜的家里去，准备接收一切了。却不料进门以后，看到舜已经先回家了，坐在那里，正悠闲自在地弹琴。那一种怡然自得的样子，与平常一样，好像从来没有发生过什么危险之事似的。这时，象已经走进门，和哥哥面对面了，他可真是坏得很，对舜说：哥哥，我心里烦闷得很，因为很久没有看见你了，非常想念你。但是他的态度非常不自然，脸也红了，头也抬不起来了，以为哥哥知道了他的阴谋。反过来，也衬托出舜是如此的孝父母、爱弟弟，一点都没有怨恨的样子，对弟弟说：你想我，我也正想念你呀！你看，我这里那么多部下，那么多百姓，都需人管理，而我没有得力的帮手，连一个管总务的也不易找到，你来得正好，我把他们交给你，你来管。

圣人如何对待家人

万章这样引述了这段故事后问孟子：老师！难道舜有如此之笨，他弟弟要活埋他的事，也不知道吗？

孟子说，“奚而不知也”，哪里会不知道啊！但圣人就是圣人，不像我们一般普通人，别人骂我一句，我要回骂两句，或者打人一老拳。大仁大义的圣人，明知道这种事，可就是要孝父母、爱兄弟，心里不存芥蒂，没有埋怨，一点不高兴都没有。

这种情形，在现代也的确有。过去我在成都，曾经亲见一位出家师父，大家称他为活罗汉，有许多人皈依他为弟子。可是他的一个师弟非常坏，暗中用中药里的毒药，下在食物中将他毒死，再剥光衣服，草席一包，把他埋在成都西门外的乱葬岗。可是这位活罗汉，大概是睡了一大觉，醒来只觉得气闷，于是从泥土中爬出来，可是眼睛看不见了，就在地上爬，被一早进城卖菜的人发现。

因为这位出家师父平日每天凌晨四点钟就起来，游走全城大声念“南无阿弥陀佛”，响如洪钟，已成了成都人的定时闹钟。这一天没有听到他唱佛号，感到奇怪，好奇而性急的人，尤其是关心崇敬他的弟子们，都赶到寺中去探听，也找不到他人。后来经卖菜的救回，他的弟子们，包括有些大官，及军界的将领，知道了这回事，非常气愤，硬要把他这个师弟抓去枪毙。可是他不许可，并且斥责弟子们说，我是你们的师父，你们要听我的话，他是我的师弟，我们师兄弟之间的事，你们不必管。你们自以为官大吗？如果你们要管，我就不要你们这样的徒弟，把你们都赶出去。大家听了也没有办法，他所容忍的那还只是师兄弟而已，不像舜，是对父母兄弟的容忍。

看见这位出家师父的这件事情以后，我想到幼年读《孟子》时，读到这一段舜对弟弟的爱心，我当时也非常怀疑，不相信有这样的事情。而眼前这位活罗汉与他的师弟，并非同胞兄弟，也不是关系很密切的人；而且那个师弟也的确坏到了极点，但是这位出家师父竟然还是照样对他包容。这位出家师父的眼睛，过几天也自疗好了，由此可知，世上的确有像舜这样的人，更何况舜是对自己的胞弟，当然不会假。不过像这样的人，在人类中很难找到，但人性确有这样仁厚，这样善良的一面。

反对孟子的诗文

这段历史，后世怀疑的人很多，各种怀疑都有。如几十年前名扬一时的厚黑教主李宗吾，前面也已说过，他曾写过一篇文章，就是《我对圣人的怀疑》，论调很怪。他的名字李宗吾，是由明朝名学者李卓吾而来，而这位李卓吾，对于古人的这些问题，对历史的怀疑，早就提了很多，而且都有独到的见解。

最有趣的，是在理学家们非常重视孔孟之道的宋朝，有一位被当时理学家们所尊敬的大儒李覯，字泰伯，南城人，善辩能言，文才并茂。因为父母年纪大了，就以教学维生，并照顾父母，当时他的学生常有百人之多。那时候的读书风气，人口数字以及经济情况，与现代比起来，上百的学生，可就等于现在上千乃至更多了。在皇祐初年，范仲淹推荐他为太学助教，后又升任了太学说书。死后被学者们尊称盱江先生，学问好，修养好，并有许多著作。但是他反对两位古圣，一个是孟子，一个是佛陀。

有一次有人送了一坛好酒给李覯，另有一个好饮的读书人，为了喝这个好酒，就设法去拜访李覯，表示自己也是反对孟子与佛陀的，因此得以见面。这人并写了一首骂孟子的诗：

完廪捐阶未可知　孟轲深信亦还痴
岳翁方且为天子　女婿如何弟杀之

李覯读了大为激赏，于是拿出酒来，两人痛饮一场，将一坛酒喝了一半。这个读书人第二次又作了一首诗去骗他的酒喝：

乞丐如何有二妻　邻家焉得许多鸡
当时尚有周天子　何事纷纷说魏齐

于是两人把剩下的半坛酒也喝光了。等到这位读书人第三次再作了一首诗去骗酒喝时，李觏也知道了这个儒生的目的，不过是骗酒喝，于是对他说，你的诗我也不必看了，我的酒已经喝光了。

这两首诗中“当时尚有周天子，何事纷纷说魏齐”，这两句最为重要。他的意思是，孟子一直尊崇孔子，以直承孔子的道统自居，而孔子是主张尊王，尊重中央政府，反对诸侯称霸的。孟子的时代，仍有周天子，但孟子却一会儿见齐宣王，一会儿见梁惠王，要他们行仁政，王天下，等于劝他们造反，把周天子又放到哪里去？

他这样指责孟子，不能说不对，这也正是我们要了解《孟子》的地方，孔子推崇文王、武王，捧周朝；孟子也谈文王、武王，但少谈周朝，却力推尧、舜，其心意是主张让贤，恢复禅让，只是口中不便直接说出来罢了。所以这位书生的目的，虽然是骗酒喝的，但还是有读书人的见解。明朝有一个人写了一本书，书名《千百年眼》，就是说读历史要有千百年的眼光。这些书，对于历史所提出的问题，都很高明；我们以《千百年眼》来读《孟子》，就可以读通了。孟子这些言行，如果是在秦汉以后，是会被皇帝砍头的，只要把孟子抓来，问一句：你意欲何为？脑袋就掉下来了。

至于孟子的学说，所走文化之路，与孔子尊王的思想是少有不同的，这与时代变化和当时客观的环境，有很大的关系。

君子也会受骗

在《孟子》本文中，万章的辩论还没有完。本来，舜被设计陷害的故事，记述父母弟弟竟然坏到那种程度，原只是传说，并无史迹可考，就如那位书生诗中所说“完廪捐阶未可知”，而孟子却对此深信不疑，似乎太泥古而不化了。现在万章又说：老师！你说的象喜舜亦喜，而他明知弟弟刚下手谋害他，所以舜的喜应是假的，他是不是一个伪君子？

孟子说：不！舜不是伪君子。像以前的郑国名相子产，有人送一条活鱼给他，他吩咐下面管理池沼的官吏，放到池里去养。这个部下拿回这条活鱼，交给厨房杀来煮好吃了，然后回来报告子产说：这条鱼，我把它放到池里去的时候，它还不大习惯，在水里兜圈子；稍后它习惯了，就游走了。子产说：游走也好，到它喜欢的地方，活得更舒服一些。可是这个池沼小吏出来对人说：大家都说我们的宰相智慧第一，我只这样随便骗他，他就相信了，还欢喜地说：“得其所哉”，鱼如愿了，如愿了。

孟子说，从子产的这件事情看来，就可以知道，大有道的人，不是不懂，但以道理来欺骗他，他有时是上了道理的当，“君子可欺以其方”这句话，就是这样的意思，后来也成了中国俗语名言。这句话，大家要特别注意，读后会有很多感慨。一个人，匆匆忙忙作了几十年人，也观察了几十年世事，人生与历史，的确是“君子可欺以其方”，但可欺骗的，也不过是“君子”而已，大圣人是不可以“欺以其方”的。所以上面的领导讲道德，讲学问，下面的人可以用道德、学问去欺骗他；上头喜欢什么，下面就可以用什么去欺骗，这就发生了大问题。一个人宁可作一个被欺骗的君子，也不愿作使用欺骗手段的小人。可是，在处理国家、社会、天下的事，处理别人事的时候，是不能受人欺骗的，否则误人误己。引用佛门的俗语来说，就是“慈悲生祸害，方便出下流”。

孟子又说，对于君子，如果不以正当的道理，就骗不到他。当时象到舜的家中，是说因为想念哥哥而去的，所以舜高兴而相信他。他这种高兴，是真诚的，不是虚伪的。

孟子替舜作的这一种辩护，如果作为律师来说，已经相当高明了，但是，如果原告仍然不服，再向最高法院申辩，那么孟子的这段辩词，还是有瑕疵的，是不够圆满的。

公理和私情

万章问曰：“象日以杀舜为事，立为天子，则放之，何也？”

孟子曰：“封之也。或曰放焉。”

万章曰：“舜流共工于幽州，放驩兜于崇山，杀三苗于三危，殛鲧于羽山，四罪而天下咸服，诛不仁也。象至不仁，封之有庳。有庳之人奚罪焉？仁人固如是乎？在他人则诛之，在弟则封之。”

曰："仁人之于弟也，不藏怒焉，不宿怨焉，亲爱之而已矣。亲之，欲其贵也；爱之，欲其富也。封之有庳，富贵之也。身为天子，弟为匹夫，可谓亲爱之乎？"

"敢问'或曰放'者，何谓也？"

曰："象不得有为于其国，天子使吏治其国，而纳其贡税焉，故谓之放。岂得暴彼民哉？虽然，欲常常而见之，故源源而来。'不及贡，以政接于有庳'，此之谓也。"

万章有一天问：那个象天天以杀掉哥哥舜为他的"专职"，后来舜当了皇帝，却把象放逐了，这又是什么道理？

我们的看法也是如此。如果说因为他是自己的弟弟，这就是私情；前面孟子说了那么多公谊和私情的道理，那么，一个圣人就不应该以私情而害公谊了。万章这里发问的动机，也就是基于这个观点。

孟子说：这个情形不是纯粹的放逐，是封弟弟。只是一般人，把舜的意思弄错了，而说成了舜放逐弟弟，认为他对弟弟还有怨恨。

这个孟子的学生万章，大概是李觏一流的人物，对于历史实在怀疑，于是提出来论辩。他又提出共工、驩兜、三苗、鲧四个人来，他们都是尧、舜时期的大坏蛋，是四个团体的领袖。尧在位八十年，没有惩治他们，等到舜接位的时候，下命令说是奉尧之命，把他们充军的充军，放逐的放逐，杀的杀，处理了这四个坏人，全天下的人，没有不表示佩服的。

可是舜的弟弟象，也是一个大坏蛋，反而封给他“有庳”——在现在山东东南海边一带，把这一个地方，划为特区，让他去那里生活。难道有庳这个地方的人有什么罪吗？为什么让这样一个坏蛋去那里残害他们呢？你说舜是仁慈的人，一个仁慈的人应该这样做吗？

这就等于现代报纸上报道的新闻，议员每在会中质询政府，把犯了错误、品行不良的警察，调到乡下去，难道乡下的老百姓有错吗？为什么要让不良的警察去管理他们呢？这是同样的情形。再说，“共工”等四个坏蛋，因为是外人，舜就杀的杀，放逐的放逐；他自己的弟弟那么坏，他反而封他一块地方，这样做对吗？

孟子对于这一事实似乎先不作正面的答复，而来一套理论说：一个仁慈的人，对于自己的弟弟，是“亲爱之”，用现在的话直截了当地说，人不能绝对没有私心，且相当的保留有私心。对自己的弟弟气极了，发过一顿脾气，事后也就算了，不会永远放在心里有怨恨的。

我们这里可以看出，所谓大公无私，是有个限度的。中国文化中的杨朱，是主张个人主义，主张自私的，所谓“拔一毛而利天下，不为也”，拔我一根毫毛去贡献社会，绝对不干。但是，你的毫毛我也不会动一根。假如人人都是这种思想，各为自己的自由，各取自己的权利，也就天下太平了。相反的，墨子主张“摩顶放踵而利天下”，从头发到脚底，只要对天下、国家、社会、他人有利益的，都全部贡献出去。如果人人都能做到这样，也就天下太平了。

这两种是绝对不同的思想，杨朱等于小乘罗汉，墨子等于大乘菩萨，孔孟的儒家思想，处在大乘与小乘之间，可大亦可小。儒家始终认为，杨、墨两方面都走不通的，因为没有绝对的大公或大私。例如现在我们这大楼讲堂，天气热开放冷气，大家都舒服；可是楼梯口的人，就享受不到了，于是就把堂门打开，让他们也分享。可是隔壁的人也热啊，就把这个圈圈放大，即便放大到太空，还有外太空，也做不到绝对大公。

反过来再说自私，私也是有限度的，杨朱说，拔一毛而利天下，不为也，可是假如医生说，如果你这只手不锯掉，就会死亡，那么你还是会赶快让医生把这只手锯掉的；可见另外还有一个我，比身体还更重要。假如医生对一个人说，你的思想需要立刻停止，不停止要死掉，那么这人一定会自己想办法，停止思想，因为怕死。不过死了以后还有一个问题，因为现在我们人活着没有死，怎么晓得死后还有没有我？那一个真正的我，仍然没有找到。

因此，儒家的思想是，人要保持适当程度的自私，然后实行大公，绝对无私是做不到的。

孟子这里对万章所说的话，虽然不是明白说出来，他的含义是，圣人尽管是圣人，难道圣人连点亲情都没有吗？没有亲情的人，也就不能叫做圣人了。他说，舜自己作了皇帝，而让亲弟弟在那里当一个普通老百姓，甚至吃饭都成问题，这就不叫作亲情吧！人总难免会带一点亲情啰。

孟子这番话，也是合情理的，万章听听，也马马虎虎放过去了。倘使孟子是学生，万章是老师的话，他一定会在孟子这份卷子上批“差强人意”四个字，给他六十二分吧！

可是万章又问："'或曰放'者，何谓也"，有的记载说，舜是放逐了他的弟弟象，这又是怎么一个说法呢？古代对于这个"放"字，是很严重看待的。

孟子的解释，只能说是孟子的解释，因为除此之外，在别处尚未见到过这样的记载。孟子说：所以会有"放"字的记载，是因为知道他这位弟弟，不够资格作一个小国的领袖，不能作为地方首长，所以另外派了一个人，等于现代的副市长，或秘书长之类的人，去掌握实权，推行地方行政，管理财政税收。所以历史上记载了这个"放"字，因为舜是圣人，虽然是维护弟弟，可也是教育弟弟，绝不能糊弄老百姓。他爱弟弟，也爱老百姓，所以把弟弟放得不太远，便于亲近，要他弟弟每个月亲送贡税来，使兄弟常见面。

《万章》这一篇，一开头就讨论尧舜的许多问题，一直到此为止，处处对上古圣贤怀疑，对孟子所推倡的尧舜之道，提出问题，对尧舜本身的问题，也有所怀疑，非常有趣，但还没有结论。

礼节的问题

咸丘蒙问曰："语云：'盛德之士，君不得而臣，父不得而子。'舜南面而立，尧帅诸侯北面而朝之，瞽瞍亦北面而朝之。舜见瞽瞍，其容有蹙。孔子曰：'于斯时也，天下殆哉，岌岌乎！'不识此语诚然乎哉？"

孟子曰："否，此非君子之言，齐东野人之语也。尧老而舜摄也，《尧典》曰：'二十有八载，放勋乃徂落，百姓如丧考妣。三年，四海遏密八音。'孔子曰：

‘天无二日，民无二王。’舜既为天子矣，又帅天下诸侯以为尧三年丧，是二天子矣。”

这里另提了一段。咸丘蒙也是孟子的学生，他提出来另一个问题，也是关于尧舜的。他说：一般人说，一个真正有学问道德修养的人，连皇帝也无法叫他来做臣子，父母亲也对他客气三分，不把他当一个普通子女看待。

这是中国文化，自上古以来，一直保留着的隐士思想，为其他国家所没有的独特精神。实行下来，到了后世，如佛道的出家人，从三国开始，经过南北朝直到隋唐，四百年间，对于“不臣”的规矩，争论得很厉害。就是说，一个人出家以后，要不要仍遵守世俗的政治礼制？见到皇帝要不要跪拜？后来，根据印度的制度，一个人出家以后，就是隐士，就“君不得而臣”，佛教的戒律也是如此。当释迦牟尼出家以后，他父亲净饭王去看他，释迦牟尼只行宗教的礼节，当然父亲也不必拜他。这就和中国文化中的“君不得而臣”的隐士精神一样，只以友道相处。中国在隋唐以前，已确定了对出家人以隐士待之的态度，见帝王以友道相处，不跪拜，这成为约定俗成的体制和礼数。除此之外，上自宰相下至老百姓，任何人见到帝王，都是非跪拜不可。

可是，宋太祖赵匡胤，当了皇帝以后，到某寺庙中看到佛像时，该不该跪拜，很觉为难；如果是在山东曲阜的孔庙，从唐明皇以后，历代的皇帝都跪拜，尤其到满清入关以后，做得更恭敬，礼见孔子像，一定跪拜。赵匡胤在佛殿中，手上拈着香，觉得拜也不好，不拜也不好，问旁边一个禅师，该如何行礼。这位禅师答得好：现在佛不拜过去佛！赵匡胤微微一笑，行个礼走了。这位禅师也算是卖足了宋太祖的面子，像这些也都是中国礼仪上的问题。

在《佛祖历代通载》上，关于我国政治制度与宗教制度的关系，都有记载，历代都有专司宗教事务的行政机构。将来如果政府机构中，恢复宗教司的设立，对于这类事都应了解。现代的青年，应该注意去研究，像《孟子》这里的“君不得而臣，父不得而子”，就牵涉到了这些礼节。

这里还有一个中国传统文化哲学的问题。咸丘蒙说舜登基作皇帝“南面而立”，历代以来，皇帝的座位，一定是坐北向南，皇宫的建筑也一定是坐北向南。在满清被推翻以前，全国的官府衙门都是坐北向南，但是老百姓的房屋，没有坐正北或朝正南的，一定要稍稍偏一点，或朝南南东，或南南西，绝对不可以面向正南方，否则会被视为犯大不敬的重罪。

皇帝之座位所以坐北向南，是根据天文地理的原则而来的。实际上根据地球的磁场来说，是有大道理的，和埃及的金字塔一样，为什么一定要背靠北极星来建筑？这都是上古人类的一种奇特的智慧，其中不止是哲学方面，还包括了科学上的道理。

“南面而立”四个字中，还有一个重大问题，研究中国政治思想与制度要注意，上古的皇帝在接受礼拜时，是站着的，然后再坐下。后世皇帝则是坐下来接受礼拜，这很可能是汉初叔孙通创立的，是他替汉高祖建立礼制中的仪礼。上古的皇帝则不同，在这些地方非常民主。

咸丘蒙问这个问题时，先在前面引述了“盛德之士，君不得而臣，父不得而子”的当时隐士观念，然后说，在舜当了皇帝的时候，尧还是带领了诸侯，向舜这位新皇帝行礼。舜的父亲，也是小国家的元首，这时也和其他的诸侯，在一起站班行礼。但是当舜看到自己的父亲在下面站班时，脸上的表情很难受，有过意不去的样子。据说孔子看了这一段历史记载，曾经感叹说：这个天下危险了，这样不好，危险危险！意思是说，一种良好的文化和风气，这样一来，完全被破坏了。从此以后，人只重地位，只重金钱，所以危险。

咸丘蒙问孟子，历史上的这段话，不知道是不是实在的，到底是真的还是假的？

孟子说：没有这件事。这种话，不是正式的史料，不是有学问修养的人说出来的，是“齐东野人”的话。“齐东野人”是孟子说出来，又经常提到的。由于他自己是邹鲁之人，一方面在齐国居留得较久，对于齐国的民间习俗，了解得很多。所谓“齐东野人”，就是指齐国东边靠海的地带，教育相对落后地方的人。

古今对接班人的不同观念

孟子说，尧老了，一百多岁才把全国的政权移交给舜，而且还没有完全脱手，自己仍然摄政，从旁协助。直到舜有了二十八年的行政经验，“放勋”就是尧，才去世，那时已经一百多岁了。全国的老百姓，因为非常爱戴他，就像死了父母一样的悲痛，三年当中，全国没有举行过音乐演奏。孔子曾经对尧、舜那时的制度，有所感叹说：这体制不大好，上天没有两个太阳，国家的元首只能一个。当时舜既然接了天子位，又带领天下各国诸侯，为尧服三年之丧，尧等于一个太上皇，这看起来，国家相当于有两个元首了。

但这是孔子当时没有想到的，因后世的政体，国家元首有正、副二人，这也没有什么不好。帝制时的副元首就是太子，所谓的王储。到了民主时代，元首更明定有两个，一正一副。这一点，孔子三千多年前没有想到。不过没关系，孔子还是孔子，圣人就是圣人，这些小地方，不足为孔子之病。

我们注意的是，过去的学者，每认为三代以上，禅让天下是民主；可是我们要知道，民主并不如想象中那么简单。假如随便选一个人当国家元首，上台不到三天，可能就亡国了，毫无经验是不行的；搞政治不但要有道德，还要有经验。试看尧对舜，不是尧不肯下来，是因为辛勤培养，小心带领舜二十几年才放心。因为与国家、天下、老百姓的祸福有关，责任太大了。所以不但尧不放心，舜也不放心；后来舜把帝位禅让给大禹，也是一样，先给大禹多年行政上的磨炼。司马迁在《史记·伯夷列传》中，一句话点穿了："传天下若斯之难也。"上古的道德政治，禅让天下，并不容易，并不是像后世想象的禅让，搭一个高台，两个人爬上去，我把天下交给你，我就走了，事情并不那么简单。

孔子说的"天无二日，民无二王"，在后世小说中，常常引用。这也可以说是我们中国文化中，良好的政治体制精神，所主张的就是统一。

在《论语别裁》中，我曾引述一段亲身所经历的事。一位美国哈佛大学的哲学教授来访问我时，曾说对中国文化非常敬仰，他能用中国话背《大学》、《中庸》两书。但是他发现一个很大的缺点，就是《大学》这部书，只有尊卑上下纵向的伦理观念，没有横向的社会人际关系观念。他举出从诚意、正心、修身、齐家、治国、平天下的纵线，没有社会的横向关系。

我毫不客气地告诉他，那是他对中国文化没有深入了解；至少也是教他中文的老师，没有教好。我告诉他，《大学》中的“齐家”就是社会关系，他听了我这句话愣住了，问道：“齐家”与“社会”有什么关系？我说：这就是你研究中国文化，需要了解的。因为中国过去的家庭，都是以族姓（宗族）为一家人的大家庭，唐朝所标榜的所谓五世同堂或四世同堂等的家庭，对于族姓家庭来说，已经算是小家庭了，以“三代同堂”最为普遍。这种三代同堂的家庭，每代有五六个儿子，兄弟妯娌，加上许多孙子，随随便便一个家庭就是几十个人乃至几百人。拿现在部队的编制来比拟，比一排人还多，再大一点的家庭就是一连人。

在古代还不止是五代同堂，更是聚族而居，宗族连起来，就是后世的祠堂。王家村，李家村，城东何家，水西刘家，其间发生了许许多多的事情。宗族在文事方面设有义学，经济方面设有义仓，武事方面设有陈寨、黄堡、邓家楼子，等等。在朱、毛江西革命的时候，有一些这样的村落碉堡，他们硬是无法攻进去。后来被整肃的“左派”文人巴金、万家宝（曹禺）等，所写的小说如《家》、《春》，剧本如《雷雨》、《北京人》，等等，也都是描写大家庭中的阴暗面，这些大家庭就是一个社会。中国齐家的家，并不是结婚以后，离开兄弟姊妹，连两老都丢开的那种西方小家庭的家，而是要齐一个家族的家。家族、宗族就是一个社会，怎么说《大学》之道没有注意到“社会”呢?

他听了以后非常高兴，又问我一个问题：他研究中国历史，也觉得奇怪，例如战国时期、南北朝、五代、元朝，乃至于清朝，都被外族统治过。而西方的国家，如果一经外族统治，则万劫不复，从此完了。只有中国，被外族统治没有关系，而且每经过一次外族统治，反而更加庞大。他问这个道理在什么地方。

我对他说，你这个问题提得非常好，但是我告诉你一个道理，这是文化的原因。自从秦汉以后，中国的文化、文字统一了，之后是政治的统一，君王帝制的统一体制。君王政治的好与坏，那是另一个可以研究的问题，但是因为配合了文化、文字的统一，使我们这个国家绵延了几千年，将来也永远不会断绝的。而西方的国家，直到现在，仍然文字不能统一，思想不能统一；所以几千年来，永远有小国存在。但是，也由于许多国家存在，互相竞争，才有今日科学文明的进步。

我们在春秋战国以前，也和现代欧洲、美洲等各洲一样，东一块，西一块，许多小国分据各地。后来因为文字、语言、政治的统一，文化一统，成为一个统一庞大而永不会被征服的国家。虽然现在还保存了许多地方的方言，但是仍然能够相通，因为文字相同，文化一致又统一，所谓“山河一统”，这一观念的作用非常之大。

在这里，孟子提到孔子所讲的“天无二日，民无二王”的思想，就是统一。中国文化的“一”非常重要，《易经》的数字，也始于“一”。老子也说：“天得一以清，地得一以宁，神得一以灵，谷得一以盈，万物得一以生，侯王得一以为天下贞。”这都表明了对“一”观念之重要性。修行的人，也要一念专一，才能定慧成就。

上古的君王与亲属

咸丘蒙曰：“舜之不臣尧，则吾既得闻命矣。《诗》云：‘普天之下，莫非王土；率土之滨，莫非王臣。’而舜既为天子矣，敢问瞽瞍之非臣如何？”

曰：“是诗也，非是之谓也，劳于王事，而不得养父母也。曰：‘此莫非王事，我独贤劳也。’故说诗者，不以文害辞，不以辞害志；以意逆志，是为得之。如以辞而已矣，《云汉》之诗曰：‘周馀黎民，靡有孑遗。’信斯言也，是周无遗民也。

孝子之至，莫大乎尊亲；尊亲之至，莫大乎以天下养。为天子父，尊之至也；以天下养，养之至也。《诗》曰：‘永言孝思，孝思维则’，此之谓也。

《书》曰：‘祇载见瞽瞍，夔夔斋栗，瞽瞍亦允若’，是为父不得而子也。”

前面说到统一的问题，但有关整个的问题，还没有讲完，所以咸丘蒙紧接着又提出来问：舜当君王以后，尧是退位的君王，在民主政治来说，他可以享受优厚的待遇，但他的身份也等于是平民了，“舜不臣尧”，尧不向舜称臣的道理，我懂了。但是根据中国文化，像《诗经》中所说的：整个天下，没有一寸不是“王土”。

“王土”相近于现在民主时代的公有土地；但在君主时代的公，是王室的公，这个公有的土地，一直到海边为止。但上古没有制海权，当然更没有制空权，所以现代的领陆、领海、领空，在古代往往包含在“领土”一词之内。如现代政治术语中，每说“领土、人民、政权为构成国家的要素”，其中“领土”一词，就包括了领陆、领海与领空。

上古时代，人类的生活行为，没有到达海上，所以说，普天下的土地都是王土，所有在土地上生活的人，也没有一个不是君王的子民。舜既然当了君王，尧可以不必来朝见称臣了，那么他的父亲瞽瞍怎么办？前面曾经说过，瞽瞍也是一个小国——有虞的元首，不是一个普通的老百姓，以现在来比喻，也可视为一个乡镇长或县长。如果举行全国会议时，儿子为一国之首，处在高位，父亲该不该行君臣之礼？

孟子说，《诗经》的话是有道理的，不过不能用来讨论这个问题。一个人，因为担任了国家的公职，就只有公，没有私，因忙碌于公事而不得养父母，对于孝养父母方面，就不免多少有所缺失。

咸丘蒙又说：如果这样讲起来，国家的大事，只让一个人去劳苦，其他的人，不共同负担责任吗？

孟子说：《诗经》的话，虽然是那么说法，但是不能以这个逻辑来做论点的，虽然担任公务，不免于私情稍有点妨碍。所以真懂得文学诗词的，不能只看文字，而忽略了文字所代表的意义；更不能因为文辞的表面，而忽略了他写这首诗的动机与目的。例如平时讲话，有时话的内容并不好，而本意——动机与目的是非常好的。例如父母往往骂孩子："你不吃饭，我打死你"，这句话的内容非常凶狠，可是他的动机是教育孩子，目的在使孩子获得充分的营养，本意是非常慈爱的。如果将父母这句话，解释为狠毒的父母，那就是以辞害意了。

所以对于诗也是这样，要以我们高度的思想，去推论他的本意，知道他写的动机与目的，才可以了解古代文字的原意了。如《诗经》中《大雅·云汉篇》说："周馀黎民，靡有孑遗。"原意是指周朝统一天下，没有遗漏一个老百姓。换言之，在周朝这一政治体制之下，都是同一国家的人民，没有一个人不是周的人民。如果我们照它表面字义解释，那就变成说周朝没有遗民，都死光了！

实际上周朝是有遗民的。"遗民"这一名词，是孟子首先在这里说出来的，后世也称做"逸民"，逃逸、放逸的意思，也就是隐士之流。例如伯夷、叔齐两个人，就是周之遗民，他们是前朝商纣时代的子民，因为义不食周粟，逃到首阳山里吃野菜，隐居。所以，根据史料来说，周朝绝不像《诗经》上所说的，没有遗民；不但有遗民，而且还不止是伯夷、叔齐两个人。周朝到成王之后，政权建立将近一百年了，还有"殷之顽民"，就是殷商时期留下来顽强不肯投降的人；又如周朝封的宋国，也是殷商之后。

再说，周朝封纣王的叔父箕子于朝鲜，就是现在的韩国，所以韩国的国旗，是取自《易经》，中心一个"太极"，乾（☰）、坤（☷）、坎（☵）、离（☲），四卦布于四角。箕子推行的五行八卦文化。影响了韩国的文化发展，他们也就是箕子的后裔。周朝封箕子于朝鲜，也可以说是封殷商的遗民，只是不好意思说放逐，目的是把这些人送得远远的，给他们一个范围，要他们去自谋生活。

所以研究历史就可以发现，孟子到了这里，也没有办法说得很透彻、露骨，他当然懂，可是不好意思多说，就到此为止了，只可以意会，不可以言传。他的意思就是，假如相信这两句诗，就会认为周朝没有遗民了；也等于说，这两句诗虽是这样说的，难道周朝就真的没有遗民了吗？诗尽管如此，但文字的记载，不免有点出入，如果望文生义，就更偏差了。

到这里，对于舜是不是一个真孝子的问题，孟子作了一个初步的归结。他说："孝子之至，莫大乎尊亲"，人最大的大孝，是尊敬亲属，而亲属中最亲的是父母，因为人的身体是父母所生。一个孝子，如果连亲情都没有，就根本不可能孝于天下、国家、社会。而尊亲最到家的，"莫大乎以天下养"，一个人当了君王，以天下之大的最高尊荣，来孝养父母，当然可以称为大孝子。因此以天下来养父母，也就是最大的、至高无上的孝养了。正如《诗经》上说的："永言孝思，孝思维则"，这种孝思，可以作为千秋万世的法则，也就是孝的真实含义。

我们读《孟子》到这里，会有一种感想，假如孟子在我们面前，我们一定会说：孟老夫子，你讲的理由都对，可惜你所讲舜当时所建立的制度，是不是事实，历史上仍找不到记载的文献。

刘邦封的太上皇

我们再看后世，孔孟时代的春秋战国不谈，就在战国以后的秦始皇，并吞了六国，上台以后，先把他自己的假父吕不韦整掉了。汉高祖当了皇帝，并没有先封父亲什么官，对母亲倒蛮尊敬的。他大封天下以后，还是他粗野的那一套平民文化，开口说的就是“三字经”。那时中国的文化，经过秦始皇的一把火，再经过项羽更大的一把火，已把中国的书，几乎烧完了；而原来六国的知识分子，也已几乎死光了。所以从战国末期到汉朝初期，一两百年间，中国文化是荒芜了。

汉高祖平定天下以后，政治、朝仪制度都没有，还是靠叔孙通这个读书人建立起来的；一直到汉武帝的时候，才逐渐将中国文化恢复建立起来。所以，在那段时期，文化的命脉非常危险，几乎要断根了。当然，在此情形之下，仪礼方面所呈现出来的，也很差，所以汉高祖的父亲，住在皇宫之中，不知道自己算是老几，不知如何自处，别人也不知道该如何对待这位皇帝的平民父亲。

于是，有人告诉汉高祖的父亲，明天早上皇帝下朝回来的时候，你拿一把扫帚，在皇帝的门口扫地，做清洁夫，就有办法了。汉高祖的父亲，就采纳了这个意见，第二天照做，汉高祖一看见就急了，问道：你老人家怎么在这里扫地？他父亲说：你是皇帝，我是老百姓，在你宫里不扫地干什么？汉高祖可真急了，可是皇帝的爸爸该是什么官位，历史上又找不到先例；想了半天，于是封他父亲为太上皇，也是中国的第一位太上皇。以后历代帝王，都沿用了这个制度。

中国文化中关于家庭、家族、政府、朝廷之间相互关系的制度，几乎只有满清这个朝代，吸取其精华，建立了更完整的制度。尤其是最初康熙、雍正、乾隆三朝，把孔孟在这方面的思想与精神，发挥到了极致。例如乾隆也当过太上皇，而把历史上几千年来宫廷的毛病，都革除掉了。但是也产生了一个最大的毛病，那就是“以天下养”，造成家庭的尊亲之义，超过一切。上朝的时候，皇帝至上，皇太后乃至太上皇，不能干涉政治；可是下朝以后，要到后宫去向父母跪拜请安。一进内廷门，皇帝的权威完全没有了，如果太上皇或皇太后一声叱喝：“跪下”，皇帝就得口称“儿臣”跪下去，太上皇或皇太后也可以用拐杖打他；可是出了内廷，则谁也不能动他一根毫毛。

仔细研究清朝的这些制度，可以说集古今良法的大成，坏处并不多；但是因为强调了尊亲之义，家庭权威之高，演变成为末期的皇太后干政。这种尊亲的孝养，也就是根据孟老夫子这几段文字发展出来的。

究竟上古时，大舜的父亲是不是《孟子》中所说的那样，我们无从知道。在历史记载上，并没有这种资料，不知道孟老夫子读了什么“秘笈”，然后他又没有传下来，所以只有他知道。

最后他引用《书经·大禹谟篇》上的话做结论说，舜上朝的时候，诸侯都站在那里，诚恳又恭敬，并有一点畏惧感的行礼。瞽瞍也在那里，和大家一起行礼，但是态度很自然。依据《书经》的这项记载，所以说“父不得而子”，虽然舜是瞽瞍的儿子，但既已当了国家的君王，他就代表国家，在处理公务，代表国家精神的时候，即使是父亲，也不可加上私情，不能因为他是我的儿子，我就可以马虎一点。

在这个地方，就看到中国帝制的一种优良精神，公与私分得清清楚楚。想到我的一个同乡，在中华民国的几十年历史中，他也是相当有名的；可是家乡的人说他不孝，因为他常常连父亲的信都不回。后来经过求证，发现他并不是不孝，而是乡人们误解了他。因为他父亲常常写信为别人讲情，或推荐人做官，他虽写信给父亲，说用人是为国家用人，不是为家乡用人，请父亲不要再推荐人了。可是父亲常因情面难却，或者不懂其中道理，仍常写信介绍，于是他只好把信搁置不回。家乡的人便说，连父亲的信都不回，真不孝，就这样骂起他来了。

由这一件现代的小事，也就知道古书上所记载的，古代公私分明的严肃精神。

关于尧舜的问题还没有完，下面万章又提问题：

上天创立了公天下

万章曰：“尧以天下与舜，有诸？”孟子曰：“否，天子不能以天下与人。”

“然则舜有天下也，孰与之？”曰：“天与之。”

“天与之者，谆谆然命之乎？”曰：“否。天不言，以行与事示之而已矣。”

曰："以行与事示之者，如之何？"曰："天子能荐人于天，不能使天与之天下；诸侯能荐人于天子，不能使天子与之诸侯；大夫能荐人于诸侯，不能使诸侯与之大夫。昔者尧荐舜于天，而天受之，暴之于民而民受之。故曰：'天不言，以行与事示之而已矣。'"

上古的时候，尧、舜、禹这三代，是帝位禅让的公天下，禹之后，由儿子启接位，变成了家天下。中国政治制度的家天下，是夏禹的儿子启开始的，现在这一段是讨论公天下与家天下的问题。

万章说：听说，尧把天下政权交给了舜，有这回事吗？孟子说：不是这个道理。

万章进一步问：舜本来是一个平民，后来却当了天子，这又是谁给他的？孟子说：那是天意也。

万章又说：既然是天意，难道老天爷下了命令，或者当面告诉他的吗？这两师生之间辩论，针锋相对，也很尖锐的。孟子说：不是这个道理，老天爷并不会说话，只是在人事上表示出来而已。

万章又追根究底地问：你说上天是以人事来表示，那上天又是怎样表示的呢？这个万章也很会问，徒弟打师父，一拳又一拳打出来，硬把师父逼向角落去了。

孟子说：天子可以推荐下一任的人给上天知道，但是不能要求上天一定把天下给自己所推荐的人。注意！这是圣人的话，一般人祭拜时，往往祷告说：菩萨！你一定要给我父亲和我儿子福报。菩萨啊上帝啊都是上天的一个抽象的代号，像这样的祷告，就是求私情了；上天是公平的，是不讲私情的。所以可以为人祷告，不可以要求，你的要求上天是不听的。在佛教道教及各宗教里，也只能替父母忏罪，只有祈愿，把自己的愿望，祷告给上天知道，不做要求。如果上天听我的要求，那这上天也太重私情了，也就不该叫做天了。

孟子又继续引申到人事上来说，例如诸侯可以向天子推荐人，大夫可以向诸侯推荐人，但同样的道理，不可硬要求天子、诸侯给某人当诸侯或大夫。孟子以上下三个阶层，来阐述一个道理，这就是言语文字逻辑的技巧，从三个不同的层次，来说明公天下的意义，而堆积排列起来，就显得整齐、严肃，而且强调了语气。

他申述了一番理论，又回到尧舜的本题说：以前尧自己考察了舜，的确够资格作继承人，才向上天推荐，上天也接受了。他又交给舜许多事情去做，看他做事对不对，成绩好不好，各级诸侯及社会上老百姓都认为舜做得对，而接受了他。换句话说，“天听自我民听，天心即民心”，人民接受了他，也就是天意给他。

年轻人读《孟子》读到这里，觉得“天呀天”的，啰啰唆唆，干脆说全国的人都同意他，是民主的政治，这不就好了吗？为什么要“天呀天”的而不说人？实际上都是人；为什么不像现代的说法，讲是民主的？其实，孟子这里所讲的，等于现代政治哲学所标榜的最高的民主精神，但不是美国式的民主，也不是现代世界各国所实行的各式各样的民主政体；这只近似西方民主理想、政治哲学最高的精神，但大不相同。

孟子这里所说，人心就是天心，这是天人合一的境界，这种民主，绝对不能有私心，绝对不能凭个人的好恶做抉择，其中包含有宗教性的信仰，哲学性的理念，由形而下而通至形而上的内义。现代世界各国的民主，只是属于形而下的，是由人类社会的观点而设想的；但孟子这里所讲的这种精神，可以说是形而上与形而下贯通的。

在《孟子·梁惠王下》，可以看到，“国人皆曰可杀，然后察之，见可杀焉，然后杀之。故曰国人杀之也。如此，然后可以为民父母”，这类话的意思是说，群众的看法，有时候是盲目的或情感化的，不是理性的。在《论语》中，孔子也有类似的话，而现代欧美式的民主，则是情感化的。一个国家的成败，付托在这种情感化的民主政治上，是非常危险的。所以孟子始终不提“民主”这类名词，而是在那里“天呀！天呀！”的，叫了半天的“天”。

人神合一

曰：“敢问：‘荐之于天而天受之，暴之于民而民受之’，如何？”

曰：“使之主祭而百神享之，是天受之；使之主事而事治，百姓安之，是民受之也。天与之，人与之，故曰：‘天子不能以天下与人’。舜相尧，二十有八载，非人之所能为也，天也。尧崩，三年之丧毕，舜避尧之子于南河之南。天下诸侯朝觐者，不之尧之子而之舜；讼狱者，不之尧之子而之舜；讴歌者，不讴歌尧之子而讴歌舜。故曰天也。夫然后之中国，践天子位焉。而居尧之宫，逼尧之子，是篡也，非天与也。《泰誓》曰：‘天视自我民视，天听自我民听’，此之谓也。”

现在我们看孟子怎么讲“天”。

万章也和我们一样，打蛇随棍上，一直追问下去。他说：“敢问荐之于天而天受之”，老师你说尧把舜推荐给上天，然后又推荐给老百姓，究竟是怎么个推荐法？你说了半天，都还是理论嘛！有什么具体的事实？孟子说：尧教舜去祭天，一切鬼神都来享受。

这件事，史料上找不到，是孟子在这里这么说的。从前中国人清明祭祖，现在台湾的拜拜，也保持这种风俗，是以一桌酒席，摆在祭祖的香案前。有的说，小孩子可以看见，有祖先或什么鬼神来了，穿什么衣服，什么鞋子。在大陆，长辈过世，举行家祭时，上完了酒、菜、牲、汤、饭、茶这些供品，要“止乐”，停止音乐；“灭明”，把孝堂的灯烛熄灭；“合帏”，把孝堂的帷幕放下来，整个孝堂也许有百把人，都鸦雀无声，静肃到绣花针落地可闻。大约持续五六分钟，于是奏《蓼莪》三章之乐，这是《诗经·小雅篇·小旻之什章》中，孝子痛不终养的诗。要用笙、笛、箫等管乐器演奏二三十分钟，然后才复明、启帏、奏哀乐、举哀、视馔。接着全体孝子、孝媳、孝孙们，穿了孝服，手拈浸了油的红纸煤，点了火，哭哭啼啼，去看那些食物，死者来吃过没有，吃了多少。据说，有时也会少了一片鸡，半块肉，或者移动过的样子。至于是不是老鼠、蟑螂乘寂静时来偷吃，就不得而知了。但在孝子们的心目中，这就是“享”。

由此而知，中国古代的祭祀，是有非常浓厚的宗教色彩，但与西方的宗教祭祀不同。西方的宗教政治是绝对的，只有神，没有人；中国的古代政治，只是带有浓厚的宗教色彩，但不是绝对的，而是相对的，神与人合一了。研究东西方文化，对于这一点，千万要了解清楚。几十年来有些人写中国哲学史、政治史，往往在这些关键地方，说不清楚，认为中国古代的祭祀或神教政治，都是迷信观念，其实这都是没有透彻研究而下的断语。

祀，也是宗教，任何一个民族的发展，都是由先民的宗教思想而来，但是各有不同之处。远的且不去说，只看在台湾高山上的少数民族同胞，泰雅族也好，阿美族也好，排湾族也好，曹族也好，对于他们的始祖，都各有一个宗教式的神话。中国则有盘古氏开天辟地之说，西方民族，也有类似的说法。

所以研究中国上古史，另有一套，孟子这里所说的“百神享之”，就是在祭祀上得到了感应，这也就是“天受之”的用意。

得民心则得天下

孟子说：尧教舜办事，他办得非常好，百姓都能够“安之”。这个“安”字，是非常难办到的。看中国书，研究中国的思想，与西方政治哲学的主张与思想，两相比较的结果，发现中国人说的“风调雨顺，国泰民安”和“安居乐业”两句话十二个字，就把西方人所有的政治主张、政治思想说尽了。无论什么政治主张、政治制度，做到了这两句话所说的境界，就做对了。相反，若人人都能过安定的生活，做到安居乐业，哪一个主义都没有存在的必要了。所以人人安居而不受任何的扰乱，这就太难；但任何一种主义都很难达到使人安居乐业的目的。人人能够乐业也很难，所谓做一行，怨一行，为什么会怨？除了主观的心理因素外，更多的是宏观的社会原因所造成。

中国的民族性，只求自己能够安居、乐业，谁来管我都好。但是，几千年来，中国老百姓能安居乐业的时代，实在太短暂，太少了。

我们常常在神庙中看到“风调雨顺，国泰民安”这八个字，看来好像很迷信，事实上，这两句话包括了四件事，每一件都很难做到。没有风灾，没有水灾，年年气候都很好，没有天灾人祸，国家太平，老百姓个个安居乐业，若要达到这个境界，是多么的难。为了希望努力达到这八个字的目标，因此又产生了四个字“替天行道”。这是中国文化中的政治哲学，任何一个朝代，都需要做到“替天行道”。行什么道？爱全民，真正的仁孝，这就是天之道，替天所行的是这个道。

所以孟子说：舜因为做到了“百姓安之”，就证明全民接受了他，这可以说是上天给了他天下，也可以说是全民给了他天下，并不是尧私相授受，因为看中了自己的女婿，便私底下把江山送给女婿。舜在没有接位以前，辅助尧管理全国的政事，已有二十八年的行政经验了，这是一般人办不到的。

有人或者会认为，一个人当二十八年宰相，非常简单，没有什么了不起，哪有当不下来的？其实，这种一人之下，万人之上的事，还真难做。难在上面有错误，全要自己承担；自己做得好，功劳又要归于上面，而好处是全国老百姓的。任劳已经很难了，上面有过错，下面也有过错，都要自己去承当；任怨更难，上下的埋怨，也集中到自己的身上来，而且自己不能有怨。这是非常难的，不是一般人可以做得到的。所以我们不妨把三千年来，历朝的宰相统计一下，其中最好的宰相，做了多少年，当时国家的政治又如何。如此一来，就会知道孟子赞叹“舜相尧，二十有八载，非人之所能为也，天也”的道理。

平日读书，像读到这样一句，然后再去联想、观察历史上的事迹，才能把这句经书读通，才能“不以文害辞，不以辞害志”，可以“意逆志”而有所得了。不然的话，看了这种书，就觉得没有多大道理，甚至还会认为，如果自己能当二十八年宰相，那可是高兴死了。

《易经》也讲到这个道理，以乾卦代表国家元首，以坤卦代表相；坤主顺，而顺是最难的。所谓顺，并不是只接受上面的意见，而是要上下平顺，下情要上达，上面的主意，要向下贯彻，才是完整的顺。所以孟子极力赞叹舜，认为他是非常难得的。

他又说“尧崩”，舜率领全国，服了三年的丧。中国文化，身份不同的人过世，各有不同的名词来表明。皇帝死了为“崩”，皇后或诸侯死为“薨”，其余“沮”、“死”、“夭”、“逝”、“捐馆”，等等，都有差别的，这是中国礼仪。不像西方人，伯母、姨妈、舅妈都是一个称呼，统统一样。中国则要分得清清楚楚，有一定的称谓，也各有一定的礼仪，丝毫不得混淆。

舜服丧三年后，并没有宣布哪一天就皇帝位，并且迁到远远的河川南岸去，希望尧的儿子丹朱，能够继承天下。舜自己避嫌走开了，认为自己不能以女婿的身份，篡丈人的天下，把内弟压下去，可是尧的儿子丹朱不肖，不肖并不是坏，肖是像的意思，不肖是不像他父亲那么好，并不是不孝。所以尧发明了围棋，用来教育儿子，可见丹朱这个人，心念不定，喜欢到处乱跑，只好教他下围棋，希望他可以安静下来修心养性。像现在这个社会，有些人说“不做无益之事，何以遣此有涯之身”，丹朱也就是这个情形。

舜虽然避开了尧的儿子，迁到南河之南去了，但是全天下还是归心于舜。一般诸侯，仍然向舜报告事情，不到尧的儿子那里去报告；有诤讼的也到舜这里来，不到尧的儿子那里去诉讼。天下都歌颂赞叹舜好，没有人去歌颂丹朱。舜只好接位了。所以孟子说，这是上天给的，不是尧与舜个人之间私相授受的。后世皇帝登基上台，每用“天与人为”四个字，就是从这里来的。

假如，尧死了以后，舜就践天子位，立即住到尧的宫中去，把尧的儿子逼走，那算是篡位，不是上天给他的了。

孟子借《泰誓》的话“天视自我民视，天听自我民听”来对万章说，上天怎样去看、去听呢？是从全国人民身上去看去听，既然“天与之，人与之”，全国人都拥护，这也就是天命所归了。

夏禹为何不禅让

万章问曰：“人有言‘至于禹而德衰，不传于贤，而传于子’，有诸？”

孟子曰：“否，不然也。天与贤，则与贤；天与子，则与子。昔者，舜荐禹于天，十有七年，舜崩，三年之丧毕，禹避舜之子于阳城，天下之民从之，若尧崩之后，不从尧之子而从舜也。禹荐益于天，七年，禹崩，三年之丧毕，益避禹子于箕山之阴，朝觐讼狱者，不之益而之启，曰：‘吾君之子也。’讴歌者，不讴歌益而讴歌启，曰：‘吾君之子也。’

孟子这个学生万章很厉害，他和老师辩论尧舜禅让的问题，大概不大好意思再辩论下去了，看来他心里似乎还没有折服，所以又扯到另一个问题上去，提出来问孟子。

他说：老师你说的，上古时代，尧禅让给舜，舜又禅让给禹；尧、舜、禹三代是公天下，是三位贤君。可是我听说到了禹的时代，道德就已经衰落了，公天下变成了私天下，所以禹不把天下传给贤人，而传给自己的儿子。有这个事吗？

孟子说：不！不是这样的。上天要给贤人，就给贤人；要给他的儿子，就给他的儿子。私心并不一定就是不对的，难道只许别人的儿子贤，不许自己的儿子贤吗？遇到自己的儿子也是贤人，那也只有给自己的儿子了，也就是给贤者。这里可以看到，为什么后世的人会说孟子好辩，如果在现代，他当辩护律师的确很好。

孟子继续说：“昔者，舜荐禹于天”，禹跟着舜作了首相，有十七年的行政经验，而且又把中国尧舜时代患了几十年的大水灾，治理好变成大水利。舜死了以后，禹也守三年之丧，一切都依照舜以前的规矩，并且为了避舜的儿子，而迁移到阳城——山西一带去。可是民间的情形，还是和尧死后一样，都不跟从舜的儿子，而跟禹，这也是历史的事实。“禹荐益于天”，伯益这个人，也是作了七年的辅相，禹死了，也是三年之丧，这一套都是跟以前一样，照古代的礼节，伯益也避开了禹的儿子，迁到箕山的北面去。但是老百姓并不跟他走，而是跟从禹的儿子启。这就没有办法了，因此形成后世帝位传给儿子的风气。

“丹朱之不肖，舜之子亦不肖；舜之相尧、禹之相舜也，历年多，施泽于民久。启贤，能敬，承继禹之道；益之相禹也，历年少，施泽于民未久。舜、禹、益相去久远，其子之贤不肖，皆天也，非人之所能为也。莫之为而为者，天也；莫之致而至者，命也。

“匹夫而有天下者，德必若舜、禹，而又有天子荐之者；故仲尼不有天下。继世而有天下，天之所废，必若桀、纣者也；故益、伊尹、周公不有天下。伊尹相汤以王于天下，汤崩，太丁未立，外丙二年，仲壬四年。太甲颠覆汤之典刑，伊尹放之于桐；三年，太甲悔过，自怨自艾，于桐处仁迁义，三年，以听伊尹之训己也，复归于亳。周公之不有天下，犹益之于夏、伊尹之于殷也。孔子曰：‘唐、虞禅，夏后、殷、周继，其义一也。’”

尧的儿子丹朱是不肖之子，大舜的儿子也是不肖，不像他父亲那么好。舜帮助尧治天下，禹帮助舜治天下，都有二十几年，将近三十年，相当于一世的长久时间，也是半生岁月的行政经验。对下面而言，老百姓因他施政而得的恩惠太多了；对上面而言，跟天子所学的经验，也太多了。这种经历，得来实在不易，对于上下之间，不同意见相互交错的调和，历经三十年的磨炼，顽铁也成了精钢。

“启贤，能敬，承继禹之道”，禹的儿子启，本身很贤，能够敬一切的人，敬一切的事，承继禹的道统，秉承他父亲治国治事的精神。关于启的记载，古代另有一种标点法，就是“启贤能，敬承，继禹之道”。

伯益是大禹选择继承天下者中的一人，伯益虽帮忙禹治天下，但历练少，行政经验只有七年，尤其古代交通不便，老百姓真正接近他、受过他恩泽的，时间上还不够。所以用舜、禹、伯益三个人历史上的纪录来研究，就知道与时间、行政经验有关系，时间加上行政经验，差别就很大了。

这也说明了，做人做事非常重视经验，经验就是修养，也是学问。经验多了，成功已有一半；如年轻人有冲劲，但没有老年人的经验，成功的成分只有三分之一。如果因一股冲劲而成功的，那是天命，非人事也。年轻人的冲劲和老年人的经验，能配合上了，那就非成大功、立大业不可。至于他们的儿子，贤或不肖，孟子说“皆天也”，这是天命，所以三分人事，七分天命，不是人力所能全部做到的。

孟子又说：“莫之为而为者，天也；莫之致而至者，命也。”什么是天？不可思议，讲不出来的，可是确实有这样一种作用，等于佛家说的“业”、“因缘”。缘又是什么？讲不出道理，不可思议！这就是天；什么是命？莫名其妙就撞上了。有的人，笨蛋一个，可是他发了财，他并没有什么本事，什么理由呢？只好归诸命。例如许多年轻人，生来祖宗父母就有许多家财遗留给他，而他的学问经历人品都不及他人，这就是命，孟子解释到这里，只好向天与命投降了。

孟子精彩的道理来了，他接着说：“匹夫而有天下者，德必若舜、禹”，一个平民老百姓，没有背景，没有关系，只凭个人的努力奋斗能得到财富、权力，而拥有天下的，他本身的行为道德与功业，必须达到和舜、禹那样的高，并且具备了学问、能力等等。仅仅如此，仍是不行，另外还要有个助力，因为牡丹虽好，尚须绿叶扶持。这也如我在《论语别裁》中提出的，李斯的老鼠哲学，像谷仓中的老鼠，因有所依恃，才能壮大自己。

所以孟子在这里说，一个人纵然有才具、学问、能力、道德，而没有依靠，还是不成的。像孔子，才具好，学问好，能力好，道德好，可是他只能教书，不能有天下，因为没有得到建功立业的机会。

继承家业的一代

孟子说，关于“继世而有天下”的人，等于上代做好的一锅饭，下代一下子就把整锅饭端了去，由他独自享用了。那些太子们，就是吃这种饭的人，汉高祖的儿子、孙子，都是如此，把汉高祖煮好的饭，端来吃就是了，这是为“天之所废”的。因为吃现成饭长大的人，往往成为失败的祖宗，就像桀、纣一样。

所以为人父母者，不能给孩子们太多享受，孩子们太享受了，就等于“继世而有天下，天之所废”。实际上不是“天之所废”，而是父母害了自己的子女，所以父母必须要培养孩子自立，扶助他站起来。

所以孟子说，像桀、纣这两个坏的，都是因“继世而有天下”，为“天之所废”。也因此，大禹推荐的伯益，不能有天下；伊尹、周公都不能有天下，只有辅助汤和武王来治天下，自己不登上最高的位置。这也就是说，一个人要认清自己的立场。

几年前，有些大学生来向我抱怨，如何不满现实，我告诉他们说，连米长在哪一棵树上，你们都不知道，还在这里不满这样，不满那样，假如把国家交给你们治理，结果不出三个月，只有两个字——亡国。自己一点人生经验也没有，在那里乱想乱批评，毫无用处，也毫无道理。治国不是简单的事，自己在社会上规规矩矩做人，能站起来都不容易，何况为社会、国家、天下办事，更不是简单的了。

年轻朋友们自己要反省一下，你为朋友办事办好没有？办得完全美好的有几件？三五同学在一起时，做到真正和睦、精诚团结没有？三五个人的团结都做不到，两人在一起甚至吵上三天，还想治理社会、国家、天下，真是谈何容易！所以高明的人，先要自知，然后才能知人。老子更说：“知人者智，自知者明”，了解别人，还比较容易做到；世界上明白自己的人绝对不容易找到。了解自己的人，才算是明白人，那就开悟了，开悟也就是了解自己，认识自己本来面目。伯益、伊尹、周公包括孔子，“不有天下”，就是有自知之明，知道还缺少老天一半的助力，所以这个天下不能拿。

孟子继续说伊尹、周公，“不有天下”的历史故事。

伊尹被后世的史学家推举为中国第一个贤相，实际上，第一个贤相应该是舜，第二个是禹，第三个是伯益。如果说没有做皇帝机缘的贤相，那伊尹算是第一个了。伊尹不但是贤相、名相，也可以说是圣相。

“伊尹相汤”，所谓“汤武革命”，伊尹相汤革命，汤拥有了天下，汤死以后，他的第一个儿子太丁，未立就死了；由太丁的弟弟外丙接位，但是在位只有两年，又死了。再由太丁的另一个弟弟仲壬接位，只有四年，也死了。最后由太丁的儿子太甲上台，都由伊尹为辅相，他这时已经是五朝老臣，这些继帝位的君王们都是他教育大的。他可以像对孩子一样责骂他们的，所有大权都在他手里。可是到了汤的孙子太甲上台以后，这位“继世而有天下”的皇帝，把祖宗好的政治成规风气，一概破坏了。伊尹就召集诸侯，政府高级干部，废了这个年轻不懂事的太甲，以现代民主政治的名词而言，就是实行了罢免权，把太甲罢免了。

在罢免太甲以后，伊尹年高德劭，是五朝元老重臣，行政经验丰富，而且大权在握，如果他自己坐上君王的位置去，那并不困难的。可是他没有这样做，他只是把太甲，送到埋葬他祖父汤的桐山去，软禁起来，让他面对着祖父的庐墓去反省。这样反省了三年，太甲在那里“自怨自艾”，这种滋味是很不好受的，正如李后主的词中所描写的：“一行珠帘闲不卷，终日谁来”，一个人关在那里，连一个鬼都不来看他。尤其当过君王的人，一旦落到这个地步，其寂寞凄凉，更比平常人多了不止十倍，充其量物质生活比常人好一点而已。他在这三年之中悔过，在学问、修养上做工夫，完全接受伊尹对他的教育。

伊尹的伟大就在此，有现成的君王不当，却是尽力地保护、教育太甲，等太甲改过以后，学问、修养都有了成就，还是把太甲迎回到首都来就位，天下还是你家的，这就是伊尹！所以成为千古的贤相。做这种贤相，比做贤君还更难，因为把太甲放到桐山去的时候，自己能对天子的尊荣权力不动心，这是很难很难的。

周公与姜太公辅助武王，统一了天下，武王死了，武王的弟弟周公，又辅助侄子成王上台即位。成王当时年轻，不听话，周公于是发明了象棋，教导成王。但是整天下棋也没有用，后来还是把他暂时废了，自己摄政。这一下不得了，全国都传出谣言，说周公要篡位。实际上，周公也是文王的儿子，在后世兄终弟及的习惯下，哥哥死了，弟弟即位是可以的。可是在那个时代，则是严重的问题，因为宗法社会的制度，是立长子，传给长房的。在周公摄政三年期间，谤书满箧，全国反对他的文书很多。他的另一个兄弟，封到蔡地的，甚至起兵要反对他，这一切他都容忍了。几年以后，成王教育好了，他又把成王接回来就位，自己不再摄政。所以白居易有四句诗说：

周公恐惧流言日　王莽谦恭下士时
向使当时身便死　一生真伪复谁知

许多人死得太早，死的不是时候，往往把一生的冤枉带进棺材里了，可见做人处世之难。所以孟子说，“周公之不有天下”，和伯益辅助大禹的儿子、伊尹之辅助殷朝商汤的孙子太甲，是一样的。

孔子说，尧舜禅让是公天下，夏后、商汤、周文王继世以有天下。代代相承的天下，有公天下有私天下，但精神是一样的。中国文化的政治哲学，不管是公天下也好，民主政制也好，帝制的私天下也好，只要是造福天下的，造福国民的，就是对的政治，否则就是不对，这就是中国文化政治哲学的最高精神。

孟子所说的君道，始终围绕在尧舜身上打转，到禹为止，禹以后的君道，他不提了。这是为什么？道理在哪里？在当时许多人不了解，后世许多人也没有太注意，自认直承孔孟道统的宋儒也未必真的了解。宋人有不同意孟子的，像前面所说的两句诗：“当时尚有周天子，何事纷纷说魏齐”。

在孟子当时，周朝已到危亡的时候，周天子做得很失体统，天下只有六国争雄，周天子的地位，已不被诸侯所尊重，甚至他本身还不如现代的里长。我们有句成语“债台高筑”，就是孟子当时的周赧王做出来的事，负债太多了，无钱可还，有人来讨债，便搭一座很高的台，自己爬上去，使债权人无法也不敢爬上去讨债。一个中央政府的天子，到了这个地步，比清朝末年的宣统皇帝更不如了，如何能够统一天下呢？

在这种情形下，还要孟子去尊王，去秉春秋大义，教各国诸侯去保持周朝文化，那比诸葛亮辅佐阿斗还难。历史已经到了该演变的时候了，孟子不好意思提倡革命，只有特别强调尧舜的公天下。他已经知道姬周王朝气数已尽，无可挽回了，这个是关键。孟子只以天下、国家、民族文化为中心，不以周朝是否能继续政权为中心，所以他提倡公天下。反正都是中国人，哪一位高明哪一位上去，不要再打了，已经打了三四百年，天下的老百姓，已经受不了啦！

孟子力赞尧舜的道理即在此，不会有错。几千年以来，大家对孟子的这些言论，骂的骂，讪笑的讪笑，可是对于这种言论的关键，及孟子内心的思想所在，都没有了解，也指不出来；现在，我们可以说得明白了。孟子所作的这些论辩，可以说把吃奶的力气，都用出来了，就是不好意思把内心的话直截了当地讲出来。君道者，如此而已矣！他认为，无论诸侯也好，平民也好，只要能够起来，使国家天下太平，他都赞成。孟子是忧国忧民的，如果他晚生一百多年，生在汉高祖的时代，他一定又会感叹，生的时代不好，遇到刘邦这样一个老粗了。

前面所说的，都在中国文化中君道为主的范围，从这里开始，则说到臣道与友道的道理。这里首先讨论的，是中国第一位贤相——伊尹的问题。

臣道的标准人物

万章问曰：“人有言‘伊尹以割烹要汤’，有诸？”

孟子曰：“否，不然。伊尹耕于有莘之野，而乐尧舜之道焉。非其义也，非其道也，禄之以天下，弗顾也；系马千驷，弗视也。非其义也，非其道也，一介不以与人，一介不以取诸人。汤使人以币聘之，嚣嚣然曰：'我何以汤之聘币为哉！我岂若处畎亩之中，由是以乐尧舜之道哉！'汤三使往聘之，既而幡然改曰：'与我处畎亩之中，由是以乐尧舜之道，吾岂若使是君为尧舜之君哉？吾岂若使是民为尧舜之民哉？吾岂若于吾身亲见之哉？

万章又问老师说：根据历史以及一般人的传说，商汤时代著名的首相伊尹，最初只是一个平民，没有办法接近高高在上的君王，便以做得一手好菜的厨师名声，乘机接近商汤的。由此看来，汤似乎是现代人所谓的“美食家”；汤与他先谈烹调术，再谈到其他，发现他有大才，因此请他为辅相，是不是有这回事？

这是一个历史的传言，根据《史记》以及其他历史的记载，多半是这样说的。不过司马迁的《史记》中所述，又略有不同。据《史记》的记载，伊尹在未得志时，想有所作为，可是没人赏识，他便投奔到有莘国一位诸侯那里做事。这位诸侯的女儿，嫁给汤为妃子，古代一个诸侯的女儿嫁给天子时，还要带一些男女佣人，视为妆奁的一部分。当时伊尹就想办法，列身为男佣人，随着陪嫁过去。像这种以人口为财产的风俗，在几十年前人口稀少的边疆，仍然保持着，富贵人家的仆人、家僮、丫鬟等，是可以买卖的。因此伊尹以菜做得好，得汤的赏识而接近了汤。

历史上有两位名相的出身，成为疑案。其中一个是伊尹，另一个是傅说（音悦），也是商朝人，是商代中兴之君武丁的贤相，据说是以做泥瓦工出身而获得武丁的欣赏。本来英雄不论出身低，如果认真讨论起英雄的身世来，许多名帝王贤相的身世，也都是不可以深究的。可是，人的心理是很奇怪的，当一个人一旦有了声望、地位或财富，就会成为大家挖根挖底谈论的目标、攻讦的目标，甚至把此人祖宗八代、九代、十九代的事情，都挖出来谈。相反的，一个无钱、无地位、无名气的人，即使倒毙在路上，也无人去查他的身份。这在现代新闻学上，谓之“新闻性”，前者放一个屁也有新闻性，后者路倒而死，也无新闻性，这真是人性的一大讽刺。

而且人与人之间的攻讦，归根结底，不外两件事，一件是有关钱财，一件是有关男女；因为这两种事，往往是事出有因，查无实据，不必拿出证据来，只要造成半信半疑、将信将疑的群众心理，就足以致人严重的损害了。所以金钱与男女二事，就形成了最好用的攻讦武器，这也是人性丑陋的一面。

我们了解了这些人生哲学的道理，再来看历史，两千年前的人，也和现代一样，万章也是如此咋咋呼呼地问起来了。他对孟子提出这个问题，好像是在说：伊尹当宰相的来路，也不是最清高的啊！他是用好厨艺的关系，才得向商汤靠拢的，是钻营而得宰相的，请问夫子，到底有没有这回事呢？

孟子说：不！不是这样的。伊尹当时是在有莘国的乡下种田，“而乐尧舜之道”，他乐于实行中国传统文化的精神，纵然有人给他很高的地位，很高的薪俸，再给他一千辆四匹马拉的豪华大马车，甚至把天下所有的都给他，但如果属于非法的、不合理的，他连看也不看一眼，是毫不加考虑的。不但如此，凡是不合理、不合法的事，他不会送人一个铜板，也不会收人一枚钱。

所以汤当时发现伊尹是一个大圣人，要请他出来，带了货币请他，这代表了当时的一种礼貌。现在的货币是钞票、银元、铜板、镍币及金币等；古代的货币，有贝、帛。所以有人说朋友的“朋”字，就是由“贝”字而来。

说到货币，古代以贝壳为货币，在外面交朋友需要钱，将两串贝挂在身上，就代表了朋友的“朋”字。后世用帛又发展用黄金，如汉朝皇帝的赏赐，动辄黄金五十镒，现代看来很多，不过，现代有人考据说，汉代用的黄金，大部分为自然铜。例如唐朝法律有“赎铜”的规定，在某种条件下，死刑可以拿一百二十斤铜来赎罪，显见汉唐之时所谓“金”乃指铜而言。南北朝以后，货币也有用绢（布匹）的，皇帝赏赐大臣，常是“赐绢若干匹”的。至于钞票则是自宋代开始，到元朝已流行了。宋元之间还流行使用一种类似支票性质的东西，叫做“飞钱”。这些问题，如果要详细研究，可找“中国货币史”之类书籍来参考，《古今图书集成》都有收集的资料，这里只不过顺便一提。

伊尹是个厨师吗

孟子接着说：“汤使人以币聘之”，伊尹看见汤派人带了很多钱去请他，便大声地呵斥起来：钱又怎么样？皇帝又怎么样？你们想用大量的货币来诱惑我吗？我不干！我难道是为了金钱吗？我在这里种田，也是实行传统文化尧舜的精神啊。所以伊尹名利都不要，硬软都不吃。

汤接连三次派人去请他，伊尹都不去，后来他自己头脑转过来了，这样不出来是不对的，是自己错了。等于学佛的人，修小乘道的人，要到高山上人迹罕到之处，搭一个茅棚，万事不管独自清净潜修；而大乘道的人则要入世做事。伊尹本来想，就这样种种田，当一个隐士，行古道，保留中国文化。但细想之下，还不如入世做事，帮助汤成为一个圣君，为天下做一番事业，对老百姓也都有利。与其只想实行中国文化的古道，只想天下太平，不如自己将这理想付诸实施，于是他观念转变了，答应出来做事。

这些都是孟子所说的，有关伊尹出来当宰相的情形，与一般历史的记载，都有出入的地方。但是孟子是根据什么资料来说的，就不得而知了。

历史上是说伊尹“负鼎以要（邀）汤”，就是带锅子去见汤；另一人叫傅说，“傅说版筑”，就是泥水匠。这种版筑的古老建屋方法，几十年前还在使用。前几年，在台湾的山区乡村中，也偶然可以看到。这种土墙房子，和现代的预铸混凝土建筑方法差不多，在地下的墙基开始，用两块木板固定如一木箱，高约一尺到一尺半，厚约一寸，长约五尺，将黏土、稻草或苎麻或猪毛和匀，倒入木箱中，洒以少许的水，用木杵像在臼中樁米一般，用力樁打至泥土完全结实。然后将两块木板卸下，一截墙就筑好了。再以这截墙为基底，又将那箱形的筑版架上去，再筑更高的一截。如此一截一截筑上去，到需要的高度，再架梁盖瓦，便成一栋土墙房屋。这种土墙房屋，如果不被洪水浸泡，外面涂上石灰，可保持百余年左右，经济而实惠。有的墙中加以浸过桐油的粗大青竹，功效有如钢筋，连台风、地震也奈何它不得，这就是版筑。

我们看到，孟子的学生在这里提出问题，对于伊尹负鼎要（邀）汤，为了出来做事而不择手段的行为，在中国文化的立场上，是被知识分子轻视的，认为他们的出处有问题。

这种出处的问题，现代的青年不大注意了，以前的读书人则非常重视、注意而研究的。我们认为孟子的观点是对的，虽然历史上说“伊尹负鼎要汤”，说他背了一个煮菜的锅而成为宰辅，但孟子说他“耕于有莘之野”，说他实际上原本不想出来，志在当一个隐士。

为什么说他负鼎？鼎不就是古代的锅吗？这一点，连司马迁都无法考据，只好人云亦云，说他是做菜的；所以这里万章也说“以割烹要汤”，说他是拿菜刀锅铲的。其实负鼎是指他自己只有一口破锅，种种田，当隐士，在一个茅草棚中，守着这口破锅不肯出来。我们研究唐宋以后当隐士的情形就知道了。在禅宗的记载中，有些大禅师的折足铛，就是悟了道的人，住到深山里所用的三脚锅。那个锅断了一只脚，要垫上一块砖头，下面才能生火煮饭。傅说的版筑也是一样，自己筑一间土墙房子，上面盖上茅草，在那里当隐士。

再说负鼎，意思并不是做菜的，而且在古代，一个做菜的厨师，是不可能跟君王见面的，尤其是后代的皇帝，更不可能。御厨把菜做好，经过十几道转手，最后到了服侍皇帝吃饭的妃子或太监手上，还要马上用银筷子试一下有没有毒。所以厨师是不可能见到皇帝的。所谓“负鼎”一词，这个“负”，是负气，自负才能之负，不是真的背在背上的意思，负鼎就是描写伊尹守着一口破锅，始终不肯出山做事。后来，因为汤再三恳切地请他，他自己也想到应该出来，才答应出来，所以形容他是负鼎而出山。这是我的看法。

所以孟子这里，说伊尹改变主意的理由，是一个重点。我们要注意，万章为什么会突然提起伊尹“割烹要汤”的问题？很可能万章在外面听到马路新闻，大家正在批评，这个时代如此纷乱，孟子有这样好的学问，为什么不出来做一点事？甚至要求万章，以学生的身份，去说动他的老师出来。所以他冒冒失失地到老师这里，企图说动孟子。可是万章又很会说话，没有直截了当地说：老师你就出来做官吧！因为孟子喜欢讲中国文化，他就转弯抹角的，把中国文化中，第一位贤相伊尹有关的这一段传说，一下子给提了出来，做一个试探，以免挨骂。如果孟子责备起来，他可以推说研究历史，如果孟子透露了愿出山的意思，他也可以乘机进言。

其实孟子早已知道万章提这个问题的本意，所以他说到这里，仍借伊尹之口说：

天之生此民也，使先知觉后知，使先觉觉后觉也。予，天民之先觉者也。予将以斯道觉斯民也，非予觉之而谁也？’思天下之民，匹夫匹妇，有不被尧舜之泽者，若己推而内之沟中。其自任以天下之重如此，故就汤而说之以伐夏救民。吾未闻枉己而正人者也，况辱己以正天下者乎？圣人之行不同也，或远或近，或去或不去，归洁其身而已矣。吾闻其以尧舜之道要汤，未闻以割烹也。《伊训》曰：‘天诛，造攻自牧宫，朕载自亳。’”

孟子说上天生这些人，是要已经悟了的人，去教化未悟的人；我总算在人类中有点头脑，算是悟了的，我也承认我是一个先觉，也想教化别人，这个责任在我，我也不逃避这个责任。但是负这个责任，不一定要出来从政啊！传播文化种子，一样可以挑起这个责任呀！

这些话，都和禅宗的歇后语一样，前面说一个话头，后面的话是给听话的人自己去参悟，“非予觉之而谁也”，如果不由我去教化由谁去教化？这是话头，下面的话，就要万章去参了。

孟子又说：伊尹后来答应汤的要求出来，是他觉得对民族、国家、社会、人类有责任。看到天下的人，没有得到尧舜那样清明的政治，安居乐业的惠泽，就好像是自己把这些人，推到污水里一样，是自己的责任，所以，古代真有圣贤之心的知识分子，自然就挑起这个担子来，以自己的知识、学问，能做多少就做多少。因此他答应出来，并要汤出兵，推翻了夏桀，而救民于水火之中。

孟子结论说：不管过去的历史，现在的情形，乃至于未来的发展，我从来没有听说过一个人自己出身行为不正，却能够去纠正别人的。

从孟子这句话，我们会有很多感想。历史上许多英雄人物，在他们刚起来的时候，都有点乱七八糟，不正，而后来都成了英雄人物。但是，历史也是最明显的因果纪录，怎样得天下的，就怎样失天下；怎样站起来的，后代也一定怎样倒下去，这是千古不易的法则。历史上以不择手段而得天下，成功事业的，把时间一拉长来看，最后的因果，也是毫厘不差。我经常举的例子，满人以趁机顺手入关，孤儿寡妇，到中国来统治了三百年，最后撤走时，还是孤儿寡妇退回关外，岂不是毫厘不差！明朝、元朝、宋朝、唐朝，一路上去，都是如此。所以一个正人君子，不管是个人的事业，或者国家、社会、天下大事，出处一定要正，头正身才正。

所以孟子说：自己弯弯曲曲，要歪手段出来，而想使别人正直，这是做不到的。更何况，如果是以卑贱可耻的行为而成功的，那伊尹怎么可能成就圣君贤相之功？这根本是不可能的事情。

基于历史因果的定律，孟子有关伊尹的话，应该是正确的；他这两句话，说明了万章所说“伊尹以割烹要汤”是不可能的。孟子并不需要根据历史资料说话，他只需要根据历史的哲学来答复关于伊尹的历史问题。同时他也推翻了万章心里想讲的话，把他的嘴给封住了，等于无形中对万章说：你心里的话不必说出来，你是我的好学生，也不必轻易劝我出山，我是不会答应的。这些话，孟子并不需要明讲，所谓“尽在不言中”，师生两个人都很聪明，相互之间都在打机锋。

孟子最后作结论说：从古以来，圣人的行为与一般人是不同的，“或远或近”，这四个字意义深长，远、近，可解释为时代的远或近，区域的远或近，个人事业前途的久远或目前，或者去，或者不去，干或不干，“归洁其身而已矣”，都有一个标准，就是洁身自好，始终是清清白白的。不论出来当皇帝或当宰相，尽管功留万世千秋，而我还是我，出来时赤裸裸的，清清白白；回去时也是赤裸裸的，清清白白。不因地位、功名、富贵而染污了自己，这是圣人之道，是中国文化的精神。孟子认为，伊尹只是以尧舜之道和商汤见面，两人共同负起改造历史的使命，从来没听说过伊尹是做得一手好菜，因为要拍汤的马屁，与汤接近而坐上宰相的位置，这不是伊尹的行为。孟子又引用《书经》上《伊训》中说的：“天诛，造攻自牧宫，朕载自亳。”

《伊训》是《书经》中《商书》的一篇，当太甲嗣位，伊尹以五朝三代的老臣身份，写这篇文诰来教训这位年轻继位的帝王。在《书经》中的文字，和这里的略有不同，但意思是一样的。《书经》上的原文是：“皇天降灾，假手于我有命，造攻自鸣条，朕哉自亳。”

孟子引用《伊训》的话——“天诛，造攻自牧宫，朕载自亳”，这是《书经》上的逸文，就是正史上所没有的记载。这是汤成功以后所说的话，等于汉高祖成功了以后，大封功臣时所说，功最大的是萧何、张良、陈平三杰，指那些冒矢石的武将，不过是他们三人计划中的“功狗”而已。汉高祖讲了真实话，但古人以道德为出发点，不能这样讲，所以汤在《伊训》中的这几句话，等于说，我很有幸，用高车把伊尹请来了。

《孟子》这部书，在文字上似乎容易懂，但也很难读，像禅宗的话头一样，需要参。万章一路下来，都说尧舜公天下，大禹传天下于子，历史上称为家天下，但他不谈这个问题。接下来，就是讨论汤武革命，这也就是前面说过的，如宋代那位读书人的两句诗："当时尚有周天子，何事纷纷说魏齐"，这是一个问题。孟子在这个时候，究竟想干什么？他没有明白表示想要号召诸侯，把这位债台高筑的周天子推翻；但是，他也没有像孔子一样，主张天下尊周。所以读《孟子》的重点就在这里，孟子盛赞尧舜的禅让，紧接着就是讨论汤武的革命。

孔子的进退行止

万章问曰："或谓孔子于卫主痈疽，于齐主侍人瘠环，有诸乎？"

孟子曰："否，不然也，好事者为之也。于卫主颜雠由。弥子之妻与子路之妻，兄弟也。弥子谓子路曰：'孔子主我，卫卿可得也。'子路以告，孔子曰：'有命。'孔子进以礼，退以义，得之不得，曰有命。而主痈疽与侍人瘠环，是无义无命也。孔子不悦于鲁、卫，遭宋桓司马，将要而杀之，微服而过宋。是时孔子当阨，主司城贞子，为陈侯周臣。吾闻：观近臣，以其所为主；观远臣，以其所主。若孔子主痈疽与侍人瘠环，何以为孔子！"

有一天，万章又向孟子提出一个问题说：老师！有人说，孔子也是有问题的。他到卫国的时候，是住在一个外科医生家里；在齐国的时候，则是住在佞臣瘠环的家里，这是事实吗？

孔子周游列国时，在卫国住得最久，所谓“子见南子”这件事，就是在卫国。当时的国君卫灵公，后世史家说他不太聪明，实际上卫灵公是一个非常聪明的人，他在死后的谥号得一个“灵”字，也是不容易的。古代帝王，凡是谥号称“灵”的，都有点神经兮兮，但并不是精神分裂症之类的精神病，只是特别敏感，或者喜怒不易揣摩，有一点点神经质的样子，如汉灵帝等都是这样。对于粗暴不仁的，谥号则多用“武”字，如汉武帝、唐武帝等。所以卫灵公是相当聪明的，当时卫国的政治也相当修明，贤人也相当多。在古代，医生（古称巫医）是被人轻视的，每每和巫术放在一起，尤其以外科医生为甚。像痈疽这种外科是动刀的，为人们割疮，平常则是挑一个招牌，穿街走巷串村落的江湖郎中之类。

万章提出这个问题，是有所感慨的，好像说：老师，你既然不想出来做事，不想功名，那么就以前辈圣人来跟你比一比吧！于是提出了这个问题。

自古迄今，观察一个人，往往就看他所交的朋友，所以年轻人出去，交游要特别慎重。像孔子这样的人格、修养、学问、道德，竟然寄住到一个外科郎中和一个佞臣家中，接受他们的招待。万章言外之意，是对孟子说，即使是孔子这样的前辈圣人，到了困难的时候，这样“明知不是伴，情急且相随”的事情，也干得出来。

孟子说：不！不是这样的，这是后世那些欢喜造谣生事之徒说的，不是真实的事。这就像现在有些文人，为了稿费而乱写的历史小说一样。事实上，孔子在卫国的时候，招待他的是颜雠由，虽然地位不高，却是一位正人君子。其实当时在卫灵公面前，有一个最得宠的大臣弥子瑕，他的太太和子路的太太是姊妹，弥子瑕和子路是连襟。弥子瑕既是卫国的权要，随时可与卫灵公见面，弥子瑕曾对子路说，请你的老师和同学们住到我那里去，卫灵公常到我那里，随时可以见面谈话，欲当卫国的宰相，保证可以办到。子路也曾经将弥子瑕的这番话，报告给老师，孔子听了以后，在我们想象中，他也许笑一笑，然后对子路说：人生的出处，自有天命的安排，我不想这样做，因为孔子是讲究正命的道理。孟子举出这些事例，然后说："孔子进以礼，退以义"，孔子在进退之间，都有他的道理。

青年人要注意，在接受学校教育毕业后，到社会中去工作，第一步的"出处"很重要，走错了很难转回来，所以人一进一退，都要恰到好处。孔子在《易经》中说："知进退存亡而不失其正者，其唯圣人乎"。该进的时候晓得进，该退的时候立即退，该站的时候站，该躺下去的时候躺下，要做得恰到好处是很难的，只有圣人才做得到。

所以孟子说孔子，一般人说他在卫国和外科医生做朋友，在齐国和佞臣做朋友，这是别人诬蔑他、毁谤他的话，普通人都不会这样做，何况是孔子这位圣人。如果他真的这样做的话，那就是无义无命了，孔子绝对不会这样做的。

孟子继续又举出一件史实来证明，他说，孔子在鲁卫之间最落魄不得意的时候，受到宋国的司马桓魋迫害，他讨厌孔子，准备把孔子杀掉，孔子得知消息，换了衣服，化装逃出来。

孔子当年已极有声望，周游列国时，虽然只带部分门人，但因有三千弟子散居各国，所以各国诸侯都存有戒心，谁还敢用他？更怀疑他是否是来造反或当难民的。

历史上描写他过宋之时，逃出来在一棵大树的旁边休息，宋国的司马，略似现代三军总司令，那个名叫桓魋的，派兵把这棵大树拔掉。这是文字表面上的意思。中国古代的文字，因为太简化了，的确难懂。桓魋要杀孔子，拔他旁边的一棵大树干什么？这种以文释义的解释，是不通情理的，读古文遇到这种讲不通的地方，就要加以研究了。

桓魋当时有兵权在手，是派兵要追杀孔子。我们知道，孔子深通六艺，六艺包括礼、乐、射、御、书、数，其中射与御，分明就是武事，而“数”，并不只是现代的数学，而是包括了天文、地理、韬略，等等，可知孔子并不是不懂军事的。虽然也曾有人向他请教兵法，他说不知道，那只是一种推托之辞，因为他不主张以武力解决问题，而主张行仁义以治天下。这次他从宋化装跑出来，也是保持这个原则，逃出来以后，为了自卫，选择地形把学生部署，以丛林为掩护。桓魋没有办法，就派兵去砍伐丛林，准备作战。孔子尽可能的不打，在桓魋的兵忙于砍树的时候，就乘机逃出来了。

孟子说，孔子在最落魄失意又困难的时候，是住在宋国的一位贤大夫司城贞子的家里。司城贞子的身份是陈侯，陈国这时已经破灭了，但国家未完全灭亡，所以仍算是周天子的臣子。孔子在如此困难、危险的时候，宁可冒生命的危险，也不会随便去住到其他人家里。

最后孟子做结论说：“吾闻：观近臣，以其所为主”，据我所知道的，观察一个君王身边当权派的大臣，就看他所接待的，是什么样的宾客；再看他所交游的朋友，是正人君子，还是酒肉朋友，就知道他贤或不贤。观察一个远臣，就是远游的人，就看他住在什么人家中。如果说孔子在远游的时候，会随便住到像痈疽与侉臣这种乱七八糟的人家去，那孔子也就不叫做孔子了。

万章在这里为什么提出孔子住在何处的问题来？这又有什么相干呢？这中间就有可研究之处了。

这时，孟子也正是相当倒霉的时候，万章心里的话是在说：老师，你老人家迁就一点吧！对一些有地位、有办法的人，点一个头，多打一个招呼，你就有办法了，我们也就有办法了。可是，老师你就是不肯低头。万章不好意思把这个话说出口，只有举出孟子最佩服的孔子来举例；意思是说孔子临到困难的时候，都会变通，你既然这样捧他，就仿效仿效他也无妨啊。而孟子答复他的话，也非常的妙。

古人把这些话，记录下来成书，如果从文字表面上看，只是两师生讨论百年前孔子曾经住在哪一家的问题，这不是浪费吗？我们将他的上下文连贯来看，就自然就会发觉它深远的道理了。

万章接着又提出一个问题：

百里奚助秦的多种说法

万章问曰：“或曰：‘百里奚自鬻于秦养牲者五羊之

皮，食牛以要秦穆公。’信乎？”

孟子曰：“否，不然，好事者为之也。百里奚，虞人也。晋人以垂棘之璧与屈产之乘，假道于虞以伐虢。宫之奇谏，百里奚不谏。知虞公之不可谏，而去之秦，年已七十矣，曾不知以食牛干秦穆公之为污也，可谓智乎？不可谏而不谏，可谓不智乎？知虞公之将亡，而先去之，不可谓不智也。时举于秦，知穆公之可与有行也，而相之，可谓不智乎？相秦而显其君于天下，可传于后世，不贤而能之乎？自鬻以成其君，乡党自好者不为，而谓贤者为之乎？”

在这里，万章似乎在对孟子使用武功上的“谭腿”招数，一招接一招的打出去，好像孟子住在万章这位学生家里，经济力量撑不下去的样子，心里在发急，想说“老师，你老人家可别坐吃山空，到外面做个官吧！”的味道。这当然是一句笑话。反正，他总是希望孟子出山，用伊尹说不动，用孔子也说不动，现在他又提出春秋时候的百里奚来。

万章说，历史上说百里奚自己卖身，不过“自鬻”两个字，只是在《孟子》这本书上万章这样说他的。这两个字相当重要，“自鬻”就是自己卖身，等于说他当时穷困潦倒，虽然拿了一张毕业文凭，但到处找不到工作，没有办法，只好自己卖身了。

古人卖身的情形，现代三四十岁以下的人，没有看见过，不会知道。如果是年纪大的人，还是见过的。民初军阀盘踞北方的时候，黄河两岸，遇上水灾、蝗灾的荒年，当地的居民无以为生，“逃荒”到长江以南的鱼米之乡来，就有人自己卖身。乃至在抗战期间，西北、西南的边疆地区，还有穷苦的人出来卖身，他们用稻草像打结一样，但不将两端拉紧成结，编成一个圈圈，插在头上，表示卖身，给人家当奴仆。古代的奴仆，有时价钱很便宜，像抗战时边疆地方，无论男仆女奴，一包女人用的绣花针，就可买到一个奴隶。如果买年纪较轻，身体健硕的女奴，再加两根头绳就可以了。女人束发的彩色带子就叫头绳。在夷区中，有的俘虏被卖来卖去，一生被辗转贩卖，到最后欲想赎回，都难以做到。

万章说百里奚自己卖身，只得了五张羊皮的代价，就成了人家的奴仆，做割草喂牛的苦工。由于他把牛喂得肥肥的，被秦穆公看见了，问他用什么方法把牛养得这么好，于是两个人讨论畜牧学，后来秦穆公请他当宰相。

但现在历史上我们可查到的资料，并不是万章所说的那样，历史上的记载是：“在周惠王丙寅二十二年秋九月，虞大夫百里奚奔秦，秦始得志于诸侯”，他是第一位以客卿的身份相秦，而使秦国开始富强起来，他在诸侯之中，是有地位的宰相。

司马迁的《史记》则说，当晋国打败虞、虢两个国家的时候，虞国连国君都被俘虏了，而百里奚是虞国人，被虏后送到秦国，成为秦穆公夫人的奴隶。百里奚就逃出秦国，到南方“宛”这个地方——即现在的南阳市，可是又被楚国人抓去了。这时，秦穆公知道他在虞当大夫时的贤能，就以五羖羊皮把他从楚国人的手里赎回来，当时百里奚已经七十多岁了。秦穆公把他赎回来以后，和他讨论国家大事，他非常谦虚地自称亡国之臣，没有资格谈什么国家大事，结果两人谈了整整三天，秦穆公就把国家大政交给他。

在推举他的人之中，有一个是有远见的朋友蹇叔，百里奚在谦让的时候说，他得以脱离在齐国的穷困而到周去，也是蹇叔帮忙。周王子颓好牛，百里奚曾经为周王子颓养牛，等到颓要用他的时候，蹇叔阻止了他。周惠王二年，周王子颓作乱，到周惠王四年，颓被杀了，幸亏当年蹇叔阻止百里奚为颓所用，才没有被牵连进去。后来百里奚作了秦国的辅相，因为他是由秦穆公以五羖羊皮赎回来的，所以后世又称他“五羖大夫”。

百里奚当了秦国的宰相，可以说是富贵到了极点，可是他离开家，和太太分别的时候，因为家里贫穷，他太太杀了一只孵蛋的老母鸡为他饯行祝福，可是连烹鸡的柴火都没有，只好砍下一个门斗——现在到乡下的旧式房子还看得到这种装木门的门斗——当柴烧，将鸡烹了给他吃。后来，他当了秦国的宰相，还未及去接他的太太，太太得知他当了宰相，就到秦国找他。在当时可不比现在，可以在街头拿起公用电话，打一个电话就联络上了，那时一个外国的贫妇，想见当朝宰相，谈何容易，连在门口多站一下，也可能被抓起来治罪的，所以等十年也见不了面。她实在没有办法，自己卖身到宰相府中当浣妇——清洁工，才看到丈夫坐在大厅上。她就弹了琴唱起歌来说：“百里奚，五羖皮，忆别时，烹伏雌，炊扊扅。今日富贵忘我为。”百里奚听到才想起了往事，查问之下，才和他的太太重聚。这首歌名为《琴歌》，也是一首有名的古诗，不过这是后汉时的应劭所写《风俗通》中的叙述，已经和百里奚相隔千把年了，而且是收集自社会上流传的民歌，它的正确性，也是可怀疑的。

孟子对万章这个说法不承认，他说：没有这回事，也是多事者说的。换言之，孟子在这里等于对万章表示，你想卖我，我就是不卖。

孟子说：百里奚是虞国人，并不是那么穷苦的，他也是虞国的大夫。在周惠王癸亥十九年的时候，晋国用“垂棘”，产玉名地所出最好的玉，以及晋国产马著名的“屈”地的良马送给虞国，向虞国借道路去打虢国。虞国的另一位大臣宫之奇表示反对，建议虞国的国君不要答应；百里奚则一句话也不说，因为他知道虞的国君，不会接受这种意见，如果说了话，说不定自己要被杀的，所以他干脆不说话，跑到秦国去了。这时百里奚已经快七十岁了。

孟子一口气又接下来说：他到秦国已经是七十多岁的老头子了，还有这个体能、精力，来以放牛、喂牛的方法，去和秦穆公见面吗？这是不可能的。而且这种方法不好，将来对他的声名会是一种污辱，他如果这样做，能算是智慧吗？他对他自己国家的国君，在国家危险时，都不说一句话而离开，这是他的智慧，但是他“知穆公之可与有行也”，所以才去秦国发展他的抱负。他是这样极有智慧的人，还需要去卖身吗？他当时认清楚了天下大势，只有秦穆公还有作为，一眼看准了，所以就到秦国去，实现他的抱负，使秦穆公扬名天下，传于后世，这要大贤大智的人才能做到。至于自己卖身，连一个乡下人，稍稍爱好自己品德的人也不肯干，何况一个有修养、有学问的人呢？当他第一步站出来的时候，会不择手段吗？这样一想，就知道你们说的是民间传说，是靠不住的。

历史的记载，不一定与事实相符，有时候是写历史的人，对某一个人有主观成见。人想做到大公无私是很难的，例如唐朝的历史，当时有一位大学者王通，唐太宗以下的开国将相，大部分是他的学生，可是唐朝的历史之中，连一篇王通传记都没有。因为王通和唐太宗的舅子长孙无忌不和，写史的人惧怕长孙无忌的威势权力，而不敢写王通，所以有时连正史都靠不住，更何况万章这里发问时，一开头就是“或曰”，用了不肯定之辞，以现代语来说，是“闪烁其词”。也可能是万章由于存心想逼孟子出来，故意说百里奚是“自鬻”的。所以孟子答复的话，也等于是辩护时拿出来的理由，可以说是有相当道理的。同时，他这样答复，是在替百里奚辩护，也是自辩，等于暗示万章说，不必再来游说我了，你希望我卖身给人，马虎一点站出来做事，我孟轲是不会这样做的。

万章章句下

四种典型的人

> 孟子曰：“伯夷，目不视恶色，耳不听恶声。非其君不事，非其民不使。治则进，乱则退。横政之所出，横民之所止，不忍居也。思与乡人处，如以朝衣朝冠坐于涂炭也。当纣之时，居北海之滨，以待天下之清也。故闻伯夷之风者，顽夫廉，懦夫有立志。

孟子好像在这里自言自语，又提到伯夷、伊尹、柳下惠、孔子，这几个不同类型的人，好像并不是万章提出来的问题，可是却放在《万章》篇中。

为什么孟子这几段话会放在这里？读古书要另外带一只眼睛，才能看清楚他背后的意义。

以现代的编辑技巧而言，这种手法也非常高明，前面说的是尧舜，讨论君道；接着是谈伊尹几个人，讨论臣道；后面接着，万章问友道。在万章提出友道之前，孟子这里又列出四个典型人物，谈他们的立身出处，这是孟子自己说的，并没有人问。宗教家的教化方法也是如此，如佛经里，有些是佛自说的；有些是受教的人有疑惑提出问题，而佛加以解说的；有些必须受教者问到时，佛才可以说，也才应该说。所以这些说教的方法，都有其很深的意义存在。

其实，关于伯夷的问题，在《公孙丑》上下章中，已经讨论过了，现在为了四个不同典型人物的并列，又在这里作一次重复的讨论，这就是编辑的手法，读者要另具慧眼，才能看到《万章》篇中的重心所在。当然，如果不好好用心去读，还是找不出重心，必须在读完以后，再加以寻思，把全书融会贯通，就会找到他的要点了。就如一串珠子，放在盘中，看来似乎散乱，但能看到那串珠的线头，轻轻一提，就是一串彩色排列有序的念珠。也等于医生治病，下针即可得穴道。所以，这时的《孟子》，看来不再像一段一段教条似的，前后随便倒置，而是气势一贯，脉络相连，组织严密的好文章；也是一则处处有交代，前后相呼应，循序发展的好故事。甚至可以将它改写成现代小说或剧本。

现在孟子说："伯夷，目不视恶色"，伯夷这个人，不看任何不好的东西；一切不好的声音，他也不听。当然，五官、四肢、心意所能接触的一切不好的色、声、香、味、触，他都不去接触，心中也不起坏念头。在立身出处上，凡是他认为不够格的领导人，就不跟这种人合作，不为他做事。他本来是纣王的宗族，因厌恶纣王的无道而离开了；对于下面，认为不够资格由他来领导的，他也不愿做这个地方的长官。只有在天下治平，社会上轨道，可有作为的社会，他才出来做事；生逢不可救药的社会，他就退隐。因为他不愿在横行霸道的政权与社会势力之下住下去，也不愿意与愚痴的乡巴佬相处，他认为如果处身在这种环境之中，就如同穿了大礼服，却坐在污泥地上一样的难过。

孟子把伯夷这个人的思想、个性、人格，描写得一清到底，绝对的清高。世界上的确有这样的人，可以说是真正的

“清流派”，伯夷就是代表人物，看起来古怪，几乎不近人情，可是他只顾自己一味地清高。

孟子说：当纣王为殷商的天子时，伯夷逃开了，住到北海的海边去，可能在现今山东烟台一带，乃至于靠近韩国的海边住下来。他在这种边区，少与人往来，也看不见政治、社会的阴暗面；眼不见为净，以等待政治的安定，社会的澄清，就是这样的退隐了。

孟子说：伯夷这一种清高的风范，对社会发生的影响，是使冥顽不灵的人，个个都廉洁起来。有些生活行事严肃、懦弱的人，憨头憨脑的人，有自卑感的人，表面上傲慢的懦夫等等的人，也能够立志。

这是孟子所说的一种典型，不妨名之为伯夷型，或伯夷格，这是第一种人。

第二是伊尹型，大部分都是重复《万章》上篇中的话。

> “伊尹曰：‘何事非君，何使非民?’治亦进，乱亦进。曰：‘天之生斯民也，使先知觉后知，使先觉觉后觉。予，天民之先觉者也，予将以此道觉此民也。’思天下之民，匹夫匹妇，有不与被尧舜之泽者，若己推而内之沟中，其自任以天下之重也。

孟子说：伊尹讲过“何事非君，何使非民”，伊尹这个人，平和通达，谁当老板都一样，我都使他变成圣人。任何一个老百姓，都是好老百姓；任何一个部下，都是好部下。因为，这一切都在于我如何去辅导、运用，使他们能发挥才能。太平盛世要去做，乱世社会，更要努力去做，这就是佛家大乘的精神。伊尹是这样的一个理性知识分子、士大夫，自认天生有他的责任，所以，在任何环境下都不放弃努力。

下面孟子再把柳下惠作为第三类型的人，加以说明：

> “柳下惠，不羞污君，不辞小官；进不隐贤，必以其道。遗佚而不怨，阨穷而不悯：与乡人处，由由然不忍去也。‘尔为尔，我为我，虽袒裼裸裎于我侧，尔焉能浼我哉？’故闻柳下惠之风者，鄙夫宽，薄夫敦。

大家都知道柳下惠这个人“坐怀不乱”，这里孟子说柳下惠的人格是不会受污染的，老板乱七八糟，也没有关系，待遇虽少，仍然替他做事，老板是老板，我是我；小官可以干，大官也可以做。有好的人才，就把他推荐出来；做好事，有功劳的人，也毫不隐瞒替他宣扬，但是不乱拍马屁。假使有人忘记了他，被放在冷冻库里，他也没有牢骚，心里也不怨恨。穷困的时候也不自卑，和愚痴的乡巴佬在一起，也可以相处得很好，因为这些人天真、说老实话，虽然说粗话，但对他们有些友爱，不忍心离他们而去。柳下惠认为：你是你，我是我，朋友混蛋，我不混蛋，你脱光了在我旁边也没有关系；你虽然脱光了，可是我还是衣冠整齐哩！你的污点，到不了我身上来。

所以柳下惠又是另一种人格，能学到他的这种人格和作风，就算原来很小器、锱铢必较、心量不宽的人，都会把器量放宽，尖刻的人也会变得敦厚起来。

下面第四种，是孔子型：

“孔子之去齐，接淅而行；去鲁，曰：‘迟迟吾行也！’去父母国之道也。可以速而速，可以久而久，可以处而处，可以仕而仕，孔子也。

孟子说，孔子离开齐国的时候，说走就走，刚刚看到情形不对，米都洗好了，连饭也不煮，立刻就走了。

孔子在齐国的时候，齐景公想用孔子，便和他的宰相晏婴商量，晏婴说了一些理由反对掉了。这消息一传到孔子的耳中，孔子立刻就走。后世误会晏子排挤孔子，其实孔子和晏子是很好的朋友，晏婴知道，如果孔子被齐国留用，将来一定会身败名裂的，所以为了爱护孔子而反对。孔子后来赞他：“晏平仲善与人交，久而敬之”，这时晏子已经死了。

因此，孔子之离开齐国，是齐国想用他，他不能也不愿被用，所以他一听到这个消息，知道情形不对，马上就走。

至于他离开鲁国的时候，口里说走，留了几个月都还没有动身，天天说：我要走了，还是没有走，因为那是他父母之国，不忍心离开，所以“可以速而速，可以久而久，可以处而处，可以仕而仕”，这是孔子。

所有的这些人格典型比较下来，孔子是“圣之时者也”，他做任何事，都有他的分寸，该多一分的他加一分，该少一分的，他减一分，绝对不会马虎。

几种人格的典型，都放在面前，看我们要做一个哪样的人。另外，还有一种人格的类型，要我们来评估了，那就是孟子本身的人格。孟子究竟是怎样一种形态？大家研究《孟子》以后，不妨给他一个评价。

下面是孟子为他们四人下的评语：

孟子曰："伯夷，圣之清者也；伊尹，圣之任者也；柳下惠，圣之和者也；孔子，圣之时者也。孔子之谓集大成。集大成也者，金声而玉振之也。金声也者，始条理也；玉振之也者，终条理也。始条理者，智之事也；终条理者，圣之事也。智，譬则巧也；圣，譬则力也。由射于百步之外也，其至，尔力也；其中，非尔力也。"

孟子说：伯夷是"圣之清者"，清高到极点。伊尹是"圣之任者"，对天下有责任心，治世要救、乱世也要救，好人要救、坏人更要救。这是大乘菩萨道，只有自己来承担责任。柳下惠是"圣之和者"，到处都能与人和平相处，和而不同，同流而不合污。孔子则不同了，是"圣之时者"，他看时事对与不对，时间、空间，环境需要不需要，该或不该，能或不能，综合起来，再决定出处做法，这是"圣之时者"，所以孔子是这几种人格典型的"集大成"。

后世元朝封孔子为"大成至圣先师"的"大成"一词的理念，应该是根据这里来的。所谓"集大成"，就是"金声而玉振之"，成语"金声玉振"就是出自此处。用现代的话讲，"金声"就是现代人说的："某人的人格响当当的"；"玉振"则是清楚的，不是糊涂的、混浊的，是玉敲出来叮叮响的声音，清脆而播送得很远。有道德修养只是圣人的一半，更要有道德的行为，又有高远的智慧。智慧譬如巧妙，圣譬如力量。智慧是般若，要灵活运用；圣是功夫，要一点一滴做出来。

圣人的这两项很重要，如佛家的定慧等持，智慧再高，没有定慧的行愿是不行的。而智慧是巧，亦不容易，有人会用力不会用巧，有的很巧而没有功力。如同射箭一样，在一百步外能够弯弓而射，那是功夫，是力量，是圣；可是能否射中红心，则是巧，是智慧。两种同等重要，智慧与行愿修持，如车之两轮，缺一不可。

北宫锜问曰："周室班爵禄也，如之何？"

孟子曰："其详不可得闻也。诸侯恶其害己也，而皆去其籍。然而轲也，尝闻其略也。天子一位，公一位，侯一位，伯一位，子、男同一位，凡五等也。君一位，卿一位，大夫一位，上士一位，中士一位，下士一位，凡六等。天子之制，地方千里；公、侯皆方百里，伯七十里，子、男五十里，凡四等。不能五十里，不达于天子，附于诸侯，曰附庸。天子之卿受地视侯，大夫受地视伯，元士受地视子、男。大国地方百里；君十卿禄，卿禄四大夫，大夫倍上士，上土倍中士，中士倍下士；下士与庶人在官者同禄，禄足以代其耕也。次国地方七十里，君十卿禄，卿禄三大夫，大夫倍上士，上士倍中士，中士倍下士；下士与庶人在官者同禄，禄足以代其耕也。小国地方五十里。君十卿禄，卿禄二大夫，大夫倍上士，上士倍中士，中士倍下士；下士与庶人在官者同禄，禄足以代其耕也。耕者之所获，一夫百亩；百亩之粪，上农夫食九人，上次食八人，中食七人，中次食六人，下食五人；庶人在官者，其禄以是为差。”

这一段是讨论周朝分封建国的政治制度问题，这里只有这样一点资料而已。关于各朝代政治制度问题，我国有专书讨论，如《十通》等一类的书，可以研究参考，所以在此不多讨论。

下面这一段，是万章提出来的友道问题，就是君道、臣道，一路讨论下来之后，开始讨论友道。友道就是朋友的关系，朋友之道是讨论一个人处世之道，尤其是一个知识分子，在社会上，该怎样自处。

这一段可以与《礼记》中的《大学》、《中庸》、《内则》、《儒行》等几篇连起来研究。《儒行》、《内则》两篇，就是阐述一个知识分子，应该怎样做人，怎样做事，怎样交友，人与人之间该怎样相处的道理以及重点。

交友三原则

万章问曰：“敢问友。”

孟子曰：“不挟长，不挟贵，不挟兄弟而友；友也者，友其德也，不可以有挟也。孟献子，百乘之家也，有友五人焉：乐正裘、牧仲，其三人则予忘之矣。献子之与此五人者友也，无献子之家者也；此五人者，亦有献子之家，则不与之友矣。非惟百乘之家为然也，虽小国之君亦有之。费惠公曰：‘吾于子思，则师之矣；吾于颜般，则友之矣。王顺、长息，则事我者也。’非惟小国之君为然也，虽大国之君亦有之。晋平公之于亥唐也，入云则入，坐云则坐，食云则食；虽蔬食菜羹，未尝不饱，盖不敢不饱也。然终于此而已矣。弗与共天位也，弗与治天职也，弗与食天禄也。士之尊贤者也，非王公之尊贤也。舜尚见帝，帝馆甥于贰室，亦飨舜；迭为宾主。是天子而友匹夫也。用下敬上，谓之贵贵；用上敬下，谓之尊贤；贵贵尊贤，其义一也。”

万章这里提出的问题很简单，“敢问友”，就是向孟子请教，朋友之道应该如何。

孟子告诉他说：交朋友之道，人与人之间相交，第一要“不挟长”，不以自己的长处，去看别人的短处。例如学艺术的人，见人穿件衣服不好看，就烦了；读书的人，觉得不读书的人没有意思；练武功的人，认为文弱书生没有道理，这都是“挟长”，也就是以自己的长处为尺度，去衡量别人，这样就不好。第二“不挟贵”，自己有地位，或有钱，或有名气，因此看见别人时，总是把人看得低一点，这也不是交友之道。第三“不挟兄弟而友”，就是说朋友就是朋友，友道有一个限度，对朋友的要求，不可如兄弟一样，换言之，不过分要求。一般人交友，往往忽略这一点，认为朋友应该一如己意，朋友事事帮忙自己，偶有一事不帮忙，便生怨恨。在另一面，对一个朋友不帮忙还好，越帮忙，他越生依赖心，结果帮忙他反而害了他，所以“不挟兄弟而友”。

这三个要点，非常重要，每人如略作反省，就会发现，

自己常会犯这三种毛病。

在相反的一面，“不挟长”就是并不因为对方有长处，想去沾一点光。“不挟贵”，也不是因为对方有地位、有钱、有权势才去交这个朋友，企图得什么便宜。例如民国初期五四运动后，因为胡适之是倡导五四运动的人物之一，因而出名，便有一个文人在文章中写道：“我的朋友胡适之”。其实胡适之并不认识他，直到现在，“我的朋友胡适之”这句话，常被人引用，去讥评趋炎附势、脸上贴金的人。“不挟兄弟”也就是说，只有一面之缘的人，却口口声声说：“他是我的老朋友，我们熟得很。”这叫做交浅言深，也是不好的作风。

“友也者，友其德也”，交朋友是为道义而交，不是为了地位而交，不是为了利用人而交，也不是为了拜把兄弟多，可以打天下，或如江湖上人“开码头”，“扬名立万”而交。交朋友纯粹是道义之交，不可有挟带的条件。常有年轻人说：“我们同学很多，将来可成为一帮”，这就是挟带了条件，已经不是真正的友道，只是利害的结合。孔子说，朋友的道义，是彼此规过劝善，不是专说好话。其次，朋友有“通财之义”，“患难相扶持”，不是富贵相扶持。其中以“通财之义”最难做到。自古以来有句俗谚“仁义不交财，交财不仁义”，可见通财之义更难。

孟子再举出古人的几个交友的例子来，阐明他所说的“不挟长，不挟贵，不挟兄弟而友”的友道三原则。

他首先举孟献子为例：孟献子是鲁国当年的第一位大权臣，他是百乘之家，古代的百乘之家，富比诸侯，权位等于鲁国的副国君。但是他在友道上了不起，他有五位真正的朋友。孟献子是周朝以来，几百年的世家出身，古代贵族永远是贵族，享有读书的特权。那时的社会，读不到书的人，永远读不到书，因为那时的书不像现在，可以随便买得到。那时尚无纸笔，古书的文字是用刀刻在竹简上，一片一片的，像现在我们手上的这部《四书》，就可能要堆积满满二十坪的面积。普通人谁读得起书？所以知识分子的家庭，子弟代代相传，永远是知识分子；平民欲想读书，比奴隶想发财更难。孟献子出身一个贵族家庭，所谓百乘之家，至少饲养四百匹马，当然有很多驾车的人。像这样的家庭，财富、权位都到了极点，可是他只有五个朋友。

照说，这样的家庭，朋友该很多，如战国时，孟尝君门下三千客，这都是朋友啊！都靠他、吃他的。而孟子和孟尝君是先后同时代的人，为什么孟子没有说孟尝君在友道上了不起，而只提孟献子有五个朋友？

孟子说：孟献子五个朋友之中有乐正裘和牧仲两位，另外三人忘记了名字，但这五个人是有道德、有学问、不求功名富贵的。君王想和他们交往做朋友，他们也不来，却和孟献子作了朋友，这就可见孟献子之不平凡。孟献子和他们交朋友，只是因为他们有道德、有学问；他们五人本身既无财富，也无权位，也没有把孟献子家的富贵放在眼里。

这是中国古代读书人、士大夫的精神，所谓“天子不能臣，诸侯不能友”。像尧舜时代的许由，尧去找他，请他当君王，许由赶快逃到溪水里洗耳朵。另一位隐士巢父，正牵着牛在溪边准备喝水，看见许由洗耳朵，就问为什么洗耳朵；许由说刚听了人家说了一番脏话，所以来洗耳朵，并把尧找他当君王的事告诉巢父。巢父说你洗过耳朵的水，牛喝了嘴都会脏，于是把牛牵到上游去喝水。像这一类人的思想行为，成为中国知识分子所标榜的高尚人格。孟献子的五个朋友，就是这一类型的人物。

孟子说，孟献子和这五个人做朋友，是忘记了自己的身份，忘记了自己的家世富贵权位，纯粹就是好朋友。这五个人看孟献子，也不管他的家世，只认为孟献子这个人够格、够条件作朋友，有味道，所以成为朋友。如果他们心目中有了孟献子家世的观念，也早就不和孟献子作朋友了。

这就是孟子说明交朋友的“友其德”的原则。

孟子说：不但孟献子这样的世家交朋友有如此好的榜样，就是一些小国的诸侯，也有这种情形的。费国的国君惠公，是周朝分封诸侯时所封的公，当时有公、侯、伯、子、男几种不同的等级。到春秋战国时代，一些诸侯们违反了这个制度，自己开始称王、称霸了。孔子著《春秋》，微言大义，就是批评这些不合理的事情。而费国之君，此时仍自称惠公，是遵守当时的制度的。他自己说做人原则：对于孔子的孙子子思，不敢说是朋友，仍尊为老师；对于颜般这个人，却是朋友，不是老师；还有学问很好的王顺、长息他们，那只是我的部下，替我做事的，我可以命令他们。所以他在“师道”、“友道”、“臣道”方面，十分分明。

朋友与政治

曾子曾经说过：“用师则王，用友则霸，用徒则亡。”孟子的这种观念，也是继承孔子、曾子的思想，而成为中国历史的一个定论。如汤之于伊尹，周文王之于姜太公，都是以师道相处；汉高祖之于张良，则在师友之间；刘备之于诸葛亮，则是以友道相待。所以用师道相处则是成王，成功最大；以友道待贤能的人，则可称霸；至于用徒，那就谈不上了，那只是爱用听话的人，只有让被用的人听自己的。用友则不同，可以相互讨论研究的；用师则更不同了，那就不只是讨论，老师说了就算数的。一个当皇帝的人，要听一个老头子的话，要听他说“你非这样办不可”，那还受得了！这种修养就很难。在感情上最痛快的就是用徒，只晓得当面“山呼万岁”，指东便东，说西就西，错了他也跟着错，绝不提出正确的意见。用这样的人虽痛快，可是有什么用？所以用徒者亡。

孟子又说：中国的历史经验中，不但像费国这样的小国之君有如此的典范，在大国之中，也有如此懂得友道的。就像晋平公对于亥唐这个贤人，也是一样，他去看亥唐，亥唐说请进，他就进去；说请坐，他才坐下；请他吃饭，他也就和亥唐一起吃饭。虽然吃的只是普通的素餐，他也照样吃得很饱，因为怕亥唐说他吃惯了宫廷中的山珍海味，嫌弃亥唐的素餐。但是，他们的交情就到此为止，晋平公并没有请亥唐“出山任职”，权、位、财富，一样也没给他。

这是为什么呢？只因为亥唐是一个贤者，是不愿出来做事的隐士，所以晋平公只是以一个读书人的身份和他交往，并没有以一个国君的身份和他做朋友。这只是私交、道义之交，不涉及公谊。否则的话，如请他做官，给他权位、财富，他可能和许由、巢父一样，要跑到溪水里洗耳朵，反而失去了一个贤人朋友。所以晋平公和亥唐这样的交往，是以一个读书人尊贤，不是以一个国君的立场。

孟子再举尧舜之间的友道。舜是尧的女婿，但在有岳婿关系之前，两人之间也是朋友，后来变成了君臣与翁婿的关系，最后才让位给他。

孟子说：当初舜见尧的时候，尧已经赏识这个人，想要他做女婿了，所以“馆甥于贰室”——古礼对女婿也称“甥”的，称“婿”是后世才有的。“贰室”就是副室，是帝王尧的副室，在尧隔壁的房间——古代君王的女婿，也称驸马，不是可以随时见到岳父的。在国家的体制上，驸马只是一个臣子，如果没有授给官位，还只是一个普通老百姓，而且驸马是不许干预国家政治的，所以认真说来，驸马是很可怜的。

从前听说公主要选驸马下嫁，一些可能被招为驸马的人家，每向祖宗磕头，请求保佑，千万不要让公主下嫁到家里来。如果公主下嫁到家里，视为倒霉，每天吃饭的时候，公主坐在首席，公公婆婆反而要在一边陪侍，这种滋味，很不好受的。而尧居然将自己的副室让给舜居住，已经不把他看成女婿，两人谈得来，尧欣赏他，把他当一个朋友接待。开饭时，两人也一起吃，可见舜的学问、道德、见解，使尧十分欣赏。许多事情，舜都提出好的意见，尧都接受，两人是以友道相处。尧与舜在初期的交情，是天子和普通老百姓的友道关系。

这些资料，在别处找不到，只有《孟子》这里提出来。当然，他是应该有所根据的，不会乱编故事。

最后，孟子列举了这几则友道的榜样，作了结论说：

“用下敬上，谓之贵贵；用上敬下，谓之尊贤；贵贵尊贤，其义一也。”这是孟子为友道下的又一个定义，意思是说，在上位的尊敬下面，就像尧当时对舜尊敬一样。尧的身份是君王、丈人、老前辈，但对舜以礼相待，没有以上级老前辈的身份对待下属，这就是“用下敬上”；以在下的态度，把他提高到平等看，这就是“贵贵”。前一个“贵”字为动词，后一个为名词——舜虽为下属，而尧看他是贵重的，因而就以贵重待他。“用上敬下，谓之尊贤”，这就较次一等了，因为自己仍居上位，为了尊贤而谦虚下士，尊敬别人，在下意识中，不忘自己身份之贵。但“贵贵”、“尊贤”，道理是一个，不过做法有差别。

《万章》中前面提到伯夷、伊尹、柳下惠、孔子等几种典型，这一段又谈友道的问题，孟子在讲友道时，进一步说明了一个知识分子立身处世的标准。其用意反正还是告诉万章，我自己绝对不会出来的，因为万章总是想说服他出山。

与人交往　礼尚往来

万章问曰：“敢问交际，何心也？”孟子曰：“恭也。”

曰：“却之却之为不恭，何哉？”曰：“尊者赐之，曰：‘其所取之者，义乎？不义乎？’而后受之；以是为不恭，故弗却也。”

曰：“请无以辞却之，以心却之，曰：‘其取诸民之不义也。’而以他辞无受，不可乎？”曰：“其交也以道，其接也以礼，斯孔子受之矣。”

万章又问到交际问题。交际就是人与人之间的交往。友道、臣道的交往范围较严谨，而交际的范围则广泛，是指人与人之间交往，属于一般普通性的，不一定是君臣、朋友之间的交往。

万章问：一个人与他人交际，应该采取什么样的心理状态？换言之，该以什么心理去与人交往？

孟子说：人与人之间的交往，要有恭敬的心理，不要儿戏，不要马虎，不只是表面打躬作揖的礼貌，要出自内心的恭敬诚恳。

万章再问道："却之却之为不恭"，这句话是什么道理？

现在我们流行两句成语，所谓"却之不恭，受之有愧"，如果只讲这两句成语，是很有趣的。例如，你送食物来给我吃，我说："受之有愧，却之不恭"吃你的，我难为情；不吃呢，对你不恭敬。还是吃掉吧！

却之不恭的道理，就是这样，有时过分的推辞，与轻易地接受一样，都是不恭。我们生活在人类社会中，经常会遇到中国文化中"受之有愧，却之不恭"的情形。每当收到人家东西的时候，接受嘛，心里难过，为什么又花钱买礼物送来？退回去吧，他又会多心。这种时候，就是"却之不恭，受之有愧"。

孟子与万章在这里讨论，不谈"受之有愧"，只讨论"却之不恭"的问题。要看送来的东西，是否合理，是否合礼；如果不合礼仪或不合道理，就要"却之"，不能接受。譬如一位小姐，认识一位男士，见面一两次，这位男士就送一枚戒指，硬拉小姐的手指给她带上。这时这位小姐是"却之不恭”呢？还是“受之有愧”呢？这就要慎重考虑了。如果既不合理，又不合礼，当然婉谢退回，甚至还拂袖而去，骂他鲁莽。这种事，却之才是恭的，受之倒是不恭的。所以恭，不只是外表的恭敬态度，更是内心的庄严，对自己重视，对朋友尊重。

孟子说交际的原则要“恭”，但是万章马上针对这个观念提出一句“却之不恭”来问老师，究竟是何道理。

孟子答复他说，“却之不恭”这句话是用在“尊者赐之”的场合，也就是当长辈、长上有赐赠时，不可拒收，所谓“尊者赐不敢辞”也，否则便是“不恭”。当然，应用这个原则，还要考虑两点，一是对方是否为“尊者”长辈；二是在收受之前应在内心考虑一下：“其所取之者，义乎？不义乎？”——即如果我收受了，是合“义”、“理”呢，还是不合呢？经过考虑，如果认为不收受就是不恭敬，那么就不可再推却了。

其实，这第二个原则也是一般的收受原则，如果是合礼的尊者之赐，所谓“尊者赐，不敢辞”，就要收下。年轻人遇到伯、叔等父执长辈，送给东西，不能退回给他说：我不要，这样东西我已经有了。如这样说，多扫长辈的兴，所以自己实在已经有了三件，还是不可以说出来，因为长辈是以为这是好东西才赐给你的，那就收下来，让长辈高兴一下也是好的。甚至可以学现代西方人的规矩，收到别人的礼物，当众拆开来，让大家都能欣赏，虽然自己已经有了，或者并不适用，也要表示自己正急需这样东西，而且称赞它的美好。

他们师生二人，就一直针锋相对讲下去，像在打机锋。

万章继续说：拒绝收受别人的馈赠，似乎不太好做，自己心里判断着“其取诸民之不义也”，如果接受不合礼不合义，或是东西来路不明的话，那么是否可以心中虽拒绝，口头不说出拒绝的真正理由，以“他辞”，委婉地加以拒绝。是否可以这样呢？

孟子对这疑问似乎没做正面回答，只是提出孔子的做法“其交也以道，其接也以礼”来说明。事实上等于告诉他的学生，对于动机不纯的交往，来路不明的东西，对于一切不义之财，都是不合“道”、不合“礼”的，那就断然拒绝吧，何必扭扭捏捏以“他辞”去拒绝呢？

孟子的真意 朱熹的怀疑

> 万章曰：“今有御人于国门之外者，其交也以道，其馈也以礼，斯可受御与？”
>
> 曰：“不可。《唐诰》曰：‘杀越人于货，闵不畏死，凡民罔不譈。’是不待教而诛者也。殷受夏，周受殷，所不辞也，于今为烈，如之何其受之！”

万章再就具体事例追问下去，说到“御人”之赠。

“御人”在现代语中，像是四川人所说的暴客、暴老二、土匪、强盗，所谓杀人越货的匪徒，强梁霸道，这就是“御人”。但这两个字也可分开，“御”是强夺，是动词，与人字合起来是抢劫别人的意思。

这是万章的假定，他说：假定有一个人，在国境之外抢了别人东西，回到国内，却与你作道义的交往，也很有礼貌的把东西送给你，这时候是否接受？

比方现在有一个人，在境外抢了别人的东西，回到台湾来，和你成为道义之交，又很有礼貌地把抢来的东西送给你，只说刚从境外回来，顺便带了点土产，给你做纪念，这样可不可以接受？

万章的这一个问题，问得非常之妙。因为这个“御人”，是在境外抢别人的东西，换言之，并不是抢你我自己人的东西，不管他是盗、窃、骗、占而来，反正与全国人无关。这样的东西，可不可以收？

孟子说：不可，绝对不能接受。根据中国文化传统精神，《书经》上《康诰》中说的，蛮横霸道地杀了人，又强占了人家的东西，一点也不知怕死，对这种人，社会上没有不憤恨的。有这种行为之人，根本不必再教导他，就可以正法了。

他们师生两人讨论至此，竟然说到与强暴之人交往的事情上去了，他们到底是指什么来说的？这些话的真正意义又是什么呢？好像说来牛头不对马嘴。其实这就像作文章一样，非常对题，绝对不是随便说的。

孟子紧接着还说：“殷受夏，周受殷”，商汤伐桀，推翻了夏朝，成立了殷商的帝王政权；武王起来革命伐纣，推翻了殷商的政权，成立了周朝的政权天下。而现在这种以攻伐为手段的事更厉害了，所以这种来源的礼物，应该不可以轻易地接受。

对于这段书，宋儒朱熹有注解。对于朱熹，我还是很尊重他的，因为他是夫子，夫子总该尊重的；不过不对的地方，也就是不对。对于孟子的这段答话，朱熹的注解认为，文句中一定掉了字，或者有多余的字。朱熹虽然早于我们一千多年，如果站在今日大学的讲台上讲课，而我是他的学生的话，我也一定举手要求发问，对他说：朱老师！你讲得不对，这段书没有多余的字，也没有掉什么字。因为《万章》篇他们师生之间的对话，一路都是针锋相对的用机锋语，讨论到这里，已经到了巅峰状态。第一，万章再三希望老师出来从政，孟子答复了许多理由，可是双方都在打太极拳，推来推去，不做正面的打法。到了这里，万章突然使出了“大洪拳”，虎虎生风，迎面打出，正式的发问了。他说：许多人固然是抢了人家的东西，可是“御人于国门之外”，并没有超过范围，这就是指当时战国七雄，都是自己称王，所谓齐宣王、梁惠王、秦昭王，等等，都是兼并弱小的诸侯，扩充自己的霸权抢来的天下，可以说这都是不义的。

这就是庄子说的“窃钩者诛，窃国者侯”，偷人一个带钩，被抓住了是处死；偷了别人的国家自己就称王。“诸侯之门，仁义存焉”，自己当了王以后，又讲起仁义道德了，叫人们不可以拿别人的东西，否则就要坐牢。所以说，五霸七雄的天下、王位，是谁给的啊？都是抢来的，都是“御人”。

万章知道孟老师这种心思观念，想说服他是非常困难的，所以这一段问话，等于劝老师说，这是人家自己去抢的，又不是你去抢来的；而且人家现在干得很好了，来送礼给你，请你干，你为什么不干？

可是孟子还是说不考虑。孔孟之道，是以国家民族的千古文化传统精神之发扬光大与持续为前提，以伸张正义为责任，对于不合理、不合礼的事，写历史的都以孔子的《春秋》笔法，加以“贬词”，绝不将就。所以孟子引用《康诰》的话，认为不合理的就是不合理，绝对不接受。

因此他也说，即使是汤、武的革命，严格讨论起来，在历史哲学上，还是站不住脚的。

不过话说回来，朱熹对于这段话，真的不懂吗？我看他是懂得的，只是不好意思讲出来。因为宋朝开始是赵匡胤陈桥兵变，黄袍加身；严格地说来，是抢了柴家的天下而得来的帝王。朱熹是宋朝人，在当时是不便讲的，只好说可能在这里掉了字。如果朱熹真的不懂的话，那问题就严重了，他这位“夫子”的招牌，可要动摇了。

孟子对这一问题的答复，是义正词严的，他说，纵然是殷、周的革命，也是“诸侯之门，仁义存焉”。“所不辞也”这四个字，在这里用得好极了，是绝妙的机锋。这四个字，可以解释为商汤、周武他们居然就这样干下去，而不知道“却之不恭，受之有愧”；也可以解释为像殷、周这样的革命成就，不必再挑剔了，因为他们后来有功德，对国家民族的确有贡献。所以古文有时候很妙，虚字眼的运用，正如禅宗所说，“如珠之走盘”，很难下断语。

不过孟子下面的两句话“于今为烈，如之何其受之”，分量更重了，意思是说，现在的社会，越来越糟糕了，传统正义文化精神没有了，“如之何其受之”，等于说：这种情形，怎么可以随便接受人家的赠予呢？这是不应该接受的。

因此，顺便想到清朝雍正时期的一件事：雍正三年，在整治年羹尧时，蔡珽是第一个公开揭发、弹劾年羹尧的人，并不遗余力地清查年羹尧的财产。年羹尧被赐死后，雍正将没收来的年羹尧的房屋、奴婢，还有金银绸缎，等等，赐给御史蔡珽。蔡珽说，年羹尧的房屋是国家赐给他的，奴婢是隶属于内府的人，而金银财产皆不可问之物。佛经上说："审己功德，量彼来处"，我不能接受这个赏赐啊！于是坚决辞而不受。雍正听了大为赞赏，这也是"如之何其受之"的道理。

再看下文，更为明白，因为孟子自己作了更明白的解释，而朱熹说是掉了字或有衍文，如果引用孟子一句话的说法，就是"不亦异乎"？好奇怪哦。

王贼并称

曰："今之诸侯，取之于民也，犹御也；苟善其礼际矣，斯君子受之？敢问何说也？"

曰："子以为有王者作，将比今之诸侯而诛之乎？其教之不改，而后诛之乎？夫谓非其有而取之者，盗也，充类至义之尽也。孔子之仕于鲁也，鲁人猎较，孔子亦猎较；猎较犹可，而况受其赐乎？"

万章这位难缠的学生，到这里又要套住老师的话去诘难了，他话题一转就转到实际政治社会上去了。他说："今之诸侯，取之于民也，犹御也"，现在诸侯们所有的金银财宝，无非是从人民口袋里拿来的，与盗贼无异。但这样得来的不义之财，拿去赐赏他的宾客、朋友、部下，只要礼貌周到，做出“礼贤下士”的样子，即使再有德行的君子，仍会接受这种馈赠的。这也是不义之财嘛！请问老师如何解释？

万章这一诘问，等于将老师的军，真够厉害的；而孟子这位老师，确实高明，他不正面答复诘难，只举出一个比喻来，申明个中道理。他说，如果现在有一位真正行王道的君主，看到诸侯们如此不仁，你认为他应把诸侯们统统抓起来杀掉呢，还是先加以教导，如有怙恶不悛者再行诛杀？

这个问题的答案，孟子没有讲出来，书上也没有记载万章如何答复。但显然的，这个答案明白得很，当然是“教之不改，而后诛之”。这么一来，与前文所说的杀人越货犯，不论任何朝代，都不必再教化即行正法，似乎有所不同。

因此，根据这个比喻，孟子就下结论了：“夫谓非其有而取之者，盗也，充类至义之尽也。”在原则上来说，凡是“非其有而取”的，都可谓为“盗”。孟子这个说法，只是就其性质的最高原则而说的，然而就具体事实而言，两者仍然是有所不同的。

所以关于盗行的哲学很妙，释迦牟尼佛讲到盗戒时，“王贼并称”。他指出说，假设人有一元钱，自己只能占有到五分之一，因为王拿去一分，贼拿去一分，生病用去一分，家里的人用去一分，只剩下一分由自己支配。而且这一分也是只有使用权，并非所有权，这是释迦牟尼佛对财富的观点。再看自己享受的这一分，说不定放在口袋里又掉了，所以钱财是不可靠的。

孟子在这里所说的内涵，也有“王贼并称”的意思，凡是不合礼的地方，王贼是相等、一样的。正如明代民间流传的一首诗：

解贼两金并一鼓　迎官两鼓一声锣
锣鼓听来总一样　官人与贼不争多

孟子又怕不够深入，再举孔子为例。

孔子在鲁国也做过官，接受了鲁国的官位，所以孟子说："孔子之仕于鲁也，鲁人猎较，孔子亦猎较；猎较犹可，而况受其赐乎？"

"猎较"两个字，据历代的解释，在国家要举行大祭的时候，大家喜欢出去打猎，看谁打得最多。并将猎来的动物杀了，拿去祭天地鬼神。

读《孟子》到这里，总觉得这种解释不通。古人认为"猎"即打猎，"较"就是比赛，"猎较"就是打猎比赛，这种解释，有什么根据啊？不但朱熹如此解释，连《十三经》都如此说。我经过仔细研究，对于这一解释，另有观点，因为这几句话的意思，等于说孔子做了鲁国三个月的司寇，有权下令杀人，所以孔子一上来，就把少正卯杀了。千古以来，对这件事都存疑，到底少正卯犯了什么罪？孔子当时曾经宣布过他五条罪状，但是后世还是存疑。而孔子出来做官，鲁国人也不是因为尊重孔子的道德而请他，而是大家在竞争，像打猎一样，在利害上比较打算一下，才请孔子上台的。孟子的意见认为，这样不合礼的事，照说孔子是不会接受的，但是鲁人"猎较"，孔子在这个时候，也"猎较"一下，出来比较一下，将就一次，如能上去把国家天下弄好，也是好的。所以孟子说，孔子是为了救世救人，才委屈自己，去“猎较”一番。他不应该这样做的，但在救世救人的大前提下这样做，还算可以；不过，随便接受人家的赏赐，则不可能，不会接受。

对于“猎较”一词，我的解释，是当时人事上的争斗、排挤、算计。并不是说孔子骑马去跟别人比较打猎，一箭射出去，射得了十只兔子，赢得了胜利，便回来当上了司寇。世界上不会有这样的事情，这是古人对文字弄错了，我们不必以为古人一定是了不起的。若干年后，我们也成了古人，也会被人指出来当招牌的，所以古人也和我们一样，可能有错。所以我们读书，不要完全相信古人，变成“人云亦云”，而应该有自己的见地。

现在，我们可以推翻古人的错误解释了，可是在清朝或明朝以前的帝制时代，就不敢提出这样的主张，因为会有危险。在那个时代，反对圣人是了不得的大罪，几千年来推崇孔孟是大圣人，怎能反对？这就是滔天之过了。民主时代，学说是昌明的，所以把一些古人的错误，要更正过来，不能让文化的精神错下去。

我们接着看下去，就可以证明我的这个观点：

孔子的作风

曰：“然则孔子之仕也，非事道与？”曰：“事道也。”

“事道，奚猎较也？”曰：“孔子先簿正祭器，不以四方之食供簿正。”

曰：“奚不去也?”曰：“为之兆也，兆足以行矣，而不行，而后去；是以未尝有所终三年淹也。孔子有见行可之仕，有际可之仕，有公养之仕。于季桓子，见行可之仕也；于卫灵公，际可之仕也；于卫孝公，公养之仕也。”

万章一听到孟子说孔子“猎较犹可”这句话，好像打拳的，趁对方张开门户，有了空隙，立即一拳过去，对孟子说：这样说起来，孔子当时出来做官，可以将就现实，你老人家又为什么不将就一下呢？因为依你说，孔子当时出来做官，也是委屈了自己，走了一点点歪路，将就了一下，没有完全走直道。

孟子说：孔子的情形是不同的，他走的是直道。

万章说：你刚说的，他出来还是要先打打算盘，先“猎较”一番，如果走直道，又何必“猎较”呢？

孟子说：“孔子先簿正祭器”，这里“簿正”一词，现代的人不易了解，书上的注解有“未详”两字，也就是不清楚。我们知道，古代的书籍，是刻在竹片上，名为简，简的上面挖了孔，用牛皮制的筋，名为韦的，把它贯穿在一起，拼拢来的一端名为簿。所以“簿”字的上面是“竹”字，孔子研究《易经》韦编三绝，把牛皮做的韦都翻断了三次。

孟子这里是说，孔子以正统文化的精神考察古代的文化，以祭祀为先，并不是以四面八方来的机会作为谋生工作，他是以文化精神来竞争的。

对于这一段，我的观点又与古人不同，古人除了以“不详”说明以外，另一注解，硬把“猎较”认定是打猎，说是因为祭品不够，所以要打猎。孔子先对一下数字，怎样安排，不以四面八方的饮食拿来做祭品。这种解释，有什么根据？“不以四方之食供簿正”，应该是“不食嗟来之食”的意思，宁可饿死，也不能随便，只有以文化传统的精神去竞争才是正理。

万章说：既然鲁国这样对待孔子，孔子何不走开？

孟子说：孔子怎么可以走开？鲁国是父母之邦，是孔子自己的国家，他要在自己的国家开一个好的风气，造就善因。如果开了风气，大家并不接受，不能发生影响，行不通，这时当然只好离开父母之邦了。因为很伤心，所以犹豫不忍离去，拖了三年，不得已才到国外去。

孟子答复万章所问，说到孔子在鲁国做事及去国的经过，也等于把自己的心境说了出来，所以，孟子与万章师生之间的这段对话，充满了机锋。

孟子又继续举出事证，说明孔子做事有三个方向，这些都是我们立身处世，值得效法的。

孟子说：孔子若准备出来做事，是认为这件事对于社会、国家、人类是有意义有贡献的，这就是“有见行可之仕”。其次，有的时候，名义、地位都不计较，只当一个顾问、参议，甚至没有任何名义，他也可以在旁边敲边鼓，站在旁边协助，这是“际可之仕”。还有第三“公养之仕”，就是老了，退休了，国家供养他一点生活费，这一点，他就接受了。

孟子说，孔子当时在鲁国出来当司寇的时候，是季桓子请他的，那时他是认为对社会国家会有贡献，所以才出来。而上来第一是杀了少正卯，少正卯是当时鲁国有特别的名气，有特殊号召力的“闻人”，孔子知道他这种人，将来可能危害社会、国家和天下的老百姓，所以一上台就杀了他，免贻后患。大概孔子干了三个月，便被权臣反攻而下台了，可能也与少正卯这件事大有关系。后世反对孔子的人说，少正卯何罪要杀他？

大家不知道，孔子列举出来五条重大问题说，“人有恶者五，而盗窃不与焉：一曰心达而险，二曰行辟而坚，三曰言伪而辩，四曰记丑而博，五曰顺非而泽。此五者，有一于人，则不得免于君子之诛，而少正卯兼有之。故居处足以聚徒成群，言谈足以饰邪营众，强足以反是独立，此小人之杰雄也，不可不诛也。是以汤诛尹谐，文王诛潘止，周公诛管叔，太公诛华士，管仲诛付里乙，子产诛邓析、史付，此七子者，皆异世同心，不可不诛也。《诗》曰：‘忧心悄悄，愠于群小。’小人成群，斯足忧也！”

这一段在《荀子·宥坐》中的文字，意思是讲，如果一个人，通达世故却用心险恶，心性怪癖而又固执己见，言论谬误而善于诡辩，广为收集和善记别人的丑恶隐秘之事，包藏错误并混淆视听，这五大罪过，少正卯兼有，故诛之。

在这段记载里，同时提到了“太公诛华士”，这在《韩非子·外储说右上》中也有记载，说的是姜太公封齐的时候，受到了当地人的对抗和阻挠，令出不行，社会局势很不安定。为了治理齐地，太公邀聘被时人称为“贤人”的华士出山，但华士以“不臣天子，不友诸侯”为标榜，拒绝了。为了以儆效尤，使政令通达，太公下令诛华士，又用了五个月的时间，才使局面安定下来。

讲到这里，我们又想到东汉的时候，刘备入川，要诛杀蜀中名人张裕，诸葛亮问刘备：什么理由呢？刘备说了两句名言，“芳兰生门，不得不钼”。这两句话，可以概括千古以来，诛杀异己的关键所在。

孔子原来有三千弟子，而少正卯一出来，孔子的三千弟子，几乎有一半都被少正卯的谬论迷惑了。在当时而言，少正卯影响力之大，是不得了的，但又不是杨朱、墨子一流。固然，孔子杀少正卯，成为历史的疑案，但我们相信孔子的人格，他是无私心的。在当时，孔子认为自己可以有所作为，有出来从政的价值，所以出来做了司寇，掌管立法与司法；后来眼看良好的风气建立不起来，只得离开父母之邦，去周游列国了。

孔子出国以后，在卫国住得最久，等于是他的第二故乡，卫灵公对他也满恭敬的。卫灵公的大臣们，对孔子也很好，像卫国的贤人蘧伯玉，都是孔子的好朋友，所以孔子在卫国很受欢迎，在人际关系上也处理得很好。他并没有出来做官，而是从旁协助。

卫灵公之后的卫孝公，对他也很好，给他养老，孔子晚年也喜欢在卫国居住，所以是“公养之仕”。卫孝公就不像卫灵公那样了，对孔子虽然恭敬，但是属于例行的恭敬，没有特别之处；而孔子也不希望他有特别恭敬之处。孔子帮忙了卫国许多年，年老了该接受的公养就接受了。

这三点，是孔子一生对于立身处世的道德标准，合理该接受的就接受，不合理的则一毛钱也不要。在礼制、道理上适合的，是恭敬；不适合的，有附带条件的，就是不恭敬，不要。这就是人生的行为哲学，行为的价值，也是尊重自己。孟子与万章的这段对话，充分说明了这个道理。从反面看也很有趣，万章一步一步想诱请孟子这位老师出山从政，万章这样努力，是否是受人之托？是否是热心于救世、救时代？不知道。

读书人自立之道

孟子曰："仕非为贫也，而有时乎为贫；娶妻非为养也，而有时乎为养。为贫者，辞尊居卑，辞富居贫。辞尊居卑，辞富居贫，恶乎宜乎？抱关击柝。孔子尝为委吏矣，曰：'会计当而已矣。'尝为乘田矣，曰：'牛羊茁壮长而已矣。'位卑而言高，罪也；立乎人之本朝而道不行，耻也。"

孟子说："仕非为贫也"，这句话非常好，推翻了宋儒以来，历代注解"不孝有三"之中的"家贫不仕"，家中贫穷不出来做官。孟子在这里就说了，绝对不会为了没饭吃而出来做官，这不是中国文化中士大夫的精神。一个知识分子，穷得没饭吃，可以出卖劳力赚饭吃，但不能随便出山。

他说：不过，有时候可以将就一下。所谓有时候，是非常灵活的，上面所说孔子"有见行可之仕"、"有际可之仕"、"有公养之仕"三个要点，就是属于"有时候"；也就是说，在时间、空间，对人、对事、对社会、人类能有贡献的话，就属于“有时候”的条件，但仍然绝对不变更自己的人格节操。

孟子又说：娶妻也不是专门为了生养儿子，但有时候不免有这样一点观念。

他说，一个知识分子，有时候为了生活，出来做事，那不是为了求高位，如果生活过得去，则辞掉尊贵的位置，宁可“居卑”。

在四川成都，这座多年前号称“小北京”的名城，看到有些古老的大宅，门口有个门房，整日叼一根旱烟袋，坐在高椅上，遇到访客敲门，他在里面漫问：“你找谁呀?”“你贵姓呀?”“来过没有?”透过他的盘问才放行。权力既大，工作又轻松，不愁吃，不愁穿，不愁住，其他佣人还要巴结他，见面尊称一声“二伯”、“四叔”什么的。我曾经想，能做个这样的门房也很不错啊。现在看到一些大厦的管理员，也是这样的，比从前更舒服，可惜我坐不到这个位置。这就是后面所说的“抱关击柝”，就是看门的人。过去访客们对看门的，还要送一个红包，谢谢他的通报，可见他的权力。

孟子说，假如为了生活，并不求高位，也不要钱，宁可居下位，得温饱，看看门，管电梯，电梯坏了打电话找工人来修理，又不要自己干，这多好，多舒服。如果只是为了生活，干什么都可以，譬如当守门的、打更的，工作多简单啊!

孟子说：孔子在年幼贫穷时，什么都干过，曾经做过会计，管账管钱，一毛不欠不赔；也当过地政事务的小职员，畜牧场的管理员，为人看管牛羊，因为做事努力，对事恭敬，所以牛也肥了，羊也壮了。孔子在年轻穷苦时，干过很多低位的事，因而经验老到，深知民间疾苦和基层的利弊。另如汉代的陈平、萧何等人，他们的政治见解、智慧，也都是从人生的经验中得来的。

孟子下面的两句话，要特别注意。他说：“位卑而言高，罪也”，常听到许多年轻人，讨论天下国家大事，听来令人厌烦。年纪轻，经历过多少事啊？不知天高地厚，这就是“位卑而言高”。甚至连“位”都没有，居然在那里讨论天下国家大事，如果把责任交给他们，不出三天就会出大事。所以“位卑而言高，罪也”，真是一种罪过。

其次，“立乎人之本朝而道不行，耻也”，机锋结论出来了，孟子说：假如我出来，在齐国也好，在魏国也好，如果在他的政治体制中，“道不行”，改革不了，对他的国家社会没有贡献，这是知识分子的耻辱。如果出来做事，而又不能利世利人，何必站出来！如果为虚名而站出来，那是最可耻的事。

看了孟子与万章的对话问答，就知道他们两人所说的，全部都是“机锋转语”，两人都没有明讲，但都知道对方话语中隐含的意思。

靠人救济 靠人生活

万章曰：“士之不托诸侯，何也？”孟子曰：“不敢也。诸侯失国而后托于诸侯，礼也；士之托于诸侯，非礼也。”

万章曰："君馈之粟，则受之乎？"曰："受之。"

"受之何义也？"曰："君之于氓也，固周之。"

曰："周之则受，赐之则不受，何也？"曰："不敢也。"

曰："敢问其'不敢'，何也？"曰："抱关击柝者，皆有常职以食于上；无常职而赐于上者，以为不恭也。"

这里谈"托"的问题，"托"就是寄托、寄附的意思。后世对于侨居在外地的人，两千多年来，习惯上都称他们"寓公"；尤其是国王，寄托在外面的，都算是寄居。但是，在中国传统文化的古礼上，"士之不托诸侯"，知识分子是不能靠他国的诸侯生活的。因为一个知识分子，代表自己国家的文化精神，如果国家有问题，而寄居在外，不能依赖别国的诸侯而生存。现在万章问，这是什么道理？

孟子说："不敢也。"中国上古文化精神，如果一个诸侯失国——所谓失国，是一个国家出了问题，丢掉了，这个国家的诸侯，离开了自己的国境，而寄住在别个诸侯之国，那是兄弟之邦，这样还是合礼的。因为一个诸侯虽然失国，仍然代表自己祖宗的宗庙，还要筹划复国的，因而"托于诸侯"，这是合于古礼的。而"士"，就是一个知识分子，代表的是祖国文化的精神，如果依赖于别国的诸侯，这是不合礼的，所以不可以，一定要自己求生存。

万章又问："君馈之粟，则受之乎？"这句话问得很含糊，没有说明受者是一个"士"，抑或是一个失国的诸侯。只是说，当上面的国君赠送谷米时，接受不接受？孟子说：

这种馈赠，可以接受。

万章又问：士之托于诸侯，尚且非礼；而今可以接受国家的馈赠，这又是什么道理？

孟子说：这是不同的两件事。一个国家的领导人，见到下面任何一个老百姓有痛苦、有困难，一定要救济的；在现代说来，社会福利救济，是要照顾国境内的每一个人，所以国君给的，都要接受。这就像一个家庭中，给儿孙们的，都要接受，因为长辈对晚辈，有照顾的责任。尤其一国的领袖，对全国老百姓都要照顾；在一个机构中，负责人同样要照顾到全机构的每一个同仁。

万章说：国君的救济，可以接受，赏赐却不能接受了，这又是什么道理？这种情形，我们今日看来，也觉得莫名其妙。其实中国古礼的逻辑，是非常严谨的，这也是生活的规范。以现代的情形来做譬喻，比如越南阮文绍政府有人来到台湾，我们救济他，他可以接受；如果我们最高当局对他特别的“赏赐”，在我国古礼上说，他不敢接受。

万章说：我斗胆再请问老师，他为什么不敢接受？

孟子说：任何一个人，都应该有自己谋生的技能，这是中国上古文化的精神，现代也如此。古代像孔子与孟子，为了生活，什么职业都做。前面曾说过，孔子为了生活，当过会计，也管过牛羊，那是他为了谋个人生活。但是若要他出来当宰相做官，这是社会、国家、天下事，关系到人类祸福的事，他可要慎重考虑了。因为这是截然不同的两回事，所以要以两种方法来处理。但后世的人，将事业与职业混为一谈，有的官做得大、地位高的，不一定在做事业；有的人没有做官，在政治上没有地位，但他是在为社会、为国家、为天下、为人类，乃至为未来的千秋万代而建立不朽的事业。而他的职业，可能只是挑葱卖蒜的小民，与他的事业、人格并无关系。所以给人看门、守夜、做清洁工的，都是他谋生的正当职业，如果没有正当的谋生职业，只是依赖上面的赏赐，则不可。

同样的道理，假如无职业，而靠政府的赏赐或他人的救济过日子，就是"不恭"，是对自己不恭敬，对人生的观念搞不清楚。人有头脑，有身体四肢，应该尽力靠自己活下去，不可以完全依赖别人生活。

供养 培养 畜养

曰："君馈之，则受之；不识可常继乎？"

曰："缪公之于子思也，亟问，亟馈鼎肉，子思不悦；于卒也，摽使者出诸大门之外，北面稽首，再拜而不受，曰：'今而后，知君之犬马畜伋！'盖自是，台无馈也。悦贤不能举，又不能养也，可谓悦贤乎？"

曰："敢问国君欲养君子，如何斯可谓养矣？"

曰："以君命将之，再拜稽首而受；其后廪人继粟，庖人继肉，不以君命将之。子思以为鼎肉使己仆仆尔亟拜也，非养君子之道也。尧之于舜也，使其子九男事之，二女女焉，百官牛羊仓廪备，以养舜于畎亩之中，后举而加诸上位，故曰：王公之尊贤者也。"

孟子他们师生二人，还在继续辩论这个问题。万章说：

上面如果有馈送，就接受下来，这样经常的接受，可不可以呢？实际上这种辩论，万章是针对老师说的话，希望孟子接受别国君主的帮助，为什么不要呢？

孟子举出鲁国的末代君主缪公为例，对于孔子的孙子子思的事，加以说明。缪公经常派人问候子思，也经常送一些好吃的东西给他。子思最初收到这些东西的时候，基于礼貌而接受了；到后来，缪公常常送东西，子思就不敢再接受了。但是他对国君，还是不失礼貌，依照对君主、尊长、祖先、父母的古礼，朝着北方，遥遥磕头再拜，表示谢意。子思并且说：现在才知道，我的国君常常这样派人来问候，又常送东西来，并不是尊敬我，只是在养我罢了。因此他告诉送东西来的人，回去报告缪公，以后不要再送东西来了。所以从此以后，国君就没有再用这种方式送东西了。

孟子说：这件事的道理是，鲁缪公如果认为子思是一个贤人，而欣赏子思，为什么不交事给子思做？或者把子思当做一般平民，亦无不可；又为什么对子思在外表上如此有礼，好东西不断送来，但既不见面，也不向子思请教？这就不是“悦贤”之礼了。

从孟子所举子思的史实，就知古代的中国文化，在士的行为上，首先应该建立自己的人格，也就是说，一个读书人，要有良好的人品。生活固然重要，但丧失人品、气节的生活，是不能接受的。又所谓“尊者赐，不敢辞”，像子思的情形，并不适用，因为子思不是鲁缪公的臣子。

如大家所熟知，孟尝君门下三千客，所谓好客、养士，但实质上是以“犬马畜之”，有钱的人没事做，找些人来玩、谈话。在满清的时候，这类被养的人，被称为“清客”或“门客”，他们尚清谈，做事则懒洋洋的。像明末一位很有名的陈眉公，学问很好，著作很多，也有功名，可是不出来做官。但在清初的王公大臣们的筵席上，经常有他在座，所以名气很大。当时恭维他的人也很多，但也有人反对他。有一个才子因为反对他，曾经作了一首诗讽刺他，最后两句说：“翩然一只云中鹤，飞去飞来宰相衙”。

像这类清客、门客，历代都有，现在也有些老板，尤其是小开（小老板）之类的，专门有一群人陪着去喝咖啡、逛夜总会、上舞厅的。这些人可算是现代清客，在满清的小说中，又称他们为“篾片”，就是拿在手里玩玩的。像二三十年前，有些中外军人，虽然并不骑马，却终日手执一根马鞭，拿着玩的。古代的养士之风，致使知识分子往往成为人家座上的清客，因为在清谈的时候，需要他来调剂情调。

司马迁在《史记》中，写了司马相如与卓文君的恋爱故事。大家都知道，司马相如因为文学好，后来做了官，当时文学好的人不少，汉武帝都给他们官做。司马迁在结论里说，“以优伶畜之”，这句话将历代皇帝都说尽了。例如满清的翰林院，皇帝把那些翰林们，当歌女、戏子一般来养着的，皇帝高兴了，就找他们来，作作文章，吟吟诗，娱乐一番；不高兴的时候，就养在那里，反正给很高的名位，翰林们也乐得清高自赏。

李白的清平调

像李白那么好的学问，在唐明皇的心目中，不也是“以优伶畜之”吗？有一次唐明皇喝醉了，和杨贵妃两人在沉香亭赏牡丹、喝酒，玩得高兴的时候，就吩咐太监，去找李白来作诗，著名的“清平调”就是在这种情形下作的。李白后来的遭遇不好，就是因为他懂这一套，所以当太监奉皇帝的命令去请他时，他故意喝得醉醺醺的，可是谁知他是真醉还是装醉？问唐明皇找他干什么，唐明皇要他作歌，他要求皇帝命令杨贵妃为他磨墨，最得宠的太监高力士替他脱靴，这时唐明皇正在兴头上，就答应了他的要求。于是他作了三首清平调：

云想衣裳花想容　春风拂槛露华浓
若非群玉山头见　会向瑶台月下逢

一枝红艳露凝香　云雨巫山枉断肠
借问汉宫谁得似　可怜飞燕倚新妆

名花倾国两相欢　常得君王带笑看
解释春风无限恨　沉香亭北倚栏杆

李白作完了这三首诗，把笔随便一抛，唐明皇看他诗作得好，立即叫人把笔拾起来，留着做纪念，并且叫乐工们来配歌谱。

当时，杨贵妃、高力士两人侍候这醉鬼老半天，当然心里恨得牙痒痒的，可是这时唐明皇正在高兴的时候，又正在大加赞赏李白，所以有气也发不出来。而且乐工一配上曲谱，由杨贵妃唱出来，非常好听，尤其诗中的句子，实在写得好。像“云想衣裳花想容”这一句，就是描写杨贵妃的美丽，意思是说；看到天上的云彩，就会想到杨贵妃所穿的衣服，是那么高贵、华丽、飘逸、雅致、多姿多彩；看到牡丹花，就想到杨贵妃容颜的艳丽、亭匀、娇媚、温柔，花也为之逊色；真是马屁拍到了马心里！所以杨贵妃也非常高兴，简直沉醉在李白的诗句中，吟唱不已。

最后，高力士劝杨贵妃不要唱了，告诉她这是李白骂她的，他说李白的诗中“可怜飞燕倚新妆”，把你比做赵飞燕，而赵飞燕是祸国的妃子呀；他诗中又说“名花倾国两相欢”，也是说你美是很美，可是这美是要倾国的呀。杨贵妃听他这么一说，再也不唱清平调了，从此李白也就慢慢倒霉了。可是李白是否有意骂她呢？这是心理上的问题，很难找到客观的证据下论断。但依据当时的客观情形看来，李白很可能是故意借酒装疯，作诗暗中影射的。

从这些历史上的故事看来，帝王们对于一些文学家、艺术家们，的确是“以优伶畜之”，给他们官做，养着他们好玩的。

我们由历史上的许多故事，就看穿了历史上的这些内情。再看孟子，他是引用子思的话来答复万章的，可见司马迁写《史记》，也是看穿了上下古今的历史，原来不过如此而已，而这一思想的启发，在孟子之前，子思就已经说出来了：“今而后，知君之犬马畜伋！”你鲁缪公心目中，不过把我（伋）当宠物一样看待，养着玩玩的。如同现代人养什么北京狗、贵宾狗、腊肠狗似的，物质的待遇是很高，但没有真正的礼貌与恭敬心。

万章一听孟老夫子这样答复，把话说到正题上了，也越说越明了，于是就问：假使一个国君，“欲养君子”，要怎样才算合礼呢？

万章这句话里的“养”字，应该作“供养”解释。“供养”是下养上，恭敬地养，是合礼的。上对下的养是培养、抚养，那就不必太讲究礼貌了。如果既不是供养，又不是培养或抚养的另外一种“养”，那就属于很难听的“畜养”了，就像家里养一只哈巴狗一样，所以就叫做畜养。

孟子说：以子思这件事来说，第一次君王赏识他，对他恭敬，以师礼待他，因为鲁缪公是国家的君主，子思不能失礼，所以再拜以后接受。这样一来，后面跟着送东西的人可多了，以现代官制来比喻，就是英国的首相，美国的国务卿，国民政府的“行政院”长，以及各院部会首长，听说女王或总统给某人送了东西，大家都纷纷跟着送。如此一来，子思先生对于这些人，虽不下跪，至少要作揖，于是天天站在门口，迎迎送送，打躬作揖都来不及了，这简直是侮辱人。这是孟子用子思的故事，来说明人情世态的一面。

赵州和尚的待人处世

在佛家禅宗记载中，也有类似的故事。唐代的著名禅宗大师赵州和尚，皈依他的弟子很多，当时唐代的一位宗室赵王，王府就在赵州，他也皈依了赵州和尚。有一天，赵王来看赵州和尚，他正在打坐，有人向他报告王爷来了，他闭着眼睛打他的坐，直等这位王爷到了他的面前，他才张开眼睛说：你来了，请坐！他是以对待弟子的态度接待这位王爷的。但他仍然讲了两句客气话："自小持斋身已老，见人无力下禅床"，尽他当师父的一分礼貌。赵王当然说，师父你不要客气了，我们作弟子的应该来拜候你的。

王爷回去后，第二天派王府的太监，送了许多东西来，小和尚在山门外远远看见，赶紧报告师父。赵州和尚听了立即赶出山门外老远去迎接，还请那位送东西来的小太监吃素斋，说不定还送一个红包。小和尚们看到这情形，还误会这位师父太势利了，前天王爷来，没有带礼物，连禅床也不下；今日听见送了许多东西来，对一个小太监竟如此客气。等客人走后，小和尚便问师父，您这样做法是什么道理。赵州和尚说，你们这些人，真是不懂事，要知道阎王易见，小鬼难缠啊！这些小人，如果不好好接待，回去乱说一顿，可真会破坏我和赵王之间的道义之交啊！

赵州和尚，就是如此透彻了解人情世故！所以佛家说，先要透彻人情世故，方能作一个出家人。当然，懂佛法的出家人，一定懂世法；不通世法的人，也一定不通佛法，这是一定的道理。

子思也是这样，国君待他以师礼，送东西来，他可以说，放在这里吧！而其他的人送来，他就不好意思这样说了；纵然不一定到大门外去接，至少在客人离开时，总得送到门外，打躬作揖道谢。也许还要等他上了车，关上车门，发动马达起步以后，才回身进门。在这种情况下，如果碰到烈日或雨雪的天气，就更受不了，子思认为，这样"非养君子之道"，所以只好连国君送的礼也辞谢不收了。

孟子这段话，就是说明人生处世的分寸和道理。一个人处世，要有一定的分寸，多一分不可，少一分也不可，也就是一般人说的规矩、人格、风范。换言之，做人做事，要有一定的范围标准，同样一件事，在不同的时间，不同的空间，对不同的人物，处理的方式，也是不相同的。

孟子说到这里，也等于批驳了万章，并且坚持自己的文化精神，绝对不可以马虎。

舜所受的培养

所以说，真正的养士，像上古时尧之对于舜，才是养士，是培养继承人的实际做法。

今日凡是为人长上的，老师也好，校长也好，大主管也好，乃至于家长，都要注意尧当时培养舜的道理。

孟子继续说，“尧之于舜也，使其子九男事之”，尧有九个儿子，都交给舜指挥，跟着舜做事；并将两个女儿，不分大小，一起嫁给他。而且，不但为他解决了生活问题，还选拨了许多干部听他指挥，管理各种各样的事务。当时是在大禹治水之前，遍地洪水，农业还没有奠定基础，仍是半农半牧的农牧时代，牛羊畜类，为重要的生活资源。所以尧给舜安排的牛羊、仓廪，等等，一切重要的生产资源、经济设施都完备。换言之，给他房子、车子，也有家室，有干部，有生活资粮，有生产设备，一切都为他准备了。而这时舜的身份，既不是政府的顾问，也不是参议，更不是师长，只是一个普通的老百姓，尧只是委托他为额外的私人助理，处理一些事情而已。这就是培养，现代的名词为训练。

“训练”一词，最初出于日本明治维新时代的术语，几十年前有前辈们说，“训练”这两个字不能用，因为在日本是用之于养马、养狗，对动物才叫做训练，对人怎么可以说训练？“训”字已经不大好了，再加一个“练”字，更不恰当。所以尧这样对舜，不能说是训练，而是培养历练，使他增加经验。

尧培养舜，等他处理政治的经验够了，后来就“举”，提拔他，把高的位置给他。最初只是为私人助理，没有位置，因为官职是国家的名器，给他位置，就是给他权力；而私人助理不一定有权力，等到他经验够了，才给他权力处理事务。后来一步一步，给他二三十年的时间，累积经验，一直到尧一百多岁时，自己精力实在不够了，才把帝位让给他。

所以孟子结论说，“王公之尊贤者也”，为国家培养人才，以国家养士之道来说，有地位的人，是应该这样尊重道德、人品、学问好的知识分子。

现代的知识分子，又算什么呢？只要报上登一个小广告，征求人才，随便一个小职位，也许只是一个抄写的工作，应征的常有百把人，说不定大学毕业生有一半。在一个失业者来说，抱了满怀希望，拉长了颈子等待，结果只有一人入选，而百多人又堕入失望的深渊。甚至有的征才单位，连回音也没有，让人长期地处在等待的痛苦之中。由此看来，今日的知识分子，是多么悲哀。

所以现代教育，的确要注重职业教育，因为一般普通教育，在大学毕业以后，谋生技能都没有，吹牛的本事却很大。今日的青年应该知道，时代不同了，职业重于一切，去解决自己生活的问题，必须自己先站得起来，能够独立谋生。学问与职业是两回事，不管从事任何职业，都可以作自己的学问，不然，大学毕业以后，“眼高于顶，命薄如纸”八个字，就注定了命运。自认为是大学毕业生，什么事都看不上眼，命运还不如乞丐；没有谋生的技能，就如此眼高手低，那是很糟的，时代已经不允许这样了。

见国君的条件

万章曰：“敢问不见诸侯，何义也？”

孟子曰：“在国曰市井之臣，在野曰草莽之臣，皆谓庶人。庶人不传质为臣，不敢见于诸侯，礼也。”

他们师生的辩论，一直没完，还在继续下去。而且万章的问题，越来越直接，也越明显了。他问：老师，你周游列国，到每一个国家，都不去拜访他们的国君，这又是什么意思呢？

孟子说：一个人寄居在别的国家，只是一个普通市民而已，并且没有官位、职务，等于散居在田野草莽之中的人。虽然国籍不同，总是居留在这个国家中的一个居民，不能够俨然像这个国家的高级干部一样去见国君。换言之，没有去见国君的身份，也就没有这个责任和义务，更没有这个必要，所以不去见他们的国君，这是古礼，并没有错。

万章曰："庶人，召之役，则往役；君欲见之，召之，则不往见之；何也？"

曰："往役，义也；往见，不义也。且君之欲见之也，何为也哉？"曰："为其多闻也，为其贤也。"

曰："为其多闻也，则天子不召师，而况诸侯乎？为其贤也，则吾未闻欲见贤而召之也。缪公亟见于子思曰：'古千乘之国以友士，何如？'子思不悦曰：'古之人有言，曰事之云乎，岂曰友之云乎？'子思之不悦也，岂不曰：'以位，则子君也，我臣也，何敢与君友也？以德，则子事我者也，奚可以与我友？'千乘之君，求与之友而不可得也，而况可召与？"

万章说：那么好了，你自己说的，居住在那里，算是那里的一个市民，国家有命令要你服役，或做某一件事，必须要听命令。现在国君要召见你，派人叫你去见面，而你借口生病等等原因而不去，这又是为了什么呢？

孟子说：在客居的国家，虽然国籍不同，但"往役，义也"，为社会服务是应该的；"往见，不义也"，至于国君召见，就应召去见了，好像是为了谋图一官半职似的，这是不合理的，所以不可以去见。再说，你们的国君，又是为了什么要召见我呢？

万章说：可能是知道老师你学问渊博，多闻广见，为了向你请教；也可能是为了老师你道德高尚，有所心仪，想跟你见见面。

孟子说：假如说是为了我学问渊博，有事想要问我，那是向我请教，按照中国的古礼，就算是天子，也不能下命令召见老师，这是传统文化的师道尊严；更何况你们齐国的国君，还只是一个诸侯，假如他认为我有道德，也不可以下令召见，从来没有听说曾有国君，下命令去召一个贤者的。

接着他又举出历史上的事例来说明，就是鲁国缪公与子思的故事。

在春秋战国时代的诸侯们，都是讲权力、威势的，对人所持的态度，都是“老子我的威权大”，都是以气势凌人的。不过，孔孟始终维持着中国传统文化中知识分子的气节与道德，并且建立人格的教育。虽然，鲁缪公想见子思的时候，也是用召见的姿态，所以子思不去见。

鲁缪公派人来对子思试探性地询问说：古代千乘之国——约等于现在一个省大小的诸侯——想和一个有学问、有道德的知识分子做朋友，在上古的礼制上，是怎样说的？子思很不高兴地说：古时候的人只曾经说过：有一件事情，要请一个知识分子去做，把权力交给他，给他一个职位去做事，哪里有说做朋友的？

孟子说，子思的不高兴是有理由的，他那样引用古人的话做答复，就等于说：如果以地位来说，是位置不适当，你鲁缪公是一国之君，我只是一个普通老百姓，是你的臣民，当然不敢和你做朋友，应该守你的政令，听你的管束。如果说是认为我有品德，学问好，而想和我交往，那对不起，你虽然是国君，想跟我学习，那我是老师，你又怎么可以说要与我做朋友呢？

于是孟子说：这样看起来，以一个千乘之国的国君，想和子思做朋友都不行，更何况是召唤他呢？

他举出子思这一段史实，来答复万章“召之，则不往见之，何也”的问题。换言之，也等于对万章说，你们的国君想召见我，他算老几？我又是老几？他像叫唤家里的狗一样——“来福！过来！”我就会去吗？这是不可以的。

孟子又继续举出齐景公的史例来做答复。齐景公在春秋时代，还算是一位好的诸侯，他下面有许多好的助手，名宰相晏婴，就是在这个时代。

礼的重要

“齐景公田，招虞人以旌，不至，将杀之。‘志士不忘在沟壑，勇士不忘丧其元。’孔子奚取焉？取非其招不往也。”

曰：“敢问招虞人何以？”

曰：“以皮冠。庶人以旃，士以旂，大夫以旌。以大夫之招招虞人，虞人死不敢往；以士之招招庶人，庶人岂敢往哉？况乎以不贤人之招招贤人乎！欲见贤人而不以其道，犹欲其入而闭之门也。夫义，路也；礼，门也；惟君子能由是路、出入是门也。《诗》云：‘周道如底，其直如矢；君之所履，小人所视。’”

万章曰：“孔子，君命召，不俟驾而行；然则孔子非与？”

曰：“孔子当仕有官职，而以其官召之也。”

在这段书里，“志士不忘在沟壑，勇士不忘丧其元”这两句话，是中国文化的名言。中国人几千年来的民族精神，和这两句话很有关系，大家千万要记住。

孟子说：齐景公准备去打猎，出发前，下命令召见“虞人”，就是负责照管园林野生动植物的人。可是他用的号令是召唤大夫的“旌”，所以这个园长不听命令，他没有来。齐景公认为他抗命，生气了，要把这个园长杀掉。可是晏婴在旁边说话了，他说不可以杀园长，因为没有理由。古代的大臣们，遇到意见不同时，常常当面与皇帝争论。齐景公说他不听命令，当然要杀他；晏子说，你是用什么信符去召唤他的？齐景公说：以“旌”呀！晏子说：你要打仗吗？为什么用召三军统帅的信符去命令他？召唤园长是用羊皮帽做信符的呀！齐景公知道自己用错了信符，立刻改用皮帽子，那个园主一看到就来了。

所以古人对于礼，非常重视。礼就是国家社会的制度，是不允许破坏的，上自国君，下至老百姓，都要共同遵守，也等于后世法治时代所谓的“不成文法”。

在古代，像这位虞人的召而不到，很可能就被杀了，不但帝王有此权力，就是大臣、大将，也有这种权力，一直到满清时代，仍然如此。如清朝雍正时代的征西名将权臣年羹尧，是由老师培养出来的，他对老师非常尊敬，后来他对儿子的教育，也极为重视，在家教的书房门口写了一副对联：“不敬师尊天诛地灭，误人子弟男盗女娼”。相传每次吃饭时，即使在公务百忙中，他也一定要陪着儿子的家庭老师一起吃。这位老师欢喜吃豆腐，有一次，吃豆腐不小心烫了嘴，年羹尧怒目向侍候的人瞪了一眼。不一会佣人送上一个盘子，上面放的是厨房一名厨师的人头，把这位家庭老师吓得饭也吃不下了。这是年羹尧过分使用权力了，但从中可以看到过去帝王时代，权力人物的威势，就有如此严重。

转回来说被齐景公以“旌”呼召的那个虞人，并非不知道不接受命令的结果，极可能被杀，但他为了坚守礼制，情愿冒生命的危险，因此孟子说：中国的知识分子，当他有志于国家天下，救世救人时，那么他做人做事，随时要准备穷死、饿死、困难死；也就是为文化、为学问、为理想而死。就像梁启超有两句诗所说的：“求仁得仁有何怨，老死何妨死路旁”。梁启超此人如何，在此姑不置评，但这两句诗，也就道出了一个读书人的气节，表示他在戊戌政变时，是准备随时赴死的。日本有一个和尚的诗：“埋骨何须桑梓地，人间到处有青山”，也是同样的意思。譬如蒋中正先生，因为他在日本念书时，知道日本人的这种精神，所以他在训练军队时，常引用这两句诗。而这首诗，原是日本一个和尚到中国来学禅，出门时所写的，全诗是：

男儿立志出乡关　学不成名誓不还
埋骨何须桑梓地　人间到处有青山

日本明治维新以后，全国人民以这首诗作为他们大和民族的精神。而梁启超的诗，则是较晚所写，两者的精神都是一样。但是，这种精神，最初则是见诸两千多年前《孟子》这里所说的“志士不忘在沟壑，勇士不忘丧其元”两句话。所以中国文化中，一个知识分子，如果不准备寂寞穷困一生，而想建立文化的精神与人格，的确是非常困难的。因为许多人见到富贵，人格就动摇了；但是一个勇敢的人，或侠义之士，喜欢打抱不平，喜欢仗义的人，却准备随时“丧其元”——丢了脑袋。所以作为一个中国文化中的忠臣义士，是要准备随时牺牲生命的。

孟子这里举出来齐景公的错误，而一个虞人，宁愿冒死亡的危险，去纠正国君的错误，目的在使自己的国君，成为历史上的名王，而自己并无私心；同时也使自己国家的国民，知道遵守礼制，所以他准备牺牲，而不听这个命令。孟子这两句话，也就成了后世知识分子的精神标杆了。

孟子对于齐景公与这个虞人之间的故事，也非常赞叹。孟子赞叹的重点，并不是虞人不听命令，而是赞叹他所以不听命令的精神基础。也就是说，他宁可舍身取义，以维护文化精神与国家制度的情操。

万章又问：上古时候，国君呼召虞人，真正的礼制，应该用什么作信符？

孟子说：用“皮冠”。上古帝王出来打猎的时候，换戴另一种帽子。中国古人戴的帽子，等于现代军人的阶级，以不同质料与形状的帽子，表明身份地位。帝王在打猎的时候，换戴皮冠，所以召虞人用皮冠，召庶人用“旃”，召士用“旂”，召大夫用“旌”。

“旃”、“旂”、“旌”这三种东西，都是古代旗帜一类的标志，而形状与质料，有所不同。“旃”是用帛练制成旒，像古代皇冠上，垂下来的冕旒的样子，共有十二个，镶缝在旗边而垂下来的。“旂”是在旗上画龙，并且有铃，旗边也镶缝十二个旒。“旌”，则是在旗杆的顶上，悬挂五彩羽毛撕成的穗子，也有人叫缨子，状如苏武牧羊绘图中，苏武手中所持符节上的那种穗子，这种旗则称为“旌”。

孟子对于上古的制度，好像一部活辞典似的，一一答复出来，可见他满腹的学问，而且不是普通的学问，是实用的学问。如果一个国家请他办事，他立即可以将制度规章建立起来，根本不必多加考虑。古时候士大夫的学问，这些都是重要的部分。

孟子列举了这些礼制后说：所以齐景公错了！以对大夫这么高级干部的礼仪，用到一个虞人——公园园长身上，所以这个虞人宁死也不从命，他是对的。同样道理，以召士的标帜去召老百姓，老百姓也不敢随便接受。况且你们现在的国君，下达一个命令要我去看他，随便叫一声，我就要去吗？对不起，我不会去的。因为一个国君想见一位贤人，召见的方法不合规矩，不合礼仪，不守制度，等于是一方面请我去，一方面自己又把门关了起来。

他又说：义，合乎道理是道路；而礼仪是大门，只有君子走这条大路，进出这个大门。《诗经》上记载说：周朝文化鼎盛的时候，不论政治制度、文化精神，在文王、武王建国时，像宽阔、平坦、坚固的大道一样；而且像射出去的箭一样，是笔直的，不转弯的。所以君子所走的路，就是这样的坦直大道，小人则仰望着去效法。

万章这个学生很厉害，当孟子说到这里的时候，他又问了。他抬出了孟子最佩服的孔子来，指出在《论语》中记载孔子生活行为的《乡党》篇中，所说的一件事，他说：鲁国的国君下命令召孔子，孔子不等到车子准备好，立刻就跑路赶去了，依你的说法，孔子也不合礼制了。

孟子说：你又错了，孔子是鲁国的司寇，他有官职在身，所以“君命召，不俟驾而行”，他并不是普通的老百姓，也不是在他晚年闲居读书的时候；他那时有官职在身，负有责任，所以非去不可。

读书万卷 神交古人

孟子谓万章曰：“一乡之善士，斯友一乡之善士；一国之善士，斯友一国之善士；天下之善士，斯友天下之善士。以友天下之善士为未足，又尚论古之人。颂其诗，读其书，不知其人，可乎？是以论其世也。是尚友也。”

孟子最后告诉万章说：人交朋友，一定是意气相投，看到对方，也知道对方交的是什么朋友；看到对方交什么朋友，也可以知道对方是何等样人。一乡的善士，他的朋友也是一乡的善士；一国的善士，他的朋友也是一国的善士；天下的善士，也一定去和天下的善士交朋友，范围慢慢扩大。但是一个真正的君子，胸罗万象，尤其是一个好的国君，纵然与天下的善士交朋友，还是不能满足求贤、求善、求好的欲望，于是又与古人论交，那就是读古书。

我常劝青年多读古书，不要以为自己学问够了，所谓活到老，学到老，学问经验永远不会够的。古人著书立说，累积了多年成功与失败的经验，穷毕生精力，到晚年出书，流传下来，我们如果不读古书，那才真是愚蠢，因为有便宜不知道捡。读了古书，就是历史的经验，是吸取古人付出辛酸血泪的数千年经验，供自己运用，所以何必自己去碰钉子，流血流汗，茹苦含辛再领悟出同样的经验呢？或者说，只是读他的书，而又看不见他的人，可以和他交上朋友吗？当然可以呀！我们由古书就看到他的时代背景了。例如读唐诗，就知道唐代之所以成其为唐代，那种淳厚、朴素、气魄，那是伟大，的确了不起。杜甫和李白的诗是好，而在文字技巧上看来，似乎不如现代的诗；但现代的诗作就没有唐诗的风格与气势，尽管堆砌，也没有唐诗的那种精神与气魄。

看古董也是如此，一个几千年前的陶器，看来似乎非常粗拙，远不如现代的陶器那么精致美丽。但现代陶器的精美，一眼看过去，就尽在这一眼之中，不耐久看；而一个古陶器放在面前，它的粗拙中，就越看越有意思，有气势，有韵味，有一种盎然的、深远的精神。

诗到了宋朝，如“云淡风轻近午天”，也的确是好诗，但只那么轻轻淡淡的，就没有唐诗的那一种浓郁情怀。后世下来，明诗、清诗更加不同了。文学如此，文化也如此，试看历代人物，气度、政治的制度，一看就知道，一代有一代的味道。过去历代都有不同，也是循历史的痕迹，渐渐变易而来的，所以从历史渐变的轨迹中，也就可以看到未来发展的方向，这就是“尚论古之人”，与古人交朋友的道理。

清代中兴名臣左宗棠，在未得志前，连吃饭也成问题，但他的书房就有一副对联：“读书万卷，神交古人”，这种胸襟，这种抱负，是年轻人应该效法的，这就是“尚友”，也是与古人交朋友的意思。中国有一部古书名《尚友录》，现在改编为《中国历代名人辞典》。

孟子的真心话

下面是《万章》上下篇的结论了。

孟子也和庄子一样的幽默，在《离娄》上下篇的总结论中，叙述了齐人一妻一妾乞讨祭余的故事，讽刺当时一些为权势利禄奔走，而不顾立身出处的人。这里《万章》最后的结论，他说自己的一段经历，表明他不出来就是不出来的态度，也是非常幽默而生动：

> 齐宣王问卿。孟子曰："王何卿之问也？"
>
> 王曰："卿不同乎？"
>
> 曰："不同。有贵戚之卿，有异姓之卿。"
>
> 王曰："请问贵戚之卿？"
>
> 曰："君有大过则谏；反复之而不听，则易位。"
>
> 王勃然变乎色。曰："王勿异也。王问臣，臣不敢不以正对。"
>
> 王色定，然后请问"异姓之卿"。曰："君有过则谏；反复之而不听，则去。"

齐宣王有一天问孟子，关于"卿"这一官位的态度，应该怎样才合礼义？

"卿"是古代的官位，也可以代表最高的顾问，也可以代表国家的最高行政首长。如美国的国务卿——国务卿这名词，并不是我国的译文，最早翻译的是日本。有许多西方文字的名词，例如哲学、经济学，等等，都是由日本翻译过来，因为日本越古的文字，越多是我国的汉文字，所以我们中国人就随便捡过来用，成了二手货。

齐宣王这句话，问得非常严重，因为孟子曾经作过齐宣王的客卿。由于孟子是邹鲁人，不是齐国人，所以不是正式担任“卿”的位置。如果齐宣王正式用他为“卿”，他就变成齐国人了。他这一问，等于和孟子开玩笑。

孟子反问他说：请问大王，您所谓“卿”，是问哪种卿？

齐宣王被他这一句反击过来，吓了一跳，孟子本来是渊博的，所以宣王心里有点虚了，便问孟子：卿，还有什么差别吗？

孟子说：有大大的不同，有一种是“贵戚之卿”，是由国君的同宗亲族来担任的。如殷商的箕子、比干、周的周公，都是“贵戚之卿”，另有一种是不同姓的卿。

于是齐宣王问：就“贵戚之卿”而论，该当如何？

孟子说：如果国君有了大过错，“贵戚之卿”就要拼命劝阻，经过一再劝阻，这个国君仍不听的话，就是国君的不对了，那么就对不起，请这位国君下来，换个位置，由别人上来。

齐宣王一听这样的话，脸色都变了，也许发青了，当然，孟子气定神闲，坐在那里稳稳不动。齐宣王到底是一国之君，有他的修养气度，片刻过后，发觉自己神色不对，未免失态、失礼，现代说有失风度，所以态度又平和一点。

孟子却轻松地说：大王，你不要以为奇怪，你既然问起这个问题，我可不能和你说歪理，我是说的直话、正话。

孟子这样一说，齐宣王的神色完全变回正常了，然后又问“异姓之卿”该如何？

孟子说：“异姓之卿”，对于国君有过错，也是拼命劝告，如再不接受，对不起！下台一鞠躬，我要回家了。

这结论多妙！

所以读古书，要接连着读，就可以读出他的真正含义与精神所在了。如果依照宋儒这些古人所圈断的、割裂地去读，那就不是《孟子》，而是“懵子”，越读脑子越懵懂了。

房地产与建设工程

——法律问题及解决之道——

郑静昊　高建平　吴银书　主编

法律出版社 | LAW PRESS

本书编委会

序　一 PREFACE

我国改革开放以来，随着经济高速发展、生活水平不断提高，房地产与建设工程行业对促进经济发展起着举足轻重的支柱作用，作出了巨大贡献。房地产与建设工程项目关系国计民生，投资大、工期长，风险多，涉及部门广，也是社会关注度和重视度高的行业。

房地产与建设工程产业的繁荣推动了国民经济快速发展，但同时也产生了很多问题。为了规范房地产与建设工程健康有序发展，国家及地方有关部门颁布并实施大量的法律法规、行政规章、政策规定、司法解释，其中全国人大及其常委会颁布的法律主要有《土地管理法》《招标投标法》《安全生产法》《城乡规划法》《城市房地产管理法》《建筑法》《民法典》，国务院颁布的行政法规主要有《中华人民共和国城镇国有土地使用权出让和转让暂行条例》《城市房屋拆迁管理条例》《城市房地产开发经营管理条例》《建设工程质量管理条例》《建设工程勘察设计管理条例》《建设工程安全生产管理条例》《对外承包工程管理条例》《物业管理条例》《国有土地上房屋征收与补偿条例》《政府投资条例》等，还有最高人民法院发布的大量司法解释，主管部门、各个地方颁布的大量规章、地方性法规、技术标准，涉及面广，纷繁复杂，可以说已经有法可依。但是，法律要适应社会的发展变化，各个时期情况的不同，法律法规政策的经常性修改实施，各个地方规定时有差距，甚至同一地方、同一部门先后发出的文件个别情况下也会冲突。房地产与建设工程行业，由于紧密伴随改革开放步伐，发展快速，专业性强，涉及专业领域众多，出现问题突出复杂，导致房地产与建设工程纠纷多发高发，在民商事纠纷中较为明显；多年来最高人民法院及各地法院作出的相关判决中，其所占比例高居不下。

《民法典》的施行，是社会主义市场经济法律体系建成的里程碑，随着各地营商环境的改善，法律法规政策的完善，学法用法、依法行政、依法从业的理念习惯逐步形成，统一的法律适用环境相信也将更加得到加强。

本书不同于专业性强的法律书籍，主要面向普通读者，选取房地产与建设工程方面较常出现纠纷的情形，总结出情景案例，根据律师在执业过程中积累的实务经验，结合法律法规等规定，特别是2021年刚施行的《民法典》及最高人民法院最新修改的相关司法解释，以及各级人民法院在司法实践中形成的比较一致的处理原则和观点，总结实践中遇到的难点和疑点，进行简明扼要的剖析，归纳出合法的处理意见，并在每个案例之后提出风险防范建议，同时在每个案例法条链接部分附上涉及的法律法规规定。笔者在写作中避免专业性的理论阐述，尽量通俗易懂，具有较强的可操作性，使普通读者特别是相关企业人士能够清楚问题所在，明白在实践中如何防控、规避法律风险，出现问题知道如何适用法律，寻求法律解决途径，以较好维护自身合法权益。

希望本书的出版，能够抛砖引玉，为读者提供参考与指导，帮助处理实践中遇到的法律问题，合理有效解决出现的纠纷。

本书的出版，有赖于创作团队的奉献和付出，以及全体编委会成员的辛勤工作，在此特表衷心感谢！事非经过不知难，动笔之后，方知学识不足、水平有限，加上法律法规、规章规定等浩如烟海，经常变化，要学懂法律条文，掌握所有案件技巧，尤为困难。书中难免存在不足、疏漏甚至错误，敬请广大读者批评指正。

郑静昊

2021年5月

序　二 PREFACE

在我国，房地产与建筑业规模巨大，在国民经济中具有举足轻重的地位。自2009年以来，其增加值在国内生产总值中占比较高，并且呈逐年上升趋势。近年来，随着房地产与基础设施建设的蓬勃发展，这一领域产生的各种纠纷，不仅数量多，涉及面广，而且较为复杂。

本人积累了二十余年从事房地产与建筑企业法律顾问和大量的诉讼案件之实务经验，分析房地产与建设工程合同纠纷的成因，发现此类纠纷的发生，除了国家政策因素和市场变化原因外，很大一部分是由于房地产、建筑企业在经营管理中缺乏合规性审查和法律风险防控不足造成的。

由于房地产及建设工程涉及的领域专业性强，所涉及的部门法律也比较多，既包括行政、民商事及刑事方面的法律、法规、政策，还包括各种相关的司法解释。而且，随着社会的不断发展变化，法律也随之发生变化，房地产与建设工程领域的法律尤其如此。2021年1月1日起施行的《民法典》在物权、建设工程合同等各个方面均作了重大的修改和补充，相关的司法解释也随之作了修改，如《最高人民法院关于审理建设工程施工合同纠纷案件适用法律问题的解释(一)》《最高人民法院关于审理商品房买卖合同纠纷案件适用法律若干问题的解释》《最高人民法院关于审理建筑物区分所有权纠纷案件适用法律若干问题的解释》等。所以，这一领域的法律实务问题可以说点多面广、坎多坑深、疑难复杂。对于房地产、建筑企业人士而言，要想全面了解、掌握并运用这方面的法律知识，显然是很困难的。既使是短期从事房地产与建设工程的法律专业人士，要全面领会与掌握这方面的法律知识，亦非易事。

有鉴于此，本书的写作团队根据房地产与建设工程企业的实际需要，以解决实践中的法律实务问题为目的，通过深入研究，系统总结整理了房地产与建设工程常见的法律问题，编撰了这部《房地产与建设工程法律问题及解决之道》。本书就房地产开发全过程的各个环节的典型法律问题，从国有土地使用权出让、转让开始，到房地产合作开发、工程建设、商品房买卖及物业管理等，较为系统地给予了解答。从体例上来看，每一个问题的解答从情景案例开始，用以案说法的方式，给予深入浅出的法理分析。然后提出行之有效的风险防范建议，最后通过法条链接，列明所依据的法律、法规以及司法解释。能使读者一目了然。

本书实用性强，内容全面，查询方便，通俗易懂。希望能够成为房地产与建设工程企业老板、管理人员全面理解、掌握、运用该领域的相关法律知识，防控企业法律风险，保护企业合法权益的工具书。同时，对于法务人员来说，本书也可以作为参考书，具有相当的借鉴作用和指导意义。

最后，请允许我对参与本书写作的全体编委会成员及创作团队的每位成员表示由衷的感谢和崇高的敬意！囿于学识和时间，本书难免有疏漏和不当之处，敬请诸位同行和读者批评指正。

谨为序！

高建平

2021 年 5 月

序　三 PREFACE

回顾改革开放的伟大历程，我们无法忽视房地产业的发展，时代列车的轰鸣声中，何时没有房地产业的伴唱？40余年来，中国发生了翻天覆地的变化，房地产业也有着突飞猛进的发展，并且迅速成为支柱产业。在国民经济发展中，房地产业占据着极其重要的地位。它是整个城镇经济发展的基础性产业，有着显而易见的先导性价值，从某种意义来说，它还是重要的环保产业。对整个中国社会的方方面面、角角落落，房地产业的发展带来了一系列重要影响：诸如人民生活质量和消费水平的提高，整个国民经济发展水平的提升，土地资源的配置也更趋合理，国家和地区的财政收入不断增加，城市建设的步伐日益加快，城市的聚集效应显著增强，等等。不可小觑的是，房地产业的发展对于调整社会关系、优化产业结构、推动第三产业等方面也有直接的、显性的、宏观的影响。

身在红尘，终日奔波，我们见证了生活的绚丽缤纷，见证了城市的日新月异。应该说，房地产业的发展变化带给我的主观感受是极其深刻的：每每看到繁华都市的大楼高耸入云，每每听到许多地方不断刷新的建设速度，每每经过一处处纵横交错的交通枢纽，我总会为中国经济和社会的快速发展而赞叹不已，同时也会为这个过程中蕴含的道理、规律而沉思良久。

我生于农村长于农村，小时候成天就是与泥土接触、与泥土亲近、与泥土对话。我和小伙伴们玩过一种“响响炮”的游戏（用泥土捏成碗状，托于掌心并高举，然后再反拍至地上，炸飞的泥土则由对方赔偿），曾为得到一块烂泥而欣喜不已。那是20世纪70年代，我的家乡到处都是茅草房，苏北农村也鲜见瓦砖结构的房屋。20世纪80年代，改革开放开始，我每天放学后就帮父母做人工土砖坯，制作过程很烦琐、也很辛苦。这时候的农村已经出现了一些“万元户”，有不少农民新建五架梁红砖青瓦房。20世纪90年代，高考名落孙山后，我利用销售农业物资和销售白酒的收入在老家乡镇购置了人生的第一套商品房，该房产也是我们镇开发的第一批商品房。

在社会主义新农村建设进程中，在乡村振兴的号角声中，农村的住房建设也进入快车道,村容村貌焕然一新。就说我的家乡,那里已经彻底告别了土墙茅草房,代之而起的是楼房、别墅,还有庭院、花圃。

21世纪之初,我来到目前生活的城市,20多年来,我前前后后买过十几套商品房,这个过程中,房价一直在涨。但在中央提出"房用来住的,不是用来炒的"的要求后,我便不再热衷买房。

最近读了张磊的《价值》一书,深受启发和思考。书中有提及"三把火"理论,即凡是能被火烧掉的东西都不重要,如金钱、房子或者其他物质财富,而无法烧掉的东西才重要,总结起来有三样,那就是一个人的知识、能力和价值观,这也是深藏于内心并真正属于自己的"三把火"。相对于"炒房",建设自己的人生岂不是更有意义?

张磊的《价值》一书给我启发最深刻的不单单是"三把火"理论,还有作为律师的责任和使命,房地产建筑行业的合法合规更是我的职业追求。我进入法律服务行业,从自学苏州大学律师大专始,到南京大学法律本科,到参加苏州大学在职法律硕士学位的系统学习,再通过工商管理博士的提升,最终被北京大学经济学院国际商务系聘为硕士研究生导师。为写作本书,我把本人20多年办理的房地产建筑工程案件进行了梳理,梳理的过程中也是收获满满。在我看来,提供房地产项目立项的现行法律、政策依据、审查房地产项目所需文件材料,参与有关项目谈判、就房地产项目立项有关问题出具法律意见书,协助制作有关法律文件等,都是律师在房地产业中应起的作用。在办理这些案件的过程中,我也认识到,房地产业的长足发展在提高国民经济水平的同时,也出现了一些不健康状况,这些"不良苗头"需要得到及时解决。只有切实解决已有的一些问题,努力实现房地产业新转型,才能在新时代经济发展中继续扮演重要角色。

吴银书

2021年5月

目　录 CONTENTS

第二篇

房地产篇

第一篇

建设工程篇

PART 01

第一章
建设工程发包、承包、分包与转包

一、发包

1. 承包人雇用的工人受伤，发包人要承担责任吗?

【情景案例】①

B建筑公司是一间具有一级资质的建筑企业。某日，A公司与B建筑公司签订《建设工程施工合同》，约定：A公司将某厂房建设工程发包给B建筑公司承建，合同工期为6个月。后B建筑公司雇用李某到项目工地上工作，双方未签订劳动合同，B建筑公司没有为李某购买工伤保险。李某在工程外墙高空作业时不慎从三楼坠落，当即被送往本市人民医院，住院治疗60天，共花医疗费16万元，本费用由李某家人垫付。住院期间，李某多次向A公司与B建筑公司索取赔偿损失，都遭到拒绝。无奈之下，李某遂向法院提起诉讼，要求A公司与B建筑公司共同赔偿各项损失。

请问：李某的请求能得到法院支持吗?

【案例分析】

本案主要涉及的是承包人雇用的工人受伤，发包人是否要承担责任的问题。

我国《劳动法》第十六条规定，劳动合同是劳动者与用人单位确立劳动关系、明确双方权利和义务的协议。建立劳动关系应当订立劳动合同。《劳动和社会保障部关于确立劳动关系有关事项的通知》第一条规定，用人单位招用劳动者未订立书面劳动合同，但同时具备下列情形的，劳动关系成立：(1)用人单位和劳动者符合法律、法规规定的主体资格；(2)用人单位依法制定的各项劳动规章制度适用于劳动者，劳动者受用人单位的劳动管理，从事用人单位安排的有报酬的劳动；(3)劳动者提供的劳动是用人单位业务的组成部分。根据《工伤保险条例》第十四条的规定，职工在工作时间和工作场

---

① 本书所选案例源自司法实务中的真实案例，为增强本书实用性、配合《民法典》的实施，笔者将案例时间隐去，直接适用2021年1月1日之后生效的规范性文件进行案例分析。全书同。——编者注

所内,因工作原因受到事故伤害的,应当认定为工伤。其第十条规定,用人单位应当按时缴纳工伤保险费;职工个人不缴纳工伤保险费。其第六十二条第二款规定,依照本条例规定应当参加工伤保险而未工伤保险的用人单位职工发生工伤的,由该用人单位按照本条例规定的工伤保险待遇项目和标准支付费用。

事实劳动关系,是指无书面合同或无有效书面合同形成的劳动雇佣关系以及口头协议达成的劳动雇佣关系。事实劳动关系的确认需存在雇佣劳动的事实。

本案中,A公司将厂房建设工程发包给B建筑公司,B建筑公司是具有一级资质的建筑企业,A公司与李某不存在劳动关系,因此,不需要对李某承担赔偿责任。虽然李某与B建筑公司没有签订劳动合同,但双方存在事实劳动关系,因此,李某是B建筑公司的员工。李某在工作过程中受伤,属于工伤,由于B建筑公司没有为李某购买工伤保险,因此B建筑公司应当按照按《工伤保险条例》规定的工伤保险待遇项目和标准支付赔偿费用。也就是说,李某要求B建筑公司赔偿损失的请求应当得到法院支持。

【风险防范建议】

就发包人而言,要认真审查承包人是否具备相应的施工资质及用工主体资格。发包人将工程发包给不具备施工资质或用工主体资格的承包人,就要对该承包人招用的劳动者承担用工主体责任。即劳动者如果构成工伤,发包人依法要承担工伤保险责任。

就承包人而言,为规避相关风险,雇用工人时应当做到以下两个方面:

(1)劳动者入职后,应当在1个月内与劳动者本人订立劳动合同,以避免支付双倍工资的风险。另外,对于签订后的合同,应当由人力资源部门妥善保管,避免遗失或被偷盗后可能发生的风险。

(2)承包人应当为劳动者购买工伤保险。实务中,发生工伤的风险很难防范,承包人为劳动者缴纳工伤保险费,表面上增加了用工成本,但一旦发生工伤,费用将从工伤保险基金中支付;否则承包人将承担工伤全部赔偿责任,反而得不偿失。

【法条链接】

《劳动法》第十六条 劳动合同是劳动者与用人单位确立劳动关系、明确双方权利和义务的协议。

建立劳动关系应当订立劳动合同。

《工伤保险条例》第二条第一款 中华人民共和国境内的企业、事业单位、社会团体、民办非企业单位、基金会、律师事务所、会计师事务所等组织和有雇工的个体工商户(以下称用人单位)应当依照本条例规定参加工伤保险,为本单位全部职工或者雇工(以下称职工)缴纳工伤保险费。

第十条第一款 用人单位应当按时缴纳工伤保险费。职工个人不缴纳工伤保险费。

第十四条 职工有下列情形之一的,应当认定为工伤:

（一）在工作时间和工作场所内，因工作原因受到事故伤害的；

……

第六十二条第二款　依照本条例规定应当参加工伤保险而未参加工伤保险的用人单位职工发生工伤的，由该用人单位按照本条例规定的工伤保险待遇项目和标准支付费用。

《劳动和社会保障部关于确立劳动关系有关事项的通知》　一、用人单位招用劳动者未订立书面劳动合同，但同时具备下列情形的，劳动关系成立。

（一）用人单位和劳动者符合法律、法规规定的主体资格；

（二）用人单位依法制定的各项劳动规章制度适用于劳动者，劳动者受用人单位的劳动管理，从事用人单位安排的有报酬的劳动；

（三）劳动者提供的劳动是用人单位业务的组成部分。

《最高人民法院关于审理工伤保险行政案件若干问题的规定》第三条　社会保险行政部门认定下列单位为承担工伤保险责任单位的，人民法院应予支持：

……

（四）用工单位违反法律、法规规定将承包业务转包给不具备用工主体资格的组织或者自然人，该组织或者自然人聘用的职工从事承包业务时因工伤亡的，用工单位为承担工伤保险责任的单位；

……

2. 没有资质的承包人雇用的工人受伤，发包人要承担法律责任吗？

【情景案例】

某建筑公司与不具备建筑施工资质的某工程部签订劳务承包合同，分包其承建的部分土建施工项目，并约定由工程部雇用工人施工，支付工资。沈某是工程部雇用的施工人员。在一次施工过程中，沈某被脱落的塔机吊起物砸伤。沈某向人社局提出工伤认定申请。人社局依据《工伤保险条例》等规定，作出认定工伤决定，由某建筑公司承担沈某的工伤保险责任。某建筑公司不服该决定，向法院提起诉讼，请求予以撤销。

请问：某建筑公司应否为沈某的受伤承担责任？

【案例分析】

本案涉及的是发包人将建筑施工项目工程分包给没有建筑施工资质的承包人，是否应承担工伤保险责任的问题。

我国《建筑法》第二十九条第三款规定，禁止总承包单位将工程分包给不具备相应资质条件的单位；禁止分包单位将其承包的工程再分包。《民法典》第七百九十一条第三款规定，禁止承包人将工程分包给不具备相应资质条件的单位；禁止分包单位将其承包的工程再分包；建设工程主体结构的施工必须由承包人自行完成。《工伤保险条例》第十四条规定，职工在工作时间和工作场所内，因工作原因受到事故伤害的，应当认定为工伤。《劳动和社会保障部关于确立劳动关系有关事项的通知》第四条规定，建筑施工、矿山企业等用人单位将工程(业务)或经营权发包给不具备用工主体资格的组织或自然人，对该组织或自然人招用的劳动者，由具备用工主体资格的发包方承担用工主体责任。《最高人民法院关于审理工伤保险行政案件若干问题的规定》第三条第一款第(四)项规定，用工单位违反法律、法规规定将承包业务转包给不具备用工主体资格的组织或者自然人，该组织或者自然人聘用的职工从事承包业务时因工伤亡的，用工单位为承担工伤保险责任的单位。

本案中，某建筑公司将建筑施工工程项目分包给没有施工资质、不具备用工主体资格的某工程部，属于违法分包。建筑施工单位的施工资质关系施工单位履行合同的能力，也涉及保障建筑工程质量和施工人员人身、财产安全的重大问题，因此，法律对此作出严格规定，以明确认定劳动者与建筑工程企业之间的劳动关系，保障劳动者的合法权益。某建筑公司将建筑施工工程项目违法分包给某工程部，某工程部为完成工程施工项目而招聘雇用沈某，应认定为某建筑公司与沈某之间存在劳动关系，某建筑公司应依法承担用工主体责任。故沈某的受伤构成工伤，某建筑公司应承担工伤保险责任。

【风险防范建议】

关于建筑公司发包工程时，如何避免出现相应的风险，建议如下：

(1)发包工程须符合我国法律的规定。《建筑法》是我国规范建筑活动的基本法律，其对建筑工程发包与承包作出强制性规定，禁止建筑单位将工程发包给不具备相应资质条件的承包人；《民法典》《建设工程质量管理条例》等法律法规也作出相应规定。需要说明的是，合法的工程分包是我国法律允许的。因此，建筑公司分包工程时，一定要谨慎审核承包人是否具备相应的用工主体资格，只有承包人具备了相应资质条件，建筑公司才能避免承担承包人违法雇用工人的法律责任。

(2)承包人雇用工人，发包人务必要求承包人与工人签订书面劳动合同，并在《建设工程分包合同》中约定承包人不与劳务工人签订书面劳动合同需承担的违约责任，以明确区分法律后果。

【法条链接】

《建筑法》第二十九条第一款 建筑工程总承包单位可以将承包工程中的部分工程发包给具有相应资质条件的分包单位；但是，除总承包合同中约定的分包外，必须经建设单位认可。施工总承包的，建筑工程主体结构的施工必须由总承包单位自行完成。

第二十九条第三款 禁止总承包单位将工程分包给不具备相应资质条件的单位。禁止分包单位将其承包的工程再分包。

《民法典》第七百九十一条第一款　发包人可以与总承包人订立建设工程合同，也可以分别与勘察人、设计人、施工人订立勘察、设计、施工承包合同。发包人不得将应当由一个承包人完成的建设工程支解成若干部分发包给数个承包人。

第七百九十一条第三款　禁止承包人将工程分包给不具备相应资质条件的单位。禁止分包单位将其承包的工程再分包。建设工程主体结构的施工必须由承包人自行完成。

《工伤保险条例》第十四条　职工有下列情形之一的，应当认定为工伤：

（一）在工作时间和工作场所内，因工作原因受到事故伤害的；

……

《建设工程质量管理条例》第七十八条第二款　本条例所称违法分包，是指下列行为：

（一）总承包单位将建设工程分包给不具备相应资质条件的单位的；

……

《建筑工程施工发包与承包违法行为认定查处管理办法》第五条　本办法所称违法发包，是指建设单位将工程发包给个人或不具有相应资质的单位、肢解发包、违反法定程序发包及其他违反法律法规规定发包的行为。

第六条　存在下列情形之一的，属于违法发包：

（一）建设单位将工程发包给个人的；

（二）建设单位将工程发包给不具有相应资质的单位的；

……

第十一条　本办法所称违法分包，是指承包单位承包工程后违反法律法规规定，把单位工程或分部分项工程分包给其他单位或个人施工的行为。

第十二条　存在下列情形之一的，属于违法分包：

（一）承包单位将其承包的工程分包给个人的；

（二）施工总承包单位或专业承包单位将工程分包给不具备相应资质单位的；

（三）施工总承包单位将施工总承包合同范围内工程主体结构的施工分包给其他单位的，钢结构工程除外；

（四）专业分包单位将其承包的专业工程中非劳务作业部分再分包的；

（五）专业作业承包人将其承包的劳务再分包的；

（六）专业作业承包人除计取劳务作业费用外，还计取主要建筑材料款和大中型施工机械设备、主要周转材料费用的。

《劳动和社会保障部关于确立劳动关系有关事项的通知》　四、建筑施工、矿山企业等用人单位将工程（业务）或经营权发包给不具备用工主体资格的组织或自然人，对该组织或自然人招用的劳动者，由具备用工主体资格的发包方承担用工主体责任。

《最高人民法院关于审理工伤保险行政案件若干问题的规定》第三条　社会保险行政部门认定下列单位为承担工伤保险责任单位的，人民法院应予支持：

……

（四）用工单位违反法律、法规规定将承包业务转包给不具备用工主体资格的组织或者自然

人,该组织或者自然人聘用的职工从事承包业务时因工伤亡的,用工单位为承担工伤保险责任的单位;

……

3. 中标通知书发出后,发包人悔标要承担什么责任?

【情景案例】

某日,甲公司发布招标公告,对"××工程"进行公开招标,乙建筑公司积极参与投标,并于公告发布20日后向甲公司提交投标书。又15日后,甲公司向乙公司发出中标通知书,"××工程"由乙建筑公司中标承建。乙建筑公司收到中标通知书后,立即进行了工程前期的策划与准备工作。招标文件规定,发包人应该在30日内与承包人签订施工总承包合同。由于甲公司的原因,施工总承包合同迟迟没有签订。其间,乙公司多次发函给甲公司,甲公司以施工场地尚未具备条件为由拖延签订合同。3个月后,甲公司告知乙建筑公司:因公司战略方向发生调整,公司股东会决定取消"××工程"的项目建设。

乙建筑公司向甲公司索赔遭到拒绝,遂向法院提起诉讼,要求甲公司赔偿实际损失60万元和可得利益损失300万元。

请问:乙建筑公司的请求能得到法院支持吗?

【案例分析】

本案涉及的是中标通知书的效力问题。

根据我国《民法典》第五百条的规定,当事人在订立合同过程中有其他违背诚信原则的行为,造成对方损失的,应当承担赔偿责任。《招标投标法》第四十五条规定,中标人确定后,招标人应当向中标人发出中标通知书;中标通知书发出后,招标人改变中标结果的,或者中标人放弃中标项目的,应当依法承担法律责任。第四十六条规定,招标人和中标人应当自中标通知书发出之日起30日内,按照招标文件和中标人的投标文件订立书面合同。《民法典》第四百七十一条规定,当事人订立合同,可以采取要约、承诺方式或者其他方式。要约是希望和他人订立合同的意思表示,该意思表示应当符合下列规定:内容具体确定;表明经受要约人承诺,要约人即受该意思表示约束。承诺是受要约人同意要约的意思表示。其第四百八十三条规定,承诺生效时合同成立。需要说明的是,要约与要约邀请是不同的两个概念,要约邀请是希望他人向自己发出要约的意思表示,如寄送的价目表、拍卖公告、招标公告、商业广告等为要约邀请。

实务中,《建设工程施工合同》的签订过程通常要经过招标、投标、评标、定标四个阶段,在此形成招标文件、投标书、中标通知书三个主要文件。招标文件是要约邀请,投标书是要约，中标通知书是承诺。招标人向投标人发出中标通知书，就是无条件同意投标人的投标标书内容，并同意受投标标书（包括询标文件）的约束，能够产生合同成立的法律效力；自中标通知书发出之日起30日内，如果招标人不按照招标文件与中标人订立书面合同的，则要承担相应法律责任。

本案中，甲公司发布招标公告，对"××工程"进行公开招标，乙建筑公司积极参与投标，向甲公司提交投标书，甲公司已向乙公司发出中标通知书，但2个多月后却以取消"××工程"的项目建设为由，不与乙建筑公司签订建设工程施工合同，其悔标行为明显违反我国法律规定，应承担缔约过失责任，赔偿乙建筑公司实际利益损失。故乙建筑公司提出的赔偿实际损失60万元的请求有充分法律根据，应当能得到法院支持。而提出的可得利益损失300万元，属于合同成立之后的违约责任范围，不符合法律规定，难以得到法院支持。

综上所述，中标通知书发出后，发包人悔标要承担赔偿实际利益损失责任。

【风险防范建议】

建设工程施工合同签订过程中，招标人悔标时有发生，关于投标人应当如何规避相关法律风险，建议如下：

（1）司法实务中，对招标人悔标应当如何承担法律责任，争议极大；因此，投标人在投标书中应当明确提出悔标的法律责任，不要轻易应允某些投标文件规定的"合同终止时承包人的索赔仅限于直接损失"等苛刻条款。否则，招标人违约后，投标人索赔时可能会因缺乏明确依据而面临不利后果。

（2）在投标书中可以在不违反招标书的情况下向招标人提出承包该项工程的实际利益损失计算范围。例如，按照工程量清单投标报价的，可根据招标文件的要求或者该种报价方法的交易习惯，在报价时或约定开工前向发包人报送费用拆分表。需要说明的是，投标人如果没有事先约定告知招标人实际利益损失计算范围，在索赔时可能面临举证困难导致的不利后果。

【法条链接】

《民法典》第一百三十七条 以对话方式作出的意思表示，相对人知道其内容时生效。

以非对话方式作出的意思表示，到达相对人时生效。以非对话方式作出的采用数据电文形式的意思表示，相对人指定特定系统接收数据电文的，该数据电文进入该特定系统时生效；未指定特定系统的，相对人知道或者应当知道该数据电文进入其系统时生效。当事人对采用数据电文形式的意思表示的生效时间另有约定的，按照其约定。

第四百七十一条 当事人订立合同，可以采取要约、承诺方式或者其他方式。

第四百七十二条 要约是希望与他人订立合同的意思表示，该意思表示应当符合下列条件：

（一）内容具体确定；

(二)表明经受要约人承诺,要约人即受该意思表示约束。

第四百七十三条 要约邀请是希望他人向自己发出要约的表示。拍卖公告、招标公告、招股说明书、债券募集办法、基金招募说明书、商业广告和宣传、寄送的价目表等为要约邀请。

商业广告和宣传的内容符合要约条件的,构成要约。

第四百七十四条 要约生效的时间适用本法第一百三十七条的规定。

第四百七十九条 承诺是受要约人同意要约的意思表示。

第四百八十三条 承诺生效时合同成立,但是法律另有规定或者当事人另有约定的除外。

第五百条 当事人在订立合同过程中有下列情形之一,造成对方损失的,应当承担赔偿责任:

(一)假借订立合同,恶意进行磋商;

(二)故意隐瞒与订立合同有关的重要事实或者提供虚假情况;

(三)有其他违背诚信原则的行为。

《招标投标法》第四十五条 中标人确定后,招标人应当向中标人发出中标通知书,并同时将中标结果通知所有未中标的投标人。

中标通知书对招标人和中标人具有法律效力。中标通知书发出后,招标人改变中标结果的,或者中标人放弃中标项目的,应当依法承担法律责任。

第四十六条第一款 招标人和中标人应当自中标通知书发出之日起三十日内,按照招标文件和中标人的投标文件订立书面合同。招标人和中标人不得再行订立背离合同实质性内容的其他协议。

4. 建设工程施工合同中发包人毁约,承包人能否主张预期利益损失?

【情景案例】

某日,A公司通过招标的方式与B建筑公司签订《建筑装饰工程施工合同》,约定由B建筑公司承包A公司旗下某酒店一期装饰工程,开工日期为××××年××月××日,合同价款为1000万元。在签订合同的同时,B建筑公司依约向A发公司交纳了100万元的履约保证金。合同签订后,A公司以银行贷款未到位为借口不让B建筑公司进场开工。在B建筑公司再三催促下,A公司于开工2个月后以消防报建未审批为由通知B建筑公司解除合同。又1年后,B建筑公司以A公司单方毁约为由向法院提起诉讼,要求A公司返还履约保证金100万元并支付预期利益损失200万元。

请问:B建筑公司的请求能到法院支持吗?

【案例分析】

本案涉及的是发包人擅自毁约,承包人能否主张预期利益损失的问题。

我国《民法典》第五百六十六条第一款规定,合同解除后,尚未履行的,终止履行;

已经履行的，根据履行情况和合同性质，当事人可以请求恢复原状或者采取其他补救措施，并有权请求赔偿损失。第五百八十四条规定，当事人一方不履行合同义务或者履行合同义务不符合约定，造成对方损失的，损失赔偿额应当相当于因违约所造成的损失，包括合同履行后可以获得的利益；但是，不得超过违约一方订立合同时预见到或者应当预见到的因违约可能造成的损失。

本案中，A公司通过招标方式与B建筑公司签订《建筑装饰工程施工合同》，约定由B建筑公司承包A公司旗下某酒店一期装饰工程，B建筑公司依约向A发公司交纳了100万元的履约保证金，合同合法有效。但合同签订后，A公司却单方解除合同，不履行合同义务，违反合同约定，应承担违约责任。A公司违约导致合同解除；B建筑公司作为守约方，有权要求赔偿损失，其向A公司交纳的100万元履约保证金，属于其直接损失，B建筑公司主张返还，符合法律规定。B建筑公司主张的预期利益损失200万元，是合同履行后可以获得的利益，有充分法律依据，应获得赔偿。

综上所述，B建筑公司的请求应当能得到法院支持。

【风险防范建议】

就发包人或承包人而言，建设工程施工合同解除后，在主张预期利益损失时，需注意以下两个方面：

（1）重视可预见性的情形，即主张的赔偿范围不要超过违约方在订立合同时能预见或应该预见的因违约而造成的损失。否则，主张将不能得到支持。

（2）清楚确定性的情形，就守约方而言，要主张预期利益损失，需举证证明预期利润的确定性及计算依据，尽量事先在合同中约定可得利益损失的计算标准及依据，这样在提出主张时能有明确的依据。

【法条链接】

《招标投标法》第四十六条第一款　招标人和中标人应当自中标通知书发出之日起三十日内，按照招标文件和中标人的投标文件订立书面合同。招标人和中标人不得再行订立背离合同实质性内容的其他协议。

《民法典》第五百六十六条　合同解除后，尚未履行的，终止履行；已经履行的，根据履行情况和合同性质，当事人可以请求恢复原状或者采取其他补救措施，并有权请求赔偿损失。

合同因违约解除的，解除权人可以请求违约方承担违约责任，但是当事人另有约定的除外。

主合同解除后，担保人对债务人应当承担的民事责任仍应当承担担保责任，但是担保合同另有约定的除外。

第五百八十四条　当事人一方不履行合同义务或者履行合同义务不符合约定，造成对方损失的，损失赔偿额应当相当于因违约所造成的损失，包括合同履行后可以获得的利益；但是，不得超过违约一方订立合同时预见到或者应当预见到的因违约可能造成的损失。

5. 公司将工程直接发包给某位股东，合法吗？

【情景案例】

甲房地产公司由张某、赵某与刘某三人创办，张某出资5000万元，赵某出资3000万元，刘某出资2000万元。为承接甲房地产公司的建筑工程，刘某私下创办乙建筑公司，注册资本为5000万元。某日，甲房地产公司与乙建筑公司签订《建设工程施工合同》，约定：由乙建筑公司承包甲房地产公司开发的某高层住宅小区的施工工程，工程款为1亿元；协议在双方法定代表人或其委托代理人签字、盖章后生效。甲房地产公司的法定代表人张某在合同上签字，乙建筑公司的法定代表人刘某在合同上签字，双方在合同第6页尾部加盖各自公司印章。

请问：甲房地产公司将工程发包给乙建筑公司，合法吗？

【案例分析】

本案涉及的是房地产公司将工程直接发包给股东的行为是否合法的问题。

我国《民法典》第七百八十八条第一款规定，建设工程合同是承包人进行工程建设，发包人支付价款的合同。我国法律对合同效力的问题也有明确规定：《民法典》第一百四十六条、第一百五十三条、第一百五十四条规定，合同无效有以下四种法定情形：无民事行为能力人实施的合同无效；行为人与相对人以虚假的意思表示实施的合同无效；违反法律、行政法规的强制性规定的合同无效；行为人与相对人恶意串通，损害他人合法权益的合同无效。《安全生产法》第一百条第一款规定，生产经营单位将生产经营项目发包不具备安全生产条件或者相应资质的单位或者个人的，导致发生生产安全事故给他人造成损害的，与承包方承担连带赔偿责任。《公司法》第二十一条第一款规定，公司的控股股东、实际控制人、董事、监事、高级管理人员不得利用其关联关系损害公司利益。第二百一十六条第(四)项规定，关联关系，是指公司控股股东、实际控制人、董事、监事、高级管理人员与其直接或者间接控制的企业之间的关系，以及可能导致公司利益转移的其他关系。《最高人民法院关于审理建设工程施工合同纠纷案件适用法律问题的解释(一)》第一条第一款规定，建设工程施工合同具有下列情形之一的，应当依据《民法典》第一百五十三条第一款的规定，认定无效：(1)承包人未取得建筑业企业资质或者超越资质等级的；(2)没有资质的实际施工人借用有资质的建筑施工企业名义的；(3)建设工程必须进行招标而未招标或者中标无效的。

本案中，张某、赵某与刘某三人创办的甲房地产公司开发某高层住宅小区，这是非国有资金投资的房地产项目，不属于法律法规规定必须招标的工程项目。关于甲房地产公司的股东刘某为承接甲房地产公司的建筑工程，创办乙建筑公司，与甲房地产公司控股股东、法定代表人张某签订《建设工程施工合同》，在合同尾部加盖各自公司印章的行为是否合法的问题，关键在于张某与乙建筑公司是否有关联关系，即二者之间有没有控制关系以及可能导致公司利益转移的其他关系，损害公司利益。由于张某与乙建筑公司之间没有直接或间接的控制关系，甲房地产公司、乙建筑公司是各自独立的法人企业，因此甲房地产公司与乙建筑公司之间签订的《建设工程施工合同》，具有相应资质，合同不违反违反法律、行政法规的强制性规定，合法有效。故甲房地产公司将工程发包给乙建筑公司符合法律规定。

【风险防范建议】

实务中，发包人往往会将工程发包给股东参与创办的建筑公司。“肥水不流别人田”，从人情世故的角度考虑，这是可以理解的；但从法律的角度考虑，如果操作不当，发包人将面临巨大的风险隐患。关于如何规避相关风险，建议如下：

（1）要确保股东参与创办的建筑公司已取得相应的企业资质，否则双方签订的建设工程施工合同将被认定无效。另外，建筑工程是安全事故多发的行业，将工程发包给没有资质的承包人，如果施工中发生安全事故给他人造成损害，发包人要与承包人承担连带赔偿责任。

（2）发包人与股东出资持股的企业发生工程承包关系，要注意二者之间不能具有关联关系且不能利用这种关系损害公司利益，这样公司股东之间才可能建立信赖关系，合作顺利；否则将有违法风险，妨害公司正常经营，进而损害股东合法权益。

（3）根据我国法律的规定，建设工程项目如果有国有资金投资或者国家融资，使用国际组织或者外国政府贷款、援助资金，需要进行招投标，发包人一定要通过招投标程序确定中标人，不能绕过招投标程序直接将工程发包给股东创办的企业，否则将导致合同无效，相关人员还将受到行政处罚。

【法条链接】

《建筑法》第二十六条第一款　承包建筑工程的单位应当持有依法取得的资质证书，并在其资质等级许可的业务范围内承揽工程。

《安全生产法》第一百条第一款　生产经营单位将生产经营项目、场所、设备发包或者出租给不具备安全生产条件或者相应资质的单位或者个人的，责令限期改正，没收违法所得；违法所得十万元以上的，并处违法所得二倍以上五倍以下的罚款；没有违法所得或者违法所得不足十万元的，单处或者并处十万元以上二十万元以下的罚款；对其直接负责的主管人员和其他直接责任人员处一万元以上二万元以下的罚款；导致发生生产安全事故给他人造成损害的，与承包方、承租方承担连带赔偿责任。

《招标投标法》第三条　在中华人民共和国境内进行下列工程建设项目包括项目的勘察、设计、施工、监理以及与工程建设有关的重要设备、材料等的采购，必须进行招标：

（一）大型基础设施、公用事业等关系社会公共利益、公众安全的项目；

（二）全部或者部分使用国有资金投资或者国家融资的项目；

（三）使用国际组织或者外国政府贷款、援助资金的项目。

前款所列项目的具体范围和规模标准，由国务院发展计划部门会同国务院有关部门制订，报国务院批准。

法律或者国务院对必须进行招标的其他项目的范围有规定的，依照其规定。

第四十九条　违反本法规定，必须进行招标的项目而不招标的，将必须进行招标的项目化整为零或者以其他任何方式规避招标的，责令限期改正，可以处项目合同金额千分之五以上千分之十以下的罚款；对全部或者部分使用国有资金的项目，可以暂停项目执行或者暂停资金拨付；对单位直接负责的主管人员和其他直接责任人员依法给予处分。

《民法典》第一百四十六条　行为人与相对人以虚假的意思表示实施的民事法律行为无效。

以虚假的意思表示隐藏的民事法律行为的效力，依照有关法律规定处理。

第一百五十三条　违反法律、行政法规的强制性规定的民事法律行为无效。但是，该强制性规定不导致该民事法律行为无效的除外。

违背公序良俗的民事法律行为无效。

第一百五十四条　行为人与相对人恶意串通，损害他人合法权益的民事法律行为无效。

第七百八十八条第一款　建设工程合同是承包人进行工程建设，发包人支付价款的合同。

《公司法》第二十一条　公司的控股股东、实际控制人、董事、监事、高级管理人员不得利用其关联关系损害公司利益。

违反前款规定，给公司造成损失的，应当承担赔偿责任。

第二百一十六条　本法下列用语的含义：

……

（四）关联关系，是指公司控股股东、实际控制人、董事、监事、高级管理人员与其直接或者间接控制的企业之间的关系，以及可能导致公司利益转移的其他关系。但是，国家控股的企业之间不仅因为同受国家控股而具有关联关系。

《必须招标的工程项目规定》第二条　全部或者部分使用国有资金投资或者国家融资的项目包括：

（一）使用预算资金200万元人民币以上，并且该资金占投资额10%以上的项目；

（二）使用国有企业事业单位资金，并且该资金占控股或者主导地位的项目。

第三条　使用国际组织或者外国政府贷款、援助资金的项目包括：

（一）使用世界银行、亚洲开发银行等国际组织贷款、援助资金的项目；

（二）使用外国政府及其机构贷款、援助资金的项目。

第四条　不属于本规定第二条、第三条规定情形的大型基础设施、公用事业等关系社会公共利益、公众安全的项目，必须招标的具体范围由国务院发展改革部门会同国务院有关部门按照确有必要、严格限定的原则制订，报国务院批准。

《最高人民法院关于审理建设工程施工合同纠纷案件适用法律问题的解释（一）》第一条第一款　建设工程施工合同具有下列情形之一的，应当依据民法典第一百五十三条第一款的规定，认定无效：

（一）承包人未取得建筑施业企业资质或者超越资质等级的；

（二）没有资质的实际施工人借用有资质的建筑施工企业名义的；

（三）建设工程必须进行招标而未招标或者中标无效的。

6. 发包人要对施工中发生的重大责任事故承担责任吗？

【情景案例】

某日，A房地产公司与B建筑公司签订《建筑工程施工合同》，约定由B建筑公司承包A房地产公司开发的“金×湾”住宅小区的施工工程。合同签订后，B建筑公司依约向A房地产公司交纳了300万元的履约保证金。“金×湾”住宅小区具体管理工作由B建筑公司总经理王某、项目经理吴某负责。后B建筑公司气焊工梁某在该小区1号楼地下车库进行安装施工切割作业时，由于操作不当引燃保温层，进而引发火灾，造成正在楼内施工的张某、黄某、周某三人死亡。事故发生后，B建筑公司赔偿每位被害人亲属80万元。事后相关部门经调查得知，梁某未取得特种作业操作资格证书，A房地产公司对该事故的发生没有任何过错。

请问：A房地产公司对该重大责任事故要承担责任吗？

【案例分析】

本案涉及的是建设工程发生生产安全事故的责任承担问题。

我国《民法典》第七百八十八条第一款规定，建设工程合同是承包人进行工程建设，发包人支付价款的合同。《劳动法》第十六条规定，劳动合同是劳动者与用人单位确立劳动关系、明确双方权利和义务的协议；建立劳动关系应当订立劳动合同。《安全生产法》第十四条规定，国家实行生产安全事故责任追究制度，依照本法和有关法律、法规的规定，追究生产安全事故责任人员的法律责任。根据该法第九十四条的规定，生产经营单位有特种作业人员未按照规定经专门的安全作业培训并取得相应资格，上岗作业的，责令限期改正，可以处5万元以下的罚款；逾期未改正的，责令停产停业整顿，并处5万元以上10万元以下的罚款，对其直接负责的主管人员和其他直接责任人员处1万元以上2万元以下的罚款。

本案中，A房地产公司与B建筑公司签订《建筑工程施工合同》，约定由B建筑公司承包A房地产公司开发的“金×湾”住宅小区的施工工程，符合法律规定，形成建设工程合同法律关系；而张某、黄某、周某三人和气焊工梁某是B建筑公司的施工人员，以上四人与B建筑公司的关系是劳动者与用人单位的劳动关系。作为用人单位，B建筑公司对张某、黄某、周某和气焊工梁某从事工作引起的伤亡后果，应当承担赔偿责任。对于A房地产公司来说，其只与B建筑公司存在合同法律关系，与张某、黄某、周某和气焊工梁某之间不存在劳动法律关系，因此，在对该事故的发生没有任何过错的情况下，A房地产公司不需要承担任何责任。

需要说明的是，气焊工是特种作业工种，B建筑公司在梁某没有取得特种作业操作资格证书的情况下让其上岗，根据上述法律规定，B建筑公司除承担赔偿责任外，还应受到相应的行政处罚。

【风险防范建议】

关于在建设工程合同履行过程中，如何避免出现本案之类的生产安全事故责任风险，建议如下：

(1)就房地产公司等发包单位而言，一定要谨慎审核承包单位是否具备相应的安全生产资质资格，只有具备了相应资质条件，才能避免承担承包单位的连带赔偿责任及相应的行政处罚。

(2)就建筑公司等承包单位而言，对于特种作业岗位，只有聘用具有相应安全作业资格的员工，才能避免在履行合同过程中受到安全生产行政处罚。

【法条链接】

《民法典》第七百八十八条第一款 建设工程合同是承包人进行工程建设，发包人支付价款的合同。

《劳动法》第十六条 劳动合同是劳动者与用人单位确立劳动关系、明确双方权利和义务的协议。

建立劳动关系应当订立劳动合同。

《安全生产法》第十四条 国家实行生产安全事故责任追究制度，依照本法和有关法律、法规的规定，追究生产安全事故责任人员的法律责任。

第九十四条 生产经营单位有下列行为之一的，责令限期改正，可以处五万元以下的罚款；逾期未改正的，责令停产停业整顿，并处五万元以上十万元以下的罚款，对其直接负责的主管人员和其他直接责任人员处一万元以上二万元以下的罚款：

……

(七)特种作业人员未按照规定经专门的安全作业培训并取得相应资格，上岗作业的。

第一百条 生产经营单位将生产经营项目、场所、设备发包或者出租给不具备安全生产条件或者相应资质的单位或者个人的，责令限期改正，没收违法所得；违法所得十万元以上的，并处违法所得二倍以上五倍以下的罚款；没有违法所得或者违法所得不足十万元的，单处或者并处十万元以上二十万元以下的罚款；对其直接负责的主管人员和其他直接责任人员处一万元以上二万元以下的罚款；导致发生生产安全事故给他人造成损害的，与承包方、承租方承担连带赔偿责任。

生产经营单位未与承包单位、承租单位签订专门的安全生产管理协议或者未在承包合同、租赁合同中明确各自的安全生产管理职责，或者未对承包单位、承租单位的安全生产统一协调、管理的，责令限期改正，可以处五万元以下的罚款，对其直接负责的主管人员和其他直接责任人员可以处一万元以下的罚款；逾期未改正的，责令停产停业整顿。

7. 发包人可以在招标文件或者建设工程合同中“指定采购”吗？

【情景案例】

某日，甲公司通过招投标程序将某酒店的建筑安装工程发包给某具有建筑资质的乙公司进行施工，双方为此签订施工合同，其中约定，施工所需的建筑材料由乙公司负责采购；施工合同附件包括一份工程原材料、设备品牌清单，约定乙公司应当按照一定顺位优先选用清单中指定品牌的建筑材料和设备。后来，工程经竣工验收合格并实际交付甲公司使用。在使用一段时间后，甲公司发现该工程存在多处质量问题，其中较为严重的是空调系统阀门出现锈蚀的现象。甲公司经核查发现，该工程使用的空调系统阀门品牌并不属于施工合同附件中指定选用的品牌，而是知名度相对较低的其他品牌。

甲公司认为，乙公司未选用指定品牌的建筑材料，属于不按合同要求施工的行为，遂向法院提起诉讼，要求乙公司按清单的约定更换所有阀门并承担相应违约责任。

请问：甲公司的请求能得到法院的支持吗？

【案例分析】

本案涉及的是施工合同约定内容的效力问题。

我国《建筑法》第二十五条规定，按照合同约定，建筑材料、建筑构配件和设备由工程承包单位采购的，发包单位不得指定承包单位购入用于工程的建筑材料、建筑构配件和设备或者指定生产厂、供应商。《招标投标法》第二十条规定，招标文件不得要求或者标明特定的生产供应者以及含有倾向或者排斥潜在投标人的其他内容。根据《民法典》第一百五十三条第一款的规定，违反法律、行政法规的强制性规定的民事法律行为无效。

本案中，甲公司是通过招投标程序与乙公司签订施工合同，并将某酒店的建筑安装工程发包给某具有建筑资质的乙公司进行施工的。该施工合同中约定施工所需的建筑材料由乙公司负责采购，乙公司应当按照一定顺位优先选用合同附件对工程原材料、设备品牌清单指定品牌的建筑材料和设备。该条款明显是为了规避法律确定的招投标程序的公平有序竞争原则，违反上述法律的强制性规定，属于无效条款；无效的过错责任在甲公司，该条款对乙公司不发生法律效力。因此，乙公司施工中未选用合同约定品牌的建筑材料，不违反法律规定，不存在承担违约责任的问题。故甲公司要求乙建筑公司按清单的约定更换所有阀门并承担相应违约责任的请求难以得到法院的支持。

【风险防范建议】

在建筑领域，发包人指定工程承包人购买特定品牌建筑材料、设备的现象比较普遍，甚至在招投标文件中就已将采购的指定品牌或供应商的产品作为评审标准，而承包人为了中标，往往会接受这种“指定采购”要求。实务中，施工合同中约定的“指定采购”条款，可能会给发包人与承包人带来不利的法律后果。关于如何规避相关风险，建议如下：

（1）就发包人而言，在招标文件或施工合同中应避免约定“指定品牌”或“指定购买”，如果发包人一定要选用某一供应者的技术规格产品，可以准确或清楚地说明拟选用建筑材料或设备的技术规格，在招标文件或施工合同中将附带列举的品牌清单作为参考品牌清单而非指定品牌清单。可以约定发包人已经选择的材料、设备等，由承包人“代为采购”；也可以由发包人直接采购材料、设备，提供给承包人。这样可在一定程度上约束承包人的选材范围，亦能有效避免合同条款无效的风险。

（2）就承包人而言，若发包人在招投标阶段或订立合同过程中指定材料、设备的品牌，承包人应当依法提出异议。需要说明的是，发包人指定采购的材料、设备如果不符合强制性标准并导致工程出现质量缺陷，虽然发包人要承担过错责任，但承包人有过错的，也要承担相应的过错责任。

【法条链接】

《建筑法》第二十五条 按照合同约定，建筑材料、建筑构配件和设备由工程承包单位采购的，发包单位不得指定承包单位购入用于工程的建筑材料、建筑构配件和设备或者指定生产厂、供应商。

《招标投标法》第二十条 招标文件不得要求或者标明特定的生产供应者以及含有倾向或者排斥潜在投标人的其他内容。

《民法典》第一百五十三条 违反法律、行政法规的强制性规定的民事法律行为无效。但是，该强制性规定不导致该民事法律行为无效的除外。

违背公序良俗的民事法律行为无效。

8. 建设工程合同约定履约保证金有效吗？

【情景案例】

邓某与刘某原来从事国际贸易生意。后两人转行共同开办甲建筑公司，公司注册资本5000万元,邓某占公司51%的股权,刘某占公司49%的股权。乙房地产公司就其名下某楼盘1号楼项目工程的建设施工发布招标公告,招标文件主要内容为:工期为10个月,合同金额2000万元,中标人要支付300万元履约保证金。对于该招标文件内容,邓某表示不解。邓某认为,发包人要求承包人缴纳履约保证金是违法的,其应当给承包人支付工程预付款才对。刘某认为,按照建筑行业交易习惯,发包人可以要求承包人缴纳履约保证金,但300万元的保证金有点偏高。

请问:邓某的说法正确吗?

【案例分析】

本案涉及的是建设工程履约保证金的性质认识问题。

我国《招标投标法》第四十六条第二款规定,招标文件要求中标人提交履约保证金的,中标人应当提交。第六十条第一款规定,中标人不履行与招标人订立的合同的,履约保证金不予退还,给招标人造成的损失超过履约保证金数额的,还应当对超过部分予以赔偿;没有提交履约保证金的,应当对招标人的损失承担赔偿责任。同时,《中华人民共和国招标投标法实施条例》第五十八条规定,招标文件要求中标人提交履约保证金的,中标人应当按照招标文件的要求提交。履约保证金不得超过中标合同金额的10%。根据《建设工程价款结算暂行办法》第十二条第(一)项的规定,包工包料工程的预付款按合同约定拨付,原则上预付比例不低于合同金额的10%,不高于合同金额的30%,对重大工程项目,按年度工程计划逐年预付。

比较上述规定可以看出,建设工程履约保证金,是指承包人向发包人提供的用以保证其履行建设工程合同义务的担保,承包人不履行合同义务的,发包人可以按照合同约定扣除其全部或者部分履约保证金。工程预付款,是指根据包工包料建设工程合同的约定,在工程开工前,发包方按当年预计完成工程量造价总额的一定比例预先支付承包方的工程材料款,其主要用于购买工程所需的材料和设备。建设工程履约保证金是承包人提供给发包人的,具有合同担保的性质,法律规定适用于招投标合同中;而工程预付款是发包人在包工包料工程中预先支付承包方的工程材料款,性质是工程款的一部分,依据是财政部、建设部规章的规定。两者性质、层次不同。而且,法律明确规定履约保证金的比例不得超过中标合同金额的10%,而预付款的比例规定原则上不低于合同金额的10%,不高于合同金额的30%。

综上所述,邓某认为本案中"发包人无权要求承包人缴纳履约保证金"的说法是错误的。其认为"发包人一定要给承包人支付工程预付款"的说法也不正确,因为只有包工包料工程,承包人才可以要求发包人支付工程预付款;如果不是包工包料工程,发包人可以不支付工程预付款。特别要指出的是,乙房地产公司拟招标的工程合同总金额为2000万元,根据上述规定,履约保证金不能超过200万元,但乙房地产公司要求支付

300万元,明显违法。

【风险防范建议】

关于招标人在招投标过程中收取履约保证金,如何避免相关法律风险,建议如下:

(1)招标人应当在招标文件中提出收取履约保证金的要求。中标人给付履约保证金,对建设工程合同的履行起到担保作用。但履约保证金是法律规定的选择条款,招标人如果不在招标文件中提出,而在建设工程合同中提出,将因背离合同实质性内容而不能得到法律支持。

(2)招标文件拟收取的履约保证金不能超过合同金额的10%。因为我国行政法规明确规定收取履约保证金不得超过中标合同金额的10%,如超过,则违反法律规定,招标人要承担行政、民事法律责任。

【法条链接】

《招标投标法》第四十六条第二款 招标文件要求中标人提交履约保证金的,中标人应当提交。

第六十条第一款 中标人不履行与招标人订立的合同的,履约保证金不予退还,给招标人造成的损失超过履约保证金数额的,还应当对超过部分予以赔偿;没有提交履约保证金的,应当对招标人的损失承担赔偿责任。

《中华人民共和国招标投标法实施条例》第五十八条 招标文件要求中标人提交履约保证金的,中标人应当按照招标文件的要求提交。履约保证金不得超过中标合同金额的10%。

第六十六条 招标人超过本条例规定的比例收取投标保证金、履约保证金或者不按照规定退还投标保证金及银行同期存款利息的,由有关行政监督部门责令改正,可以处5万元以下的罚款;给他人造成损失的,依法承担赔偿责任。

《建设工程价款结算暂行办法》第十二条 工程预付款结算应符合下列规定:

(一)包工包料工程的预付款按合同约定拨付,原则上预付比例不低于合同金额的10%,不高于合同金额的30%,对重大工程项目,按年度工程计划逐年预付。计价执行《建设工程工程量清单计价规范》(GB 50500—2003)的工程,实体性消耗和非实体性消耗部分应在合同中分别约定预付款比例。

……

9. 建设工程依法必须招标而未招标,在工程完工验收时补办手续及中标合同文件的,是否具有法律效力?

【情景案例】

某中学实验楼工程由于受到主管部门领导干涉,其没有经过招标即被发包给某建筑公司施工。后工程竣工验收合格后，为了应付检查、审计及顺利备案，某中学与某建筑公司补办了相关招标投标手续及中标合同。后来，工程合格交付使用后，某中学以该建设工程没有依法招标为由拒绝支付工程尾款300万元。某建筑公司认为，双方在工程完工验收时已补办相关手续，工程发包与承包行为合法。在多次催收未果后，某建筑公司遂诉至法院，要求某中学支付工程尾款300万元，并承担延期付款期间的利息损失30万元。

请问：某建筑公司的请求能得到法院支持吗？

【案例分析】

本案涉及的是依法必须招标而未招标的情况下，签订的建设工程施工合同的法律效力问题。

我国《招标投标法》第四条规定，任何单位和个人不得将依法必须进行招标的项目化整为零或者以其他任何方式规避招标。《民法典》第七百九十三条第一款规定，建设工程施工合同无效，但是建设工程经验收合格的，可以参照合同关于工程价款的约定折价补偿承包人。《建筑法》第十六条第一款规定，建筑工程发包与承包的招标投标活动，应当遵循公开、公平、公正竞争原则，择优选择承包单位。《最高人民法院关于审理建设工程施工合同纠纷案件适用法律问题的解释》第一条规定，根据《最高人民法院关于审理建设工程施工合同纠纷案件适用法律问题的解释（一）》第一条的规定，建设工程必须进行招标而未招标或者中标无效的情形，应当依据《民法典》第一百五十三条第一款的规定，认定无效。第二条规定，建设工程施工合同无效，但建设工程经竣工验收合格，承包人请求参照合同约定支付工程价款的，应予支持。

本案中，某中学实验楼工程是属于法律规定必须进行招标的项目，工程没有经过招标即发包给某建筑公司施工，违反了《招标投标法》的强制性规定，虽然后来为了应付检查、审计及顺利备案，双方当事人补办了招标投标手续及中标合同，但该补办行为仍然不符合法律规定招标投标活动应遵循公开、公正、公平竞争，择优选择承包单位的原则，故根据最高人民法院相关司法解释，应当认定双方当事人签订的建设工程施工合同无效；因合同无效，合同约定的违约金条款也无效。但因为工程已经竣工验收合格，某建筑公司要求某中学支付拖欠工程款以及承担延期付款期间的利息损失30万元的请求，符合上述法律法规规定，应得到法院支持。

【风险防范建议】

法律规定必须招标投标的建筑工程，发包人一定要根据法律规定在建筑工程施工合同签订前履行招标投标手续，遵循公开、公正、平等竞争的原则，择优选择承包单位。否则，无论采取什么补救措施，建筑工程施工合同均将因违反法律强制性规定而被认定无效。合同被认定无效后，双方当事人将不能依据合同维护各自的权益，更须承担合同无效带来的法律责任。

【法条链接】

《招标投标法》第四条　任何单位和个人不得将依法必须进行招标的项目化整为零或者以其他任何方式规避招标。

《建筑法》第十六条第一款　建筑工程发包与承包的招标投标活动，应当遵循公开、公平、公正竞争原则，择优选择承包单位。

《民法典》第一百五十三条　违反法律、行政法规的强制性规定的民事法律行为无效。但是，该强制性规定不导致该民事法律行为无效的除外。

违背公序良俗的民事法律行为无效。

第七百九十三条第一款　建设工程施工合同无效，但是建设工程经验收合格的，可以参照合同关于工程价款的约定折价补偿承包人。

《最高人民法院关于审理建设工程施工合同纠纷案件适用法律问题的解释（一）》第一条第一款　建设工程施工合同具有下列情形之一的，应当依据民法典第一百五十三条第一款的规定，认定无效：

……

（三）建设工程必须进行招标而未招标或者中标无效的。

10. 发包人在招投标程序中“明招暗定”的，施工合同有效吗？

【情景案例】

甲建筑公司与乙公司签订合作协议，双方约定：由甲建筑公司承建乙公司发包的“深圳珍珠城加工观光厂房”土建、水、电、装饰等工程，承包合同约定的总价款为800万元，该价款包括完成合同规定的全部工程需要的一切费用。1个月后，乙公司对“深圳珍珠城加工观光厂房”建设工程施工项目启动了邀请招投标程序，丙、丁、戊等多家建筑公司参与投标。甲建筑公司按照招标文件的要求编制了投标文件投标，最终甲建筑公司通过“明招暗定”形式成功中标。后乙公司委托的招标代理机构向甲建筑公司发出中标通知书，通知由甲建筑公司中标“深圳珍珠城加工观光厂房”建设工程项目，中标价格为800万元，并要求甲建筑公司收到中标通知书后15日内与乙公司签订《建设工程施工合同》。

请问：甲建筑公司与乙公司签订的施工合同有效吗？

【案例分析】

本案涉及的是建设工程施工合同的效力问题。

我国《招标投标法》第四十三条规定，在确定中标人前，招标人不得与投标人就投标价格、投标方案等实质性内容进行谈判。《民法典》第一百五十三条第二款规定，违反法律、行政法规的强制性规定的合同无效。《最高人民法院关于审理建设工程施工合同纠纷案件适用法律问题的解释（一）》第一条规定，建设工程施工合同具有建设工程必须进行招标而未招标或者中标无效的情形，应当依据《民法典》第一百五十三条第一款的规定，认定无效。

本案中，甲建筑公司与乙公司在启动招投标程序之前就签订合作协议，约定由甲建筑公司承建乙公司发包的"深圳珍珠城加工观光厂房"土建、水、电、装饰等工程，承包合同约定总价款为800万元。甲建筑公司按照招标文件的要求编制投标文件投标，最终中标，中标价格也是800万元。这说明甲建筑公司与乙公司已就投标价格、投标方案等实质性内容进行谈判，达成合意，双方之间招投标属于"明招暗定"，影响中标结果。依据上述规定，中标无效。故甲建筑公司与乙公司签订的《建设工程施工合同》应认定为无效。

【风险防范建议】

法律对招标投标的建筑工程，作出了强制性规定，关于怎样避免相关法律风险，建议如下：

（1）就招标人而言，要依法遵循公开、公正、平等竞争的原则，择优选择投标单位。如果"明招暗定"影响中标结果，这样签订的建筑工程合同将因违反法律强制性规定而被认定无效，影响合同履行。合同被确认无效后，双方当事人的权益不但受损，还将承担合同无效带来的法律责任，而且将受到行政处罚，甚至可能构成犯罪，要被追究刑事责任。

（2）就投标人而言，不能串通报价，以行贿的手段谋取中标；也不得以低于成本的报价竞标，骗取中标。否则，将导致合同被确认无效的不利后果，相关行为人也将受到行政处罚，甚至构成犯罪，要被追究刑事责任。

【法条链接】

《招标投标法》第三十二条 投标人不得相互串通投标报价，不得排挤其他投标人的公平竞争，损害招标人或者其他投标人的合法权益。

投标人不得与招标人串通投标，损害国家利益、社会公共利益或者他人的合法权益。

禁止投标人以向招标人或者评标委员会成员行贿的手段谋取中标。

第三十三条 投标人不得以低于成本的报价竞标，也不得以他人名义投标或者以其他方式弄虚作假，骗取中标。

第四十三条 在确定中标人前，招标人不得与投标人就投标价格、投标方案等实质性内容进行谈判。

第五十二条 依法必须进行招标的项目的招标人向他人透露已获取招标文件的潜在投标

人的名称、数量或者可能影响公平竞争的有关招标投标的其他情况的,或者泄露标底的,给予警告,可以并处一万元以上十万元以下的罚款;对单位直接负责的主管人员和其他直接责任人员依法给予处分;构成犯罪的,依法追究刑事责任。前款所列行为影响中标结果的,中标无效。

第五十三条 投标人相互串通投标或者与招标人串通投标的,投标人以向招标人或者评标委员会成员行贿的手段谋取中标的,中标无效,处中标项目金额千分之五以上千分之十以下的罚款,对单位直接负责的主管人员和其他直接责任人员处单位罚款数额百分之五以上百分之十以下的罚款;有违法所得的,并处没收违法所得;情节严重的,取消其一年至二年内参加依法必须进行招标的项目的投标资格并予以公告,直至由工商行政管理机关吊销营业执照;构成犯罪的,依法追究刑事责任。给他人造成损失的,依法承担赔偿责任。

《民法典》第一百五十三条 违反法律、行政法规的强制性规定的民事法律行为无效。但是,该强制性规定不导致该民事法律行为无效的除外。

违背公序良俗的民事法律行为无效。

《最高人民法院关于审理建设工程施工合同纠纷案件适用法律问题的解释(一)》第一条 建设工程施工合同具有下列情形之一的,应当依据民法典第一百五十三条第一款的规定,认定无效:

……

(三)建设工程必须进行招标而未招标或者中标无效的。

11. 对发包人原因导致的停窝工损失,承包人可以请求赔偿吗?

【情景案例】

A公司与B建筑公司签订《建设工程施工合同》,并就该合同向有关建设主管部门进行了备案。双方在合同中约定:B建筑公司承包某“城中村”改造工程的9栋住宅楼的施工,总建设面积9万平方米;工程开工前,A公司须向B建筑公司支付的预付工程款为合同总价款的20%。上述合同签订1个月后,B建筑公司进场施工。在B建筑公司施工过程中,因A公司负责的拆迁问题未得到有效解决,拆迁户堵门甚至强行拉闸断电阻碍开工。多次停工给B建筑公司造成的停窝工损失达300万元。为减少损失,B建筑公司向A公司提出支付停窝工损失的要求,但遭到A公司拒绝。为此,B建筑公司遂诉至法院,要求A公司支付停窝工损失。

请问:B建筑公司的请求能得到法院支持吗?

【案例分析】

本案涉及的是停窝工损失的责任由谁承担的问题。

我国《民法典》第五百七十七条规定,当事人一方不履行合同义务或者履行合同义务不符合约定的,应当承担继续履行、采取补救措施或者赔偿损失等违约责任。第五百九十三条规定，当事人一方因第三人的原因造成违约的，应当依法向对方承担违约责任。当事人一方和第三人之间的纠纷，依照法律规定或者按照约定处理。第八百零四条规定，因发包人的原因致使工程中途停建、缓建的，发包人应当采取措施弥补或者减少损失，赔偿承包人因此造成的停工、窝工、倒运、机械设备调迁、材料和构件积压等损失和实际费用。

本案中，A 公司与 B 建筑公司签订《建设工程施工合同》，由 B 建筑公司承包施工某城中村改造工程的 9 栋住宅楼，在施工过程中，因 A 公司负责的拆迁问题未得到有效解决，导致拆迁户堵门甚至强行拉闸断电阻碍开工而多次停工，给 B 建筑公司造成停窝工损失达 300 万元。在工程建设过程中，发包人应当按照合同约定履行自己的义务，为承包人的建设工作顺利进行提供必要的条件。根据上述法律规定，B 建筑公司停窝工损失是由于 A 公司行为导致拆迁户阻碍开工，造成停工所致，A 公司因而应当向 B 建筑公司承担违约责任。故 B 建筑公司要求 A 公司支付停窝工损失符合法律规定，应得到法院支持。

【风险防范建议】

承包人在建设施工过程中，可能遇到停窝工造成损失的情况，为保障承包人合法权益能够得到实现，应当注意以下事项：

(1)出现停窝工损失时，承包人要及时查明原因，证明是发包人违约导致的。同时，应当采取适当措施防止损失的扩大；否则，将不得就扩大的损失要求赔偿。

(2)要及时收集停窝工损失证据，如往来函件、会议纪要、第三方证明、录音录像、工程日志以及工程鉴定报告等，使提出的停窝工损失数额有充分的证据证明，并根据合同约定或者法律规定的索赔程序和索赔期限及时进行索赔。这样提出的索赔请求才能顺利得到支持。

【法条链接】

《民法典》第五百七十七条 当事人一方不履行合同义务或者履行合同义务不符合约定的，应当承担继续履行、采取补救措施或者赔偿损失等违约责任。

第五百九十一条 当事人一方违约后，对方应当采取适当措施防止损失的扩大；没有采取适当措施致使损失扩大的，不得就扩大的损失请求赔偿。

当事人因防止损失扩大而支出的合理费用，由违约方负担。

第五百九十三条 当事人一方因第三人的原因造成违约的，应当依法向对方承担违约责任。当事人一方和第三人之间的纠纷，依照法律规定或者按照约定处理。

第八百零四条 因发包人的原因致使工程中途停建、缓建的，发包人应当采取措施弥补或者减少损失，赔偿承包人因此造成的停工、窝工、倒运、机械设备调迁、材料和构件积压等损失和实际费用。

12. 对承包人迟延竣工的损失，在施工合同无效的情况下，发包人可以请求赔偿损失吗？

【情景案例】

甲公司与乙建筑公司签订《建设工程施工合同》（该合同由于应进行招投标而没有进行，后来被另案生效判决书确认无效），约定由乙建筑公司承建某商厦的土建、水、电、暖及外墙装修工程，合同价款为8000万元，工期为12个月。甲公司如期交付图纸，乙建筑公司按约定进场施工。之后，乙建筑公司在施工过程中存在劳力投入不足、因使用无合格证的钢筋暂停施工的情况，导致商厦工程晚于合同约定4个月才竣工。乙建筑公司的迟延竣工导致甲公司向购房者支付逾期交房违约金500万元及其他损失共计800万元。为此，甲公司发函要求乙建筑公司赔偿其因迟延竣工导致的损失，但乙建筑公司以双方签订的《建设工程施工合同》无效为由拒绝支付。为此，甲公司诉至法院，以乙建筑公司延误工期过错为由，要求乙建筑公司赔偿损失800万元。

请问：甲公司的请求能得到法院支持吗？

【案例分析】

本案涉及的是无效合同损失的过错责任分担问题。

《最高人民法院关于审理建设工程施工合同纠纷案件适用法律问题的解释（一）》第一条规定，建设工程施工合同具有建设工程必须进行招标而未招标或者中标无效的情形，应当依据《民法典》第一百五十三条第一款的规定，认定无效。根据《民法典》第一百五十三条第一款的规定，违反法律、行政法规的强制性规定的合同无效。该法第一百五十七条规定，合同无效、被撤销或者确定不发生效力后，当事人因该合同取得的财产，应当予以返还；不能返还或者没有必要返还的，应当折价补偿。有过错的一方应当赔偿对方由此所受到的损失；各方都有过错的，应当各自承担相应的责任。法律另有规定的，依照其规定。

本案中，甲公司与乙建筑公司签订的《建设工程施工合同》由于应进行招投标而没有进行，违反了上述法律规定，已被法院另案生效判决书认定为无效。对此，合同双方均有过错。因乙建筑公司的迟延竣工，导致甲公司向购房者支付逾期交房违约金500万元及其他损失共计800万元，该损失是甲公司与购房者签订的商品房买卖合同约定的逾期交房责任产生的后果。乙建筑公司施工时存在劳力投入不足、窝工等一系列问题，没有按期完工，导致甲公司不能如期交房，产生了逾期交房违约金等损失，对此乙建筑公司存在过错，该损失的发生与乙建筑公司的过错具有因果关系。由于甲公司对《建设工程施工合同》的无效也存在过错，因此乙建筑公司对甲公司的损失需按比例承担相应的责任，故甲公司的赔偿请求能得到法院部分支持。

【风险防范建议】

建设工程具有投资大、周期长、技术性强、关系复杂、不确定因素多等特点，“工期延误”“迟延竣工”导致发包人、承包人双方产生纠纷诉诸诉讼、仲裁的情况屡见不鲜。关于防范相关法律风险建议如下：

(1)就发包人而言，签订合同时，要约定工期违约条款与工期顺延条款。对于工期违约条款，应当对违约金作出明确约定，尽量通过高额违约金督促承包人按期完工。对于工期顺延条款，应当针对“工期延误”“迟延竣工”的不同情况尽量作出不同约定。在合同履行过程中，要做好工期有关文件的完善和收集工作，及时固定承包人违约行为导致工期延误的证据。

(2)就承包人而言，签订合同时，如果发包人对违约金的要求过高，要注意这可能是发包人有意挖掘的“合同陷阱”。因为在实际施工中，阻碍工程竣工的因素很多，能否按期竣工的不确定因素很多。在诉讼过程中，即便承包人认为是发包人原因引起的“工期延误”“迟延竣工”，承包人仍要提供相关证据予以证明，承担举证责任。因此，无论承包人对按期竣工有多大的信心，均不建议在合同中约定过高的违约金。如果发包人强烈坚持在合同中约定高额逾期竣工违约金，承包人要进行风险评估，如果风险过大，就要考虑放弃签约。另外，承包人应尽可能在合同中对双方的“工期延误”“迟延竣工”行为约定对等的违约金，如约定发包人原因造成“工期延误”“迟延竣工”的，发包人也应向施工方支付同等数额的违约金。在合同履行过程中，做好工期有关的完善和收集工作，对发包人工期延误的违约行为及时进行证据固定。

【法条链接】

《民法典》第一百五十三条　违反法律、行政法规的强制性规定的民事法律行为无效。但是，该强制性规定不导致该民事法律行为无效的除外。

违背公序良俗的民事法律行为无效。

第一百五十七条　民事法律行为无效、被撤销或者确定不发生效力后，行为人因该行为取得的财产，应当予以返还；不能返还或者没有必要返还的，应当折价补偿。有过错的一方应当赔偿对方由此所受到的损失；各方都有过错的，应当各自承担相应的责任。法律另有规定的，依照其规定。

《最高人民法院关于审理建设工程施工合同纠纷案件适用法律问题的解释(一)》第一条　建设工程施工合同具有下列情形之一的，应当依据民法典第一百五十三条第一款的规定，认定无效：

……

(三)建设工程必须进行招标而未招标或者中标无效的。

13. 发包人不履行协助义务,可以解除合同吗?

【情景案例】

经双方友好协商,甲装饰工程公司与乙公司签订《建筑装饰工程施工合同》,约定:乙公司将某大酒店装饰工程发包给甲装饰工程公司,工期200天,总价款6000万元。合同签订后,甲装饰工程公司于指定时间向乙公司指定账户汇入600万元履约保证金,但乙公司未能按约定向甲装饰工程公司提供经审图中心审查合格的装饰施工图纸,亦未办理施工许可证及其他相关审批手续。其间,甲装饰工程公司多次向乙公司发出催告函,要求其履行上述协助义务,但乙公司始终未能履行。因该酒店土建工程尚未竣工,为使装饰工程尽早开工,乙公司与甲装饰工程公司签订《补充协议》,约定:甲装饰工程公司承担土建未完工部分砌墙、粉刷等项目(以下简称土建扫尾工程),工期2个月。但因乙公司的装饰施工方案迟迟未能确定,土建扫尾工程的工期因此一再被延误。截至土建扫尾工程完成时,《补充协议》已完工部分工程款累计200万元,乙公司分文未付。为此,甲装饰工程公司向法院起诉,请求解除《建筑装饰工程施工合同》,同时要求乙公司返还600万元履约保证金及利息损失,并支付土建扫尾工程款。

请问:甲装饰工程公司的请求能得到法院支持吗?

【案例分析】

本案涉及的是发包方的违约行为是否达到解除合同法定条件的问题。

根据我国《民法典》第五百六十三条的规定,当事人一方迟延履行主要债务,经催告后在合理期限内仍未履行,当事人可以解除合同。该法第五百六十六条第一款规定,合同解除后,尚未履行的,终止履行;已经履行的,根据履行情况和合同性质,当事人可以请求恢复原状或者采取其他补救措施,并有权请求赔偿损失。第七百七十八条规定,承揽工作需要定作人协助的,定作人有协助的义务。定作人不履行协助义务致使承揽工作不能完成的,承揽人可以催告定作人在合理期限内履行义务,并顺延履行期限;定作人逾期不履行的,承揽人可以解除合同。第八百零七条规定,发包人未按照约定支付价款的,承包人可以催告发包人在合理期限内支付价款。发包人逾期不支付的,除根据建设工程的性质不宜折价、拍卖外,承包人可以与发包人协议将该工程折价,也可以请求人民法院将该工程依法拍卖。建设工程的价款就该工程折价或者拍卖的价款优先受偿。

本案中,甲装饰工程公司与乙公司签订《建筑装饰工程施工合同》,由乙公司将某大酒店装饰工程发包给甲装饰工程公司,总价款6000万元。合同签订后,甲装饰工程公司向乙公司汇入600万元履约保证金,但乙公司未能按约定提供经审图中心审查合格的装饰施工图纸,亦未办理施工许可证及其他相关审批手续。其间,甲装饰工程公司多次发函催告乙公司履行上述协助义务，始终未能履行。因酒店土建工程尚未竣工，为使装饰工程尽早开工，双方又签订《补充协议》，约定甲装饰工程公司承担土建扫尾工程，但因乙公司的装饰施工方案迟迟未能确定，土建扫尾工程的工期因此一再被延误。《补充协议》已完工部分工程款累计200万元，乙公司分文未付。由此可见，乙公司多次违约不履行提供合格的装饰施工图纸，亦未办理施工许可证及其他相关审批手续，经多次催告仍未履行相应义务，是甲装饰工程公司无法施工的原因，甲公司要求乙公司返还600万元履约保证金及利息损失，并支付土建扫尾工程款，亦符合法律请求恢复原状，支付价款、赔偿损失的规定。因此，乙公司的请求应能得到法院支持。

【风险防范建议】

发包人在建设工程施工合同中的协助义务有很多种。法律规定的协助义务，对承包人维权具有重要作用；但对于法律没有明确规定的协助义务，发包人应根据项目实际情况在建设施工合同中作出明确约定，以避免发生争议。

【法条链接】

《民法典》第五百六十三条第一款 有下列情形之一的，当事人可以解除合同：

……

（三）当事人一方迟延履行主要债务，经催告后在合理期限内仍未履行；

……

第五百六十六条第一款 合同解除后，尚未履行的，终止履行；已经履行的，根据履行情况和合同性质，当事人可以请求恢复原状或者采取其他补救措施，并有权请求赔偿损失。

第七百七十八条 承揽工作需要定作人协助的，定作人有协助的义务。定作人不履行协助义务致使承揽工作不能完成的，承揽人可以催告定作人在合理期限内履行义务，并可以顺延履行期限；定作人逾期不履行的，承揽人可以解除合同。

第八百零七条 发包人未按照约定支付价款的，承包人可以催告发包人在合理期限内支付价款。发包人逾期不支付的，除根据建设工程的性质不宜折价、拍卖外，承包人可以与发包人协议将该工程折价，也可以请求人民法院将该工程依法拍卖。建设工程的价款就该工程折价或者拍卖的价款优先受偿。

14. 发包人将项目工程分包给没有建筑施工资质的承包人，是否应为承包人雇用人员受伤承担责任？

【情景案例】

甲建筑公司由孙某与吴某共同创办。某日，甲建筑公司与包工头李某签订合作协议,将其承建的某小区部分土建施工项目分包给不具备建筑施工资质的李某,约定由李某雇用工人施工并负责其雇用人员的管理和工资发放。刘某系李某的雇用人员,双方没有签订劳动合同,李某也没有为刘某购买工伤保险。后刘某在施工过程中不小心被脱落的塔机吊起物砸伤,共花费医疗费2万元。刘某向李某索赔医疗费时,遭到李某拒绝;李某认为,医疗费应当由甲建筑公司承担,与自己无关。无奈之下,刘某将李某与甲建筑公司告上法院,要求赔偿医疗费2万元。

请问:甲建筑公司需要对刘某的工伤承担责任吗?

【案例分析】

本案涉及的是发包人将建筑施工项目分包给没有建筑施工资质的承包人,是否应承担工伤保险责任的问题。

根据我国《建筑法》第二十九条第三款的规定,禁止总承包单位将工程分包给不具备相应资质条件的单位。《民法典》第七百九十一条第三款规定,禁止承包人将工程分包给不具备相应资质条件的单位。《工伤保险条例》第十条第一款规定,用人单位应当按时缴纳工伤保险费;职工个人不缴纳工伤保险费。根据其第十四条的规定,职工在工作时间和工作场所内,因工作原因受到事故伤害的,应当认定为工伤。该条例第六十二条第二款规定,依照本条例规定应当参加工伤保险而未参加工伤保险的用人单位职工发生工伤的,由该用人单位按照本条例规定的工伤保险待遇项目和标准支付费用。《劳动和社会保障部关于确立劳动关系有关事项的通知》第四条规定,建筑施工等用人单位将工程(业务)发包给不具备用工主体资格的组织或自然人,对该组织或自然人招用的劳动者,由具备用工主体资格的发包方承担用工主体责任。根据《最高人民法院关于审理工伤保险行政案件若干问题的规定》第三条第一款第(四)项的规定,用工单位违反法律、法规规定将承包业务转包给不具备用工主体资格的组织或者自然人,该组织或者自然人聘用的职工从事承包业务时因工伤亡的,用工单位为承担工伤保险责任的单位。

本案中,甲建筑公司将部分土建施工项目分包给没有施工资质的包工头李某,属于违法分包,双方签订的合作协议违反了法律强制性规定,应认定无效。建筑施工资质关系承包人履行合同能力,也涉及保障建筑工程质量和施工人员人身、财产安全问题,因此,法律作出严格规定,不能违反。我国《劳动法》的宗旨是保障劳动者的合法权益,对认定劳动者与建筑工程企业之间的劳动关系作出明确规定。建筑公司将承建的某小区部分土建施工项目违法分包给包工头李某,李某不具备用工主体资格,为完成工程项目而雇用刘某施工,应认定刘某与建筑公司之间存在劳动关系,建筑公司应依法承担用工主体责任。刘某在施工过程中受伤,构成工伤,发包人甲建筑公司没有为刘某购买工伤保险,应承担刘某工伤保险责任。

【风险防范建议】

关于建筑公司发包工程时，如何避免出现相应的风险，建议如下：

(1)发包工程须符合我国法律的规定。《建筑法》是规范建筑活动的基本法律，对建筑工程发包与承包作出了强制性规定，禁止建筑单位将工程发包给不具备相应资质条件的承包人。《民法典》等法律对此也作出相应规定。因此，建筑公司分包工程时，一定要选择具备了相应资质条件的承包人，才能避免承担不具备相应资质条件的承包人的法律责任。

(2)发包人须要求承包人在分包工程项目后雇用工人的，应与工人签订书面劳动合同，并在《建设工程分包合同》中约定承包人不与劳务工人签订书面劳动合同的违约责任，以分清责任。

【法条链接】

《建筑法》第二十九条第一款　建筑工程总承包单位可以将承包工程中的部分工程发包给具有相应资质条件的分包单位；但是，除总承包合同中约定的分包外，必须经建设单位认可。施工总承包的，建筑工程主体结构的施工必须由总承包单位自行完成。

第二十九条第三款　禁止总承包单位将工程分包给不具备相应资质条件的单位。禁止分包单位将其承包的工程再分包。

《民法典》第七百九十一条第三款　禁止承包人将工程分包给不具备相应资质条件的单位。禁止分包单位将其承包的工程再分包。建设工程主体结构的施工必须由承包人自行完成。

《劳动法》第十六条　劳动合同是劳动者与用人单位确立劳动关系、明确双方权利和义务的协议。

建立劳动关系应当订立劳动合同。

《工伤保险条例》第十条第一款　用人单位应当按时缴纳工伤保险费。职工个人不缴纳工伤保险费。

第十四条　职工有下列情形之一的，应当认定为工伤：

(一)在工作时间和工作场所内，因工作原因受到事故伤害的；

……

第六十二条第二款　依照本条例规定应当参加工伤保险而未参加工伤保险的用人单位职工发生工伤的，由该用人单位按照本条例规定的工伤保险待遇项目和标准支付费用。

《劳动和社会保障部关于确立劳动关系有关事项的通知》　四、建筑施工、矿山企业等用人单位将工程(业务)或经营权发包给不具备用工主体资格的组织或自然人，对该组织或自然人招用的劳动者，由具备用工主体资格的发包方承担用工主体责任。

《最高人民法院关于审理工伤保险行政案件若干问题的规定》第三条第一款　社会保险行政部门认定下列单位为承担工伤保险责任单位的，人民法院应予支持：

……

（四）用工单位违反法律、法规规定将承包业务转包给不具备用工主体资格的组织或者自然人，该组织或者自然人聘用的职工从事承包业务时因工伤亡的，用工单位为承担工伤保险责任的单位；

……

二、承包

15. 承包人超越本企业资质等级承揽工程，有什么法律后果？

【情景案例】

A公司与B建筑公司签订《建设工程施工合同》，约定：由B建筑公司承建某国际商贸中心大厦，32层框架结构，总高110米，建筑面积3万余平方米，工期为30个月，合同价款为8000万元，预付款2000万元，合同签订后3日内支付。工程如提前完成，每提前一天，A公司奖励B建筑公司1万元；如未按期完工，每延误一天罚款1万元。合同签订后，A公司如约支付预付款，B建筑公司亦如期开工，并按期竣工，且工程经验收质量合格。但A公司除支付预付款外，再未向B建筑公司支付任何款项。A公司因经营管理不善，资金严重匮乏，遂找理由拒付B建筑公司工程款。经向有关人士咨询，A公司得知：建筑施工企业必须按照《资质等级证书》规定的承包范围从事总承包活动，不得无证或者越级承包工程；建设部颁布的《建筑企业资质等级标准》规定，二级企业可承包25层以下、30米跨度以下的房屋建筑，高度100米以下的建筑物的建设施工。而B建筑公司的资质为二级，显然，其承包本工程违反了该规定。据此，A公司主张合同无效并拒付B建筑公司工程款。B建筑公司则认为即使合同无效，但工程质量合格，A公司应当按合同约定支付工程款。协商无果后，B建筑公司遂诉至法院，请求法院判令A公司支付工程款3000万元。

请问：B建筑公司的请求能得到法院支持吗？

【案例分析】

本案涉及的是承包人因不具备资质导致建设工程施工合同无效的责任承担问题。

根据我国《建筑法》第二十六条的规定，承包建筑工程的单位应当持有依法取得的资质证书，并在其资质等级许可的业务范围内承揽工程；禁止建筑施工企业超越本企业资质等级许可的业务范围或者以任何形式用其他建筑施工企业的名义承揽工程。《民法典》第一百五十三条第一款规定，违反法律、行政法规的强制性规定的民事法律行为无效。但是，该强制性规定不导致该民事法律行为无效的除外。根据第一百五十七条的规定，民事法律行为无效、被撤销或者确定不发生效力后，行为人因该行为取得的财产，应当予以返还；不能返还或者没有必要返还的，应当折价补偿。第七百九十三条第一款规定，建设工程施工合同无效，但是建设工程经验收合格的，可以参照合同关于工程价款的约定折价补偿承包人。《最高人民法院关于审理建设工程施工合同纠纷案件适用法律问题的解释（一）》第一条规定，建设工程施工合同承包人具有未取得建筑业企业资质或者超越资质等级的情形，应当依据《民法典》第一百五十三条第一款的规定，认定无效。

本案中，A公司与B建筑公司签订《建设工程施工合同》，约定由B建筑公司承建国际商贸中心大厦，32层框架结构，总高110米，建筑面积3万余平方米。B建筑公司的资质只是二级，承包本合同工程违反了建设部颁布的《建筑企业资质等级标准》关于二级企业可承包25层以下、30米跨度以下的房屋建筑的规定。B建筑公司的行为属超越资质等级承揽工程，违反了上述法律的强制性规定，其与A公司签订的建设工程施工合同无效，但因为工程经验收质量合格，根据最高人民法院上述司法解释的规定，A公司应当按合同约定折价支付工程款，故B建筑公司请求A公司支付合同约定的工程款3000万元，能得到法院支持。

【风险防范建议】

施工企业承包工程，一定不能超越本企业资质等级许可的业务范围，否则签订的施工合同将被认定无效，合同约定的相应违约责任条款亦无效。对于施工企业来说，具有以下风险：

（1）工程经验收合格，但发包方存在违约行为的，施工企业根据合同约定主张违约金的请求将不能得到法院支持。此时，施工企业只能请求参照合同约定支付工程价款。

（2）如果工程经验收不合格，施工企业请求支付工程价款，将不能得到法院支持。

【法条链接】

《建筑法》第二十六条　承包建筑工程的单位应当持有依法取得的资质证书，并在其资质等级许可的业务范围内承揽工程。

禁止建筑施工企业超越本企业资质等级许可的业务范围或者以任何形式用其他建筑施工企业的名义承揽工程。禁止建筑施工企业以任何形式允许其他单位或者个人使用本企业的资质证书、营业执照，以本企业的名义承揽工程。

《民法典》第一百五十七条　民事法律行为无效、被撤销或者确定不发生效力后，行为人因该行为取得的财产，应当予以返还；不能返还或者没有必要返还的，应当折价补偿。有过错的一方应当赔偿对方由此所受到的损失；各方都有过错的，应当各自承担相应的责任。法律另有规定的，依照其规定。

第七百九十三条第一款　建设工程施工合同无效，但是建设工程经验收合格的，可以参照合同关于工程价款的约定折价补偿承包人。

《最高人民法院关于审理建设工程施工合同纠纷案件适用法律问题的解释(一)》第一条 建设工程施工合同具有下列情形之一的,应当依据民法典第一百五十三条第一款的规定,认定无效:

(一)承包人未取得建筑业企业资质或者超越资质等级的;

……

16. 承包人通过给予发包方工作人员回扣的方式承揽工程,要负刑事责任吗?

【情景案例】

李某是A园林绿化公司董事长,公司位于广东深圳。为承揽B公司在福建泉州某大型楼盘的园林绿化工程,李某向B公司副总经理钱某承诺,如果甲园林绿化公司能成功与B公司合作,甲园林绿化公司将给予钱某项目工程款的2%作为回扣。在钱某的运作下,甲园林绿化公司成功与B公司签订《园林绿化工程项目合作协议》,合同价款为3000万元。后李某按约定从甲园林绿化公司拿出60万元现金交给钱某。小李是李某的儿子,平时爱看法律书籍,得知此事后,表示强烈反对。小李认为,李某通过提供回扣的不正当手段承揽工程的行为是违法行为,要承担刑事责任。

请问:小李的说法正确吗?

【案例分析】

本案涉及的是回扣行为的法律性质问题。

我国《建筑法》第十七条规定,发包单位及其工作人员在建筑工程发包中不得收受贿赂、回扣或者索取其他好处;承包单位及其工作人员不得利用向发包单位及其工作人员行贿、提供回扣或者给予其他好处等不正当手段承揽工程。根据《刑法》第一百六十三条的规定,公司、企业工作人员利用职务上的便利,索取他人财物或者非法收受他人财物,为他人谋取利益,数额较大的,处3年以下有期徒刑或者拘役;数额巨大或者有其他严重情节的,处3年以上10年以下有期徒刑,并处罚金;数额特别巨大或者有其他特别严重情节的,处10年以上有期徒刑或无期徒刑,并处罚金。公司、企业工作人员在经济往来中,利用职务上的便利,违反国家规定,收受各种名义的回扣、手续费,归个人所有的,依照前款的规定处罚。国有公司、企业或者其他国有单位中从事公务的人员和国有公司、企业或者其他国有单位委派到非国有公司、企业以及其他单位从事公务的人员有前两款行为的,依照本法第三百八十五条、第三百八十六条的规定定罪处罚。第三百八十五条第二款规定,国家工作人员在经济往来中,违反国家规定,收受各种名义的回扣、手续费,归个人所有的,以受贿论处;索贿的从重处罚。根据上述规定可知，以签订合同收受回扣，是法律禁止甚至是犯罪的行为。

本案中，李某作为甲园林绿化公司董事长，以向B公司副总经理钱某支付项目工程款2%的回扣作为条件，经钱某运作，使甲园林绿化公司成功与B公司签订《园林绿化工程项目合作协议》，合同价款为3000万元，李某按约定从甲园林绿化公司拿出60万元现金交给钱某。甲园林绿化公司能够与B公司签订合作协议，是因为李某支付回扣和钱某收取回扣的行为才得以实现的，违反了上述法律特别是《刑法》的规定，回扣数额达到60万元，明显达到《刑法》规定的构成犯罪条件。因此，小李的说法是正确的。

【风险防范建议】

实务中，由于市场竞争激烈，承包人为承揽工程项目，获取自身利益，往往会以各种名义向发包单位管理人员提供回扣、手续费及其他各种好处。需要说明的是，给予或收受回扣、手续费是我国法律明令禁止的贿赂行为，达到一定数额的，行为人要承担刑事责任。

【法条链接】

《建筑法》第十七条　发包单位及其工作人员在建筑工程发包中不得收受贿赂、回扣或者索取其他好处。

承包单位及其工作人员不得利用向发包单位及其工作人员行贿、提供回扣或者给予其他好处等不正当手段承揽工程。

《刑法》第一百六十三条　公司、企业或者其他单位的工作人员，利用职务上的便利，索取他人财物或者非法收受他人财物，为他人谋取利益，数额较大的，处三年以下有期徒刑或者拘役；数额巨大或者有其他严重情节的，处三年以上十年以下有期徒刑，并处罚金；数额特别巨大或者有其他特别严重情节的，处十年以上有期徒刑或者无期徒刑，并处罚金。

公司、企业或者其他单位的工作人员在经济往来中，利用职务上的便利，违反国家规定，收受各种名义的回扣、手续费，归个人所有的，依照前款的规定处罚。

国有公司、企业或者其他国有单位中从事公务的人员和国有公司、企业或者其他国有单位委派到非国有公司、企业以及其他单位从事公务的人员有前两款行为的，依照本法第三百八十五条、第三百八十六条的规定定罪处罚。

第三百八十五条　国家工作人员利用职务上的便利，索取他人财物的，或者非法收受他人财物，为他人谋取利益的，是受贿罪。

国家工作人员在经济往来中，违反国家规定，收受各种名义的回扣、手续费，归个人所有的，以受贿论处。

第三百八十六条　对犯受贿罪的，根据受贿所得数额及情节，依照本法第三百八十三条的规定处罚。索贿的从重处罚。

17. 承包人偷工减料或使用不合格的建筑材料，要承担什么责任？

【情景案例】

某大学与某建筑公司签订《建筑工程承包合同》，约定：由某建筑公司为某大学建一幢学生宿舍楼，某大学提供建筑材料指标，宿舍楼的主体工程内同外承重墙一律使用国家标准红砖，每层用水泥圈梁加固，竣工交付验收合格后交付某大学使用。为节省成本，某建筑公司董事长孙某没有按合同约定使用国家标准红砖，而使用了价格相对便宜的红砖。后宿舍楼竣工，双方进行验收，某大学发现宿舍楼的承重墙墙体裂缝较多，要求修复。某建筑公司认为此问题不存在安全隐患，以不影响使用为由拒绝修复。双方协商不成未进行验收。1个月后，某大学发现裂缝越来越多，于是找专业机构进行鉴定，发现出现裂缝是因为某建筑公司没有按约定使用国家标准红砖，而使用的红砖有质量问题。为此，某大学以建筑工程质量不合规定为由拒绝支付工程款，并向法院起诉要求某建设公司赔偿损失。

请问：某建筑公司应当承担什么责任？

【案例分析】

本案涉及的是建筑工程质量不合格的责任承担问题。

根据我国《建筑法》第五十八条的规定，建筑施工企业对工程的施工质量负责；建筑施工企业必须按照工程设计图纸和施工技术标准施工，不得偷工减料。该法第五十九条规定，建筑施工企业必须按照工程设计要求、施工技术标准和合同的约定，对建筑材料、建筑构配件和设备进行检验，不合格的不得使用。第七十四条规定，建筑施工企业在施工中偷工减料的，使用不合格的建筑材料、建筑构配件和设备的，或者有其他不按照工程设计图纸或者施工技术标准施工的行为的，责令改正，处以罚款；情节严重的，责令停业整顿，降低资质等级或者吊销资质证书；造成建筑工程质量不符合规定的质量标准的，负责返工、修理，并赔偿因此造成的损失；构成犯罪的，依法追究刑事责任。《民法典》第五百八十二条规定，履行不符合约定的，应当按照当事人的约定承担违约责任。对违约责任没有约定或者约定不明确，依据本法第五百一十条的规定仍不能确定的，受损害方根据标的的性质以及损失的大小，可以合理选择请求对方承担修理、重作、更换、退货、减少价款或者报酬等违约责任。第八百零一条规定，因施工人的原因致使建设工程质量不符合约定的，发包人有权请求施工人在合理期限内无偿修理或者返工、改建。经过修理或者返工、改建后，造成逾期交付的，施工人应当承担违约责任。

本案中，某建筑公司与某大学签订《建筑工程承包合同》，为某大学建一幢学生宿舍楼。合同约定某大学提供建筑材料指标，宿舍楼的主体工程内同外承重墙一律使用国家标准红砖，每层用水泥圈梁加固，竣工交付验收合格后交付某大学使用。但某建筑公司却没有按约定使用国家标准红砖，导致宿舍楼的承重墙墙体裂缝较多。某大学要求修复，某建筑公司却以不存在安全隐患，不影响使用为由拒绝修复。很显然，某建筑公司的偷工减料行为，导致宿舍楼出现质量问题，根据上述法律规定，某建筑公司要对施工质量负责；对宿舍楼出现的承重墙墙体裂缝，某建筑公司应该承担修理、更换、重作、退货、减少价款或者报酬等违约责任。

某大学拒绝支付工程款，要求某建设公司赔偿损失，符合法律规定，应该得到支持。

【风险防范建议】

对于发包人来说，对工程施工质量问题，如建材、设备的检验标准，隐蔽工程验收、分部工程验收、竣工验收等质量标准，要在合同中作出明确的约定，以利于及时根据承包人的违约事实，依法追究其法律责任。

对于承包人来说，关于工程质量问题的法律责任，法律作出了全面的规定，特别是施工过程中的偷工减料等行为，更是严重的违约行为，除承担民事责任外，还可能要承担行政责任、刑事责任。因此，承包人一定要遵守法律规定，不触及法律禁止红线，在签订建筑工程施工合同时，要根据具体工程项目，对工程质量问题作出明确的约定，使合同更具可操作性，得以顺利履行。

【法条链接】

《建筑法》第五十八条 建筑施工企业对工程的施工质量负责。

建筑施工企业必须按照工程设计图纸和施工技术标准施工，不得偷工减料。工程设计的修改由原设计单位负责，建筑施工企业不得擅自修改工程设计。

第五十九条 建筑施工企业必须按照工程设计要求、施工技术标准和合同的约定，对建筑材料、建筑构配件和设备进行检验，不合格的不得使用。

第七十四条 建筑施工企业在施工中偷工减料的，使用不合格的建筑材料、建筑构配件和设备的，或者有其他不按照工程设计图纸或者施工技术标准施工的行为的，责令改正，处以罚款；情节严重的，责令停业整顿，降低资质等级或者吊销资质证书；造成建筑工程质量不符合规定的质量标准的，负责返工、修理，并赔偿因此造成的损失；构成犯罪的，依法追究刑事责任。

《民法典》第五百八十二条 履行不符合约定的，应当按照当事人的约定承担违约责任。对违约责任没有约定或者约定不明确，依据本法第五百一十条的规定仍不能确定的，受损害方根据标的的性质以及损失的大小，可以合理选择请求对方承担修理、重作、更换、退货、减少价款或者报酬等违约责任。

第八百零一条 因施工人的原因致使建设工程质量不符合约定的，发包人有权请求施工人在合理期限内无偿修理或者返工、改建。经过修理或者返工、改建后，造成逾期交付的，施工人应当承担违约责任。

18. 承包人可以要求发包人支付垫资款利息吗？

【情景案例】

A建筑公司与B公司签订《建设工程施工合同》，约定由A建筑公司承建B公司的住宅楼项目。合同约定：A建筑公司先行垫付2000万元工程款，工程竣工且经验收合格后，B公司按照确定的工程量向A公司支付垫资款以及剩余工程款。在项目经验收合格后，双方关于是否需要支付垫资款利息的问题发生争议。A建筑公司认为，B公司除支付工程款外，还需要按银行同期同类贷款利率支付垫资款利息。B公司认为，合同没有约定需要支付垫资款利息，因此不需要支付。为此，A建筑公司诉至法院，请求法院判令B公司支付工程款并按银行同期同类贷款利率支付垫资款利息。

请问：A建筑公司的请求能得到法院支持吗？

【案例分析】

本案涉及的是工程垫资的利息问题。

《最高人民法院关于审理建设工程施工合同纠纷案件适用法律问题的解释(一)》第二十五条规定，当事人对垫资和垫资利息有约定，承包人请求按照约定返还垫资及其利息的，人民法院应予支持，但是约定的利息计算标准高于垫资时的同类贷款利率或者同期贷款市场报价利率的部分除外。当事人对垫资没有约定的，按照工程欠款处理。当事人对垫资利息没有约定，承包人请求支付利息的，人民法院不予支持。对工程垫资问题的处理，需以此司法解释规定为依据。

本案中，A建筑公司与B公司签订《建设工程施工合同》，由A建筑公司承建B公司的住宅楼项目，A建筑公司先行垫付2000万元工程款，工程竣工验收合格后，B公司按照确定的工程量向A公司支付垫资款以及剩余工程款。但合同没有约定B公司需支付A建筑公司垫资利息，因此，根据最高人民法院司法解释的规定，B公司不用支付垫资款利息，A建筑公司提出按银行同期同类贷款利率支付垫资款利息请求，将不能得到法院支持。

【风险防范建议】

关于工程垫资利息事宜，承包人如何避免相关法律风险，建议如下：

(1)承包人如果想要发包人支付垫资款利息，务必在建设工程施工合同中对垫资利息作出约定，这样才能得到法律支持；如果合同没有约定垫资利息，则不能要求发包人支付利息。需要注意的是，计算利息的利率不能超过法律允许的范围，否则超过部分不能得到支持。

(2)承包人承包政府投资项目不得垫资建设，否则违反法律、行政法规强制性规定,要求发包人支付垫资利息,将不能得到法律支持。

【法条链接】

《最高人民法院关于审理建设工程施工合同纠纷案件适用法律问题的解释(一)》第二十五条　当事人对垫资和垫资利息有约定,承包人请求按照约定返还垫资及其利息的,人民法院应予支持,但是约定的利息计算标准高于垫资时的同类贷款利率或者同期贷款市场报价利率的部分除外。

当事人对垫资没有约定的,按照工程欠款处理。

当事人对垫资利息没有约定,承包人请求支付利息的,人民法院不予支持。

《政府投资条例》第二十二条　政府投资项目所需资金应当按照国家有关规定确保落实到位。

政府投资项目不得由施工单位垫资建设。

19. 建筑企业带资承包政府工程,合法吗?

【情景案例】

某建筑公司由周某与吴某一起创办,注册资本3000万元。某市政府拟将本市农产品批发市场工程交给某建筑公司承建,某市政府提出签订合同的条件是:工期为7个月,工程最终造价按总包干价500万元和超范围的据实结算价两部分造价构成,工程价款由某建筑公司全部垫付,在工程验收合格后2个月内由某市政府一次性支付。周某认为,与政府合作不担心工程款收不回,这是一个好生意。吴某认为,建筑企业带资承包政府工程是违法行为,其风险很大,建议不要合作。

请问:吴某的说法符合我国法律规定吗?

【案例分析】

本案涉及的是政府投资工程项目合同的效力问题。

根据《政府投资条例》第二十二条的规定,政府投资项目不得由施工单位垫资建设。根据《民法典》第一百五十三条的规定,违反法律、行政法规的强制性规定的民事法律行为无效。

本案中,某建筑公司拟承建某市农产品批发市场工程,某市政府提出签订合同的条件是工程最终造价按总包干价500万元和超范围的据实结算价两部分造价构成的,工程价款由某建筑公司全部垫付。农产品批发市场工程是政府投资项目,某市政府提出的垫资条件,直接违反了行政法规的禁止性规定,将导致合同无效。因此,吴某的说法符合我国法律规定。

【风险防范建议】

施工企业在承接政府投资工程项目时,需要注意以下垫资风险:

(1)政府投资项目工程合同,不能约定垫资条款。约定的垫资条款将被认定无效,有关垫资利息的约定亦将被认定无效,这对于垫资施工的企业极为不利。

(2)政府投资项目的项目单位有可能因垫资被暂停或者停止项目建设。此时,施工承包合同将被中止甚至解除,施工企业得到利益的目的将难以实现,造成的损失只能主张过错责任赔偿。

【法条链接】

《民法典》第一百五十三条 违反法律、行政法规的强制性规定的民事法律行为无效。但是,该强制性规定不导致该民事法律行为无效的除外。

违背公序良俗的民事法律行为无效。

第一百五十七条 民事法律行为无效、被撤销或者确定不发生效力后,行为人因该行为取得的财产,应当予以返还;不能返还或者没有必要返还的,应当折价补偿。有过错的一方应当赔偿对方由此所受到的损失;各方都有过错的,应当各自承担相应的责任。法律另有规定的,依照其规定。

《政府投资条例》第二十二条 政府投资项目所需资金应当按照国家有关规定确保落实到位。

政府投资项目不得由施工单位垫资建设。

第三十四条 项目单位有下列情形之一的,责令改正,根据具体情况,暂停、停止拨付资金或者收回已拨付的资金,暂停或者停止建设活动,对负有责任的领导人员和直接责任人员依法给予处分:

……

(五)要求施工单位对政府投资项目垫资建设;

……

20. 承包人可以将工程内部发包给公司员工吗?

【情景案例】

周某系甲建筑公司的资深项目经理。乙房地产公司与甲建筑公司签订《建设工程施工合同》,约定将其某楼盘室内装修工程发包给甲建筑公司。之后,甲建筑公司与周某签订《工程项目内部承包合同》,双方约定:甲建筑公司将承包的某楼盘室内装修工程全部内部承包给周某,并向周某收取3%的管理费,项目经营情况由周某独立核算,自负盈亏。工程竣工后,甲建筑公司收取管理费,并将工程款1000万元支付给了周某,尚有工程款800万元未向周某支付。在材料供应商催款压力下，周某多次向甲建筑公司催款，但甲建筑公司都以《工程项目内部承包合同》系无效合同为由拒绝支付余款。为此，周某向法院提起诉讼，要求甲建筑公司支付欠付工程款800万元及其逾期利息。

请问：甲建筑公司与周某签订的合同有效吗？

【案例分析】

本案涉及的是工程项目内部承包合同的效力问题。

根据我国《民法典》第一百五十三条的规定，违反法律、行政法规的强制性规定的民事法律行为无效。也就是说，合同只要不违反法律、行政法规强制性规定即有效。根据上述规定，建设工程内部承包合同如果没有违反法律、行政法规强制性规定的内容，应当有效。实践中，大家一般认为，内部承包合同有效的主要特征是：(1)承包人是建筑施工企业下属分支机构或在职项目经理等本企业员工，与企业建立了劳动关系；(2)建筑施工企业对外承担建设工程施工合同法律责任；(3)承包人在建筑施工企业内部独立核算，自负盈亏。

本案中，甲建筑公司与乙房地产公司签订《建设工程施工合同》，由甲建筑公司承包乙房地产公司某楼盘室内装修工程。之后，甲建筑公司与该公司资深项目经理周某签订《工程项目内部承包合同》，将承包的某楼盘室内装修工程全部内部承包给周某，并向周某收取3%的管理费，项目经营情况由周某独立核算，自负盈亏。这说明，甲建筑公司与周某签订的《工程项目内部承包合同》，符合上述法律规定的特征，应为有效合同。甲建筑公司应向周某支付尚未支付的工程款800万元。因此，甲建筑公司以《工程项目内部承包合同》是无效合同为由，拒绝支付欠付工程款800万元及其逾期利息的理由不能成立。

【风险防范建议】

关于签订工程项目内部承包合同，如何避免风险，建议如下：

(1)目前我国法律对内部承包尚没有明确规定，当事人双方的权利义务的主要根据是内部承包合同的约定，因此，合同约定须具体，避免因约定不明确产生争议。

(2)内部承包合同的承包人须为发包人下属分支机构或本企业员工，由发包人对外承担建设工程施工合同法律责任，承包人在建筑施工企业内部独立核算，自负盈亏。应避免名为内部承包，实为转包、违法分包、挂靠等行为导致的合同无效的不利后果。

【法条链接】

《建筑法》第二十六条第二款　禁止建筑施工企业超越本企业资质等级许可的业务范围或者以任何形式用其他建筑施工企业的名义承揽工程。禁止建筑施工企业以任何形式允许其他单位或者个人使用本企业的资质证书、营业执照,以本企业的名义承揽工程。

第二十八条 禁止承包单位将其承包的全部建筑工程转包给他人,禁止承包单位将其承包的全部建筑工程肢解以后以分包的名义分别转包给他人。

《民法典》第一百五十三条 违反法律、行政法规的强制性规定的民事法律行为无效。但是,该强制性规定不导致该民事法律行为无效的除外。

违背公序良俗的民事法律行为无效。

第七百九十一条 发包人可以与总承包人订立建设工程合同,也可以分别与勘察人、设计人、施工人订立勘察、设计、施工承包合同。发包人不得将应当由一个承包人完成的建设工程支解成若干部分发包给数个承包人。

总承包人或者勘察、设计、施工承包人经发包人同意,可以将自己承包的部分工作交由第三人完成。第三人就其完成的工作成果与总承包人或者勘察、设计、施工承包人向发包人承担连带责任。承包人不得将其承包的全部建设工程转包给第三人或者将其承包的全部建设工程支解以后以分包的名义分别转包给第三人。

禁止承包人将工程分包给不具备相应资质条件的单位。禁止分包单位将其承包的工程再分包。建设工程主体结构的施工必须由承包人自行完成。

21. 施工企业内部承包人能否直接起诉发包人?

【情景案例】

A公司是一家服装生产企业,主要从事出口业务,年产值达10亿元。A公司与B建筑公司签订《建设工程施工合同》,约定:A公司将新厂房大楼的土建、水电、室外地坪工程的施工项目发包给B建筑公司。之后,B建筑公司由于项目太多兼顾不来,于是与员工郑某签订《工程项目内部承包合同》,将其承包的上述工程再全部给郑某内部承包,并向郑某收取2%的管理费。工程竣工后,A公司由于资金周转困难,仅向B建筑公司支付了3000万元工程款,尚有工程款2000万元未支付。郑某向B建筑公司索赔无果后,将A公司起诉至法院,要求其支付2000万元工程余款。A公司在向法院提交的答辩状中提出,根据合同相对性原则,郑某不具有原告资格,不能对A公司提起诉讼。

请问:郑某可以直接起诉A公司吗?

【案例分析】

本案涉及的是内部承包合同的承包人诉讼主体资格问题。

根据我国《民法典》第一百五十三条的规定,违反法律、行政法规的强制性规定的民事法律行为无效。也就是说,不违反法律、行政法规强制性规定的合同即有效。该法第五百九十三条规定,当事人一方因第三人的原因造成违约的,应当依法向对方承担违约责任；当事人一方和第三人之间的纠纷，依照法律规定或者按照约定处理。内部承包合同的实质是公司经营管理权向内部承包人进行有偿转让所形成的权利义务关系，内部承包人与发包人是管理与被管理的关系，但内部承包人除向发包人提供劳务外，还享有承包经营利润分配的权利并承担经营亏损的风险，因此内部承包人具有主体独立性，内部承包合同更多体现的是平等主体之间的权利义务关系，其纠纷也按民商事纠纷处理。

本案中，A公司与B建筑公司签订《建设工程施工合同》，约定将新厂房大楼的土建、水电、室外地坪工程的施工项目发包给B建筑公司。B建筑公司与郑某签订《工程项目内部承包合同》，将承包的上述工程全部内部承包给郑某，并向郑某收取2%的管理费，而郑某是B建筑公司员工。工程竣工后，A公司由于资金周转困难，仅向B建筑公司支付了3000万元工程款，尚有工程款2000万元未支付。《建设工程施工合同》与《工程项目内部承包合同》均不违反法律、行政法规的强制性规定，合法有效，对合同双方具有约束力。A公司与B建筑公司存在合同关系，B建筑公司与郑某存在合同关系，而A公司与郑某没有签订合同，不存在权利义务关系。因此，关于A公司尚欠2000万元工程余款，郑某应向B建筑公司起诉偿还，而B建筑公司也可以另行起诉A公司偿还。郑某直接起诉A公司还款，不符合法律规定，不能得到法院支持。

【风险防范建议】

建设工程项目内部承包合同承包人受到损失行使索赔权利时，要注意以下事项：

（1）建设工程项目内部承包合同如依法有效，则只能向合同相对方即内部承包合同发包人索赔。

（2）建设工程项目内部承包合同如存在名为内部承包，实为转包、违法分包、挂靠等行为，则违反法律规定，导致出现合同无效的后果。内部承包合同承包人实际上是实际施工人，则可以直接向建设工程施工合同发包人主张还款权利，在追加转包人或者违法分包人为案件第三人，查明发包人欠付转包人或者违法分包人建设工程价款的数额后，由发包人在欠付建设工程价款范围内承担偿还责任；也可以转包人或者违法分包人怠于向发包人行使到期债权或与该债权有关的从权利，影响其到期债权实现为由，提起代位权诉讼。

【法条链接】

《民法典》第一百五十三条 违反法律、行政法规的强制性规定的民事法律行为无效。但是，该强制性规定不导致该民事法律行为无效的除外。

违背公序良俗的民事法律行为无效。

第五百九十三条 当事人一方因第三人的原因造成违约的，应当依法向对方承担违约责任。当事人一方和第三人之间的纠纷，依照法律规定或者按照约定处理。

《最高人民法院关于审理建设工程施工合同纠纷案件适用法律问题的解释(一)》第四十三条 实际施工人以转包人、违法分包人为被告起诉的，人民法院应当依法受理。

实际施工人以发包人为被告主张权利的，人民法院应当追加转包人或者违法分包人为本案第三人，在查明发包人欠付转包人或者违法分包人建设工程价款的数额后，判决发包人在欠付建设工程价款范围内对实际施工人承担责任。

第四十四条 实际施工人依据民法典第五百三十五条规定，以转包人或者违法分包人怠于向发包人行使到期债权或者与该债权有关的从权利，影响其到期债权实现，提起代位权诉讼的，人民法院应予支持。

22. 发包人不按时支付进度款，承包人有停工权吗？

【情景案例】

甲公司将其厂房建设工程发包给乙建筑公司，双方签订《施工总承包合同》，约定：工期为9个月；工程价款为3000万元，甲公司于指定日期前支付1000万元工程款，指定日期前支付1000万元工程款，工程竣工验收后3日内支付700万元，剩余300万元1年内付清。合同履行过程中，甲公司没有按约定在指定日期前支付第二笔工程款，经催告，甲公司以资金周转困难为由希望延迟2个月支付第二笔工程进度款，并希望乙建筑公司能谅解。为此，乙建筑公司以甲公司未能按约定支付工程进度款为由停工，导致该工程一直处于停工状态。甲公司认为，虽然公司未能按时给乙建筑公司支付进度款，但乙建筑公司无权停工，遂向法院提起诉讼，要求乙建筑公司尽快复工。

请问：甲公司的请求能得到法院支持吗？

【案例分析】

本案涉及的是施工总承包合同的违约责任认定问题。

我国《民法典》第五百二十六条规定，当事人互负债务，有先后履行顺序，应当先履行债务一方未履行的，后履行一方有权拒绝其履行请求。先履行一方履行债务不符合约定的，后履行一方有权拒绝其相应的履行请求。第八百零三条规定，发包人未按照约定的时间和要求提供原材料、设备、场地、资金、技术资料的，承包人可以顺延工程日期，并有权请求赔偿停工、窝工等损失。

本案中，甲公司与乙建筑公司签订《施工总承包合同》，但没有按约定时间支付乙建筑公司第二笔工程款，经催告，却以资金周转困难为由希望延迟2个月支付，甲公司的行为已先构成违约。乙建筑公司停工是甲公司违约所致的，不违反法律规定。甲公司关于乙建筑公司复工的请求不能得到法院支持。

【风险防范建议】

发包人不按合同约定履行建设工程施工责任，承包人在行使停工、窝工等损失赔偿权利时，为避免相关法律风险，要注意以下事项：

（1）要正确行使停工、窝工等损失索赔权利。在停工事由消失后，承包人应结束停工、恢复施工，并就停工期间的损失提出索赔；若在一定时间内停工事由仍在持续，承包人有权选择解除合同。需要提醒的是，如果错误主张停工、窝工等损失权利，承包人有可能要向发包人承担工期延误等违约责任。

（2）在停工期间，承包人应当承担采取适当措施，防止损失扩大的义务。根据《民法典》第五百九十一条的规定，当事人一方违约后，对方应当采取适当措施防止损失的扩大；没有采取适当措施致使损失扩大的，不得就扩大的损失请求赔偿。因此，若发包人违反合同约定导致工程停工，承包人有义务采取适当措施，防止停工损失扩大，如自行组织人员、机械撤离，以减少损失，并追究发包人违约责任。

【法条链接】

《民法典》第五百二十六条　当事人互负债务，有先后履行顺序，应当先履行债务一方未履行的，后履行一方有权拒绝其履行请求。先履行一方履行债务不符合约定的，后履行一方有权拒绝其相应的履行请求。

第五百九十一条　当事人一方违约后，对方应当采取适当措施防止损失的扩大；没有采取适当措施致使损失扩大的，不得就扩大的损失请求赔偿。

当事人因防止损失扩大而支出的合理费用，由违约方负担。

第八百零三条　发包人未按照约定的时间和要求提供原材料、设备、场地、资金、技术资料的，承包人可以顺延工程日期，并有权请求赔偿停工、窝工等损失。

23. 由发包人原因导致工程停工的，承包人可以要求赔偿停工损失吗？

【情景案例】

A 房地产公司与 B 建筑公司签订《建设工程施工合同》，约定：A 房地产公司将其在某小区 3 号楼的地下室仓库工程发包给 B 建筑公司施工，工期为 3 个月。合同签订后，B 建筑公司按约定开工。在施工过程中，由于 A 房地产公司进行设计变更，致使 B 建筑公司无法进行下一步施工，被迫停工 1 个月，工程最终竣工。结算时，A 房地产公司以工期延误为由要求扣减工程款，而 B 建筑公司予以拒绝并主张赔偿停工损失 8 万元。双方协商无果后，B 建筑公司遂诉至法院，请求判令 A 房地产公司支付工程余款 60 万元和停工损失 10 万元。

请问:B 建筑公司的请求能得到法院支持吗?

【案例分析】

本案涉及的是发包人原因导致工程停工的责任承担问题。

我国《民法典》第七百九十八条规定,隐蔽工程在隐蔽以前,承包人应当通知发包人检查。发包人没有及时检查的,承包人可以顺延工程日期,并有权请求赔偿停工、窝工等损失。第八百零三条规定,发包人未按照约定的时间和要求提供原材料、设备、场地、资金、技术资料的,承包人可以顺延工程日期,并有权请求赔偿停工、窝工等损失。

本案中,A 房地产公司与 B 建筑公司签订施工合同,将某小区 3 号楼地下室仓库工程发包给 B 建筑公司施工。在施工过程中,由于 A 房地产公司进行设计变更,致使 B 建筑公司被迫停工 1 个月,工程最终竣工。显然,工期顺延是 A 房地产公司没有及时检查、没有根据合同约定的时间和要求进行设计变更导致的,与 B 建筑公司无关,故责任应由 A 房地产公司承担。A 房地产公司要求扣减工程款违反法律规定,不能得到法院支持。B 建筑公司向法院起诉,请求判令 A 房地产公司支付工程余款与停工损失,符合法律规定,应当得到法院支持。

【风险防范建议】

建筑施工合同往往投资大、履行时间长、情况复杂,工期延误问题突出,关于发包方如何避免风险,建议如下:

(1)合同履行出现工期延误,发包方主张扣减工程款等损失,必须能够证明导致延误的原因不在己方,否则,提出的主张将不能得到法律支持。特别是导致延误的原因如果在己方,还可能需要承担赔偿承包方停工、窝工等损失的责任。

(2)合同履行出现工期延误或者顺延,是主张赔偿停工、窝工等损失的前提,否则,主张赔偿停工、窝工等损失缺乏依据,不能得到法院支持。

【法条链接】

《民法典》第七百九十八条 隐蔽工程在隐蔽以前,承包人应当通知发包人检查。发包人没有及时检查的,承包人可以顺延工程日期,并有权请求赔偿停工、窝工等损失。

第八百零三条 发包人未按照约定的时间和要求提供原材料、设备、场地、资金、技术资料的,承包人可以顺延工程日期,并有权请求赔偿停工、窝工等损失。

24. 低于成本价中标，所签订的施工合同有效吗？

【情景案例】

乙建筑公司通过招投标方式获得甲房地产公司某小区住宅楼的工程建设项目。中标后双方签订《建筑工程施工合同》，约定：由乙建筑公司承建某小区住宅楼，工程价款共2亿元，工期为12个月。合同签订后双方发生争议，乙建筑公司认为，由于其在计算工程成本时出现错误，导致目前合同约定的工程价格大大低于成本价，如果按合同约定履行会使其遭受巨大损失，因此要求撤销双方签订的《建筑工程施工合同》，但遭到甲房地产公司的拒绝。甲房地产公司认为，合同是经过合法招投标程序签订的，且是双方真实意思表示，合同应当有效，不符合撤销事由，如果乙建筑公司不履行合同，要承担违约责任。为此，乙建筑公司诉至法院，请求撤销双方签订的合同。法院在审理过程中，委托鉴定机构某市工程造价事务所对招标范围内的工程成本价进行了鉴定，鉴定结论显示涉案工程的行业成本价为2.5亿元。

请问：甲房地产公司与乙建筑公司签订的施工合同有效吗？

【案例分析】

本案涉及的是投标人以低于成本价的价格签订的建设工程施工合同的效力问题。

我国《民法典》第一百四十七条规定，基于重大误解实施的民事法律行为，行为人有权请求人民法院或者仲裁机构予以撤销。第一百五十七条规定，民事法律行为无效、被撤销或者确定不发生效力后，行为人因该行为取得的财产，应当予以返还；有过错的一方应当赔偿对方由此所受到的损失；各方都有过错的，应当各自承担相应的责任。根据《招标投标法》第三十三条的规定，投标人不得以低于成本的报价竞标。该法第四十一条规定，中标人的投标应当符合下列条件之一：(1)能够最大限度地满足招标文件中规定的各项综合评价标准；(2)能够满足招标文件的实质性要求，并且经评审的投标价格最低；但是投标价格低于成本的除外。

本案中，乙建筑公司与甲房地产公司的《建筑工程施工合同》，约定工程价款共2亿元。虽然该合同是通过招投标程序签订的，但乙建筑公司由于在计算工程成本时出现错误，导致以低于成本2.5亿元的报价竞标且获得中标，这是乙建筑公司因计算工程成本错误产生的重大误解，根据法律规定属可撤销行为；同时，以低于成本价的报价中标也是违反招标投标法规定的行为。因此，乙建筑公司请求撤销与甲房地产公司签订的《建筑工程施工合同》，法律依据充分，应该能得到法院支持。

【风险防范建议】

关于承包人如何避免以低于成本价的报价中标所引起的法律风险，建议如下：

(1)承包人应当加强内部管理,避免以低于成本价的报价中标并签订施工合同。因为关于这类合同是否有效,在实践中存在争议,现行法律中没有明文规定此类合同无效。因此,合同效力的不确定性导致合同履行存在较大风险。因中标价格低于施工成本,如果合同有效,承包人为获取利益有可能要通过降低工程质量等方法来达到盈利目的,从而无法保证工程质量;如果合同无效,工程合格,承包人出现结算纠纷时只能参照合同约定的低于施工成本的价格进行结算,承包人利益将受到损害。

(2)承包人基于重大误解申请撤销以低于成本价的报价中标签订的施工合同,必须在法律规定的知道撤销事由之日起90日内行使,否则撤销权将不能得到法律支持。

【法条链接】

《民法典》第一百四十七条 基于重大误解实施的民事法律行为,行为人有权请求人民法院或者仲裁机构予以撤销。

第一百五十二条 有下列情形之一的,撤销权消灭:

(一)当事人自知道或者应当知道撤销事由之日起一年内、重大误解的当事人自知道或者应当知道撤销事由之日起九十日内没有行使撤销权;

……

第一百五十三条第一款 违反法律、行政法规的强制性规定的民事法律行为无效。但是,该强制性规定不导致该民事法律行为无效的除外。

第一百五十七条 民事法律行为无效、被撤销或者确定不发生效力后,行为人因该行为取得的财产,应当予以返还;不能返还或者没有必要返还的,应当折价补偿。有过错的一方应当赔偿对方由此所受到的损失;各方都有过错的,应当各自承担相应的责任。法律另有规定的,依照其规定。

《招标投标法》第三十三条 投标人不得以低于成本的报价竞标,也不得以他人名义投标或者以其他方式弄虚作假,骗取中标。

第四十一条 中标人的投标应当符合下列条件之一:

(一)能够最大限度地满足招标文件中规定的各项综合评价标准;

(二)能够满足招标文件的实质性要求,并且经评审的投标价格最低;但是投标价格低于成本的除外。

《中华人民共和国招标投标法实施条例》第五十一条 有下列情形之一的,评标委员会应当否决其投标:

……

(五)投标报价低于成本或者高于招标文件设定的最高投标限价;

……

25. 承包人不为建筑工人购买社会保险，要承担什么责任？

【情景案例】

A公司与B建筑公司签订《建筑工程施工合同》，约定：A公司将员工宿舍楼工程发包给B建筑公司，工期为12个月，工程总价款为2800万元。冯某是B建筑公司员工，B建筑公司没有为冯某购买社会保险，冯某入职时也没有要求购买。冯某在A公司项目施工过程中不小心从二楼摔下骨折受伤，共花医疗费3.8万元。在支付医疗费方面，冯某与B建筑公司产生纠纷。B建筑公司认为，冯某工作摔伤是其疏忽大意造成的，其也有过错，要承担一半的责任，因此只同意赔偿1.9万元的医疗费。冯某不服，于是诉至法院，以B建筑公司没有为其购买社会保险为由，要求B建筑公司赔偿所有医疗费用。

请问：冯某的请求能得到法院支持吗？

【案例分析】

本案涉及的是承包人没有为员工购买社会保险的责任承担问题。

根据我国《工伤保险条例》第二条的规定，企业应当依照本条例规定参加工伤保险，为本单位全部职工或者雇工缴纳工伤保险费。该法第十条第一款规定，用人单位应当按时缴纳工伤保险费，职工个人不缴纳工伤保险费。根据第十四条的规定，职工在工作时间和工作场所内，因工作原因受到事故伤害的，应当认定为工伤。根据第六十二条第二款的规定，依照本条例规定应当参加工伤保险而未参加工伤保险的用人单位职工发生工伤的，由该用人单位按照本条例规定的工伤保险待遇项目和标准支付费用。这就说明，为职工购买社会保险，是企业必须履行的法定义务，工伤认定不考虑职工的过错问题。

本案中，A公司与B建筑公司签订《建筑工程施工合同》，冯某是B建筑公司职工，B建筑公司没有为冯某购买社会保险，应承担法律责任；冯某在施工过程中从二楼摔下受伤，属于工伤。根据上述规定可知，B建筑公司认为冯某工作摔伤有过错，要承担一半责任的理由不成立。冯某要求B建筑公司赔偿所有医疗费用，符合法律规定，应予以支持。

【风险防范建议】

建筑公司应当为职工购买工伤保险。实务中，发生工伤的风险很难防范，建筑公司为职工缴纳工伤保险费，表面上增加了用工成本，但一旦发生工伤，费用将从工伤保险基金中支付。否则，建筑公司将承担规定的工伤全部赔偿责任，反而得不偿失。

【法条链接】

《工伤保险条例》第二条第一款 中华人民共和国境内的企业、事业单位、社会团体、民办非企业单位、基金会、律师事务所、会计师事务所等组织和有雇工的个体工商户(以下称用人单位)应当依照本条例规定参加工伤保险,为本单位全部职工或者雇工(以下称职工)缴纳工伤保险费。

第十条第一款 用人单位应当按时缴纳工伤保险费。职工个人不缴纳工伤保险费。

第十四条 职工有下列情形之一的,应当认定为工伤:

(一)在工作时间和工作场所内,因工作原因受到事故伤害的;

……

第六十二条第二款 依照本条例规定应当参加工伤保险而未参加工伤保险的用人单位职工发生工伤的,由该用人单位按照本条例规定的工伤保险待遇项目和标准支付费用。

《劳动和社会保障部关于确立劳动关系有关事项的通知》 一、用人单位招用劳动者未订立书面劳动合同,但同时具备下列情形的,劳动关系成立。

(一)用人单位和劳动者符合法律、法规规定的主体资格;

(二)用人单位依法制定的各项劳动规章制度适用于劳动者,劳动者受用人单位的劳动管理,从事用人单位安排的有报酬的劳动;

(三)劳动者提供的劳动是用人单位业务的组成部分。

26. 中标通知书发出后,承包人悔标要承担责任吗?

【情景案例】

甲公司就旗下某酒店的装饰工程进行公开招标。招标文件规定:工程量清单中的综合单价应包括施工设备、劳务、材料、安装、管理费等各项应有的费用,在合同履行过程中,因材料、人工费用上涨,风险由投标人承担。乙建筑公司参加投标并提交了投标书。后甲公司就本工程向乙建筑公司送达了《中标通知书》。乙建筑公司收到《中标通知书》后,未立即与甲公司签订《建设工程施工合同》。开工后,市场上人工与材料的价格迅猛上涨,如果按招标文件规定承接此项目,肯定会亏损,后乙建筑公司经慎重考虑后,决定放弃承接此项目并将其意思表示致函甲公司。

请问:乙建筑公司对其悔标行为要承担责任吗?

【案例分析】

本案涉及的是中标通知书的法律效力问题。

我国《民法典》第四百七十一条规定,当事人订立合同,可以采取要约、承诺方式或者其他方式。第四百七十三条第一款规定,要约邀请是希望他人向自己发出要约的表示。拍卖公告、招标公告、招股说明书、债券募集办法、基金招募说明书、商业广告和宣传、寄送的价目表等为要约邀请。第四百八十三条规定，承诺生效时合同成立。《招标投标法》第四十五条规定，中标人确定后，招标人应当向中标人发出中标通知书，并同时将中标结果通知所有未中标的投标人；中标通知书对招标人和中标人具有法律效力。中标通知书发出后，招标人改变中标结果的，或者中标人放弃中标项目的，应当依法承担法律责任。第四十六条第一款规定，招标人和中标人应当自中标通知书发出之日起30日内，按照招标文件和中标人的投标文件订立书面合同；招标人和中标人不得再行订立背离合同实质性内容的其他协议。第六十条第一款、第二款规定，中标人不履行与招标人订立的合同的，履约保证金不予退还，给招标人造成的损失超过履约保证金数额的，还应当对超过部分予以赔偿；没有提交履约保证金的，应当对招标人的损失承担赔偿责任。中标人不按照与招标人订立的合同履行义务，情节较为严重的，取消其二年至五年内参加依法必须进行招标的项目的投标资格并予以公告，直至由工商行政管理机关吊销营业执照。

本案中，甲公司就旗下某酒店的装饰工程进行公开招标，乙建筑公司参加投标并提交了投标书；后甲公司就本工程向乙建筑公司送达了《中标通知书》，这说明甲公司与乙建筑公司招标、投标过程符合《民法典》要约、承诺的订立合同方式，合同成立，《中标通知书》对招标人和中标人具有法律效力，中标人放弃中标项目的，应当依法承担法律责任。乙建筑公司收到《中标通知书》后，未立即与甲公司签订《建设工程施工合同》，甚至因市场上人工与材料的价格迅猛上涨，担心亏损而放弃承接项目并致函甲公司，其行为已违反《招标投标法》的相关规定，需承担的法律责任是：乙建筑公司交付履约保证金的，不予退还，给甲公司造成的损失超过履约保证金数额的，还应当对超过部分予以赔偿；没有提交履约保证金的，应当对甲公司的损失承担赔偿责任。乙建筑公司如情节较为严重，要被主管部门取消2～5年内参加依法必须进行招标的项目的投标资格并予以公告，直至由工商行政管理机关吊销营业执照。

【风险防范建议】

建筑公司需谨慎投标，要认真考虑招标文件列出的条件及市场因素影响，是否适合自身条件投标，避免中标后悔标的情况。法律对招投标行为有明确规定，特别是对中标人悔标的情况，除规定须承担民事赔偿损失责任外，还可能承担行政处罚责任，因此，需慎重决定。

【法条链接】

《民法典》第一百四十七条 基于重大误解实施的民事法律行为，行为人有权请求人民法院或者仲裁机构予以撤销。

第一百四十八条 一方以欺诈手段，使对方在违背真实意思的情况下实施的民事法律行为,受欺诈方有权请求人民法院或者仲裁机构予以撤销。

第四百七十一条 当事人订立合同,可以采取要约、承诺方式或者其他方式。

第四百七十二条 要约是希望与他人订立合同的意思表示,该意思表示应当符合下列条件:

(一)内容具体确定;

(二)表明经受要约人承诺,要约人即受该意思表示约束。

第四百七十三条 要约邀请是希望他人向自己发出要约的表示。拍卖公告、招标公告、招股说明书、债券募集办法、基金招募说明书、商业广告和宣传、寄送的价目表等为要约邀请。

商业广告和宣传的内容符合要约条件的,构成要约。

第四百七十九条 承诺是受要约人同意要约的意思表示。

第四百八十三条 承诺生效时合同成立,但是法律另有规定或者当事人另有约定的除外。

《招标投标法》第四十五条 中标人确定后,招标人应当向中标人发出中标通知书,并同时将中标结果通知所有未中标的投标人。

中标通知书对招标人和中标人具有法律效力。中标通知书发出后,招标人改变中标结果的,或者中标人放弃中标项目的,应当依法承担法律责任。

第四十六条 招标人和中标人应当自中标通知书发出之日起三十日内,按照招标文件和中标人的投标文件订立书面合同。招标人和中标人不得再行订立背离合同实质性内容的其他协议。

招标文件要求中标人提交履约保证金的,中标人应当提交。

第六十条 中标人不履行与招标人订立的合同的,履约保证金不予退还,给招标人造成的损失超过履约保证金数额的,还应当对超过部分予以赔偿;没有提交履约保证金的,应当对招标人的损失承担赔偿责任。

中标人不按照与招标人订立的合同履行义务,情节较为严重的,取消其二年至五年内参加依法必须进行招标的项目的投标资格并予以公告,直至由工商行政管理机关吊销营业执照。

因不可抗力不能履行合同的,不适用前两款规定。

27. 人工或材料费用大幅度上涨,承包人可以要求补差吗?

【情景案例】

A房地产公司与B建筑公司签订《建设工程施工合同》,约定:A房地产公司将某小区的地下室土建与安装工程发包给B建筑公司,工期为15个月,工程款总价为8000万元。合同签订后,B建筑公司按期正式开工。我国《劳动合同法》正式生效实施后,企业和劳动者之间都要签订书面劳动合同,劳动者实行最低工资标准,强制性缴纳五险一金等。《劳动合同法》的实施,导致B建筑企业的人工成本大幅上涨,人工平均上涨幅度达到38%。后B建筑公司向A房地产公司提出补差的请求,但遭到A房产公司的拒绝。

请问:B 建筑公司可以要求 A 房地产公司补差吗?

【案例分析】

本案涉及的是建筑公司补差的诉求是否有合法依据的问题。

根据我国《民法典》第五百零二条第一款的规定,依法成立的合同,自成立时生效。第五百三十三条规定,合同成立后,合同的基础条件发生了当事人在订立合同时无法预见的、不属于商业风险的重大变化,继续履行合同对于当事人一方明显不公平的,受不利影响的当事人可以与对方重新协商;在合理期限内协商不成的,当事人可以请求人民法院或者仲裁机构变更或者解除合同。人民法院或者仲裁机构应当结合案件的实际情况,根据公平原则变更或者解除合同。

本案中,《劳动合同法》的实施导致 B 建筑企业的人工成本大幅上涨,从而大大增加了 B 建筑公司的成本支出。笔者认为,该人工成本上涨是法律变化引起的,是 A 房地产公司与 B 建筑公司签订合同时无法预见的、非不可抗力造成的不属于商业风险的重大变化,继续履行合同对于 B 建筑公司明显不公平,因此,B 建筑公司可以向法院起诉请求 A 房地产公司予以补差,由法院根据公平原则变更或解除合同。

【风险防范建议】

关于非当事人原因导致的建筑工程价款调整,当事人如何分担风险,建议如下:

(1)在建设工程施工合同履行过程中,引起建筑工程价款调整的非当事人原因中,不属于不可抗力的有市场波动和法律变化等,对于市场波动和法律变化引起建筑工程价款调整的情形,怎样根据公平原则分担损失,我国法律只是规定法律应当结合案件的实际情况,根据公平原则变更或解除合同,因此,法院的处理结果差别较大,对当事人维权效果影响重大。因此,当事人应该在合同中对这类情形的价格调整进行明确约定,以便于出现问题时直接依据约定进行处理,增加处理结果的确定性。

(2)对于市场波动和法律变化引起的价款调整,当事人要采取补救措施控制损失,根据情况及时提出调整,促使问题尽快得到解决。

【法条链接】

《民法典》第五百零二条　依法成立的合同,自成立时生效,但是法律另有规定或者当事人另有约定的除外。

依照法律、行政法规的规定,合同应当办理批准等手续的,依照其规定。未办理批准等手续影响合同生效的,不影响合同中履行报批等义务条款以及相关条款的效力。应当办理申请批准等手续的当事人未履行义务的,对方可以请求其承担违反该义务的责任。

依照法律、行政法规的规定,合同的变更、转让、解除等情形应当办理批准等手续的,适用前款规定。

第五百三十三条 合同成立后,合同的基础条件发生了当事人在订立合同时无法预见的、不属于商业风险的重大变化,继续履行合同对于当事人一方明显不公平的,受不利影响的当事人可以与对方重新协商;在合理期限内协商不成的,当事人可以请求人民法院或者仲裁机构变更或者解除合同。

人民法院或者仲裁机构应当结合案件的实际情况,根据公平原则变更或者解除合同。

28. 发包人以指挥部、筹建处、分公司等名义签订合同的,承包人有什么法律风险?

【情景案例】

甲建筑公司由蒋某与陈某创办,蒋某是公司董事长,陈某是公司监事。乙房地产公司拟将位于江苏省无锡市的某光伏电站工程发包给甲建筑公司,双方经协商一致的合同主要内容为:工期为10个月,工程款为6000万元。但在双方正式签订《建设工程施工合同》时,乙房地产公司在合同上所盖印章为"乙房地产公司光伏电站工程指挥部"。对此,蒋某与陈某对是否签约产生分歧。蒋某认为,"指挥部"是乙房地产公司的内部机构,以其名义签约没有问题,最终法律责任由乙房地产公司承担。陈某认为,"指挥部"不是法人组织,如果盲目签订合同风险很高,当双方履行合同过程中发生纠纷时,有可能出现"状告无人"的状况。

请问:陈某的说法符合我国法律规定吗?

【案例分析】

本案涉及的是指挥部等内设部门是否具有签订建设工程合同和作为诉讼主体的资格的问题。

我国《民法典》第四百六十四条第一款规定,合同是民事主体之间设立、变更、终止民事法律关系的协议。第一百六十一条第一款规定,民事主体可以通过代理人实施民事法律行为。第一百六十二条规定,代理人在代理权限内,以被代理人名义实施的民事法律行为,对被代理人发生效力。这就说明,法律规定具有合同主体资格和诉讼主体资格的必须是具有民事权利能力和民事行为能力的是自然人、法人、其他组织。《民事诉讼法》第四十八条第一款规定,公民、法人和其他组织可以作为民事诉讼的当事人。

本案中,《建设工程施工合同》中乙房地产公司所盖章显示内容是"乙房地产公司光伏电站工程指挥部"。显然,"乙房地产公司光伏电站工程指挥部"是为建筑光伏电站工程项目进行施工管理的临设机构，不具备独立的法人资格，没有独立承担责任的财产，也就不具备合同主体资格和诉讼主体资格，但其是乙房地产公司在工地现场的代表机构，说明其签订的合同得到了乙房地产公司授权或者追认，应由乙房地产公司承担责任，故合同合法有效。但从诉讼主体上看，指挥部毕竟不能是建设工程合同法律关系的主体，不能独立承担责任，因此，这类合同产生纠纷应当由乙房地产公司作为案件当事人并承担民事责任。因此，陈某关于“指挥部”不是法人组织，担心双方履行合同过程中发生纠纷可能“状告无人”的说法，不符合我国法律的规定。

【风险防范建议】

在建设工程发包过程中，发包人以指挥部、筹建处、分公司等名义与承包人签订合同的情况，比较常见。关于承包人如何规避相关法律风险，建议如下：

(1)建设工程合同签订时，务必要求发包人出具授权委托书，明确载明指挥部、筹建处、分公司是在发包人授权下签订合同的。经发包人明确授权，双方签订的合同有效，受我国法律保护；反之，合同有被认定为无效的风险。

(2)如果建设工程合同已签订且发包人没有授权，则要及时催告发包人在法定期限内对合同予以追认。如果发包人拒绝追认，承包人就要及时通知发包人撤销合同，避免合同履行后被认定为无效，产生不能以合同为依据主张合法权利的风险。

【法条链接】

《民法典》第一百六十一条第一款 民事主体可以通过代理人实施民事法律行为。

第一百六十二条 代理人在代理权限内，以被代理人名义实施的民事法律行为，对被代理人发生效力。

第一百七十一条第一款 行为人没有代理权、超越代理权或者代理权终止后，仍然实施代理行为，未经被代理人追认的，对被代理人不发生效力。

第一百七十一条第二款 相对人可以催告被代理人自收到通知之日起三十日内予以追认。被代理人未作表示的，视为拒绝追认。行为人实施的行为被追认前，善意相对人有撤销的权利。撤销应当以通知的方式作出。

第四百六十四条 合同是民事主体之间设立、变更、终止民事法律关系的协议。

婚姻、收养、监护等有关身份关系的协议，适用有关该身份关系的法律规定；没有规定的，可以根据其性质参照适用本编规定。

《民事诉讼法》第四十八条 公民、法人和其他组织可以作为民事诉讼的当事人。

法人由其法定代表人进行诉讼。其他组织由其主要负责人进行诉讼。

29. 建筑企业员工私刻或伪造公司印章的行为，构成犯罪吗？

【情景案例】

沈某与韩某是大学同学，两人毕业后都在某县城工作，关系甚好。沈某是A建筑公司的财务总监。韩某为承接某小区楼盘工程，向沈某提出挂靠要求，并承诺给沈某2%的管理费。沈某在没有得到A建筑公司授权的前提下，使用私刻印章帮助韩某投下某小区楼盘工程并开设银行账户。后由于某小区楼盘的工程进度款不按时到位，致韩某无法按时支付材料供应商货款，多家公司纷纷起诉A建筑公司，A建筑公司因此遭受严重的信誉危机和经济损失。事发后，A建筑公司及时向当地公安机关报案。

请问：沈某要对其行为承担刑事责任吗？

【案例分析】

本案涉及的是私刻印章的行为是否构成犯罪的问题。

伪造公司、企业、事业单位、人民团体印章罪是指伪造公司、企业、事业单位、人民团体印章的行为。本罪是行为犯，只要行为人年满16周岁，实施了伪造公司、企业、事业单位、人民团体印章的行为，原则上就构成犯罪，应当立案追究。"印章"是指上述单位依法刻制的以文字与图记表明主体同一性的公章或专用章，是上述单位行使管理本单位事务、对外承担法律规定的权利义务和法律后果的符号和标记。"伪造"是指无制作权的人，冒用名义，非法制作上述单位的印章的行为。我国《刑法》第二百八十条规定，伪造公司、企业、事业单位、人民团体的印章的，处3年以下有期徒刑、拘役、管制或者剥夺政治权利，并处罚金。

本案中，沈某没有得到A建筑公司授权，为帮助大学同学韩某并得到工程2%的管理费，私刻公司印章，主观上出于故意，客观上具有冒用公司名义、私刻公司印章的行为，根据《刑法》的规定，构成伪造公司印章罪。故沈某要对其行为承担刑事责任。

【风险防范建议】

关于房地产与建筑企业如何避免印章被伪造的法律风险，建议如下：

(1)加强印章管理。印章代表公司、企业的行为，公司、企业需为印章使用行为承担法律责任，故印章要专人管理，使用印章要经批准、授权，登记备案。

(2)发现印章被伪造，要及时向公安机关报案，防止延误时间，造成公司、企业损失。

【法条链接】

《刑法》第二百八十条第二款 伪造公司、企业、事业单位、人民团体的印章的，处三年以下有期徒刑、拘役、管制或者剥夺政治权利,并处罚金。

30. 联合共同承包人,要对所负共同债务承担连带责任吗?

【情景案例】

甲建筑公司与乙建筑公司联合承包了一项高速公路及大型桥梁工程,甲建筑公司负责高速公路施工,乙建筑公司负责沿途桥梁施工。为分清双方责任,甲、乙建筑公司私下签订《合作协议》,双方约定:甲建筑公司对高速公路的施工质量负责,乙建筑公司对沿途桥梁施工质量负责,因施工质量问题引起的责任由施工方承担,与另一方无关。后由于高速公路的施工质量存在严重问题,发包人通知甲、乙建筑公司立即进行整改,并且提出600万元的损失索赔。甲建筑公司由于资金周转困难无法支付600万元的赔偿款,乙建筑公司以《合作协议》为依据拒绝赔款。为此,发包人向法院提起诉讼,请求甲、乙建筑公司承担连带责任。

请问:发包人的请求能得到法院支持吗?

【案例分析】

本案涉及的是共同承包的法律责任承担问题。

我国《建筑法》第二十七条第一款规定,大型建筑工程或者结构复杂的建筑工程,可以由两个以上的承包单位联合共同承包;共同承包的各方对承包合同的履行承担连带责任。根据《招标投标法》第三十一条的规定,两个以上法人或者其他组织可以组成一个联合体,以一个投标人的身份共同投标;联合体各方均应当具备承担招标项目的相应能力;联合体各方应当签订共同投标协议,明确约定各方拟承担的工作和责任,并将共同投标协议连同投标文件一并提交招标人;联合体中标的,联合体各方应当共同与招标人签订合同,就中标项目向招标人承担连带责任。这就说明,法律明确规定共同承包工程的各方要对承包合同的履行承担连带责任。

本案中,甲建筑公司与乙建筑公司联合承包了一项高速公路及大型桥梁工程,双方为此签订的《合作协议》,只能约束协议双方,对外不发生效力。发包人向法院起诉请求甲、乙建筑公司承担承包合同连带责任,符合法律规定,应得到支持。乙建筑公司以《合作协议》为依据拒绝支付赔偿款,违反法律规定,不能成立。

【风险防范建议】

联合共同承包人对承包合同,并不根据各方内部分工的约定区分各自的合同义务,各共同承包人均需对合同约定的全部义务承担连带责任。因此,要减少承担共同承包工程中的风险责任,建议如下:

(1)在联合承包工程合同签订前,务必选择实力强、重合同、守信用的企业合作;共同承包人还应在合同中明确约定各方在共同承包中的责任及对外承担责任后的分担原则,以利于要求赔偿损失。

(2)在承包合同中,联合共同承包人之间要明确约定各自的权利义务,加强互相监督,促进各方全面履行合同,减少风险责任。

【法条链接】

《建筑法》第二十七条 大型建筑工程或者结构复杂的建筑工程,可以由两个以上的承包单位联合共同承包。共同承包的各方对承包合同的履行承担连带责任。

两个以上不同资质等级的单位实行联合共同承包的,应当按照资质等级低的单位的业务许可范围承揽工程。

《招标投标法》第三十一条 两个以上法人或者其他组织可以组成一个联合体,以一个投标人的身份共同投标。

联合体各方均应当具备承担招标项目的相应能力;国家有关规定或者招标文件对投标人资格条件有规定的,联合体各方均应当具备规定的相应资格条件。由同一专业的单位组成的联合体,按照资质等级较低的单位确定资质等级。

联合体各方应当签订共同投标协议,明确约定各方拟承担的工作和责任,并将共同投标协议连同投标文件一并提交招标人。联合体中标的,联合体各方应当共同与招标人签订合同,就中标项目向招标人承担连带责任。

招标人不得强制投标人组成联合体共同投标,不得限制投标。

31. 承包人将工程分包给没有资质的建筑劳务公司,是否要承担连带责任?

【情景案例】

甲建筑公司与不具备相应资质的乙建筑劳务公司签订《建筑工程施工劳务承包合同》,约定将某小区3号住宅楼劳务分包给乙建筑劳务公司,具体包括模板配制、钢筋翻样、处理桩头等。后何某进入乙建筑劳务公司工作,在没有进行任何岗前培训的情况下,何某被分配到某小区3号住宅楼工地从事模板支撑工作。某日,因单位未提供安全带,何某不慎从二楼架子上摔下来,头部受伤。随即,何某被送至医院治疗,经诊断为颅脑及颅底多处骨折。何某住院20天,共支出医疗费3万元。住院期间,医疗费用全部由何某自己垫付。出院后,何某向乙建筑劳务公司索赔医疗费,但遭到拒绝。乙建筑劳务公司认为,医疗费应当由甲建筑公司承担。无奈之下,何某将甲建筑公司与乙建筑劳务公司诉至法院,要求两公司共同承担3万元医疗费。

请问:甲建筑公司对何某的受伤需要承担责任吗?

【案例分析】

本案涉及的是建筑公司将建筑工程施工项目分包给不具备资质的承包人的责任问题。

我国《建筑法》第二十九条第三款规定，禁止总承包单位将工程分包给不具备相应资质条件的单位。根据《民法典》第七百九十一条第三款的规定，禁止承包人将工程分包给不具备相应资质条件的单位。根据《安全生产法》第一百条的规定，生产经营单位将生产经营项目、场所、设备发包或者出租给不具备安全生产条件或者相应资质的单位或者个人的，责令限期改正，没收违法所得；导致发生生产安全事故给他人造成损害的，与承包方、承租方承担连带赔偿责任。

本案中，甲建筑公司与不具备相应资质的乙建筑劳务公司签订《建筑工程施工劳务承包合同》，将劳务分包给乙建筑劳务公司，何某进入乙建筑劳务公司工作，不慎从二楼架子上摔下，导致颅脑及颅底多处骨折并支出医疗费 3 万元。根据上述法律规定，甲建筑公司将某小区 3 号住宅楼劳务分包给不具备相应资质的乙建筑劳务公司，违反法律规定。对何某因摔伤支出的医疗费，甲建筑公司和乙建筑劳务公司应承担连带赔偿责任。故甲建筑公司应对何某的受伤承担赔偿责任。

【风险防范建议】

关于建筑公司分包工程时应当如何避免法律风险，建议如下：

(1)发包工程须符合我国法律的规定。法律对建筑工程发包与承包作出强制性规定，保护合法的工程分包关系，禁止建筑公司将工程发包给不具备相应资质条件的承包人。因此，建筑公司分包工程时，一定要谨慎审核承包人是否具备相应的施工资格和其他资质条件，才能避免承担分包工程承包人的法律责任。

(2)发包人须要求承包人分包工程项目后如雇佣工人，应与工人签订书面劳动合同，为工人缴纳相应的社保费用(包括工伤保险)，并在《建设工程分包合同》中约定承包人不与工人签订书面劳动合同的违约责任，以分清责任，避免在工人发生工伤事故后，因未为受伤工人缴纳工伤保险费用而承担受伤工人的工伤费用。

【法条链接】

《建筑法》第二十九条第一款 建筑工程总承包单位可以将承包工程中的部分工程发包给具有相应资质条件的分包单位；但是，除总承包合同中约定的分包外，必须经建设单位认可。施工总承包的，建筑工程主体结构的施工必须由总承包单位自行完成。

第二十九条第三款 禁止总承包单位将工程分包给不具备相应资质条件的单位。禁止分包单位将其承包的工程再分包。

《民法典》第七百九十一条第三款　禁止承包人将工程分包给不具备相应资质条件的单位。禁止分包单位将其承包的工程再分包。建设工程主体结构的施工必须由承包人自行完成。

《安全生产法》第一百条第一款　生产经营单位将生产经营项目、场所、设备发包或者出租给不具备安全生产条件或者相应资质的单位或者个人的，责令限期改正，没收违法所得；违法所得十万元以上的，并处违法所得二倍以上五倍以下的罚款；没有违法所得或者违法所得不足十万元的，单处或者并处十万元以上二十万元以下的罚款；对其直接负责的主管人员和其他直接责任人员处一万元以上二万元以下的罚款；导致发生生产安全事故给他人造成损害的，与承包方、承租方承担连带赔偿责任。

32. 承包人拒不支付农民工劳动报酬，需要承担刑事责任吗？

【情景案例】

A 房地产公司将佛山市某小区二期建设工程发包给 B 建筑公司。其间，B 建筑公司以资金周转困难为由，拖欠 132 名农民工劳务报酬。因 B 建筑公司拖欠工人工资，佛山市南海区人力资源和社会保障局作出劳动保障监察限期整改指令书，认定 B 建筑公司拖欠某小区二期建设工程第三项目部吕某、施某等 132 名工人工资共 500 万元，限于指定日期前进行整改。后 B 建筑公司仍拒不支付劳动报酬，佛山市南海区人力资源和社会保障局于是将案件移送公安机关。经公安机关侦查，B 建筑公司拒不支付劳动报酬的真实原因是为了公司保持充足的现金流，而并非资金周转困难。

请问：B 建筑公司需要承担刑事责任吗？

【案例分析】

本案涉及的是公司拒不支付劳动报酬的法律责任性质问题。

根据我国《刑法》第二百七十六条之一的规定，以转移财产、逃匿等方法逃避支付劳动者的劳动报酬或者有能力支付而不支付劳动者的劳动报酬，数额较大，经政府有关部门责令支付仍不支付的，处 3 年以下有期徒刑或者拘役，并处或者单处罚金；造成严重后果的，处 3 年以上 7 年以下有期徒刑，并处罚金。

本案中，B 建筑公司经人力资源和社会保障部门认定拖欠 132 名工人工资共 500 万元，限期整改。但为了让公司保持充足的现金流，B 建筑公司拒不支付劳动报酬，这明显是故意行为，属于有能力支付而不支付劳动者的劳动报酬，且数额达到最高人民法院司法解释规定的“数额较大”的情形，构成《刑法》规定的“拒不支付劳动报酬罪”，需要追究刑事责任。

【风险防范建议】

刑事责任是最严重的法律责任，建筑企业要避免行为构成拒不支付劳动报酬犯罪，应当防止以下行为的发生：

（1）转移财产、逃匿或者有能力支付而不支付劳动报酬。

（2）不支付1名劳动者的劳动报酬在3个月以上且数额在5000元至2万元以上；或不支付10名以上劳动者的劳动报酬且数额累计在3万元至10万元以上。

（3）人力资源社会保障部门或者政府其他有关部门依法责令限期支付劳动者劳动报酬后，在指定的期限内仍不支付。

【法条链接】

《刑法》第二百七十六条之一　以转移财产、逃匿等方法逃避支付劳动者的劳动报酬或者有能力支付而不支付劳动者的劳动报酬，数额较大，经政府有关部门责令支付仍不支付的，处三年以下有期徒刑或者拘役，并处或者单处罚金；造成严重后果的，处三年以上七年以下有期徒刑，并处罚金。

单位犯前款罪的，对单位判处罚金，并对其直接负责的主管人员和其他直接责任人员，依照前款的规定处罚。

有前两款行为，尚未造成严重后果，在提起公诉前支付劳动者的劳动报酬，并依法承担相应赔偿责任的，可以减轻或者免除处罚。

《最高人民法院关于审理拒不支付劳动报酬刑事案件适用法律若干问题的解释》第三条　具有下列情形之一的，应当认定为刑法第二百七十六条之一第一款规定的"数额较大"：

（一）拒不支付一名劳动者三个月以上的劳动报酬且数额在五千元至二万元以上的；

（二）拒不支付十名以上劳动者的劳动报酬且数额累计在三万元至十万元以上的。

各省、自治区、直辖市高级人民法院可以根据本地区经济社会发展状况，在前款规定的数额幅度内，研究确定本地区执行的具体数额标准，报最高人民法院备案。

第四条　经人力资源社会保障部门或者政府其他有关部门依法以限期整改指令书、行政处理决定书等文书责令支付劳动者的劳动报酬后，在指定的期限内仍不支付的，应当认定为刑法第二百七十六条之一第一款规定的"经政府有关部门责令支付仍不支付"，但有证据证明行为人有正当理由未知悉责令支付或者未及时支付劳动报酬的除外。

行为人逃匿，无法将责令支付文书送交其本人、同住成年家属或者所在单位负责收件的人的，如果有关部门已通过在行为人的住所地、生产经营场所等地张贴责令支付文书等方式责令支付，并采用拍照、录像等方式记录的，应当视为"经政府有关部门责令支付"。

33. 承包人向发包人作出的《让利承诺书》，是否有效？

【情景案例】

甲建筑公司通过公开招投标中标某小区二期工程，随即依据招投标文件与乙公司签订《建设工程施工合同》，约定：乙公司将某小区二期工程交由甲建筑公司施工，合同价款为6000万元，合同价款可调整，调整方法为施工图纸变更、签证等；定额工程量按实计算，材料价格按约定方式计算。合同签订后，甲建筑公司又向乙公司出具《让利承诺书》一份，承诺对该工程予以让利，具体内容为：该工程二期7号楼、8号楼按工程决算总额让利20%；地下车库附属工程让利10%。后工程经竣工验收合格，但双方对工程款结算发生纠纷，甲建筑公司以建筑成本太高为由主张《让利承诺书》无效，要求乙公司按《建设工程施工合同》约定支付工程款，但遭到乙公司拒绝。乙公司认为，《让利承诺书》是双方真实意思表示，没有违反我国法律强制性规定与公序良俗，合法有效。

请问：甲建筑公司与乙公司签订的《让利承诺书》是否有效？

【案例分析】

本案涉及的是让利承诺书的效力问题。

我国《招标投标法》第五条规定，招标投标活动应当遵循公开、公平、公正和诚实信用的原则。根据该法第四十六条的规定，招标人和中标人不得再行订立背离合同实质性内容的其他协议。根据《最高人民法院关于审理建设工程施工合同纠纷案件适用法律问题的解释(一)》第二条的规定，招标人和中标人另行签订的建设工程施工合同约定的工程范围、建设工期、工程质量、工程价款等实质性内容，与中标合同不一致，一方当事人请求按照中标合同确定权利义务的，人民法院应予支持。

招标人和中标人在中标合同之外就明显高于市场价格购买承建房产、无偿建设住房配套设施、让利、向建设单位捐赠财物等另行签订合同，变相降低工程价款，一方当事人以该合同背离中标合同实质性内容为由请求确认无效的，人民法院应予支持。因此，招标人和中标人订立背离中标合同实质性内容的其他协议无效，这是法律的强制性规定。

本案中，甲建筑公司通过公开招投标中标某小区二期工程，与乙公司签订《建设工程施工合同》，合同约定价款为6000万元，合同价款可调整，调整方法为施工图纸变更、签证等；定额工程量按实计算，材料价格按约定方式计算。之后，甲建筑公司又向乙公司出具《让利承诺书》，承诺对该工程予以让利。显然，《让利承诺书》不符合中标的《建设工程施工合同》调整合同价款的约定情形，与该合同约定不一致，因此，根据法律及司法解释的规定，乙公司认为《让利承诺书》是双方真实意思表示且没有违反我国法律强制性规定的理由不能成立；甲建筑公司以建筑成本太高为由主张《让利承诺书》无效，要求乙公司按《建设工程施工合同》约定支付工程款，法院应予支持，故甲建筑公司与乙公司签订的《让利承诺书》是无效的。

【风险防范建议】

关于招标人和中标人如何避免订立中标合同之外的协议无效的风险，建议如下：

(1)相关协议不能与中标合同的实质性内容不一致。协议不违反法律的强制性规定是合法有效的前提,不是说当事人双方真实意思表示就可以违反法律规定。

(2)与中标合同的实质性内容不一致的协议无效,须由一方当事人提出请求予以确认,而不是由法院依职权认定。

【法条链接】

《招标投标法》第五条　招标投标活动应当遵循公开、公平、公正和诚实信用的原则。

第四十六条　招标人和中标人应当自中标通知书发出之日起三十日内,按照招标文件和中标人的投标文件订立书面合同。招标人和中标人不得再行订立背离合同实质性内容的其他协议。招标文件要求中标人提交履约保证金的,中标人应当提交。

《最高人民法院关于审理建设工程施工合同纠纷案件适用法律问题的解释(一)》第二条　招标人和中标人另行签订的建设工程施工合同约定的工程范围、建设工期、工程质量、工程价款等实质性内容,与中标合同不一致,一方当事人请求按照中标合同确定权利义务的,人民法院应予支持。

招标人和中标人在中标合同之外就明显高于市场价格购买承建房产、无偿建设住房配套设施、让利、向建设单位捐赠财物等另行签订合同,变相降低工程价款,一方当事人以该合同背离中标合同实质性内容为由请求确认无效的,人民法院应予支持。

三、分包

34. 承包人未经发包人同意分包,分包合同是否有效?

【情景案例】

A建筑公司与某学校签订《建设工程施工合同》,承建某学校综合楼工程,约定:工程总价款为5000万元,工期为12个月。后A建筑公司在未经某学校同意的情况下,私下将通风及火灾自动报警工程分包给B建筑公司,由于A建筑公司与某学校签订的《建设工程施工合同》中未约定可以对外分包,且某学校出于安全考虑事后也不予认可,双方因此发生纠纷。某学校向法院提起诉讼,请求判令A建筑公司与B建筑公司之间签订的建设工程分包合同无效。

请问:某学校的请求能得到法院支持吗?

【案例分析】

本案涉及的是分包合同的法律效力问题。

根据我国《建筑法》第二十九条的规定,建筑工程总承包单位可以将承包工程中的部分工程发包给具有相应资质条件的分包单位。但是,除总承包合同中约定的分包外,必须经建设单位认可。禁止总承包单位将工程分包给不具备相应资质条件的单位。根据《建设工程质量管理条例》第七十八条的规定，该条例所称违法分包，是指下列行为：(1)总承包单位将建设工程分包给不具备相应资质条件的单位的；(2)建设工程总承包合同中未有约定，又未经建设单位认可，承包单位将其承包的部分建设工程交由其他单位完成的；(3)施工总承包单位将建设工程主体结构的施工分包给其他单位的；(4)分包单位将其承包的建设工程再分包的。《民法典》第一百五十三条第一款规定，违反法律、行政法规的强制性规定的民事法律行为无效。但是，该强制性规定不导致该民事法律行为无效的除外。第七百九十一条第二款、第三款规定，总承包人或者勘察、设计、施工承包人经发包人同意，可以将自己承包的部分工作交由第三人完成。第三人就其完成的工作成果与总承包人或者勘察、设计、施工承包人向发包人承担连带责任。承包人不得将其承包的全部建设工程转包给第三人或者将其承包的全部建设工程支解以后以分包的名义分别转包给第三人。禁止承包人将工程分包给不具备相应资质条件的单位。禁止分包单位将其承包的工程再分包。建设工程主体结构的施工必须由承包人自行完成。《最高人民法院关于审理建设工程施工合同纠纷案件适用法律问题的解释(一)》第一条第二款规定，承包人因转包、违法分包建设工程与他人签订的建设工程施工合同，应当依据《民法典》第一百五十三条第一款及第七百九十一条第二款、第三款的规定，认定无效。

本案中，A建筑公司未在与某学校签订的《建设工程施工合同》中约定，也未经某学校同意，就私下将承包工程中的通风及火灾自动报警工程分包给B建筑公司，B建筑公司也不是劳务公司。因此，根据上述规定，A建筑公司的私下分包行为，属于违法分包，依法应认定为无效。故某学校请求法院判令A建筑公司与B建筑公司之间的建设工程分包合同无效，有充分法律依据，应得到法院支持。

【风险防范建议】

关于建筑公司承包工程后签订分包合同，如何避免相关法律风险，建议如下：

(1)建筑公司应当将承包工程分包给具备相应资质条件的单位。我国法律法规对分包工程的单位资质有强制性规定，不能违反，否则将导致分包合同无效。

(2)建筑公司承包的工程如要分包，需在承包合同中进行约定或征得发包方认可，否则也属于违法分包，分包合同无效。

【法条链接】

《建筑法》第二十九条　建筑工程总承包单位可以将承包工程中的部分工程发包给具有相应资质条件的分包单位；但是，除总承包合同中约定的分包外，必须经建设单位认可。施工总承包的，建筑工程主体结构的施工必须由总承包单位自行完成。

建筑工程总承包单位按照总承包合同的约定对建设单位负责；分包单位按照分包合同的约

定对总承包单位负责。总承包单位和分包单位就分包工程对建设单位承担连带责任。

禁止总承包单位将工程分包给不具备相应资质条件的单位。禁止分包单位将其承包的工程再分包。

《民法典》第一百五十三条第一款　违反法律、行政法规的强制性规定的民事法律行为无效。但是,该强制性规定不导致该民事法律行为无效的除外。

第七百九十一条第二款　总承包人或者勘察、设计、施工承包人经发包人同意,可以将自己承包的部分工作交由第三人完成。第三人就其完成的工作成果与总承包人或者勘察、设计、施工承包人向发包人承担连带责任。承包人不得将其承包的全部建设工程转包给第三人或者将其承包的全部建设工程支解以后以分包的名义分别转包给第三人。

第七百九十一条第三款　禁止承包人将工程分包给不具备相应资质条件的单位。禁止分包单位将其承包的工程再分包。建设工程主体结构的施工必须由承包人自行完成。

《最高人民法院关于审理建设工程施工合同纠纷案件适用法律问题的解释(一)》第一条第二款　承包人因转包、违法分包建设工程与他人签订的建设工程施工合同,应当依据民法典第一百五十三条第一款及第七百九十一条第二款、第三款的规定,认定无效。

《建设工程质量管理条例》第七十八条　本条例所称肢解发包,是指建设单位将应当由一个承包单位完成的建设工程分解成若干部分发包给不同的承包单位的行为。

本条例所称违法分包,是指下列行为:

(一)总承包单位将建设工程分包给不具备相应资质条件的单位的;

(二)建设工程总承包合同中未有约定,又未经建设单位认可,承包单位将其承包的部分建设工程交由其他单位完成的;

(三)施工总承包单位将建设工程主体结构的施工分包给其他单位的;

(四)分包单位将其承包的建设工程再分包的。

本条例所称转包,是指承包单位承包建设工程后,不履行合同约定的责任和义务,将其承包的全部建设工程转给他人或者将其承包的全部建设工程肢解以后以分包的名义分别转给其他单位承包的行为。

35. 劳务分包合同的签订,需要发包人同意吗?

【情景案例】

甲房地产公司将某花园商城发包给乙建筑公司总承包。乙建筑公司与丙劳务公司签订了《工程施工劳务合同》,合同约定:由丙劳务公司负责承包E2栋的土建、粗装修、水电等工程施工,承包方式为自带机具的劳务承包。合同价计算方法为:由丙劳务公司提供所有的机械设备,人工费、机械费按定额直接费的90%计取;材料数量按定额含量的90%由丙劳务公司包干使用,节奖超扣;材料单价按施工当期信息计算,主要材料由乙建筑公司供应,并收取3%的采保费。最终结算总价以丙劳务公司实际完成并经乙建筑公司签认的合格工程数量计算确定。后甲房地产公司知道乙建筑公司与丙劳务公司签订劳务分包合同后,表示反对,并向法院提起诉讼,请求确认乙建筑公司与丙劳务公司之间的劳务分包合同无效。

请问:甲房地产公司的请求能得到法院支持吗?

【案例分析】

本案涉及的是劳务分包合同的法律效力问题。

根据我国《民法典》第七百九十一条的规定,发包人不得将应当由一个承包人完成的建设工程支解成若干部分发包给数个承包人。总承包人或者勘察、设计、施工承包人经发包人同意,可以将自己承包的部分工作交由第三人完成。第三人就其完成的工作成果与总承包人或者勘察、设计、施工承包人向发包人承担连带责任。承包人不得将其承包的全部建设工程转包给第三人或者将其承包的全部建设工程支解以后以分包的名义分别转包给第三人。禁止承包人将工程分包给不具备相应资质条件的单位。《最高人民法院关于审理建设工程施工合同纠纷案件适用法律问题的解释(一)》第五条规定,具有劳务作业法定资质的承包人与总承包人、分包人签订的劳务分包合同,当事人请求确认无效的,人民法院依法不予支持。

本案中,甲房地产公司将某花园商城发包给乙建筑公司总承包,乙建筑公司未经甲房地产公司同意,就将其中 E2 栋的土建、粗装修、水电等工程劳务给丙劳务公司承包,这属于劳务作业分包行为,与专业分包行为不同,法律禁止的是承包人将工程分包给不具备相应资质条件的单位,而没有规定承包人劳务作业分包必须征得发包人同意,因此,乙建筑公司与丙劳务公司签订《工程施工劳务合同》未征得甲房地产公司同意,不违反法律强制性规定。甲房地产公司请求确认乙建筑公司与丙劳务公司之间的劳务分包合同无效,不能得到法院支持。

【风险防范建议】

建筑公司承包工程后签订劳务分包合同时,应当注意以下事项:

(1)签订劳务分包合同,分包单位需具备相应资质条件,否则,将导致分包合同因违反法律强制性规定而无效。

(2)工程分包分为专业工程分包和劳务作业分包,专业工程分包相关法律法规规定需在承包合同中作出约定或征得发包方认可;而劳务作业分包则没有这方面规定,故可以由建筑公司单方面决定。

【法条链接】

《民法典》第七百九十一条 发包人可以与总承包人订立建设工程合同,也可以分别与勘察人、设计人、施工人订立勘察、设计、施工承包合同。发包人不得将应当由一个承包人完成的建设工程支解成若干部分发包给数个承包人。

总承包人或者勘察、设计、施工承包人经发包人同意,可以将自己承包的部分工作交由第三人完成。第三人就其完成的工作成果与总承包人或者勘察、设计、施工承包人向发包人承担连带责任。承包人不得将其承包的全部建设工程转包给第三人或者将其承包的全部建设工程支解以后以分包的名义分别转包给第三人。

禁止承包人将工程分包给不具备相应资质条件的单位。禁止分包单位将其承包的工程再分包。建设工程主体结构的施工必须由承包人自行完成。

《最高人民法院关于审理建设工程施工合同纠纷案件适用法律问题的解释(一)》第五条 具有劳务作业法定资质的承包人与总承包人、分包人签订的劳务分包合同,当事人请求确认无效的,人民法院依法不予支持。

《房屋建筑和市政基础设施工程施工分包管理办法》第十四条 禁止将承包的工程进行违法分包。下列行为,属于违法分包:

(一)分包工程发包人将专业工程或者劳务作业分包给不具备相应资质条件的分包工程承包人的;

(二)施工总承包合同中未有约定,又未经建设单位认可,分包工程发包人将承包工程中的部分专业工程分包给他人的。

36. 总承包人是否可将主体工程分包?

【情景案例】

A 建筑公司与某石油公司签订《建设工程施工合同》,约定:由 A 建筑公司以工程总承包方式承建某采油实训工程厂房项目。合同约定:工程总价款为 7000 万元,工期为 11 个月。A 建筑公司取得上述工程后,与 B 建筑公司签订《某采油实训场工程采油实训厂房一、二栋网架工程承包合同》,约定工程范围为:按照工程项目部及设计单位确认的施工图纸,负责网架结构加工制作、运输、安装、防腐、防火涂料及屋面龙骨的制作安装、屋面单层彩板铺设等工作,包工包料,总价包干;合同现场安装工期为 60 天,自具备安装条件之日起计算;合同造价 800 万元。后某石油公司知道 A 建筑公司将项目主体工程分包给 B 建筑公司后,表示强烈反对。双方协商无果后,某石油公司诉至法院,请求确认 A 建筑公司与 B 建筑公司之间签订的分包合同无效。

请问:某石油公司的请求能得到法院支持吗?

【案例分析】

本案涉及的是建筑工程总承包单位可否将主体工程分包的问题。

根据我国《建筑法》第二十九条的规定,建筑工程总承包单位可以将承包工程中的部分工程发包给具有相应资质条件的分包单位。施工总承包的，建筑工程主体结构的施工必须由总承包单位自行完成。根据《民法典》第一百五十三条的规定，违反法律、行政法规的强制性规定的合同无效。根据第七百九十一条的规定，发包人可以与总承包人订立建设工程合同，也可以分别与勘察人、设计人、施工人订立勘察、设计、施工承包合同。建设工程主体结构的施工必须由承包人自行完成。

本案中，A建筑公司与某石油公司签订《建设工程施工合同》，约定由A建筑公司以工程总承包方式承建某采油实训工程厂房项目。A建筑公司承包后，与B建筑公司签订《某采油实训场工程采油实训厂房一、二栋网架工程承包合同》，将项目主体工程分包给B建筑公司。A建筑公司的行为违反法律强制性规定，其与B建筑公司签订的合同无效，某石油公司请求确认A建筑公司与B建筑公司之间签订的分包合同无效，法院依法应予以支持。

【风险防范建议】

关于建筑公司承包工程后要分包工程，如何避免法律风险，建议如下：

(1)签订分包合同，需审查分包单位的资质条件。分包单位具备相应的资质条件，分包合同才符合法律规定。

(2)分包的工程只能是建设工程主体结构性工程之外的勘察、设计、施工中的部分工作，而不能是建设工程主体结构性工程或者将承包的全部建设工程肢解以后再分包，否则，存在违反法律规定而被认定无效的可能性。

【法条链接】

《建筑法》第二十九条　建筑工程总承包单位可以将承包工程中的部分工程发包给具有相应资质条件的分包单位；但是，除总承包合同中约定的分包外，必须经建设单位认可。施工总承包的，建筑工程主体结构的施工必须由总承包单位自行完成。

建筑工程总承包单位按照总承包合同的约定对建设单位负责；分包单位按照分包合同的约定对总承包单位负责。总承包单位和分包单位就分包工程对建设单位承担连带责任。

禁止总承包单位将工程分包给不具备相应资质条件的单位。禁止分包单位将其承包的工程再分包。

《民法典》第一百五十三条　违反法律、行政法规的强制性规定的民事法律行为无效。但是，该强制性规定不导致该民事法律行为无效的除外。

违背公序良俗的民事法律行为无效。

第七百九十一条　发包人可以与总承包人订立建设工程合同，也可以分别与勘察人、设计人、施工人订立勘察、设计、施工承包合同。发包人不得将应当由一个承包人完成的建设工程支解成若干部分发包给数个承包人。

总承包人或者勘察、设计、施工承包人经发包人同意，可以将自己承包的部分工作交由第三人完成。第三人就其完成的工作成果与总承包人或者勘察、设计、施工承包人向发包人承担连带责任。承包人不得将其承包的全部建设工程转包给第三人或者将其承包的全部建设工程支解以后以分包的名义分别转包给第三人。

禁止承包人将工程分包给不具备相应资质条件的单位。禁止分包单位将其承包的工程再分包。建设工程主体结构的施工必须由承包人自行完成。

37. 个人能否承揽建筑工程的劳务分包工程业务?

【情景案例】

某劳务公司与某建筑公司签订《建设工程施工劳务分包合同》,约定由某劳务公司承接某小区二标段劳务工程,分包劳务内容包括砌筑、木工、钢筋工、脚手架、模板、抹灰、混凝土、水暖电安装、油漆、焊接。后某劳务公司与张某签订《粉刷(泥工)班组承包协议》,约定:某劳务公司将某小区商住2号楼范围内的屋面工程、地面找平、内外墙抹灰等粉刷工作承包给张某施工;计算方式及承包单价按设计图纸实际面积计算,内墙粉刷按23元/平方米,外墙粉刷按45元/平方米,楼梯踏步按72元/平方米等;本年度完成工程结算方式为张某承包范围内工程完成并经有关部门签字验收合格后,某劳务公司与张某办理完结算后,30天内付结算款全额的70%,在竣工验收合格后3个月内支付95%,留5%作为质量保修金,为期1年,如无重大质量缺陷,某劳务公司予以无息结清。某建筑公司以某劳务公司私自将工程分包给个人承揽为由向法院提起诉讼,请求确认某建筑公司与张某之间的承包协议无效。

请问:张某以个人名义承包劳务分包工程业务,合法吗?

【案例分析】

本案涉及的是分包给个人时,劳务分包合同的效力问题。

我国《民法典》第一百五十三条规定,违反法律、行政法规的强制性规定的民事法律行为无效。但是,该强制性规定不导致该民事法律行为无效的除外。违背公序良俗的民事法律行为无效。第七百九十一条第二款、第三款规定,总承包人或者勘察、设计、施工承包人经发包人同意,可以将自己承包的部分工作交由第三人完成。第三人就其完成的工作成果与总承包人或者勘察、设计、施工承包人向发包人承担连带责任。承包人不得将其承包的全部建设工程转包给第三人或者将其承包的全部建设工程支解以后以分包的名义分别转包给第三人。禁止承包人将工程分包给不具备相应资质条件的单位。禁止分包单位将其承包的工程再分包。建设工程主体结构的施工必须由承包人自行完成。根据《房屋建筑和市政基础设施工程施工分包管理办法》第十四条的规定,禁止将承包的工程进行违法分包。分包工程发包人将劳务作业分包给不具备相应资质条件的分包工程承包人的行为,属于违法分包。《最高人民法院关于审理建设工程施工合同纠纷案件适用法律问题的解释(一)》第一条第二款规定,承包人因转包、违法分包建设工程与他人签订的建设工程施工合同,应当依据《民法典》第一百五十三条第一款及第七百九十一条第二款、第三款的规定,认定无效。

本案中,某劳务公司与某建筑公司签订《建设工程施工劳务分包合同》,分包某小区二标段劳务工程,又与张某签订《粉刷(泥工)班组承包协议》,约定将某小区其中商住2号楼范围内的屋面工程、地面找平、内外墙抹灰等粉刷工作承包给张某施工。根据法律法规的相关规定,张某不具备工程施工的相应资质条件,不具有签订分包合同的条件。因此,某劳务公司将部分劳务粉刷工作分给张某承包施工,违反法律强制性规定,其与张某签订的承包协议无效,故张某依法不能以个人名义承包劳务分包工程业务。

【风险防范建议】

关于劳务公司承包工程后要分包工程,如何避免法律风险,建议如下:

(1)审查分包方的相应资质条件,是必须慎重考虑的关键因素。否则,分包合同违反法律规定被认定为无效,劳务公司将承担分包工程的民事法律责任,甚至被法院收缴已经取得的非法所得,却难以从分包人那里得到赔偿;还将承担被行政机关处罚的行政责任。

(2)需在分包合同中区别劳务分包或者专业分包,不能将专业分包伪装为劳务分包,以避免因违反法律禁止性规定被认定分包无效,而承担法律责任。

【法条链接】

《民法典》第一百五十三条第一款 违反法律、行政法规的强制性规定的民事法律行为无效。但是,该强制性规定不导致该民事法律行为无效的除外。

第七百九十一条 发包人可以与总承包人订立建设工程合同,也可以分别与勘察人、设计人、施工人订立勘察、设计、施工承包合同。发包人不得将应当由一个承包人完成的建设工程支解成若干部分发包给数个承包人。

总承包人或者勘察、设计、施工承包人经发包人同意,可以将自己承包的部分工作交由第三人完成。第三人就其完成的工作成果与总承包人或者勘察、设计、施工承包人向发包人承担连带责任。承包人不得将其承包的全部建设工程转包给第三人或者将其承包的全部建设工程支解以后以分包的名义分别转包给第三人。

禁止承包人将工程分包给不具备相应资质条件的单位。禁止分包单位将其承包的工程再分包。建设工程主体结构的施工必须由承包人自行完成。

《最高人民法院关于审理建设工程施工合同纠纷案件适用法律问题的解释(一)》第一条第二款 承包人因转包、违法分包建设工程与他人签订的建设工程施工合同,应当依据民法典第一百五十三条第一款及第七百九十一条第二款、第三款的规定，认定无效。

《房屋建筑和市政基础设施工程施工分包管理办法》第十四条　禁止将承包的工程进行违法分包。下列行为，属于违法分包：

（一）分包工程发包人将专业工程或者劳务作业分包给不具备相应资质条件的分包工程承包人的；

（二）施工总承包合同中未有约定，又未经建设单位认可，分包工程发包人将承包工程中的部分专业工程分包给他人的。

38. 发生生产安全责任事故，总承包单位和分包单位需要承担连带责任吗？

【情景案例】

甲公司与乙建筑公司签订《储煤棚工程施工总承包合同》。合同约定：工期为9个月，合同价款为6000万元。后经甲公司同意，乙建筑公司与丙建筑公司签订《工程劳务分包合同书》，乙建筑公司将储煤棚网架结构工程劳务施工分包给丙建筑公司，合同约定：工程承包内容为网架、檩条安装及彩板维护；合同价款为500万元（包括人工费、辅材费、安全风险费）；质量及验收标准为按施工图纸执行，一次性通过质检验收；工期为4个月。在施工过程中，钢结构网架在提升过程中突然发生坍塌，事故造成一人当场死亡，三人重伤。事故发生后，某市人民政府对事故处理作出《批复》。《批复》认为该起事故属于生产安全责任事故，事故的主要原因为：储煤棚网壳提升施工方案存在漏洞，即提升过程中对网壳内力变化过程分析不足，相应的措施不能满足安全提升要求，导致网壳提升到一定高度时，部分杆件内力超过其极限承载力，引起网壳结构整体垮塌。同时，《批复》认定事故造成的直接经济损失为3200万元。

请问：乙建筑公司与丙建筑公司需要对事故承担连带责任吗？

【案例分析】

本案涉及的是分包合同的法律责任承担问题。

我国《建筑法》第二十九条第二款规定，建筑工程总承包单位按照总承包合同的约定对建设单位负责；分包单位按照分包合同的约定对总承包单位负责。总承包单位和分包单位就分包工程对建设单位承担连带责任。

本案中，甲公司与乙建筑公司签订《储煤棚工程施工总承包合同》，又同意乙建筑公司与丙建筑公司签订《工程劳务分包合同书》，将储煤棚网架结构工程劳务施工分包给丙建筑公司，故《工程劳务分包合同书》符合法律规定，合法有效。对于乙建筑公司施工过程中出现的生产安全责任事故造成的直接经济损失3200万元，乙建筑公司与丙建筑公司依法应承担连带责任。

【风险防范建议】

关于建筑公司承包工程后签订分包合同，如何避免违法分包导致合同无效而使承包人单方面承担合同无效的法律责任，建议如下：

(1)签订分包合同，必须要求分包单位具备相应的资质条件。

(2)专业工程分包需在合同中作出允许分包的约定或征得发包方认可。

(3)禁止将建设工程主体结构的施工分包给其他单位。

(4)禁止将承包的建设工程再分包。

【法条链接】

《民法典》第一百五十三条第一款 违反法律、行政法规的强制性规定的民事法律行为无效。但是，该强制性规定不导致该民事法律行为无效的除外。

第七百九十一条 发包人可以与总承包人订立建设工程合同，也可以分别与勘察人、设计人、施工人订立勘察、设计、施工承包合同。发包人不得将应当由一个承包人完成的建设工程支解成若干部分发包给数个承包人。

总承包人或者勘察、设计、施工承包人经发包人同意，可以将自己承包的部分工作交由第三人完成。第三人就其完成的工作成果与总承包人或者勘察、设计、施工承包人向发包人承担连带责任。承包人不得将其承包的全部建设工程转包给第三人或者将其承包的全部建设工程支解以后以分包的名义分别转包给第三人。

禁止承包人将工程分包给不具备相应资质条件的单位。禁止分包单位将其承包的工程再分包。建设工程主体结构的施工必须由承包人自行完成。

《建筑法》第二十九条 建筑工程总承包单位可以将承包工程中的部分工程发包给具有相应资质条件的分包单位；但是，除总承包合同中约定的分包外，必须经建设单位认可。施工总承包的，建筑工程主体结构的施工必须由总承包单位自行完成。

建筑工程总承包单位按照总承包合同的约定对建设单位负责；分包单位按照分包合同的约定对总承包单位负责。总承包单位和分包单位就分包工程对建设单位承担连带责任。

禁止总承包单位将工程分包给不具备相应资质条件的单位。禁止分包单位将其承包的工程再分包。

《建设工程质量管理条例》第七十八条第二款 本条例所称违法分包，是指下列行为：

(一)总承包单位将建设工程分包给不具备相应资质条件的单位的；

(二)建设工程总承包合同中未有约定，又未经建设单位认可，承包单位将其承包的部分建设工程交由其他单位完成的；

(三)施工总承包单位将建设工程主体结构的施工分包给其他单位的；

(四)分包单位将其承包的建设工程再分包的。

《最高人民法院关于审理建设工程施工合同纠纷案件适用法律问题的解释(一)》第一条第二款 承包人因转包、违法分包建设工程与他人签订的建设工程施工合同，应当依据民法典第一百五十三条第一款及第七百九十一条第二款、第三款的规定,认定无效。

39. 发包人指定分包商,由分包商过错导致损失的,承包人与分包商承担连带责任吗?

【情景案例】

A 房地产公司与 B 建筑公司签订《工程总承包合同》。其后,经 A 房地产公司同意,B 建筑公司与 C 建筑工程公司签订《工程施工合同》,约定由 C 建筑工程公司根据设计图纸进行施工,工程竣工时依据国家有关验收规定及设计图纸进行质量验收。对于项目设计事宜,B 建筑公司打算交给长期合作的 D 建筑设计院负责,但 A 房地产公司出于某些目的,于某日提出要指定 E 建筑设计院提供服务。对于 A 房地产公司的要求,B 建筑公司表示反对,但反对无效,A 房地产公司坚持与 E 建筑设计院合作,B 建筑公司只能与 E 建筑设计院签订《建设工程设计合同》。合同签订后,E 建筑设计院按时将设计文件和有关资料交付给 B 建筑公司,B 建筑公司依据设计图纸进行施工。工程竣工后,A 房地产公司与有关质量监督部门对工程进行验收,发现工程存在严重质量问题。经核查,质量问题是设计不符合规范导致的,因为 E 建筑设计院未对现场进行仔细勘察即自行设计导致设计不合理,为 A 房地产公司带来了重大损失。为此,A 房地产公司要求总承包商 B 建筑公司与 E 建筑设计院承担连带责任,赔付全部经济损失。

请问:A 房地产公司要求 B 建筑公司与 E 建筑设计院承担连带责任,合法吗?

【案例分析】

本案涉及的是发包人指定分包商后过错责任承担的问题。

我国法律、行政法规目前并未明确禁止发包人指定分包人,仅在部门规章中对发包人指定分包人作出禁止性规定。如《房屋建筑和市政基础设施工程施工分包管理办法》第七条规定:“建设单位不得直接指定分包工程承包人。任何单位和个人不得对依法实施的分包活动进行干预。”该条文虽然禁止发包人指定分包人,但并未对发包人指定分包应承担的法律责任进行规定。因此,发包人在履行与承包人的承包合同时指定分包人,并不违反法律的禁止性规定,应为合法。《最高人民法院关于审理建设工程施工合同纠纷案件适用法律问题的解释(一)》第十三条规定发包人具有下列情形之一,造成建设工程质量缺陷,应当承担过错责任:(1)提供的设计有缺陷;(2)提供或者指定购买的建筑材料、建筑构配件、设备不符合强制性标准;(3)直接指定分包人分包专业工程。承包人有过错的,也应当承担相应的过错责任。

本案中,A 房地产公司与 B 建筑公司签订《工程总承包合同》,对于项目设计事宜,

A 房地产公司却不顾 B 建筑公司反对，指定 B 建筑公司与 E 建筑设计院签订《建设工程设计合同》。虽然该设计合同合法有效，但由于 B 建筑公司依据 E 建筑设计院设计图纸进行施工，导致工程由于设计不符合规范，存在严重质量问题，造成 A 房地产公司重大损失。显然，A 房地产公司指定 E 建筑设计院提供设计文件和有关资料，对造成的重大损失具有过错，应当承担过错责任；而 B 建筑公司在反对无效情况下与 E 建筑设计院签订《建设工程设计合同》，没有过错。因此，A 房地产公司要求总承包商 B 建筑公司与 E 建筑设计院承担连带责任，赔付全部经济损失，不符合上述司法解释的规定，B 建筑公司不应承担过错赔偿责任。

【风险防范建议】

关于发包人在承包合同中指定分包人，承包人如何避免风险，建议如下：

（1）争取由发包人与其指定分包人直接签订分包合同，确定权利义务关系，使承包人签订的承包合同独立于该指定分包人签订的分包合同，避免该指定分包人带来的风险。

（2）要求发包人直接参与签订分包合同，成为合同当事人，约定合同各方的权利义务关系，避免无过错的情况下承担法律责任。

【法条链接】

《民法典》第一百五十三条　违反法律、行政法规的强制性规定的民事法律行为无效。但是，该强制性规定不导致该民事法律行为无效的除外。

违背公序良俗的民事法律行为无效。

《最高人民法院关于审理建设工程施工合同纠纷案件适用法律问题的解释（一）》第十三条　发包人具有下列情形之一，造成建设工程质量缺陷，应当承担过错责任：

（一）提供的设计有缺陷；

（二）提供或者指定购买的建筑材料、建筑构配件、设备不符合强制性标准；

（三）直接指定分包人分包专业工程。

承包人有过错的，也应当承担相应的过错责任。

《房屋建筑和市政基础设施工程施工分包管理办法》第七条　建设单位不得直接指定分包工程承包人。任何单位和个人不得对依法实施的分包活动进行干预。

40. 实际施工人要求分包人支付工程款违法吗?

【情景案例】

甲公司与乙建筑公司签订《建设工程施工合同》，由乙建筑公司承包甲公司的新厂房工程建设，工期为 6 个月，工程总价款为 2000 万元。后乙建筑公司在未经甲公司同意的情况下，将厂房装修工程分包给孔某，孔某又将该工程转包给实际施工人曹某。

曹某按约定实施装修工程后，乙建筑公司没有给孔某支付工程款，导致孔某拖欠曹某的工程款。在材料供应商催款压力下，曹某遂向法院提起诉讼，请求法院判令乙建筑公司支付拖欠的工程款300万元及逾期付款利息。

请问：曹某的请求能得到法院支持吗？

【案例分析】

本案涉及的是实际施工人的诉权以及请求权是否成立的问题。

根据我国《民法典》第七百九十一条的规定，承包人不得将其承包的全部建设工程转包给第三人。禁止承包人将工程分包给不具备相应资质条件的单位。根据《最高人民法院关于审理建设工程施工合同纠纷案件适用法律问题的解释(一)》第四十三条的规定，实际施工人以转包人、违法分包人为被告起诉的，人民法院应当依法受理。实际施工人以发包人为被告主张权利的，人民法院应当追加转包人或者违法分包人为本案第三人，在查明发包人欠付转包人或者违法分包人建设工程价款的数额后，判决发包人在欠付建设工程价款范围内对实际施工人承担责任。由此可知，实际施工人履行的承包合同因违法而无效，是其可以向发包人主张欠付建设工程价款权利的基础。

本案中，实际施工人曹某是实际进行装修工程施工的人。乙建筑公司将承包的厂房装修工程分包给孔某，孔某又将该工程转包给曹某。孔某和曹某均不具备相应的施工资质，乙建筑公司将厂房装修工程分包给孔某以及孔某将该工程转包给曹某的行为，均违反法律强制性规定，承包合同因违法而无效；乙建筑公司是发包人，孔某是转包人。因此，曹某向法院起诉，请求乙建筑公司支付拖欠的工程款，符合法律规定，法院应当受理。而曹某诉讼请求的是被拖欠的工程款300万元及逾期付款利息，符合上述司法解释规定，应得到法院支持，法院可判决乙建筑公司在欠付工程款300万元及逾期付款利息范围内对曹某承担责任。

【风险防范建议】

实际施工人在无效承包合同中主张权利时，应当注意以下事项：

(1)实际施工人主张的权利只能是欠付的工程价款，超出此范围的将不能得到法律支持。

(2)实际施工人的主张可以突破合同相对性，直接向发包人主张权利，法院应当追加转包人或者违法分包人为第三人，在查明发包人欠付转包人或者违法分包人建设工程价款的数额后，判决发包人在欠付建设工程价款范围内承担责任。因此，实际施工人超出发包人欠付建设工程价款范围主张权利也将不能得到法律支持。

【法条链接】

《民法典》第七百九十一条第二款 总承包人或者勘察、设计、施工承包人经发包人同意，可以将自己承包的部分工作交由第三人完成。第三人就其完成的工作成果与总承包人或者勘察、设计、施工承包人向发包人承担连带责任。承包人不得将其承包的全部建设工程转包给第三人或者将其承包的全部建设工程支解以后以分包的名义分别转包给第三人。

第七百九十一条第三款 禁止承包人将工程分包给不具备相应资质条件的单位。禁止分包单位将其承包的工程再分包。建设工程主体结构的施工必须由承包人自行完成。

《最高人民法院关于审理建设工程施工合同纠纷案件适用法律问题的解释(一)》第四十三条 实际施工人以转包人、违法分包人为被告起诉的,人民法院应当依法受理。

实际施工人以发包人为被告主张权利的,人民法院应当追加转包人或者违法分包人为本案第三人,在查明发包人欠付转包人或者违法分包人建设工程价款的数额后,判决发包人在欠付建设工程价款范围内对实际施工人承担责任。

41. 实际施工人以"承包人项目部"名义对外承包工程的,承包人需要承担责任吗?

【情景案例】

A房地产公司与B公司签订合作协议,约定:A房地产公司将某楼盘园林绿化工程发包给B公司,工程总价款600万元,于指定日期开工后B公司与魏某签约外包合同,约定将工程转包给魏某,B公司收取3%的管理费。为规避我国法律对转包、挂靠、违法分包的管制,B公司允许魏某以"B公司项目部"名义对外开展与工程相关的业务,并将"B公司项目部资料专用章"交给魏某。施工过程中,由于资金紧张,魏某向陶某借款200万元,约定年利息为36%,借款期为6个月;双方签订《借款协议》后,魏某没有签名,只是在《借款协议》上加盖了"B公司项目部资料专用章"。后魏某由于去我国澳门特区赌博输了180万元。借款到期后,魏某无力偿还200万元借款,陶某遂将B公司诉至法院,要求B公司偿还200万元借款及利息。B公司以《借款协议》不属于工程项目资料,魏某在《借款协议》上加盖"B公司项目部资料专用章"超越该公章的使用范围为由进行抗辩。

请问:陶某的请求能得到法院支持吗?

【案例分析】

本案涉及的是实际施工人以承包人项目资料专用章对外签订合同的效力问题。

我国《民法典》第一百六十一条规定,民事主体可以通过代理人实施民事法律行为。依照法律规定、当事人约定或者民事法律行为的性质,应当由本人亲自实施的民事法律行为,不得代理。第一百六十二条规定,代理人在代理权限内,以被代理人名义实施的民事法律行为,对被代理人发生效力。根据该法第一百七十一条的规定,行为人没有代理权、超越代理权或者代理权终止后，仍然实施代理行为，未经被代理人追认的，对被代理人不发生效力。

本案中，A房地产公司与B公司签订合作协议，B公司允许魏某以“B公司项目部”名义对外开展与工程相关的业务，是以交给魏某的“B公司项目部资料专用章”体现的，依法律规定，魏某在对外开展与工程相关的业务中对B公司具有代理权，应由B公司承担责任。公司项目部可以认定为B公司内设部门，虽未经工商注册登记，不具备法人资格，但在使用“B公司项目部资料专用章”的场合，应视为B公司公章，对B公司产生效力。B公司没有对魏某明确代理权限，不能证明魏某向陶某借款200万元没有用于工程项目，以《借款协议》上加盖“B公司项目部资料专用章”超越该公章的使用范围为由拒绝承担还款责任，于法无据。因此，陶某的请求应能得到法院支持。

【风险防范建议】

实务中，涉及施工企业内设部门法律责任的情况较为多见，关于如何避免相应的法律风险，建议如下：

（1）对内设部门代表施工企业签订合同授权应该明确权限，规定印章使用范围，建立印章使用审批制度及登记档案。

（2）对内设部门代表施工企业签订合同授权规定明确的授权期限，逾期未经追认不承认其代理效力。

（3）对内设部门印章使用范围作出明确规定，不同的印章适用于不同的范围，明确不符合使用范围加盖的印章无效，并尽可能在公司官网等媒介公示。

【法条链接】

《民法典》第一百六十一条　民事主体可以通过代理人实施民事法律行为。

依照法律规定、当事人约定或者民事法律行为的性质，应当由本人亲自实施的民事法律行为，不得代理。

第一百六十二条　代理人在代理权限内，以被代理人名义实施的民事法律行为，对被代理人发生效力。

第一百七十一条　行为人没有代理权、超越代理权或者代理权终止后，仍然实施代理行为，未经被代理人追认的，对被代理人不发生效力。

相对人可以催告被代理人自收到通知之日起三十日内予以追认。被代理人未作表示的，视为拒绝追认。行为人实施的行为被追认前，善意相对人有撤销的权利。撤销应当以通知的方式作出。

行为人实施的行为未被追认的，善意相对人有权请求行为人履行债务或者就其受到的损害请求行为人赔偿。但是，赔偿的范围不得超过被代理人追认时相对人所能获得的利益。

相对人知道或者应当知道行为人无权代理的，相对人和行为人按照各自的过错承担责任。

第一百七十二条 行为人没有代理权、超越代理权或者代理权终止后,仍然实施代理行为,相对人有理由相信行为人有代理权的,代理行为有效。

42. 实际施工人的雇员受伤,建筑公司需要承担责任吗?

【情景案例】

A建筑公司承建了广州市南沙区某厂房的建设工程,合同约定:工程总价款为800万元,工期为8个月。后A建筑公司与包工头邹某(不具备用工主体资格)签订《泥工班劳务承包合同书》,约定邹某承包泥工工作。之后,邹某招聘苏某到工地从事泥水工作,没有签订劳动合同,没有购买社会工伤保险。施工期间苏某在工地作业时从高空坠落致其右手受伤,住院20天,共花费医疗费3.8万元。出院后,苏某找邹某支付医疗费,但邹某以资金紧张等借口为由拒付。无奈之下,苏某到法院起诉,要求A建筑公司承担连带赔偿责任。

请问:A建筑公司对于苏某受伤需要承担赔偿责任吗?

【案例分析】

本案涉及的是建筑企业将建筑施工项目工程分包给没有建筑施工资质的承包人,是否应承担工伤保险责任的问题。

根据我国《建筑法》第二十九条的规定,禁止总承包单位将工程分包给不具备相应资质条件的单位;禁止分包单位将其承包的工程再分包。根据《民法典》第七百九十一条的规定,禁止承包人将工程分包给不具备相应资质条件的单位。根据《工伤保险条例》第十四条的规定,职工在工作时间和工作场所内,因工作原因受到事故伤害的,应当认定为工伤。《劳动和社会保障部关于确立劳动关系有关事项的通知》第四条规定,建筑施工、矿山企业等用人单位将工程(业务)或经营权发包给不具备用工主体资格的组织或自然人,对该组织或自然人招用的劳动者,由具备用工主体资格的发包方承担用工主体责任。《最高人民法院关于审理工伤保险行政案件若干问题的规定》第三条第一款第(四)项规定,用工单位违反法律、法规规定将承包业务转包给不具备用工主体资格的组织或者自然人,该组织或者自然人聘用的职工从事承包业务时因工伤亡的,用工单位为承担工伤保险责任的单位。

本案中,A建筑公司将建筑施工项目工程中的泥工工作分包给没有施工资质、不具备用工主体资格的邹某,属违法分包。建筑施工资质关系实际施工单位履行合同能力,也涉及保障建筑工程质量和施工人员人身、财产安全问题,因此,法律作出严格规定,我国《劳动法》相关规定明确认定劳动者与建筑工程企业之间的劳动关系。A建筑公司将工程违法分包给邹某,邹某为完成工程施工项目招聘苏某,应认定为建筑公司承担苏某的用工主体责任，与苏某之间存在劳动关系，苏某在工地作业时从高空坠落受伤，应构成工伤，A建筑公司应承担工伤保险责任。综上所述，A建筑公司对于苏某受伤需要承担赔偿责任。

【风险防范建议】

关于建筑企业发包工程时，如何避免出现相应法律风险，建议如下：

(1)发包工程须符合我国法律的规定。我国《建筑法》和《民法典》对建筑工程发包与承包作出了强制性规定，禁止建筑单位将工程发包给不具备相应资质条件的承包人。建筑企业分包工程时，一定要谨慎审核承包人是否具备相应的用工主体资格，避免承担不具备相应资质条件的承包人雇用工人的法律责任。

(2)建筑企业须要求承包人与施工工人签订书面劳动合同，并在《建设工程分包合同》中约定承包人不与施工工人签订书面劳动合同的法律责任，以明确区分责任。

【法条链接】

《建筑法》第二十九条第一款　建筑工程总承包单位可以将承包工程中的部分工程发包给具有相应资质条件的分包单位；但是，除总承包合同中约定的分包外，必须经建设单位认可。施工总承包的，建筑工程主体结构的施工必须由总承包单位自行完成。

第二十九条第三款　禁止总承包单位将工程分包给不具备相应资质条件的单位。禁止分包单位将其承包的工程再分包。

《民法典》第七百九十一条第三款　禁止承包人将工程分包给不具备相应资质条件的单位。禁止分包单位将其承包的工程再分包。建设工程主体结构的施工必须由承包人自行完成。

《工伤保险条件》第十四条　职工有下列情形之一的，应当认定为工伤：

(一)在工作时间和工作场所内，因工作原因受到事故伤害的；

……

《劳动和社会保障部关于确立劳动关系有关事项的通知》　四、建筑施工、矿山企业等用人单位将工程(业务)或经营权发包给不具备用工主体资格的组织或自然人，对该组织或自然人招用的劳动者，由具备用工主体资格的发包方承担用工主体责任。

《最高人民法院关于审理工伤保险行政案件若干问题的规定》第三条　社会保险行政部门认定下列单位为承担工伤保险责任单位的，人民法院应予支持：

……

(四)用工单位违反法律、法规规定将承包业务转包给不具备用工主体资格的组织或者自然人，该组织或者自然人聘用的职工从事承包业务时因工伤亡的，用工单位为承担工伤保险责任的单位；

……

四、转包

43. 承包人将其承包的全部工程转包给他人，合法吗？

【情景案例】

甲景观工程公司经招投标程序，成为乙房地产公司旗下某小区一期室外景观绿化工程的施工承包单位。甲景观工程公司承建上述工程后，与潘某签订《绿化景观工程合作协议》，协议约定：将上述工程全部转包给潘某负责实际施工，潘某应有健全的施工队伍，合理组织、安排施工全过程工作。后乙房地产公司得知甲景观工程公司将工程全部转包给潘某的事情后，表示强烈反对。双方协商无果后，乙房地产公司遂向法院起诉，要求确定甲景观工程公司与潘某签订的《绿化景观工程合作协议》无效。

请问：乙房地产公司的请求能得到法院支持吗？

【案例分析】

本案涉及的是承包人将其承包的全部工程转包给他人的法律效力问题。

根据我国《招标投标法》第四十八条的规定，中标人应当按照合同约定履行义务，完成中标项目；中标人按照合同约定或者经招标人同意，可以将中标项目的部分非主体、非关键性工作分包给他人完成。根据《民法典》第七百九十一条的规定，承包人不得将其承包的全部建设工程转包给第三人或者将其承包的全部建设工程支解以后以分包的名义分别转包给第三人。根据该法第一百五十三条的规定，违反法律、行政法规的强制性规定的合同无效。根据该法第七百九十一条第二款、第三款的规定，总承包人或者勘察、设计、施工承包人经发包人同意，可以将自己承包的部分工作交由第三人完成。第三人就其完成的工作成果与总承包人或者勘察、设计、施工承包人向发包人承担连带责任。承包人不得将其承包的全部建设工程转包给第三人或者将其承包的全部建设工程支解以后以分包的名义分别转包给第三人。禁止承包人将工程分包给不具备相应资质条件的单位。禁止分包单位将其承包的工程再分包。建设工程主体结构的施工必须由承包人自行完成。《最高人民法院关于审理建设工程施工合同纠纷案件适用法律问题的解释（一）》第一条第二款规定，承包人因转包、违法分包建设工程与他人签订的建设工程施工合同，应当依据《民法典》第一百五十三条第一款及第七百九十一条第二款、第三款的规定，认定无效。

本案中，甲景观工程公司未经乙房地产公司同意，私下与潘某签订《绿化景观工程合作协议》，将上述工程全部转包给潘某负责实际施工，明显违反了上述法律的禁止性规定，依法应认定《绿化景观工程合作协议》无效。因此，乙房地产公司对此强烈表示反对，起诉至法院请求确认甲景观工程公司与潘某签订《绿化景观工程合作协议》无效，能够得到法院支持。

【风险防范建议】

关于施工单位分包工程时，如何避免相关法律风险，建议如下：

(1)施工单位转包所承包的建设工程给第三人，主体结构工程需由自己施工，不得将承包的全部建设工程转包或者将承包的全部建设工程肢解以后以分包的名义分别转包。否则，将违反法律的禁止性规定，导致转包合同无效，承包人也将承担因此带来的法律责任。

(2)施工单位转包所承包的建设工程给第三人，第三人需具备相应的施工资质，才符合法律规定。

【法条链接】

《招标投标法》第四十八条　中标人应当按照合同约定履行义务，完成中标项目。中标人不得向他人转让中标项目，也不得将中标项目肢解后分别向他人转让。

中标人按照合同约定或者经招标人同意，可以将中标项目的部分非主体、非关键性工作分包给他人完成。接受分包的人应当具备相应的资格条件，并不得再次分包。

中标人应当就分包项目向招标人负责，接受分包的人就分包项目承担连带责任。

《民法典》第一百五十三条　违反法律、行政法规的强制性规定的民事法律行为无效。但是，该强制性规定不导致该民事法律行为无效的除外。

违背公序良俗的民事法律行为无效。

第七百九十一条第二款　总承包人或者勘察、设计、施工承包人经发包人同意，可以将自己承包的部分工作交由第三人完成。第三人就其完成的工作成果与总承包人或者勘察、设计、施工承包人向发包人承担连带责任。承包人不得将其承包的全部建设工程转包给第三人或者将其承包的全部建设工程支解以后以分包的名义分别转包给第三人。

第七百九十一条第三款　禁止承包人将工程分包给不具备相应资质条件的单位。禁止分包单位将其承包的工程再分包。建设工程主体结构的施工必须由承包人自行完成。

《最高人民法院关于审理建设工程施工合同纠纷案件适用法律问题的解释(一)》第一条第二款　承包人因转包、违法分包建设工程与他人签订的建设工程施工合同，应当依据民法典第一百五十三条第一款及第七百九十一条第二款、第三款的规定，认定无效。

44. 承包人将承包的全部建筑工程肢解以后分别转包给他人，可以吗？

【情景案例】

某公路工程集团公司与某建筑公司签订合作协议，约定：某公路工程集团公司将某道路建设工程中的桩基工程发包给某建筑公司，工程总价款为3000万元，指定日期开工。协议签定后，某建筑公司将工程全部肢解后发包给A、B、C三家具有施工资质的桩基公司，并分别与A、B、C桩基公司签订《工程专业分包合同》。后某公路工程集团公司派人到工地检查时，发现某建筑公司将工程全部肢解后分别转包给A、B、C三家桩基公司。出于对工程质量的考虑，某公路工程集团公司遂向法院提起诉讼，要求确认某建筑公司转包行为无效，并要求某建筑公司赔偿该集团公司损失。

请问：某建筑公司将工程全部肢解后发包给A、B、C三家公司的行为，合法吗？

【案例分析】

本案涉及的是承包人将工程全部肢解后发包给他人的合同效力问题。

我国《建筑法》第二十四条规定，提倡对建筑工程实行总承包，禁止将建筑工程肢解发包。建筑工程的发包单位可以将建筑工程的勘察、设计、施工、设备采购一并发包给一个工程总承包单位，也可以将建筑工程勘察、设计、施工、设备采购的一项或者多项发包给一个工程总承包单位；但是，不得将应当由一个承包单位完成的建筑工程肢解成若干部分发包给几个承包单位。根据该法《民法典》第七百九十一条的规定，发包人可以与总承包人订立建设工程合同，也可以分别与勘察人、设计人、施工人订立勘察、设计、施工承包合同。发包人不得将应当由一个承包人完成的建设工程支解成若干部分发包给数个承包人。根据该法第一百五十三条的规定，违反法律、行政法规的强制性规定的合同无效。根据该法第一百五十七条的规定，合同无效、被撤销或者确定不发生效力后，当事人因该合同取得的财产，应当予以返还；不能返还或者没有必要返还的，应当折价补偿。有过错的一方应当赔偿对方由此所受到的损失。

本案中，某公路工程集团公司将某道路建设工程中的桩基工程发包给某建筑公司，某建筑公司却将工程全部肢解后发包给A、B、C三家桩基公司，并签订《工程专业分包合同》。根据《住房和城乡建设部建筑市场监管司关于基坑工程单独发包问题的复函》的规定，按照《建设工程分类标准》（GB/T 50841—2013）分类，基坑工程（桩基、土方等）属于地基与基础分部工程的分项工程，鉴于基坑工程属于建筑工程单位工程的分项工程，建设单位将非单独立项的基坑工程单独发包属于肢解发包行为。因此，某建筑公司将工程全部肢解后分别转包给A、B、C三家桩基公司，是将应当由一名承包人完成的建设工程肢解成若干部分发包给几名承包人的行为，具有明显的过错，其行为违反了上述法律禁止性规定，是无效法律行为。某公路工程集团公司诉至法院，要求确认转包行为无效并要求某建筑公司赔偿损失，有充分依据。

【风险防范建议】

关于建设工程总承包单位发包工程时，如何防止相应法律风险发生，建议如下：

(1)发包工程，不得将建筑工程肢解发包。按照《建设工程分类标准》（GB/T

50841—2013)的分类,建筑工程包括10个分部工程,总承包单位可以发包除主体结构工程以外的分部工程,如将非单独立项的工程发包,则属于肢解发包行为,有违反法律禁止性规定导致发包行为无效的风险。

(2)施工单位发包所承包的建设工程,承办人须具备相应的施工资质,才符合法律规定。

【法条链接】

《建筑法》第二十四条 提倡对建筑工程实行总承包,禁止将建筑工程肢解发包。

建筑工程的发包单位可以将建筑工程的勘察、设计、施工、设备采购一并发包给一个工程总承包单位,也可以将建筑工程勘察、设计、施工、设备采购的一项或者多项发包给一个工程总承包单位;但是,不得将应当由一个承包单位完成的建筑工程肢解成若干部分发包给几个承包单位。

《民法典》第一百五十三条 违反法律、行政法规的强制性规定的民事法律行为无效。但是,该强制性规定不导致该民事法律行为无效的除外。

违背公序良俗的民事法律行为无效。

第一百五十七条 民事法律行为无效、被撤销或者确定不发生效力后,行为人因该行为取得的财产,应当予以返还;不能返还或者没有必要返还的,应当折价补偿。有过错的一方应当赔偿对方由此所受到的损失;各方都有过错的,应当各自承担相应的责任。法律另有规定的,依照其规定。

第七百九十一条第一款 发包人可以与总承包人订立建设工程合同,也可以分别与勘察人、设计人、施工人订立勘察、设计、施工承包合同。发包人不得将应当由一个承包人完成的建设工程支解成若干部分发包给数个承包人。

第二章
建设工程施工合同

一、合同订立、履行与变更

45. 建设工程施工合同签订后，发包方主体可以改变吗？

【情景案例】

甲房地产公司将某小区3号楼建设工程项目对外招标，乙建筑公司中标并与甲房地产公司签订《建设工程施工合同》。后甲房地产公司在没有征得乙建筑公司同意的情况下，私下将该工程整体转让给丙房地产公司，同时将《建设工程施工合同》的权利义务一并转让给丙房地产公司。乙建筑公司在施工过程中，因没有按时收到工程进度款，遂将甲、丙房地产公司一并告上法院，要求确认两公司的转让合同无效，并要求甲房地产公司按合同约定支付工程进度款2000万元。

请问：乙建筑公司的请求能得到法院支持吗？

【案例分析】

本案涉及的是转让中标合同的法律效力问题。

我国《招标投标法》第四十六条第一款规定，招标人和中标人应当自中标通知书发出之日起三十日内，按照招标文件和中标人的投标文件订立书面合同；招标人和中标人不得再行订立背离合同实质性内容的其他协议。《中华人民共和国招标投标法实施条例》第五十七条第一款规定，招标人和中标人应当依照招标投标法和本条例的规定签订书面合同，合同的标的、价款、质量、履行期限等主要条款应当与招标文件和中标人的投标文件的内容一致。招标人和中标人不得再行订立背离合同实质性内容的其他协议。根据《民法典》第一百五十三条的规定，违反法律、行政法规的强制性规定的合同无效。根据该法第一百五十七条的规定，合同无效、被撤销或者确定不发生效力后，当事人因该合同取得的财产，应当予以返还；不能返还或者没有必要返还的，应当折价补偿。有过错的一方应当赔偿对方由此所受到的损失，各方都有过错的，应当各自承担相应的责任。

本案中,甲房地产公司通过对外招标将某小区 3 号楼建设工程项目发包给乙建筑公司并签订了《建设工程施工合同》;在没有征得乙建筑公司同意的情况下,又私下将该工程《建设工程施工合同》的权利义务一并整体转让给丙房地产公司。该行为应认定为变更中标合同实质性内容,违反了法律的规定。因此,甲房地产公司作为发包人将《建设工程施工合同》约定的权利义务整体转让给丙房地产公司的行为背离了招投标文件实质性内容的建设工程施工合同,因违反了上述法律的强制性规定,应认定为无效。甲、丙房地产公司对合同无效具有过错,依法应赔偿乙建筑公司受到的损失。因此,乙建筑公司的请求应能得到法院支持。

【风险防范建议】

关于招投标合同签订后,如何避免相应的法律风险,建议如下:

(1)招投标合同具有较高的法律效力,合同双方需依照合同约定执行,不能对合同的内容作出实质性变更,以防止因合同被认定为无效而需承担法律责任。

(2)如果将中标项目的部分非主体、非关键性工作分包给具备相应资格条件的第三方完成,需有合同约定或者经招标人同意,才合法有效。

(3)如果转让合同的部分义务,前提是该合同合法有效,并取得债权人同意。

【法条链接】

《民法典》第一百五十三条　违反法律、行政法规的强制性规定的民事法律行为无效。但是,该强制性规定不导致该民事法律行为无效的除外。

违背公序良俗的民事法律行为无效。

第一百五十七条　民事法律行为无效、被撤销或者确定不发生效力后,行为人因该行为取得的财产,应当予以返还;不能返还或者没有必要返还的,应当折价补偿。有过错的一方应当赔偿对方由此所受到的损失;各方都有过错的,应当各自承担相应的责任。法律另有规定的,依照其规定。

第五百五十一条　债务人将债务的全部或者部分转移给第三人的,应当经债权人同意。

债务人或者第三人可以催告债权人在合理期限内予以同意,债权人未作表示的,视为不同意。

《招标投标法》第四十六条　招标人和中标人应当自中标通知书发出之日起三十日内,按照招标文件和中标人的投标文件订立书面合同。招标人和中标人不得再行订立背离合同实质性内容的其他协议。

招标文件要求中标人提交履约保证金的,中标人应当提交。

《建筑法》第二十九条第一款　建筑工程总承包单位可以将承包工程中的部分工程发包给具有相应资质条件的分包单位;但是,除总承包合同中约定的分包外,必须经建设单位认可。施工总承包的,建筑工程主体结构的施工必须由总承包单位自行完成。

《中华人民共和国招标投标法实施条例》第五十七条第一款　招标人和中标人应当依照招标投标法和本条例的规定签订书面合同,合同的标的、价款、质量、履行期限等主要条款应当与招标文件和中标人的投标文件的内容一致。招标人和中标人不得再行订立背离合同实质性内容的其他协议。

46. 建筑企业的管理人员强令职工冒险作业,要承担刑事责任吗?

【情景案例】

A建筑公司与B百货公司签订《建设工程施工合同》,约定由A建筑公司承包B房地产公司的某百货大楼扩建工程。合同签订后,B百货公司总经理葛某提出,为防范火灾等风险,A建筑公司需将家具卖场的家具清理出施工现场方可施工。开工时,为加快工程进度,A建筑公司项目经理彭某没有将家具卖场的家具清理出施工现场便指使员工开工。在施工过程中,彭某指派水泥工鲁某到家具卖场房顶焊接钢筋。鲁某提出自己无焊工操作证,且对焊接业务不太熟悉。彭某对鲁某说:“叫你干就干,不要废话。如果不干,马上结工资给你,你走人。”无奈之下,鲁某在彭某的指令下进行了冒险作业。之后,鲁某焊接柱筋时,因电焊火花通过孔洞喷溅在家具卖场内可燃物上,引燃了纸盒,进而引起了特大火灾事故,造成3人死亡,20人受伤,某百货大楼全部商品被烧毁,直接经济损失达600余万元。

请问:彭某要承担刑事责任吗?

【案例分析】

本案涉及的是建筑企业管理人员强令职工冒险作业的法律责任问题。

我国《刑法》第一百三十四条第二款规定,强令他人违章冒险作业,因而发生重大伤亡事故或者造成其他严重后果的,处5年以下有期徒刑或者拘役;情节特别恶劣的,处5年以上有期徒刑。《建筑法》第七十一条第一款规定,建筑施工企业的管理人员违章指挥、强令职工冒险作业,因而发生重大伤亡事故或者造成其他严重后果的,依法追究刑事责任。《劳动法》第九十三条规定,用人单位强令劳动者违章冒险作业,发生重大伤亡事故,造成严重后果的,对责任人员依法追究刑事责任。根据《最高人民法院、最高人民检察院关于办理危害生产安全刑事案件适用法律若干问题的解释》第七条的规定,具有造成死亡3人以上或者重伤10人以上,负事故主要责任的或者造成直接经济损失500万元以上,负事故主要责任的情形;对相关责任人员,处5年以上有期徒刑。

本案中,A建筑公司项目经理彭某强令无焊工操作证的水泥工鲁某到家具卖场房顶焊接钢筋,因电焊火花喷溅在家具卖场内可燃物上,引起了特大火灾事故,造成3人死亡,20人受伤,某百货大楼全部商品被烧毁,直接经济损失达600余万元的严重后果。彭某不顾安全生产条件,强令职工冒险作业,发生重大伤亡事故及财产损失,显然应负事故主要责任,其行为不但触犯上述建筑、劳动方面的法律规定,而且还触犯《刑法》,构成强令违章冒险作业罪,且属于情节特别恶劣,依法应当判处5年以上有期徒刑。因此,彭某要承担刑事责任。

需要说明的是,建筑企业管理人员强令职工冒险作业并不一定要承担刑事责任,只有当其造成一定严重后果时才要承担刑事责任。

【风险防范建议】

关于施工单位施工中,如何避免相应法律风险,建议如下:

(1)一定要重视安全生产措施,施工现场须符合规定的施工条件时才能施工,保障施工安全。

(2)施工人员需具备相应的资质。施工企业管理人员不得强令施工人员违章冒险作业,避免引起安全事故并造成损失,甚至被追究刑事责任的严重后果。

【法条链接】

《建筑法》第七十一条第一款 建筑施工企业的管理人员违章指挥、强令职工冒险作业,因而发生重大伤亡事故或者造成其他严重后果的,依法追究刑事责任。

《劳动法》第九十三条 用人单位强令劳动者违章冒险作业,发生重大伤亡事故,造成严重后果的,对责任人员依法追究刑事责任。

《刑法》第一百三十四条第二款 强令他人违章冒险作业,因而发生重大伤亡事故或者造成其他严重后果的,处五年以下有期徒刑或者拘役;情节特别恶劣的,处五年以上有期徒刑。

《最高人民法院、最高人民检察院关于办理危害生产安全刑事案件适用法律若干问题的解释》第五条 明知存在事故隐患、继续作业存在危险,仍然违反有关安全管理的规定,实施下列行为之一的,应当认定为刑法第一百三十四条第二款规定的“强令他人违章冒险作业”:

(一)利用组织、指挥、管理职权,强制他人违章作业的;

(二)采取威逼、胁迫、恐吓等手段,强制他人违章作业的;

(三)故意掩盖事故隐患,组织他人违章作业的;

(四)其他强令他人违章作业的行为。

第七条第一款 实施刑法第一百三十二条、第一百三十四条第一款、第一百三十五条、第一百三十五条之一、第一百三十六条、第一百三十九条规定的行为,因而发生安全事故,具有下列情形之一的,对相关责任人员,处三年以上七年以下有期徒刑:

(一)造成死亡三人以上或者重伤十人以上,负事故主要责任的;

(二)造成直接经济损失五百万元以上,负事故主要责任的;

(三)其他造成特别严重后果、情节特别恶劣或者后果特别严重的情形。

第七条第二款 实施刑法第一百三十四条第二款规定的行为，因而发生安全事故，具有本条第一款规定情形的，对相关责任人员，处五年以上有期徒刑。

47. 工程价款结算应当以备案的中标合同为依据，还是以补充协议为依据？

【情景案例】

甲置业公司和乙建筑公司签订《建设工程施工合同》，并在相关行政主管部门进行了备案。双方约定采用可调价格合同，但在合同履行过程中，因甲置业公司原因导致工程多次停工。后甲置业公司与乙建筑公司又签订《补充协议》，约定采用固定价方式进行结算。此后，双方因工程结算争议等问题发生纠纷，并诉至人民法院。乙建筑公司主张按《补充协议》约定的固定单价方式结算工程造价。甲置业公司认为，《建筑工程施工合同》才是属于经有关部门备案的“白合同”，而《补充协议》属于未经有关部门备案的“黑合同”，应当以备案的合同作为确定工程价款结算的依据。

请问：甲置业公司的说法符合我国法律相关规定吗？

【案例分析】

本案涉及的是未经备案的《补充协议》的效力问题。

我国《招标投标法》第四十六条第一款规定，招标人和中标人应当自中标通知书发出之日起30日内，按照招标文件和中标人的投标文件订立书面合同；招标人和中标人不得再行订立背离合同实质性内容的其他协议。《民法典》第五百四十三条规定，当事人协商一致，可以变更合同。《最高人民法院关于审理建设工程施工合同纠纷案件适用法律问题的解释(一)》第二十三条规定，发包人将依法不属于必须招标的建设工程进行招标后，与承包人另行订立的建设工程施工合同背离中标合同的实质性内容，当事人请求以中标合同作为结算建设工程价款依据的，人民法院应予支持，但发包人与承包人因客观情况发生了在招标投标时难以预见的变化而另行订立建设工程施工合同的除外。

本案中，甲置业公司和乙建筑公司签订且经过主管部门备案的《建设工程施工合同》约定采用可调价格结算方式，但在合同履行过程中，因甲置业公司原因导致工程多次停工。之后，甲置业公司与乙建筑公司又签订《补充协议》，约定采用固定价方式进行结算。这说明《补充协议》是在客观情况发生变化后，双方在协商一致的基础上签订的，而不是在备案合同之外另行签订，以架空备案合同、规避行政部门监管为目的的。其没有背离原备案合同的实质性内容。因此，《建设工程施工合同》《补充协议》均为双方当事人真实意思表示，内容不违反法律、法规的强制性规定，合法有效，双方应依约履行。因《补充协议》已对建设施工合同的约定进行了变更，双方应按照《补充协议》约定的固定单价方式进行结算。甲置业公司所谓《建设工程施工合同》是经有关部门备案的“白合同”,而《补充协议》是未经有关部门备案的“黑合同”,应当以备案的合同作为确定工程价款结算依据的说法违背事实,不符合法律规定。

【风险防范建议】

发包单位要维持与施工单位签订的经备案施工合同的法律效力。关于如何避免相应法律风险,建议如下:

(1)签订的经备案施工合同必须合法有效,才具有法律效力,能够作为工程价款结算的依据。

(2)可以明确双方以经备案的施工合同作为确定权利义务的依据,不以另外签订的施工合同作为确定双方权利义务的依据。

【法条链接】

《招标投标法》第四十六条　招标人和中标人应当自中标通知书发出之日起三十日内,按照招标文件和中标人的投标文件订立书面合同。招标人和中标人不得再行订立背离合同实质性内容的其他协议。

招标文件要求中标人提交履约保证金的,中标人应当提交。

《民法典》第五百四十三条　当事人协商一致,可以变更合同。

《最高人民法院关于审理建设工程施工合同纠纷案件适用法律问题的解释(一)》第二十三条　发包人将依法不属于必须招标的建设工程进行招标后,与承包人另行订立的建设工程施工合同背离中标合同的实质性内容,当事人请求以中标合同作为结算建设工程价款依据的,人民法院应予支持,但发包人与承包人因客观情况发生了在招标投标时难以预见的变化而另行订立建设工程施工合同的除外。

48. 合同履行过程中发包人增加工程量后拒绝签证,承包人可以索赔吗?

【情景案例】

A 建筑公司与 B 房地产公司签订《建设工程施工合同》,约定由 A 建筑公司承包 B 房地产公司开发的某写字楼工程施工。合同采用 1999 年原建设部推行的建设工程施工合同示范文本,专用条款未对通用条款关于工程变更及其计价程序作出修订或补充。在施工过程中,B 房地产公司出于商业目的考虑,多次变更施工图纸,A 建筑公司按照合同约定要求 B 房地产公司就工程变更履行签证手续(签订相应的补充协议),但 B 房地产公司直到工程通过竣工验收时仍拒绝办理,直至办理竣工结算时仍拒绝支付因设计变更增加的工程款。无奈之下,A 建筑公司向法院提起诉讼,要求 B 房地产公司支付因设计变更增加的工程价款。

请问:A 建筑公司的请求能得到法院支持吗?

【案例分析】

本案涉及的是工程设计变更增加工程款的证明问题。

我国《民法典》第五百四十三条规定,当事人协商一致,可以变更合同。《最高人民法院关于审理建设工程施工合同适用法律问题的解释(一)》第二十条规定,当事人对工程量有争议的,按照施工过程中形成的签证等书面文件确认;承包人能够证明发包人同意其施工,但未能提供签证文件证明工程量发生的,可以按照当事人提供的其他证据确认实际发生的工程量。

工程签证是在施工合同履行过程中,承发包双方根据合同的约定,就合同价款之外的费用补偿、工期顺延以及因各种原因造成的损失赔偿达成的补充协议。经有效书面确认的签证可成为工程结算增减工程造价的凭据。实务中,建设工程项目一般投资大,建设周期长,不确定因素较多,施工合同不可能对未来整个施工周期内可能发生的各种情况都事先作出判断和约定,施工图预算也不可能对整个施工期发生的费用都作出详尽的预测。工程签证的作用是让施工方及时调整施工方案,并通过签证与发包方协商,得到其对质量、价格以及工期等的重新认可。

本案中,A 建筑公司与 B 房地产公司签订《建设工程施工合同》,承包 B 房地产公司开发的某写字楼施工工程。在施工过程中,B 房地产公司多次变更施工图纸,却拒绝 A 建筑公司根据合同约定要求履行工程变更签证手续的要求,即签订相应的补充协议,直到工程通过竣工验收时仍拒绝办理,并在办理竣工结算时拒绝支付因设计变更增加的工程款。根据上述规定,A 建筑公司能够提供 B 建筑公司在设计变更后仍同意其施工且完成施工的证据,其要求 B 房地产公司支付变更增加的工程价款的主张就能得到法院支持。

【风险防范建议】

施工单位履行施工合同过程中,经常发生合同变更事宜。关于如何避免相应的法律风险,建议如下:

(1)施工单位遇到发包人变更计划、修改设计等内容,导致工程量增加的,应该与发包人签订补充协议,明确变更的权利义务,使双方都能够依约履行。

(2)如果施工合同变更没有与发包人协商一致并达成协议,施工单位应该保存全面的施工文件等证据,证明增加的工程量事实,增加工程款的主张才能得到法律支持。

【法条链接】

《民法典》第五百四十三条 当事人协商一致,可以变更合同。

第八百零五条　因发包人变更计划，提供的资料不准确，或者未按照期限提供必需的勘察、设计工作条件而造成勘察、设计的返工、停工或者修改设计，发包人应当按照勘察人、设计人实际消耗的工作量增付费用。

《最高人民法院关于审理建设工程施工合同适用法律问题的解释(一)》第二十条　当事人对工程量有争议的，按照施工过程中形成的签证等书面文件确认。承包人能够证明发包人同意其施工，但未能提供签证文件证明工程量发生的，可以按照当事人提供的其他证据确认实际发生的工程量。

49. 合同履行过程中发包人通知赶工，承包人可以要求支付赶工费吗？

【情景案例】

甲公司与乙建筑公司签订《建设工程施工合同》，约定：甲公司将硫黄库、熔硫库厂房工程发包给乙建筑公司承建，工期为3个月，合同总价款为900万元。工程进度款支付方式是：开工当天给乙建筑公司支付总价的60%作为工程进度款，工程竣工验收合格后支付总价的25%，办理完竣工结算审计后7日内支付工程总价的10%，剩余5%作为工程质保金，质保期满后7日内支付。合同签订后，乙建筑公司按时进场组织施工。由于工期紧，甲公司要求乙建筑公司提前1个月完工。乙建筑公司按新约定日期按质按量完成了工程任务，并经验收合格后交付甲公司使用。但是，为了提前完工，乙建筑公司额外多支出了30万元。在进行工程款结算时，乙建筑公司主张甲公司支付30万元赶工费，但遭到甲公司拒绝。无奈之下，乙建筑公司向法院提起诉讼。

请问：乙建筑公司可以要求甲公司支付赶工费吗？

【案例分析】

本案涉及的是赶工费的认定依据问题。

我国《民法典》第五百四十三条规定，当事人协商一致，可以变更合同。赶工一般是建设工程施工合同履行过程中，为加快工程进度，缩短工期而变更合同约定的行为。赶工费是在建设工程合同履行过程中，发包方为加快工程进度、缩短工期而改变原约定进度计划，承包单位为了能在发包方规定的工期里完成施工任务而赶工增加的费用。实务中，赶工费一般包括抢工期增加的加班费用、增加的设备进出场费、管理费、采取技术措施所发生的材料费、机械费等费用。

本案中，甲公司因工期紧要求乙建筑公司提前完工的行为，可视为双方对施工合同约定工期的变更，对合同价款也需相应增加。在司法实践中，乙建筑公司为提前完工额外增加支出的费用应当由甲公司承担。但需要说明的是，乙建筑公司要求甲公司支付赶工费，需提出赶工是应甲公司要求的证据及工程已按约定完工的充分事实，否则其请求将因证据不足难以得到法院支持。

【风险防范建议】

实务中,施工单位在履行施工合同过程中经常会发生赶工的情况。关于如何避免相应的法律风险,建议如下:

(1)施工单位遇到发包人要求赶工的情况,需与发包人签订补充协议,对赶工的权利义务特别是赶工费进行明确约定,使双方具有履行依据。

(2)如果施工合同没有约定赶工事宜,施工单位应该保存发包人要求赶工的文件,以及完成赶工的工程等证据,主张赶工费才能得到法院支持。

【法条链接】

《民法典》第五百四十三条 当事人协商一致,可以变更合同。

《民事诉讼法》第六十四条第一款 当事人对自己提出的主张,有责任提供证据。

50. 合同履行过程中,出现发包人拖欠工程款或出图纸不及时等情况,严重影响工程进度的,承包人可以要求支付延误施工的损失吗?

【情景案例】

A公司是一家专注于酒店式公寓开发的房地产公司。A公司将某酒店式公寓室内装饰工程发包给B建筑公司,双方约定:工期为8个月,指定日期开工;工程款支付按当月施工实际完成工作量的50%支付进度款,剩余50%的工程款进入决算,完成竣工结算后的半年内分批付清。合同签订后,B建筑公司按合同约定施工,但A公司一直拖欠工程款。截至约定工期半程时,A公司拖欠工程款达800万元。此外,A公司提供施工图纸一直不及时,也严重影响了工程进度。A公司拖欠工程款与不及时交付施工图纸等情况造成工程大量停工、窝工,给B建筑公司造成了一定的经济损失。

请问:B建筑公司可要求A公司支付停工损失吗?

【案例分析】

本案涉及的是工程停工的违约责任承担问题。

我国《民法典》第五百八十四条规定,当事人一方不履行合同义务或者履行合同义务不符合约定,造成对方损失的,损失赔偿额应当相当于因违约所造成的损失,包括合同履行后可以获得的利益;但是,不得超过违约一方订立合同时预见到或者应当预见到的因违约可能造成的损失。第八百零三条规定,发包人未按照约定的时间和要求提供原材料、设备、场地、资金、技术资料的,承包人可以顺延工程日期,并有权请求赔偿停工、窝工等损失。

本案中,A公司不按合同约定款支付工程款,拖欠B建筑公司工程款达800万元,且违反约定不及时提供施工图纸,导致工程大量停工、窝工,其行为已构成违约。根据上述法律规定,B建筑公司有权要求A公司赔偿停工、窝工等损失。需要说明的是,损失赔偿额不得超过A公司订立合同时预见或者应当预见的违约可能造成的损失。

【风险防范建议】

施工单位履行施工合同过程中,关于因发包人原因出现的工期延误,如何避免相应的法律风险,建议如下:

(1)施工单位遇到发包人导致的工期延误,要及时与发包人协商,明确责任及赔偿计算标准,签订补充协议,使双方继续履行合同有明确依据。

(2)施工单位必须保存相关文件,证明有工期顺延的事实,才能主张赔偿停工、窝工等损失。否则,其主张难以得到法院支持。

【法条链接】

《民法典》第五百八十四条　当事人一方不履行合同义务或者履行合同义务不符合约定,造成对方损失的,损失赔偿额应当相当于因违约所造成的损失,包括合同履行后可以获得的利益;但是,不得超过违约一方订立合同时预见到或者应当预见到的因违约可能造成的损失。

第八百零三条　发包人未按照约定的时间和要求提供原材料、设备、场地、资金、技术资料的,承包人可以顺延工程日期,并有权请求赔偿停工、窝工等损失。

51. 合同签订后,发包人无法提供符合合同约定的施工条件导致承包人无法按期施工的,承包人可以要求赔偿待工损失费吗?

【情景案例】

甲房地产公司发出招标文件,就某住宅小区工程进行公开招标。甲房地产公司发出中标通知书,确定投标人乙建筑公司中标。双方签订《建设工程施工合同》,合同约定:合同工期为420日历天,指定日期开工;甲房地产公司负责“三通一平”等前期相关工作,并承担因此产生的一切费用,此项工作需在合同确定的开工时间前基本完成。乙建筑公司在合同签订后,即向甲房地产公司缴纳了1000万元履约保证金,并按照约定的时间于8月初组织人员、设备进场,进行了大量施工前的准备工作。截至约定开工时间2个月后,甲房地产公司并未办理好相关证件,工程并不具备开工条件,导致乙建筑公司无法开工进行建设。为此,乙建筑公司发函给甲房地产公司,要求尽快提供符合合同约定的施工条件,并按照每月60万元的标准赔偿待工损失。

请问:乙建筑公司的主张符合我国法律规定吗?

【案例分析】

本案涉及的是中标合同的法律效力问题。

我国《招标投标法》第九条第一款规定,招标项目按照国家有关规定需要履行项目审批手续的,应当先履行审批手续,取得批准。《中华人民共和国招标投标法实施条例》第八十一条规定,依法必须进行招标的项目的招标投标活动违反招标投标法和本条例的规定,对中标结果造成实质性影响,且不能采取补救措施予以纠正的,招标、投标、中标无效,应当依法重新招标或者评标。根据《民法典》第一百五十七条的规定,合同无效、被撤销或者确定不发生效力后,因该合同取得的财产,应当予以返还,有过错的一方应当赔偿对方由此所受到的损失。

本案中,甲房地产公司未办理好相关证件,工程不具备开工条件,就通过招标与乙建筑公司签订某住宅小区工程的《建设工程施工合同》,导致乙建筑公司无法开工进行建设,违反了招投标相关法律规定,对乙建筑公司的中标结果造成实质性影响,且与工程施工合同约定的开工日期延迟了2个月仍无法开工进行建设,明显不能采取补救措施予以纠正,依法应当认定中标无效,应重新招标或者评标。因为合同无效是甲房地产公司的原因造成的,根据上述规定,甲房地产公司因该合同取得的财产,应当予以返还,并赔偿乙建筑公司因此受到的损失。

综上所述,乙建筑公司要求甲房地产公司尽快提供符合合同约定的施工条件不符合法律规定,但关于按照每月60万元的标准赔偿待工损失的请求,如果有相应证据证明,则符合法律规定。

【风险防范建议】

招投标项目违反招投标相关法律规定,导致招投标合同无效的情形时有发生。中标人要避免这方面风险,需注意以下问题:

(1)要审查招标项目是否已经具备招标条件,如按照国家有关规定需要履行项目审批手续的,需先取得批准手续才能招标;审查招标人进行招标的项目的相应资金或者资金来源是否落实,应在招标文件中如实载明。

(2)违反招投标法律法规规定,但没有出现在工程期限、工程质量、工程价款和工程项目性质等对中标结果造成实质性影响的情况,招投标合同仍然有效,施工合同将继续履行。

(3)违反招投标法律法规规定,对中标结果造成实质性影响的,中标人可以采取补救措施予以纠正,使中标合同符合招投标文件实质性内容。

【法条链接】

《民法典》第一百五十七条 民事法律行为无效、被撤销或者确定不发生效力后,行为人因该行为取得的财产,应当予以返还;不能返还或者没有必要返还的,应当折价补偿。有过错的一方应当赔偿对方由此所受到的损失;各方都有过错的,应当各自承担相应的责任。法律另有规定的,依照其规定。

《招标投标法》第九条 招标项目按照国家有关规定需要履行项目审批手续的,应当先履行审批手续,取得批准。

招标人应当有进行招标项目的相应资金或者资金来源已经落实,并应当在招标文件中如实载明。

《中华人民共和国招标投标法实施条例》第八十一条 依法必须进行招标的项目的招标投标活动违反招标投标法和本条例的规定,对中标结果造成实质性影响,且不能采取补救措施予以纠正的,招标、投标、中标无效,应当依法重新招标或者评标。

二、合同解除与终止

52. 承包人在合同约定期限内没有完工,发包人可以立即解除合同吗?

【情景案例】

甲公司因建设某风电项目,经招标确认乙建筑公司对该项目的Ⅲ标段进行施工。双方签订《某风电项目风机基础施工工程Ⅲ标段施工合同》,约定:Ⅲ标段合同总价款为2000万元,乙建筑公司应按照监理人指示开工,工期为3个月,指定开工、竣工时间。乙建筑公司内部人事变动,导致各项施工准备工作进展缓慢,严重影响了施工进度,直至合同约定竣工时间工程才完成2/3。甲公司给乙建筑公司发函要求立即解除合同,并计划安排丙建筑公司入场施工。乙建筑公司复函称:甲公司无权立即解除合同,应当给其一个合理的宽限期。

请问:甲公司可以立即解除合同吗?

【案例分析】

本案涉及的是合同解除权的行使条件问题。

我国《民法典》第五百六十二条规定,当事人协商一致,可以解除合同。当事人可以约定一方解除合同的事由,解除合同的事由发生时,解除权人可以解除合同。根据该法第五百六十三条的规定,当事人一方迟延履行主要债务,经催告后在合理期限内仍未履行,当事人可以解除合同。

本案中,甲公司经招标与乙建筑公司签订《某风电项目风机基础施工工程Ⅲ标段施工合同》,合同约定工期为3个月,但乙建筑公司施工缓慢,直至竣工日期届满工程才完成2/3。后甲公司给乙建筑公司发函要求立即解除合同。乙建筑公司复函认为甲公司无权解除合同,应当给其一个合理的宽限期,可在合理宽限期内顺利开工。根据上述法律规定,乙建筑公司在合同约定的期限内没有完工,甲公司除非与乙建筑公司协商一致,否则应该给予合理的催告期,如果在催告期限内仍未完工的,甲公司请求解除合同,才能得到支持。故甲公司没有给予乙建筑公司合理的催告期,且乙建筑公司反对,甲公司不能发函解除合同。

【风险防范建议】

关于承包人如何规避工程不能按合同约定完工的相应法律风险,建议如下:

(1)要谨慎作出工期承诺。在确定投标文件进行承诺工期前应综合考虑施工现场条件、是否存在交叉施工等,切忌承诺自身难以达到的工期。

(2)签订合同时避免出现逾期竣工违约金数额过高的约定条款。实务中,在合同中约定逾期竣工违约责任条款是正常的,但为保护承包人的合法权益,避免出现承包人承担巨额逾期竣工违约金的严重后果,应当尽量降低逾期竣工违约金的金额。另外,建议约定违约金最高限额条款,从而化解自身风险,如约定“承包人承担的逾期竣工违约金总额以不超过本工程总造价的3%为限”。如果违约金约定过高,在诉讼仲裁过程中,承包人应依法及时主张减少违约金标准。

(3)承包人要注意收集与保存与工期相关的所有证据。承包人如果能证明工程逾期竣工的原因不是自身原因引起的,而是由发包方的违约行为所引起的(属于不可抗力或不可归责于双方的原因),承包人就不需要承担违约责任。

(4)在合同履行过程中,如因发包方原因或客观不可预见也不能避免的情况不能按约定完工,承包人要及时向发包人书面提出有关顺延工期的要求,行使合同履行抗辩权。如发包人未按时支付工程进度款,承包人要及时向发包人书面要求在合理期间内支付,并同时要求延长工期。

(5)在合同履行过程中,承包人一定要严格落实工程管理,确保工程按约竣工。承包人只有通过提高企业的管理水平和管理能力,确保工程按照合同约定工期竣工,才能避免出现违约的可能。

【法条链接】

《民法典》第五百六十二条 当事人协商一致,可以解除合同。

当事人可以约定一方解除合同的事由。解除合同的事由发生时,解除权人可以解除合同。

第五百六十三条 有下列情形之一的,当事人可以解除合同:

……

(三)当事人一方迟延履行主要债务,经催告后在合理期限内仍未履行;

……

第五百八十五条 当事人可以约定一方违约时应当根据违约情况向对方支付一定数额的违约金,也可以约定因违约产生的损失赔偿额的计算方法。

约定的违约金低于造成的损失的,人民法院或者仲裁机构可以根据当事人的请求予以增加;约定的违约金过分高于造成的损失的,人民法院或者仲裁机构可以根据当事人的请求予以适当减少。

当事人就迟延履行约定违约金的,违约方支付违约金后,还应当履行债务。

53.承包人将建设工程非法转包,发包人可以解除合同吗?

【情景案例】

A房地产公司与B建筑公司签订了某小区3号楼、7号楼的《建设工程施工合同》,工程总价款为7000万元,工期天数300天。后在没有经A房地产公司同意的情况下,B建筑公司私下将工程非法转包给没有相应施工资质的C建筑公司。A房地产公司的监工代表到施工现场暗访时发现,实际施工人是没有施工资质的C建筑公司,并非B建筑公司。出于工程安全的考虑,A房地产公司到法院起诉,请求解除与B建筑公司签订的《建设工程施工合同》,并要求B建筑公司赔偿相应损失。

请问:A房地产公司的请求能得到法院支持吗?

【案例分析】

本案涉及的是转包行为的效力问题。

我国《建筑法》第二十八条规定,禁止承包单位将其承包的全部建筑工程转包给他人,禁止承包单位将其承包的全部建筑工程肢解以后以分包的名义分别转包给他人。根据《民法典》第七百九十一条的规定,承包人不得将其承包的全部建设工程转包给第三人或者将其承包的全部建设工程支解以后以分包的名义分别转包给第三人。该法第八百零六条第一款规定,承包人将建设工程转包、违法分包的,发包人可以解除合同。

本案中,A房地产公司与B建筑公司签订了某小区3号楼、7号楼的《建设工程施工合同》,B建筑公司却私下将工程非法转包给没有相应施工资质的C建筑公司,严重违反了法律规定,符合法律规定的解除合同的条件,故A房地产公司到法院起诉,请求解除与B建筑公司签订的《建设工程施工合同》,应得到法院支持。

【风险防范建议】

建设工程实务中,非法转包的最大受害者是发包人。工程层层转包,实际施工人有可能是没有资质、没有管理能力和实际施工能力的单位或包工头，发包人可能会付出超出工程实际成本的工程价款，但得到的却是工程质量难以保证的工程，最后还可能被实际施工人索取工程款。关于如何规避相关法律风险，建议如下：

(1)签订合同时，发包人应当在建设工程合同中对承包人非法转包工程的违约责任作出明确约定。在合同履行过程中，发包人应当加强监督与管理，及时发现、查处承包人的非法转包行为。实务中，由于转包工程系法律所禁止的行为，因此承包人转包工程往往十分隐蔽，实际施工人也会非常配合，如实际施工人以承包人的名义对外盖章，使用承包人的标识等，让发包人往往很难发现工程已经转包。即便如此，只要发包人管理人员思想重视、工作负责，还是能发现承包人转包工程的。

(2)发包人应按合同约定及时给承包人支付相应工程款，以避免被实际施工人起诉的风险。发包人只要按合同约定及时支付工程款，就可免除向实际施工人支付工程款的义务，即便被起诉，也不会被判决承担实际付款责任。

【法条链接】

《建筑法》第二十八条 禁止承包单位将其承包的全部建筑工程转包给他人，禁止承包单位将其承包的全部建筑工程肢解以后以分包的名义分别转包给他人。

《民法典》第七百九十一条第二款 总承包人或者勘察、设计、施工承包人经发包人同意，可以将自己承包的部分工作交由第三人完成。第三人就其完成的工作成果与总承包人或者勘察、设计、施工承包人向发包人承担连带责任。承包人不得将其承包的全部建设工程转包给第三人或者将其承包的全部建设工程支解以后以分包的名义分别转包给第三人。

第八百零六条第一款 承包人将建设工程转包、违法分包的，发包人可以解除合同。

54. 发包人不按时支付工程进度款，承包人可以解除合同吗？

【情景案例】

某建筑公司与某酒店签订了工程施工协议，约定：某建筑公司负责某酒店的室内装修建设工程，工期为6个月，按每月施工实际完成工作量的70%支付进度款，剩余30%的工程款进入决算，于完成竣工结算后的半年内分批付清。开工3个月开始，某酒店以资金紧张为由拖欠工程进度款，直至开工5个月后，由于没有收到工程进度款，某建筑公司决定停工，并到法院起诉要求解除与某酒店签订的合同，并要求某酒店赔偿相应的经济损失。

请问：某建筑公司的请求能得到法院支持吗？

【案例分析】

本案涉及的是合同解除权的行使条件问题。

我国《民法典》第五百六十二条规定，当事人协商一致，可以解除合同。当事人可以约定一方解除合同的事由，解除合同的事由发生时，解除权人可以解除合同。根据该法第五百六十三条的规定，当事人一方迟延履行主要债务，经催告后在合理期限内仍未履行，当事人可以解除合同。

本案中，某建筑公司与某酒店签订了工程施工协议，由某建筑公司负责某酒店的室内装修建设工程，施工中，某酒店却以资金紧张为由拖欠工程进度款，这明显是违约行为。但根据上述法律规定，某建筑公司想要单方面解除合同，需要给予某酒店一个合理的催告期；如果其在催告的合理期限内仍未支付工程进度款，某建筑公司可请求解除合同。由于某建筑公司直接起诉某酒店，没有给其支付工程进度款的合理催告期，故其请求解除合同尚不具备条件，其请求应该不能得到法院支持。

【风险防范建议】

关于承包人如何预防和处理发包人拖欠工程进度款的法律风险，建议如下：

(1)在合同中约定指定收款账户，要求发包人将工程进度款支付到该指定账户。如发包人未按约定支付进度款，承包人应根据合同约定，通过书面发函等方式进行催收，并准备好相应的工程量清单、工期签证等证据，提起索赔工作。

(2)多次催款无果的，承包人可按合同约定采取停工措施。实务操作中，承包人可以先发出暂停施工的书面文件，并将可能造成的损失通知发包人。暂停施工后，承包人应提出暂停施工造成的人员、周转材料、机械设备等损失的索赔请求，并附相关证据报监理人审核。由于停工损失等费用索赔由承包人承担举证责任的，因此务必要收集好相关证据。另外，在提出费用索赔的同时，也要提出工期延误索赔，否则视为放弃对工期延误的索赔，可能承担逾期竣工的违约责任。

【法条链接】

《民法典》第五百六十二条　当事人协商一致，可以解除合同。

当事人可以约定一方解除合同的事由。解除合同的事由发生时，解除权人可以解除合同。

第五百六十三条　有下列情形之一的，当事人可以解除合同：

……

(三)当事人一方迟延履行主要债务，经催告后在合理期限内仍未履行；

……

55. 发包人提供的建筑材料不符合强制性标准致使承包人无法施工，可以解除合同吗？

【情景案例】

甲房地产公司与乙建筑公司签订《土建工程施工合同》，约定：由乙建筑公司承包甲房地产公司新建项目第一期土建工程，所有建筑材料由甲房地产公司提供，工期为4个月。后甲房地产公司出于成本考虑，向丙公司采购了价格较为便宜××牌的“商品混凝土”并送到施工现场。乙建筑公司根据过往经验，认为××牌的“商品混凝土”产品质量太差，出于安全考虑，不适用于本项目施工。为此，乙建筑公司做了6根柱砼进行测试，并聘请某建筑工程质量检测中心比照这6根柱子，对××牌“商品混凝土”的质量进行检测。经专业检测，结论是混凝土质量存在问题，不符合国家强制性标准。经多次协商，甲房地产公司不同意更换其他牌子的“商品混凝土”。为此，乙建筑公司向法院提起诉讼，请求解除双方签订的《土建工程施工合同》。

请问：乙建筑公司的请求能得到法院支持吗？

【案例分析】

本案涉及的是合同解除权的行使效力问题。

根据我国《民法典》第五百六十三条的规定，在合同履行期限届满之前，当事人一方明确表示不履行主要债务的；当事人一方迟延履行主要债务，经催告后在合理期限内仍未履行的，当事人可以解除合同。该法第八百零六条第二款规定，发包人提供的主要建筑材料、建筑构配件和设备不符合强制性标准或者不履行协助义务，致使承包人无法施工，经催告后在合理期限内仍未履行相应义务的，承包人可以解除合同。

本案中，甲房地产公司在履行合同过程中，出于成本考虑，采购了价格较为便宜的“商品混凝土”，经乙建筑公司聘请某建筑工程质量检测中心进行检测，得出该混凝土质量存在问题，不符合国家强制性标准的结论。双方经多次协商，甲房地产公司仍不同意更换其他牌子的“商品混凝土”，说明：(1)甲房地产公司不同意更换合格的“商品混凝土”，即已明确表示不履行主要债务；(2)乙建筑公司已经给予合理的催告期限，甲房地产公司仍未同意履行相应义务。根据上述法律规定，乙建筑公司向法院起诉，请求解除双方签订的《土建工程施工合同》，能够得到法院支持。

【风险防范建议】

在建设工程施工合同履行过程中，对于发包人提供的主要建筑材料等不符合强制性标准的行为，承包人为防止工程出现质量问题承担责任，单方提出解除合同是可以得到法律支持的，但注意需具备下列条件：

(1)在合同履行期限届满之前,必须有发包人明确表示或者以自己的行为表明不提供符合强制性标准的主要建筑材料、建筑构配件和设备。需要提醒的是,承包人要注意做好相关证据的收集、整理、保管工作,使己方提出的要求有充分的证据支持。

(2)要证明发包人提供的主要建筑材料、建筑构配件和设备不符合强制性标准,致使承包人无法施工。需要说明的是,承包人要给予发包人合理的催告期限,如果没有给予合理的催告期限,承包人的请求将不符合法律规定,难以得到法院支持。

【法条链接】

《民法典》第五百六十三条 有下列情形之一的,当事人可以解除合同:

……

(二)在履行期限届满前,当事人一方明确表示或者以自己的行为表明不履行主要债务;

(三)当事人一方迟延履行主要债务,经催告后在合理期限内仍未履行;

……

第七百九十三条 建设工程施工合同无效,但是建设工程经验收合格的,可以参照合同关于工程价款的约定折价补偿承包人。

建设工程施工合同无效,且建设工程经验收不合格的,按照以下情形处理:

(一)修复后的建设工程经验收合格的,发包人可以请求承包人承担修复费用;

(二)修复后的建设工程经验收不合格的,承包人无权请求参照合同关于工程价款的约定折价补偿。

发包人对因建设工程不合格造成的损失有过错的,应当承担相应的责任。

第八百零六条 承包人将建设工程转包、违法分包的,发包人可以解除合同。

发包人提供的主要建筑材料、建筑构配件和设备不符合强制性标准或者不履行协助义务,致使承包人无法施工,经催告后在合理期限内仍未履行相应义务的,承包人可以解除合同。

合同解除后,已经完成的建设工程质量合格的,发包人应当按照约定支付相应的工程价款;已经完成的建设工程质量不合格的,参照本法第七百九十三条的规定处理。

56. 承包人因工程质量不合格被解除合同,发包人可以不支付工程款吗?

【情景案例】

甲公司与乙建筑公司签订《建设工程施工协议书》,约定:由乙建筑公司承包甲公司的宿舍楼、专家楼及生活区公用工程,包工包料总承包;工期为6个月,合同价款为3000万元;甲公司按每月完成工程量造价的70%支付工程进度款,工程竣工验收合格后甲公司支付工程总造价95%的工程款给乙建筑公司,扣留5%作为保修金,保修期为1年,保修金在保修期满后5日内一次付清。后乙建筑公司向甲公司支付履约保证金

200万元，并按合同约定完工，但经甲公司验收认定工程质量不合格。甲公司以工程质量不合格为由提出解除《建设工程施工协议书》，并拒绝支付剩余工程款，同时要求乙建筑公司赔偿相应经济损失。双方因此发生纠纷并诉至法院。

请问：甲公司可以单方面解除合同并拒绝给乙建筑公司支付剩余工程款吗？

【案例分析】

本案涉及的是承包方承担违约责任的条件及后果问题。

根据我国《民法典》第五百六十三条的规定，当事人一方迟延履行债务或者有其他违约行为致使不能实现合同目的，或者有法律规定的其他情形，当事人可以解除合同。该法第八百零六条第三款规定，合同解除后，已经完成的建设工程质量合格的，发包人应当按照约定支付相应的工程价款；已经完成的建设工程质量不合格的，参照本法第七百九十三条的规定处理。第七百九十三条规定，建设工程施工合同无效，且建设工程经验收不合格的，按照以下情形处理：(1)修复后的建设工程经验收合格的，发包人可以请求承包人承担修复费用；(2)修复后的建设工程经验收不合格的，承包人无权请求参照合同关于工程价款的约定折价补偿。发包人对因建设工程不合格造成的损失有过错的，应当承担相应的责任。

本案中，乙建筑公司按合同约定完成施工，但经甲公司验收认定工程质量不合格，乙建筑公司应为工程施工质量不合格承担违约责任。但根据上述法律规定，甲公司发现工程质量不合格后，提出解除《建设工程施工协议书》，应当先通知乙建筑公司对不合格工程进行修复，如果乙建筑公司拒绝修复或者修复后的建设工程经竣工验收仍不合格，此时甲公司才可以拒绝支付工程价款。但由于甲公司没有预先通知乙建筑公司对工程进行修复，就起诉至法院，其请求不符合法律规定，难以得到法院支持。

【风险防范建议】

关于建设工程施工合同履行过程中，如果出现工程质量不合格的问题，发包人应当如何处理，建议如下：

(1)要求承包人修理、返工或改建，并承担相关修复费用；因此造成工程逾期交付使用的，可向承包人主张违约金或者要求其赔偿损失。

(2)承包人拒绝修理或返工、改建的，发包人可以减少支付工程价款。减少工程款的数额，应相当于整改需要支出的费用、因整改逾期竣工承包人应当支付的违约金或者因此给发包人造成的其他损失。

(3)整改后工程仍不合格或者质量缺陷属于不可修复的，发包人可以不支付工程价款；已经支付的，可要求承包人按照不当得利返还。

【法条链接】

《民法典》第五百六十三条　有下列情形之一的,当事人可以解除合同:

(一)因不可抗力致使不能实现合同目的;

(二)在履行期限届满前,当事人一方明确表示或者以自己的行为表明不履行主要债务;

(三)当事人一方迟延履行主要债务,经催告后在合理期限内仍未履行;

(四)当事人一方迟延履行债务或者有其他违约行为致使不能实现合同目的;

(五)法律规定的其他情形。

以持续履行的债务为内容的不定期合同,当事人可以随时解除合同,但是应当在合理期限之前通知对方。

第七百九十三条　建设工程施工合同无效,且建设工程经验收不合格的,按照以下情形处理:

(一)修复后的建设工程经验收合格的,发包人可以请求承包人承担修复费用;

(二)修复后的建设工程经验收不合格的,承包人无权请求参照合同关于工程价款的约定折价补偿。

发包人对因建设工程不合格造成的损失有过错的,应当承担相应的责任。

第八百零六条第三款　合同解除后,已经完成的建设工程质量合格的,发包人应当按照约定支付相应的工程价款;已经完成的建设工程质量不合格的,参照本法第七百九十三条的规定处理。

57. 合同解除后,守约方是否可以请求赔偿可得利益损失?

【情景案例】

甲房地产公司与乙建筑公司签订《建设工程施工合同》,约定:由乙建筑公司承建某综合楼工程,工程总价款为1亿元,工程款支付采取阶段支付方式;工期为10个月。合同签订后,乙建筑公司按合同约定如期开工。后该综合楼地下室工程完工后,因甲房地产公司未能及时支付工程进度款,乙建筑公司无法施工。因此,乙建筑公司不得不停止施工并向甲房地产公司发出停工通知。此后,甲房地产公司以资金紧张为由未再支付任何工程款,经乙建筑公司多次书面催告后,甲房地产公司仍未支付工程款。于是,乙建筑公司起诉到法院,请求依法解除双方签订的合同,并要求甲房地产公司赔偿其停工、窝工等直接损失300万元与可得利益损失2000万元。

请问:乙建筑公司的请求能得到法院支持吗?

【案例分析】

本案涉及的是建设工程施工合同解除的责任承担问题。

根据我国《民法典》第五百六十三条的规定，当事人一方迟延履行主要债务，经催告后在合理期限内仍未履行，当事人可以解除合同。该法第八百零四条规定，因发包人的原因致使工程中途停建、缓建的，发包人应当采取措施弥补或者减少损失，赔偿承包人因此造成的停工、窝工、倒运、机械设备调迁、材料和构件积压等损失和实际费用。第五百八十四条规定，当事人一方不履行合同义务或者履行合同义务不符合约定，造成对方损失的，损失赔偿额应当相当于因违约所造成的损失，包括合同履行后可以获得的利益；但是，不得超过违约一方订立合同时预见到或者应当预见到的因违约可能造成的损失。

本案中，甲房地产公司未按约定及时支付工程进度款，导致乙建筑公司无法施工。乙建筑公司在多次书面催告后，甲房地产公司在合理期限内仍不履行付款义务，根据上述法律规定，乙建筑公司可以请求解除双方签订的合同，并要求甲房地产公司赔偿其停工、窝工等直接损失300万元。至于乙建筑公司要求赔偿可得利益损失2000万元，如果能够举证证明不超过甲房地产公司订立合同时预见或者应当预见的因违反合同可能造成的损失，也符合法律规定，就能够得到法院支持。

【风险防范建议】

在建设工程施工合同履行过程中，因合同解除，守约方要合法主张另一方赔偿可得利益损失，需要注意下列情形：

（1）合同解除是一方违约行为导致的，才可向违约方主张赔偿损失。

（2）损失赔偿额应当相当于守约方违约造成的损失，包括合同履行后可以获得的利益，即可得利益损失，但不得超过违约方订立合同时预见或者应当预见的违反合同可能造成的损失。守约方一般需举证予以证明。

【法条链接】

《民法典》第五百六十三条 有下列情形之一的，当事人可以解除合同：

……

（三）当事人一方迟延履行主要债务，经催告后在合理期限内仍未履行；

……

第五百八十四条 当事人一方不履行合同义务或者履行合同义务不符合约定，造成对方损失的，损失赔偿额应当相当于因违约所造成的损失，包括合同履行后可以获得的利益；但是，不得超过违约一方订立合同时预见到或者应当预见到的因违约可能造成的损失。

第八百零四条 因发包人的原因致使工程中途停建、缓建的，发包人应当采取措施弥补或者减少损失，赔偿承包人因此造成的停工、窝工、倒运、机械设备调迁、材料和构件积压等损失和实际费用。

三、合同效力

58. 承包人超越资质等级承揽工程，已签订的建设工程施工合同有效吗？

【情景案例】

A 公司与 B 建筑公司签订《建设工程施工合同》，由 B 建筑公司承建 A 公司位于东莞市某工业园区的新厂房。合同约定：工程款总价为 1500 万元，工期为 10 个月。施工后，A 公司共支付工程进度款 1000 万元。工程完工后，经某建筑工程质量监督检验站鉴定，工程存在严重的质量问题，但可以加固、维修处理，因此双方一直未进行竣工验收。之后，A 公司查明 B 建筑公司只具有装饰装修工程企业资质，不具备房屋建设施工企业资质。因此，A 公司遂以 B 建筑公司无施工资质、合同无效为由提起诉讼，要求判令双方签订的《建设工程施工合同》无效，并要求 B 建筑公司退还已支付工程款。

请问：A 公司的请求能得到法院支持吗？

【案例分析】

本案涉及的是建设工程施工合同确认无效后的责任承担问题。

根据我国《建筑法》第二十六条的规定，承包建筑工程的单位应当持有依法取得的资质证书，并在其资质等级许可的业务范围内承揽工程。禁止建筑施工企业超越本企业资质等级许可的业务范围或者以任何形式用其他建筑施工企业的名义承揽工程。《民法典》第一百五十三条第一款规定，违反法律、行政法规的强制性规定的民事法律行为无效。但是，该强制性规定不导致该民事法律行为无效的除外。《最高人民法院关于审理建设工程施工合同纠纷案件适用法律问题的解释（一）》第一条规定，建设工程施工合同承包人未取得建筑业企业资质或者超越资质等级的情形的，应当依据《民法典》第一百五十三条第一款的规定，认定无效。第七百九十三条第二款规定，建设工程施工合同无效，且建设工程经验收不合格的，按照以下情形处理：（1）修复后的建设工程经验收合格的，发包人可以请求承包人承担修复费用；（2）修复后的建设工程经验收不合格的，承包人无权请求参照合同关于工程价款的约定折价补偿。发包人对因建设工程不合格造成的损失有过错的，应当承担相应的责任。

本案中，由于 B 建筑公司只具有装饰装修工程企业资质，不具备房屋建设施工企业资质，根据上述法律、司法解释的规定，B 建筑公司与 A 公司签订的《建设工程施工合同》应认定无效。工程经鉴定存在严重质量问题，但可以加固、维修处理，A 公司依法可以进行修复，请求 B 建筑公司承担修复费用。综上所述，A 公司要求判令双方签订的《建设工程施工合同》无效有充分法律依据，应得到法院支持；但是，A 公司要求 B 建筑公司退还已支付工程款，缺乏法律依据，难以得到法院支持。

【风险防范建议】

建设工程施工合同履行过程中，因承包人超越相应资质等级签订导致合同无效的情况普遍存在，关于如何防止相应法律风险，建议如下：

(1)就发包人而言，在签订合同前应当严格审查承包人的资质，包括资质证书是否真实、有效，资质等级是否符合要求，承包人的从业人员是否具有相应的从业资格。必要时，发包人还应到政府主管部门进行查询。审核无误后，应要求承包人提供有关资质、资格证书的复印件，要求承包人盖章留存。

(2)就承包人而言，必须依法取得相应的资质，并在资质等级允许的范围内承包建设工程，尽可能规避非法转包、违法分包、工程挂靠的法律风险，避免因合同无效而承担法律责任。

(3)在进行专业分包和劳务分包时，发包人务必严格审查分包工程承包人是否具有资质及其资质等级。工程内部承包是我国法律允许的经营方式，承包人将工程交由企业内部职工承包施工时，要规范与内部职工的劳动关系、工资发放、社会保险费缴纳的管理，对工程施工过程及质量进行管理，以避免被认定为违法分包、非法转包或工程挂靠。

【法条链接】

《建筑法》第二十六条　承包建筑工程的单位应当持有依法取得的资质证书，并在其资质等级许可的业务范围内承揽工程。

禁止建筑施工企业超越本企业资质等级许可的业务范围或者以任何形式用其他建筑施工企业的名义承揽工程。禁止建筑施工企业以任何形式允许其他单位或者个人使用本企业的资质证书、营业执照，以本企业的名义承揽工程。

《民法典》第一百五十三条　违反法律、行政法规的强制性规定的民事法律行为无效。但是，该强制性规定不导致该民事法律行为无效的除外。

违背公序良俗的民事法律行为无效。

第一百五十七条　民事法律行为无效、被撤销或者确定不发生效力后，行为人因该行为取得的财产，应当予以返还；不能返还或者没有必要返还的，应当折价补偿。有过错的一方应当赔偿对方由此所受到的损失；各方都有过错的，应当各自承担相应的责任。法律另有规定的，依照其规定。

第七百九十三条第二款　建设工程施工合同无效，且建设工程经验收不合格的，按照以下情形处理：

(一)修复后的建设工程经验收合格的，发包人可以请求承包人承担修复费用；

(二)修复后的建设工程经验收不合格的，承包人无权请求参照合同关于工程价款的约定折价补偿。

《最高人民法院关于审理建设工程施工合同纠纷案件适用法律问题的解释(一)》第一条 建设工程施工合同具有下列情形之一的，应当依据民法典第一百五十三条第一款的规定，认定无效：

（一）承包人未取得建筑业企业资质或者超越资质等级的；

……

59. 房地产企业没有资质或超越资质开发房地产，与建筑商签订的施工合同有效吗？

【情景案例】

甲房地产公司是具有二级资质的房地产开发企业。甲房地产公司立项开发一个建筑面积为28万平方米的住宅小区项目，并通过招投标程序将某住宅小区项目整体发包给具有相应建筑资质的乙建筑公司进行施工，双方为此签订《建设工程施工合同》。合同约定：工期为3年。后乙建筑公司得知甲房地产公司在广州市白云区的某大型楼盘销售业绩不佳，拖欠银行巨额到期贷款没有归还。乙建筑公司查询相关建筑行业法律法规得知，甲房地产公司只具有二级资质且只能开发25万平方米以下的建设项目。为避免项目风险，乙建筑公司决定终止与甲房地产公司的合作，遂向法院提起诉讼，以甲房地产公司超越资质签订合同为由，请求确认双方签订的《建设工程施工合同》无效。

请问：乙建筑公司的请求能得到法院支持吗？

【案例分析】

本案涉的是无资质企业签订的施工合同的效力问题。

我国《建筑法》第十三条规定，从事建筑活动的建筑施工企业、勘察单位、设计单位和工程监理单位，按照其拥有的注册资本、专业技术人员、技术装备和已完成的建筑工程业绩等资质条件，划分为不同的资质等级，经资质审查合格，取得相应等级的资质证书后，方可在其资质等级许可的范围内从事建筑活动。根据该法第二十六条的规定，承包建筑工程的单位应当持有依法取得的资质证书，并在其资质等级许可的业务范围内承揽工程。禁止建筑施工企业超越本企业资质等级许可的业务范围或者以任何形式用其他建筑施工企业的名义承揽工程。根据《民法典》第一百五十三条的规定，违反法律、行政法规的强制性规定的民事法律行为无效。《房地产开发企业资质管理规定》第二十条规定，企业超越资质等级从事房地产开发经营的，由县级以上地方人民政府房地产开发主管部门责令限期改正，处5万元以上10万元以下的罚款；逾期不改正的，由原资质审批部门吊销资质证书，并提请工商行政管理部门吊销营业执照。由此可见，法律、行政法规对从事建筑活动的建筑施工企业等单位和从事房地产开发经营的企业，分别规定了相应的资质等级，两种资质等级并不相同，适用于不同类型的企业，并没有规定从事房地产开发经营的企业需拥有相应的建筑施工资质等级；反之亦然。

本案中，甲房地产公司通过招投标程序与乙建筑公司签订《建设工程施工合同》，将建筑面积为28万平方米的某住宅小区项目整体发包给乙建筑公司进行施工。乙建筑公司得知甲房地产公司只具有二级资质且只能开发25万平方米以下的建设项目，遂向法院提起诉讼，以甲房地产公司超越资质签订合同为由，请求确认双方签订的《建设工程施工合同》无效。显然，甲房地产公司虽然超越房地产开发资质开发某住宅小区项目，但房地产开发资质与建筑施工资质不同，并没有法律、行政法规的强制性规定禁止甲房地产公司与建筑施工企业签订《建设工程施工合同》，故乙建筑公司请求缺乏法律依据，难以得到法院支持。

【风险防范建议】

关于建筑施工企业通过招投标程序签订建设工程合同，如何避免合同无效导致履行风险，建议如下：

(1)审查建设工程是否属于必须进行招标而未招标或者中标无效。如果是，必须经过招标程序获得中标，合同才有效。

(2)审查招标项目是否已经具备招标条件，如按照国家有关规定需要履行项目审批手续的，已先取得批准手续；招标人具备进行招标项目的相应资金或者资金来源已经落实，并在招标文件中如实载明。

【法条链接】

《建筑法》第十三条 从事建筑活动的建筑施工企业、勘察单位、设计单位和工程监理单位，按照其拥有的注册资本、专业技术人员、技术装备和已完成的建筑工程业绩等资质条件，划分为不同的资质等级，经资质审查合格，取得相应等级的资质证书后，方可在其资质等级许可的范围内从事建筑活动。

第二十六条 承包建筑工程的单位应当持有依法取得的资质证书，并在其资质等级许可的业务范围内承揽工程。

禁止建筑施工企业超越本企业资质等级许可的业务范围或者以任何形式用其他建筑施工企业的名义承揽工程。禁止建筑施工企业以任何形式允许其他单位或者个人使用本企业的资质证书、营业执照，以本企业的名义承揽工程。

《民法典》第一百五十三条 违反法律、行政法规的强制性规定的民事法律行为无效。但是，该强制性规定不导致该民事法律行为无效的除外。

违背公序良俗的民事法律行为无效。

《最高人民法院关于审理建设工程施工合同纠纷案件适用法律问题的解释(一)》第一条 建设工程施工合同具有下列情形之一的,应当依据民法典第一百五十三条第一款的规定,认定无效:

(一)承包人未取得建筑业企业资质或者超越资质等级的;

……

《房地产开发企业资质管理规定》第二十条 企业超越资质等级从事房地产开发经营的,由县级以上地方人民政府房地产开发主管部门责令限期改正,处5万元以上10万元以下的罚款;逾期不改正的,由原资质审批部门吊销资质证书,并提请工商行政管理部门吊销营业执照。

60. 承包人以发包人未取得建设工程规划许可证为由请求确认合同无效,是否成立?

【情景案例】

A公司与B建筑公司签订《建设工程总承包合同》,约定:A公司将其在重庆某地建设的厂房建设工程交由B建筑公司组织实施,工期为5个月。合同签订后,B建筑公司按约定组织施工,工程竣工验收合格。事后,双方因工程款给付产生纠纷。在双方交涉过程中,B建筑公司得知A公司未取得建设工程规划许可证,遂向法院提起诉讼,请求法院确认双方签订的合同无效,并要求A公司支付合同约定而未支付的剩余工程款600万元及利息。A公司在到法院起诉前未能补办相应手续。

请问:B建筑公司的请求能得到法院支持吗?

【案例分析】

本案涉及的是"建设工程规划许可证"对建设工程合同效力的影响问题。

我国《城乡规划法》第四十条第一款规定,在城市、镇规划区内进行建筑物、构筑物、道路、管线和其他工程建设的,建设单位或者个人应当向城市、县人民政府城乡规划主管部门或者省、自治区、直辖市人民政府确定的镇人民政府申请办理建设工程规划许可证。《民法典》第七百九十三条第一款规定,建设工程施工合同无效,但是建设工程经验收合格的,可以参照合同关于工程价款的约定折价补偿承包人。《最高人民法院关于审理建设工程施工合同纠纷案件适用法律问题的解释(一)》第三条规定,当事人以发包人未取得建设工程规划许可证等规划审批手续为由,请求确认建设工程施工合同无效的,人民法院应予支持,但发包人在起诉前取得建设工程规划许可证等规划审批手续的除外。发包人能够办理审批手续而未办理,并以未办理审批手续为由请求确认建设工程施工合同无效的,人民法院不予支持。

本案中,A公司与B建筑公司签订《建设工程总承包合同》,A公司将其在重庆某地建设的厂房建设工程交由B建筑公司组织实施,B建筑公司按约定组织施工,工程竣工验收合格,说明《建设工程总承包合同》内容是建设施工合同。B建筑公司得知A公司未取得建设工程规划许可证,遂向法院起诉请求法院确认双方签订的合同无效,并要求A公司支付未支付的剩余工程款600万元及利息。从上述法律、司法解释规定可知,A公司未取得建设工程规划许可证,直至到法院起诉前仍未能补办相应手续,应确认建设工程施工合同无效。建设工程经竣工验收合格,B建筑公司请求A公司支付未支付的剩余工程款及利息;如支付标准符合合同约定,则符合法律规定。B建筑公司的请求能得到法院支持。

【风险防范建议】

建设工程规划许可证等规划审批手续的办理关系建设工程合同的效力问题,关于发包人如何避免相应的风险,建议如下:

(1)建设工程发包时,应当办好建设工程规划许可证等规划审批手续,如果在建设工程合同履行后应当办理规划许可证等规划审批手续而未办理,应当及时采取措施,积极补办。

(2)建设工程的专业分包,除符合《建筑法》《招标投标法》《建设工程质量管理条例》等相关规定外,还须符合《城乡规划法》规定,应在分包合同签约前重视建设工程规划许可证等规划审批手续的办理情况,避免因分包合同无效承担相应法律责任。

【法条链接】

《城乡规划法》第四十条第一款　在城市、镇规划区内进行建筑物、构筑物、道路、管线和其他工程建设的,建设单位或者个人应当向城市、县人民政府城乡规划主管部门或者省、自治区、直辖市人民政府确定的镇人民政府申请办理建设工程规划许可证。

《民法典》第一百五十三条　违反法律、行政法规的强制性规定的民事法律行为无效。但是,该强制性规定不导致该民事法律行为无效的除外。

违背公序良俗的民事法律行为无效。

第七百九十三条第一款　建设工程施工合同无效,但是建设工程经验收合格的,可以参照合同关于工程价款的约定折价补偿承包人。

《最高人民法院关于审理建设工程施工合同纠纷案件适用法律问题的解释(一)》第三条　当事人以发包人未取得建设工程规划许可证等规划审批手续为由,请求确认建设工程施工合同无效的,人民法院应予支持,但发包人在起诉前取得建设工程规划许可证等规划审批手续的除外。

发包人能够办理审批手续而未办理,并以未办理审批手续为由请求确认建设工程施工合同无效的,人民法院不予支持。

61. 建设工程施工合同约定的“天价”违约金有效吗？

【情景案例】

甲房地产公司开发的某公寓项目公开向社会招标。乙建筑公司中标该工程。双方签订《建设工程施工合同》，约定：工期为1年。工程总价款为1.5亿元，如果乙建筑公司不能按期完工，要给甲公司支付工程总价款30%的违约金。后乙建筑公司未能按约定完工。甲房地产公司给予乙建筑公司2个月的宽限期，但后乙建筑公司仍未能完工，只完成了工程进度的4/5，给甲房地产公司造成了3000万元的经济损失。为此，甲房地产公司诉至法院，请求乙建筑公司支付违约金4500万元。乙建筑公司在庭审中辩称，甲房地产公司请求的违约金远高于其实际损失，请求法院予以适当减少。

请问：甲房地产公司的请求能得到法院支持吗？

【案例分析】

本案涉及的是建设工程施工合同约定“天价”违约金的效力问题。

我国《民法典》第五百八十四条规定，当事人一方不履行合同义务或者履行合同义务不符合约定，造成对方损失的，损失赔偿额应当相当于因违约所造成的损失，包括合同履行后可以获得的利益；但是，不得超过违约一方订立合同时预见到或者应当预见到的因违约可能造成的损失。根据该法第五百八十五条的规定，当事人约定的违约金过分高于造成的损失的，人民法院或者仲裁机构可以根据当事人的请求予以适当减少。

本案中，乙建筑公司未能按约定时间完工，给甲房地产公司造成了3000万元的经济损失。但甲房地产公司要求乙建筑公司按合同约定，支付违约金4500万元；该数额远超过乙建筑公司造成的实际损失，未考虑工程未能完工的进度，有失公平，也没有考虑乙建筑公司违约行为的过错程度。超过乙建筑公司订立合同时预见到或者应当预见到的因违约可能造成的损失。由于乙建筑公司在庭审中向法院提出减少赔偿金额的请求，因此法院应当以甲房地产公司所造成实际损失为基础，兼顾合同的履行情况、乙建筑公司的过错大小以及工程完工后可以获得的利益等综合因素作出适当减少的判决。故甲房地产公司的请求难以得到法院全面支持。

【风险防范建议】

建设工程施工合同约定过高的违约金，当事人在处理争议时要注意以下事项：

（1）当事人一方如果认为约定的违约金过分高于实际损失，应该主动请求人民法院或者仲裁机构予以适当减少，否则人民法院或者仲裁机构不会主动调整。

（2）当事人一方如果认为约定的违约金过分高于造成的损失，需有约定的违约金超过造成损失的30%的事实证据,这样才能得到法院支持。

【法条链接】

《民法典》第五百八十四条 当事人一方不履行合同义务或者履行合同义务不符合约定,造成对方损失的,损失赔偿额应当相当于因违约所造成的损失,包括合同履行后可以获得的利益;但是,不得超过违约一方订立合同时预见到或者应当预见到的因违约可能造成的损失。

第五百八十五条 当事人可以约定一方违约时应当根据违约情况向对方支付一定数额的违约金,也可以约定因违约产生的损失赔偿额的计算方法。

约定的违约金低于造成的损失的,人民法院或者仲裁机构可以根据当事人的请求予以增加;约定的违约金过分高于造成的损失的,人民法院或者仲裁机构可以根据当事人的请求予以适当减少。

当事人就迟延履行约定违约金的,违约方支付违约金后,还应当履行债务。

62. 口头约定的建设工程施工合同是否有效?

【情景案例】

A公司与B装饰公司口头约定,由B装饰公司承包A公司某楼盘C区的涂料工程,工期为3个月,工程款以最终结算为准。之后,B装饰公司按口头协议拟定书面合同,交于A公司盖章,因A公司公章在他处,公章一直未盖成。B装饰公司之后按口头约定完成全部工程,但A公司验收工程后却以双方无书面合同为由拒绝支付工程款。无奈之下,B装饰公司向法院提起诉讼,要求支付工程款80万元。

请问:A公司与B装饰公司口头约定有效吗?

【案例分析】

本案涉及的是口头约定的建设工程施工合同的效力问题。

我国《民法典》第四百六十九条第一款规定,当事人订立合同,可以采用书面形式、口头形式或者其他形式。第四百九十条第二款规定,法律、行政法规规定或者当事人约定合同应当采用书面形式订立,当事人未采用书面形式但是一方已经履行主要义务,对方接受时,该合同成立。

本案中,B装饰公司承包A公司某楼盘C区的涂料工程,完成全部工程的行为,依法能够推定双方是以"其他形式"订立的合同,且B装饰公司已经履行义务,A公司接受,该合同成立。因此,A公司与B装饰公司的口头约定有效,法院应该判令A公司支付B装饰公司工程款80万元。

【风险防范建议】

实践中,一些民间的建设工程合同往往基于信任采取口头形式订立,这种信任关系一旦破裂就会产生争议,对承包人来讲极为不利,有可能导致工程款不能回收的风险。如何规避相关风险,建议如下:

(1)尽量与发包人签订正规合同文本,尤其是标的额大的施工合同,一定要签订书面合同。因为口头合同难以取证,不易认定当事人的权利义务内容,发生争议时,存在发包人否认合同成立、否认合同标的的法律风险。

(2)如果基于信任关系或各种原因不能或不方便签订书面合同的,承包人应当做好相关证据保全工作,如在缔约阶段做好录音工作;在履行口头合同时,要保存好双方往来的传真、电子邮件、票据、电话录音、聊天记录等原始证据。

【法条链接】

《民法典》第四百六十九条　当事人订立合同,可以采用书面形式、口头形式或者其他形式。

书面形式是合同书、信件、电报、电传、传真等可以有形地表现所载内容的形式。

以电子数据交换、电子邮件等方式能够有形地表现所载内容,并可以随时调取查用的数据电文,视为书面形式。

第四百九十条第二款　法律、行政法规规定或者当事人约定合同应当采用书面形式订立,当事人未采用书面形式但是一方已经履行主要义务,对方接受时,该合同成立。

63. 未备案的建筑工程施工合同是否生效?

【情景案例】

甲房地产公司与乙建筑公司签订《某楼盘工程总承包施工合同》,约定:甲房地产公司将其开发建设的位于佛山市南海区的某楼盘7号、8号住宅楼整体发包给乙建筑公司,工期为2年,承包金额暂定为7000万元,最终工程款金额以甲房地产公司审核认可的工程决算为准;如乙建筑公司开工日期或阶段工期(节点工期、月进度计划、会议纪要工期计划等)延误超过15日,或总工期延误超过30日,乙建筑公司须承担合同金额5%的违约金。合同签订后,双方没有到相关部门办理备案手续。由于乙建筑公司内部出现人事变动,导致开工时间晚于合同约定。为此,甲房地产公司向乙建筑公司发函,要求支付350万元违约金,但乙建筑公司拒绝支付。乙建筑公司认为,双方签订的合同未办理备案手续,是无效合同,因此不需要支付违约金。为此,甲房地产公司诉至法院,请求乙建筑公司按约定支付违约金。

请问:甲房地产公司的请求能得到法院支持吗?

【案例分析】

本案涉及的是未备案的建筑工程施工合同的效力问题。

根据我国《民法典》第一百五十三条的规定，违反法律、行政法规的强制性规定的合同无效。根据该法第五百零二条的规定，依法成立的合同，自成立时生效。依照法律、行政法规的规定，合同应当办理批准等手续的，依照其规定。未办理批准等手续影响合同生效的，不影响合同中履行报批等义务条款以及相关条款的效力。应当办理申请批准等手续的当事人未履行义务的，对方可以请求其承担违反该义务的责任。依照法律、行政法规的规定，合同的变更、转让、解除等情形应当办理批准等手续的，适用前款规定。《最高人民法院关于审理建设工程施工合同纠纷案件适用法律问题的解释（一）》第二条第二款规定，招标人和中标人另行签订的建设工程施工合同约定的工程范围、建设工期、工程质量、工程价款等实质性内容，与中标合同不一致，一方当事人请求按照中标合同确定权利义务的，人民法院应予支持。以上规定说明，施工合同备案并非法律、行政法规规定的应当办理批准、登记等手续，备案并非施工合同生效条件。

本案中，甲房地产公司与乙建筑公司签订的《某楼盘工程总承包施工合同》是双方真实意思表示，虽然双方没有到相关部门办理备案手续，但该合同没有违反我国法律、行政法规的强制性规定，应当认定为合法有效的合同。因此，乙建筑公司提出的理由不能成立，甲房地产公司起诉乙建筑公司，请求按合同约定支付违约金，应能得到法院支持。

【风险防范建议】

工程实务中，建设工程合同签订后不主动报送备案的情况较多，有的项目没有立项批文，有的没有通过招投标程序，这对于建筑企业而言，风险非常大。关于如何规避相关法律风险，建议如下：

(1)建筑工程合同虽然不备案仍是有效合同，但备案与否在工程款结算方面有很大影响。根据我国法律的规定，备案的中标合同可作为工程款结算的依据。因此，建筑企业应当将中标合同以及补充合同及时备案，以维护自己的合法权益。

(2)备案合同与中标合同必须要一致，这样中标合同的效力才能得到法律保护。实务中，发包人为了自身的利益，往往要求建筑企业签订“阴阳合同”，即双方签订两份合同，提交备案的合同称为“阳合同”，实际履行的合同称为“阴合同”。对此，建议建筑企业应当慎重考虑，因为签订“阴阳合同”存在以下法律风险：

①在被查实存在“阴阳合同”时，大部分情形下是以备案的“阳合同”作为结算依据的。根据《招标投标法》相关规定，如果“阴阳合同”是通过招投标方式签订的，签订背离投标合同实质性内容的“阴合同”将被责令改正，相关人员将受到行政处罚。

②施工合同的无效会引起发包人、建筑企业对其他单位构成根本违约，从而导致更多的纠纷，承担更大的违法成本，危及发包人的信誉，影响发包人的顺利发展。

【法条链接】

《民法典》第一百五十三条　违反法律、行政法规的强制性规定的民事法律行为无效。但是，该强制性规定不导致该民事法律行为无效的除外。

违背公序良俗的民事法律行为无效。

第五百零二条　依法成立的合同，自成立时生效，但是法律另有规定或者当事人另有约定的除外。

依照法律、行政法规的规定，合同应当办理批准等手续的，依照其规定。未办理批准等手续影响合同生效的，不影响合同中履行报批等义务条款以及相关条款的效力。应当办理申请批准等手续的当事人未履行义务的，对方可以请求其承担违反该义务的责任。

依照法律、行政法规的规定，合同的变更、转让、解除等情形应当办理批准等手续的，适用前款规定。

《最高人民法院关于审理建设工程施工合同纠纷案件适用法律问题的解释（一）》第二条第二款　招标人和中标人另行签订的建设工程施工合同约定的工程范围、建设工期、工程质量、工程价款等实质性内容，与中标合同不一致，一方当事人请求按照中标合同确定权利义务的，人民法院应予支持。

64. 施工合同无效，会导致结算协议无效吗？

【情景案例】

某房地产公司与A建筑公司签订《建设工程施工合同》，将某小区3号楼工程发包给A建筑公司施工。A建筑公司在未经某房地产公司同意的情况下，私下将工程整体转包给没有相应资质的B建筑公司。某房地产公司知道A建筑公司的违法转包事情后，遂与B建筑公司签订《退场清算协议》，约定按B建筑公司实际完成工程量给其结算工程费用。当B建筑公司向某房地产公司主张工程款时，遭到拒绝。某房地产公司法务部鲁某认为，由于A建筑公司违法转包工程，《建设工程施工合同》无效，因此双方签订的《退场清算协议》也属于无效协议。

请问：鲁某的说法符合我国法律规定吗？

【案例分析】

本案涉及的是建设工程施工合同清算协议的效力问题。

根据我国《民法典》第一百五十三条的规定，违反法律、行政法规的强制性规定的合同无效。根据该法第一百五十七条的规定，合同无效、被撤销或者确定不发生效力后，当事人因该合同取得的财产，应当予以返还；不能返还或者没有必要返还的，应当折价补偿。有过错的一方应当赔偿对方由此所受到的损失；各方都有过错的，应当各自承担相应的责任。法律另有规定的，依照其规定。第五百六十七条规定，合同的权利义务关系终止，不影响合同中结算和清理条款的效力。《最高人民法院关于审理建设工程施工合同纠纷案件适用法律问题的解释（一）》第二十九条规定，当事人在诉讼前已经对建设工程价款结算达成协议，诉讼中一方当事人申请对工程造价进行鉴定的，人民法院不予准许。这就说明，结算协议不因施工合同的无效而无效，当事人之间就工程价款达成一致并签订结算协议，是其就工程价款结算问题达成的新协议，这也是当事人之间对存在的债权、债务关系的结算和清理，具有独立性和有效性，不违反法律、行政法规的强制性规定。

本案中，《退场清算协议》是某房地产公司与B建筑公司协商一致达成的新结算协议，是双方真实的意思表示，内容没有违反我国法律、行政法规的强制性规定，应当认定合法有效。因此，某房地产公司主张《退场清算协议》无效的理由不成立，其应按《退场清算协议》向B建筑公司支付工程款。故鲁某的说法不符合我国法律规定。

【风险防范建议】

工程结算协议的效力虽然与建设工程施工合同没有直接关系，但必须合法，应注意以下问题：

（1）签订工程结算协议的当事人要符合法律、行政法规规定，协议内容真实。

（2）签订工程结算协议的当事人需全面了解协议内容，没有误解或欺诈行为。

（3）签订工程结算协议的当事人没有受胁迫，协议能够体现当事人真实意思。

【法条链接】

《民法典》第一百五十三条 违反法律、行政法规的强制性规定的民事法律行为无效。但是，该强制性规定不导致该民事法律行为无效的除外。

违背公序良俗的民事法律行为无效。

第一百五十七条 民事法律行为无效、被撤销或者确定不发生效力后，行为人因该行为取得的财产，应当予以返还；不能返还或者没有必要返还的，应当折价补偿。有过错的一方应当赔偿对方由此所受到的损失；各方都有过错的，应当各自承担相应的责任。法律另有规定的，依照其规定。

第五百六十七条 合同的权利义务关系终止，不影响合同中结算和清理条款的效力。

《最高人民法院关于审理建设工程施工合同纠纷案件适用法律问题的解释（一）》第二十九条 当事人在诉讼前已经对建设工程价款结算达成协议，诉讼中一方当事人申请对工程造价进行鉴定的，人民法院不予准许。

65. 工程项目部对外签订的合同有效吗?

【情景案例】

唐某以某建筑公司第三项目部的名义,与某贸易公司签订《供货合同》,约定:某贸易公司于指定日期将100吨水泥送到某建筑公司第三项目部指定工地,水泥每吨400元,合计4万元;收货后7日内给付2万元,余款30日内付清。签约后,某贸易公司按约定将水泥送到唐某指定仓库。到指定日期唐某出具收条,表示收到货物。后唐某因犯行贿罪被逮捕,某贸易公司因此收不到货款。为此,某贸易公司请求某建筑公司按《供货合同》约定支付货款,但遭到拒绝。某建筑公司认为,唐某与某建筑公司是挂靠关系,公司没有给唐某任何公章。唐某所盖的"某建筑公司第三项目部"公章是其私刻的,因此其所签订的合同与某建筑公司无关。协商无果后,某贸易公司遂将某建筑公司起诉到法院,要求其支付4万元货款及利息。

请问:某贸易公司的请求能得到法院支持吗?

【案例分析】

本案涉及的是工程项目部对外签订合同的效力问题。

《民法典》第一百六十二条规定,代理人在代理权限内,以被代理人名义实施的民事法律行为,对被代理人发生效力。根据该法第一百七十一条的规定,被代理人未作表示的,视为拒绝追认。

本案中,某建筑公司认为其与唐某之间是挂靠关系,这说明某建筑公司知道唐某以"某建筑公司第三项目部"名义实施民事行为而没有作否认表示,应视为同意。项目部不是某建筑公司的内设机构和分支机构,而是根据某建筑公司授权,对建设工程进行管理的部门,不具有独立的民事主体资格,是某建筑公司的代表。因此,某建筑公司应对唐某以项目部名义购买水泥的行为承担责任。故某贸易公司的请求能得到法院支持。

【风险防范建议】

工程合同实务中,建筑企业因项目管理的需要,往往会成立专门的项目部并刻制专属的项目部印章。项目部印章包括项目部公章、项目部财务专用章、项目部资料专用章等,根据项目的不同,项目部印章采用的形式不同。通常来说,项目部印章只要在工程内部资料和与发包人的往来文件中使用。但是,在项目实际实施过程中,由于项目部印章在使用过程中没有被规范运用或者是有人恶意私刻项目部印章,往往存在项目部印章加盖在合同中的情形,进而导致纠纷产生。关于如何防范项目部印章在使用过程中产生的法律风险,建议如下:

(1)制定项目专用章的管理制度,明确规范项目专用章的刻制和使用权限。项目专用章应当由建筑企业相关部门统一刻制,专人保管。项目部印章仅限用于工程内部资料和与发包人的往来文件中,不得在相关合同、担保、借条、收据等经济类文件中加盖项目部印章。在刻章时,建议在项目部印章上印上“签约、担保、背书无效”的字样。

(2)在工程所在地的地方权威报纸上登报公示,声明项目部印章仅用于工程相关资料,声明项目部印章“签约、担保、背书无效”,声明所有与工程项目相关的合同必须加盖建筑企业公章才属有效。登报后,报纸要留存一份,以作为证据使用。

(3)对项目部的合同签订流程和项目部印章的式样在项目部显眼的公告栏进行公示。公示后要拍照或录像予以留存,以作为证据使用。

(4)对项目部管理人员进行专项培训,通过以案说法等方式,提高项目部管理人员对规范项目部印章使用重要性的认识。另外,要做好印章管理人员的岗前培训和相关制度交底工作,以保证项目部印章能规范使用。

【法条链接】

《民法典》第一百六十一条 民事主体可以通过代理人实施民事法律行为。

依照法律规定、当事人约定或者民事法律行为的性质,应当由本人亲自实施的民事法律行为,不得代理。

第一百六十二条 代理人在代理权限内,以被代理人名义实施的民事法律行为,对被代理人发生效力。

第一百七十一条 行为人没有代理权、超越代理权或者代理权终止后,仍然实施代理行为,未经被代理人追认的,对被代理人不发生效力。

相对人可以催告被代理人自收到通知之日起三十日内予以追认。被代理人未作表示的,视为拒绝追认。行为人实施的行为被追认前,善意相对人有撤销的权利。撤销应当以通知的方式作出。

行为人实施的行为未被追认的,善意相对人有权请求行为人履行债务或者就其受到的损害请求行为人赔偿。但是,赔偿的范围不得超过被代理人追认时相对人所能获得的利益。

相对人知道或者应当知道行为人无权代理的,相对人和行为人按照各自的过错承担责任。

四、挂靠合同

66. 没有资质的实际施工人挂靠有资质的建筑企业承揽工程,合法吗?

【情景案例】

甲房地产公司将某社区的2号楼工程发包给乙建筑公司,双方签订《建设工程施工合同》,约定:工程总价款为2000万元,指定日期开工工期为1年。实质上,该工程是由没有资质的丙建筑公司挂靠乙建筑公司与甲房地产公司签订的合同。在签订《建设工程施工合同》之前,乙建筑公司与丙建筑公司签订了一份《挂靠合作协议》,约定由丙建筑公司挂靠乙建筑公司承建甲房地产公司某社区的2号楼工程，乙建筑公司收取2%的管理费，并在施工中做好协调，配合等管理工作，使工程保质保量按计划顺利地完成。之后，丙建筑公司按约定开工，并按期保质完成某社区的2号楼工程项目建设。

请问：没有资质的丙建筑公司挂靠乙建筑公司承建工程的行为，是否合法？

【案例分析】

本案涉及的是挂靠合同的效力问题。

我国《建筑法》第二十六条规定，禁止建筑施工企业超越本企业资质等级许可的业务范围或者以任何形式用其他建筑施工企业的名义承揽工程。禁止建筑施工企业以任何形式允许其他单位或者个人使用本企业的资质证书、营业执照，以本企业的名义承揽工程。根据该法第六十六条的规定，建筑施工企业转让、出借资质证书或者以其他方式允许他人以本企业的名义承揽工程的，责令改正，没收违法所得，并处罚款，可以责令停业整顿，降低资质等级；情节严重的，吊销资质证书。根据《民法典》第一百五十三条的规定，违反法律、行政法规的强制性规定的合同无效。

本案中，甲房地产公司将某社区的2号楼工程发包给乙建筑公司，双方签订《建设工程施工合同》，乙建筑公司却由没有资质的丙建筑公司挂靠施工，双方签订《挂靠合作协议》，乙建筑公司收取2%的管理费，并在施工中做好协调、配合等管理工作，丙建筑公司并按约定开工，并按期保质完成某社区的2号楼工程项目建设。这就说明，乙建筑公司与没有资质的丙建筑公司挂靠施工，承建工程的行为违反了法律的强制性规定，《挂靠合作协议》无效。

【风险防范建议】

实务中，一方面，有些施工人有自己的施工队伍也能接到工程项目，但其没有相应的施工资质不能承揽工程。另一方面，有些建筑企业虽然有施工资质，但却接不到充足的工程项目。于是，没有资质的施工人以向有资质的建筑施工企业交纳一定金额的挂靠费为代价，挂靠在有资质的建筑企业名下，对外以建筑企业的名义承揽工程，以解决自己没有资质的问题。就建筑企业而言，虽然可收取一笔金额不菲的挂靠费，但此种合作关系会给建筑企业带来巨大法律风险，需要具体提醒如下：

(1)工程不符合质量标准给发包人造成损失的，建筑企业要与挂靠人承担连带责任。

(2)挂靠人以建筑企业的名义对外签订的材料设备采购、租赁等合同，一般因构成表见代理，由建筑企业承担合同责任。如果合同相对方明知是挂靠的，建筑企业也要承担补充责任。

(3)挂靠人聘请的员工因工伤亡的，建筑企业要为此承担工伤赔偿责任。

(4)向实际施工人承担欠付工程款的风险。在建设工程施工领域,层层转包和违法分包的现象十分普遍。如果挂靠人将工程转包或分包给他人实际施工,而挂靠人又欠实际施工人工程款未付,实际施工人可以起诉被挂靠人要求支付工程款。

(5)由于挂靠施工属于法律严格禁止的行为,因此被挂靠人一旦被举报或者被行政主管机关查处,可能会面临严厉的行政处罚,甚至因情节严重被吊销资质证书。

【法条链接】

《建筑法》第二十六条　承包建筑工程的单位应当持有依法取得的资质证书,并在其资质等级许可的业务范围内承揽工程。

禁止建筑施工企业超越本企业资质等级许可的业务范围或者以任何形式用其他建筑施工企业的名义承揽工程。禁止建筑施工企业以任何形式允许其他单位或者个人使用本企业的资质证书、营业执照,以本企业的名义承揽工程。

第六十六条　建筑施工企业转让、出借资质证书或者以其他方式允许他人以本企业的名义承揽工程的,责令改正,没收违法所得,并处罚款,可以责令停业整顿,降低资质等级;情节严重的,吊销资质证书。对因该项承揽工程不符合规定的质量标准造成的损失,建筑施工企业与使用本企业名义的单位或者个人承担连带赔偿责任。

《民法典》第一百五十三条　违反法律、行政法规的强制性规定的民事法律行为无效。但是,该强制性规定不导致该民事法律行为无效的除外。

违背公序良俗的民事法律行为无效。

《建设工程质量管理条例》第六十一条　违反本条例规定,勘察、设计、施工、工程监理单位允许其他单位或者个人以本单位名义承揽工程的,责令改正,没收违法所得,对勘察、设计单位和工程监理单位处合同约定的勘察费、设计费和监理酬金1倍以上2倍以下的罚款;对施工单位处工程合同价款2%以上4%以下的罚款;可以责令停业整顿,降低资质等级;情节严重的,吊销资质证书。

67. 被挂靠人需要对挂靠人的不法行为承担连带责任吗?

【情景案例】

魏某与A建筑公司签订《工程合作协议书》,约定:由魏某借用某建筑公司名义与B公司签订施工合同,A建筑公司的权利与义务由魏某实际享有与承担,魏某按工程造价的2%向某建筑公司缴纳挂靠费。A建筑公司与B公司签订《建设工程施工合同》,约定:A建筑公司承接B公司位于深圳市龙岗区某厂房的建筑工程,工程款共3800万元,工期为7个月。协议签订后,由魏某组织施工。为节省成本,魏某采购不合格的劣质钢材进行施工,导致工程验收不合格,经有关部门鉴定,工程存在严重的安全隐患,给B公司造成了较大的经济损失。

请问:A 建筑公司需要对魏某的不法行为承担连带责任吗?

【案例分析】

本案涉及的是挂靠行为的法律责任问题。

我国《建筑法》第二十六条第二款规定,禁止建筑施工企业以任何形式允许其他单位或者个人使用本企业的资质证书、营业执照,以本企业的名义承揽工程。根据该法第六十六条的规定,对因该项承揽工程不符合规定的质量标准造成的损失,建筑施工企业与使用本企业名义的单位或者个人承担连带赔偿责任。《最高人民法院关于审理建设工程施工合同纠纷案件适用法律问题的解释(一)》第七条规定,缺乏资质的单位或者个人借用有资质的建筑施工企业名义签订建设工程施工合同,发包人请求出借方与借用方对建设工程质量不合格等因出借资质造成的损失承担连带赔偿责任的,人民法院应予支持。

本案中,魏某与 A 建筑公司签订《工程合作协议书》,约定由魏某借用某建筑公司名义与 B 公司签订施工合同。该行为属于法律禁止的缺乏资质的个人借用有资质的建筑施工企业名义签订建设工程施工合同的挂靠行为。魏某采购不合格的劣质钢材进行施工,导致工程因质量问题验收不合格,给 B 公司造成了较大的经济损失。根据上述法律规定,魏某给 B 公司造成的经济损失,A 建筑公司与魏某应当承担连带赔偿责任。

【风险防范建议】

建筑企业承包工程要避免承担连带赔偿责任,需注意以下问题:

(1)承包建筑工程的单位应当具备相应的资质证书等级,并且以本企业的名义承包工程,即不能挂靠其他企业。禁止转让、出借资质证书或者以其他方式允许其他企业或个人以本企业的名义承包工程,即不能被其他企业或个人挂靠。

(2)必须保证工程质量,如果出现建设工程质量不合格等问题造成损失,建筑施工企业与使用本企业名义承包的企业或者个人要承担连带赔偿责任,即挂靠与被挂靠企业要承担连带赔偿责任。

【法条链接】

《建筑法》第二十六条　承包建筑工程的单位应当持有依法取得的资质证书,并在其资质等级许可的业务范围内承揽工程。

禁止建筑施工企业超越本企业资质等级许可的业务范围或者以任何形式用其他建筑施工企业的名义承揽工程。禁止建筑施工企业以任何形式允许其他单位或者个人使用本企业的资质证书、营业执照,以本企业的名义承揽工程。

第六十六条 建筑施工企业转让、出借资质证书或者以其他方式允许他人以本企业的名义承揽工程的，责令改正，没收违法所得，并处罚款，可以责令停业整顿，降低资质等级；情节严重的，吊销资质证书。对因该项承揽工程不符合规定的质量标准造成的损失，建筑施工企业与使用本企业名义的单位或者个人承担连带赔偿责任。

《最高人民法院关于审理建设工程施工合同纠纷案件适用法律问题的解释(一)》第七条 缺乏资质的单位或者个人借用有资质的建筑施工企业名义签订建设工程施工合同，发包人请求出借方与借用方对建设工程质量不合格等因出借资质造成的损失承担连带赔偿责任的，人民法院应予支持。

68. 挂靠人可以自己名义向发包人主张工程款债权吗?

【情景案例】

陶某挂靠A建筑公司与B公司签订《建筑工程施工合同》，约定：B公司将某商贸广场项目发包给A建筑公司，工程总价款为6000万元。陶某组织工人进场施工，并按时完工，经验收合格后交付给B公司使用。B公司以资金紧张为由，至完工1年后仍拖欠1000万元工程款没有支付。为此，陶某请求A建筑公司起诉B公司，但A建筑公司为不影响与B公司的正常合作关系，不同意起诉B公司。无奈之下，陶某直接到法院起诉B公司，主张工程款债权。

请问：陶某的请求能得到法院支持吗?

【案例分析】

本案涉及的是挂靠人是否为适格当事人的问题。

根据我国《建筑法》第二十六条的规定，禁止建筑施工企业以任何形式允许其他单位或者个人使用本企业的资质证书、营业执照，以本企业的名义承揽工程。根据《最高人民法院关于审理建设工程施工合同纠纷案件适用法律问题的解释(一)》第一条的规定，没有资质的实际施工人借用有资质的建筑施工企业名义的建设施工合同无效。这通常指的是挂靠，即没有相应施工资质的单位或个人，借用具有相应资质的施工企业的名义承揽工程，并向该企业交纳相应管理费而被挂靠企业对承揽的工程并不进行实际管理的行为。该司法解释第四十三条第二款规定，实际施工人以发包人为被告主张权利的，人民法院应当追加转包人或者违法分包人为本案第三人，在查明发包人欠付转包人或者违法分包人建设工程价款的数额后，判决发包人在欠付建设工程价款范围内对实际施工人承担责任。《民法典》第七百九十三条第一款规定，建设工程施工合同无效，但是建设工程经验收合格的，可以参照合同关于工程价款的约定折价补偿承包人。本案中，陶某以挂靠的名义承包了商贸广场项目，以实际施工人的身份完成该建设项目并验收合格，虽然依据《建筑法》第二十六条和《最高人民法院关于审理建设工程施工合同纠纷案件适用法律问题的解释（一）》第一条的规定，《建筑工程施工合同》无效，但依据《最高人民法院关于审理建设工程施工合同纠纷案件适用法律问题的解释（一）》第四十三条的规定，陶某是权利人，是适格的当事人，可以自己的名义起诉发包方 B 公司，因此陶某的请求可以得到法院支持。

【风险防范建议】

建筑公司挂靠，是我国建筑行业现阶段面临的严重问题，其不仅扰乱了建筑市场秩序，被挂靠企业也存在较多潜在的法律风险，具体如下：

（1）对建设工程的安全质量承担连带赔偿责任。一是对建设工程本身不符合质量标准造成的损失，被挂靠企业与挂靠人承担连带赔偿责任；二是在建设工程施工过程中造成他人生命、身体、财产损失的，被挂靠企业与挂靠人承担连带赔偿责任。

（2）因劳动、工伤争议产生的法律风险。在施工过程中，挂靠人往往会招聘大量建筑工人，虽然挂靠人与被挂靠企业之间可能会在协议中明确约定建筑工人的工资以及一切工伤事故均由挂靠人承担，但是此约定会因为违反《劳动法》而归于无效，最后被挂靠企业仍为责任承担者。实务中，挂靠人与建筑工人之间大多不会签任何合同，工人只知道自己在这个工地上班，连直接招聘他的人是谁都不知道，一旦拿不到工资，就只有找被挂靠的建筑公司。

（3）对建设工程的对外债务承担法律责任。被挂靠企业作为法律上的承包主体，是该建设工程的债权的享有者和债务的承担者。如果以被挂靠企业的名义对外签订采购合同，在工程施工中往往出现挂靠人与供应商等第三人之间的债务纠纷，当挂靠人无力偿还债务时，法院将会判决被挂靠企业承担给付责任；当被挂靠企业再向挂靠人行使追偿权时，可能会因为挂靠人的承担能力欠缺而落空。

（4）可能面临行政处罚，甚至被降低资质等级或吊销资质证书。

关于建筑公司承包项目如何防范上述风险，建议如下：

（1）建筑公司防范上述法律风险的根本之策是不采取挂靠方式承包建设工程，对外不签订挂靠合同，不转让、出借公司资质证书，不以其他方式允许他人以本单位的名义承揽工程，在资质许可范围内承揽工程，依法承包并承担合同义务。

（2）建筑公司应加强工程的监督，无论如何都应该保障工程的质量，并顺利通过验收，否则价款请求权将受到极大的损害。

（3）用工风险方面，建筑公司应对员工实行实名制，签订劳动合同并统一购买社会保险，加强员工的安全意识教育，尽量避免劳动纠纷的产生。

【法条链接】

《建筑法》第二十六条　承包建筑工程的单位应当持有依法取得的资质证书，并在其资质等级许可的业务范围内承揽工程。

禁止建筑施工企业超越本企业资质等级许可的业务范围或者以任何形式用其他建筑施工企业的名义承揽工程。禁止建筑施工企业以任何形式允许其他单位或者个人使用本企业的资质证书、营业执照，以本企业的名义承揽工程。

第六十六条 建筑施工企业转让、出借资质证书或者以其他方式允许他人以本企业的名义承揽工程的，责令改正，没收违法所得，并处罚款，可以责令停业整顿，降低资质等级；情节严重的，吊销资质证书。对因该项承揽工程不符合规定的质量标准造成的损失，建筑施工企业与使用本企业名义的单位或者个人承担连带赔偿责任。

《民法典》第一百五十三条第一款 违反法律、行政法规的强制性规定的民事法律行为无效。但是，该强制性规定不导致该民事法律行为无效的除外。

第七百九十三条第一款 建设工程施工合同无效，但是建设工程经验收合格的，可以参照合同关于工程价款的约定折价补偿承包人。

《最高人民法院关于审理建设工程施工合同纠纷案件适用法律问题的解释(一)》第一条第一款 建设工程施工合同具有下列情形之一的，应当依据民法典第一百五十三条第一款的规定，认定无效：

(一)承包人未取得建筑业企业资质或者超越资质等级的；

(二)没有资质的实际施工人借用有资质的建筑施工企业名义的；

(三)建设工程必须进行招标而未招标或者中标无效的。

第四十三条 实际施工人以转包人、违法分包人为被告起诉的，人民法院应当依法受理。

实际施工人以发包人为被告主张权利的，人民法院应当追加转包人或者违法分包人为本案第三人，在查明发包人欠付转包人或者违法分包人建设工程价款的数额后，判决发包人在欠付建设工程价款范围内对实际施工人承担责任。

69. 挂靠人与第三人签订经济合同，被挂靠人是否应承担责任?

【情景案例】

姜某与甲建筑公司董事长谢某是大学同学，关系甚好。姜某通过关系洽谈好承接某学校实验楼工程的事宜，于是与谢某商量挂靠事宜，约定如下：以甲建筑公司名义与某学校签订合同，姜某给予甲建筑公司工程款的2%作为管理费，姜某以甲建筑公司名义进行所有法律行为由自己负责，与甲建筑公司无关。后甲建筑公司与某学校签订《建设工程施工合同》。因施工需要，姜某以自己名义从乙建材公司采购钢材，以甲建筑公司名义与乙建材公司签订《钢材货款结算协议》。由于姜某不按时给乙建材公司支付货款，经多次催告后，姜某仍不支付。无奈之下，乙建材公司以姜某和甲建筑公司为被告提起诉讼，要求两被告对钢材货款承担连带清偿责任。

请问：甲建筑公司对钢材货款需要承担清偿责任吗?

【案例分析】

本案涉及的是挂靠人违约的情况下,被挂靠人是否承担责任的问题。

我国《民法典》第一百七十二条规定,行为人没有代理权、超越代理权或者代理权终止后,仍然实施代理行为,相对人有理由相信行为人有代理权的,代理行为有效。第五百七十七条规定,当事人一方不履行合同义务或者履行合同义务不符合约定的,应当承担继续履行、采取补救措施或者赔偿损失等违约责任。第五百七十八条规定,当事人一方明确表示或者以自己的行为表明不履行合同义务的,对方可以在履行期限届满前请求其承担违约责任。第五百七十九条规定,当事人一方未支付价款、报酬、租金、利息,或者不履行其他金钱债务的,对方可以请求其支付。

本案中,姜某和甲建筑公司的约定属于内部约定,受合同相对性的限制,约定的内容对乙建材公司不发生效力,乙建材公司也不知道其中内容,依据《民法典》第一百七十二条的规定,姜某的行为构成表见代理,甲建筑公司和乙建材公司的买卖合同有效。依据《民法典》第五百七十七条、第五百七十八条、第五百七十九条的规定,甲建筑公司应当对钢材货款承担清偿责任。

【风险防范建议】

关于建筑公司如何防范挂靠人以自己名义对外签订合同产生的法律风险,建议如下:

(1)建立规范的内部监督机制,防范挂靠人擅自使用建筑公司的名义实施材料采购、签订合同等无权代理或者无权处分的情况发生。

(2)挂靠存在很大的风险,建筑公司最好自己组织建造承包项目并按照法律规定以及合同义务完成项目,防范挂靠造成的财产损失。

(3)对此前已经产生的挂靠事实,一是要重新审查挂靠合同,梳理法律关系,变更合作方式,避免产生挂靠无效的法律后果;二是要求合作方提供一定的保证金,以保证合作方遵守约定。

【法条链接】

《民法典》第一百七十二条 行为人没有代理权、超越代理权或者代理权终止后,仍然实施代理行为,相对人有理由相信行为人有代理权的,代理行为有效。

第五百七十七条 当事人一方不履行合同义务或者履行合同义务不符合约定的,应当承担继续履行、采取补救措施或者赔偿损失等违约责任。

第五百七十八条 当事人一方明确表示或者以自己的行为表明不履行合同义务的,对方可以在履行期限届满前请求其承担违约责任。

第五百七十九条 当事人一方未支付价款、报酬、租金、利息,或者不履行其他金钱债务的,对方可以请求其支付。

70. 挂靠人是否可以通过主张其系被挂靠企业内部职工,将挂靠方式转化为内部承包?

【情景案例】

马某不是A建筑公司员工,为规避挂靠的相关法律风险,马某与A建筑公司签订《内部承包合同》,约定:由马某以A建筑公司的名义与B公司签约承接某小区工程,并通过补充协议另约定马某给A建筑公司2%的挂靠管理费。A建筑公司与B房地产公司签订《建设工程施工合同》,约定由B房地产公司将其写字楼装饰工程发包给A建筑公司,指定日期开工,工程总价款为300万元。后B房地产公司从施工人员口中得知马某实际是挂靠A建筑公司承接工程的,为保证工程施工质量,B公司遂起诉到法院,以马某挂靠A建筑公司名义签订合同为由,请求确认双方签订的《建设工程施工合同》无效。马某认为,其是A建筑公司的内部员工,其与公司签订了《内部承包合同》,根据我国法律规定,内部承包是合法的,因此《建设工程施工合同》有效。但是,马某未能提交与A建筑公司签订过劳动合同或A建筑公司支付过工资等能够直接证明双方存在劳动关系的证据。

请问:B公司的请求能得到法院支持吗?

【案例分析】

本案涉及的是挂靠和内部承包的区别问题。

根据我国《建筑法》第二十六条的规定,禁止建筑施工企业以任何形式允许其他单位或者个人使用本企业的资质证书、营业执照,以本企业的名义承揽工程。根据《最高人民法院关于审理建设工程施工合同纠纷案件适用法律问题的解释(一)》第一条的规定,没有资质的实际施工人借用有资质的建筑施工企业名义的,建设施工合同无效。根据《最高人民法院关于适用〈中华人民共和国民事诉讼法〉的解释》第九十条的规定,当事人未能提供证据或者证据不足以证明其事实主张的,由负有举证证明责任的当事人承担不利的后果。

本案中,马某虽然和A建筑公司签订《内部承包合同》,但没有证据证明双方存在劳动关系,依据《最高人民法院关于适用〈中华人民共和国民事诉讼法〉的解释》第九十条的规定,无法认定双方是内部承包关系,马某应承担不利后果。依据《建筑法》第二十六条和《最高人民法院关于审理建设工程施工合同纠纷案件适用法律问题的解释(一)》第一条的规定,双方签订的《建设工程施工合同》无效,因此B公司的请求可以得到法院支持。

【风险防范建议】

建设工程内部承包制是建筑公司为提高企业生产力所采用的一种经营模式，其优点是可以充分调动施工企业内部员工积极性，释放企业生产力，支持企业同时承接多个工程项目，多线操作盈利。但实务中，建设工程内部承包制也存在很大的隐患。建议从以下几个方面防范相关法律风险：

(1)严格承包人资信审查。对承包人的资信审查是预防和控制承包风险的第一关。避免以内部承包为名，行挂靠之实，不将工程项目内部承包给非本建筑公司内部人员。对那些经济上、技术上、管理上无履约能力的内部员工应当取消其承包资格。

(2)要求承包人提供担保，签订担保协议，以控制风险。承包人可以提供有经济实力的担保人来担保，也可以用不动产、车辆等进行抵押担保。

(3)控制工程资金，防止资金挪用。资金失控是造成建筑公司承担经济风险的主要原因之一。因此，建筑公司必须严格监管承包人对工程资金的使用。工程资金最好进企业账户，在保障农民工工资按时足额支付后，再由企业审查后拨付给承包人负责施工的项目部。

(4)依法及时行使追索权。对承包人因违约或侵权行为给建筑公司造成损失的，建筑公司应依据内部承包合同的约定，及时向人民法院起诉以保障企业的合法权益。

【法条链接】

《民法典》第一百五十三条　违反法律、行政法规的强制性规定的民事法律行为无效。但是，该强制性规定不导致该民事法律行为无效的除外。

违背公序良俗的民事法律行为无效。

《建筑法》第二十六条　承包建筑工程的单位应当持有依法取得的资质证书，并在其资质等级许可的业务范围内承揽工程。

禁止建筑施工企业超越本企业资质等级许可的业务范围或者以任何形式用其他建筑施工企业的名义承揽工程。禁止建筑施工企业以任何形式允许其他单位或者个人使用本企业的资质证书、营业执照，以本企业的名义承揽工程。

《最高人民法院关于适用〈中华人民共和国民事诉讼法〉的解释》第九十条　当事人对自己提出的诉讼请求所依据的事实或者反驳对方诉讼请求所依据的事实，应当提供证据加以证明，但法律另有规定的除外。

在作出判决前，当事人未能提供证据或者证据不足以证明其事实主张的，由负有举证证明责任的当事人承担不利的后果。

《最高人民法院关于审理建设工程施工合同纠纷案件适用法律问题的解释(一)》第一条第一款　建设工程施工合同具有下列情形之一的，应当依据民法典第一百五十三条第一款的规

定,认定无效:

（一）承包人未取得建筑业企业资质或者超越资质等级的；

（二）没有资质的实际施工人借用有资质的建筑施工企业名义的；

（三）建设工程必须进行招标而未招标或者中标无效的。

五、“黑白合同”

71. 发包人与承包人签订的“黑白合同”有效吗?

【情景案例】

甲建筑公司通过工程招投标,与乙服装公司总经理罗某签订承建综合楼的两份《建设工程施工合同》,第一份合同约定:工程总价款为6000万元;第二份合同约定:工程总价款为7000万元,工程款以本合同为结算依据。两份合同签订后,双方以第一份合同办理备案手续。后甲建筑公司按约定组织人员入场施工;工程全部按时竣工交付使用;同时,该工程被评为某市优良等级工程。后罗某因职务侵占罪被判处有期徒刑2年,刘某被乙服装公司董事会任命为公司新的总经理。之后,双方在工程最后结算时,对于依据备案合同确定的工程款进行结算,还是依据没有备案的合同进行结算产生争议。刘某认为,依据我国法律规定,工程结算应当以办理备案手续的合同结算,没有备案的合同是无效合同。

请问:刘某的说法符合法律规定吗?

【案例分析】

本案涉及的是“阴阳建设施工合同”的效力问题。

根据我国《民法典》第一百四十四条、第一百四十六条、第一百五十三条、第一百五十四条的规定,合同无效包括以下四种法定情形:无民事行为能力人实施的合同无效;行为人与相对人以虚假的意思表示实施的合同无效;违反法律、行政法规的强制性规定的合同无效;行为人与相对人恶意串通,损害他人合法权益的合同无效。《最高人民法院关于审理建设工程施工合同纠纷案件适用法律问题的解释(一)》第二十四条第一款规定,当事人就同一建设工程订立的数份建设工程施工合同均无效,但建设工程质量合格,一方当事人请求参照实际履行的合同关于工程价款的约定折价补偿的,人民法院应予支持。根据该司法解释第二条第一款的规定,当事人就同一建设工程另行订立的建设工程施工合同与经过备案的中标合同实质性内容不一致的,应当以备案的中标合同作为结算工程价款的根据。

本案中,甲、乙公司分别签订了两份建设工程施工合同,第一份合同进行了备案,第二份合同未备案,依据《最高人民法院关于审理建设工程施工合同纠纷案件适用法律问题的解释(一)》第二条第一款的规定,应当以第一份合同为根据,但因为第一份合同是双方虚假意思表示签订的合同,属于双方虚假行为,根据《民法典》第一百四十六条的规定,该合同无效。依据《最高人民法院关于审理建设工程施工合同纠纷案件适用法律问题的解释(一)》第二十四条的规定,甲建筑公司有权依据实际履行的第二份合同对工程价款进行结算,折价补偿承包人。因此,刘某的说法不符合法律规定。

【风险防范建议】

关于建筑公司在实际履行合同义务应当如何防范风险,建议如下:

(1)对签订的建设施工合同应当依照相关法律规定进行备案,防止出现因未备案而影响工程款结算的情况。

(2)对同一个工程,应当签订一份施工合同,以备案的合同承担相关义务和完成工程建设。同一工程的多份施工合同会影响权利、义务以及违约责任的认定,应当尽量避免。

(3)特别需要注意的是,2019 年 3 月 18 日,《住房和城乡建设部关于修改有关文件的通知》(建法规〔2019〕3 号)修改《住房城乡建设部关于进一步加强建筑市场监管工作的意见》(建市〔2011〕86 号),删除“(八)推行合同备案制度。合同双方要按照有关规定,将合同报项目所在地建设主管部门备案。工程项目的规模标准、使用功能、结构形式、基础处理等方面发生重大变更的,合同双方要及时签订变更协议并报送原备案机关备案。在解决合同争议时,应当以备案合同为依据”,取消了合同备案制度。故建设工程项目签订多份合同的,应以表达当事人双方真实意思表示的中标合同为准。

【法条链接】

《民法典》第一百四十四条 无民事行为能力人实施的民事法律行为无效。

第一百四十六条 行为人与相对人以虚假的意思表示实施的民事法律行为无效。

以虚假的意思表示隐藏的民事法律行为的效力,依照有关法律规定处理。

第一百五十三条 违反法律、行政法规的强制性规定的民事法律行为无效。但是,该强制性规定不导致该民事法律行为无效的除外。

违背公序良俗的民事法律行为无效。

第一百五十四条 行为人与相对人恶意串通,损害他人合法权益的民事法律行为无效。

《最高人民法院关于审理建设工程施工合同纠纷案件适用法律问题的解释(一)》第二条第一款 招标人和中标人另行签订的建设工程施工合同约定的工程范围、建设工期、工程质量、工程价款等实质性内容,与中标合同不一致,一方当事人请求按照中标合同确定权利义务的,人民法院应予支持。

第二十四条 当事人就同一建设工程订立的数份建设工程施工合同均无效,但建设工程质量合格,一方当事人请求参照实际履行的合同关于工程价款的约定折价补偿承包人的,人民法院应予支持。

实际履行的合同难以确定，当事人请求参照最后签订的合同关于工程价款的约定折价补偿承包人的，人民法院应予支持。

72.“黑合同”“白合同”均无效的，如何确定工程款的结算依据？

【情景案例】

康某为承建武汉市某商贸广场工程项目与甲公司进行了多次商谈，在康某支付甲公司80万元投标保证金后，甲公司同意康某承建该项目，但要求康某必须以具有一级建筑资质的公司名义投标、签订合同和报建。康某与具有一级建筑资质的乙建筑公司签订合作协议，确立了双方在武汉市某商贸广场工程项目的挂靠承包关系。康某以乙建筑公司名义与甲公司签订《武汉市某商贸广场工程项目施工合同》（“黑合同”）。之后，双方在没有通过招投标程序直接签订了备案合同（“白合同”）。备案合同中，无论是合同价款、计价方式、支付节点等条件，均优于标前合同。但双方实际履行的是“黑合同”。工程按时竣工并经验收合格后，双方发生争议，甲公司起诉乙建筑公司要求按照备案合同主张工程款等。法院查明，本案讼争工程属于必须进行招标的工程，因此双方签订的“黑合同”“白合同”均属无效合同。

请问：甲公司与乙建筑公司应当如何确定工程款的结算依据？

【案例分析】

本案涉及的是两份建设工程施工合同无效的情形下工程款的结算问题。

根据《最高人民法院关于审理建设工程施工合同纠纷案件适用法律问题的解释（一）》第一条第一款第（二）、（三）项的规定，建设工程施工合同具有没有资质的实际施工人借用有资质的建筑施工企业名义以及建设工程必须进行招标而未招标或者中标无效的情形的，应当依据《民法典》第一百五十三条第一款的规定，认定无效。该司法解释第二十四条第一款规定，当事人就同一建设工程订立的数份建设工程施工合同均无效，但建设工程质量合格，一方当事人请求参照实际履行的合同关于工程价款的约定折价补偿承包人的，人民法院应予支持。

本案中，该建设工程是必须进行招标的工程，不具备资质的康某通过挂靠的方式签订了第一份建设工程施工合同，之后直接绕过招投标程序签订了第二份建设工程施工合同，依据《最高人民法院关于审理建设工程施工合同纠纷案件适用法律问题的解释（一）》第一条的规定，两份合同均属无效。与此同时，依据《最高人民法院关于审理建设工程施工合同纠纷案件适用法律问题的解释（一）》第二十四条的规定，甲公司与乙建筑公司应当以实际履行的合同（“黑合同”）作为工程款的结算依据。

【风险防范建议】

关于建筑公司依据合同进行项目建设如何防范风险，建议如下：

(1)建筑公司应当确定，项目建设所依据的合同应当合法有效，若存在无效的风险，应当及时和发包方进行协商，重新订立施工合同。

(2)对于依法必须招标的工程，建筑公司应当在签订合同时审查签约程序的合法性，须依法履行招投标程序，通过投标取得工程承包权，依法进行工程的建设工作，防止出现合同无效的情况并造成不必要的法律风险。

【法条链接】

《民法典》第一百五十三条 违反法律、行政法规的强制性规定的民事法律行为无效。但是，该强制性规定不导致该民事法律行为无效的除外。

违背公序良俗的民事法律行为无效。

《最高人民法院关于审理建设工程施工合同纠纷案件适用法律问题的解释(一)》第一条第一款 建设工程施工合同具有下列情形之一的，应当依据民法典第一百五十三条第一款的规定，认定无效：

(一)承包人未取得建筑业企业资质或者超越资质等级的；

(二)没有资质的实际施工人借用有资质的建筑施工企业名义的；

(三)建设工程必须进行招标而未招标或者中标无效的。

第二十四条 当事人就同一建设工程订立的数份建设工程施工合同均无效，但建设工程质量合格，一方当事人请求参照实际履行的合同关于工程价款的约定折价补偿承包人的，人民法院应予支持。

实际履行的合同难以确定，当事人请求参照最后签订的合同关于工程价款的约定折价补偿承包人的，人民法院应予支持。

第三章
勘察设计与监理

一、勘察设计

73. 设计单位不按照建筑工程质量、安全标准进行设计，要承担什么责任？

【情景案例】

甲设计公司承包了某科技公司丁二醇装置及配套的公用工程和辅助设施的工程设计项目（以下简称BDO项目）。甲设计公司将该项目中的回用水装置和公用辅助设施给排水的地下管网设计工作交由设计师伍某负责。伍某在进行地下管网设计时，依据已有的设计条件将工艺流程图中通向雨水系统的6根溢流管线走向在管道布置图中变更为通向污水系统，但未充分考虑变更原有工艺流程图可能存在的安全隐患。之后，某科技公司正在建设的BDO项目回用水厂房二楼发生爆炸，造成2人死亡、5人重伤，回用水厂房及厂房内的部分设备被毁损，直接经济损失约900万元的重大安全生产事故。经某市安全生产监督管理局成立的事故调查组调查认定，事故的发生是由于地下污水总管内的可燃气体甲烷、氢气等通过6根溢流管反串到正在施工建设的回用水厂房，长时间积聚并达到爆炸极限，遇操作工打开电灯开关打火引发气体空间爆炸。设计师伍某进行设计时违反《石油化工企业设计防火规范》相关规定，未进行危险有害因素辨识，便将通向雨水系统的6根溢流管线变更为通向污水系统，且未在6根溢流管或溢流管汇集总管上设计水封等阻隔装置，对事故的发生负有直接责任。

请问：甲设计公司及设计师伍某要承担什么责任？

【案例分析】

本案涉及设计单位不按照建筑工程质量、安全标准进行设计，应如何承担责任的问题。

依照我国《建筑法》第七十三条的规定，建筑设计单位不按照建筑工程质量、安全标准进行设计的，责令改正，处以罚款；造成工程质量事故的，责令停业整顿，降低资质等级或者吊销资质证书,没收违法所并处罚款;造成损失的,承担赔偿责任;构成犯罪的,依法追究刑事责任。《民法典》第一千一百九十一条规定,用人单位的工作人员因执行工作任务造成他人损害的,由用人单位承担侵权责任。用人单位承担侵权责任后,可以向有故意或者重大过失的工作人员追偿。劳务派遣期间,被派遣的工作人员因执行工作任务造成他人损害的,由接受劳务派遣的用工单位承担侵权责任;劳务派遣单位有过错的,承担相应的责任。

本案中,甲设计公司作为该工程项目设计承包公司将该工程项目的设计交给设计师伍某负责,伍某设计时没有考虑部分地方存在安全隐患,最终导致该项目厂房爆炸,造成严重人员伤亡和经济损失,后经调查鉴定设计师的设计对本次事故的发生负有直接责任。甲设计公司作为设计单位,违反国家规定,降低工程质量标准,造成重大安全生产事故,后果特别严重。伍某作为设计人员,本应该本着认真、负责、严谨的态度对该工程进行设计,但其失职行为造成本次事故,其对该事故的发生负直接责任,应当承担相应民事赔偿责任。该案事故发生的主要原因在于设计师伍某,故甲设计公司无须承担刑事责任,但因伍某系甲设计公司的员工,且伍某的设计行为系职务行为,虽伍某存在重大过错,但甲设计公司作为用人单位,需要承担相应的民事赔偿责任。由于伍某对事故的发生存在重大过失,甲设计公司可向伍某追偿。

综上所述,本案中甲设计公司应当对本次事故承担民事赔偿责任,赔偿后可向伍某追偿;伍某应当以重大安全事故罪承担刑事责任。

【风险防范建议】

就设计公司而言,要合理规避设计师出现重大工作过失导致安全事故的法律风险:首先,要在聘用、签订合同时将设计师过错导致的赔偿责任约定清楚;其次,在设计师对工程进行设计时,公司也要尽到监督、管理、审核等义务。

就设计师而言,能够规避上述案例风险的办法只有一个,即严格谨慎地完成工作任务,最大限度地保障自己设计的工程的安全性。

【法条链接】

《民法典》第一千一百九十一条　用人单位的工作人员因执行工作任务造成他人损害的,由用人单位承担侵权责任。用人单位承担侵权责任后,可以向有故意或者重大过失的工作人员追偿。

劳务派遣期间,被派遣的工作人员因执行工作任务造成他人损害的,由接受劳务派遣的用工单位承担侵权责任;劳务派遣单位有过错的,承担相应的责任。

第一千一百九十二条　个人之间形成劳务关系,提供劳务一方因劳务造成他人损害的,由接受劳务一方承担侵权责任。接受劳务一方承担侵权责任后,可以向有故意或者重大过失的提供劳务一方追偿。提供劳务一方因劳务受到损害的,根据双方各自的过错承担相应的责任。

提供劳务期间,因第三人的行为造成提供劳务一方损害的,提供劳务一方有权请求第三人承担侵权责任,也有权请求接受劳务一方给予补偿。接受劳务一方补偿后,可以向第三人追偿。

《刑法》第一百三十七条 建设单位、设计单位、施工单位、工程监理单位违反国家规定,降低工程质量标准,造成重大安全事故的,对直接责任人员,处五年以下有期徒刑或者拘役,并处罚金;后果特别严重的,处五年以上十年以下有期徒刑,并处罚金。

《建筑法》第五十四条 建设单位不得以任何理由,要求建筑设计单位或者建筑施工企业在工程设计或者施工作业中,违反法律、行政法规和建筑工程质量、安全标准,降低工程质量。

建筑设计单位和建筑施工企业对建设单位违反前款规定提出的降低工程质量的要求,应当予以拒绝。

第七十二条 建设单位违反本法规定,要求建筑设计单位或者建筑施工企业违反建筑工程质量、安全标准,降低工程质量的,责令改正,可以处以罚款;构成犯罪的,依法追究刑事责任。

第七十三条 建筑设计单位不按照建筑工程质量、安全标准进行设计的,责令改正,处以罚款;造成工程质量事故的,责令停业整顿,降低资质等级或者吊销资质证书,没收违法所得,并处罚款;造成损失的,承担赔偿责任;构成犯罪的,依法追究刑事责任。

《最高人民检察院、公安部关于公安机关管辖的刑事案件立案追诉标准的规定(一)》第十三条 [工程重大安全事故案(刑法第一百三十七条)]建设单位、设计单位、施工单位、工程监理单位违反国家规定,降低工程质量标准,涉嫌下列情形之一的,应予立案追诉:

(一)造成死亡一人以上,或者重伤三人以上;

(二)造成直接经济损失五十万元以上的;

(三)其他造成严重后果的情形。

74.与没有设计资质的设计公司签订的合同,有效吗?

【情景案例】

某市供电局和某设计公司签订《建设工程设计合同》,约定:某设计公司承担某市供电局供用电技术服务中心工程设计,某设计公司应向某市供电局交付全套设计资料及文件,设计合理使用年限为50年,设计收费为20万元。合同签订后,某市供电局向某设计公司支付订金10万元。后某设计公司向某市供电局交付了设计图,该图纸的出图单位为某设计公司。由于设计图达不到某市供电局要求,经调查,某市供电局才得知某设计公司没有取得任何设计资质证书。为此,某市供电局向某区法院提起诉讼,请求确认双方签订的合同无效,并要求某设计公司返还收取的订金10万元。

请问:某市供电局的请求能得到法院支持吗?

【案例分析】

本案涉及的是当设计公司未取得相应资质,与其签订的合同是否有效的问题。

根据我国《民法典》第一百五十三条的规定,违反法律、行政法规的强制性规定的民事法律行为无效。根据该法第一百五十七条的规定,民事法律行为无效后,行为人因该行为取得的财产,应当予以返还;不能返还或者没有必要返还的,应当折价补偿。有过错的一方应当赔偿对方由此所受到的损失;各方都有过错的,应当各自承担相应的责任。法律另有规定的,依照其规定。《建筑法》第十三条规定,从事建筑活动的建筑施工企业、勘察单位、设计单位和工程监理单位,按照其拥有的注册资本、专业技术人员、技术装备和已完成的建筑工程业绩等资质条件,划分为不同的资质等级,经资质审查合格,取得相应等级的资质证书后,方可在其资质等级许可的范围内从事建筑活动。合同是双方民事法律行为。

本案中,双方当事人签订合同之后,某市供电局才发现某设计公司没有任何设计资质证书,遂将某设计公司起诉至法院,要求法院判决双方签订的合同无效,并要求退还订金 10 万元。根据上述规定可知,某设计公司在没有取得相应等级的资质证书的情况下从事建筑活动,违反我国法律、行政法规的强制性规定,其与某市供电局签订的合同应属无效合同。合同无效后,对于某市供电局之前给某设计公司支付的订金 10 万元,某设计公司应当予以返还。综上所述,某市供电局的请求能得到法院支持。

【风险防范建议】

关于建设单位在签订建设工程设计合同时,如何防范相关法律风险,建议如下:

(1)应对设计单位是否具备设计资质进行审慎尽职调查,尤其需要关注该资质证书是否合法有效。目前我国具有颁发资质证书的合法主体只有建设主管部门,而非各种行业协会。通过将该资质证书作为合同附件和要求设计单位在合同中作出承诺与保证的方式,确保设计单位具备履行设计合同的资质条件。

(2)要防止一次性支付设计费的法律风险。如果合同中约定设计单位自建设单位一次性付清全部设计费之日起才提供设计服务,则对于建设单位而言存在较大的法律风险。在合同履行过程中,如果设计单位未依照合同约定的时间节点提供符合委托方要求的设计文件,或未全面依约履行合同约定的其他义务,则建设单位无法通过款项支付有效约束设计单位的行为。为此,建议在合同中约定建设单位根据设计单位提供的文件按阶段支付设计费用。

(3)建议在合同中以清单或者附件方式对设计文件的范围予以明确界定,以便于建设单位在收到相关设计文件后依约验收确认。如果合同中未约定或未明确约定设计单位应当提供设计文件的范围,可能存在委托方合同目的无法实现的法律风险。

【法条链接】

《建筑法》第二条第二款 本法所称建筑活动,是指各类房屋建筑及其附属设施的建造和与其配套的线路、管道、设备的安装活动。

第十三条 从事建筑活动的建筑施工企业、勘察单位、设计单位和工程监理单位，按照其拥有的注册资本、专业技术人员、技术装备和已完成的建筑工程业绩等资质条件，划分为不同的资质等级，经资质审查合格，取得相应等级的资质证书后，方可在其资质等级许可的范围内从事建筑活动。

《民法典》第一百五十三条 违反法律、行政法规的强制性规定的民事法律行为无效。但是，该强制性规定不导致该民事法律行为无效的除外。

违背公序良俗的民事法律行为无效。

第一百五十七条 民事法律行为无效、被撤销或者确定不发生效力后，行为人因该行为取得的财产，应当予以返还；不能返还或者没有必要返还的，应当折价补偿。有过错的一方应当赔偿对方由此所受到的损失；各方都有过错的，应当各自承担相应的责任。法律另有规定的，依照其规定。

《住宅室内装饰装修管理办法》第九条 装修人经原设计单位或者具有相应资质等级的设计单位提出设计方案变动建筑主体和承重结构的，或者装修活动涉及本办法第六条、第七条、第八条内容的，必须委托具有相应资质的装饰装修企业承担。

第二十二条 承接住宅室内装饰装修工程的装饰装修企业，必须经建设行政主管部门资质审查，取得相应的建筑业企业资质证书，并在其资质等级许可的范围内承揽工程。

《家庭居室装饰装修管理试行办法》第六条 凡承接家庭居室装饰装修工程的单位，应当持有建设行政主管部门颁发的具有建筑装饰装修工程承包范围的《建筑业企业资质证书》。

对于承接家庭居室装饰装修工程的个体装饰装修从业者，应当持所在地乡镇以上人民政府有关主管部门出具的务工证明、本人身份证、暂时居住证，向工程所在地的建设行政主管部门或者指定的机构登记备案，实行"登记注册、持证上岗"的制度。具体办法由省、自治区、直辖市人民政府建设行政主管部门制订。

第七条 凡没有《建筑业企业资质证书》或者建设行政主管部门发放的个体装饰装修从业者上岗证书的单位和个人，不得承接家庭居室装饰装修工程。

第十条 除自行装饰装修外，居民对于家庭居室装饰装修工程应当选择并委托具有《建筑业企业资质证书》的施工单位，或者具有个体装饰从业者上岗证书个人进行。

75. 施工单位工作人员随意修改建设工程勘察、设计文件，导致的损失应当由谁承担？

【情景案例】

A建筑公司与B设计公司签订《建设工程设计合同》，约定：A房地产公司将某小区的1号楼的消防工程交给B设计公司进行整体设计，总设计费为80万元。B设计公司按合同约定向A建筑公交付了设计图初稿，经双方数次协商修改；设计图于某日经双方签章最终定稿。定稿2个月后,A建筑公司在施工过程中,其项目经理陈某根据过往经验随意修改了设计文件,没有严格按设计图进行施工,最终导致工程验收时不合格,让A建筑公司造成了较大的经济损失。为此,A建筑公司将B设计公司诉至法院,要求B设计公司赔偿相关损失。

请问:A建筑公司的请求能得到法院支持吗?

【案例分析】

本案主要涉及施工单位随意修改勘察、设计文件,造成的损失应该如何承担的问题。

根据《建筑法》第五十八条的规定,建筑施工企业对工程的施工质量负责。建筑施工企业必须按照工程设计图纸和施工技术标准施工,不得偷工减料。工程设计的修改由原设计单位负责,建筑施工企业不得擅自修改工程设计。根据《最高人民法院关于审理建设工程施工合同纠纷案件的司法解释(一)》第十三条的规定,发包人具有提供的设计有缺陷的情形,造成建设工程质量缺陷,应当承担过错责任。根据《建设工程安全生产管理条例》第十三条的规定,设计单位应当按照法律、法规和工程建设强制性标准进行设计,防止因设计不合理导致生产安全事故的发生。设计单位应当考虑施工安全操作和防护的需要,对涉及施工安全的重点部位和环节在设计文件中注明,并对防范生产安全事故提出指导意见。采用新结构、新材料、新工艺的建设工程和特殊结构的建设工程,设计单位应当在设计中提出保障施工作业人员安全和预防生产安全事故的措施建议。设计单位和注册建筑师等注册执业人员应当对其设计负责。故设计单位在施工过程中仅负有保证设计合理和设计本身不会导致安全事故的责任。

本案中,B设计公司严格按照合同约定完成设计图纸,并经A建筑公司验收合格,已经完成了合同的约定义务。A建筑公司项目经理自行改动设计图纸,并未严格按设计图进行施工,最终导致工程验收时不合格,给A建筑公司造成了较大的经济损失。因此,A建筑公司项目经理擅自修改图纸,对造成A建筑公司较大经济损失的行为,具有明显过错,由于项目经理履行的是A建筑公司的职务行为,该损失应当由A建筑公司承担。该损失与B设计公司无关,B设计公司在本案中不承担责任。

综上所述,A建筑公司的请求无法得到法院支持。

【风险防范建议】

就设计公司而言,在双方确定设计文件后,建议签订一份补充协议,约定后期施工方擅自修改设计文件导致工程遭受损失的,设计公司不承担责任。设计公司在将双方确定好的设计文件交付施工方施工后,应当尽到一个合理的监督义务,防止出现上述情况。

就建筑公司而言，要尽到监督和管理的职责，不能疏忽大意；在与员工签订合同时，应当将员工出现过错导致的损失如何承担的问题约定清楚。

【法条链接】

《建筑法》第五十八条 建筑施工企业对工程的施工质量负责。

建筑施工企业必须按照工程设计图纸和施工技术标准施工，不得偷工减料。工程设计的修改由原设计单位负责，建筑施工企业不得擅自修改工程设计。

《最高人民法院关于审理建设工程施工合同纠纷案件的司法解释（一）》第十三条 发包人具有下列情形之一，造成建设工程质量缺陷，应当承担过错责任：

（一）提供的设计有缺陷；

（二）提供或者指定购买的建筑材料、建筑构配件、设备不符合强制性标准；

（三）直接指定分包人分包专业工程。

承包人有过错的，也应当承担相应的过错责任。

《建设工程安全生产管理条例》第十三条 设计单位应当按照法律、法规和工程建设强制性标准进行设计，防止因设计不合理导致生产安全事故的发生。

设计单位应当考虑施工安全操作和防护的需要，对涉及施工安全的重点部位和环节在设计文件中注明，并对防范生产安全事故提出指导意见。

采用新结构、新材料、新工艺的建设工程和特殊结构的建设工程，设计单位应当在设计中提出保障施工作业人员安全和预防生产安全事故的措施建议。

设计单位和注册建筑师等注册执业人员应当对其设计负责。

76. 发包人擅自修改工程设计导致建设工程质量缺陷，承包人需要承担责任吗？

【情景案例】

甲公司与乙建筑公司签订《建设工程施工合同》，约定：甲公司将某建筑工程发包给乙建筑公司。工程施工过程中，甲公司为减少施工成本，擅自修改了工程设计，乙建筑公司认为按照修改后的工程设计施工将导致施工质量不合格，于是书面向甲公司提出异议，但甲公司仍坚持按修改后的设计完成了该建筑工程。之后，该建筑工程因存在严重的质量缺陷无法验收合格，甲公司于是要求乙建筑公司承担违约责任。乙建筑公司以甲公司擅自修改工程设计致工程存在质量缺陷为由提出抗辩。

请问：乙建筑公司是否需对工程质量缺陷承担责任？

【案例分析】

本案涉及的是发包人提供的设计有缺陷造成建设工程质量不合格应如何承担责

任的问题。

根据《最高人民法院关于审理建设工程施工合同纠纷案件适用法律问题的解释(一)》第十三条的规定,发包人具有下列情形之一,造成建设工程质量缺陷,应当承担过错责任:提供的设计有缺陷;提供或者指定购买的建筑材料、建筑构配件、设备不符合强制性标准;直接指定分包人分包专业工程。承包人有过错的,也应当承担相应的过错责任。

本案中,甲公司提供的设计存在缺陷且是其擅自修改导致的,乙建筑公司发现该设计文件存在问题后书面提出异议,要求甲公司予以改正。该行为足以表明乙建筑公司已尽到提醒、告知义务,主观上并不存在相应过错。据此,根据上述司法解释的规定,建设工程质量缺陷责任应当由甲公司承担,乙建筑公司不承担责任。需要注意的是,如果乙建筑公司发现设计存在问题没有提出异议且按照该设计进行施工,则乙建筑公司具有过错,需要承担与其过错相适应的责任。

【风险防范建议】

关于遇到发包人在工程建设过程中擅自修改工程设计的情况,承包人如何防控相关风险,建议如下:

(1)承包人应当对发包人提供的图纸和设计文件进行认真审查,发现设计文件和图纸有差错的,应当及时提出书面意见和建议,以确保自己没有过错。另外,要将能够证明自己没有过错的证据保留下来,以免因举证不能而承担过错责任。

(2)工程的设计变更,势必引起工程价款的变动,为避免后面可能产生的工程款纠纷,建议承包人在设计变更确定后及时向发包人提交变更工程价款的报告,并要求对方签收。另外,承包人也可在合同专用条款中约定:关于设计变更引起的价款调增部分,承包人可以在竣工结算时一并提出变更工程价款的要求。

【法条链接】

《民法典》第七百九十三条 建设工程施工合同无效,但是建设工程经验收合格的,可以参照合同关于工程价款的约定折价补偿承包人。

建设工程施工合同无效,且建设工程经验收不合格的,按照以下情形处理:

(一)修复后的建设工程经验收合格的,发包人可以请求承包人承担修复费用;

(二)修复后的建设工程经验收不合格的,承包人无权请求参照合同关于工程价款的约定折价补偿。

发包人对因建设工程不合格造成的损失有过错的,应当承担相应的责任。

《最高人民法院关于审理建设工程施工合同纠纷案件的司法解释(一)》第十三条 发包人具有下列情形之一,造成建设工程质量缺陷,应当承担过错责任:

(一)提供的设计有缺陷;

（二）提供或者指定购买的建筑材料、建筑构配件、设备不符合强制性标准；

（三）直接指定分包人分包专业工程。

承包人有过错的，也应当承担相应的过错责任。

77. 发包单位与自然人签订的《建设工程勘察合同》是否有效？

【情景案例】

张某从某交通设计院辞职，后与某市公路公司签订《建设工程勘察合同》，约定：某市公路公司委托张某承担某市高速公路施工图勘察阶段的钻探劳务工作，工期为30天，合同价款为20万元。合同签订后，某市公路公司向张某支付5万元预付款。后张某按约定完成工作任务，但某市公路公司对张某的工作成果不满意，认为其达不到施工要求。为此，某市公路公司以张某不具有建设工程勘察企业资质为由向法院起诉，主张双方签订的合同无效，并要求张某返还5万元预付款。

请问：某市公路公司的请求能得到法院支持吗？

【案例分析】

本案涉及的是建设单位与自然人签订建设工程勘察合同的效力问题。

根据我国《民法典》第一百五十七条的规定，合同无效、被撤销或者确定不发生效力后，当事人因该合同取得的财产，应当予以返还；不能返还或者没有必要返还的，应当折价补偿。有过错的一方应当赔偿对方由此所受到的损失；各方都有过错的，应当各自承担相应的责任。法律另有规定的，依照其规定。该法第七百八十八条第二款规定，建设工程合同包括工程勘察、设计、施工合同。根据《建设工程勘察设计管理条例》第八条、第九条、第十条的规定，建设工程勘察、设计单位应当在其资质等级许可的范围内承揽建设工程勘察、设计业务。未经注册的建设工程勘察、设计人员，不得以注册执业人员的名义从事建设工程勘察、设计活动。建设工程勘察、设计注册执业人员和其他专业技术人员只能受聘于一个建设工程勘察、设计单位；未受聘于建设工程勘察、设计单位的，不得从事建设工程的勘察、设计活动。

本案中，张某系从某交通设计院辞职的技术人员，由于其没有受聘于一个建设工程勘察、设计单位，因此不能从事建设工程的勘察、设计活动。张某个人与某市公路公司签订《建设工程勘察合同》承接钻探劳务工作，违反我国法律、行政法规的强制性规定，合同应认定为无效。某市公路公司与张某对合同的无效，均有过错，应当各自承担相应的责任。张某已按约定完成勘察工作任务，付出了劳动，某市公路公司应对其工作成果价值进行补偿。某市公路公司以双方所签订的合同无效为由，要求张某返还5万元预付款，是要求张某承担合同无效的全部责任，不符合法律规定，故某市公路公司的请求不能得到法院支持。

【风险防范建议】

勘察设计合同的发包人在选择承包人时，应当注意以下事项：

（1）核查承包人的资质证书、营业执照等企业存续的有效登记信息，验明其是否具有相应的资质等级及履行合同的能力。

（2）与承包人签订的合同内容不能违反法律、行政法规的强制性规定，避免导致合同无效或者部分无效。具体应注意以下情形：承包人未取得相应的建设工程勘察、设计资质等级；没有资质的实际施工人借用有建设工程勘察、设计资质等级的企业名义的承包工程；未经注册的建设工程勘察、设计人员，从事建设工程勘察、设计活动以及未受聘于建设工程勘察、设计单位的建设工程勘察、设计人员，从事建设工程的勘察、设计活动。

【法条链接】

《民法典》第一百五十三条　违反法律、行政法规的强制性规定的民事法律行为无效。但是，该强制性规定不导致该民事法律行为无效的除外。

违背公序良俗的民事法律行为无效。

第一百五十七条　民事法律行为无效、被撤销或者确定不发生效力后，行为人因该行为取得的财产，应当予以返还；不能返还或者没有必要返还的，应当折价补偿。有过错的一方应当赔偿对方由此所受到的损失；各方都有过错的，应当各自承担相应的责任。法律另有规定的，依照其规定。

第七百八十八条　建设工程合同是承包人进行工程建设，发包人支付价款的合同。

建设工程合同包括工程勘察、设计、施工合同。

《建设工程勘察设计管理条例》第八条　建设工程勘察、设计单位应当在其资质等级许可的范围内承揽建设工程勘察、设计业务。

禁止建设工程勘察、设计单位超越其资质等级许可的范围或者以其他建设工程勘察、设计单位的名义承揽建设工程勘察、设计业务。禁止建设工程勘察、设计单位允许其他单位或者个人以本单位的名义承揽建设工程勘察、设计业务。

第九条　国家对从事建设工程勘察、设计活动的专业技术人员，实行执业资格注册管理制度。

未经注册的建设工程勘察、设计人员，不得以注册执业人员的名义从事建设工程勘察、设计活动。

第十条　建设工程勘察、设计注册执业人员和其他专业技术人员只能受聘于一个建设工程勘察、设计单位；未受聘于建设工程勘察、设计单位的，不得从事建设工程的勘察、设计活动。

二、监理

78.监理单位与承包人串通给建设单位造成损失的,要承担什么责任?

【情景案例】

甲公司对其厂房供热系统项目通过公开招标方式选定了乙建筑公司为承包商,签订《建设工程施工合同》,约定:为约束乙建筑公司能保证工程质量,乙建筑公司要支付20万元定金;双方在建设工程施工合同中对工程预付款、工程质量、工程价款、工期和违约责任等均作了具体约定。后来工程竣工并验收合格。但交付使用后,该厂房供热系统出现部分管道漏水,经专业机构检查发现,乙建筑公司所用管材与监理工程师记录的不相符。经调查,乙建筑公司为节省成本,与丙监理公司串通好使用低价的管材,导致漏水,所节省费用两公司五五分成。经测算,若全部更换供热管道将损失60万元,并将造成该厂部分车间停产损失40万元。甲公司遂将乙建筑公司与丙监理公司诉至法院,请求其赔偿经济损失100万元。

请问:甲公司的请求能得到法院支持吗?

【案例分析】

本案涉及监理单位与承包单位恶意串通造成建设单位损失时,应该如何承担责任的问题。

依照我国《民法典》第五百零九条的规定,当事人应当按照约定全面履行自己的义务。当事人应当遵循诚信原则,根据合同的性质、目的和交易习惯履行通知、协助、保密等义务。《建筑法》第三十五条第一款规定,工程监理单位不按照委托监理合同的约定履行监理义务,给建设单位造成损失的,应当承担相应的赔偿责任。第六十九条第一款规定,工程监理单位与建设单位或者建筑施工企业串通,弄虚作假,降低工程质量的,责令改正,处以罚款,降低资质等级或者吊销资质证书;有违法所得的,予以没收;造成损失的,承担连带责任;构成犯罪的,依法追究刑事责任。

本案中,丙公司作为委托监理单位,未尽到监理职责,与建筑公司恶意串通使用不符合合同约定的低价材料,给甲公司造成了巨大损失,丙公司应当和乙公司共同承担连带赔偿责任。

【风险防范建议】

监理单位是项目施工过程中最主要的监督、控制者之一,应加强对监理单位的管理,确保监理单位认真、负责地进行工作,要确保监理活动处于受控状态。

对监理单位的责任主要依据《建设工程委托监理合同》、《建设工程监理规范》以及其他有关法律法规，但仅依靠合同和法律规范，不一定能达到优先监督的要求，因此在建立招投标之前，就要针对项目拟订详细的合同条款，明确责任。

为实现项目的有限管理，通常应当从监理单位的资质（包括但不限于监理资质、人员资质、同类工程监理经验）、资料（包括但不限于监理报告、监理进度）、现场管理（现场控制要求）等多方面对监理单位进行监督管理。对监理单位的监督主要包括：监理单位履行合同情况、监理单位现场项目部能否满足现场实际需要、监理人员有无损害建设单位利益的情况。

【法条链接】

《建筑法》第三十五条第一款　工程监理单位不按照委托监理合同的约定履行监理义务，给建设单位造成损失的，应当承担相应的赔偿责任。

第六十九条第一款　工程监理单位与建设单位或者建筑施工企业串通，弄虚作假，降低工程质量的，责令改正，处以罚款，降低资质等级或者吊销资质证书；有违法所得的，予以没收；造成损失的，承担连带责任；构成犯罪的，依法追究刑事责任。

《民法典》第五百零九条　当事人应当按照约定全面履行自己的义务。

当事人应当遵循诚信原则，根据合同的性质、目的和交易习惯履行通知、协助、保密等义务。

当事人在履行合同过程中，应当避免浪费资源、污染环境和破坏生态。

第五百七十七条　当事人一方不履行合同义务或者履行合同义务不符合约定的，应当承担继续履行、采取补救措施或者赔偿损失等违约责任。

79. 工地出现人身伤亡事故，监理公司要承担责任吗？

【情景案例】

A公司与B建筑公司签订《建设工程施工合同》。某日15时许，B建筑公司木工班组带班人张某按照工作计划，与刘某、陈某等人进入西塔楼核心筒E06电梯井实施筒架提升作业。其中，刘某、陈某站在筒架底部，配合进行筒架提升作业。张某站在筒架上部进行司索等作业。17时30分左右，在筒架起吊前，张某站在筒架顶部，将2根钢丝绳系挂在筒架顶部横梁中间“八字”腹杆位置，随后筒架开始提升。17时40分左右，固定在筒架顶部的其中一只2.8吨手拉葫芦吊钩卡在模板围檩与吊耳之间，起升载荷陡增，致使两根吊索钢丝绳先后断裂，张某随筒架一同坠落，筒架坠落高度约为33米。事故发生后，现场人员立即拨打“120”急救电话和“110”报警电话，同时向上级部门报告。17时50分左右，“120”急救车到达现场，经急救人员确认，张某当场死亡。经调查，C监理公司存在没有对过程监控和提升前后的验收等工作实施有效监理及对专业监理工程师履职不力、情况失察的问题。

请问:C 监理公司对本事故需要承担责任吗?

【案例分析】

本案涉及的是施工人进行施工作业时发生事故,事后查明监理公司存在监理力度不够、监理人员失职的情况下,监理公司是否需要承担责任的问题。

依照我国《建筑法》第三十五条第一款的规定,工程监理单位不按照委托监理合同的约定履行监理义务,给建设单位造成损失的,应当承担相应的赔偿责任。《安全生产法》第八十四条规定,生产经营单位发生生产安全事故,经调查确定为责任事故的,除了应当查明事故单位的责任并依法予以追究外,还应当查明对安全生产的有关事项负有审查批准和监督职责的行政部门的责任,对有失职、渎职行为的,依照本法第八十七条的规定追究法律责任。由此可以看出,生产经营单位发生生产安全事故,负有监督职责的单位有失职情况的,应当追究法律责任。

本案中,C 监理公司属于有监督职责的单位,且在本次责任事故当中存在失职情况,故应当对本次事故承担责任。需要说明的是,在安全事故发生时,若监理公司不存在监理力度不够、监理人员失职的情况,其是不需要承担责任的。

【风险防范建议】

就监理公司而言,作为负有监督职责的单位,要合理防范生产经营单位发生安全事故时的责任分配问题,有以下几种途径:首先,监理公司应当在签订监理合同时,对此项作出合理的约定,通过这种事前约定来规避风险;其次,监理公司作为负有监督义务的单位,在实际的施工当中应当尽到合理的监督义务,否则监理单位将形同虚设;最后,在安全事故发生之后,监理单位应当根据《安全生产法》等相关法律法规的规定妥善、规范地处理或配合处理事故。

就生产经营单位而言,防范风险较好的做法是,在实际存在监理单位的情况下仍然要尽全力来防范工地安全事故的发生,在出现安全事故时,合理、合法、合情地解决问题。

【法条链接】

《建筑法》第三十五条第一款 工程监理单位不按照委托监理合同的约定履行监理义务,给建设单位造成损失的,应当承担相应的赔偿责任。

《安全生产法》第十七条 生产经营单位应当具备本法和有关法律、行政法规和国家标准或者行业标准规定的安全生产条件;不具备安全生产条件的,不得从事生产经营活动。

第五十三条 因生产安全事故受到损害的从业人员,除依法享有工伤保险外,依照有关民事法律尚有获得赔偿的权利的,有权向本单位提出赔偿要求。

第八十三条 事故调查处理应当按照科学严谨、依法依规、实事求是、注重实效的原则，及时、准确地查清事故原因，查明事故性质和责任，总结事故教训，提出整改措施，并对事故责任者提出处理意见。事故调查报告应当依法及时向社会公布。事故调查和处理的具体办法由国务院制定。

事故发生单位应当及时全面落实整改措施，负有安全生产监督管理职责的部门应当加强监督检查。

第八十四条 生产经营单位发生生产安全事故，经调查确定为责任事故的，除了应当查明事故单位的责任并依法予以追究外，还应当查明对安全生产的有关事项负有审查批准和监督职责的行政部门的责任，对有失职、渎职行为的，依照本法第八十七条的规定追究法律责任。

80. 监理合同无效的，监理费如何结算？

【情景案例】

甲房地产公司与乙监理公司就某小区商品房项目监理服务进行协商并达成合作意向，并就监理费用等问题签订《监理服务合作合同》。后乙监理公司进入项目现场开始提供监理服务；甲房地产公司组织公开招投标，乙监理公司以最低价中标，双方正式签订《建设工程监理合同》并办理备案手续。后某小区商品房项目竣工并经验收合格，但甲房地产公司与乙监理公司就监理费用金额问题发生争议：根据《监理服务合作合同》的约定，项目监理费用为X万元，但按《建设工程监理合同》监理费用为Y万元。为此，乙监理公司起诉甲房地产公司，要求按照《监理服务合作合同》支付监理费用。经法院审查，作为必须经过招投标程序的住宅商品房项目监理合同，必须通过招投标方式签订，甲房地产公司与乙监理公司签订的两份监理合同均无效。

请问：监理合同无效的，乙监理公司的监理费用应当如何结算？

【案例分析】

本案涉及监理合同无效时，监理费用如何结算的问题。

依照我国《招标投标法》第五条的规定，招标投标活动应当遵循公开、公平公正和诚实信用的原则。第四十三条规定，在确定中标人前，招标人不得与投标人就投标价格、投标方案等实质性内容进行谈判。第四十六条第一款规定，招标人和中标人应当自中标通知书发出之日起30日内，按照招标文件和中标人的投标文件订立书面合同。招标人和中标人不得再行订立背离合同实质性内容的其他协议。

本案中，双方已经实际签订了合同，且已经实际履行，这足以表明双方均愿意接受该实际履行合同的约束。因此，参照《监理服务合作合同》中约定的价格和方式结算，较为妥当。与此同时，以这样的方式可以杜绝招投标中的不正当行为，鼓励诚信经营。

在实践中,法院对此类案件的处理从尊重双方当事人真实意思表示和公平角度出发,参照《建设工程监理合同》为双方监理费结算的依据。

【风险防范建议】

就施工方而言,应当遵守法律规定,签订合法有效的监理合同,降低监理合同被认定无效后产生经济纠纷风险和监理款项不能追回的风险。实践中,对于已履行部分应依法返还;因监理服务已经实际进行而无法返还的,只能给予经济补偿;合同无效的,对监理服务的经济补偿可以参照监理费的市场价格确定。

就监理方而言,签订《建设工程监理合同》是必要的,但审查项目的合法性以及签订《建设工程监理合同》的法定程序也很重要。

【法条链接】

《招标投标法》第五条　招标投标活动应当遵循公开、公平公正和诚实信用的原则。

第四十三条　在确定中标人前,招标人不得与投标人就投标价格、投标方案等实质性内容进行谈判。

第四十六条第一款　招标人和中标人应当自中标通知书发出之日起三十日内,按照招标文件和中标人的投标文件订立书面合同。招标人和中标人不得再行订立背离合同实质性内容的其他协议。

第五十三条　投标人相互串通投标或者与招标人串通投标的,投标人以向招标人或者评标委员会成员行贿的手段谋取中标的,中标无效,处中标项目金额千分之五以上千分之十以下的罚款,对单位直接负责的主管人员和其他直接责任人员处单位罚款数额百分之五以上百分之十以下的罚款;有违法所得的,并处没收违法所得;情节严重的,取消其一年至二年内参加依法必须进行招标的项目的投标资格并予以公告,直至由工商行政管理机关吊销营业执照;构成犯罪的,依法追究刑事责任。给他人造成损失的,依法承担赔偿责任。

第四章
施工许可与工期

一、施工许可

81. 工程未办理施工许可证的，属于违法建筑吗？

【情景案例】

韦某在没有办理施工许可证的情况下，在某市某村修建了一幢三层高的工业厂房。后县城管部门予以立案调查，下达了《责令停止违法建设行为通知书》和《责令立即拆除通知书》并进行了现场勘察，经勘察韦某房屋的建筑面积为380平方米。县城管部门下达行政处罚告知书，责令韦某限期自行将违法建筑的房屋拆除，随后作出《行政处罚决定书》，认定韦某的房屋违反《城乡规划法》的规定，作出限期15日内自行拆除的行政处罚。县城管部门下达行政强制催告书，催告韦某于1个月内履行前述处罚决定将房屋拆除，韦某置之不理。后县城管部门请示县政府，县政府作出同意依法拆除涉案房屋所在地违法建设的批复，责成城管部门作为实施主体严格执行相关规定。县城管部门作出行政强制执行决定书，并强制拆除韦某的房屋。韦某不服城管部门强拆房屋的行为以县政府为被告提起行政诉讼，请求确认县政府门强制拆除违法建筑的行政行为违法。

请问：韦某的请求能得到法院支持吗？

【案例分析】

本案涉及的是因未办理施工许可证，建设的房屋被行政机关强制拆除的法律责任问题。

我国《城乡规划法》第四十条第一款规定，在城市、镇规划区内进行建筑物和其他工程建设的，个人应当向城市、县人民政府城乡规划主管部门或者省、自治区、直辖市人民政府确定的镇人民政府申请办理建设工程规划许可证。根据该法第六十四条的规定，未取得建设工程规划许可证或者未按照建设工程规划许可证的规定进行建设的，由县级以上地方人民政府城乡规划主管部门责令停止建设。第六十八条规定，城乡规划主管部门作出责令停止建设或者限期拆除的决定后，当事人不停止建设或者逾期不拆除的，建设工程所在地县级以上地方人民政府可以责成有关部门采取查封施工现场、强制拆除等措施。我国《建筑法》第七条规定，建筑工程开工前，建设单位应当按照国家有关规定向工程所在地县级以上人民政府建设行政主管部门申请领取施工许可证；但是，国务院建设行政主管部门确定的限额以下的小型工程除外。按照国务院规定的权限和程序批准开工报告的建筑工程，不再领取施工许可证。根据《行政强制法》第三十五条的规定，行政机关作出强制执行决定前，应当事先催告当事人履行义务。根据该法第三十七条的规定，经催告，当事人逾期仍不履行行政决定，且无正当理由的，行政机关可以作出强制执行决定。第四十四条规定，对违法的建筑物、构筑物、设施等需要强制拆除的，应当由行政机关予以公告，限期当事人自行拆除。当事人在法定期限内不申请行政复议或者提起行政诉讼，又不拆除的，行政机关可以依法强制拆除。

本案中，韦某在没有办理建设用地规划许可证、建设工程规划许可证及施工许可证的情况下，修建了一幢三层高的工业厂房，该建筑属于违法建筑，县城管部门依次向韦某下达了拆除通知书、行政处罚告知书、行政强制催告书并最后作出行政强制执行决定书，强制拆除韦某的违法建筑，依据《城乡规划法》第六十四条、第六十八条以及《行政强制法》第三十五条、第三十七条、第四十四条的规定，县政府和县城管部门的做法完全合法，韦某的请求不能得到法院的支持。

【风险防范建议】

关于建设单位如何保障自己的工程合法有效，建议如下：

(1)建设单位首先应当确保自身具有建设资质；其次应当准备好相关证明文件和材料，向城乡规划主管部门或有资格的镇人民政府申请建设用地规划许可证和办理建设工程规划许可证。

(2)建设单位在所承建的建筑开工前，应当按照国家有关规定向工程所在地县级以上人民政府建设行政主管部门申请领取施工许可证。

(3)严格按照建设施工合同的有关规定进行工程的建设。

【法条链接】

《城乡规划法》第四十条　在城市、镇规划区内进行建筑物、构筑物、道路、管线和其他工程建设的，建设单位或者个人应当向城市、县人民政府城乡规划主管部门或者省、自治区、直辖市人民政府确定的镇人民政府申请办理建设工程规划许可证。

申请办理建设工程规划许可证，应当提交使用土地的有关证明文件、建设工程设计方案等材料。需要建设单位编制修建性详细规划的建设项目，还应当提交修建性详细规划。对符合控制性详细规划和规划条件的，由城市、县人民政府城乡规划主管部门或者省、自治区、直辖市人民政府确定的镇人民政府核发建设工程规划许可证。

城市、县人民政府城乡规划主管部门或者省、自治区、直辖市人民政府确定的镇人民政府应当依法将经审定的修建性详细规划、建设工程设计方案的总平面图予以公布。

第六十四条　未取得建设工程规划许可证或者未按照建设工程规划许可证的规定进行建设的，由县级以上地方人民政府城乡规划主管部门责令停止建设；尚可采取改正措施消除对规划实施的影响的，限期改正，处建设工程造价百分之五以上百分之十以下的罚款；无法采取改正措施消除影响的，限期拆除，不能拆除的，没收实物或者违法收入，可以并处建设工程造价百分之十以下的罚款。

第六十八条　城乡规划主管部门作出责令停止建设或者限期拆除的决定后，当事人不停止建设或者逾期不拆除的，建设工程所在地县级以上地方人民政府可以责成有关部门采取查封施工现场、强制拆除等措施。

《建筑法》第七条　建筑工程开工前，建设单位应当按照国家有关规定向工程所在地县级以上人民政府建设行政主管部门申请领取施工许可证；但是，国务院建设行政主管部门确定的限额以下的小型工程除外。

按照国务院规定的权限和程序批准开工报告的建筑工程，不再领取施工许可证。

《行政强制法》第三十五条　行政机关作出强制执行决定前，应当事先催告当事人履行义务。催告应当以书面形式作出，并载明下列事项：

（一）履行义务的期限；

（二）履行义务的方式；

（三）涉及金钱给付的，应当有明确的金额和给付方式；

（四）当事人依法享有的陈述权和申辩权。

第三十七条　经催告，当事人逾期仍不履行行政决定，且无正当理由的，行政机关可以作出强制执行决定。

强制执行决定应当以书面形式作出，并载明下列事项：

（一）当事人的姓名或者名称、地址；

（二）强制执行的理由和依据；

（三）强制执行的方式和时间；

（四）申请行政复议或者提起行政诉讼的途径和期限；

（五）行政机关的名称、印章和日期。

在催告期间，对有证据证明有转移或者隐匿财物迹象的，行政机关可以作出立即强制执行决定。

第四十四条　对违法的建筑物、构筑物、设施等需要强制拆除的，应当由行政机关予以公告，限期当事人自行拆除。当事人在法定期限内不申请行政复议或者提起行政诉讼，又不拆除的，行政机关可以依法强制拆除。

82. 对于未及时办理施工许可证所致的损失，发包人应当赔偿吗？

【情景案例】

甲房地产公司与乙建筑公司签订《建设工程施工合同》，约定：乙建筑公司承建甲公司总建筑面积约为20万平方米的花园洋房住宅项目，工期为14个月。另约定，甲房地产公司应当在开工日前取得建筑工程施工许可证。合同签订后，乙建筑公司按约定如期组织人员进场施工。后当地建设行政主管部门开始进行全市范围内的违法、违规、违纪大检查，因该项目没有取得施工许可证，勒令其停工。之后，甲房地产公司取得该项目施工许可证。经当地行政主管部门批准，乙建筑公司最终于某日复工，其间停工60天。后项目顺利通过竣工验收。结算过程中，乙建筑公司就停工期间产生的损失向甲房地产公司提起索赔，主张劳务人员误工费120万元，但遭到甲房地产公司的拒绝。因双方协商无法达成一致，乙建筑公司遂向法院提起诉讼，要求甲房地产公司支付劳务人员误工费120万元。

请问：乙建筑公司的请求能得到法院支持吗？

【案例分析】

本案涉及的是未及时办理施工许可证导致施工合同违约的责任承担问题。

我国《民法典》第五百八十三条规定，当事人一方不履行合同义务或者履行合同义务不符合约定的，在履行义务或者采取补救措施后，对方还有其他损失的，应当赔偿损失。第八百零四条规定，因发包人的原因致使工程中途停建、缓建的，发包人应当采取措施弥补或者减少损失，赔偿承包人因此造成的停工、窝工、倒运、机械设备调迁、材料和构件积压等损失和实际费用。

本案中，双方在签订的《建设工程施工合同》中明确约定，由甲房地产公司负责在开工日前取得建筑工程施工许可证。甲房地产公司未能及时取得建筑工程施工许可证，也未通知乙建筑公司；乙建筑公司如期开工，而后由于未取得施工许可证，乙建筑公司被勒令停工。整个事件中，甲房地产公司的行为构成违约，依据《民法典》第五百八十三条和第八百零四条的规定，甲房地产公司应当赔偿误工费，因此乙建筑公司的请求能得到法院支持。

【风险防范建议】

关于房地产公司作为发包方如何避免相关风险发生，建议如下：

(1)与承包方签订建筑施工合同时，应当根据自身能力和实际情况明确双方的义务，约定违约责任、补充违约情形以及相关赔偿方法。

(2)条件允许的情况下，房地产公司可以事先依次申请规划许可证、施工许可证，在行政许可都获批或者完备的情况下再进行发包工作。

【法条链接】

《民法典》第五百八十三条 当事人一方不履行合同义务或者履行合同义务不符合约定的，在履行义务或者采取补救措施后，对方还有其他损失的，应当赔偿损失。

第八百零四条 因发包人的原因致使工程中途停建、缓建的，发包人应当采取措施弥补或者减少损失，赔偿承包人因此造成的停工、窝工、倒运、机械设备调迁、材料和构件积压等损失和实际费用。

二、工期

83. 建筑工程工期延误的，责任由谁来承担？

【情景案例】

A建筑公司与B公司签订了《建设工程施工合同》，约定由A建筑公司承包B公司开发建设的某购物中心项目。合同主要内容如下：总工期为1年，如果A建筑公司延误工期在1个月内，均按每延误1天罚款2万元处理；如果延误工期超过1个月，均按每延误1天罚款3万元处理，该款项在工程结算价中直接扣除。A建筑公司按约定如期开工，但由于土方工程由B公司自行发包给第三方C公司施工，由于C公司没有按时完成土方工程工作，影响了A建筑公司后续施工，最终导致工程比约定时间晚了3个月才完工，工期共延误了90天。双方在工程款结算时发生争议，B公司主张A建筑公司承担工期延误的违约责任，并支付违约金270万元，该款项从工程款中扣除。A建筑公司认为，工期延误是由B公司的指定合作方C公司没有按时完工引起的，不同意承担违约责任。

请问：A建筑公司需要承担工期延误的违约责任吗？

【案例分析】

本案涉及的是建筑工程工期延误的责任承担问题。

我国《民法典》第五百九十二条规定，当事人都违反合同的，应当各自承担相应的责任；当事人一方违约造成对方损失，对方对损失的发生有过错的，可以减少相应的损失赔偿额。第五百九十三条规定，当事人一方因第三人的原因造成违约的，应当依法向对方承担违约责任。当事人一方和第三人之间的纠纷，依照法律规定或者按照约定处理。根据第八百零四条的规定，因发包人的原因致使工程中途停建、缓建的，发包人应当采取措施弥补或者减少损失。根据《建筑法》第二十四条的规定，禁止将建筑工程肢解发包，不得将应当由一个承包单位完成的建筑工程肢解成若干部分发包给几个承包单位。

本案中，双方签订的《建设工程施工合同》明确约定，购物中心项目由A建筑公司承包，但B公司私自将一部分施工工程发包给了C公司，依据《建筑法》第二十四条和《民法典》第八百零四条的规定，B公司的行为违反了管理性强制规定，B公司存在过错并构成违约。A建筑公司知道B公司自行发包给C公司却没有异议，A建筑公司也具有一定过错，最后因为C公司的原因，A建筑公司未能按期完成，依据《民法典》第五百九十二条、第五百九十三条的规定，A建筑公司也应当承担违约责任，承担次要责任。因此，A建筑公司需要承担工期延误的违约责任。

【风险防范建议】

关于建筑公司在承包工程时应当如何防范相关风险，建议如下：

(1)建筑公司最好对工程实行总承包，尽量避免转包、违法分包工程，以保证工程的所有环节自己都能控制，减少意外的发生，如期完成项目。

(2)建筑公司与发包方签订建筑合同时，应当对发包方自行发包作出限制和约定，明确对方有何种行为时构成违约，并承担相应责任。

【法条链接】

《民法典》第五百九十二条　当事人都违反合同的，应当各自承担相应的责任。

当事人一方违约造成对方损失，对方对损失的发生有过错的，可以减少相应的损失赔偿额。

第五百九十三条　当事人一方因第三人的原因造成违约的，应当依法向对方承担违约责任。当事人一方和第三人之间的纠纷，依照法律规定或者按照约定处理。

第八百零四条　因发包人的原因致使工程中途停建、缓建的，发包人应当采取措施弥补或者减少损失，赔偿承包人因此造成的停工、窝工、倒运、机械设备调迁、材料和构件积压等损失和实际费用。

《建筑法》第二十四条　提倡对建筑工程实行总承包，禁止将建筑工程肢解发包。

建筑工程的发包单位可以将建筑工程的勘察、设计、施工、设备采购一并发包给一个工程总承包单位，也可以将建筑工程勘察、设计、施工、设备采购的一项或者多项发包给一个工程总承包单位；但是，不得将应当由一个承包单位完成的建筑工程肢解成若干部分发包给几个承包单位。

84. 实际施工工程量大于合同约定工程量的，承包人有权要求顺延工期吗？

【情景案例】

甲公司与乙建筑公司签订《建设工程施工合同》，约定：甲公司将其二期厂房发包给乙建筑公司施工，施工面积为3万平方米，合同价款为800万元，工期共10个月，指定日期开工、竣工;为保证厂房如期投产,甲公司特别约定工期每延误1天,罚款3万元。由于实际施工面积为3.5万平方米,隐蔽工程面积多出了0.5万平方米,导致乙建筑公司无法按约定时间竣工。为此,乙建筑公司向甲公司提出顺延工期30天的签证要求,但遭到甲公司的拒绝。后工程竣工并经验收合格。甲公司要求乙建筑公司按合同约定支付违约金,并在工程款中扣除,但遭到乙建筑公司拒绝。双方协商未果,甲公司诉至法院,请求法院判令乙建筑公司支付违约金90万元。

请问:甲公司的请求能得到法院支持吗?

【案例分析】

本案涉及的是实际工程量大于合同约定工程量时,承包人是否有权延期的问题。

《最高人民法院关于审理建设工程施工合同纠纷案件适用法律问题的解释(一)》第二十条规定,承包人能够证明发包人同意其施工,但未能提供签证文件证明工程量发生的,可以按照当事人提供的其他证据确认实际发生的工程量。《民法典》第七百九十八条规定,隐蔽工程在隐蔽以前,承包人应当通知发包人检查。发包人没有及时检查的,承包人可以顺延工程日期,并有权请求赔偿停工、窝工等损失。第七百九十九条规定,建设工程竣工后,发包人应当根据施工图纸及说明书、国家颁发的施工验收规范和质量检验标准及时进行验收。验收合格的,发包人应当按照约定支付价款,并接收该建设工程。

本案中,甲公司与乙建筑公司签订的《建设工程施工合同》约定的工程面积为3万平方米,实际工程面积为3.5万平方米,隐蔽工程面积多出了0.5万平方米。依据《最高人民法院关于审理建设工程施工合同纠纷案件适用法律问题的解释》第十九条的规定,应当以实际工程面积为准。乙建筑公司要求签证应当视为向甲公司发出了通知,依据《民法典》第七百九十八条的规定,乙建筑公司有权顺延工期;依据《民法典》第七百九十九条的规定,甲公司应当支付约定的价款。因此,甲公司的请求不能得到法院支持。

【风险防范建议】

关于建筑公司在实际施工中应当如何防范相关风险,建议如下:

(1)除合同约定的工程范围和建设工期外,还应当对实际施工中的工程范围、建设工期进行约定,明确与合同不一致情况下的处理方式及责任承担。

(2)建筑公司应当注意签订的固定总价合同的施工范围,若工程实施施工内容超出施工范围,应及时签证,按照实际施工工程量进行结算。

【法条链接】

《民法典》第七百九十八条 隐蔽工程在隐蔽以前,承包人应当通知发包人检查。发包人没有及时检查的,承包人可以顺延工程日期,并有权请求赔偿停工、窝工等损失。

第七百九十九条 建设工程竣工后,发包人应当根据施工图纸及说明书、国家颁发的施工验收规范和质量检验标准及时进行验收。验收合格的,发包人应当按照约定支付价款,并接收该建设工程。

建设工程竣工经验收合格后,方可交付使用;未经验收或者验收不合格的,不得交付使用。

《最高人民法院关于审理建设工程施工合同纠纷案件适用法律问题的解释(一)》第二十条 当事人对工程量有争议的,按照施工过程中形成的签证等书面文件确认。承包人能够证明发包人同意其施工,但未能提供签证文件证明工程量发生的,可以按照当事人提供的其他证据确认实际发生的工程量。

85. 建设单位要求施工单位压缩合同约定的工期的,施工单位可以拒绝吗?

【情景案例】

A建筑公司与B房地产公司签订《某住宅项目建设工程承包合同书》,约定:由A建筑公司承建B公司开发的某住宅项目工程,工程承包范围包括土建工程、水电安装工程、粗装饰;合同总价款为5000万元,合同工期为1年,指定日期开工、竣工每延误1天追加罚款2万元。为加快项目进度,B房地产公司给A建筑公司发函,要求其务必比指定日期提前2个月完工,否则罚款300万元。A建筑公司回函称:"按目前进度,我司可按合同约定完工,如果压缩工期,势必会影响工程质量,为防止出现工程事故或质量安全风险,我司不同意压缩工期,敬请理解。"

请问:B房地产公司提出压缩工期的要求,A建筑公司可以拒绝吗?

【案例分析】

本案涉及的是建设单位要求施工单位压缩合同约定的工期,施工单位是否可以拒绝的问题。

我国《建筑法》第五十四条的规定,建筑设计单位和建筑施工企业对建设单位违反前款规定提出的降低工程质量的要求,应当予以拒绝。《民法典》第四百六十五条的规定,依法成立的合同,受法律保护;依法成立的合同,仅对当事人具有法律约束力,但是法律另有规定的除外。

本案中,B房地产公司要求A建筑公司压缩工期,属于变更合同,依据《民法典》第四百六十五条的规定,B房地产公司不能擅自变更。即使通知了A建筑公司变更工期,但A公司明确表示,工期的缩短势必降低工程质量,依据《建筑法》第五十四条的规定,A公司应当予以拒绝。

综上所述,B房地产公司提出压缩工期的要求,A建筑公司拒绝符合法律规定。

【风险防范建议】

关于施工单位如何防止因工期问题而产生的法律风险，建议如下：

（1）对项目施工的工期一定要明确约定，一定要在自己能力范围内保障工程质量和安全的前提下，才能和发包方约定一个最合适的工期；合同生效后，就不能违背法律规定，随意变更施工工期。

（2）在发包方同意的情况下，可以适当分包一些除了主体工程外的其他工程给有优秀资质的单位，协同合作，更好地完成承包的工程。

【法条链接】

《建筑法》第五十四条 建设单位不得以任何理由，要求建筑设计单位或者建筑施工企业在工程设计或者施工作业中，违反法律、行政法规和建筑工程质量、安全标准，降低工程质量。

建筑设计单位和建筑施工企业对建设单位违反前款规定提出的降低工程质量的要求，应当予以拒绝。

《民法典》第四百六十五条 依法成立的合同，受法律保护。

依法成立的合同，仅对当事人具有法律约束力，但是法律另有规定的除外。

86. 实际施工人对于工程工期延误，需要承担赔偿责任吗？

【情景案例】

甲建筑公司与乙置业公司签订《建设工程施工合同》，约定：乙置业有限公司将坐落于广州市南沙区某小区3号楼的土建工程发包给甲建筑公司，工期为8个月，逾期1日罚款1万元。后甲建筑公司与丙建筑公司签订《工程施工合同》，甲建筑公司将上述工程转包给丙建筑公司，合同约定工期为5个月。丙建筑公司由于人手不足，导致工程进度缓慢，施工期间，甲建筑公司再三催促丙建筑公司加紧工程进度，但丙建筑公司仍未如期完工。为此，乙置业公司扣除了甲建筑公司合同逾期违约金30万元。故甲建筑公司诉至法院要求丙建筑公司赔偿经济损失30万元。

请问：甲建筑公司的请求能得到法院支持吗？

【案例分析】

本案涉及的是实际施工人对于工程工期延误的责任承担问题。

《最高人民法院关于审理建设工程施工合同纠纷案件适用法律问题的解释（一）》第一条第二款规定，承包人因转包、违法分包建设工程与他人签订的建设工程施工合同，应当依据《民法典》第一百五十三条第一款及第七百九十一条第二款、第三款的规定,认定无效。故承包人转包工程的,所签订的建设工程施工合同无效。根据《民法典》第一百五十七条的规定,民事法律行为无效、被撤销或者确定不发生效力后,行为人因该行为取得的财产,应当予以返还;不能返还或者没有必要返还的,应当折价补偿。有过错的一方应当赔偿对方由此所受到的损失;各方都有过错的,应当各自承担相应的责任。需要说明的是,合同是一种民事法律行为,合同无效的情形适用有关民事法律行为无效的规定。

本案中,甲建筑公司、丙建筑公司签订《工程施工合同》,把乙置业公司发包的工程转包给了丙建筑公司,该行为属于违法转包,依据《最高人民法院关于审理建设工程施工合同纠纷案件适用法律问题的解释(一)》第一条第二款的规定,甲建筑公司、丙建筑公司间的合同无效,不产生违约责任问题,甲建筑公司不能因合同无效要求丙建筑公司承担违约责任。但依据《民法典》第一百五十七条的规定,甲建筑公司、丙建筑公司对合同无效均有过错,都应该承担与其过错相应的责任。因此,甲建筑公司30万元的请求赔偿不能完全得到法院支持。

【风险防范建议】

关于建筑公司在进行工程发包、分包时,如何规避相关风险,建议如下:

(1)工程的主体部分只能由建筑公司自己完成,不能交由其他单位,即使发包方同意也不得转包、分包。

(2)对于非主体部分,最好也由自己完成,如果确实需要分包小部分工程,应当优先分包给有相应资质的单位,并签订相关合同,明确权利义务及违约责任。

【法条链接】

《民法典》第一百五十三条 违反法律、行政法规的强制性规定的民事法律行为无效。但是,该强制性规定不导致该民事法律行为无效的除外。

违背公序良俗的民事法律行为无效。

第一百五十七条 民事法律行为无效、被撤销或者确定不发生效力后,行为人因该行为取得的财产,应当予以返还;不能返还或者没有必要返还的,应当折价补偿。有过错的一方应当赔偿对方由此所受到的损失;各方都有过错的,应当各自承担相应的责任。法律另有规定的,依照其规定。

第七百九十一条 发包人可以与总承包人订立建设工程合同,也可以分别与勘察人、设计人、施工人订立勘察、设计、施工承包合同。发包人不得将应当由一个承包人完成的建设工程支解成若干部分发包给数个承包人。

总承包人或者勘察、设计、施工承包人经发包人同意,可以将自己承包的部分工作交由第三人完成。第三人就其完成的工作成果与总承包人或者勘察、设计、施工承包人向发包人承担连带责任。承包人不得将其承包的全部建设工程转包给第三人或者将其承包的全部建设工程支解以后以分包的名义分别转包给第三人。

禁止承包人将工程分包给不具备相应资质条件的单位。禁止分包单位将其承包的工程再分包。建设工程主体结构的施工必须由承包人自行完成。

《最高人民法院关于审理建设工程施工合同纠纷案件适用法律问题的解释(一)》第一条第二款　承包人因转包、违法分包建设工程与他人签订的建设工程施工合同,应当依据民法典第一百五十三条第一款及第七百九十一条第二款、第三款的规定,认定无效。

87. 实际开工日期与施工许可证记载的日期不一致,以哪一天为开工日期?

【情景案例】

A建筑公司与B公司签订《建设工程施工合同》,约定由A建筑公司为B公司的工程项目施工。工程名称为:湖北某综合商业广场;工程内容为:建筑结构为独立基础,建筑面积为3万平方米,最终以双方审定图纸设计为准。同时约定开工日期为20××年1月30日,竣工日期为20××年12月30日,逾期竣工1日罚款5万元。20××年2月6日,A建筑公司开始实际施工,实际施工日期有监理单位的《开工报告》予以证明。由B公司申报办理的建设工程施工许可证载明开工日期为20××年2月20日。20××年12月30日,工程如期竣工并经验收合格。双方在结算工程款时发生争议,B公司主张开工日期以建设工程施工许可证登记的日期为准,要求A建筑公司支付150万元违约金,该款项在支付工程款时扣除;A建筑公司主张开工日期为20××年1月30日。

请问:A建筑公司的实际开工日期是哪一天?

【案例分析】

本案涉及的是当实际开工日期与施工许可证记载的日期不一致时,开工日期如何确定的问题。

根据《最高人民法院关于审理建设工程施工合同纠纷案件适用法律问题的解释(一)》第八条的规定,当事人对建设工程开工日期有争议的,开工日期为发包人或者监理人发出的开工通知载明的开工日期;开工通知发出后,尚不具备开工条件的,以开工条件具备的时间为开工日期。

本案中,虽然实际开工的日期和《建设施工合同》约定的开工日期以及建设工程施工许可证登记的日期都不同,但是建设工程施工许可证登记的日期并不具有绝对排他性和无可争辩的效力,只是表明符合开工的条件,并不是确定开工日期的唯一条件。此外,合同约定的开工日期与实际开工日期不一致的,应当以实际开工的日期作为开工日期。监理单位出具的《开工报告》可以证明开工日期为20××年2月6日,而实际开工日期也为20××年2月6日，故A建筑公司的实际开工日期是20××年2月6日。

【风险防范建议】

关于建筑公司承接项目时，如何防范开工延迟方面的法律风险，建议如下：

（1）合同签订时，应当结合自身条件、可能存在的因素，与发包方合理约定一个开工时间段，建立适当的容错机制。

（2）项目开工前，如有意外情况或者其他碍于开工的情况应当及时向发包方和监理单位发送书面通知，防止自身原因导致开工延迟的发生。

【法条链接】

《最高人民法院关于审理建设工程施工合同纠纷案件适用法律问题的解释（一）》第八条 当事人对建设工程开工日期有争议的，人民法院应当分别按照以下情形予以认定：

（一）开工日期为发包人或者监理人发出的开工通知载明的开工日期；开工通知发出后，尚不具备开工条件的，以开工条件具备的时间为开工日期；因承包人原因导致开工时间推迟的，以开工通知载明的时间为开工日期。

（二）承包人经发包人同意已经实际进场施工的，以实际进场施工时间为开工日期。

（三）发包人或者监理人未发出开工通知，亦无相关证据证明实际开工日期的，应当综合考虑开工报告、合同、施工许可证、竣工验收报告或者竣工验收备案表等载明的时间，并结合是否具备开工条件的事实，认定开工日期。

第五章

工程质量与保修

一、工程质量

88. 因建设工程质量发生争议的，发包人可以直接向实际施工人主张权利吗？

【情景案例】

甲建筑公司与乙房地产公司签订《建设工程施工合同》，约定：由甲建筑公司承建乙房地产公司的某商住楼工程，工程价款为9000万元，工期为1年。后经乙房地产公司同意，甲建筑公司将商住楼的部分室内装饰工程发包给包工头苗某，工程价款为600万元，约定于指定日期完工。后苗某提前完工，但乙房地产公司竣工验收时发现其工程质量太差，不符合工程质量标准，要求苗某返工，但遭到苗某拒绝。协商无果后，乙房地产公司诉至法院，要求苗某返工并赔偿相应经济损失。苗某认为，其与乙房地产公司没有签订任何合同，乙房地产公司无权起诉他。

请问：苗某的说法符合我国法律的规定吗？

【案例分析】

本案涉及的是建设工程质量经验收不合格时，发包人是否可以突破合同相对性向实际施工人主张权利的问题。

根据《最高人民法院关于审理建设工程施工合同纠纷案件适用法律问题的解释（一）》第十五条的规定，因建设工程质量发生争议的，发包人可以以总承包人、分包人和实际施工人为共同被告提起诉讼。

本案中，乙房地产公司因工程竣工验收不合格，而向涉案工程的实际施工人主张赔偿相应的经济损失。由上述规定可知，乙房地产公司有权以甲建筑公司、实际施工人苗某为共同被告向人民法院提起诉讼，即乙房地产公司可以起诉苗某，要求其返工并赔偿相应的经济损失。因此，苗某的说法不符合我国法律的规定。

【风险防范建议】

就房地产公司而言，要想规避工程质量不合格带来的风险，就要在进行招标的时候对中标单位进行合理的选择,从源头规避该风险。在将工程发包给建筑公司时,要在合同中将工程质量不合格的责任承担方式写清楚,以规避风险。当然,房地产公司在建筑公司进行施工的过程中,不能够疏于监管责任,要合理地尽到自身的监管责任。

就建筑公司而言,若将工程分包或转包给实际施工人,应该就该分包人、转包人或实际施工人的施工进行严格的监督和管理,不能放任其任意地对工程进行建设,且在分包、转包时应当在合同中将工程质量不合格导致的责任由谁承担的问题约定好,以规避风险。

【法条链接】

《最高人民法院关于审理建设工程施工合同纠纷案件适用法律问题的解释(一)》第十五条 因建设工程质量发生争议的,发包人可以以总承包人、分包人和实际施工人为共同被告提起诉讼。

89. 发包人为节省成本提出降低工程质量的要求,承包人可以拒绝吗?

【情景案例】

A 房地产公司与 B 建筑公司签订《建设工程施工合同》,约定:A 房地产公司将某小区 3 号楼的项目工程发包给 B 建筑公司,工程价款为 5000 万元,工期为 1 年;双方还对施工使用的钢铁、水泥等建筑材料进行了约定。合同签订后,B 建筑公司如期组织人员进场施工。由于资金周转困难,A 房地产公司表示只能按合同约定支付 70% 的工程进度款,并要求 B 建筑公司降低工程质量,包括购买劣质建筑材料、偷工减料等。由于工程质量关系工程能否顺利竣工及公司信誉,为此,B 建筑公司表示拒绝。协商无果后,A 房地产公司给 B 建筑公司发函,以 B 建筑公司不听从指挥为由要求解除合同,并安排 C 建筑公司进场施工。

请问:B 建筑公司可以拒绝 A 房地产公司提出降低工程质量的要求吗?

【案例分析】

本案涉及的是发包人要求承包人降低工程质量,承包人能否拒绝的问题。

《建设工程质量管理条例》第十条规定,建设工程发包单位不得迫使承包方以低于成本的价格竞标,不得任意压缩合理工期;建设单位不得明示或者暗示设计单位或者施工单位违反工程建设强制性标准,降低建设工程质量。《建筑法》第五十四条规定,建设单位不得以任何理由,要求建筑设计单位或者建筑施工企业在工程设计或者施工作业中,违反法律、行政法规和建筑工程质量、安全标准,降低工程质量。建筑设计单位和建筑施工企业对建设单位违反前款规定提出的降低工程质量的要求,应当予以拒绝。

本案中,A 房地产公司作为建设单位在施工作业中明确要求 B 建筑公司购买伪劣建筑材料、偷工减料,降低工程质量,违反关于建设工程质量的强制性规定。根据上述法条的规定,B 建筑公司可以拒绝 A 房地产公司的不法要求。

【风险防范建议】

就发包人而言,对建设工程质量绝对不能马虎,应当要满足国家对质量的强制性规定。暗示施工方采用伪劣材料、偷工减料等的,在很大程度上会导致建设工程质量不符合强制性规定。根据《建设工程质量管理条例》的规定,可能会被处 20 万元以上 50 万元以下罚款,造成重大安全事故的可能构成刑事犯罪。因此,只有抓好工程质量,风险才没有可乘之机。

就承包人而言,建设工程质量不合格对其影响是巨大的,不仅要承担无偿返修、返工、改建责任,甚至要支付巨额违约金,因此对于建设单位要求自己采用伪劣材料、偷工减料等降低工程质量要求的,承包人有权利拒绝;发包人提供的主要建筑材料不符合强制性规定,导致无法施工的,承包人可以解除施工合同以规避将来建筑工程质量不合格的风险。

【法条链接】

《建筑法》第五十四条 建设单位不得以任何理由,要求建筑设计单位或者建筑施工企业在工程设计或者施工作业中,违反法律、行政法规和建筑工程质量、安全标准,降低工程质量。

建筑设计单位和建筑施工企业对建设单位违反前款规定提出的降低工程质量的要求,应当予以拒绝。

《建设工程质量管理条件》第十条 建设工程发包单位不得迫使承包方以低于成本的价格竞标,不得任意压缩合理工期。

建设单位不得明示或者暗示设计单位或者施工单位违反工程建设强制性标准,降低建设工程质量。

90. 当事人自行委托工程质量鉴定得出的鉴定意见有效吗?

【情景案例】

甲建筑公司与乙公司签订《建设工程施工合同》,约定:甲建筑公司承建乙公司科研楼、办公楼工程,工程内容包括办公楼、科研楼、地下室、锅炉房土建安装(包括桩基),室外道路、下水道、水池;承包范围为包工包料;工期为 7 个月;工程质量标准为一次验收合格;合同价款暂定为1330万元。上述合同签订后,甲建筑公司按约进行了工程施工。在工程验收过程中,乙公司认为幕墙材料存在质量问题,于是自行委托上海市建筑材料及构件质量监督检验站出具《检验报告》,结论为:双钢化镀膜中空玻璃5mm蓝星灰镀膜+6A+5mm白玻,技术指标判定为不合格;双钢化镀膜中空玻璃6mm蓝星灰镀膜+9A+6mm白玻,技术指标判定为不合格。甲建筑公司认为,该鉴定意见是乙公司自行委托第三方公司进行的鉴定,合法性、客观性、真实性均存在问题。之后,双方因工程款、工期延误损失及工程质量等发生争议。

请问:乙公司经自行委托得到的工程质量鉴定意见,可以在法律诉讼程序中作为定案依据吗?

【案例分析】

本案涉及的是一方当事人自行委托对工程进行鉴定,得出的鉴定意见是否可以作为证据使用且是否具有证据效力的问题。

我国法律还没有当事人自行委托进行司法鉴定的规定,但在司法实践中为了解决举证的问题,许多法院已经允许提出这种自行鉴定结论。《最高人民法院关于民事诉讼证据的若干规定》以司法解释的形式对此进行了明确:自行鉴定结论可以作为当事人举证的合法形式,在诉讼过程中向法院提出。虽然其可以作为证据,但不一定就能作为法院的定案依据。根据《最高人民法院关于民事诉讼证据的若干规定》第四十一条的规定,一方当事人自行委托有关部门作出的鉴定结论,另一方当事人有证据足以反驳并申请重新鉴定的,人民法院应予准许。对自行鉴定得出的鉴定意见,并不是对方当事人有异议就必须启动重新鉴定,而是要求其同时有足够的理由反驳鉴定结果,即也要从鉴定机构或者鉴定人员是否具备相关的鉴定资格、鉴定程序是否严重违法等方面反驳,才准许重新鉴定。由此可见,一方当事人自行委托所做的鉴定结论,如对方不申请重新鉴定,法院可以认定其效力。

本案中,乙公司自行委托对工程质量进行鉴定,只要鉴定机构或鉴定人员具备相应的鉴定资格,且鉴定程序等方面符合法律要求,而甲建筑公司提出的反驳理由不能成立,则该鉴定意见可以作为本案的定案依据。如果甲建筑公司申请重新鉴定且提出的反驳理由成立,法院将会启动重新鉴定,此时,乙公司经自行委托得到的鉴定意见将不能作为本案的证据使用。

【风险防范建议】

就申请鉴定方而言,若想要对工程质量进行鉴定,较好的方法是向法院申请鉴定,通过法院的程序对工程质量进行鉴定,从而达到鉴定结果想要证明的案件事实。

就未申请鉴定而言,若对对方申请的鉴定存在意见,需要提出足以反驳鉴定意见的理由和证据;可以从鉴定机构、鉴定人员的资质方面,对鉴定意见提出实质性的反驳意见。

【法条链接】

《民事诉讼法》第七十六条 当事人可以就查明事实的专门性问题向人民法院申请鉴定。当事人申请鉴定的,由双方当事人协商确定具备资格的鉴定人;协商不成的,由人民法院指定。

当事人未申请鉴定,人民法院对专门性问题认为需要鉴定的,应当委托具备资格的鉴定人进行鉴定。

第七十七条 鉴定人有权了解进行鉴定所需要的案件材料,必要时可以询问当事人、证人。

鉴定人应当提出书面鉴定意见,在鉴定书上签名或者盖章。

《最高人民法院关于民事诉讼证据的若干规定》第四十一条 对于一方当事人就专门性问题自行委托有关机构或者人员出具的意见,另一方当事人有证据或者理由足以反驳并申请鉴定的,人民法院应予准许。

91. 工程验收合格后,发包人能否主张质量缺陷责任?

【情景案例】

A建筑公司与B房地产公司依法签订《建设工程施工合同》,约定由A建筑公司承建B房地产公司发包的某国际商业广场全部土建工程。同日,双方签订补充协议约定了开工时间、竣工时间、逾期竣工的违约责任、决算总价、付款方式等。后A建筑公司如期组织人员进场施工,并按时竣工验收合格,交付B房地产公司使用。经多次催款,B房地产公司都以各种借口拒付工程余款。无奈之下,A建筑公司向法院起诉主张工程余款及逾期付款违约金等。B房地产公司则反诉主张A建筑公司偷工减料、未按设计图纸施工、工程质量不合格,导致屋面渗漏,要求A建筑公司赔偿重作费用及延误工期违约金。

请问:B房地产公司在工程验收合格后主张工程质量责任,能否得到法院的支持?

【案例分析】

本案涉及的是房地产公司将工程项目验收合格后,又以工程质量不符合约定为由要求建筑公司赔偿重做费用及延误工期违约金的问题。

依照我国《民法典》第五百七十七条的规定,当事人一方不履行合同义务或者履行合同义务不符合约定的,应当承担继续履行、采取补救措施或者赔偿损失等违约责任。第八百零一条规定,因施工人的原因致使建设工程质量不符合约定的,发包人有权请求施工人在合理期限内无偿修理或者返工、改建。经过修理或者返工、改建后,造成逾期交付的，施工人应当承担违约责任。由此可得知，因施工方面的原因致使工程质量不符合约定的，施工方应承担无偿修理、改建或赔偿损失等违约责任。同样地，最高人民法院在(2014)民提字00015号案件中同样适用了上述法条的规定，即工程竣工验收合格，并不当然导致修复责任的免除，承包人交付的建设工程应符合合同约定的设计要求即相关工程验收标准。如果工程实际存在明显质量问题，承包人又以竣工验收合格证明等主张工程质量合格，从而对抗明显的质量问题，人民法院不予支持，并且在双方当事人已经失去合作信任的情况下，为解决双方矛盾，人民法院可以判决由发包人自行委托第三方参照原设计方案对工程质量予以整改，所需费用由承包人承担。

综上所述，如果工程质量确实存在缺陷，B房地产公司在工程验收合格后主张工程质量责任，要求A建筑公司赔偿重做费用及延误工期违约金的，能够得到法院支持。

【风险防范建议】

就施工方而言，其应当严格按照图纸施工，不能擅自变更或偷工减料。如果认为施工图纸存在问题，可以在施工过程中向建设方提出合理化建议，由建设方决定是否变更，同时注意保存变更签证、建设方确认同意变更或拒绝变更的资料。

就建设方而言，建设方与施工方就工程质量作出在法定标准以上的约定，也应被认定为合法有效，建设方有权据此要求施工方承担未按约定施工导致的质量责任。建设方在施工方的施工过程中，应当尽到最大限度的监督管理义务，以免出现本案的情况。

【法条链接】

《民法典》第五百七十七条 当事人一方不履行合同义务或者履行合同义务不符合约定的，应当承担继续履行、采取补救措施或者赔偿损失等违约责任。

第八百零一条 因施工人的原因致使建设工程质量不符合约定的，发包人有权请求施工人在合理期限内无偿修理或者返工、改建。经过修理或者返工、改建后，造成逾期交付的，施工人应当承担违约责任。

92. 对未完工程或未经竣工验收的工程，如何确定工程质量是否合格？

【情景案例】

某建筑公司与某制衣公司签订《承揽钢结构厂房合同》，约定由某建筑公司承建某制衣公司的钢结构厂房，工期为5个月，总价款为400万元，按工程进度付款。合同签订后，某建筑公司按合同约定购买钢结构材料并在某制衣公司内进行了厂房安装，截至开工后2个月，某制衣公司按合同约定支付了160万元工程进度款，但之后一直未能及时支付工程进度款，某建筑公司便停止施工。后某建筑公司诉至法院，要求某制衣公司支付拖欠的工程款100万元。某制衣公司在诉讼中提出钢结构厂房未经竣工验收,质量是否合格不清楚,故其不应支付工程款。

请问:某制衣公司的抗辩理由能得到法院的支持吗?

【案例分析】

本案涉及的是涉案工程在没有竣工验收的情况下,发包人是否有权以工程质量不合格为由拒绝向承包人支付工程款的问题。

我国《民法典》第七百九十九条规定,建设工程竣工后,发包人应当根据施工图纸及说明书、国家颁发的施工验收规范和质量检验标准及时进行验收。验收合格的,发包人应当按照约定支付价款,并接收该建设工程。建设工程竣工经验收合格后,方可交付使用;未经验收或者验收不合格的,不得交付使用。根据该法第七百九十三条和第八百零六条的规定,建设工程质量不合格,修复后经验收仍不合格的,承包人无权请求参照合同关于工程价款的约定折价补偿。故发包人有权拒绝支付工程款。《最高人民法院关于审理建设工程施工合同纠纷案件适用法律问题的解释(一)》第三十二条第一款规定,当事人对工程造价、质量、修复费用等专门性问题有争议的,人民法院认为需要鉴定的,应当向负有举证责任的当事人释明。当事人经释明未申请鉴定,虽申请鉴定但未支付鉴定费用或者拒不提供相关材料的,应当承担举证不能的法律后果。《民事诉讼法》第六十四条第一款规定,当事人对自己提出的主张,有责任提供证据。也就是说,该制衣厂以案涉工程质量不合格为由拒付工程款,应当提出证据证明,否则承担举证不能的责任。

本案中,由于建设工程未进行竣工验收,其是否存在质量问题尚不能证明,该制衣厂不可以质量不合格为由拒绝向承包人支付工程款。根据上述法律规定,对于工程质量是否合格等专门性问题应当向法院申请鉴定,或由法院向当事人释明,当事人及时申请鉴定。只有得到第三方出具的鉴定意见,方可得知该建设工程的质量是否合格,发包人才有依据决定是否拒绝支付工程款。若承包人建设的工程经验收不合格且存在质量问题,修复后的建设工程再经验收不合格,则该制衣厂即发包人有权拒绝支付工程款。

【风险防范建议】

就承包人而言,在多次向发包人主张工程款之后,发包人仍然不履行支付工程款义务的,施工人可以及时起诉,要求发包人支付工程进度款;也可以等工程竣工验收之后再一并起诉。起诉时应当注意的是,要将拖欠工程款的利息一并主张,才能更好地维护自身的合法权益。

就发包人而言,如果担心工程有质量问题,应当就建设工程施工合同中对工程的材料、施工步骤、施工技术及工程质量等方面进行明确约定,若工程完工后经过竣工验收存在质量问题,可以要求施工人进行修复;因修复造成损失的,可以要求施工人赔偿。

【法条链接】

《民法典》第七百九十三条 建设工程施工合同无效,但是建设工程经验收合格的,可以参照合同关于工程价款的约定折价补偿承包人。

建设工程施工合同无效,且建设工程经验收不合格的,按照以下情形处理:

(一)修复后的建设工程经验收合格的,发包人可以请求承包人承担修复费用;

(二)修复后的建设工程经验收不合格的,承包人无权请求参照合同关于工程价款的约定折价补偿。

发包人对因建设工程不合格造成的损失有过错的,应当承担相应的责任。

第七百九十九条 建设工程竣工后,发包人应当根据施工图纸及说明书、国家颁发的施工验收规范和质量检验标准及时进行验收。验收合格的,发包人应当按照约定支付价款,并接收该建设工程。

建设工程竣工经验收合格后,方可交付使用;未经验收或者验收不合格的,不得交付使用。

第八百零六条 承包人将建设工程转包、违法分包的,发包人可以解除合同。

发包人提供的主要建筑材料、建筑构配件和设备不符合强制性标准或者不履行协助义务,致使承包人无法施工,经催告后在合理期限内仍未履行相应义务的,承包人可以解除合同。

合同解除后,已经完成的建设工程质量合格的,发包人应当按照约定支付相应的工程价款;已经完成的建设工程质量不合格的,参照本法第七百九十三条的规定处理。

《民事诉讼法》第六十四条 当事人对自己提出的主张,有责任提供证据。

当事人及其诉讼代理人因客观原因不能自行收集的证据,或者人民法院认为审理案件需要的证据,人民法院应当调查收集。

人民法院应当按照法定程序,全面地、客观地审查核实证据。

第一百七十条 第二审人民法院对上诉案件,经过审理,按照下列情形,分别处理:

(一)原判决、裁定认定事实清楚,适用法律正确的,以判决、裁定方式驳回上诉,维持原判决、裁定;

(二)原判决、裁定认定事实错误或者适用法律错误的,以判决、裁定方式依法改判、撤销或者变更;

(三)原判决认定基本事实不清的,裁定撤销原判决,发回原审人民法院重审,或者查清事实后改判;

(四)原判决遗漏当事人或者违法缺席判决等严重违反法定程序的,裁定撤销原判决,发回原审人民法院重审。

原审人民法院对发回重审的案件作出判决后,当事人提起上诉的,第二审人民法院不得再次发回重审。

《最高人民法院关于审理建设工程施工合同纠纷案件适用法律问题的解释(一)》第三十二条　当事人对工程造价、质量、修复费用等专门性问题有争议,人民法院认为需要鉴定的,应当向负有举证责任的当事人释明。当事人经释明未申请鉴定,虽申请鉴定但未支付鉴定费用或者拒不提供相关材料的,应当承担举证不能的法律后果。

一审诉讼中负有举证责任的当事人未申请鉴定,虽申请鉴定但未支付鉴定费用或者拒不提供相关材料,二审诉讼中申请鉴定,人民法院认为确有必要的,应当依照民事诉讼法第一百七十条第一款第三项的规定处理。

93.施工合同对质量保证金返还期限约定不明的,如何处理?

【情景案例】

A公司与B建筑公司签订《钢结构工程施工承包合同》,约定将工程总价的10%作为工程质量保证金,合同签订后3日内付清,质保期按国家法律规定计算,质量保证金按各时间段分别返还。工程竣工后,B建筑公司要求A公司返还质量保证金无果,故诉至法院要求A公司返还质保金并承担相应利息。诉讼过程中,A公司认为,其与B建筑公司对质保期没有明确约定,故不存在质保期,于是拒绝返还工程质量保证金。B建筑公司认为,双方虽未明确约定工程质保期限,但A公司依法应当将质量保证金返还,否则构成违约。

请问:B建筑公司的请求能得到法院的支持吗?

【案例分析】

本案涉及的是发包人与承包人对质保期的约定不明确的情况下,质保金应该何时返还的问题。

《建设工程质量保证金管理办法》第二条规定,法律规定的缺陷责任期一般为一年,最长不超过两年。《民法典》第五百一十条规定,合同生效后,当事人就质量、价款或者报酬、履行地点等内容没有约定或者约定不明确的,可以协议补充;不能达成补充协议的,按照合同相关条款或者交易习惯确定。《最高人民法院关于审理建设工程施工合同纠纷案件适用法律问题的解释(一)》第十七条规定,当事人未约定质量保证金返还期限的,自建设工程通过竣工验收之日起满2年。

本案中,A公司和B建筑公司对质保期约定不明,导致质保金返还期限存在争议。依据《最高人民法院关于审理建设工程施工合同纠纷案件适用法律问题的解释(一)》第十七条的规定,则B公司只能自该建设工程通过竣工验收之日起满2年后,方可请求A公司返还该笔质保金。

【风险防范建议】

发包人与承包人想要规避因为质保期和质量保证金产生的纠纷，首先，在签订建设工程施工合同时，应当尽量对质保期和质量保证金的返还期限、违约责任进行明确约定，以便双方及时解决在履行合同过程中产生的争议；其次，若合同对上述事项没有进行明确约定，在后续合同履行中因质保金和质保期产生纠纷时，双方应当及时签订补充协议对此项进行约定；最后，建设工程质量作为建设工程的重要组成部分，涉及不特定大多数人的安全，发承包双方都应依法严格进行设计、勘察、施工及监理，避免质量争议。

【法条链接】

《民法典》第五百一十条 合同生效后，当事人就质量、价款或者报酬、履行地点等内容没有约定或者约定不明确的，可以协议补充；不能达成补充协议的，按照合同相关条款或者交易习惯确定。

《最高人民法院关于审理建设工程施工合同纠纷案件适用法律问题的解释(一)》第十七条 有下列情形之一，承包人请求发包人返还工程质量保证金的，人民法院应予支持：

(一)当事人约定的工程质量保证金返还期限届满。

(二)当事人未约定工程质量保证金返还期限的，自建设工程通过竣工验收之日起满二年。

(三)因发包人原因建设工程未按约定期限进行竣工验收的，自承包人提交工程竣工验收报告九十日后起当事人约定的工程质量保证金返还期限届满；当事人未约定工程质量保证金返还期限的，自承包人提交工程竣工验收报告九十日后起满二年。

发包人返还工程质量保证金后，不影响承包人根据合同约定或者法律规定履行工程保修义务。

《建设工程质量保证金管理办法》第二条 本办法所称建设工程质量保证金(以下简称保证金)是指发包人与承包人在建设工程承包合同中约定，从应付的工程款中预留，用以保证承包人在缺陷责任期内对建设工程出现的缺陷进行维修的资金。

缺陷是指建设工程质量不符合工程建设强制性标准、设计文件，以及承包合同的约定。

缺陷责任期一般为1年，最长不超过2年，由发、承包双方在合同中约定。

二、工程保修

94. 保修人未及时履行保修义务，导致建筑物致人受伤的，责任由谁承担？

【情景案例】

某市三建公司与景盛公司就朝阳花园一期外墙保温板施工签订《协议书》，约定由景盛公司施工。《协议书》对工程质量及保修责任进行了明确约定，工程竣工交付时，三建公司已按约定向景盛公司支付全部工程款。之后,保温板脱落,砸中了案外人宋某,导致其支付医疗费6700元。脱落发生后,三建公司通知景盛公司派员到事发地处理相关事宜,景盛公司未派人到场处理。原告按协议约定方式自行组织维修,产生维修费用12,000元。案外人宋某起诉要求三建公司赔偿医药费6700元,经法院判决予以支持。三建公司认为,朝阳花园一期外墙保温板脱落系景盛公司在保修期内未能及时维修所致,三建公司自行维修产生的费用以及支付给宋某的医疗费应由景盛公司承担,故起诉至法院请求赔偿。

请问:三建公司的请求能得到法院支持吗?

【案例分析】

本案涉及的是因保修人未及时履行保修义务,建筑物致人损害的责任承担问题。

我国《民法典》第八百零二条规定,因承包人的原因致使建设工程在合理使用期限内造成人身和财产损失的,承包人应当承担损害赔偿责任。《建设工程质量管理条例》第四十一条规定,建设工程在保修范围和保修期限内发生质量问题的,施工单位应当履行保修义务,并对造成的损失承担赔偿责任。《民用建筑节能条例》第二十三条规定,在正常使用条件下,保温工程的最低保修期限为5年。保温工程的保修期,自竣工验收合格之日起计算。保温工程在保修范围和保修期内发生质量问题的,施工单位应当履行保修义务,并对造成的损失依法承担赔偿责任。《房屋建筑工程质量保修办法》第十四条规定,在保修期内,因房屋建筑工程质量缺陷造成房屋所有人、使用人或者第三方人身、财产损害的,房屋所有人、使用人或者第三方可以向建设单位提出赔偿要求。建设单位向造成房屋建筑工程质量缺陷的责任方追偿。第十五条规定,因保修不及时造成新的人身、财产损害,由造成拖延的责任方承担赔偿责任。《最高人民法院关于审理建设工程施工合同纠纷案件适用法律问题的解释(一)》第十八条规定,因保修人未及时履行保修义务,导致建筑物毁损或者造成人身、财产损害的,保修人应当承担赔偿责任。

本案中,景盛公司施工的保温工程于2013年10月20日竣工验收合格并交付使用,根据上述《民用建筑节能条例》的规定,其保修期应至2018年10月19日。2016年7月14日,工程保温板发生脱落,仍发生在该工程保修期内,根据上述法律、法规及司法解释的规定,景盛公司不履行保修义务的,应承担责任,保温板维修费用12,000元,以及砸伤案外人宋某,导致其付出的医疗费6700元,均应由景盛公司承担。故三建公司请求景盛公司承担赔偿责任,有充分的事实及法律依据,应能得到法院支持。

【风险防范建议】

建筑物未及时履行保修义务导致损害发生的案件经常发生,既涉及合同违约责任，也涉及侵权责任。为规避相关法律风险，工程建设方应当注意以下事项：

(1)注意保修责任与赔偿责任的区别。保修责任属于违约责任，赔偿责任属于侵权责任。保修期内发现任何质量缺陷，承包方必须负责维修，不以损害发生为条件，如果不尽维修责任，则需承担维修费用；如果因建筑物本身原因造成人身或财产损害，则发生违约与侵权两种责任的竞合，承包方也要承担损害赔偿责任。如果被害人向工程建设方主张赔偿，工程建设方承担责任后也可以根据合同向承包方主张承担违约赔偿责任。

(2)注意保修责任与赔偿责任的联系。须关注建筑物的保修期，保修期与损害赔偿的责任期限是相同的，都是"合理使用期内"；超过保修期，承包方则不承担赔偿责任。如果质量缺陷造成人身和财产损害，承包方在保修责任基础上应加重赔偿责任。但对于使用不当或者不可抗力造成的质量缺陷和损害后果，承包方也不承担保修和赔偿责任。

【法条链接】

《民法典》第八百零二条　因承包人的原因致使建设工程在合理使用期限内造成人身和财产损失的，承包人应当承担损害赔偿责任。

《建设工程质量管理条例》第四十一条　建设工程在保修范围和保修期限内发生质量问题的，施工单位应当履行保修义务，并对造成的损失承担赔偿责任。

《民用建筑节能条例》第二十三条　在正常使用条件下，保温工程的最低保修期限为5年。保温工程的保修期，自竣工验收合格之日起计算。

保温工程在保修范围和保修期内发生质量问题的，施工单位应当履行保修义务，并对造成的损失依法承担赔偿责任。

《房屋建筑工程质量保修办法》第十四条　在保修期内，因房屋建筑工程质量缺陷造成房屋所有人、使用人或者第三方人身、财产损害的，房屋所有人、使用人或者第三方可以向建设单位提出赔偿要求。建设单位向造成房屋建筑工程质量缺陷的责任方追偿。

第十五条　因保修不及时造成新的人身、财产损害，由造成拖延的责任方承担赔偿责任。

《最高人民法院关于审理建设工程施工合同纠纷案件适用法律问题的解释(一)》第十八条　因保修人未及时履行保修义务，导致建筑物毁损或者造成人身、财产损害的，保修人应当承担赔偿责任。

保修人与建筑物所有人或者发包人对建筑物毁损均有过错的，各自承担相应的责任。

95. 保修期条款约定不明的，怎么处理?

【情景案例】

甲公司与乙建筑公司签订《某小区建设工程施工合同》，约定：由乙建筑公司以大包干方式对某小区复建住宅楼的工程进行施工，工程包干总价款为8500万元，工期为5个月，工程保修期按建设部及省市住建部门现行对商品房的有关规定执行。双方在合同附件中约定在质保期满时，若无质量返修问题，一次性付清工程余款的5%。工程按约定竣工并经验收合格。之后，双方对于施工合同约定的工程保修期条款理解发生争议。甲公司认为，工程施工合同的保修期条款约定不明，只作了间接约定，应视为未作约定，需要双方重新协商签订补充协议确定保修期。乙建筑公司认为，关于保修期条款的约定是明确的，工程施工合同虽然没有直接写明时间，但规定适用有关法律的规定，应该以法律规定的时间为准。

请问：乙建筑公司的说法符合我国法律规定吗？

【案例分析】

本案涉及的是建设工程合同生效后保修期条款约定不明确，如何确定保修期的问题。

我国《民法典》第五百一十条规定，合同生效后，当事人就质量、价款或者报酬、履行地点等内容没有约定或者约定不明确的，可以协议补充；不能达成补充协议的，按照合同相关条款或者交易习惯确定。《建筑法》第六十二条规定，建筑工程实行质量保修制度。建筑工程的保修范围应当包括地基基础工程、主体结构工程、屋面防水工程和其他土建工程，以及电气管线、上下水管线的安装工程，供热、供冷系统工程等项目；保修的期限应当按照保证建筑物合理寿命年限内正常使用，维护使用者合法权益的原则确定。具体的保修范围和最低保修期限由国务院规定。《建设工程质量保证金管理办法》第二条规定，本办法所称建设工程质量保证金是指发包人与承包人在建设工程承包合同中约定，从应付的工程款中预留，用以保证承包人在缺陷责任期内对建设工程出现的缺陷进行维修的资金。缺陷是指建设工程质量不符合工程建设强制性标准、设计文件，以及承包合同的约定。缺陷责任期一般为1年，最长不超过2年，由发、承包双方在合同中约定。

本案中，甲公司与乙建筑公司就施工合同的保修期约定为“工程保修期按建设部及省市建委现行对商品房的有关规定执行”，未明确约定工程的保修期，视为约定不明。根据上述规定，施工合同生效后，保修期约定不明确的，甲公司与乙建筑公司可协议补充。但协议补充保修期的，保修期不得低于我国法律、行政法规的强制性规定，保修期限低于法律、行政法规规定的最低期限的，约定无效。双方不能达成协议的，应当按照合同相关条款或者交易习惯确定，酌情认定一定的质保期限，但仍然不能低于国家的强制性规定。

【风险防范建议】

就发包人而言，对于施工合同中的工程保修期务必明确约定，并且约定的期限应符合国家对建设工程保修期的规定。

就承包人而言，工程质量必须达到国家标准规定的合格标准，在不违反法定最低期限的前提下，发包人与施工企业可以在施工合同或保修书中对保修期限进行约定。

【法条链接】

《民法典》第五百一十条 合同生效后，当事人就质量、价款或者报酬、履行地点等内容没有约定或者约定不明确的，可以协议补充；不能达成补充协议的，按照合同相关条款或者交易习惯确定。

《建筑法》第六十二条 建筑工程实行质量保修制度。

建筑工程的保修范围应当包括地基基础工程、主体结构工程、屋面防水工程和其他土建工程，以及电气管线、上下水管线的安装工程，供热、供冷系统工程等项目；保修的期限应当按照保证建筑物合理寿命年限内正常使用，维护使用者合法权益的原则确定。具体的保修范围和最低保修期限由国务院规定。

《建设工程质量管理条例》第四十条 在正常使用条件下，建设工程的最低保修期限为：

（一）基础设施工程、房屋建筑的地基基础工程和主体结构工程，为设计文件规定的该工程的合理使用年限；

（二）屋面防水工程、有防水要求的卫生间、房间和外墙面的防渗漏，为5年；

（三）供热与供冷系统，为2个采暖期、供冷期；

（四）电气管线、给排水管道、设备安装和装修工程，为2年。

其他项目的保修期限由发包方与承包方约定。

建设工程的保修期，自竣工验收合格之日起计算。

《建设工程质量保证金管理办法》第二条 本办法所称建设工程质量保证金（以下简称保证金）是指发包人与承包人在建设工程承包合同中约定，从应付的工程款中预留，用以保证承包人在缺陷责任期内对建设工程出现的缺陷进行维修的资金。

缺陷是指建设工程质量不符合工程建设强制性标准、设计文件，以及承包合同的约定。

缺陷责任期一般为1年，最长不超过2年，由发、承包双方在合同中约定。

96. 施工合同约定的质量保修期短于法定最低年限的，怎么处理？

【情景案例】

A建筑公司与B公司签订《建筑工程施工合同》，约定：B公司将其新厂房及综合楼工程以包工包料的形式发包给A建筑公司施工。合同约定：工程质量保修金为总工程款的2%，工程保修期1年，届时如无质量问题，工程质量保修金一次退还。后B公司对该工程进行了竣工验收。B公司按约定给A建筑公司退还了所有工程质量保修金。之后，综合楼工程出现了地砖破损及漏水的问题，于是向A建筑公司提出修复地砖破损并解决漏水的问题的请求，但遭到A建筑公司的拒绝。A建筑公司认为，工程保修期已过，不再承担保修责任。B公司认为，我国法律规定装修工程强制性最低保修期限为2年，因此，A建筑公司应当履行保修义务。双方协商未果，B公司遂诉至法院。

请问：A建筑公司的说法符合我国法律规定吗？

【案例分析】

本案涉及的是保修期的法律性质问题。

我国《建筑法》第六十二条第一款规定，建筑工程实行质量保修制度。根据《建设工程质量管理条例》第四十条的规定，在正常使用条件下，建设工程的最低保修期限为：基础设施工程、房屋建筑的地基基础工程和主体结构工程，为设计文件规定的该工程的合理使用年限；屋面防水工程、有防水要求的卫生间、房间和外墙面的防渗漏，为5年；供热与供冷系统，为2个采暖期、供冷期；电气管线、给排水管道、设备安装和装修工程，为2年。建设工程的保修期，自竣工验收合格之日起计算。该条例第四十一条规定，建设工程在保修范围和保修期限内发生质量问题的施工单位应当履行保修义务，并对造成的损失承担赔偿责任。以上规定说明保修期是法律、行政法规的强制性规定，必须遵守，当事人任意约定的保修期限不能短于法律、行政法规的明确规定，否则无效。

本案中，B公司与A建筑公司签订《建筑工程施工合同》，约定的工程保修期为1年，远短于《建设工程质量管理条例》规定的建设工程最低保修期限，故该约定无效。综合楼工程出现了地砖破损及漏水的问题，A建筑公司应负保修责任，并对其出现质量问题的施工造成B公司的损失承担赔偿责任。因此，A建筑公司的说法不符合我国法律规定。

【风险防范建议】

实务中，发包人与建筑企业签订建设工程施工合同时，一般会约定工程质量保修期，要求建筑企业预留一部分工程款作为质量保证金，用以维修建筑工程在保修范围内出现的质量问题。就建筑企业而言，预留质量保修金不仅会造成其流动资金紧张，更为严重的是，发包人常以工程存在质量缺陷为由，无端扣减质量保修金，造成建筑企业的利润受到减损。关于施工企业如何防范质量保修相关法律风险，建议如下：

(1)法律、行政法规对于工程项目的保修期限有明确规定的，必须严格遵守，即施工合同约定的工程保修期限，不能短于法律、行政法规的规定。法律、行政法规对工程项目的保修期限没有规定的，由建筑企业与发包人自行约定。

(2)在约定预留质量保证金的期限时，在表述上应注意与工程余款回收期限脱钩；应当明确约定：经过工程质量验收合格之日起的一定期间后由发包人支付工程余款或退还工程质量保证金。如果约定不明,双方将可能产生争议,建筑企业的工程余款回收时间可能会延后。

(3)签订施工合同时,明确约定建筑企业只对工程的施工质量负责,如果在保修期内发生的工程质量问题是由发包人或其他方原因造成的,则不属于建筑企业保修的范围,或者约定建筑企业虽可进行维修但由此产生的费用应由责任方承担。

(4)为避免建筑企业因未及时履行保修义务而承担过重的责任,建议在施工合同中对发包人的通知义务进行约定。双方可约定:发包人应提前通知保修人履行保修义务,发包人怠于通知,导致建筑物毁损或者造成人身、财产损害的,相关责任由发包人承担。

【法条链接】

《建筑法》第六十二条 建筑工程实行质量保修制度。

建筑工程的保修范围应当包括地基基础工程、主体结构工程、屋面防水工程和其他土建工程,以及电气管线、上下水管线的安装工程,供热、供冷系统工程等项目;保修的期限应当按照保证建筑物合理寿命年限内正常使用,维护使用者合法权益的原则确定。具体的保修范围和最低保修期限由国务院规定。

《建设工程质量管理条例》第三十九条 建设工程实行质量保修制度。

建设工程承包单位在向建设单位提交工程竣工验收报告时,应当向建设单位出具质量保修书。质量保修书中应当明确建设工程的保修范围、保修期限和保修责任等。

第四十条 在正常使用条件下,建设工程的最低保修期限为:

(一)基础设施工程、房屋建筑的地基基础工程和主体结构工程,为设计文件规定的该工程的合理使用年限;

(二)屋面防水工程、有防水要求的卫生间、房间和外墙面的防渗漏,为5年;

(三)供热与供冷系统,为2个采暖期、供冷期;

(四)电气管线、给排水管道、设备安装和装修工程,为2年。

其他项目的保修期限由发包方与承包方约定。

建设工程的保修期,自竣工验收合格之日起计算。

第四十一条 建设工程在保修范围和保修期限内发生质量问题的,施工单位应当履行保修义务,并对造成的损失承担赔偿责任。

97. 保修期内发现质量问题,发包人可以委托第三方维修并要求承包人承担维修费用吗?

【情景案例】

甲公司与乙建筑公司签订《建设工程施工合同》,约定由乙建筑公司为甲公司的某酒店综合项目工程施工，工程价款为6800万元，工程质量保修金为总工程款的3%；工程保修期为3年，届时如无质量问题，工程质量保修金一次性退还。后因乙建筑公司的施工存在质量问题，甲公司没有通知乙建筑公司维修，而是直接委托第三人维修并支付维修费13万元。之后，甲公司发函乙建筑公司称该维修费用应当由乙建筑公司承担，届时在工程质量保修金中扣除。乙建筑公司认为，工程维修应当由其来处理，不能聘请第三方维修，为此不同意甲公司扣除其工程质量金的做法。

请问：乙建筑公司的说法符合我国法律规定吗？

【案例分析】

本案涉及的是工程保修责任的承担主体问题。

我国《建筑法》第六十二条第一款规定，建筑工程实行质量保修制度。《建设工程质量管理条例》第三十九条第二款规定，建设工程承包单位在向建设单位提交工程竣工验收报告时，应当向建设单位出具质量保修书；质量保修书中应当明确建设工程的保修范围、保修期限和保修责任等。第四十一条规定，建设工程在保修范围和保修期限内发生质量问题的，建设工程承包单位应当履行保修义务，并对造成的损失承担赔偿责任。从上述规定可知，保修期内的工程维修，是建设工程承包单位的质量保修义务，必须由施工单位承担。

本案中，对乙建筑公司施工存在的质量问题，甲公司在没有通知乙建筑公司的情况下直接委托第三人进行维修并支付维修费。根据上述法律规定，甲公司的行为视为放弃要求乙建筑公司承担保修期维修义务。由于甲公司已放弃要求乙建筑公司承担保修期维修义务，因此其不能要求乙建筑公司承担该维修费用。故乙建筑公司的说法符合我国法律规定。

【风险防范建议】

工程竣工后，发包人发现建筑工程出现质量问题时，要注意以下事项：

（1）工程质量保修期须工程施工合同作出明确约定，在工程出现质量问题后，首先应通知承包人，让承包人到现场进行核查，确定保修时间和保修方案。司法实践中，发包人如果未履行通知义务，擅自委托第三方进行保修，往往放弃了承包人的保修责任，承担不利的法律后果。

（2）根据“谁主张，谁举证”的举证责任原则，发包人主张承包人承担保修费用，应有合同约定依据，发包人需承担举证责任。因此，发包人通知承包人时，应当注意证据保存，否则可能因举证不能承担不利的法律后果。

【法条链接】

《建筑法》第六十二条　建筑工程实行质量保修制度。

建筑工程的保修范围应当包括地基基础工程、主体结构工程、屋面防水工程和其他土建工程,以及电气管线、上下水管线的安装工程,供热、供冷系统工程等项目;保修的期限应当按照保证建筑物合理寿命年限内正常使用,维护使用者合法权益的原则确定。具体的保修范围和最低保修期限由国务院规定。

《建设工程质量管理条例》第三十九条 建设工程实行质量保修制度。

建设工程承包单位在向建设单位提交工程竣工验收报告时,应当向建设单位出具质量保修书。质量保修书中应当明确建设工程的保修范围、保修期限和保修责任等。

第四十一条 建设工程在保修范围和保修期限内发生质量问题的,施工单位应当履行保修义务,并对造成的损失承担赔偿责任。

第六章
工程造价与工程款

一、工程造价

98. 一方认为工程造价鉴定机构鉴定意见不公正，可以申请更换鉴定机构吗？

【情景案例】

甲置业公司与乙建筑公司签订《建设工程施工协议》，约定：乙建筑公司承建甲置业公司开发的某小区8号楼建设工程，工期为1年。乙建筑公司如期进行施工；过程中，甲置业公司强令乙建筑公司暂时停工，理由是其开工手续不全，需要补办才能开工。当时乙建筑公司8号楼建至三层封顶；直至2个月后，甲置业公司一直没有通知开工。为此，乙建筑公司以甲置业公司违约为由，主张后者支付拖欠工程款及造成停工所产生的一切损失及费用。为确定工程造价，乙建筑公司单方委托丙建设工程咨询公司对施工图内已完成工程进行鉴定，最终评估工程造价为3218万元。甲置业公司同意给乙建筑公司支付工程款及停工损失，但认为鉴定机构不公正，要求申请更换鉴定机构。但乙建筑公司不同意更换鉴定机构，双方协商无果后，甲置业公司诉至法院。

请问：甲置业公司可以申请更换鉴定机构吗？

【案例分析】

本案涉及的是当事人一方自行委托工程造价鉴定，另一方认为工程造价鉴定机构鉴定不公，是否可以申请更换鉴定机构的问题。

根据我国《民事诉讼法》第六十三条的规定，证据包括鉴定意见；证据必须查证属实，才能作为认定事实的根据。该法第六十四条的规定，当事人对自己提出的主张，有责任提供证据。第七十六条规定，当事人可以就查明事实的专门性问题向人民法院申请鉴定。当事人申请鉴定的，由双方当事人协商确定具备资格的鉴定人；协商不成的，由人民法院指定。当事人未申请鉴定，人民法院对专门性问题认为需要鉴定的，应当委托具备资格的鉴定人进行鉴定。《最高人民法院关于适用〈中华人民共和国民事诉讼法〉的解释》第一百二十一条规定，当事人申请鉴定，可以在举证期限届满前提出。

申请鉴定的事项与待证事实无关联,或者对证明待证事实无意义的,人民法院不予准许。人民法院准许当事人鉴定申请的,应当组织双方当事人协商确定具备相应资格的鉴定人。当事人协商不成的,由人民法院指定。符合依职权调查收集证据条件的,人民法院应当依职权委托鉴定,在询问当事人的意见后,指定具备相应资格的鉴定人。《最高人民法院关于民事诉讼证据的若干规定》第四十一条规定,对于一方当事人就专门性问题自行委托有关机构或者人员出具的意见,另一方当事人有证据或者理由足以反驳并申请鉴定的,人民法院应予准许。《最高人民法院关于审理建设工程施工合同纠纷案件适用法律问题的解释(一)》第三十条规定,当事人在诉讼前共同委托有关机构、人员对建设工程造价出具咨询意见,诉讼中一方当事人不认可该咨询意见申请鉴定的,人民法院应予准许,但双方当事人明确表示受该咨询意见约束的除外。

根据以上法律规定,一方当事人自行委托建设工程造价中介机构对建设工程造价作出的咨询意见,另一方当事人不予认可或确认的,鉴定意见对另一方不具法律效力,人民法院一般也不予采信。而且另一方当事人有证据或者理由提出反驳并申请重新鉴定的,人民法院应予准许。因此,当事人自行委托工程造价鉴定的,应首先由双方当事人协商共同确定鉴定机构,对鉴定机构协商不成发生争议的,当事人可以向人民法院提起诉讼,通过依法向人民法院申请鉴定予以解决。

本案中,乙建筑公司单方委托丙建设工程咨询公司对已完成工程进行鉴定,甲置业公司不予认可,认为鉴定机构不公正,要求申请更换鉴定机构。但乙建筑公司不同意,双方协商无果后,甲置业公司诉至法院。甲置业公司的做法符合法律规定,但其起诉后不应向法院申请更换鉴定机构,而是应该申请重新鉴定。申请鉴定后由法院通知双方协商确定具备资格的鉴定机构,协商不成的由法院指定。因此,甲置业公司申请更换鉴定机构的请求不妥。

【风险防范建议】

在建设工程施工合同双方当事人未对工程款进行最终结算的情况下,通常需要通过鉴定确定承包人已完成工程量及对应的工程款。通常承包人会在提起诉讼之后申请法院委托鉴定机构进行鉴定,以最终明确诉讼请求。有时承包人先行、自行委托了有资质的鉴定机构出具了鉴定报告,并以此作为依据提起诉讼。根据相关法律规定,自行委托得出的鉴定报告,并不当然对发承包双方产生法律效力,人民法院一般也会有条件地以此作为认定案件事实的依据。故建议如下:

(1)因各地司法实践中对自行委托的鉴定意见是否采信存在裁判标准不一的情况,建议当事人能够通过先提起诉讼、后申请法院委托鉴定的方式进行鉴定,以免造成不必要的诉讼风险。

(2)如发承包双方在合同中约定由双方自行委托鉴定机构确定工程款,在合同中一定要对协商确定的鉴定机构予以明确约定,同时对结算依据、事项等各方面达成一致意见,以避免相互"扯皮",有利于提高结算效率并节省时间。

(3)发承包双方中的一方单方委托鉴定机构对工程造价进行鉴定时,另一方应当慎重考虑是否要参与造价过程。一旦另一方同意参与造价过程,则视为其对一方单方委托鉴定机构的行为予以认可,该鉴定机构作出的造价结论就会作为工程价款的依据。此时,任何一方再想要推翻这个造价结论,一般来说是非常困难的。因此,发包人和承包人对此一定要保持警惕。

【法条链接】

《民事诉讼法》第六十三条　证据包括:

(一)当事人的陈述;

(二)书证;

(三)物证;

(四)视听资料;

(五)电子数据;

(六)证人证言;

(七)鉴定意见;

(八)勘验笔录。

证据必须查证属实,才能作为认定事实的根据。

第六十四条第一款　当事人对自己提出的主张,有责任提供证据。

第七十六条　当事人可以就查明事实的专门性问题向人民法院申请鉴定。当事人申请鉴定的,由双方当事人协商确定具备资格的鉴定人;协商不成的,由人民法院指定。

当事人未申请鉴定,人民法院对专门性问题认为需要鉴定的,应当委托具备资格的鉴定人进行鉴定。

《最高人民法院关于适用〈中华人民共和国民事诉讼法〉的解释》第一百二十一条　当事人申请鉴定,可以在举证期限届满前提出。申请鉴定的事项与待证事实无关联,或者对证明待证事实无意义的,人民法院不予准许。

人民法院准许当事人鉴定申请的,应当组织双方当事人协商确定具备相应资格的鉴定人。当事人协商不成的,由人民法院指定。

符合依职权调查收集证据条件的,人民法院应当依职权委托鉴定,在询问当事人的意见后,指定具备相应资格的鉴定人。

《最高人民法院关于民事诉讼证据的若干规定》第四十一条　对于一方当事人就专门性问题自行委托有关机构或者人员出具的意见,另一方当事人有证据或者理由足以反驳并申请鉴定的,人民法院应予准许。

《最高人民法院关于审理建设工程施工合同纠纷案件适用法律问题的解释(一)》第三十条　当事人在诉讼前共同委托有关机构、人员对建设工程造价出具咨询意见,诉讼中一方当事人不认可该咨询意见申请鉴定的，人民法院应予准许，但双方当事人明确表示受该咨询意见约束的除外。

《重庆市高级人民法院关于建设工程造价鉴定若干问题的解答》 7. 一方当事人自行委托建设工程造价中介机构作出的咨询意见，人民法院是否采信？

一方当事人自行委托建设工程造价中介机构对建设工程造价作出的咨询意见，人民法院原则上不予采信，但该咨询意见经质证，另一方当事人未提出异议，或者提出的异议明显不能成立的，人民法院对该咨询意见可以予以采信。

人民法院对一方当事人自行委托建设工程造价中介机构作出的咨询意见不予采信，且根据当事人举示的证据不能自行确定建设工程造价，确需进行建设工程造价鉴定的，应当根据举证规则向承担举证证明责任的一方当事人履行释明义务，告知其提出鉴定申请。

99. 当事人在诉讼前对工程价款结算已达成协议的，在诉讼中可以申请对工程造价进行鉴定吗？

【情景案例】

A公司与B建筑公司签订《某住宅楼工程建设施工合同》，约定：工程为一幢10层框剪结构的住宅楼，总建筑面积为11,000平方米；由B建筑公司采用包工不包料的方式进行总承包，工程承包综合单价按建筑面积500元/平方米的综合单价由B建筑公司进行一次性包干；工程价款按实际施工的建筑面积（以设计施工图纸及变更签证为准）及包干综合单价进行结算，结算时如因设计变更等原因造成工程量有所增减的，则由双方根据实际情况协商决定；工程承包工期为6个月。在施工过程中，B建筑公司按A公司的要求增加了工程量，工程按约定时间施工完毕。后B建筑公司与A公司签订补充协议确认竣工结算时的建筑面积为13,000平方米。由于A公司不按时支付工程款，B建筑公司诉至法院。在诉讼过程中，A公司向法院提出评估申请，要求依法委托具有资质的工程造价机构对某住宅楼工程款进行造价评估。

请问：A公司的申请能得到法院准许吗？

【案例分析】

本案涉及的是当事人在诉讼前对工程价款结算已达成协议的，在诉讼中可否申请工程造价鉴定的问题。

我国《民法典》第七条规定，民事主体从事民事活动，应当遵循诚信原则，秉持诚实，恪守承诺。《民事诉讼法》第十三条第一款规定，民事诉讼应当遵循诚实信用原则。《最高人民法院关于适用〈中华人民共和国民事诉讼法〉若干问题的解释》第一百二十一条规定，当事人申请鉴定，可以在举证期限届满前提出。申请鉴定的事项与待证事实无关联，或者对证明待证事实无意义的，人民法院不予准许。《最高人民法院关于审理建设工程施工合同纠纷案件适用法律问题的解释（一）》第二十八条规定，当事人约定按照固定价结算工程价款，一方当事人请求对建设工程造价进行鉴定的，不予支持。第二十九条规定，当事人在诉讼前已经对建设工程价款结算达成协议，诉讼中一方当事人申请对工程造价进行鉴定的，人民法院不予准许。

根据以上规定，若当事人已经就工程价款结算达成了协议，表明当事人已自愿达成结算方面的合同，根据诚实信用原则，当事人不得反悔。结算协议对双方当事人均具有约束力，一方当事人在诉讼中又申请对工程造价进行鉴定的，相当于违背了双方已经达成的结算协议。此时，当事人提出的工程造价鉴定申请已无意义，人民法院不予准许，应当按照当事人达成的结算协议认定工程价款。

本案中，A 公司与 B 建筑公司签订的《某住宅楼工程建设施工合同》约定工程承包综合单价按建筑面积 500 元/平方米的综合单价由 B 建筑公司进行一次性包干，工程价款按实际施工的建筑面积（以设计施工图纸及变更签证为准）及包干综合单价进行结算。合同明确约定的该工程价款的结算方式，系双方当事人的真实意思表示，对双方均具有约束力。B 建筑公司与 A 公司双方签订补充协议确认竣工结算时的建筑面积为 13,000 平方米。在双方对案涉工程的总建筑面积及工程价款的结算方式已经通过施工合同和补充协议确认的情况下，工程价款可参照约定结算支付。故 A 公司向法院提出评估的申请不能得到法院的准许。

【风险防范建议】

对于工程价款结算问题，在诉讼前发承包双方要谨慎达成协议。为避免产生不必要的风险和纠纷，建议如下：

（1）建设工程的发包人和承包人在进行结算时应结合实际情况在结算协议或文件中明确存在争议的违约金、索赔事项，以及保留追偿的权利。如果发承包双方确实就工程的“一揽子”事宜的结算金额达成一致意见，则必须在结算协议或文件中明确约定放弃主张其他任何费用或索赔的权利。

（2）发承包双方签订结算协议时，应充分考虑质量问题、工期问题、发包人和承包人的索赔问题、发包人的扣款问题、已完工程量问题、保修责任问题等。尽管结算协议是发包人与承包人相互协商、相互妥协后，综合考虑质量、工期、索赔等问题确定下来的。但尽量约定完整、齐全，避免造成再次纷争。

（3）对于工程价款结算中部分项目未达成一致意见的，建议采用书面形式阐明，对该部分在诉讼中仍可以申请鉴定，以保护诉讼权利。

【法条链接】

《民法典》第七条　民事主体从事民事活动，应当遵循诚信原则，秉持诚实，恪守承诺。

《民事诉讼法》第十三条第一款 民事诉讼应当遵循诚实信用原则。

《最高人民法院关于适用〈中华人民共和国民事诉讼法〉若干问题的解释》第一百二十一条第一款 当事人申请鉴定,可以在举证期限届满前提出。申请鉴定的事项与待证事实无关联,或者对证明待证事实无意义的,人民法院不予准许。

《最高人民法院关于审理建设工程施工合同纠纷案件适用法律问题的解释(一)》第二十八条 当事人约定按照固定价结算工程价款,一方当事人请求对建设工程造价进行鉴定的,不予支持。

第二十九条 当事人在诉讼前已经对建设工程价款结算达成协议,诉讼中一方当事人申请对工程造价进行鉴定的,人民法院不予准许。

《北京市高级人民法院关于审理建设工程施工合同纠纷案件若干疑难问题的解答》 7、当事人在诉讼前已就工程价款的结算达成协议,一方要求重新结算的,如何处理?

当事人在诉讼前已就工程价款的结算达成协议,一方在诉讼中要求重新结算的,不予支持,但结算协议被法院或仲裁机构认定为无效或撤销的除外。

建设工程施工合同无效,但工程经竣工验收合格,当事人一方以施工合同无效为由要求确认结算协议无效的,不予支持。

《四川省高级人民法院关于审理建设工程施工合同纠纷案件若干疑难问题的解答》 22.当事人诉前达成的结算协议如何处理?

当事人在诉讼前已就工程价鼓的结算达成协议,一方在诉讼中要求重新结算的,不予支持,但结算协议被人民法院或仲裁机构认定为无效或撤销的除外。

100.当事人在诉讼前共同委托有关机构对建设工程造价进行鉴定,在诉讼中一方不认可该鉴定结论的,可以申请重新鉴定吗?

【情景案例】

某建筑公司中标某市汽车客运站的工程建设,双方签订《建设工程施工合同》,约定:工程价款为3000万元,工期为9个月。在施工过程中,某建筑公司施工过程中经某市汽车客运站与监理公司同意,对工程内容进行了部分增减。后该工程按期完工并经验收合格。由于施工过程中工程量发生了变化,双方在工程款结算时发生争议,于是双方共同委托某建设工程咨询公司对工程造价进行鉴定,总造价为3600万元。鉴定后,某市汽车客运站只向某建筑公司支付了800万元工程款,还拖欠1000万元未支付。多次催收无果后,某建筑公司遂将某市汽车客运站诉至法院。在法院审理过程中,某市汽车客运站提出不认可某建设工程咨询公司的鉴定结论,申请对涉案工程造价进行重新鉴定。

请问:某市汽车客运站的申请能得到法院准许吗?

【案例分析】

本案涉及的是一方当事人不认可诉讼前共同委托有关机构、人员对建设工程造价出具的咨询意见,可否申请重新鉴定的问题。

根据我国《民事诉讼法》第六十三条的规定,证据包括当事人陈述、书证、物证、视听资料、电子数据、证人证言、鉴定意见、勘验笔录;证据必须查证属实,才能作为认定事实的根据。根据《最高人民法院关于民事诉讼证据的若干规定》第四十条的规定,当事人申请重新鉴定,存在下列情形之一的,人民法院应当准许:(1)鉴定人不具备相应资格的;(2)鉴定程序严重违法的;(3)鉴定意见明显依据不足的;(4)鉴定意见不能作为证据使用的其他情形。对鉴定意见的瑕疵,可以通过补正、补充鉴定或者补充质证、重新质证等方法解决的,人民法院不予准许重新鉴定的申请。《最高人民法院关于审理建设工程施工合同纠纷案件适用法律问题的解释(一)》第三十条规定,当事人在诉讼前共同委托有关机构、人员对建设工程造价出具咨询意见,诉讼中一方当事人不认可该咨询意见申请鉴定的,人民法院应予准许,但双方当事人明确表示受该咨询意见约束的除外。

根据上述规定,诉讼前发包人与承包人共同委托有关机构、人员对建设工程造价出具咨询意见,双方当事人未明确表示接受该咨询意见约束或未签字确认,诉讼中一方当事人不认可该咨询意见的,可以向人民法院申请鉴定。

本案中,某建筑公司与某市汽车客运站虽双方共同委托某建设工程咨询公司对工程造价进行了鉴定,但双方没有明确表示接受该工程造价鉴定,某市汽车客运站对此也未签字确认。因此,某市汽车客运站在诉讼中提出不认可某建设工程咨询公司的鉴定结论,申请对涉案工程造价进行重新鉴定,人民法院依法应予准许。故某市汽车客运站的申请能得到法院的准许。

【风险防范建议】

《最高人民法院关于审理建议工程施工合同纠纷案件适用法律问题的解释(一)》已经明确:诉前双方共同委托的咨询意见对当事人并不当然发生法律效力,除非当事人明确受该意见约束。对此,提示风险如下:

(1)如发承包双方对承包范围内的建设工程造价有争议,双方共同确定委托有相应专业能力的机构、人员出具工程造价咨询意见的,则在签订委托协议前,可以考虑明确约定共同委托并不代表必然接受书面咨询意见的约束,关于是否接受该咨询意见,发承包双方事后均享有最后的决定权,从而避免司法机关错误地将咨询意见直接作为裁判的依据。

(2)不建议发承包双方在诉前就造价咨询委托时进行以下类似的约定,例如,“双方共同委托有关机构对建设工程造价出具咨询意见,并以此意见作为结算的依据”“共同委托的咨询机构出具的意见对发承包双方有约束力”“双方关于本工程项目承包范围内的结算以咨询机构出具的意见为准”。此类约定是否属于“明确表示受该咨询意见约束”在具体的案件中可能会产生争议,可能产生申请鉴定不被人民法院采纳的风险。笔者认为,在咨询意见尚没有作出的情况下,双方当事人无法对将来未知的咨询意见内容作出合理、正确的评判,《最高人民法院关于审理建设工程施工合同纠纷案件适用法律问题的解释(一)》第三十条“但书”中的内容应为已经出具的咨询意见,当事人认可的应为专业机构或人员已经出具的书面咨询意见,建议双方在咨询意见出具后及时作出是否受该咨询意见约束的表示。

(3)为了尽量减少双方分歧、缩小专业咨询涉及的结算范围。在共同委托造价咨询前,对无争议部分进行确认,仅将有分歧的分部分项工程、工程子目列入争议委托咨询,这样有利于提高结算的效率并加速争议的解决。

【法条链接】

《民事诉讼法》第六十三条 证据包括:

(一)当事人的陈述;

(二)书证;

(三)物证;

(四)视听资料;

(五)电子数据;

(六)证人证言;

(七)鉴定意见;

(八)勘验笔录。

证据必须查证属实,才能作为认定事实的根据。

《最高人民法院关于民事诉讼证据的若干规定》第四十条 当事人申请重新鉴定,存在下列情形之一的,人民法院应当准许:

(一)鉴定人不具备相应资格的;

(二)鉴定程序严重违法的;

(三)鉴定意见明显依据不足的;

(四)鉴定意见不能作为证据使用的其他情形。

……

对鉴定意见的瑕疵,可以通过补正、补充鉴定或者补充质证、重新质证等方法解决的,人民法院不予准许重新鉴定的申请。

……

《最高人民法院关于审理建设工程施工合同纠纷案件适用法律问题的解释(一)》第三十条 当事人在诉讼前共同委托有关机构、人员对建设工程造价出具咨询意见,诉讼中一方当事人不认可该咨询意见申请鉴定的,人民法院应予准许,但双方当事人明确表示受该咨询意见约束的除外。

《北京市高级人民法院关于审理建设工程施工合同纠纷案件若干疑难问题的解答》 33、当事人在诉前共同委托鉴定的效力如何认定?

当事人诉前已经共同选定具有相应资质的鉴定机构对建设工程作出了相应的鉴定结论,诉讼中一方当事人要求重新鉴定的,一般不予准许,但有证据证明该鉴定结论具有《最高人民法院关于民事诉讼证据的若干规定》第二十七条第一款规定情形除外。

《江苏省高级人民法院关于审理建设工程施工合同纠纷案件若干问题的意见》第十七条 当事人诉前已经共同选定具有相应资质的鉴定机构对建设工程作出了鉴定结论,诉讼中一方当事人要求重新鉴定的,人民法院不予支持,但有证据证明鉴定结论具有《最高人民法院关于民事诉讼证据的若干规定》第二十七条第一款规定的情形除外。

《广东省高级人民法院关于审理建设工程施工合同纠纷案件若干问题的指导意见》 六、当事人于诉前或者诉讼中共同选定具有相应资质的鉴定机构对建设工程进行造价鉴定并出具了鉴定结论,一方当事人要求重新进行鉴定的,不予支持,但有证据证明该鉴定结论具有最高人民法院《关于民事诉讼证据的若干规定》第二十七条第一款规定的情形除外。

《四川省高级人民法院关于审理建设工程施工合同纠纷案件若干疑难问题的解答》 32.当事人在诉前、诉中自行委托鉴定的效力如何认定?

当事人诉前或诉中自行共同选定具有相应工程造价鉴定资质的鉴定机构对建设工程进行造价鉴定并出具了鉴定意见,一方当事人要求重新进行鉴定的,不予支持。但有证据证明该鉴定意见具有最高人民法院《关于民事诉讼证据的若干规定》第二十七条第一款规定的情形除外。

当事人诉前或诉中单方选定具有相应工程造价鉴定资质的鉴定机构对建设工程进行造价鉴定并出具了鉴定意见,一方当事人有证据证明该鉴定意见具有最高人民法院《关于民事诉讼证据的若干规定》第二十七条第一款规定的情形,该鉴定意见不予采信。

二、工程款

101. 发包人逾期支付工程款的,承包人拒绝交付工程合法吗?

【情景案例】

甲建筑公司中标承建乙房地产公司投资兴建的某住宅小区A栋、B栋住宅楼工程。双方签订合同,约定:工程应于指定日期前竣工并交付使用;合同总造价为2500万元;付款方式为每月按工程进度的85%支付,工程竣工经验收合格付至98%,余款2%作为保修金待保修期满无质量问题再支付。后工程竣工并经验收合格,甲建筑公司请求支付剩余工程款300万元。房地产公司对该工程款数额没有异议,但解释称因销售情况不理想暂时无力支付所欠工程款。双方随后又经多次协商,未达成解决问题的协议。之后,乙房地产公司通知甲建筑公司交付房屋,甲建筑公司交付了A栋住宅楼,但拒绝交付B栋住宅楼,并用钢筋焊接围封该栋的所有楼梯出入口,酿成纷争。

请问:在乙房地产公司拖欠工程款的情况下,甲建筑公司拒绝交付工程的做法合法吗?

【案例分析】

本案涉及的是工程竣工验收后发包人未支付工程款,承包人是否可以以"拒绝交付工程"的方式对抗发包人的问题。

我国《民法典》第七百八十八条第一款规定,建设工程合同是承包人进行工程建设,发包人支付价款的合同。根据该规定,发包人的主要合同义务是按照合同约定支付工程价款,承包人的主要合同义务是按照合同约定的时间和要求完成工程建设,交付工程。实践中对以上问题的处理存在争议,主要有以下两种不同意见:

一种意见认为,建设工程合同是一种特殊的承揽合同。根据我国《民法典》第八百零八条的规定,建设工程合同没有规定的适用承揽合同的规定。该法第七百八十三条规定,定作人未向承揽人支付报酬或者材料费等价款的,承揽人对完成的工作成果享有留置权或者有权拒绝交付,但是当事人另有约定的除外。根据上述规定可知,承包人在发包人未支付工程款的情况下可以行使留置权,留置所施工建设的工程。本案中,甲建筑公司所持的观点就是这种理由。

另一种意见认为,我国《民法典》对留置权的适用仅适用于动产,而建设工程属于不动产,承包人扣留建设工程交付属严重违约行为,不符合法律规定,应当不予支持。

笔者同意第二种意见。我国《民法典》第八百零七条规定,发包人未按照约定支付价款的,承包人可以催告发包人在合理期限内支付价款。发包人逾期不支付的,除根据建设工程的性质不宜折价、拍卖外,承包人可以与发包人协议将该工程折价,也可以请求人民法院将该工程依法拍卖。建设工程的价款就该工程折价或者拍卖的价款优先受偿。《最高人民法院关于审理建设工程施工合同纠纷案件适用法律问题的解释(一)》第四十一条规定,承包人应当在合理期限内行使建设工程价款优先受偿权,但最长不得超过18个月,自发包人应当给付建设工程价款之日起算。上述规定对发包人未支付工程款的情况有明确规定,即承包人可以通过行使建设工程优先受偿权的形式进行权利救济。建设工程优先受偿权属法定的优先权,其标的物为不动产,将其作为一种留置权并不合适。既然它属于一种特别优先权,在发包人不按约定支付工程款时,承包人可通过对工程折价或者拍卖的方式优先实现债权,而不能直接采取扣押、留置等方式拒绝交付工程。承包人应当在合理期限内行使建设工程价款优先受偿权,最长不得超过18个月。

综上所述,甲建筑公司拒绝交付工程的行为是不合法的,因为甲建筑公司的行为并不是所谓的行使“留置权”,而且双方已经约定履行义务的先后顺序,即“先交付,后付款”,甲建筑公司对乙房地产公司也不存在先履行抗辩权,其拒绝交付工程的行为缺乏法律依据。另外,对于乙房地产公司由此造成的损失,甲建筑公司应当承担违约责任。

【风险防范建议】

面对发包人拒付工程款的情况,承包人在维护自身权利时,应当注意以下事项:

(1)承包人不得简单采用“拒绝交付”工程的方式,否则,如上文分析有可能使自己陷于不利地位,承担不必要的违约责任。除非合同对此有明确规定,承包人才可以此予以对抗。

(2)承包人应当向发包人进行催告并给予合理期限,发包人仍拒绝履行付款义务的,承包人可以采取以下三种方式追索工程款:

①协议将建设工程折价。承包人、发包人协商达成一致意见,以所建工程所有权折价转让给承包人,抵偿发包人欠付承包人的工程债务,即代物清偿。但需注意的是,发包人、承包人不得事先约定在债务履行期满后承包人的工程款未受清偿时,将建设工程所有权转移给承包人。

②可以向人民法院申请拍卖已建工程,承包人就拍卖价款享有优先受偿权。

③可以提起工程款给付之诉,确认其优先权,在获得生效的法律文书后,向人民法院申请强制执行。

需要提醒的是,如果工程款纠纷存在工程质量、工程量或工程价款具体数额等方面的争议,在这些争议尚未审查明确的情况下,采取直接拍卖方式往往执行性不强,不利于双方纠纷的解决。此种情况下,笔者建议采用上述第三种方式即提起工程款给付之诉追索工程款。另外,根据《最高人民法院关于审理建设工程施工合同纠纷案件适用法律问题的解释(一)》第四十一条的规定,承包人应当在合理期限内行使建设工程价款优先受偿权,但最长不得超过 18 个月,自发包人应当给付建设工程价款之日起算。因此,承包人要及时行使优先受偿权,否则会因为过了期限而丧失该权利。

【法条链接】

《民法典》第四百四十七条第一款　债务人不履行到期债务,债权人可以留置已经合法占有的债务人的动产,并有权就该动产优先受偿。

第四百六十五条　依法成立的合同,受法律保护。

依法成立的合同,仅对当事人具有法律约束力,但是法律另有规定的除外。

第五百二十六条　当事人互负债务,有先后履行顺序,应当先履行债务一方未履行的,后履行一方有权拒绝其履行请求。先履行一方履行债务不符合约定的,后履行一方有权拒绝其相应的履行请求。

第七百八十三条 定作人未向承揽人支付报酬或者材料费等价款的,承揽人对完成的工作成果享有留置权或者有权拒绝交付,但是当事人另有约定的除外。

第七百八十八条第一款 建设工程合同是承包人进行工程建设,发包人支付价款的合同。

第八百零七条 发包人未按照约定支付价款的,承包人可以催告发包人在合理期限内支付价款。发包人逾期不支付的,除根据建设工程的性质不宜折价、拍卖外,承包人可以与发包人协议将该工程折价,也可以请求人民法院将该工程依法拍卖。建设工程的价款就该工程折价或者拍卖的价款优先受偿。

第八百零八条 本章没有规定的,适用承揽合同的有关规定。

《最高人民法院关于审理建设工程施工合同纠纷案件适用法律问题的解释(一)》第四十一条 承包人应当在合理期限内行使建设工程价款优先受偿权,但最长不得超过十八个月,自发包人应当给付建设工程价款之日起算。

102. 若承包人不支付工程款,实际施工人能否要求发包人承担连带责任?

【情景案例】

A公司与B建筑公司(总承包人)签订《建设工程施工合同》,约定将其办公楼工程交付给B建筑公司施工。B建筑公司将该工程交付给项目经理刘某(内部承包人)施工,并签订《内部承包合同》。后刘某又将工程交付给张某(实际施工人)承包施工。此后,工程按约定时间通过竣工验收,A公司委托工程审价金额为300万元,并向B建筑公司付清了价款;B建筑公司扣除合同约定管理费税金后向刘某付清价款,但刘某只向张某支付了价款180万元。多次催款无果后,张某遂将刘某、B建筑公司与A公司诉至法院,要求刘某支付工程款90万元,B建筑公司与A公司承担连带责任。

请问:张某要求A公司承担连带责任能得到法院支持吗?

【案例分析】

本案涉及的是实际施工人能否起诉发包人及发包人应承担何种法律责任的问题。

《最高人民法院关于审理建设工程施工合同纠纷案件适用法律问题的解释(一)》第四十三条规定,实际施工人以转包人、违法分包人为被告起诉的,人民法院应当依法受理。实际施工人以发包人为被告主张权利的,人民法院可以追加转包人或违法分包人为本案第三人,在查明发包人欠付转包人或者违法分包人建设工程价款的数额后,判决发包人在欠付建设工程价款范围内对实际施工人承担责任。据此,司法解释的规定赋予了实际施工人对发包人或转包人、违法分包人的起诉权,并规定发包人是在欠付工程款范围内对实际施工人承担责任。

本案中,张某系案涉工程的实际施工人,其起诉发包人 A 公司虽于法有据,但案件事实显示,发包人 A 公司已向 B 建筑公司付清了所有工程价款,在发包人 A 公司不存在欠付工程款的情况下,张某要求 A 公司承担连带责任的诉求明显缺乏法律依据,其请求得不到法院的支持。

【风险防范建议】

法律虽然赋予了实际施工人突破合同相对性向发包人主张权利,但实际施工人实现权利保护时,应注意以下几个方面,以防范诉讼风险:

(1)应当在符合法律规定的条件下起诉发包人。实际施工人向发包人主张权利需要具备三个要件:第一,实际施工人对违法转包人或者违法分包人享有债权;第二,发包人欠付转包人或者违法分包人建设工程价款;第三,实际施工人对转包人或者违法分包人享有的债权数额不超出发包人欠付转包人或者违法分包人建设工程价款。

(2)应当保证工程质量合格。根据我国法律规定,实际施工人要按时按量按质完成工程项目,并按合同规定流程提交结算资料,才能向发包人主张工程价款。

(3)施工过程中要特别注意留存相关证据,如材料采购单据、工资发放证明、监理会议记录等,以充分证明己方作为该工程实际施工人的身份。

(4)工程涉及层层转包的,应高度注意上一手承包人的资信状况问题,并注意收集各发包人、转包人或违法分包人的相关信息,以便发生纠纷时,通过追加转包人或违法分包人等,有保障地实现工程价款的主张权。

【法条链接】

《最高人民法院关于审理建设工程施工合同纠纷案件适用法律问题的解释(一)》第四十三条 实际施工人以转包人、违法分包人为被告起诉的,人民法院应当依法受理。

实际施工人以发包人为被告主张权利的,人民法院应当追加转包人或者违法分包人为本案第三人,在查明发包人欠付转包人或者违法分包人建设工程价款的数额后,判决发包人在欠付建设工程价款范围内对实际施工人承担责任。

103. 建设工程虽经竣工验收或擅自使用,但有证据证明地基基础或主体结构工程质量不合格的,发包人有权拒绝支付工程款吗?

【情景案例】

甲公司与乙建筑公司签订《建设工程施工合同》,约定:乙建筑公司承接某写字楼工程,工程总价款为1亿元,工期为1年。后工程完工并经验收合格。但完工后,因陆续发现项目工程出现质量问题,于是甲公司委托专业机构对工程进行鉴定,鉴定结论为:地基基础或主体结构工程质量不合格。为此,甲公司拒绝给乙建筑公司支付剩余工程款并要求其立即返工修复。乙建筑公司认为,如果存在工程质量问题可以返工修复,但工程已竣工验收合格,甲公司必须按约定支付工程款。双方协商未果,乙建筑公司遂将甲公司诉至法院,要求其支付剩余工程款。

请问:乙建筑公司的请求能得到法院支持吗?

【案例分析】

本案涉及的是地基基础工程或主体结构质量不合格发包人是否可以拒绝支付工程款的问题。

我国《建筑法》第六十条第一款规定,建筑物在合理使用寿命内,必须确保地基基础工程和主体结构的质量。该规定是强制性规定,要求承包人必须确保地基基础工程和主体结构在建筑物合理使用寿命内不出现质量问题。《最高人民法院关于审理建设工程施工合同纠纷案件适用法律问题的解释(一)》第十四条规定,建设工程未经竣工验收,发包人擅自使用后,又以使用部分质量不符合约定为由主张权利的,人民法院不予支持;但是承包人应当在建设工程的合理使用寿命内对地基基础工程和主体结构质量承担民事责任。这也就意味着,无论是建设工程经竣工验收合格,还是发包人擅自使用建设工程,均不能免除承包人在建设工程的合理使用寿命内对地基基础工程和主体结构的质量责任。

由于承包人应当在建设工程的合理使用寿命内,对地基基础工程和主体结构质量承担民事责任,就本案而言,虽然建设工程经竣工验收或甲公司擅自使用,但有证据证明地基基础或主体结构工程质量不合格,故甲公司仍有权拒绝支付工程款。因此,乙建筑公司的请求不能得到法院支持。

对本案问题的处理,司法实务界均持肯定意见,如《北京市高级人民法院关于审理建设工程施工合同纠纷案件若干问题的解答》第二十八条规定,建设工程经竣工验收合格或虽未经竣工验收,但发包人已实际使用,工程存在的质量问题一般应当属于工程质量保修的范围,发包人以此为由要求拒付或减付工程款的,对其质量抗辩不予支持。但确因承包人原因导致工程的地基基础工程或主体结构质量不合格的除外。又如,《浙江省高级人民法院关于审理建设工程施工合同纠纷案件若干疑难问题的解答》第七条规定,发包人已组织验收并在相关文件上签字确认验收合格,后又以工程质量存在瑕疵为由,拒绝支付或要求延期支付工程价款的,该主张不能成立。但确因承包人施工导致地基基础工程或主体结构质量不合格的,发包人仍可以拒绝支付或要求延期支付工程价款。

【风险防范建议】

"百年大计,质量第一",工程质量是发包人、承包人共同的生命线,并且关系社会公共安全和人民群众的生命财产安全，所以工程建设的各参与方包括发包人、承包人、勘察设计单位、监理单位等均负有保证建设工程质量的法定义务。工程质量存在问题，既有可能是承包人的问题，也有可能是发包人的问题，当然还有可能是勘察、设计的问题。因此，当工程质量出现问题时，首先应当查明造成工程质量缺陷的原因，以便分清责任。必要时，应当委托工程质量鉴定机构进行鉴定。

建设工程施工质量风险管理是个系统过程，承包人是工程的施工者，对工程质量起到关键作用，保证工程质量是承包人的主要合同义务，也是其可以依法主张工程款权利的前提条件。因此，为防范风险，承包人必须对施工质量负责，具体应做到：

(1)按图施工，不得违反技术规范以及在施工中偷工减料；

(2)不得转包或者违法分包工程；

(3)不得采用质量不合格的建筑材料、建筑物配件和设备；

(4)必须确保地基基础工程和主体结构的质量，对保修期内出现的质量缺陷应及时履行质量保修义务，不得以竣工验收合格等为由拖延和对抗。

就发包人而言，根据法律规定，有提供符合要求的建设工程技术资料、提供合格的建筑材料以及依法分包的义务；违反造成工程质量缺陷的应承担过错责任。具体应做到：

(1)不得不顾实际地降低造价，任意压缩工期；

(2)在设计或施工中不得提出违反法律、行政法规和建设工程质量安全标准的要求；

(3)严格按建设程序运作，提供经过审核的图纸和规范的工程技术资料；

(4)不得将工程指定发包给没有资质的单位或将工程任意肢解分包；

(5)按合同约定由发包人采购或提供建材、设备的，应当保证建材、设备等符合设计文件和合同要求。

实践操作中要特别提醒发包人注意的是，应尽量避免未经验收擅自使用建设工程，以免遭受不必要的损失。

【法条链接】

《建筑法》第六十条第一款　建筑物在合理使用寿命内，必须确保地基基础工程和主体结构的质量。

《建设工程质量管理条例》第二十六条第一款　施工单位对建设工程的施工质量负责。

《最高人民法院关于审理建设工程施工合同纠纷案件适用法律问题的解释(一)》第十四条　建设工程未经竣工验收，发包人擅自使用后，又以使用部分质量不符合约定为由主张权利的，人民法院不予支持；但是承包人应当在建设工程的合理使用寿命内对地基基础工程和主体结构质量承担民事责任。

《北京市高级人民法院关于审理建设工程施工合同纠纷案件若干疑难问题的解答》　28、发包人主张工程质量不符合合同约定的，应按反诉还是抗辩处理？

承包人要求支付工程款，发包人主张工程质量不符合合同约定给其造成损害的，应按以下情形分别处理：

(1)建设工程已经竣工验收合格，或虽未经竣工验收，但发包人已实际使用，工程存在的质量问题一般应属于工程质量保修的范围，发包人以此为由要求拒付或减付工程款的，对其质量抗辩不予支持，但确因承包人原因导致工程的地基基础工程或主体结构质量不合格的除外；发包人反诉或另行起诉要求承包人承担保修责任或者赔偿修复费用等实际损失的，按建设工程保修的相关规定处理。

(2)工程尚未进行竣工验收且未交付使用，发包人以工程质量不符合合同约定为由要求拒付或减付工程款的，可以按抗辩处理；发包人要求承包人支付违约金或者赔偿修理、返工或改建的合理费用等损失的，应告知其提起反诉或另行起诉。

(3)发包人要求承包人赔偿因工程质量不符合合同约定而造成的其他财产或者人身损害的，应告知其提起反诉或另行起诉。

《浙江省高级人民法院民事审判第一庭关于审理建设工程施工合同纠纷案件若干疑难问题的解答》 七、发包人已经签字确认验收合格，能否再以质量问题提出抗辩，主张延期或不予支付工程价款？

发包人已组织验收并在相关文件上签字确认验收合格，后又以工程质量存在瑕疵为由，拒绝支付或要求延期支付工程价款的，该主张不能成立。但确因承包人施工导致地基基础工程、工程主体结构质量不合格的，发包人仍可以拒绝支付或要求延期支付工程价款。

104. 设计变更导致建设工程的工程量增加的，如何计算工程款？

【情景案例】

A公司与乙建筑公司签订《建设工程施工合同》，约定：A公司将某宿舍楼工程发包给乙建筑公司承建，工程概况为地上九层框架结构，一层为门面及大门，建筑面积为7000平方米。施工过程中，因设计变更，乙建筑公司承建的房屋加层，变更了原合同约定的施工范围，设计变更已经超出了设计图纸范围，并引发相应的工程结构改变，工程量、工程质量以及工程分类标准均发生变更。合同完工时，双方实际施工工程概况为地上十二层框架结构，建筑面积为8010.617平方米。根据《某省建筑工程分类标准》规定，六层以上至十层的钢及钢筋砼框架结构、剪力墙结构、框架抓剪力墙结构及简体结构工程为二类工程；十层以上的钢及钢筋砼框架结构、剪力墙结构、框架抓剪力墙结构及简体结构工程为一类工程。某司法鉴定中心作出鉴定结论为按一类工程结算工程为总造价7,203,819元，按二类工程结算(税前优惠19%)工程总造价为5,572,289.64元。对于某宿舍楼的工程款如何结算，A公司与乙建筑公司双方意见不一，发生争议。

请问：某宿舍楼建设工程应当如何计算工程款？

【案例分析】

本案涉及的是工程设计变更后应该按照何种标准计算工程款的问题。

我国《建筑法》第十八条规定，建筑工程造价应当按照国家有关规定，由发包单位与承包单位在合同中约定；公开招标发包的，其造价的约定，须遵守招标投标法律的规定。发包单位应当按照合同的约定，及时拨付工程款项。《最高人民法院关于审理建设工程施工合同纠纷案件适用法律问题的解释（一）》第十九条规定，当事人对建设工程的计价标准或者计价方法有约定的，按照约定结算工程价款。因设计变更导致建设工程的工程量或者质量标准发生变化，当事人对该部分工程价款不能协商一致的，可以参照签订建设工程施工合同时当地建设行政主管部门发布的计价方法或者计价标准结算工程价款。建设工程施工合同有效，但建设工程经竣工验收不合格的，工程价款结算参照《民法典》第五百七十七条规定处理。根据上述规定，建设工程结算工程款的基本原则是尊重当事人之间的约定，只要合同对于工程增加如何结算的约定是明确、具体的，根据增减工程的性质、标准，可以适用原合同约定的计价方法和计价标准结算工程款，并不会因此导致当事人之间利益的显失公平，那么，原则上就应参照合同约定结算工程价款。而在因增减工程的性质、标准，不宜适用原合同约定的计价方法和计价标准结算工程款，或者原合同约定不明无法适用的情况下，则可根据上述司法解释第十九条的规定选择结算工程款的方式。

本案涉案工程施工过程中，因设计变更，乙建筑公司承建的房屋加层，变更了原合同约定的施工范围，设计变更已经超出了设计图纸范围，并引发相应的工程结构变更，工程量、工程质量以及工程分类标准均发生变更。由于设计变更，工程类别由二类工程变更为一类工程，双方当事人对工程价款不能协商一致，根据前述法律和司法解释的规定，应该参照签订建设工程施工合同时《某省建筑工程分类标准》规定的建设工程分类标准以一类工程计算工程价款。

【风险防范建议】

实践中，设计变更、施工条件变更或者发包人提出“新增工程”等工程变更导致建设工程的工程量或者质量标准发生变化的情况非常普遍。规范工程设计变更的实施，从而明确工程款计算标准等有关权利义务内容，不仅有利于工程价款结算的顺利进行，而且能有效防止和减少建设工程合同纠纷。

笔者认为，设计变更的实施可从以下后期管理方面着手进行规范：

（1）设计交底时，发包人应组织设计单位和承包人共同参加设计交底会，各方认真、仔细地研究设计内容，对设计错误或疏漏的地方进行沟通并做相应的调整与修正，由设计单位或发包人负责对设计变更增减的图纸或设计变更予以说明，以便承包人能按设计进行施工，避免边施工边设计。

(2)施工期间，如出现原设计未预料的情况或者发包人提出要求改变某些施工方法或增减某些具体工程项目，发包人应及时与承包人进行沟通，并将有关具体情况汇报给设计单位看是否需要设计变更。如发生设计变更，承包人应与发包人会同设计单位和监理单位办理设计变更或设计变更联系单。设计变更联系单应具体写明工程项目、位置、变更的原因、做法、规格和数量，变更后的施工图各方应签字确认。因施工方面、资源市场的原因导致需要使用其他材料代替，或者需要改变某些具体设计的，承包人应将相应的设计变更内容及时报请发包人会同设计单位签字同意。

(3)设计变更如已导致原签订的备案合同的主要条款需修改或补充的，承包人和发包人对需要修改或补充的内容协商予以明确，通过签订补充协议的方式对主要条款修改或补充并办理有关合同备案手续，防止修改或补充后的主要条款因与原签订的建设工程合同约定条款不一致被认定无效而不能作为工程结算的依据。

(4)设计变更无论是由哪一方提出的，笔者建议由监理单位会同发包人、设计单位、承包人协商经确认后，由设计单位发出相应图纸或说明，杜绝设计变更内容不明确、没有详图或具体使用部位等情况的发生，最终由监理工程师签注实施意见后办理签发手续，转发至有关部门付诸实施。

(5)在签订建设工程合同时，应明确约定发包人、设计单位或承包人在出现需要设计变更时的责任与义务和一方如不履行合同义务时的救济措施及承担的法律后果，防止双方互相“扯皮”。

【法条链接】

《建筑法》第十八条 建筑工程造价应当按照国家有关规定，由发包单位与承包单位在合同中约定。公开招标发包的，其造价的约定，须遵守招标投标法律的规定。

发包单位应当按照合同的约定，及时拨付工程款项。

《民法典》第五百零九条 当事人应当按照约定全面履行自己的义务。

当事人应当遵循诚信原则，根据合同的性质、目的和交易习惯履行通知、协助、保密等义务。

当事人在履行合同过程中，应当避免浪费资源、污染环境和破坏生态。

第五百七十七条 当事人一方不履行合同义务或者履行合同义务不符合约定的，应当承担继续履行、采取补救措施或者赔偿损失等违约责任。

《最高人民法院关于审理建设工程施工合同纠纷案件适用法律问题的解释(一)》第十九条 当事人对建设工程的计价标准或者计价方法有约定的，按照约定结算工程价款。

因设计变更导致建设工程的工程量或者质量标准发生变化，当事人对该部分工程价款不能协商一致的，可以参照签订建设工程施工合同时当地建设行政主管部门发布的计价方法或者计价标准结算工程价款。

建设工程施工合同有效，但建设工程经竣工验收不合格的，工程价款结算参照民法典第五百七十七条规定处理。

《建筑工程施工发包与承包计价管理办法》第十三条第一款 发承包双方在确定合同价时，应当考虑市场环境和生产要素价格变化对合同价的影响。

《四川省高级人民法院关于审理涉及招投标建设工程合同纠纷案件的有关问题的意见》第三条 合同实际履行过程中因设计变更导致工程量(价)增加的，且履行了约定的或规定的报批、审查程序，承包人与发包人就中标合同的内容协商作了修订和补充的，人民法院可以按照《最高人民法院关于审理建设工程施工合同纠纷案件适用法律问题的解释》第十六条第一款的规定，以当事人实际履行的合同作为结算工程价款的依据；当事人对发生变化部分的工程价款不能协商一致的，可以按照《最高人民法院关于审理建设工程施工合同纠纷案件适用法律问题的解释》第十六条第二款的规定，参照建设行政主管部门发布的计价方法或者计价标准结算工程价款。

105. 当事人另行订立的施工合同补充协议与备案的中标合同内容不一致的，如何计算工程价款？

【情景案例】

甲建筑公司通过公开招标成为重庆某批发市场冷库工程项目的中标单位。之后，甲建筑公司与乙公司签订《建设工程施工合同》并向建设工程合同管理站备案。该合同约定：乙公司将重庆某批发市场冷库工程项目工程发包给甲建筑公司施工，合同价款为7000万元，采用可调价，进度款按每月完成工程量的85%支付。在乙公司的强烈要求下，双方签订《建设工程施工合同补充协议》，约定：合同价款暂定为6000万元(以结算为准)，结构封顶支付40%，结构砌筑墙体完成支付10%，内外墙粉刷支付10%，竣工后支付10%，余款30%分3年付清。后工程经竣工验收合格。由于实际施工成本比预计成本高，双方对工程款结算问题存在较大争议，甲建筑公司起诉至法院，要求乙公司按照备案的中标合同结算工程款。

请问：甲建筑公司的请求能得到法院支持吗？

【案例分析】

本案涉及的是以备案的中标合同还是以另行签订的补充协议作为结算依据的问题，即建设工程领域中普遍存在的“黑白合同”(又称“阴阳合同”)的结算问题。

我国《招标投标法》第四十六条第一款规定，招标人和中标人应当自中标通知书发出之日起30日内，按照招标文件和中标人的投标文件订立书面合同；招标人和中标人不得再行订立背离合同实质性内容的其他协议。《最高人民法院关于审理建设工程施工合同纠纷案件适用法律问题的解释(一)》第二条第一款规定，招标人和中标人另行签订的建设工程施工合同约定的工程范围、建设工期、工程质量、工程价款等实质性内容,与中标合同不一致,一方当事人请求按照中标合同确定权利义务的,人民法院应予支持。

以上法律和司法解释的规定是认定“黑白合同”的法律依据,所谓“黑白合同”,又称“阴阳合同”,它是指经过招投标的建设工程施工合同中,当事人就同一建设工程签订的两份或两份以上实质性内容不一致的合同,通常把经过招标投标的备案中标合同称为“白合同”;把实际履行的施工合同、补充协议等称为“黑合同”。由于备案的中标合同(“白合同”)是履行招标投标程序后,按照中标通知书及招标文件和投标文件记载的实质性内容签订并备案的施工合同,因此实践中往往将此合同作为法定结算依据,尤其是必须经过招投标程序签订的合同,以保障公平竞争,维护建筑市场秩序。

本案中,甲建筑公司与乙公司先后签订《建设工程施工合同》和《建设工程施工合同补充协议》;其中,《建设工程施工合同》经过招投标并进行了备案,那么首先要判断这两份合同是否构成“黑白合同”,以及应以哪一份合同作为结算工程价款的依据的问题。根据上述法律与司法解释规定,很显然《建设工程施工合同》经过备案为合法有效的中标合同,是“白合同”。《建设工程施工合同补充协议》并未经过招投标并进行备案,且在工程价款等实质性内容上进行了重大变更,《建设工程施工合同补充协议》明显违法,为典型的“黑合同”,应依法认定为无效。故本案工程款计算应以经过备案的中标合同即《建设工程施工合同》为依据,不能以《建设工程施工合同补充协议》为依据,甲建筑公司的请求能得到法院的依法支持。

【风险防范建议】

“黑白合同”对于合同双方影响最大的无非是工程款结算,建设工程一旦出现“黑白合同”,尤其是对于按照招投标范围的规定,属于必须招投标范围的合同,则最终工程款的结算将以备案的“白合同”为依据。因此实践中承包人可能误认为,既然是按照“白合同”结算工程款,就对承包人更加有利。事实上并非如此,如果发包人为减少费用而在备案合同中压低价格,按照备案合同结算就对承包人非常不利。因此,对于“黑白合同”法律风险的防范,应当着力于纠纷发生后作为工程款结算依据的“白合同”签订过程中的风险防范。实务中,关于如何进行“黑白合同”法律风险防范,建议如下:

(1)转变观念,注重“白合同”的签订。综上所述,“黑白合同”在建设工程领域普遍存在,实践中承包人往往对白合同不够重视,反而对补充协议的签订更加用心。对于默契配合型承包人而言,因为双方一般的惯例是履行“黑合同”,因此“黑合同”是其关注的焦点;对于被逼无奈型承包人而言,因双方最终履行的将是“黑合同”,为了避免利益的再次受损,承包人对“黑合同”的签订也格外重视,为维护己方利益做最后的努力。

承包人对“黑合同”条款的严防死守，往往起不到实际作用，因为一旦发生纠纷将按照“白合同”结算，因此，承包人要转变观念，在订立“白合同”时合同条款的约定一定要对自己有利。

(2)厘清概念，区分违法招投标和“黑白合同”。确定中标人前签订协议的，属于违反《招标投标法》第五十五条规定的违法招标行为，影响中标结果的应当认定中标无效。这时候，不存在“黑白合同”问题，双方签订的协议以及之后备案的中标合同都是无效的。

实践中还可能发生的问题是，尽管协议签订是在确定中标人之后，但是协议没有写明日期，发包人拿到协议后倒签日期至确定中标人之前，从而导致中标无效。因此，承包人如果要保证备案中标案合同有效，签订协议或者出具承诺书时一定要写明日期，防止日期倒签。

(3)维护权益，合同变更后及时备案。合同备案不是合同生效的条件，合法的变更即便没有经过备案也具有法律效力。经过备案的合同一般可以认定属于双方真实意思表示，所以经过备案后能够在一定程度上避免双方后续的争议。

当然，并不是所有的变更都需要备案。例如，工程施工过程中的一些变更、签证，从形式上来讲也是对合同的变更，这些小的变更在施工过程中司空见惯，属于极为正常的变更，经过建设、设计、监理、施工单位签署即可。但对于合同实质性的变更，或者施工过程中不寻常的较大的变更，建议承包人积极办理备案手续，以免工程完工结算时双方产生争议。

(4)入乡随俗，及时了解各地对相关问题的司法观点。建设工程领域法律问题的处理地域色彩较浓，如各省市高级人民法院基本都有建设工程施工合同纠纷审理的指导意见，甚至很多地方中级人民法院也有指导意见，各地指导意见以及司法实践对相同的法律问题可能会有不同的认定和审理思路，特别是《最高人民法院关于适用〈中华人民共和国民事诉讼法〉的解释》确定建设工程施工合同适用专属管辖。因此，承包人要入乡随俗，充分了解工程所在地的司法实践。

【法条链接】

《招标投标法》第四十六条第一款　招标人和中标人应当自中标通知书发出之日起三十日内，按照招标文件和中标人的投标文件订立书面合同。招标人和中标人不得再行订立背离合同实质性内容的其他协议。

《最高人民法院关于审理建设工程施工合同纠纷案件适用法律问题的解释(一)》第二条第一款　招标人和中标人另行签订的建设工程施工合同约定的工程范围、建设工期、工程质量、工程价款等实质性内容，与中标合同不一致，一方当事人请求按照中标合同确定权利义务的，人民法院应予支持。

第二十四条　当事人就同一建设工程订立的数份建设工程施工合同均无效，但建设工程质量合格,一方当事人请求参照实际履行的合同关于工程价款的约定折价补偿承包人的,人民法院应予支持。

实际履行的合同难以确定,当事人请求参照最后签订的合同关于工程价款的约定折价补偿承包人的,人民法院应予支持。

《北京市高级人民法院关于审理建设工程施工合同纠纷案件若干疑难问题的解答》 15、"黑白合同"中如何结算工程价款?

法律、行政法规规定必须进行招标的建设工程,或者未规定必须进行招标的建设工程,但依法经过招标投标程序并进行了备案,当事人实际履行的施工合同与备案的中标合同实质性内容不一致的,应当以备案的中标合同作为结算工程价款的依据。

法律、行政法规规定不是必须进行招标的建设工程,实际也未依法进行招投标,当事人将签订的建设工程施工合同在当地建设行政管理部门进行了备案,备案的合同与实际履行的合同实质性内容不一致的,应当以当事人实际履行的合同作为结算工程价款的依据。

备案的中标合同与当事人实际履行的施工合同均因违反法律、行政法规的强制性规定被认定为无效的,可以参照当事人实际履行的合同结算工程价款。

《安徽省高级人民法院关于审理建设工程施工合同纠纷案件适用法律问题的指导意见(二)》第七条 不属于依法必须招标的建设工程,发包人与承包人又另行签订并实际履行了与备案中标合同不一致的合同,当事人请求按照实际履行的合同确定双方权利义务的,应予支持。

106. 承包人按约定的固定价结算工程款明显亏损的,可以要求发包人增加费用吗?

【情景案例】

甲公司与乙建筑公司签订《厂房建设施工合同》,约定采取固定价格形式,工程总价款为3000万元,工期为6个月。乙建筑公司按约定进入工地施工,前2个月工程进展十分顺利,但随后由于建材价格大幅上涨,如钢筋,投标价是每吨2800元,但当时每吨高达6000元。虽然甲公司能按约定一直支付工程款,但已远远不够用。无奈之下,乙建筑公司开始垫资建设,前后共垫资600万元,一直到不得已停工。停工时工程实际造价早已达到3000万元。停工后,乙建筑公司多次与甲公司协商,要求调价,但遭到甲公司拒绝。甲公司认为,商业是存在风险的,原材料价格上涨的风险应当由乙建筑公司承担,因此工程款应当按双方原来签订的合同执行。

请问:乙建筑公司可以要求甲公司增加费用吗?

【案例分析】

本案涉及的是建设工程施工合同约定固定价结算的能否调整合同价款的问题。

我国《民法典》第四百六十五条规定,依法成立的合同,受法律保护;依法成立的合同，仅对当事人具有法律约束力，但是法律另有规定的除外。根据该法第五百零九条的规定，当事人应当按照约定全面履行自己的义务。当事人应当遵循诚信原则，根据合同的性质、目的和交易习惯履行通知、协助、保密等义务。根据《建筑法》第十八条的规定，建筑工程造价应当按照国家规定，由发包单位与承包单位在合同中约定。《最高人民法院关于审理建设工程施工合同纠纷案件适用法律问题的解释》第十九条第一款规定，当事人对建设工程的计价标准或者计价方法有约定的，按照约定结算工程价款。第二十八条规定，当事人约定按照固定价结算工程价款，一方当事人请求对建设工程造价进行鉴定的，人民法院不予支持。因此，根据这些法律、司法解释的规定，正常情况下工程款固定价合同一经签订便具有法律效力，如果合同履行中没有发生客观情况的重大变化，就应该按照合同约定的固定价结算工程款。但是，在实践中，由于建设工程施工合同系继续性合同，时间跨度较大，合同履行过程中原材料价格发生重大变化、设计变更、工程量增加导致工程质量标准变化，签订合同时的预见性与现实可能完全不同，如按原合同结算工程价款，势必导致施工人承担巨额亏损，对施工人显失公平，这样就要允许对合同价款予以调整。对此，我国法律也有相应规定，《民法典》第五百一十条规定，合同生效后，当事人就质量、价款或者报酬、履行地点等内容没有约定或者约定不明确的，可以协议补充；不能达成补充协议的，按照合同相关条款或者交易习惯确定。第五百三十三条规定，合同成立后，合同的基础条件发生了当事人在订立合同时无法预见的、不属于商业风险的重大变化，继续履行合同对于当事人一方明显不公平的，受不利影响的当事人可以与对方重新协商；在合理期限内协商不成的，当事人可以请求人民法院或者仲裁机构变更或者解除合同。人民法院或者仲裁机构应当结合案件的实际情况，根据公平原则变更或者解除合同。

从以上分析可见，对于建筑材料价格上涨等情况下能否调整固定价合同价款的问题，实务中如果建筑材料价格或者人工费用的上涨没有超出固定价格合同约定的风险范围，当事人请求适用情势变更原则调整合同价款的，一般不予支持。但如出现材料、人工价格变化幅度较大，明显超出正常市场风险范畴，继续按原合同履行显失公平的情况，法院可以适用公平原则和情势变更原则，对合同予以变更或解除。

本案中，甲公司与乙建筑公司签订合同时，钢筋价格每吨是2800元，而在合同履行中价格上涨到每吨6000元，这明显超出了预见，超出了一般的市场商业风险，如按原合同结算，势必造成重大亏损。因此，乙建筑公司可以依法争取权益，要求甲公司相应增加费用。

【风险防范建议】

根据建设工程实践，固定价合同一般适用于合同工期较短且总价较低的工程。因此，对工期较长且总价不低的工程不适宜签订固定价的合同。作为施工合同中相对处于弱势的承包人一方而言，即使要签订固定价合同，也应从以下几个方面防范和控制风险。

(1)承包人在报价时，一定要明确固定总价具体是针对什么的总价固定，是发包人提供的招标图纸、工程量清单，还是工程要求、标准、范围、规模等。特别重要的是，一定要仔细审阅招标文件和施工图纸，避免漏报、错报项目。尤其是发包人不是采用施工图报价，而是采用工程量清单报价，且声明不对工程量清单负责时，承包人一定要把施工图纸和工程量清单逐一比对，认真核查，一经发现工程量清单内容有遗漏之处，应及时书面要求发包人把遗漏项在报价时增加上去。切忌抛开图纸只按工程量清单报价，务必防范工程量清单报价内容与施工图纸不一致的风险。

(2)一定要确保发包人提供的是施工图，而非草图和方案图，并同时要求发包人给予一定的时间踏勘现场和编制投标书，及时通过询标要求发包人明示施工图纸中不明确的地方，并做好详细记录，以备将来发生争议作为证据。同时，承包人在投标报价时应采取“背对背”的方法，即由两名以上预算员同一时间计算、审核工程量，做到万无一失。

(3)在和发包人签订固定价合同时，应在合同专用条款中约定一定的风险包干范围，避免签订无限风险合同。譬如，在施工合同的专用条款部分约定固定价款的风险承受范围为10%，超过此范围应该如何调整等。此举可避免出现过大的风险，造成承包人无法承受，导致严重亏损甚至破产。

(4)承包人不宜在合同中盲目约定风险包干的条款，无论如何也不要在固定价的施工合同中同意按照“无论在任何情况下，本项目总价不作调整”或“本项目采取综合包干的方式，无论出现什么情况，均一次包死，不得调整”等表达或类似表达。要为将来调整工程价款留有一定空间。

(5)承包人应在施工合同中尽可能采用“暂定工程量”“暂定合同单价”“暂定施工范围”等有弹性的表述。由于建设工程周期较长，不确定因素较多，在施工图纸不尽完善、工程量清单不能达到和施工图纸完全一一对应的情况下，用诸如“暂定工程量”“暂定合同单价”的表述更有利于承包方，把不确定的风险转移给发包方。

(6)在合同约定不利的情况下，因各地对相关问题处理存在差异，承包人要充分研判合同，及时了解各地司法机关对相关问题的处理意见，考虑从工期延误责任、条款效力以及情势变更等方面争取权益。

总之，固定价存在非常大的价格风险，通常对承包人综合能力要求较高，承包人无论是在投标还是在履约过程中均应谨慎为之，随时养成证据固定和风险防范的思维习惯，未雨绸缪，才可决胜千里之外。

【法条链接】

《民法典》第四百六十五条　依法成立的合同，受法律保护。

依法成立的合同,仅对当事人具有法律约束力,但是法律另有规定的除外。

第五百零九条 当事人应当按照约定全面履行自己的义务。

当事人应当遵循诚信原则,根据合同的性质、目的和交易习惯履行通知、协助、保密等义务。

当事人在履行合同过程中,应当避免浪费资源、污染环境和破坏生态。

第五百一十条 合同生效后,当事人就质量、价款或者报酬、履行地点等内容没有约定或者约定不明确的,可以协议补充;不能达成补充协议的,按照合同相关条款或者交易习惯确定。

第五百三十三条 合同成立后,合同的基础条件发生了当事人在订立合同时无法预见的、不属于商业风险的重大变化,继续履行合同对于当事人一方明显不公平的,受不利影响的当事人可以与对方重新协商;在合理期限内协商不成的,当事人可以请求人民法院或者仲裁机构变更或者解除合同。

人民法院或者仲裁机构应当结合案件的实际情况,根据公平原则变更或者解除合同。

《建筑法》第十八条第一款 建筑工程造价应当按照国家规定,由发包单位与承包单位在合同中约定。公开招标发包的,其造价的约定,须遵守招标投标法律的规定。

《最高人民法院关于审理建设工程施工合同纠纷案件适用法律问题的解释(一)》第十九条第一款 当事人对建设工程的计价标准或者计价方法有约定的,按照约定结算工程价款。

第二十八条 当事人约定按照固定价结算工程价款,一方当事人请求对建设工程造价进行鉴定的,人民法院不予支持。

《北京市高级人民法院关于审理建设工程施工合同纠纷案件若干疑难问题的解答》 12、固定价合同履行过程中,主要建筑材料价格发生重大变化,当事人要求对工程价款予以调整的,如何处理?

建设工程施工合同约定工程价款实行固定价结算,在实际履行过程中,钢材、木材、水泥、混凝土等对工程造价影响较大的主要建筑材料价格发生重大变化,超出了正常市场风险的范围,合同对建材价格变动风险负担有约定的,原则上依照其约定处理;没有约定或约定不明,该当事人要求调整工程价款的,可在市场风险范围和幅度之外酌情予以支持;具体数额可以委托鉴定机构参照施工地建设行政主管部门关于处理建材差价问题的意见予以确定。

因一方当事人原因导致工期延误或建筑材料供应时间延误的,在此期间的建材差价部分工程款,由过错方予以承担。

《广东省高级人民法院2012年全省民事审判工作会议纪要》 26.当事人在合同中对建筑材料价格变动的风险有约定的,按约定处理。没有约定的,约定工期内的建筑材料价格变动的风险由承包人承担;逾期竣工的,延误工期期间的建筑材料价格变动的风险,由对工期延误有过错的一方承担;双方均有过错的,按过错大小分担损失。建筑材料价格大幅变动,当事人以情势变更为由请求调整工程价款的,应从严把握。

107. 发包人能以房屋抵付工程款吗?

【情景案例】

甲建筑公司与乙置业公司签订《建设工程施工合同》,约定:乙置业公司将某住宅小区6号、7号楼发包给甲建筑公司承建,工程总价款暂定为9000万元。在施工过程中,如果材料和人工涨价则按实调整;工期为1年。后甲建筑公司完工并经验收合格。在进行工程款结算时,乙置业公司由于楼盘预售情况不理想,以资金周转困难为由向甲建筑公司提出"以房抵债"的建议,即打算以项目6号楼1~10层商品房按楼层核定建筑面积,以每平方米5000元计价(市场价为每平方米8000元),抵付剩余工程款2000万元。对于乙置业公司提出的建议,甲建筑公司不知"以房抵债"的行为是否违反我国法律规定,不知如何是好。

请问:乙置业公司能"以房屋抵付工程款"吗?

【案例分析】

本案涉及的是承发包双方在工程竣工结算后是否能"以房抵付工程款"("以房抵债")及如何操作的问题。

我国《民法典》第五百零二条第一款规定,依法成立的合同,自成立时生效,但是法律另有规定或者当事人另有约定的除外。第八百零七条规定,发包人未按照约定支付价款的,承包人可以催告发包人在合理期限内支付价款。发包人逾期不支付的,除根据建设工程的性质不宜折价、拍卖外,承包人可以与发包人协议将该工程折价,也可以请求人民法院将该工程依法拍卖。建设工程的价款就该工程折价或者拍卖的价款优先受偿。《城市房地产管理法》第四十条规定,房地产转让应当签订书面转让合同,合同中应当载明土地使用权取得的方式。第四十五条第二款规定,商品房预售人应当按照国家有关规定将预售合同报县级人民政府房产管理部门和土地管理部门备案。《城市房地产转让管理规定》第三条规定,本规定所称房地产转让是指房地产权利人通过买卖、赠与或者其他合法方式将其房地产转移给他人的行为,前款所称其他合法方式主要包括下列行为:……(四)以房地产抵债的……因此,只要遵守国家有关房屋买卖的法律规定,意思表示真实,不违反法律、行政法规的强制性规定,以房抵付工程款合同(或行为)应认定为有效。

本案的"以房抵付工程款"即实务界通常所称的"以物抵债",是建设工程施工领域较为常见的现象,也是清偿工程款的手段之一。"以房抵付工程款",即债权人与债务人约定以债务人所有的财产折价归债权人所有,用于清偿原债务的行为。该行为不违反法律法规的强制性规定,其实质属于代物清偿,所以除当事人双方意思表示一致外,其生效还须以当事人实际履行为条件。故本案的乙置业公司与甲建筑公司在工程款债务确定后,双方协商一致达成以房抵付工程款协议的,其行为并不违反我国法律规定,乙置业公司能"以房抵付工程款"。但最后工程款债务的消灭还须以乙置业公司将抵债房屋的产权过户登记在甲建筑公司或甲建筑公司指定第三人名下为前提(含抵债房屋签订备案合同且转移占有)。

【风险防范建议】

"以房抵工程款"在法律层面存在较多不确定性,承包人需要在实务上审慎操作,尽可能地避免风险。重点应关注以下几个问题:

(1)重视对工程款支付期限是否届满的确认。实践中,一般认为以房抵款有效的前提条件是工程质量合格并已达成结算协议。因此,承包人在签订以房抵款协议前必须与发包人之间对已经到期的债权可以通过办理结算等方式加以锁定。

(2)重视做好抵债房产合规性的尽职调查。承包人在签订以房抵款协议前应对所涉及房产进行充分的尽职调查。重点关注四个方面:一是对抵债房产所涉的土地出让、建设用地规划、工程规划、施工许可、预售许可、预计交付及办理产权过户日期等情况进行调查,防止因商品房基本建设程序和无预售许可证等导致的物权无法实现的风险。二是对抵债房产的抵押、查封等情况进行调查,选择合格的抵债房产,应绝对排除已抵押登记、已被查封的房产。三是对抵债房产本身的市场商业价值,进行调查评估,选择有较好市场价值、较容易变现的房产。四是对抵债房产所涉及的工程款支付情况进行调查。因通过以物抵债方式取得建设工程所有权的第三人,如果不是承建建设工程的承包人,根据《民法典》第八百零七条的规定,不能对抗承包人就其承建的建设工程行使优先受偿权。

(3)重视规范签订以房抵款协议。一是要明确用以抵债房产的具体情况,如楼盘名称、地址、楼号、房号、面积等内容,最好附图,以免在实际执行中产生争议。二是要明确房屋的价格和面积计算方式。关于约定的价格,应当在相对合理、公允前提下,要求发包人给予一定比例的优惠,以防将来可能面临的房产贬值的风险。面积计算方式则应明确以房屋建筑面积还是以房屋使用面积进行计算,避免出现扯皮。三是要明确实际拖欠工程款与用于抵付的房产价款之间差额的处理方式或原则。四是要明确房屋的交付期限,以房抵款协议应当对发包人办理预告登记、产权过户、房屋交付等期限进行明确约定,防止发包人久拖不办,或以此手段进行反悔。五是要明确以房抵款的涉税处理和发票开具问题。"营改增"后,以房抵工程款同不动产销售与施工合同中的内容之间存在明显的差异,可能导致承包人在增值税抵扣上的不确定性和税负的增加。此外,实际操作中还可能涉及房产交易、过户登记等产生的交易税费、所得税、增值税承担问题。因此,在以房抵款协议中必须对上述税务处理承担和开具何种发票等作出详细的规定。六是明确违约责任、争议解决方式和管辖地等要素,为防止对方反悔或“一房多卖”等情况，对因发包人原因导致的房产不能过户等情况，应当要求对方承担高昂的违约责任，必要时可以要求其提供其他形式的担保，同时为防止可能发生的争议，应当在争议解决方式和管辖地等方面作出妥善安排，选择较为良好的司法环境。七是合同中明确原工程款债权消灭的具体时点。一般建议明确为房屋办理网签备案合同。具体时点根据项目具体情况确定。

（4）重视工程款优先权的有效保留。签订以房抵款协议并不代表工程款已经收回，为防止发包人在履行以房抵款中随时反悔，而导致超过18个月的优先权行使期限，承包人可以在应付工程价款债权确定后18个月内发函主张工程款优先权等方式，在一定程度上保留优先权，以防在极端情况下影响债权的安全性。

（5）重视及时办理预告登记和物权转移手续。以房抵债协议本身并不产生房屋所有权转移的效力，基于债务清偿的重要性，对尚未实际履行的以物抵债协议法院不予确认其效力。因此，在签订以房抵债协议并同时签订房屋买卖合同后，首先应及时办理房产预告登记锁定物权，并保持该预告登记始终处于有效状态；一旦具备房产所有权过户条件，应当及时办理产权过户登记手续，真正成为房产的“主人”。

最后，还需要特别提醒承包人的是，如前所述，以房抵款不是协议签订完毕就万事大吉了，要最终取得房屋的所有权需要关注很多风险，在发现抵款房产出现异常情况时，应及时委托律师进行诉讼而不能一味听信发包人的承诺，丧失宝贵的时机。

【法条链接】

《民法典》第五百零二条第一款　依法成立的合同，自成立时生效，但是法律另有规定或者当事人另有约定的除外。

第八百零七条　发包人未按照约定支付价款的，承包人可以催告发包人在合理期限内支付价款。发包人逾期不支付的，除根据建设工程的性质不宜折价、拍卖外，承包人可以与发包人协议将该工程折价，也可以请求人民法院将该工程依法拍卖。建设工程的价款就该工程折价或者拍卖的价款优先受偿。

《城市房地产管理法》第四十一条　房地产转让，应当签订书面转让合同，合同中应当载明土地使用权取得的方式。

第四十五条第二款　商品房预售人应当按照国家有关规定将预售合同报县级人民政府房产管理部门和土地管理部门备案。

《最高人民法院关于审理建设工程施工合同纠纷案件适用法律问题的解释（一）》第四十一条　承包人应当在合理期限内行使建设工程价款优先受偿权，但最长不得超过十八个月，自发包人应当给付建设工程价款之日起算。

《城市房地产转让管理办法》第三条　本规定所称房地产转让，是指房地产权利人通过买卖、赠与或者其他合法方式将其房地产转移给他人的行为。

前款所称其他合法方式，主要包括下列行为：

（一）以房地产作价入股、与他人成立企业法人，房地产权属发生变更的；

（二）一方提供土地使用权，另一方或者多方提供资金，合资、合作开发经营房地产，而使房地产权属发生变更的；

（三）因企业被收购、兼并或合并，房地产权属随之转移的；

（四）以房地产抵债的；

（五）法律、法规规定的其他情形。

108. 当事人关于同一建设工程订立数份合同，如何结算工程价款？

【情景案例】

甲建筑公司与乙公司签订《工程保证金使用约定》，约定：甲建筑公司提供工程保证金3000万元，用于乙公司投资某商场停车场综合服务设施项目的施工认证银行验资；验资后，该款项在本项目工程的施工中支出使用。甲建筑公司与乙公司经招投标签订《建设工程施工合同》，约定：乙公司将某商场停车场综合服务设施工程发包给甲建筑公司施工，合同固定总价款为8000万元。合同签订后，双方到建设主管部门进行了备案登记。由于材料价格大幅上涨，甲建筑公司提出原来合同约定的工程价款太低，要求增加工程款才能继续施工。为让甲建筑公司继续施工下去，双方又签订《工程总承包合同》，约定甲建筑公司承包某商场停车场综合服务设施工程的承包总造价为1亿元。上述两份合同约定的工程承包范围一致，但《工程总承包合同》未办理备案登记手续。后该项目通过竣工验收，并交付乙公司接收管理。由于两份合同的工程价款存在2000万元的差价，双方在进行工程最后结算时产生争议。甲建筑公司认为，应当以《工程总承包合同》约定的1亿元作为结算标准；乙公司认为，应当按照之前签订的《建设工程施工合同》约定的8000万元进行结算。双方多次协商无果，甲建筑公司诉至法院，要求按照《工程总承包合同》结算工程款。

请问：甲建筑公司的请求能得到法院支持吗？

【案例分析】

本案涉及的是同一建设工程的数份建设工程施工合同均无效时的工程款结算问题。

我国《民法典》第一百五十三条规定，违反法律、行政法规的强制性规定的民事法律行为无效。但是，该强制性规定不导致该民事法律行为无效的除外。违背公序良俗的民事法律行为无效。《招标投标法》第四十三条规定，在确定中标人前，招标人不得与投标人就投标价格、投标方案等实质性内容进行谈判。第五十五条规定，依法必须进行招标的项目，招标人违反本法规定与投标人就投标价格、投标方案等实质性内容进行谈判的，给予警告，对单位直接负责的主管人员和其他直接责任人员依法给予处分。前款所列行为，影响中标结果的中标无效。根据《最高人民法院关于审理建设工程施工合同纠纷案件适用法律问题的解释（一）》第一条的规定，建设工程必须进行招标而未招标或者中标无效的，应当认定无效。《民法典》第七百九十三条规定，建设工程施工合同无效，但是建设工程经验收合格的，可以参照合同关于工程价款的约定折价补偿承包人。《最高人民法院关于审理建设工程施工合同纠纷案件适用法律问题的解释（一）》第二十四条规定，当事人就同一建设工程订立的数份建设工程施工合同均无效，但建设工程质量合格，一方当事人请求参照实际履行的合同关于工程价款的约定折价补偿承包人的，人民法院应予支持。实际履行的合同难以确定，当事人请求参照最后签订的合同关于工程价款的约定折价补偿承包人的，人民法院应予支持。

根据以上法律和司法解释规定，本案的甲建筑公司与乙公司在招投标前先有了《工程保证金使用约定》，已就案涉工程承发包进行协商达成一致意见。双方在招投标过程中，将上述一致意思表现为《建设工程施工合同》约定内容。施工合同约定工程价款为固定总价 8000 万元，但随后双方另行签订《工程总承包合同》，将工程价款约定为 1 亿元。从双方当事人缔约过程可以看出，双方通过“明招暗定”方式规避招标投标，其行为及合同约定均违反法律的强制性规定，导致中标无效。因此，甲建筑公司与乙公司就同一建设工程签订的两份合同均应依法认定无效。《建设工程施工合同》约定的工程价款并非双方真实合意，亦与实际造价差距巨大，无法作为工程款结算的参照标准。双方实际履行的《工程总承包合同》约定的工程价款数额体现了双方的一致意思表示，更符合本案的实际情况及诚实信用原则，应作为工程结算的参照标准，鉴于案涉工程已通过竣工验收并交付使用，故甲建筑公司的请求能得到法院的支持。

【风险防范建议】

实践中就同一建设工程签订数份合同，出现“黑白合同”（又称“阴阳合同”）的现象十分普遍，“黑白合同”在法律效力上的不确定性造成工程价款的最终结算具有不确定性，给建设工程交易活动安全造成了很大的不稳定性，极易诱发合同争议，加大交易成本，使工程款拖欠问题更加恶化。因此，承发包双方尤其是承包人应清醒地认识到“黑白合同”的潜在危险性，并采取有效措施予以防范和杜绝。具体应做到：

（1）提高主体防范意识，承发包双方都应正确签订合同、杜绝假合同、倡导诚信守约的行业风气。

发包人首先应当认识到“黑白合同”的违法性；其次还应当认识到签订“黑白合同”并不能从根本上保护自身利益。因为与“白合同”实质性内容不一致的“黑合同”的效力是不确定的，没有任何人能够保证“黑合同”始终合法有效，一旦与施工单位发生纠纷，在寻求司法救济时，“黑合同”的效力就会大打折扣乃至无效。

承包人是目前建筑市场过度竞争的受害者,也是“黑白合同”现象的受害者。笔者认为,只有大力提高施工单位的法治意识,明白一方面不能签订“黑合同”,另一方面对已经签订的“黑合同”,要主动拿起法律武器维护自身合法权益,通过司法途径纠正自身在“黑合同”中作出的错误的、不合法的让步与承诺,使建设工程施工合同权利义务关系恢复到具有合法效力的“白合同”上来。一旦依法维权成为施工承包人的共识,则发包人即便想签订“黑合同”也难以找到合适的签约对象,同时,发包人还不得不考虑签了“黑合同”后还是要面临可能被依法宣告无效的风险。这样,“黑合同”现象就会大大减少。

(2)建立并完善市场监管机制,加强招标管理。

“黑白合同”问题暴露出政府在建筑市场管理方面的薄弱环节。各级政府建设行政主管部门、招投标管理部门要加强建筑市场秩序管理,强化对招投标过程的监督检查,严肃查处建筑市场的各类违规行为。同时,可以建立建筑市场违法违规举报渠道,完善举报奖励制度。任何单位和个人,对发现建筑市场违反相关法律法规的行为,有举报义务。经调查属实的,给予举报人奖励。

(3)打造发现机制,建立诚信体系。

“黑白合同”的产生与行业的信用缺失密不可分。各级建设行政主管部门要建立本地区的建筑市场综合监管信息系统和诚信信息平台,并实行全国联网,推动建筑市场信用体系建设的全面实施。为工程承发包主体双方建立合同履约信用档案,及时公布各类建设工程合同履约情况,对于合同履约中出现的问题及时公布,并向有关监管部门如实反映,定期评定信用等级和发布不良行为记录,实现全社会对合同履行的共同管理,从而打造行业内的诚信体系。

(4)充分运用行政与司法并重手段,共同消除“黑白合同”。

《最高人民法院关于审理建设工程施工合同纠纷案件适用法律问题的解释(一)》虽然没有确定“黑合同”无效,但确立以中标合同(“白合同”)作为结算工程款的依据,这一原则从法律上堵住了发包人通过“黑合同”坐收渔利的可能。通过司法途径宣告“黑合同”无效或者以“白合同”为结算依据,都会对发包人的利益产生重大影响,都是对发包人的司法制裁。但是司法制裁毕竟属于事后救济,到了结算工程款时,工程已经竣工了。笔者认为,从规范建筑市场秩序、加强建筑市场管理的角度出发,建设行政主管部门、工商行政主管部门等行政机关有必要依法查处发包人签订“黑白合同”的违法行为,达到行政处罚与司法制裁并举、消除“黑合同”现象的目的。

【法条链接】

《民法典》第一百五十三条 违反法律、行政法规的强制性规定的民事法律行为无效。但是,该强制性规定不导致该民事法律行为无效的除外。

违背公序良俗的民事法律行为无效。

第七百九十三条第一款　建设工程施工合同无效,但是建设工程经验收合格的,可以参照合同关于工程价款的约定折价补偿承包人。

《招标投标法》第四十三条　在确定中标人前,招标人不得与投标人就投标价格、投标方案等实质性内容进行谈判。

第五十五条　依法必须进行招标的项目,招标人违反本法规定,与投标人就投标价格、投标方案等实质性内容进行谈判的,给予警告,对单位直接负责的主管人员和其他直接责任人员依法给予处分。

前款所列行为影响中标结果的,中标无效。

《最高人民法院关于审理建设工程施工合同纠纷案件适用法律问题的解释(一)》第一条第一款　建设工程施工合同具有下列情形之一的,应当依据民法典第一百五十三条第一款的规定,认定无效:

(一)承包人未取得建筑业企业资质或者超越资质等级的;

(二)没有资质的实际施工人借用有资质的建筑施工企业名义的;

(三)建设工程必须进行招标而未招标或者中标无效的。

第二十四条　当事人就同一建设工程订立的数份建设工程施工合同均无效,但建设工程质量合格,一方当事人请求参照实际履行的合同关于工程价款的约定折价补偿承包人的,人民法院应予支持。

实际履行的合同难以确定,当事人请求参照最后签订的合同关于工程价款的约定折价补偿承包人的,人民法院应予支持。

109. 建设工程施工合同无效的,工程款如何认定?

【情景案例】

甲房地产公司与乙建筑公司签订《建设工程施工合同》,约定:乙建筑公司承包甲房地产公司某商品房住宅工程,合同固定总价款为7000万元。甲房地产公司将该工程委托给丙公司进行邀请招标,并于当天将施工招标文件报某市建设工程招标投标办公室进行了备案。乙建筑公司根据招标文件的要求进行了投标。甲房地产公司进行了评标,同日确定乙建筑公司中标,中标价为7000万元。在中标通知书发出前,乙建筑公司已进场施工,后完工并经验收合格。工款程结算时,双方发生争议。由于实际施工成本比预算中成本高,乙建筑公司遂诉至法院,认为双方在招标之前签订《建设工程施工合同》,属于串标行为,是无效合同,请求法院判令项目工程按实际结算工程价款结算(经工程造价鉴定,按实结算的鉴定金额为7500万元)。甲房地产公司辩称,即使合同无效,也应当按合同的约定支付工程款。

请问:乙建筑公司的请求能得到法院支持吗?

【案例分析】

本案涉及的是在招投标程序中先定后招的中标无效,施工合同相应无效的情况下,工程款如何认定的问题。

我国《招标投标法》第三十二条第一款规定,投标人不得与招标人串通投标,损害国家利益、社会公共利益或者他人的合法权益。根据该法第五十三条的规定,投标人相互串通投标或者与招标人串通投标的,投标人以向招标人或者评标委员会成员行贿的手段谋取中标的,中标无效。根据《民法典》第一百五十七条的规定,合同无效、被撤销或者确定不发生效力后,行为人因该合同取得的财产,应当予以返还;不能返还或者没有必要返还的,应当折价补偿。有过错的一方应当赔偿对方由此所受到的损失;各方都有过错的,应当各自承担相应的责任。法律另有规定的,依照其规定。根据上述法律规定,招标人和投标人串标的,中标无效,据此签订的中标合同也属无效。由于建筑业市场目前仍属于发包人市场,发包人占绝对的优势地位,因此,在招标人和投标人串标导致中标无效的情形下,应由发包人承担责任,故应当严格贯彻"违法者不得益原则""过错者不得益原则",在工程款认定问题上,应按照中标合同和实际履行合同中工程价款较高的施工合同为准来结算工程价款。

本案中,甲房地产公司与乙建筑公司在招标投标前就已签订了《建设工程施工合同》,确定了施工内容并已实际进场进行施工,也就是通常所说的"公开招标前中标者已内部确定",在"先定后招"(或称"明招暗定")的情况下,违反了《招标投标法》相关规定,应当认定中标无效且涉案合同无效。鉴于本案合同无效的责任应由发包人承担,本案的工程款结算应按照实际结算工程价款7500万元结算。故建筑公司的请求于法有据,能得到法院的支持。

【风险防范建议】

无效合同自始没有法律效力,不能产生当事人预期的法律后果,对发包人和承包人均会造成较大的风险及损害。所以实践中,对建设工程施工合同无效的法律风险预防尤为重要。关于如何预防和控制施工合同无效的法律风险,笔者建议应从以下两个方面入手:

(1)依法严格履行招投标程序。

我国《招标投标法》第三条、《工程建设项目施工招标投标办法》以及2018年6月1日国家发展和改革委员会颁布实行的《必须招标的工程项目规定》,对我国必须进行公开招标的工程项目进行了具体规定和界定,具备了相当的可操作性和可执行性。如建设项目违反上述规定和规范,应当经过招投标而不进行招投标,其合同就将面临无效的法律风险,所以发包人和承包人为实现合同的目的,均应本着诚实信用的原则,依法合规经营,维护招标投标秩序,促进建筑市场的健康规范发展。

(2)对承包人的资质与实际履约情况进行全程监控。

发包人从合同缔约招投标阶段即应对承包人(投标人)的资质进行严格审查,排除未取得资质或超越资质等级签订或履行合同的承包人。

在合同签订以后,发包人、监理单位等相关主体应根据签署合同的施工主体,对其实际履约行为进行全程监管,防止非法转包或违法分包的情况出现。

发包人同时应对实际履行的全过程进行监控,其意义也在于对于工程质量的控制。根据法律规定,如施工合同被确认无效,但建设工程经竣工验收合格,承包人请求参照合同约定支付工程价款的,法院应予支持。其精神与要义即在于虽然无效合同自始无效,没有法律效力,但承包人将其劳动和建筑材料等已经物化到建设工程上了,建设工程的特殊性是其不具有返还财产的可能性,只能采用折价补偿的原则。如果工程质量验收合格,发包人的合同目的也就实际达到了,毕竟发包人在建设工程合同中的主要合同目的即在于在规定的时间内通过按约支付相关对价而获得质量合格的建设工程项目。因此,全过程监控承包人的实际履行,不仅是对合同无效风险的防范,也是确保发包人在合同无效的情况下,依然可实现缔约目的的有效方法之一。

【法条链接】

《民法典》第一百五十七条 民事法律行为无效、被撤销或者确定不发生效力后,行为人因该行为取得的财产,应当予以返还;不能返还或者没有必要返还的,应当折价补偿。有过错的一方应当赔偿对方由此所受到的损失;各方都有过错的,应当各自承担相应的责任。法律另有规定的,依照其规定。

第五百零八条 本编对合同的效力没有规定的,适用本法第一编第六章的有关规定。

《招标投标法》第三条 在中华人民共和国境内进行下列工程建设项目包括项目的勘察、设计、施工、监理以及与工程建设有关的重要设备、材料等的采购,必须进行招标:

(一)大型基础设施、公用事业等关系社会公共利益、公众安全的项目;

(二)全部或者部分使用国有资金投资或者国家融资的项目;

(三)使用国际组织或者外国政府贷款、援助资金的项目。

前款所列项目的具体范围和规模标准,由国务院发展计划部门会同国务院有关部门制订,报国务院批准。

法律或者国务院对必须进行招标的其他项目的范围有规定的,依照其规定。

第三十二条 投标人不得相互串通投标报价,不得排挤其他投标人的公平竞争,损害招标人或者其他投标人的合法权益。

投标人不得与招标人串通投标,损害国家利益、社会公共利益或者他人的合法权益。

禁止投标人以向招标人或者评标委员会成员行贿的手段谋取中标。

第五十三条 投标人相互串通投标或者与招标人串通投标的,投标人以向招标人或者评标委员会成员行贿的手段谋取中标的,中标无效,处中标项目金额千分之五以上千分之十以下的罚款,对单位直接负责的主管人员和其他直接责任人员处单位罚款数额百分之五以上百分之十以下的罚款;有违法所得的,并处没收违法所得;情节严重的,取消其一年至二年内参加依法必须进行招标的项目的投标资格并予以公告,直至由工商行政管理机关吊销营业执照;构成犯罪的,依法追究刑事责任。给他人造成损失的,依法承担赔偿责任。

《安徽省高级人民法院关于审理建设工程施工合同纠纷案件适用法律问题的指导意见(二)》第二条　依法必须进行招标的建设工程,招标人与投标人在履行招投标程序前,以签订补充协议等形式对建设工程的施工范围、工期、计价方式、总价款等内容进行约定的,属串通投标,所签订的建设工程施工合同无效。

110. 无效施工合同的承包人可否要求发包人按约定支付"奖励款"?

【情景案例】

B房地产公司开发的某小区1号楼商品房工程公开对外招标。为承接本工程,包工头赵某挂靠A建筑公司进行投标。后B房地产公司向A建筑公司发出《中标通知书》。A建筑公司与B房地产公司签订《建设工程施工合同》;由于工期较紧,双方在合同中约定如A建筑公司按期完工,甲房地产公司奖励乙建筑公司100万元。合同签订后,赵某组织施工,工程于约定时间按时竣工并经验收合格。工程验收合格后,B房地产公司按约定给A建筑公司支付了工程款,但B房地产公司以赵某挂靠为由,主张施工合同无效,拒绝支付奖励金100万元。为此,赵某以A建筑公司名义诉至法院,请求B房地产公司支付奖励金100万元。

请问:赵某的请求能得到法院支持吗?

【案例分析】

本案涉及的是无效施工合同的承包人是否有权参照施工合同约定要求支付"奖励款"的问题。

我国《民法典》第四百六十五条规定,依法成立的合同,受法律保护;依法成立的合同,仅对当事人具有法律约束力,但是法律另有规定的除外。第五百零九条第一款、第二款规定,当事人应当按照约定全面履行自己的义务。当事人应当遵循诚实信用原则,根据合同的性质、目的和交易习惯履行通知、协助、保密等义务。第七百九十三条规定,建设工程施工合同无效,但是建设工程经验收合格的,可以参照合同关于工程价款的约定折价补偿承包人。建设工程施工合同无效,且建设工程经验收不合格的,按照以下情形处理:(1)修复后的建设工程经验收合格的,发包人可以请求承包人承担修复费用;(2)修复后的建设工程经验收不合格的,承包人无权请求参照合同关于工程价款的约定折价补偿。发包人对因建设工程不合格造成的损失有过错的,应当承担相应的责任。《最高人民法院关于审理建设工程施工合同纠纷案件适用法律问题的解释(一)》第十九条第一款规定,当事人对建设工程的计价标准或者计价方法有约定的,按照约定结算工程价款。

根据以上法律规定,若施工合同合法有效,按照有约定从约定的原则,承包人要求按合同约定支付"奖励款",理应无争议。但施工合同一旦被确认为无效,承包人是否有权要求参照合同约定支付奖励款,实践中存在两种对立的观点:肯定的观点认为,这种奖励是建立在承包人加班加点、辛勤劳动和科学管理的基础之上的,体现了承包人的劳动付出,应适用上述法律规定,参照合同约定支付;否定的观点认为,施工合同无效,则关于奖励款的约定当然无效,如果对于无效的奖励款予以支持,实质上等同于国家对这类合同的积极肯定,不利于建设工程施工市场的规范和管理。笔者赞同肯定的观点:按照奖励的含义理解,施工合同约定的奖励款并非真正意义上的"奖励",其要么是合同的对价款,要么是合同的违约责任,而奖励款显然不属于违约责任,只能归之于对价款。因此,在施工合同无效的情况下,将奖励款视为工程款的组成部分,要求发包人参照合同约定进行支付,更为合理。

就本案而言,奖励条款的约定实际是以奖励的形式增加工程费用,合同中关于奖励款的约定系 A 建筑公司与 B 房地产公司达成的合意,为了鼓励施工方安全、文明施工,确保施工质量,应遵循诚实信用原则,在 A 建筑公司实际已经符合奖励条件的情况下,B 房地产公司应参照合同约定向 A 建筑公司支付奖励款。故赵某以 A 建筑公司名义起诉,其请求能得到法院的支持。

【风险防范建议】

在建设工程施工合同履行过程中,为激励承包人一次性保障建设工程的质量,发包人往往会在建设工程施工合同中结合本地开展的建设工程项目质量评比活动,约定奖励费条款。为避免在工程结算中对奖励款的争议,建议承包人要着重注意以下事项:

(1)建设工程领域普遍存在挂靠、转包、非法分包等违法现象,为此承包人一定要进行风险识别,正确签订合同,确保合同合法有效,避免合同效力问题导致自身处于被动的局面,蒙受不必要的经济损失。

(2)司法实践已告诉我们,建设工程奖励款以合同约定为依据,无合同约定的不予支持。承包人若和发包人就建设工程项目奖励内容有合意的,承包人应尽量争取将奖励条款以符合法律规定的书面形式在施工合同中确定下来,避免这种因为没有合同依据而白白损失奖励款的情况发生。

(3)建设工程奖励款条款在施工合同中的约定应该明确具体,尽量避免框架式约定。同时要注意条款的表述，最好将奖励款约定纳入合同工程款对价款的组成部分，避免陷入纠纷后被法院认定为违约金的可能性。

（4）承包人应及时保存证据。建设工程的奖励往往建立在承包人加班加点、辛勤劳动和科学管理的基础上，承包人为此必然要采用相应的技术及组织措施。对承包人为此付出的工作内容和成果等，承包人要有意识、有准备地妥当留存相应证据，避免一旦对此产生争议，对奖励款的支付条件、支付依据等举证不力，承担不利后果。

【法条链接】

《民法典》第四百六十五条　依法成立的合同，受法律保护。

依法成立的合同，仅对当事人具有法律约束力，但是法律另有规定的除外。

第五百零九条　当事人应当按照约定全面履行自己的义务。

当事人应当遵循诚实信用原则，根据合同的性质、目的和交易习惯履行通知、协助、保密等义务。

当事人在履行合同过程中，应当避免浪费资源、污染环境和破坏生态。

第七百九十三条　建设工程施工合同无效，但是建设工程经验收合格的，可以参照合同关于工程价款的约定折价补偿承包人。

建设工程施工合同无效，且建设工程经验收不合格的，按照以下情形处理：

（一）修复后的建设工程经验收合格的，发包人可以请求承包人承担修复费用；

（二）修复后的建设工程经验收不合格的，承包人无权请求参照合同关于工程价款的约定折价补偿。

发包人对因建设工程不合格造成的损失有过错的，应当承担相应的责任。

《最高人民法院关于审理建设工程施工合同纠纷案件适用法律问题的解释（一）》第十九条第一款　当事人对建设工程的计价标准或者计价方法有约定的，按照约定结算工程价款。

111. 施工合同无效，还需要按合同约定支付工程款利息吗？

【情景案例】

在没有经过招投标程序的情况下，甲建筑公司与乙公司签订《建设工程施工合同》，约定：由甲建筑公司承建某小区2号、3号楼的工程，工期为15个月；工程总价款为6000万元；若工程竣工后30日内不能如约支付，对除3%的保修金外的余款，从第31日起按照同期银行贷款利率支付拖欠工程款利息。后工程完工并经验收合格。完工后，因乙公司以各种理由拒付工程款，甲建筑公司诉至法院，请求乙公司支付工程款及利息。乙公司在庭审中辩称，对于工程款的支付没异议，但《建设工程施工合同》没有经过招投标程序，系无效合同，因此不需要支付工程款利息。

请问：乙公司的说法符合我国法律规定吗？

【案例分析】

本案涉及的是施工合同无效的情况下，是否可以参照合同约定利息标准计算工程款利息的问题。

我国《民法典》第一百五十五条规定，无效的或者被撤销的民事法律行为自始没有法律约束力。第一百五十六条规定，民事法律行为部分无效，不影响其他部分效力的，其他部分仍然有效。第一百五十七条规定，合同无效、被撤销或者确定不发生效力后，当事人因该合同取得的财产，应当予以返还；不能返还或者没有必要返还的，应当折价补偿。有过错的一方应当赔偿对方由此所受到的损失；各方都有过错的，应当各自承担相应的责任。法律另有规定的，依照其规定。第七百九十三条第一款规定，建设工程施工合同无效，但是建设工程经验收合格的，可以参照合同关于工程价款的约定折价补偿承包人。《最高人民法院关于审理建设工程施工合同纠纷案件适用法律问题的解释(一)》第二十六条规定，当事人对欠付工程价款利息计付标准有约定的，按照约定处理。没有约定的，按照同期同类贷款利率或者同期贷款市场报价利率计息。第二十七条规定，利息从应付工程价款之日计付。当事人对付款时间没有约定或者约定不明的，下列时间视为应付款时间：(1)建设工程已实际交付的，为交付之日；(2)建设工程没有交付的，为提交竣工结算文件之日；(3)建设工程未交付，工程价款也未结算的，为当事人起诉之日。

根据上述规定，虽然施工合同无效，但只要工程经竣工验收合格，发包人就应当支付工程款。至于无效施工合同所涉工程款利息是否应当支持，司法实践中存在两种不同观点：第一种是肯定的观点，认为利息性质属法定孳息，利息附着于工程款存在，应随工程款一并支付，无须考虑双方过错，应当支持；第二种是否定的观点，认为合同无效，利息属于损失，根据《合同法》(已废止)第五十八条的规定应按照双方过错承担，故不能支持。但司法实务中大多赞同第一种肯定的观点，在施工合同被认定无效的情形下工程款利息基本上都得以支持。因此，无效施工合同的工程款利息被支持是审判实践一般的处理原则。至于按什么标准支付利息，合同有约定的，按照约定处理；在合同无约定的情形下，按同期同类贷款利率或者同期贷款市场报价利率计息，而应付款起算时间以最高人民法院上述司法解释的规定为准。

本案的案涉工程属应招标的工程而未招标，甲建筑公司与乙公司签订的《建设工程施工合同》系无效合同。甲建筑公司主张的工程款利息应予支持，但支持的依据不是合同约定，而是法律规定。在本案中，这两者的标准重合了，但性质完全不同。故乙公司的说法不符合我国法律的规定。

【风险防范建议】

在实践中，因发包人未按约支付工程款引发的建筑工程施工合同纠纷时有发生，在纠纷发生后尤其如本案那样施工合同被认定无效的,承包人主张的工程款利息要想顺利得到法院支持的,笔者建议主要应做好以下几个方面:

(1)在签订建设工程施工合同时,要依法合规进行,应确保合同合法有效,尽量避免让合同无效的情况发生。

(2)应在合同中明确约定支付工程款的时间、利息计付标准以及计付方式等,并明确有关逾期支付工程款利息的条款,一旦发生纠纷也有据可依。防止无法获得工程款利息法律风险的发生,同时要注意条款的表述,避免陷入纠纷后被法院认定为违约金。

(3)如果合同中未约定或者约定不明,那就应该及时保存证据,这样法院才会支持承包人的主张。

(4)如果施工资料不完善、施工中存在工期顺延、设计变更等多种因素导致合同约定的付款时间无法确定,不能依据合同约定进行付款的,应当及时完成工程交付、提交竣工结算文件。

最后要特别提醒承包人引起注意的是,如果企业已经陷入工程款利息争议,切不可大意,应尽快求助建筑工程行业领域专业律师以维护自身合法权益。

【法条链接】

《民法典》第一百五十五条　无效的或者被撤销的民事法律行为自始没有法律约束力。

第一百五十六条　民事法律行为部分无效,不影响其他部分效力的,其他部分仍然有效。

第一百五十七条　民事法律行为无效、被撤销或者确定不发生效力后,行为人因该行为取得的财产,应当予以返还;不能返还或者没有必要返还的,应当折价补偿。有过错的一方应当赔偿对方由此所受到的损失;各方都有过错的,应当各自承担相应的责任。法律另有规定的,依照其规定。

第五百零八条　本编对合同的效力没有规定的,适用本法第一编第六章的有关规定。

第七百九十三条第一款　建设工程施工合同无效,但是建设工程经验收合格的,可以参照合同关于工程价款的约定折价补偿承包人。

《最高人民法院关于审理建设工程施工合同纠纷案件适用法律问题的解释(一)》第二十六条　当事人对欠付工程价款利息计付标准有约定的,按照约定处理。没有约定的,按照同期同类贷款利率或者同期贷款市场报价利率计息。

第二十七条　利息从应付工程价款之日计付。当事人对付款时间没有约定或者约定不明的,下列时间视为应付款时间:

(一)建设工程已实际交付的,为交付之日;

(二)建设工程没有交付的,为提交竣工结算文件之日;

(三)建设工程未交付,工程价款也未结算的,为当事人起诉之日。

112. 承包人可否向合作开发的其他公司主张工程款?

【情景案例】

A公司与B公司签订《某小区开发建设合作方案协议书》,内容为:A公司与B公司共同开发位于某市星湖大道某地块,双方的出资方式为A公司以经“招拍挂”取得的商品房建设用地出资,B公司以规划报批开始至整个项目备案结束为止的全部费用投入额、该项目施工建设国家定额投入、小区配套、美化绿化资金投入三项的费用总和为投资额。双方的利润分配比例为以双方出资额为依据,确定为A公司占53%,B公司占47%,亏损亦按上述比例承担责任;另双方约定以A公司名义对外签订合同。A公司与C建筑公司签订《建设工程施工合同》,约定:C建筑公司以8000万元承包某小区住宅楼1~6号楼的建设,工期为7个月,工期每延期一天罚款3000元。合同签订后,C建筑公司根据A公司的要求进行施工,并于约定时间内完工。工程完工后,A公司由于经营不善短期内无力支付工程款。为此,C建筑公司将B公司诉至法院,要求其支付拖延工程款及利息。

请问:C建筑公司的请求能得到法院支持吗?

【案例分析】

本案涉及的是施工企业是否可以向企业合作开发房地产的合作方主张工程款并要求其承担连带清偿责任的问题。

我国《民法典》第六十条规定,法人以其全部财产独立承担民事责任。《公司法》第三条规定,公司是企业法人,有独立的法人财产,享有法人财产权。公司以其全部财产对公司的债务承担责任。有限责任公司的股东以其认缴的出资额为限对公司承担责任;股份有限公司的股东以其认购的股份为限对公司承担责任。《城市房地产开发经营管理条例》规定,设立房地产开发企业,除应当符合有关法律、行政法规规定的企业设立条件外,还应当具备下列条件:(1)有100万元以上的注册资本;(2)有4名以上持有资格证书的房地产专业、建筑工程专业的专职技术人员,2名以上持有资格证书的专职会计人员。应当向县级以上人民政府工商行政管理部门申请登记。《最高人民法院关于审理涉及国有土地使用权合同纠纷案件适用法律问题的解释》第十二条规定,本解释所称的合作开发房地产合同,是指当事人订立的以提供出让土地使用权、资金等作为共同投资,共享利润、共担风险合作开发房地产为基本内容的合同。根据上述规定,企业合作开发房地产需设立房地产开发企业,以公司形式经营,合同各方内部关系按照“共同投资,共享利润、共担风险”,对外关系按照合同约定各自承担权利义务而不承担连带责任。公司股东以其认缴的出资额为限对公司承担责任或以其认购的股份为限对公司承担责任。因此,请求合作开发房地产合同各方对工程款债务承担连带责任,缺乏法律依据。

结合本案而言,本案讼争的法律关系是施工合同纠纷,而不是合作开发房地产合同纠纷。《建设工程施工合同》由A公司与C建筑公司签订,B公司不是该合同的当事人,C建筑公司要求突破合同的相对性并没有事实和法律依据,笔者认为,其请求难以得到法院的支持。

但在建设工程施工合同纠纷案件的审理过程中,合作开发房地产合同各方对工程款债务清偿责任的承担问题也一直存在争议,有些地方法院如江苏省高级人民法院、广东省高级人民法院等为保护承包人利益,还是规定对承包人请求合作开发房地产合同各方对工程款债务承担连带责任予以支持的;对此需予以注意。

【风险防范建议】

本案警示承包人必须充分认识来自发包人和项目本身的风险,并做好防范。对此笔者具体建议如下:

(1)充分认识来自发包人的风险并做好预防。

根据我国《民事诉讼法》第四十九条的规定,发包人可以划分为公民个人型发包人、法人型发包人以及非法人组织型发包人。而在实践中,发包人通常为法人或非法人组织,公民个人作为发包人的情况较为罕见。故在此主要论述发包人为组织时的风险。发包人为组织(法人或非法人组织)时,来自发包人的风险主要有:发包主体资格风险、发包人经营管理及业绩风险、发包人资金实力、股东实力及其诚信度的风险。后两种风险对于承包人来说比较好理解,防范措施也主要是对发包人的上述情况进行调查、摸底,做到心中有数。而第一种风险即发包主体资格风险则涉及较多的法律规定,在此作为重点详述如下:

①法人发包资格风险。

实践中,法人型投资方作为发包人对工程进行发包是常见的发包形式。除此之外,法人发包还有以下两种形式:

一是法人股东设立一家项目公司进行独立开发的形式。在这种形式下,为了赶进度,往往先由股东选好建筑商并与之签订施工协议,在项目公司成立后再由项目公司与建筑商签正式的施工合同;也有的是在项目公司成立前就由股东直接与建筑商签订正式的施工合同。这就出现了工程款应由谁支付的问题以及在司法机关强制执行工程款时股东的财产能否被执行的问题。

二是多家法人公司合作开发的形式。在这种形式下,往往由一家法人公司(通常是拥有土地使用权的公司)作为发包人出面与建筑商签订施工合同。当该法人公司出现资金困难无法支付工程款时,根据合同相对性原理,建筑商将面临无法向其他合作开发的法人公司主张工程款的风险。

②非法人组织发包资格风险。

根据我国《民事诉讼法》第四十九条的规定，我国非法人组织主要有私营独资企业、合伙联营企业、中外合作经营企业、社会团体、法人分支机构、乡办村办企业等。实践中常见的非法人组织作为发包人的情况有以下两种：

一是以分公司名义作为发包人。这种情形下，建筑商要注意分公司没有权限或超越权限发包从而导致合同无效的风险。

二是以指挥部、筹建处、援建中心等组织机构作为发包人的情形。这些组织机构并无自己独立的财产，仅是建设单位的分支机构或者只是代行建设单位临时职责的机构，随时有可能被撤销或解散。建筑商若与之签订施工合同，一旦发生纠纷将面临状告无人的尴尬局面。

为预防来自发包人的风险，建议承包人做好以下工作：

首先，审查发包人是否合法成立的法人企业或非法人组织，有无营业执照和独立的财产。

其次，若发包人为项目公司，承包人应要求项目公司的股东提供履约的担保或保证，以便当项目公司资金困难无法支付工程款时，向其股东主张工程款；若项目由多家法人公司合作开发，承包人应要求共同投资的其他合作方提供履约担保，或书面明确其也有工程款支付的义务。

最后，若发包人为筹建处、指挥部、援建中心等机构，承包人应查清该机构是否合法成立、有无独立的财产，同时还应查清成立或开办该机构的单位及其对该机构的具体授权。还应要求发包人的开发单位提供担保，或者明确保障后续建设资金的来源及支付方式。

(2)来自项目本身的风险必须重视，预防措施就是尽职调查。

对于承包人来说，施工合同能否得到顺利履行、工程款能否顺利取得是最重要的，其风险往往从一开始就潜藏在建设项目中。实践中，建设项目通常表现为住宅类项目、厂房类项目、酒店、写字楼项目等，这些项目因各自涉及的融资、销售、租赁、经营等因素的不同而构成对承包人不同程度的风险，特别是“烂尾楼”项目对承包人构成的风险最大，需要特别注意。如何防范这些风险？承包人最有效的办法就是做好充分细致的合法性、合规性尽职调查，预见项目开发过程中可能出现的风险，提前采取相应的防范措施。对项目进行合法性、合规性调查应当从以下几方面入手：

①查立项：考察项目是否需要立项。如需立项则应查清项目是否获得了当地政府发改委的审批、准予立项并取得相关许可文件。

②查规划：查清项目是否取得规划许可证；是否符合规划要求（尤其是用地面积、容积率等）；是否取得用地指标。

③查土地使用证：查清土地性质、用途、土地出让金缴交状况、土地他项限制权利、

在建工程有无设定抵押等。

④查项目是否为必须招标项目;必须招标的是否进行了公开招标。

⑤对在建工程应调查承包人再进场是否存在障碍。

⑥对“烂尾楼”项目需更加仔细,需查清:项目是否已经取得预售许可证及实际预售备案情况;项目是否存在查封、抵押等限制性权利;项目上存在的债权债务结构;与原工程承包人的合同是否已经终止;工程款是否付清;是否撤场;如果是招投标的,是否已经在当地招投标主管部门办理注销手续;等等。

【法条链接】

《民法典》第六十条　法人以其全部财产独立承担民事责任。

《公司法》第三条　公司是企业法人,有独立的法人财产,享有法人财产权。公司以其全部财产对公司的债务承担责任。

有限责任公司的股东以其认缴的出资额为限对公司承担责任;股份有限公司的股东以其认购的股份为限对公司承担责任。

《城市房地产开发经营管理条例》第五条　设立房地产开发企业,除应当符合有关法律、行政法规规定的企业设立条件外,还应当具备下列条件:

(一)有100万元以上的注册资本;

(二)有4名以上持有资格证书的房地产专业、建筑工程专业的专职技术人员,2名以上持有资格证书的专职会计人员。

省、自治区、直辖市人民政府可以根据本地方的实际情况,对设立房地产开发企业的注册资本和专业技术人员的条件作出高于前款的规定。

第七条　设立房地产开发企业,应当向县级以上人民政府工商行政管理部门申请登记。工商行政管理部门对符合本条例第五条规定条件的,应当自收到申请之日起30日内予以登记;对不符合条件不予登记的,应当说明理由。

工商行政管理部门在对设立房地产开发企业申请登记进行审查时,应当听取同级房地产开发主管部门的意见。

《最高人民法院关于审理涉及国有土地使用权合同纠纷案件适用法律问题的解释》第十二条　本解释所称的合作开发房地产合同,是指当事人订立的以提供出让土地使用权、资金等作为共同投资,共享利润、共担风险合作开发房地产为基本内容的合同。

《江苏省高级人民法院关于审理建设工程施工合同纠纷案件若干问题的意见》第二十四条　合作开发房地产合同中的一方当事人作为发包人与承包人签订建设工程施工合同,承包人要求合作各方当事人对欠付的工程款承担连带责任的,人民法院应予支持。

《广东省高级人民法院关于审理建设工程施工合同纠纷案件若干问题的指导意见》　十二、合作开发房地产合同一方当事人作为发包人与承包人签订建设工程施工合同,承包人请求合作开发房地产合同的其他当事人对施工合同债务承担连带责任的,应予支持……

113. 总包商与分包商约定“以业主支付为前提”的“背靠背”条款有效吗?

【情景案例】

甲建筑公司将其承包的乙公司的挖潜工程及高压电网调试工程部分分包给罗某施工。甲建筑公司与罗某之间的合同约定:承包方式为一次性包干使用,甲建筑公司提取25%的管理费,乙公司批准的计价款到甲建筑公司账户7日内,甲建筑公司将工程款支付给罗某。工程完工后,甲建筑公司出具工程结算单,载明根据乙公司审批量,至当年年底欠罗某工程款50万元。因乙公司没有向甲建筑公司支付所欠工程款,因此甲建筑公司也不向罗某支付工程款。后罗某诉至法院,以合同约定的“背靠背”条款无效为由,请求甲建筑公司支付工程款。

请问:罗某的请求能得到法院支持吗?

【案例分析】

本案涉及的是建设工程合同约定“以业主支付为前提”的“背靠背”条款的法律效力及具体认定问题。

《民法典》第一百五十八条规定,民事法律行为可以附条件,但是根据其性质不得附条件的除外。附生效条件的民事法律行为,自条件成就时生效。附解除条件的民事法律行为,自条件成就时失效。第一百五十九条规定,附条件的民事法律行为,当事人为自己的利益不正当地阻止条件成就的,视为条件已经成就;不正当地促成条件成就的,视为条件不成就。第五百二十三条规定,当事人约定由第三人向债权人履行债务,第三人不履行债务或者履行债务不符合约定的,债务人应当向债权人承担违约责任。第五百九十三条规定,当事人一方因第三人的原因造成违约的,应当依法向对方承担违约责任。当事人一方和第三人之间的纠纷,依照法律规定或者按照约定处理。对于建设工程合同约定的“背靠背”条款的法律效力,司法实践中仍有争议,主要有两种观点:一是“背靠背”条款有效观点。该观点持有者认为“背靠背”条款属于平等民事主体之间对自身合法民事权益的处置,系民事主体之间的意思自治,且不属于法律规定的无效情形。二是“背靠背”条款无效观点。该观点持有者认为突破合同相对性,发包人是否付款不能作为总承包方拒付工程款的理由,“背靠背”条款明显有违公平原则。根据上述规定,实务通说的观点将“以业主支付为前提”的“背靠背”条款认定为有效。

笔者也倾向于认为“背靠背”条款合法有效。首先,“背靠背”条款是承包商与分包商平等民事主体之间对民事权利的自愿处置,是基于双方真实意思签订的。其次,“背靠背”条款的约定也没有违反我国《民法典》第一百四十四条、第一百四十六条、第一百五十三条、第一百五十四条规定的合同无效情形,因而,该约定对双方具有法律约束力。但也应当规范其适用的条件和范围，故在司法实践中，关于付款条件是否成就，承包方要承担比较严格的举证责任，承包方需要证明其已向发包方积极履行了债权（包括催款行为、诉讼与仲裁）。若承包方未能举证证明有上述行为，则法院会认定承包方怠于行使其债权，付款条件已成就，其须向分包方支付工程款项。

本案分包合同中约定"以业主支付为前提"的"背靠背"条款，该条款有其一定的合理性和合法性，故该约定有效。所以，罗某要求认定"背靠背"条款无效的请求难以得到法院的支持。但如果甲建筑公司未能提交证据证实其已积极向业主主张了权利，则法院可以认定其怠于行使权利，付款条件已成就，其须向罗某支付工程款。

【风险防范建议】

司法实践中的主流观点虽倾向于确认"背靠背"条款的法律效力。但是，法院也对"背靠背"条款的适用设置了严格的条件，以防止"背靠背"条款的滥用，损害分包商合法权益，进而损害农民工权益。因此，分包活动中，承包商不仅要注重"背靠背"条款的形式设置，更要注重"背靠背"条款的实质管理，从而达到转移矛盾、转嫁风险、降低成本的目的。针对"背靠背"条款实务操作，建议如下：

（1）对承包方的建议

①明确承包方的支付以建设单位的支付为前提，若未收到建设单位的款项则有权不予支付，同时明确若未能按时支付款项时相应的责任归属。对该条款最好用突出显示注明，让分包方知晓与了解，并予以简要说明，保证该条款没有使分包方处于不利地位，符合公平原则。另外，承包方不仅应在其与建设单位签订的承包合同中明确付款进度与期限，在与分包方签订的合同中也应披露相应的付款进度与期限，使承包合同与分包合同的付款进度尽量保持一致。

②承包方在收取款项时应做好备注，将工程款所对应的工程项目分别归类，防止款项与工程无法对应的情况发生。承包方所设立的工程价款账目应与相应的工程项目一一对应，明确表明每一笔支付的款项是具体哪一个项目的阶段或进度款。避免在发生争议时，承包方无法证明是否已收到发包方的款项以及是否已将收到的款项支付给分包方。

③在业主方无法支付工程价款时，应积极行使债权，通过催款、发函等行为督促业主支付款项，上述行为应在工程竣工验收合格后及时行使，不宜拖延过久。若上述行为未能达到使发包方付款的结果，则承包方应采取诉讼、仲裁方式积极主张债权。在承包方行使这些权利时，应留存相关的函件与资料，作为其没有怠于行使债权的证据。

（2）对分包方的建议

①在与承包方签订合同时，注意"背靠背"条款的表述，让承包方予以充分解释，尽

量要求其明确无法支付款项时,付款责任由谁承担。如付款条件涉及第三方(发包方),分包方应要求承包方披露该发包方的相关信息,同时其自身也应在前期对发包方的资金、履行能力等进行基本的调查。

②分包方可以与承包方、发包方协商签订三方合同,与承包方共同承担付款的风险,使发包方也受到该条款的约束,规定发包方在无法支付工程款项时的违约责任。同时也可以约定在发包方未能按时支付工程价款的情形下,承包方应在一定期限内对发包方进行催款,相应的催款情况与进度也应披露给分包方。

(3)对发包方的建议

对分包人、挂靠人的资质进行审查,避免违法分包的情况出现。在上述案中,没有建筑资质的自然人以承包人的名义进行实际施工,这种情形下,发包人很可能需要与承包人承担连带责任。

最后,需要提醒承包人特别注意的是:"背靠背"条款虽有效,但也并非意味着承包方可以凭借该条款无限期拖欠分包方的工程款项。工程竣工验收完成后,承包方就应该及时支付价款,若发包方拖延付款,承包方应积极行使其债权,否则付款条件会被认定为已经成立,承包方需要支付分包方工程款项。

【法条链接】

《民法典》第一百四十四条　无民事行为能力人实施的民事法律行为无效。

第一百四十六条　行为人与相对人以虚假的意思表示实施的民事法律行为无效。

以虚假的意思表示隐藏的民事法律行为的效力,依照有关法律规定处理。

第一百五十三条　违反法律、行政法规的强制性规定的民事法律行为无效。但是,该强制性规定不导致该民事法律行为无效的除外。

违背公序良俗的民事法律行为无效。

第一百五十四条　行为人与相对人恶意串通,损害他人合法权益的民事法律行为无效。

第一百五十八条　民事法律行为可以附条件,但是根据其性质不得附条件的除外。附生效条件的民事法律行为,自条件成就时生效。附解除条件的民事法律行为,自条件成就时失效。

第一百五十九条　附条件的民事法律行为,当事人为自己的利益不正当地阻止条件成就的,视为条件已经成就;不正当地促成条件成就的,视为条件不成就。

第五百二十三条　当事人约定由第三人向债权人履行债务,第三人不履行债务或者履行债务不符合约定的,债务人应当向债权人承担违约责任。

第五百九十三条　当事人一方因第三人的原因造成违约的,应当依法向对方承担违约责任。当事人一方和第三人之间的纠纷,依照法律规定或者按照约定处理。

《北京市高级人民法院关于审理建设工程施工合同纠纷案件若干疑难问题的解答》　22、分包合同中约定总包人收到发包人支付工程款后再向分包人支付的条款的效力如何认定?

分包合同中约定待总包人与发包人进行结算且发包人支付工程款后,总包人再向分包人支付工程款的,该约定有效。因总包人拖延结算或怠于行使其到期债权致使分包人不能及时取得工程款,分包人要求总包人支付欠付工程款的,应予支持。总包人对于其与发包人之间的结算情况以及发包人支付工程款的事实负有举证责任。

《安徽省高级人民法院关于审理建设工程施工合同纠纷案件适用法律问题的指导意见(二)》第十一条　非法转包、违法分包建设工程,实际施工人与承包人约定以发包人与承包人的结算结果作为结算依据,承包人与发包人尚未结算,实际施工人向承包人主张工程价款的,分别下列情形处理:

(一)承包人与发包人未结算尚在合理期限内的,驳回实际施工人的诉讼请求。

(二)承包人已经开始与发包人结算、申请仲裁或者诉至人民法院的,中止审理。

(三)承包人怠于向发包人主张工程价款,实际施工人主张参照发包人与承包人签订的建设工程施工合同确定工程价款的,应予支持。

114. 名为"总承包",实为"代建",工程款支付义务应由谁承担?

【情景案例】

某市交通局与甲公司签订《工程总承包协议》,约定某市交通局作为项目的建设单位,委托甲公司实行工程总承包,按照工程费总包干、向政府"交钥匙"的模式,承担本项目的建设管理工作。甲公司负责进行施工招标、选择施工单位、签订施工合同,负责项目全部工程质量,承担工期延误责任等。甲公司与乙建筑公司签订《建设工程施工合同》,约定将某市快速公路第一、二标段工程发包给乙建筑公司,工期为8个月。工程完工并经验收合格后,甲公司以某市交通局未拨款到位为由拖欠工程款。乙建筑公司认为,某市交通局与甲公司签订的《工程总承包协议》性质应当认定为委托代建合同,某市交通局与甲公司需对工程款承担连带责任。经多次催款无果,乙建筑公司诉至法院。

请问:乙建筑公司的工程款应当由谁支付?

【案例分析】

本案涉及的是建设工程代建模式中的工程款支付主体的认定问题。

我国《民法典》第一百六十二条规定,代理人在代理权限内,以被代理人名义实施的民事法律行为,对被代理人发生效力。第九百一十九条规定,委托合同是委托人和受托人约定,由受托人处理委托人事务的合同。第九百二十五条规定,受托人以自己的名义,在委托人的授权范围内与第三人订立的合同,第三人在订立合同时知道受托人与委托人之间的代理关系的,该合同直接约束委托人和第三人;但是,有确切证据证明该合同只约束受托人和第三人的除外。第四百六十七条规定,本法或者其他法律没有明文规定的合同,适用本编统则的规定,并可以参照适用本编或者其他法律最相类似合同的规定。我国《建筑法》第二十九条第一款规定,建筑工程总承包单位可以将承包工程中的部分工程发包给具有相应资质条件的分包单位;但是,除总承包合同中约定的分包外,必须经建设单位认可。施工总承包的,建筑工程主体结构的施工必须由总承包单位自行完成。

从以上规定可见,工程委托代建合同不属于《民法典》第三编合同或者其他法律明文规定的典型合同,应属于无名合同。它具有委托合同和管理服务合同的特征,在法律适用上,既可以参照《民法典》关于委托合同的一般规定,但又不能过于机械僵化,应结合合同具体约定及实际履行情况,具体问题具体分析。代建合同原则上由代建人对第三人独立承担法律责任,但也存在例外情形,如在工程代建合同中,委托人以实际行为参与到代建人、第三人的合同履行过程中,与第三人直接建立了权利义务关系,在此情况下,委托人需要在权利义务范围内,向第三人承担法律责任。

本案中,某市交通局与甲公司签订的《工程总承包协议》约定:交通局作为项目的建设单位,委托甲公司实行工程总承包,按照工程费总包干、向政府"交钥匙"的模式,承担本项目的建设管理工作。根据《建筑法》的规定,施工总承包合同的重要特征之一是建筑工程主体结构的施工必须由总承包单位自行完成,但甲公司仅对涉案项目进行管理,并不参与工程的施工,与典型的施工总承包合同明显不同。因此,本案的《工程总承包协议》,并非通常意义上的施工总承包合同,而是《民法典》和《建筑法》并无相关规定的委托代建合同。由于协议约定某市交通局为项目的建设单位,事实上某市交通局也以发包人的身份参与了涉案工程的招标,履行了甲公司作为项目法人应承担的部分责任。因此,本案乙建筑公司的工程款应当由甲公司与某市交通局连带共同支付。

【风险防范建议】

代建制管理模式是我国工程建设管理发展中的一次探索尝试,但目前代建制管理模式在国内处于发展初期,一些制度问题仍有待进一步发展完善。代建制管理模式下的代建单位应做好相应代建项目的风险评估与风险应对工作,通过运用新技术、新管理方法有效应对相应代建风险,提高风险收益,完善代建制管理制度。对此,笔者建议:

(1)委托单位

在代建制模式中,代建人具有完全独立的"发包人地位",无论是招标选择施工单位、设计单位还是具体的项目管理,委托单位都不应干预过度,以免被认定为"事实上的发包人",从而向施工单位承担连带付款责任。

(2)代建单位

第一,代建单位的确定需经过招标程序或政府直接委托(各地操作不一),代建单位在承接项目时首先要明确准入程序，以免导致代建合同被认定为无效，从而使代建管理费的约定归于无效。

第二，代建单位应在代建合同和施工合同明确自己的权利义务范围，尤其是关于工程款支付的主体与权限问题。代建合同与施工合同的合同内容侧重点不一，代建合同不能直接套用施工合同范本。

(3)施工单位

在代建项目中，要审慎签订施工合同，区分合同性质、明确签约主体、明确付款主体等，并格外注意保留施工过程中的各类会议纪要、工程联系函等文件，以免在发生工程款支付纠纷时处于不利地位。

【法条链接】

《民法典》第一百六十二条　代理人在代理权限内，以被代理人名义实施的民事法律行为，对被代理人发生效力。

第四百六十七条　本法或者其他法律没有明文规定的合同，适用本编通则的规定，并可以参照适用本编或者其他法律最相类似合同的规定。

在中华人民共和国境内履行的中外合资经营企业合同、中外合作经营企业合同、中外合作勘探开发自然资源合同，适用中华人民共和国法律。

第九百一十九条　委托合同是委托人和受托人约定，由受托人处理委托人事务的合同。

第九百二十五条　受托人以自己的名义，在委托人的授权范围内与第三人订立的合同，第三人在订立合同时知道受托人与委托人之间的代理关系的，该合同直接约束委托人和第三人；但是，有确切证据证明该合同只约束受托人和第三人的除外。

《建筑法》第二十九条第一款　建筑工程总承包单位可以将承包工程中的部分工程发包给具有相应资质条件的分包单位；但是，除总承包合同中约定的分包外，必须经建设单位认可。施工总承包的，建筑工程主体结构的施工必须由总承包单位自行完成。

115. 名为“代建”，实为“垫资承包”，工程款支付义务应由谁承担？

【情景案例】

某职教中心与A公司根据某县人民政府办公会议纪要的决定，签订《委托代建协议》，主要内容为：经相关部门批准，在某县职教中心扩建南校区，为方便整个项目的审批与建设，由A公司以“某县职教中心基建筹建处”的名义办理相关审批手续及招标、结算、签订委托书和施工合同。某职教中心负责项目投资，A公司负责“项目垫资建设并收取代建费”的形式进行合作。某职教中心负责办理项目立项、可研报告，土地使用、建筑规划审批等所有政府职能部门相关手续；某职教中心负责乙方代建费用的支付；某职教中心将A公司所垫资金分3年付清，第一年付60%，第二年付30%，第三年

10%的资金由县财政拨付。某职教中心先后支付A公司工程款3000万元。

后A公司以某县职教中心基建筹建处的名义与B建筑公司签订《建设工程施工合同》,约定:由B建筑公司承建某县综合职业技术教育中心综合楼及附属工程,合同工期为1年。进度款自竣工当日起计算时间30天内付总款的60%,自竣工当日计算满1年时付至总款的97%,剩余3%作为质保金,按国家有关规定执行。B建筑公司承诺按照本合同约定施工、竣工,并在质量保修期内承担工程质量保修责任,履行本合同所约定的全部义务。A公司承诺按本合同约定的期限和方式,支付工程价款及其他应当支付的款项,履行本合同所约定的全部义务。工程完工并经验收合格后,A公司声称其是代建方,没有支付工程款的义务,并以某职教中心未支付工程款为由拖欠工程款。B建筑公司认为,某职教中心与A公司签订的《委托代建协议》性质应当认定为垫资承包合同,A公司需对工程款承担责任。为此,B建筑公司诉至法院,要求A公司支付拖欠的工程款。

请问:B建筑公司的请求能得到法院支持吗?

【案例分析】

本案涉及的是建设工程实践中遇到的名为"代建"实为"垫资承包"的工程款支付主体的认定问题。

我国《民法典》第五百零九条第二款规定,当事人应当按照约定全面履行自己的义务;当事人应当遵循诚信原则,根据合同的性质、目的和交易习惯履行通知、协助、保密等义务。第五百七十七条规定,当事人一方不履行合同义务或者履行合同义务不符合约定的,应当承担继续履行、采取补救措施或者赔偿损失等违约责任。第一百六十二条规定,代理人在代理权限内,以被代理人名义实施的民事法律行为,对被代理人发生效力。第九百一十九条规定,委托合同是委托人和受托人约定,由受托人处理委托人事务的合同。第九百二十条规定,委托人可以特别委托受托人处理一项或者数项事务,也可以概括委托受托人处理一切事务。第九百二十五条规定,受托人以自己的名义,在委托人的授权范围内与第三人订立的合同,第三人在订立合同时知道受托人与委托人之间的代理关系的,该合同直接约束委托人和第三人;但是,有确切证据证明该合同只约束受托人和第三人的除外。

就本案而言,本案的《委托代建协议》性质应当认定为垫资承包合同,根据某职教中心和代建人A公司签订的《委托代建协议》,涉案项目由代建人垫资完成,承包人的工程款应由代建人负责结算和支付。实际履行过程中,某职教中心按照《委托代建协议》约定向代建人支付垫资款和代建费,代建人将工程款转付给承包人。因此,《委托代建协议》并非民事委托代理关系,代建人A公司以"平泉县职教中心基建筹建处"名义与承包人B建筑公司签订施工合同,是其对《委托代建协议书》所约定义务的具体履行，并不能改变《建设工程施工合同》中对工程款支付方式的约定，因此代建人A公司应当对承包人B建筑公司主张的工程欠款承担给付义务。因此，B建筑公司的请求能得到法院的支持。

【风险防范建议】

本案对承包人的启示很多，一是正确确定合同性质关乎法律的适用，也关系自己合法权益的保护；二是垫资承包会使承包人面临更大的风险。为了更好地保障承包人的经营效益，在预防垫资风险方面，应注意以下几点要求：

（1）严格标前评审管理

承包人首先应对拟垫资项目进行可行性研究，尤其是在工程报价、工程质量、项目成本和资金回收等相关方面作可行性分析，充分考虑自己的垫资能力、范围和垫资后收益问题；同时也要考虑中标后发包人是否能在承包人履行垫资条款义务后，拨付后期资金；如果拨付不了或不能按约拨付，应当启动何种救济渠道和手段。

（2）要谨慎选择垫资项目，避免盲目进行垫资承包

选择垫资项目，要对发包人进行严格的资信调查，包括开发项目的用地性质、真实性、抵押情况和发包人的注册情况、项目资金的来源以及到位情况、既往经营业绩、履约能力以及社会信誉等各方面情况。

（3）谨慎把握垫资额度

承包人应仔细核算垫资额，充分预测市场风险，预防材料大幅涨价带来垫资额大幅度增加，否则易陷入因测算不准确，垫资额超出承担能力而无力继续施工的窘境。

（4）严格合同签订管理

承包人在企业内部应从程序和实体两个方面把好签约质量关。程序上，对签约权的行使要有规范化的操作流程；实体上，对合约条款要作综合评审。

（5）强化签证与索赔管理

建设工程合同具有投资大、周期长、运作繁等特点，履行过程中必然出现合同未约定事宜或需变更事项，需要通过签证予以补充或确认。同时，对于出现非己方原因或者非双方可预见事件所造成的损失，一方可以通过索赔向发包人提出经济补偿和（或）工期顺延等要求，来维护自身权利。签证与索赔是施工合同履行中的常规行为，承包人应当注意签证与索赔的期限和程序，做到边施工、边取证、边索赔，使自身利益得到最大限度的保障。

（6）深化中间结算，严格竣工程序，按时提出竣工结算

要按照工程惯例，加强工程进度款的中间结算，另外，竣工工程拖欠款的风险性很大，因此必须要在竣工后按照合同约定及时办理竣工结算。对竣工结算的办理条件、程序、时限要在合同中加以明确约定，承包人要确保按时完工，及时办理竣工验收，收

集并整理好原始凭据，抓紧建设方实物供料的结算和已付工程款的核对，为竣工结算创造条件。竣工结算资料要按时提交并注意完善对发包人的签收手续。

(7)及时主张权利，用好优先受偿权

对承包人而言，如在约定期限内不能完成结算给付工程价款或发包人有意拖延时间的话，一定要及时采取诉讼等法律措施，避免因超过时限而丧失优先受偿权。诉讼中应当依法确认工程价款优先受偿权，做好财产保全措施。

【法条链接】

《民法典》第一百六十二条 代理人在代理权限内，以被代理人名义实施的民事法律行为，对被代理人发生效力。

第五百零九条 当事人应当按照约定全面履行自己的义务。

当事人应当遵循诚信原则，根据合同的性质、目的和交易习惯履行通知、协助、保密等义务。

当事人在履行合同过程中，应当避免浪费资源、污染环境和破坏生态。

第五百七十七条 当事人一方不履行合同义务或者履行合同义务不符合约定的，应当承担继续履行、采取补救措施或者赔偿损失等违约责任。

第九百一十九条 委托合同是委托人和受托人约定，由受托人处理委托人事务的合同。

第九百二十条 委托人可以特别委托受托人处理一项或者数项事务，也可以概括委托受托人处理一切事务。

第九百二十五条 受托人以自己的名义，在委托人的授权范围内与第三人订立的合同，第三人在订立合同时知道受托人与委托人之间的代理关系的，该合同直接约束委托人和第三人；但是，有确切证据证明该合同只约束受托人和第三人的除外。

116. 介绍工程的中介费受法律保护吗？

【情景案例】

邓某与某建筑公司签订《中介合同》，约定由邓某为某建筑公司在江苏省境内介绍建设工程，提供中介服务。双方约定中介报酬按签订施工合同总金额的2%支付，支付方式为签订施工合同后3日内支付。邓某获知苏州某国际商业广场项目招标的信息后，告知了某建筑公司总经理朱某，并通过大量工作促成了苏州某置业公司将苏州某国际商业广场项目中总价为8000万元的工程发包给了某建筑公司。某建筑公司与苏州某置业公司签订《建设工程施工合同》，双方正式达成合作。根据《中介合同》的约定，某建筑公司应向邓某支付中介报酬160万元，但某建筑公司以《居间合同》是无效协议为由拒绝支付中介报酬。无奈之下，邓某诉至法院，请求判令某建筑公司支付中介报酬160万元。

请问：邓某的请求能得到法院支持吗？

【案例分析】

本案涉及的是建设工程领域比较敏感的话题即“工程中介(介绍)费”的法律效力如何认定的问题。

我国《民法典》第九百六十一条规定,中介合同是中介人向委托人报告订立合同的机会或者提供订立合同的媒介服务,委托人支付报酬的合同。第九百六十二条规定,中介人应当就有关订立合同的事项向委托人如实报告;中介人故意隐瞒与订立合同有关的重要事实或者提供虚假情况,损害委托人利益的,不得请求支付报酬并应当承担赔偿责任。第九百六十三条规定,中介人促成合同成立的,委托人应当按照约定支付报酬。对中介人的报酬没有约定或者约定不明确,依据本法第五百一十条的规定仍不能确定的,根据中介人的劳务合理确定。因中介人提供订立合同的媒介服务而促成合同成立的,由该合同的当事人平均负担中介人的报酬。中介人促成合同成立的,中介活动的费用,由中介人负担。

从以上规定可见,《民法典》对中介合同和行为有明确的规定,但对建设工程居间合同是否具有法律效力、中介报酬是否能受法律保护问题未有明确规定。司法实践中,对此存在肯定说和否定说两种观点。肯定说认为《民法典》是确立居间合同的法律制度,而我国对建筑工领域的居间行为并无禁止性规定,法无禁止即允许,因此基于双方当事人真实意思表示的建设工程的中介合同,不违反法律规定,应当有效;否定说考虑到招投标活动如果允许中介行为,极易扰乱正常的招投标秩序,违背招投标的基本原则,可能存在某些中介人为了获得中介费用,通过行贿等方式促成建设工程合同的订立,属于“以合法形式掩盖非法目的”的情况,故认定中介合同无效。

但是笔者认为合同效力的认定要结合实际情况来判定,主要从合同内容和中介人的行为来考量。首先看中介合同内容是否违反相关法律法规,如《招标投标法》《中华人民共和国招标投标法实施条例》的禁止性规定或符合《民法典》第一百四十四条、第一百四十六条、第一百五十三条、第一百五十四条的规定。若是,则中介合同应被认定为无效;否则,应认定合同有效。其次看中介人的行为。如果中介人只是向委托人报告招标信息、提供招投标双方认识的机会,不存在其他违法行为,则应当认定合同有效。否则,如果居间人串通投标、弄虚作假等行为,应当认定中介合同无效;若构成犯罪,还应当追究相应的刑事责任。

本案中,邓某与某建筑公司签订的《中介合同》,系双方的真实意思表示,未违反法律、行政法规的强制性规定,且合同签订后,双方均按约履行了相应的合同权利义务,故该合同已成立并生效。故某建筑公司应按合同约定支付邓某居间报酬,邓某的请求能得到法院的支持。

【风险防范建议】

实践表明，工程招投标中，若承包人委托他人进行居间介绍工程，只要当事人所付中介费用没有具体违反《建筑法》《招标投标法》等规定，已付的中介费用不是用于行贿和拿回扣等，付中介费没有违反有关规定，就应当依法确认中介合同有效。所以，在目前的法律体系下，承包人在类似的案件中，要想达到不再支付工程介绍费的目的还是存在很大难度的。对此建议如下：

(1)把控好中介合同内容的合法性。如果有关条款明显违反《建筑法》《招标投标法》等法律法规的强制性规定或者原则，如约定确保中标、帮助施工方获得标的、帮助施工方进行围标、获取评标专家名单等，这些内容就是违反《招标投标法》及相关法律的禁止性规定的内容，是万万不可写进合同里的，写了会直接导致居间合同无效。

(2)把控好中介人的中介行为合法、避免行贿受贿或收受"回扣"等违法行为，否则，约定的工程介绍费可能会因此而泡汤。

(3)具体到诉讼中，站在承包人的立场，最重要的是在诉讼中把握并突出工程介绍费的违法性。要知道并非所有的工程中介合同都存在违法情况，对于正常的居间活动，法院还是会依法予以保护；而只有在工程居间过程中确实存在违法情形时，合同才可能被确认无效。实践中，比较常见的违法情形就是中介人行贿、围标、串标等，承包人要善于在这些方面收集对自己有利的证据以达到诉讼目的。另外一个方法就是及时行使撤销权。譬如要求的居间费明显过高的，就可以援引《民法典》第一百五十一条之规定"在订立合同时显失公平的，当事人一方有权请求人民法院或仲裁机构变更或者撤销"。当然，撤销权必须在知道或应当知道撤销事由之日起1年内行使。

(4)站在中介人的立场来说，一是要注意保留好自己所付出的投入(时间、精力、物力、财力、人力等)的相关证据；二是要想方设法主张中介合同合法有效。对于承包人显失公平要求撤销的主张，中介人要从所付出的投入(时间、精力、物力、财力、人力)、中介服务对促成施工合同签订所起的作用、介绍工程的难易程度以及给承包人带来的实际收益等因素，对属于自己的权益据理力争，毕竟中介人为承包人提供了项目信息，也为发包人签约提供了媒介服务，中介人为促成订立合同，既有功劳也有苦劳。

总之，各方均应注意：关于居间介绍工程，总体说来既要规避、防范法律风险，又要合法居间促进交易。

【法条链接】

《民法典》第一百四十四条 无民事行为能力人实施的民事法律行为无效。

第一百四十六条 行为人与相对人以虚假的意思表示实施的民事法律行为无效。

以虚假的意思表示隐藏的民事法律行为的效力，依照有关法律规定处理。

第一百五十一条　一方利用对方处于危困状态、缺乏判断能力等情形，致使民事法律行为成立时显失公平的，受损害方有权请求人民法院或者仲裁机构予以撤销。

第一百五十三条　违反法律、行政法规的强制性规定的民事法律行为无效。但是，该强制性规定不导致该民事法律行为无效的除外。

违背公序良俗的民事法律行为无效。

第一百五十四条　行为人与相对人恶意串通，损害他人合法权益的民事法律行为无效。

第九百六十一条　中介合同是中介人向委托人报告订立合同的机会或者提供订立合同的媒介服务，委托人支付报酬的合同。

第九百六十二条　中介人应当就有关订立合同的事项向委托人如实报告。

中介人故意隐瞒与订立合同有关的重要事实或者提供虚假情况，损害委托人利益的，不得请求支付报酬并应当承担赔偿责任。

第九百六十三条　中介人促成合同成立的，委托人应当按照约定支付报酬。对中介人的报酬没有约定或者约定不明确，依据本法第五百一十条的规定仍不能确定的，根据中介人的劳务合理确定。因中介人提供订立合同的媒介服务而促成合同成立的，由该合同的当事人平均负担中介人的报酬。

中介人促成合同成立的，中介活动的费用，由中介人负担。

117. 施工合同为固定总价，工程未完工而合同解除，工程价款应如何结算？

【情景案例】

A置业公司与B建筑公司签订《建设工程施工合同》，约定：由B建筑公司为A置业公司的某小区5号楼建设工程施工，建筑面积36,745平方米，工程单价1860元/平方米，合同总价为6834.57万元。B建筑公司开始施工后，A置业公司向B建筑公司发出《设计变更通知单》，要求对主体工程以外的广场地砖和结构板等进行变更，但遭到乙建筑公司拒绝，乙建筑公司坚持按原合同约定图纸施工。后A置业公司以B建筑公司施工力量薄弱并导致工程延误为由通知其解除合同，B建筑公司遂撤场。B建筑公司请求A置业公司对已完工的工程进行结算。在诉讼过程中，根据B建筑公司的申请，法院委托鉴定机构对其承建的已完工程造价和应当施工但未施工部分合同价款进行了鉴定。鉴定结论为：(1)依据双方当事人签订的《建设工程施工合同》和设计施工图等相关资料，标的物合同价格＝建筑面积×合同单价＝36,691.76平方米×1860元/平方米＝6824.67万元。(2)依据设计施工图纸及工程定额等相关资料，标的物施工图预算价格合计为8909.89万元。即合同价与预算价相比下浮比例为76.6%。(3)依据双方当事人签订的《建设工程施工合同》、设计施工图和工程定额等相关资料，标的物已完部分工程预算价格为4065.21万元。(4)标的物已完工程项目鉴定价格＝4065.21万元×76.6%＝3113.95万元。

请问:A置业公司应当如何给乙建筑公司结算工程款?

【案例分析】

本案涉及的是建设工程施工合同约定固定总价的工程未完工而解除,实际工程价款如何确定的问题。

我国《民法典》第四百六十五条规定,依法成立的合同,受法律保护;依法成立的合同,仅对当事人具有法律约束力,但是法律另有规定的除外。根据该法第五百一十一条的规定,价款或者报酬不明确的,按照订立合同时履行地的市场价格履行;依法应当执行政府定价或者政府指导价的,依照规定履行。第七百九十三条规定,建设工程施工合同无效,但是建设工程经验收合格,可以参照合同关于工程价款的约定折价补偿承包人。建设工程施工合同无效,且建设工程经验收不合格的,按照以下情形处理:(1)修复后的建设工程经验收合格的,发包人可以请求承包人承担修复费用;(2)修复后的建设工程经验收不合格的,承包人无权请求参照合同关于工程价款的约定补偿。发包人对因建设工程不合格造成的损失有过错的,应当承担相应的责任。《最高人民法院关于审理建设工程施工合同纠纷案件适用法律问题的解释(一)》第十九条规定,当事人对建设工程的计价标准或者计价方法有约定的,按照约定结算工程价款。因设计变更导致建设工程的工程量或者质量标准发生变化,当事人对该部分工程价款不能协商一致的,可以参照签订建设工程施工合同时当地建设行政主管部门发布的计价方法或者计价标准结算工程价款。建设工程施工合同有效,但建设工程经竣工验收不合格的,工程价款结算参照民法典第五百七十七条规定处理。第二十八条规定,当事人约定按照固定价结算工程价款,一方当事人请求对建设工程造价进行鉴定的,人民法院不予支持。

根据上述规定可知,对施工合同约定为固定总价,工程未完工而合同解除的工程款结算案件,除应当综合考虑案件实际履行情况外,还特别应当注重双方当事人的过错和司法判决的价值取向等因素,以此确定已完工程的价款。对于约定了固定价款的建设工程施工合同,双方未能如约履行,致使合同解除的,在确定争议合同的工程价款时,既不能简单地依据政府部门发布的定额计算工程价款,也不宜直接以合同约定的总价与全部工程预算总价的比值作为下浮比例,再以该比例乘以已完工程预算价格的方式计算工程价款,而应当综合考虑案件实际履行情况,并特别注重双方当事人的过错和司法裁判的价值取向等因素来确定。

就本案而言,根据B建筑公司的申请,委托鉴定机构对其承建的已完工程造价和应当施工但未施工部分合同价款进行了鉴定。鉴定结论为:(1)依据双方当事人签订的《建设工程施工合同》和设计施工图等相关资料,标的物合同价格=建筑面积×合同单价=36,691.76平方米×1860元/平方米=6824.67万元。(2)依据设计施工图纸及工程定额等相关资料，标的物施工图预算价格合计为8909.89万元。即合同价与预算价相比下浮比例为76.6%。(3)依据双方当事人签订的《建设工程施工合同》、设计施工图和工程定额等相关资料，标的物已完部分工程预算价格为4065.21万元。(4)标的物已完工程项目鉴定价格=4065.21万元×76.6%=3113.95万元。因此，依据工程定额预算价下浮一定比例形成的合同约定价，存在明显不合理之处：一是没有证据证明鉴定的全部工程预算价是当事人缔约时预算价，亦非当事人缔约时约定的合同总价。二是用鉴定出的两个价款进行比对得出的下浮比例，与当事人的意思表示没有任何关联。三是采用这一种方法，A置业公司应支付的全部工程价款比合同约定的总价低910余万元。如采用此方法，将会导致A置业公司虽违反约定解除合同，却能额外获取910余万元利益的结果。故本案应当根据B建筑公司实际完成的工程量，以建设行政管理部门颁发的定额取费标准核定工程价款。据此原则计算A置业公司应支付B建筑公司工程款941.05万元。

【风险防范建议】

司法实践中，建设工程的发包人与承包人在合同中约定以固定总价方式结算工程款是比较普遍的，但在履行过程中，却经常发生一方因各种原因与相对方解除合同的问题，从而形成“半截子”工程(也称“烂尾楼”)。在这种情况下，合同双方往往会产生究竟是以固定价计价还是以定额计价之纷争，为避免不必要的风险和损失，笔者建议：

(1)施工合同中关于工程价款的约定体现的是双方当事人的意思表示，当双方对工程价款发生争议时，即使需要进行造价鉴定，也应围绕合同的有关约定。发承包双方为避免此类纠纷的造价问题，最好在施工合同中明确约定：未完工工程的工程量造价的计算，这样，可以避免双方之间的歧义，也避免法院利用其自由裁量权损害自身的利益。

(2)就承包人而言，固定价合同往往会使承包人承担主要的风险，从两个方面来讲：一方面是价格，因为对承包方来讲，固定合同价款一旦签订，则在履约过程中价格上涨及在投标的时价格制定错误均要由自己承担，发包方对此不负责；另一方面则是工程量，发包方仅仅提供施工图纸和说明，而承包方则要根据招标文件，算出工程量，依据申报的综合单价，计算出合同总价，在固定总价合同中，发包方提供的工程量清单，对于承包方来讲只是一个投标参考，发包方并不保证其提供的工程量清单正确性，对于承包方来讲，就要承担工程量计算错误及漏算的风险。因此，承包人一定要慎重签订固定合同。

(3)经验表明，当事人一旦就已完工程的工程量存在争议的，一般都是根据双方在撤场交接时签订的会议纪要、交接记录以及监理材料、后续施工资料等文件予以确定的；不能确定的，根据工程撤场时未能办理交接及工程未能完工的原因等因素合理分配举证责任。因此,承包人务必在施工过程中注意固定证据,掌握好相关材料。

【法条链接】

《民法典》第四百六十五条　依法成立的合同,受法律保护。

依法成立的合同,仅对当事人具有法律约束力,但是法律另有规定的除外。

第五百一十一条　当事人就有关合同内容约定不明确,依据前条规定仍不能确定的,适用下列规定:

……

(二)价款或者报酬不明确的,按照订立合同时履行地的市场价格履行;依法应当执行政府定价或者政府指导价的,依照规定履行。

……

第五百七十七条　当事人一方不履行合同义务或者履行合同义务不符合约定的,应当承担继续履行、采取补救措施或者赔偿损失等违约责任。

第七百九十三条　建设工程施工合同无效,但是建设工程经验收合格的,可以参照合同关于工程价款的约定折价补偿承包人。

建设工程施工合同无效,且建设工程经验收不合格的,按照以下情形处理:

(一)修复后的建设工程经验收合格的,发包人可以请求承包人承担修复费用;

(二)修复后的建设工程经验收不合格的,承包人无权请求参照合同关于工程价款的约定补偿。

发包人对因建设工程不合格造成的损失有过错的,应当承担相应的责任。

《最高人民法院关于审理建设工程施工合同纠纷案件适用法律问题的解释(一)》第十九条　当事人对建设工程的计价标准或者计价方法有约定的,按照约定结算工程价款。

因设计变更导致建设工程的工程量或者质量标准发生变化,当事人对该部分工程价款不能协商一致的,可以参照签订建设工程施工合同时当地建设行政主管部门发布的计价方法或者计价标准结算工程价款。

建设工程施工合同有效,但建设工程经竣工验收不合格的,工程价款结算参照民法典第五百七十七条规定处理。

第二十八条　当事人约定按照固定价结算工程价款,一方当事人请求对建设工程造价进行鉴定的,人民法院不予支持。

《北京市高级人民法院关于审理建设工程施工合同纠纷案件若干疑难问题的解答》　13、固定总价合同履行中,承包人未完成工程施工的,工程价款如何确定?

建设工程施工合同约定工程价款实行固定总价结算,承包人未完成工程施工,其要求发包人支付工程款,经审查承包人已施工的工程质量合格的,可以采用“按比例折算”的方式,即由鉴定机构在相应同一取费标准下分别计算出已完工程部分的价款和整个合同约定工程的总价款,两者对比计算出相应系数,再用合同约定的固定价乘以该系数确定发包人应付的工程款。

当事人就已完工程的工程量存在争议的,应当根据双方在撤场交接时签订的会议纪要、交接记录以及监理材料、后续施工资料等文件予以确定；不能确定的，应根据工程撤场时未能办理交接及工程未能完工的原因等因素合理分配举证责任。

《重庆市高级人民法院关于当前民事审判若干法律问题的指导意见》 15、固定价合同的结算。建设工程合同中当事人约定按固定价结算，或者总价包干，或者单价包干的，承包人按照合同约定范围完工后，应当严格按照合同约定的固定价结算工程款。如果承包人中途退出，工程未完工，承包人主张按定额计算工程款，而发包人要求按定额计算工程款后比照包干价下浮一定比例的，应予支持。

118. 约定作为结算依据的政府文件失效的，其还可以作为结算依据吗？

【情景案例】

甲建筑公司取得乙公司某酒店装饰工程的中标资格。双方签订《建设工程施工合同》，约定工程价款按某市建委（××××）建2号文件执行，工期为6个月。合同签订后，甲建筑公司按约定时间开工，并于约定时间内完工。施工完成后，由于上述文件在工期内被政府撤销，因此双方工程款结算上发生争议。甲建筑公司认为，虽然政府文件被撤销，但当时签订合同是双方真实意思表示，工程价款应当按政府价款约定执行。乙公司认为，政府文件已失效，不能作为结算工程款的依据，应当委托第三方工程造价咨询机构确定工程造价。双方协商不一致，甲建筑公司诉至法院。

请问：甲建筑公司的说法符合我国法律规定吗？

【案例分析】

本案涉及的是施工合同约定作为结算依据的政府文件失效或被撤销的，其能否作为工程款结算依据的问题。

我国《民法典》第四百六十五条规定，依法成立的合同，受法律保护；依法成立的合同，仅对当事人具有法律约束力，但是法律另有规定的除外。第五百零九条第一款、第二款规定，当事人应当按照约定全面履行自己的义务；当事人应当遵循诚信原则，根据合同的性质、目的和交易习惯履行通知、协助、保密等义务。根据该法第一百五十三条的规定，违反法律、行政法规的强制性规定的民事法律行为无效。根据《最高人民法院关于审理建设工程施工合同纠纷案件适用法律问题的解释（一）》第十九条的规定，当事人对建设工程的计价标准或者计价方法有约定的，按照约定结算工程价款。

根据以上规定，当事人将政府文件内容转化为施工合同结算标准之一，并不违反法律、法规的强制性规定，不能因文件被撤销、失效，而否定当事人已将文件规定转化为合同约定内容的合法性，不能因此认定施工合同吸纳政府文件相关内容作为结算标准的合同条款无效。当事人对是否采用文件作为工程结算依据签订施工合同均有决定权。合同双方应按照合同的约定依据政府文件进行结算。

就本案而言,甲建筑公司与乙公司签订的合同系有效合同,双方当事人应当按合同约定的内容全面履行自己的义务。双方当事人既然已在合同中约定工程价款执行某市建委(××××)建2号文件,则该政府文件在这里是作为工程结算的一种计价标准或方法而存在于合同之中的,与该文件将来是否会被撤销并无实质性关联,因此,双方当事人仍应按此文件执行工程款结算。甲建筑公司主张虽然政府文件被撤销,但当时签订合同是双方真实意思表示,工程价款应当按政府价款约定执行的说法符合我国法律规定。故应予支持。

【风险防范建议】

作为合同结算依据的政府文件被废止或撤销后,仍应按照约定文件结算工程款。笔者建议如下:

(1)承包人有权拒绝发包人以该文件废止或撤销为由提出按实核算的要求。如果发包人坚持不让步,承包人可以提起诉讼或仲裁,通过法律途径求得法律上的支持。

(2)承包人可以充分利用对自己有利的有关规定和文件,将其转化为合同内容,以在发包人强势地位下签订对自己有利的合同。

(3)在建设工程领域中,最容易出现的也是建筑工程结算纠纷。因此,特别需要提醒承包人的是,签订合同时约定一定要明确,尤其是结算条款约定要明确。只有这样才能避免出现结算纠纷的风险。

【法条链接】

《民法典》第一百五十三条 违反法律、行政法规的强制性规定的民事法律行为无效。但是,该强制性规定不导致该民事法律行为无效的除外。

违背公序良俗的民事法律行为无效。

第四百六十五条 依法成立的合同,受法律保护。

依法成立的合同,仅对当事人具有法律约束力,但是法律另有规定的除外。

第五百零九条 当事人应当按照约定全面履行自己的义务。

当事人应当遵循诚信原则,根据合同的性质、目的和交易习惯履行通知、协助、保密等义务。

当事人在履行合同过程中,应当避免浪费资源、污染环境和破坏生态。

第五百七十七条 当事人一方不履行合同义务或者履行合同义务不符合约定的,应当承担继续履行、采取补救措施或者赔偿损失等违约责任。

《最高人民法院关于审理建设工程施工合同纠纷案件适用法律问题的解释(一)》第十九条 当事人对建设工程的计价标准或者计价方法有约定的,按照约定结算工程价款。

因设计变更导致建设工程的工程量或者质量标准发生变化,当事人对该部分工程价款不能协商一致的,可以参照签订建设工程施工合同时当地建设行政主管部门发布的计价方法或者计价标准结算工程价款。

建设工程施工合同有效，但建设工程经竣工验收不合格的，工程价款结算参照民法典第五百七十七规定处理。

119. 发包方与承包方可以协商选择通过社会审计确定工程款计算标准吗？

【情景案例】

A建筑公司与乙房地产公司签订《建设工程施工合同》，约定：A建筑公司承建某商厦工程，工程内容为现浇钢筋砼框筒结构，建筑面积11.2万平方米，地下三层，地上裙房6层，主楼32层，承包范围为全部土建、安装工程总承包；工期为1年，工程款由双方共同选定的社会机构的审计结果作为结算依据，但未约定具体审计机构。后工程完工并经验收合格。之后，乙房地产公司单方委托某工程造价咨询机构进行结算审计，审计工作完成后，某工程造价咨询机构编制《工程审核结算书》，A建筑公司盖章予以确认。事后，双方就工程款结算发生争议。A建筑公司认为，乙房地产公司单方委托审计机构进行审计的行为违反合同约定，应视为无效。为此，双方诉至法院。

请问：A建筑公司的说法符合我国法律规定吗？

【案例分析】

本案涉及的是承发包双方是否可以合意（协商一致）选择社会审计确定工程价款的问题。

我国《民法典》第六条规定，民事主体从事民事活动应当遵循公平原则，合理确定各方的权利和义务。第四百六十五条规定，依法成立的合同，受法律保护；依法成立的合同，仅对当事人具有法律约束力，但是法律另有规定的除外。第五百零九条第一款、第二款规定，当事人应当按照约定全面履行自己的义务。当事人应当遵循诚信原则，根据合同的性质、目的和交易习惯履行通知、协助、保密等义务。第五百四十三条规定，当事人协商一致，可以变更合同。根据《最高人民法院关于审理建设工程施工合同纠纷案件适用法律问题的解释（一）》第十九条的规定，当事人对建设工程的计价标准或者计价方法有约定的，按照约定结算工程价款。该司法解释第二十九条规定，当事人在诉讼前已经对建设工程价款结算达成协议，诉讼中一方当事人申请对工程造价进行鉴定的，人民法院不予准许。第三十条规定，当事人在诉讼前共同委托有关机构、人员对建设工程造价出具咨询意见，诉讼中一方当事人不认可该咨询意见申请鉴定的，人民法院应予准许，但双方当事人明确表示受该咨询意见约束的除外。

所谓社会审计，是指由国家审计机关以外的社会第三方工程造价咨询机构确定工程造价的行为。如果合同双方当事人在合同中约定以社会审计结果作为结算依据，社会审计机构作出的审计报告应作为合同各方结算的证据，当事人提出异议的，人民法院应当依据合同的约定及实际施工情况，对社会审计报告进行审查。如果施工合同中未约定具体的社会审计机构，应由承发包双方共同选定社会审计机构。实践中，多为建设单位单方面委托社会审计机构，若承包方有以下行为，可认定为共同选定：明确表示同意的；配合社会审计机构提供审核所需要的相关资料的；在审核报告上签署意见的。因此，根据以上法律规定，很明确在司法实践中，人民法院是支持双方可以合意选择社会审计确定工程造价价款的。

本案中，A建筑公司与乙房地产公司签订的《建设工程施工合同》合法有效，合同约定工程款由双方共同选定的社会机构的审计结果作为结算依据，但未约定具体审计机构。工程竣工验收合格后，由乙房地产公司单方委托某工程造价咨询机构进行了结算审计，本来乙房地产公司的行为构成违约，但A建筑公司在其审计完成后，对某工程造价咨询机构编制《工程审核结算书》盖章予以确认，该行为可以认定为双方共同接受该社会审计工程审核结算意见。故A建筑公司的说法不符合我国法律规定，无法得到法院的支持。

【风险防范建议】

承包人要谨慎签订合同，约定社会审计条款。因为一旦承发包双方约定以社会审计结论作为结算依据，社会审计结论已经转化成民事合同中双方当事人约定的一部分，是双方对自己权利的处分，双方应当受到合同的约束。所以，承包人在签约时一定要考虑清楚，签署社会审计是否会对自己造成不利和被动，在充分权衡利益的前提下作出选择和约定。

(1)施工合同中采用社会审计的约定，必须明确具体。如约定由双方共同选定社会审计机构的，最好约定清楚具体的审计机构名称，免得在竣工结算时因双方对选定的机构无法达成一致时形成相互扯皮，从而拖延结算。

(2)合同双方当事人达成对工程价款进行第三方社会审计的合意后，如在合同履行过程中或履行结束后，需解除或变更第三方社会审计的，必须双方形成合意后解除或变更。否则，单方变更不发生效力，只能是出力不讨好。

(3)承包人在社会审计时应由专人负责跟进审计，及时补充、完善审计资料，以保证审计的完整正确。如社会审计结论确有错误的，应及时向审计机构提出异议，并与发包人沟通协商。难以通过以上途径做到的，承包人可以提起诉讼或仲裁，在民事诉讼或仲裁中通过反证推翻。

(4)如社会审计久审不决，且承包人无过错的，承包人应该及时启动法律程序，采用民事诉讼或仲裁解决，在诉讼或仲裁中通过司法鉴定确定工程价款。

【法条链接】

《民法典》第六条　民事主体从事民事活动应当遵循公平原则，合理确定各方的权利和义务。

第四百六十五条　依法成立的合同，受法律保护。

依法成立的合同，仅对当事人具有法律约束力，但是法律另有规定的除外。

第五百零九条　当事人应当按照约定全面履行自己的义务。

当事人应当遵循诚信原则，根据合同的性质、目的和交易习惯履行通知、协助、保密等义务。

当事人在履行合同过程中，应当避免浪费资源、污染环境和破坏生态。

第五百四十三条　当事人协商一致，可以变更合同。

第五百七十七条　当事人一方不履行合同义务或者履行合同义务不符合约定的，应当承担继续履行、采取补救措施或者赔偿损失等违约责任。

《最高人民法院关于审理建设工程施工合同纠纷案件适用法律问题的解释(一)》第十九条　当事人对建设工程的计价标准或者计价方法有约定的，按照约定结算工程价款。

因设计变更导致建设工程的工程量或者质量标准发生变化，当事人对该部分工程价款不能协商一致的，可以参照签订建设工程施工合同时当地建设行政主管部门发布的计价方法或者计价标准结算工程价款。

建设工程施工合同有效，但建设工程经竣工验收不合格的，工程价款结算参照民法典第五百七十七规定处理。

第二十九条　当事人在诉讼前已经对建设工程价款结算达成协议，诉讼中一方当事人申请对工程造价进行鉴定的，人民法院不予准许。

第三十条　当事人在诉讼前共同委托有关机构、人员对建设工程造价出具咨询意见，诉讼中一方当事人不认可该咨询意见申请鉴定的，人民法院应予准许，但双方当事人明确表示受该咨询意见约束的除外。

120. 承包人未开具发票，发包人可以拒绝支付工程款吗？

【情景案例】

甲公司与乙建筑公司签订《建设工程施工合同》，约定由乙建筑公司为甲公司承建在某开发区的新厂房工程，工期为9个月，工程价款为1500万元。工程完工并经验收合格后，甲公司尚欠乙建筑公司600万元工程款。乙建筑公司已开发票700万元，双方确认未开发票金额为200万元。经乙建筑公司多次催款，甲公司以各种理由拒绝支付，无奈之下，乙建筑公司诉至法院，要求甲公司支付600万元工程款及利息。在庭审期间，甲公司提出应当先开发票后交付工程款的抗辩。

请问：乙建筑公司未开具发票，甲公司可以拒绝支付工程款吗？

【案例分析】

本案涉及的是承包人未开具发票，发包人能否以此为由拒绝支付工程款的问题。

我国《民法典》第七百八十八条第一款规定，建设工程合同是承包人进行工程建设，发包人支付价款的合同。第五百零九条第一款、第二款规定，当事人应当按照约定全面履行自己的义务；当事人应当遵循诚信原则，根据合同的性质、目的和交易习惯履行通知、协助、保密等义务。第五百二十六条规定，当事人互负债务，有先后履行顺序，应当先履行债务一方未履行的，后履行一方有权拒绝其履行请求。先履行一方履行债务不符合约定的，后履行一方有权拒绝其相应的履行请求。《最高人民法院第八次全国法院民事商事审判工作会议（民事部分）纪要》第三十四条规定，承包人不履行配合工程档案备案、开具发票等协作义务的，人民法院视违约情节，可以依据《合同法》（已废止）第六十条①、第一百零七条②规定，判令承包人限期履行、赔偿损失等。

从上述规定可见，建设工程施工合同中的主要义务就是一方完成合同项下的建设工程，另一方依约支付工程款项。作为一种双务合同，依据其合同的本质，合同抗辩的范围仅限于对价义务；也就是说，一方不履行对价义务的，相对方才享有抗辩权。支付工程款义务与开具发票义务是两种不同性质的义务，前者是合同的主要义务，后者并非合同的主要义务，只是附随义务，二者不具有对等关系。只有对等关系的义务才存在先履行抗辩权的适用条件。因此，在双方没有明确约定“一方不及时开具发票，另一方有权拒绝支付工程价款”的情况下，不能将开具发票视为与支付工程价款同等的义务。而且承包人不履行开具发票等协作义务的，发包人也可依法追究其相关责任，有权通过另外的救济途径解决。故通常情况下，发包人不得以承包人未开具发票为由拒付工程款。

本案中，乙建筑公司未足额开具发票的行为，并不能成为甲公司拒绝付款的理由。所以，甲公司不可以拒绝支付工程款，乙建筑公司的请求能得到法院的支持。

【风险防范建议】

上述案例争点的实质在于合同法先履行抗辩权的行使条件。先履行抗辩权的行使与合同主给付义务的履行有直接关系，并且要求双方义务具有对价性，不能以对方不履行附随义务或履行瑕疵为由提出先履行抗辩权，拒绝履行合同主给付义务。只有当一方不履行主给付义务时，另一方才有权拒绝履行自己的债务；而一方已经履行了主给付义务，仅仅违反从给付义务或附随义务的，则另一方不得行使先履行抗辩权。

① 《民法典》生效后，《合同法》第六十条的内容已经相应被《民法典》第五百零九条所吸收。

② 《民法典》生效后，《合同法》第一百零七条的内容已经相应被《民法典》第五百七十七条所吸收。

为防范行使抗辩权不当的风险，建议发包人应注意：

（1）发包人行使先履行抗辩权并拒绝支付工程款，必须是承包人不履行或不适当履行的义务能与“支付工程款”这个发包人主给付义务形成对价关系。因此，发包人要特别注意履行抗辩权的适当性。否则，行使权利因不符合法定条件，不仅在法律上难以得到支持，还极有可能会因此违约而承担违约责任。

（2）发包人如要将开具发票作为支付工程款条件的，应在签订施工合同时在合同中予以具体约定。如约定：“一方不及时开具发票，另一方有权拒绝支付工程价款”等诸如此类的条款。只有这样才能确保自己权利的行使。

（3）收取工程款开具发票是承包人税法上的义务。合同未约定，发包人难以此予以抗辩的，如承包人收款后拒不提供发票的，发包人可及时采取法律措施进行救济，通过诉讼或仲裁要求承包人提供相应发票或由其赔偿相应的税费损失。

【法条链接】

《民法典》第五百零九条　当事人应当按照约定全面履行自己的义务。

当事人应当遵循诚信原则，根据合同的性质、目的和交易习惯履行通知、协助、保密等义务。

当事人在履行合同过程中，应当避免浪费资源、污染环境和破坏生态。

第五百二十六条　当事人互负债务，有先后履行顺序，应当先履行债务一方未履行的，后履行一方有权拒绝其履行请求。先履行一方履行债务不符合约定的，后履行一方有权拒绝其相应的履行请求。

第七百八十八条第一款　建设工程合同是承包人进行工程建设，发包人支付价款的合同。

《最高人民法院第八次全国法院民事商事审判工作会议（民事部分）纪要》　34. 承包人不履行配合工程档案备案、开具发票等协作义务的，人民法院视违约情节，可以依据合同法第六十条、第一百零七条规定，判令承包人限期履行、赔偿损失等。

《河北省高级人民法院建设工程施工合同案件审理指南》　54. 支付工程款义务和开具发票义务是两种不同性质的义务，不具有对等关系。发包人以承包人违反约定未开具发票为抗辩理由拒付工程款的，人民法院不予支持。但可以明确承包人具有向发包人开具发票的义务。发包人提起反诉请求主张承包人开具发票的，人民法院应予支持。

《江苏省高级人民法院关于审理建设工程施工合同纠纷案件若干问题的解答》　13、发包人能否以承包人未开具发票作为拒绝支付工程款的先履行抗辩的事由？

发包人以承包人未开具发票为由拒绝支付工程款的，不予支持，当事人另有明确约定的除外。

《四川省高级人民法院民一庭关于审理建设工程施工合同纠纷案件若干疑难问题的解答》
29. 欠付工程款的利息如何确定？

……

发包人以承包人未开具发票、未移交工程竣工资料为由拒付工程价款的，不予支持。但建设工程施工合同另有约定的除外。

121. 发包人持有承包人的工程款发票，等于发包人已支付了相应工程款吗？

【情景案例】

A公司是一家灯饰企业，由李某与陈某共同创办，李某系公司法定代表人兼董事长，陈某系投资人及公司监事，公司业务主要由李某负责经营，陈某很少过问公司的事情。因业务发展需要，A公司准备新建2栋厂房，并通过公开招标的方式确定B建筑公司中标，双方经协商一致，由李某代表A公司与B建筑公司签订了《建设工程施工合同》并备案。合同约定工程总价为2000万元，工期为1年。工程完工并经验收合格后，A公司共支付了1650万元工程款，尚欠350万元未支付。在B建筑公司催收工程时，李某要求B建筑公司先开350万元发票，在A公司收到发票后再支付工程款。B建筑公司按李某的要求开具了发票并交给了A公司。后李某因发生交通事故而身亡，公司由陈某接手经营。在B建筑公司催收工程款时，陈某表示工程款已支付，因为A公司持有B公司开具的工程款发票。无奈之下，B建筑公司将A公司诉至法院，要求其支付350万元工程款及利息。

请问：陈某的说法符合我国法律规定吗？

【案例分析】

本案涉及的是发包人持有承包人开具的工程款发票，是否可以认定发包人已经向承包人支付了相应工程款的问题。

我国《民法典》第五百零九条第一款、第二款规定，当事人应当按照约定全面履行自己的义务；当事人应当遵循诚信原则，根据合同的性质、目的和交易习惯履行通知、协助、保密等义务。第五百七十七条规定，当事人一方不履行合同义务或者履行合同义务不符合约定的，应当承担继续履行、采取补救措施或者赔偿损失等违约责任。第五百七十九条规定，当事人一方未支付价款、报酬、租金、利息，或者不履行其他金钱债务的，对方可以请求其支付。第六百二十六条规定，买受人应当按照约定的数额和支付方式支付价款。对价款的数额和支付方式没有约定或者约定不明确的，适用本法第五百一十条、第五百一十一条第（二）项和第（五）项的规定。第六百二十八条规定，买受人应当按照约定的时间支付价款。对支付时间没有约定或者约定不明确，依据本法第五百一十条的规定仍不能确定的，买受人应当在收到标的物或者提取标的物单证的同时支付。《中华人民共和国发票管理办法》第三条规定，本办法所称发票，是指在购销商品，提供或者接受服务以及从事其他经营活动中，开具、收取的收付款凭证。

从以上法律规定可以看出，收取工程款开具发票是承包人税法上的义务，但在实践中，大宗货物买卖、建设工程施工合同中，“先票后款”是常见模式。发票仅是交易的合法凭证，不是结算凭证。因此，发票不等于付款依据，发包人持有承包人开具的工程款发票，不等于发包人已经支付了相应工程款。

本案中，陈某认为，A公司持有B公司开具的工程款发票就等于A公司已经支付了工程款，陈某的说法将发票视为付款依据，显然不符合我国法律规定。而且通常开票和付款是两个行为，如陈某不能提供A公司已经付款的支付凭证或依据，其主张显然也难以被采信和支持。故陈某的说法不符合我国法律规定。

【风险防范建议】

工程款的收支是工程合同履行的重要组成部分，应慎重对待，以避免不必要的纠纷。为规范工程款收支，建议发包人和承包人在工程款收支时应遵循以下准则：

（1）避免大额现金支付。根据《现金管理条例》的规定，超过5000元的工程款支付不在现金支付的范围内，为免争议，承发包双方均要避免现金支付。

（2）在施工合同中约定工程款支付的方式以及工程款支付的账户。如有的工程施工合同约定“甲方支付的工程款均采用银行转账方式，进入乙方的以下账户，否则视作甲方未支付”等。

（3）使用票据进行支付，务必填写规范，不能使用空白支票，应准确记载收款人名称，并由收款方经办人员在支票存根上签名确认；如使用远期汇票，应做好各项票据记载，同时对贴息损失如何承担事先约定。

（4）对工程款的转支付，应在有明确合同依据或双方达成一致意见的情况下，才可以进行工程转支付。不能在承包方没有书面同意的情况下，仅仅是项目经理或实际施工人的口头同意，就代承包方转支付材料款或人工工资，更不能为项目经理或实际施工人套现而采取不规范的支付方式或转付行为。

（5）工程款发票应在收到款的同时或之后再交付，如一定要在收到款之前交付，可以在发票中写上“银行转账”字样，这样，如果对方以该发票主张已付工程款，可要求对方提供银行转账的票据。

（6）完善合同。如果对方要求先给票再付款，务必将其写入合同条款中，一旦发生纠纷，该付款条件条款完全可以作为“发票不代表付款”观点的有力证据。这也是较好的解决方式。如果合同没有这个条款，那只能退而求其次，在每次给付发票时，请对方在发票签收单上写上“给付发票时款项尚未支付”并由对方签字或盖章。

【法条链接】

《民法典》第五百零九条 当事人应当按照约定全面履行自己的义务。

当事人应当遵循诚信原则，根据合同的性质、目的和交易习惯履行通知、协助、保密等义务。

当事人在履行合同过程中,应当避免浪费资源、污染环境和破坏生态。

第五百七十七条 当事人一方不履行合同义务或者履行合同义务不符合约定的,应当承担继续履行、采取补救措施或者赔偿损失等违约责任。

第五百七十九条 当事人一方未支付价款、报酬、租金、利息,或者不履行其他金钱债务的,对方可以请求其支付。

第六百二十六条 买受人应当按照约定的数额和支付方式支付价款。对价款的数额和支付方式没有约定或者约定不明确的,适用本法第五百一十条、第五百一十一条第二项和第五项的规定。

第六百二十八条 买受人应当按照约定的时间支付价款。对支付时间没有约定或者约定不明确,依据本法第五百一十条的规定仍不能确定的,买受人应当在收到标的物或者提取标的物单证的同时支付。

《中华人民共和国发票管理办法》第三条 本办法所称发票,是指在购销商品,提供或者接受服务以及从事其他经营活动中,开具、收取的收付款凭证。

122. 发包人能以承包人未提交工程竣工资料为由拒绝支付工程款吗?

【情景案例】

甲公司与乙建筑公司签订《建设工程施工合同》,约定由乙建筑公司承包甲公司开发的某批发市场工程,工程款总价为2亿元,工期为10个月,达到竣工条件,经验收合格,向甲公司移交日为竣工日期。后某批发市场工程经甲公司、某地质工程勘察院及某监理公司验收,确认质量合格。乙建筑公司向甲公司提交工程结算报告,甲公司工作人员赵某签收相关资料,但乙建筑公司因相关资料丢失未能提交竣工图纸及勘察设计、施工监理等单位签署质量合格的完整竣工资料。乙建筑公司向甲公司发送《工程款催收函》,但甲公司以乙建筑公司未提交工程竣工资料为由拒绝支付。多次催款无果后,乙建筑公司遂诉至法院,要求甲公司按约定支付工程款。

请问:乙建筑公司的请求能得到法院支持吗?

【案例分析】

本案涉及的是承包人未提交工程竣工资料,发包人可否以此为由拒绝支付工程款的问题。

我国《民法典》第七百八十八条第二款规定,建设工程合同是承包人进行工程建设,发包人支付价款的合同。第五百零九条第一款、第二款规定,当事人应当按照约定全面履行自己的义务;当事人应当遵循诚信原则,根据合同的性质、目的和交易习惯履行通知、协助、保密等义务。第五百二十五条规定,当事人互负债务,没有先后履行顺序的,应当同时履行。一方在对方履行之前有权拒绝其履行请求。一方在对方履行债务不符合约定时，有权拒绝其相应的履行请求。《最高人民法院第八次全国法院民事商事审判工作会议（民事部分）纪要》第三十四条规定，承包人不履行配合工程档案备案、开具发票等协作义务的，人民法院视违约情节，可以依据《合同法》（已废止）第六十条①、第一百零七条②规定，判令承包人限期履行、赔偿损失等。

根据以上规定，建设工程施工合同为双务合同，发包方的主要义务是依照合同约定及时支付工程款，承包方的主要义务是按照合同约定时间施工并交付合格工程。发包人能否以未移交施工资料为由拒付工程款，要视情况而定，不能一概而论。如果发包人与承包人在合同中明确约定以移交施工资料作为支付工程款的对应义务，则双方当事人应当遵守约定，当承包人未及时移交施工资料时，发包人可以根据合同的约定获得抗辩权，拒付工程款。

如果发包人与承包人在建设工程施工合同中并未约定支付工程款要以移交施工资料作为对应义务，那么根据双务合同的本质，合同抗辩的范围仅限于对价义务。一方不履行对价义务的，相对方才享有抗辩权。支付工程款与交付竣工验收资料是两种不同性质的义务，前者是合同的主要义务，后者是承包方的附随义务，二者不具有对等关系，因此，除非合同明确约定，否则发包人不得以承包人未提交工程竣工资料为由拒绝支付工程款。这在各级地方法院司法实践中已有共识。

本案中，甲公司以乙建筑公司未及时交付竣工验收资料作为拒绝支付工程余款的抗辩理由不能成立。故乙建筑公司有权要求甲公司按约定支付工程款，其请求能得到法院的支持。

【风险防范建议】

在施工合同纠纷中，经常发生发包人以承包人尚未移交竣工资料来抗辩承包人的主张工程价款的权利。就发包人而言，关于如何正确行使对自己有利的抗辩权利，建议如下：

（1）我国《民法典》赋予了当事人先履行抗辩权、后履行抗辩权、同时履行抗辩权。抗辩权的有效行使需以双方互负性质对等的义务为前提。因此，发包人首先要注意行使抗辩权利的法定前提和条件。

（2）建设工程施工合同中，发包人的主合同义务是支付工程款，承包人的主合同义务是交付符合合同约定的建设工程。交付竣工验收资料不是承包人的主合同义务而是附随义务。故发包人不能以承包人未履行该义务作为其拒付工程款的理由。

（3）对等抗辩原则适用于一切有对价的民事合同，但基于合同自由原则，当事人另

---

① 《民法典》生效后，《合同法》第六十条的内容已经相应被《民法典》第五百零九条所吸收。

② 《民法典》生效后，《合同法》第一百零七条的内容已经相应被《民法典》第五百七十七条所吸收。

有有效约定的除外。如果合同双方当事人约定以交付资料作为支付工程款的条件的，双方应当遵守这一约定。因此，发包人可通过合同的约定达到以此对承包人的有效抗辩。

就承包人而言，如未按照合同约定及时提交竣工验收资料，往往会导致竣工结算被拖延，承担逾期竣工责任及工程的保管责任。为避免此风险，建议如下：

（1）承包人应严格按照合同约定的日期通过直接送达、快递送达、挂号信送达等方式向发包人及时提交竣工验收报告及完整的竣工验收资料，并做好签收记录，保存好签收记录和快递、挂号信凭证等资料。

（2）承包人在工程施工过程中，分阶段收集整理相关资料，以保证在工程竣工后的最短时间内向发包人提交竣工报告和完整的竣工验收资料。

【法条链接】

《民法典》第五百零九条　当事人应当按照约定全面履行自己的义务。

当事人应当遵循诚信原则，根据合同的性质、目的和交易习惯履行通知、协助、保密等义务。

当事人在履行合同过程中，应当避免浪费资源、污染环境和破坏生态。

第五百二十五条　当事人互负债务，没有先后履行顺序的，应当同时履行。一方在对方履行之前有权拒绝其履行请求。一方在对方履行债务不符合约定时，有权拒绝其相应的履行请求。

第七百八十八条第一款　建设工程合同是承包人进行工程建设，发包人支付价款的合同。

《最高人民法院第八次全国法院民事商事审判工作会议（民事部分）纪要》　34.承包人不履行配合工程档案备案、开具发票等协作义务的，人民法院视违约情节，可以依据合同法第六十条、第一百零七条规定，判令承包人限期履行、赔偿损失等。

《北京市高级人民法院关于审理建设工程施工合同纠纷案件若干疑难问题的解答》　23、发包人以工程未验收或承包人未移交工程竣工资料为由拒绝支付工程款的，如何处理？

建设工程施工合同约定工程竣工验收合格后再支付工程款，发包人收到承包人提交的工程竣工验收资料后，无正当理由在合同约定期限或合理期限内未组织竣工验收，其又以工程未验收为由拒绝支付工程款的，不予支持。

发包人以承包人未移交工程竣工资料为由拒绝支付工程款的，不予支持，但合同另有约定的除外。

《四川省高级人民法院民一庭关于审理建设工程施工合同纠纷案件若干疑难问题的解答》
29.欠付工程款的利息如何确定？

……

发包人以承包人未开具发票、未移交工程竣工资料为由拒付工程价款的，不予支持。但建设工程施工合同另有约定的除外。

123. 发包人明知承包人存在违法分包、转包情形，是否承担支付工程款的责任？

【情景案例】

A 煤业公司与 B 建筑公司签订《建设工程施工合同》，将某煤矿中央风井施工区井巷工程发包给 B 建筑公司建设，约定：工程内容为某煤矿 101 瓦斯抽放巷、102 瓦斯抽放巷；工程质量要达到国家有关建设工程施工质量验收合格标准；合同价款以招标文件、答疑文件为基础，按《煤炭建设工程费用定额及造价管理有关规定》为取费依据，按 B 建筑公司招投标文件承诺的下浮率计价，材料价差按投标书报价进行主材调差，采用煤炭建设工程量清单项目结算，计算规则详见《分部分项工程综合单价计算顺序表》。

1 周后，B 建筑公司与包工头张某签订《合作协议》，载明：根据 B 建筑公司领导班子集体研究，成立 B 建筑公司新华矿建项目部，决定由张某为承包负责人，负责组织完成某煤矿中央风井井巷工程的施工任务。合同签订后，张某组织施工队，对约定的工程进行了施工。施工期间，A 煤业公司项目负责人郭某等人明知张某是挂靠 B 建筑公司施工的实际施工人，但没有提出反对意见。

2016 年 12 月 1 日，工程完工并经验收合格。工程交付后，A 煤业公司以 B 建筑公司违法转包为由拒绝支付工程款；由于 B 建筑公司没有收到工程款，因此也没有给张某支付工程款。无奈之下，张某诉至法院，要求 A 煤业公司支付工程款及利息。

请问：张某的请求能得到法院支持吗？

【案例分析】

本案涉及的是发包人明知承包人存在违法分包、转包情形，是否承担支付工程款的责任问题。

根据我国《建筑法》第二十六条的规定，禁止建筑施工企业以任何形式允许其他单位或者个人使用本企业的资质证书、营业执照，以本企业的名义承揽工程。《建设工程质量管理条例》第二十五条第二款规定，禁止施工单位超越本单位资质等级许可的业务范围或者以其他施工单位的名义承揽工程；禁止施工单位允许其他单位或者个人以本单位的名义承揽工程。根据《最高人民法院关于审理建设工程施工合同纠纷案件适用法律问题的解释(一)》第一条的规定，没有资质的实际施工人借用有资质的建筑施工企业名义签订的建设工程施工合同，应当依据《民法典》第一百五十三条第一款的规定，认定无效。承包人因转包、违法分包建设工程与他人签订的建设工程施工合同，应当依据《民法典》第一百五十三条第一款及第七百九十一条第二款、第三款的规定，认定无效。该司法解释第四十三条第一款、第二款规定，实际施工人以转包人、违法分包人为被告起诉的，人民法院应当依法受理。实际施工人以发包人为被告主张权利的，人民法院应当追加转包人或者违法分包人为本案第三人，在查明发包人欠付转包人或者违法分包人建设工程价款的数额后，判决发包人在欠付建设工程价款范围内对实际施工人承担责任。

根据以上规定，借用资质挂靠承揽工程施工，往往会产生一系列的法律行为。建设工程施工企业出借资质中，一般存在两种情形，一是发包方不知有关单位或个人以其他有资质的施工单位的名义，参与投标、订立合同、办理有关施工手续、从事施工等活动；二是发包方明知、放任或者故意追求不具备资质的单位或者个人以具备资质的施工单位名义承揽工程行为。如果发包人存在明知、放任或者故意的行为，其与实际施工人建立事实上的建设工程施工合同关系，出借资质的建设工程施工企业实际仅为名义上承包方，在该工程款结算中，其应承担支付工程价款的责任。

就本案而言，张某系借用B建筑公司资质与A煤业公司签订《建设工程施工合同》，而后，B建筑公司又与张某签订《合作协议》，二合同皆为无效合同。张某以B建筑公司项目部的名义进行建设工程活动，是本案工程实际施工人，A煤业公司对此明知，并与张某建立事实上的建设工程施工合同关系，应当承担支付工程价款的责任。

综上所述，张某要求A煤业公司支付工程款及利息请求能得到法院的支持。

【风险防范建议】

建设工程领域的违法行为中，转包和挂靠是两种最为常见的类型。转包，是指承包人承包工程后，不履行合同约定的责任和义务，将其承包的全部工程或者将其承包的全部工程肢解后以分包名义分别转包给其他单位或个人施工的行为；挂靠，是指单位或个人以其他有资质的施工单位的名义承揽工程的行为。根据法律规定，非法转包或是挂靠签订的建设工程施工合同均系无效合同。因此，挂靠和违法分包、转包情形对发包、承包双方来说均存在明显的法律风险，实践中发包、承包双方均应引起足够的重视。

(1)就发包人而言，如明知承包人非法分包、转包，不仅有可能要对实际施工人负支付工程款的责任，而且，合同因违法无效后，无法依约定追究承包人或实际施工人的违约责任；更为严重的是，发包人还因对造成合同无效存在过错而承担相应的责任。所以，非法分包、转包情形给发包人带来的损害是显而易见的。为此，发包人一旦发现承包人存在非法分包、转包情形，应该立即采取措施。首先，要书面函告承包人，责令其限期纠正违法行为，让合同当事人来合法组织施工；其次，当承包人不听劝告纠正，应该立即终止合同，防止自己权益进一步受损。

(2)就承包人而言，非法分包、转包不仅可能会引发合同效力方面的问题，导致合同因违反法律的强制性规定而无效；而且还会导致行政处罚，非法分包、转包、挂靠等行为的行政处罚，无论对承包人单位或者对项目负责个人都可能带来严重的后果。承包人应当对此知晓并预防不利结果。

实践中,为保障承包人的合法权益,以及免受行政处罚等,建议承包人努力避免转包、违法分包及挂靠的行为,承包人可以从以下几个方面予以防范:

(1)转包。

①承包人不得将其承包的全部工程转给其他单位或个人;不得将其承包的全部工程肢解以后,以分包的名义分别转给其他单位或个人施工;不得以合作、联营、个人承包等形式或名义,直接或变相地将其承包的全部工程转给其他单位或个人施工。

②承包人应在施工现场设立项目管理机构及派驻项目负责人、技术负责人、质量管理负责人、安全管理负责人等主要管理人员,并对工程建设进行组织管理。

(2)分包。

①严格审核分包人的建筑企业资质和安全生产许可证,避免将工程分包给不具有相应资质或安全生产许可证的单位和个人。

②建立规范的合同台账制度,对总承包合同中关于分包的约定进行梳理,避免出现违反总承包合同约定的分包情形。如果总承包合同不允许分包但已实际分包,施工单位应在分包后及时获得发包人的明示或默示的认可。

③不得将建设工程主体结构的施工分包给其他单位和个人,或者将分包所得工程再分包。

(3)挂靠。

①不得出借资质给其他单位和个人用以对外承接工程。

②分清挂靠与内部承包。如果采用内部承包方式的,承包人应与项目经理等内部承包人签订书面劳动合同及交纳社保,并在资金、技术、设备、人力等方面给予内部承包人支持,避免出现"名为内部承包,实为挂靠"的情形。如果实在无法避免将工程交由实际施工人施工的,笔者建议:

第一,承包人对实际施工人的资信进行审查,尽量选择信誉好、实力强、有良好合作经历的实际施工人。

第二,加强对实际施工人的管理,对实际施工所承包工程的工期及质量进行监管,避免出现工期延误或质量不合格等情形;要求实际施工人严格按照安全规范施工,避免发生安全责任事故;对实际施工人的材料、设备款项支付进行跟踪,避免出现逾期付款的行为;对农民工工资的支付进行监督,避免发生欠薪、农民工上访事件。

第三,要求实际施工人提供人保或物保,为实际施工人在合同项下的债务承担连带担保责任,以增强实际施工人的履约担保,避免实际施工人怠于履行合同或出现无力赔偿的情形。

【法条链接】

《建筑法》第二十六条第二款　……禁止建筑施工企业以任何形式允许其他单位或者个人

使用本企业的资质证书、营业执照,以本企业的名义承揽工程……

《民法典》第一百五十三条 违反法律、行政法规的强制性规定的民事法律行为无效。但是,该强制性规定不导致该民事法律行为无效的除外。

违背公序良俗的民事法律行为无效。

第七百九十一条 发包人可以与总承包人订立建设工程合同,也可以分别与勘察人、设计人、施工人订立勘察、设计、施工承包合同。发包人不得将应当由一个承包人完成的建设工程支解成若干部分发包给数个承包人。

总承包人或者勘察、设计、施工承包人经发包人同意,可以将自己承包的部分工作交由第三人完成。第三人就其完成的工作成果与总承包人或者勘察、设计、施工承包人向发包人承担连带责任。承包人不得将其承包的全部建设工程转包给第三人或者将其承包的全部建设工程支解以后以分包的名义分别转包给第三人。

禁止承包人将工程分包给不具备相应资质条件的单位。禁止分包单位将其承包的工程再分包。建设工程主体结构的施工必须由承包人自行完成。

《建设工程质量管理条例》第二十五条第二款 禁止施工单位超越本单位资质等级许可的业务范围或者以其他施工单位的名义承揽工程。禁止施工单位允许其他单位或者个人以本单位的名义承揽工程。

《最高人民法院关于审理建设工程施工合同纠纷案件适用法律问题的解释(一)》第一条 建设工程施工合同具有下列情形之一的,应当依据民法典第一百五十三条第一款的规定,认定无效:

(一)承包人未取得建筑业企业资质或者超越资质等级的;

(二)没有资质的实际施工人借用有资质的建筑施工企业名义的;

(三)建设工程必须进行招标而未招标或者中标无效的。

承包人因转包、违法分包建设工程与他人签订的建设工程施工合同,应当依据民法典第一百五十三条第一款及第七百九十一条第二款、第三款的规定,认定无效。

第四十三条 实际施工人以转包人、违法分包人为被告起诉的,人民法院应当依法受理。

实际施工人以发包人为被告主张权利的,人民法院应当追加转包人或者违法分包人为本案第三人,在查明发包人欠付转包人或者违法分包人建设工程价款的数额后,判决发包人在欠付建设工程价款范围内对实际施工人承担责任。

《江苏省高级人民法院关于审理建设工程施工合同纠纷案件若干问题的意见》第二十三条 实际施工人以发包人为被告要求支付工程款的,人民法院一般应当追加转包人或者违法分包人为被告参加诉讼。

建设工程因转包、违法分包导致建设工程施工合同无效的,实际施工人要求转包人、违法分包人和发包人对工程欠款承担连带责任的,人民法院应予支持,但发包人只在欠付的工程款范围内承担连带责任。

……

三、优先受偿权

124. 建设工程合同无效，承包人可以主张优先受偿权吗？

【情景案例】

甲公司与乙建筑公司在没有经过招标程序情况下，直接签订《建设工程承包合同》，约定由乙建筑公司承包甲公司在某经济开发区的厂房建设，承包方式为包施工、包主(辅)料、包机械、包质量、包安全、包工期等内容，工期为6个月，工程价款为3000万元。合同订立后，乙建筑公司按约定组织施工建设。后双方组织竣工验收，甲公司法定代表人张某在竣工验收书上签名。由于经营不善，甲公司欠丙公司3500万元债务，甲公司新建设的厂房被丙公司向法院申请查封。工程竣工后，甲公司尚欠乙建筑公司1000万元工程款未支付。乙建筑公司遂诉至法院，请求确认其对甲公司新建厂房的工程价款享有优先受偿权，并要求甲公司支付1000万元工程款。

请问：乙建筑公司的请求能得到法院支持吗？

【案例分析】

本案涉及的是建设工程合同无效，承包人是否享有建设工程价款优先受偿权的问题。

我国《民法典》第八百零七条规定，发包人未按照约定支付价款的，承包人可以催告发包人在合理期限内支付价款。发包人逾期不支付的，除根据建设工程的性质不宜折价、拍卖外，承包人可以与发包人协议将该工程折价，也可以请求人民法院将该工程依法拍卖。建设工程的价款就该工程折价或者拍卖的价款优先受偿。根据该法第一百五十七条的规定，合同无效、被撤销或者确定不发生效力后，当事人因该合同取得的财产，应当予以返还；不能返还或者没有必要返还的，应当折价补偿。有过错的一方应当赔偿对方由此所受到的损失；各方都有过错的，应当各自承担相应的责任。法律另有规定的，依照其规定。第七百九十三条第一款规定，建设工程施工合同无效，但是建设工程经验收合格的，可以参照合同关于工程价款的约定折价补偿承包人。《最高人民法院关于审理建设工程施工合同纠纷案件适用法律问题的解释(一)》第三十八条规定，建设工程质量合格，承包人请求其承建工程的价款就工程折价或者拍卖的价款优先受偿的，人民法院应予支持。第四十一条规定，承包人应当在合理期限内行使建设工程价款优先受偿权，但最长不得超过18个月，自发包人应当给付建设工程价款之日起算。

根据以上规定，承包人建设工程价款优先受偿权的享有并不必然以建设工程合同是否有效为条件，而是应当以建设工程质量是否合格为条件。从立法目的来看，建设工程价款优先受偿权是为保护承包人的工程价款给付请求权而设,其一项重要的制度价值是保护农民工工资权益,在建设工程合同无效的情形较常见的情况下,如果以合同有效作为承包人享有权利的前提,会影响农民工工资权益保护。因此,建设工程合同无效,在已完成的工程质量合格的情况下,承包人主张工程价款优先受偿权的,人民法院应予支持。

本案中,某经济开发区建设项目应属必须采取招标项目,甲公司与乙建筑公司虽未经招标程序,直接签订了《建设工程承包合同》,合同应依法认定为无效。但工程质量验收合格,乙建筑公司依法对该新建厂房的工程价款享有优先受偿权,故乙建筑公司的请求能得到法院的支持。

【风险防范建议】

在工程实践中,比较突出的是合同无效问题。在工程合同无效情形中,十分普遍的情况是对承包人不利的,而且合同无效后的结算、权利主张等也容易产生争议。为此承包人应采取必要的应对措施,防范风险。

(1)承包人要把好合同签订关,应审慎、合法地签订工程合同,尽量避免无效合同的出现。具体应在签订合同前对发包人的资信情况、工程是否取得规划许可等进行尽职调查,在签订过程中着重关注双方主体是否合格、工程是否确定合法、意思表示真实、内容不违法、符合招投标法定程序等。

(2)法律已明确,无论合同是否有效,只要工程质量合格,承包人应享有优先受偿权。因此,特别要提醒承包人,工程质量问题是施工中的重中之重,不可忽视,工程质量一旦存在问题,不仅无法获得工程款及其优先受偿权,还将面临发包人的索赔,可能承担巨额赔偿。

(3)承包人行使优先受偿权要注意法律规定的行使时间,在法定的保护期间及时提出,以防止超过期间而丧失权利。

(4)基于未取得建设工程规划许可的情况下,建设工程合同为无效,建设工程为违章建筑,而违章建筑是无法实现折价、拍卖的,即该优先受偿权无法实现。因此,一旦发现发包人未取得规划许可手续,要催促发包人尽快办理证件,将施工行为合法化,以避免优先权最终落空。

【法条链接】

《民法典》第一百五十七条　民事法律行为无效、被撤销或者确定不发生效力后,行为人因该行为取得的财产,应当予以返还;不能返还或者没有必要返还的,应当折价补偿。有过错的一方应当赔偿对方由此所受到的损失;各方都有过错的,应当各自承担相应的责任。法律另有规定的,依照其规定。

第五百零八条　本编对合同的效力没有规定的，适用本法第一编第六章的有关规定。

第七百九十三条第一款　建设工程施工合同无效，但是建设工程经验收合格的，可以参照合同关于工程价款的约定折价补偿承包人。

第八百零七条　发包人未按照约定支付价款的，承包人可以催告发包人在合理期限内支付价款。发包人逾期不支付的，除根据建设工程的性质不宜折价、拍卖外，承包人可以与发包人协议将该工程折价，也可以请求人民法院将该工程依法拍卖。建设工程的价款就该工程折价或者拍卖的价款优先受偿。

《最高人民法院关于审理建设工程施工合同纠纷案件适用法律问题的解释(一)》第三十八条　建设工程质量合格，承包人请求其承建工程的价款就工程折价或者拍卖的价款优先受偿的，人民法院应予支持。

第四十一条　承包人应当在合理期限内行使建设工程价款优先受偿权，但最长不得超过十八个月，自发包人应当给付建设工程价款之日起算。

《江苏省高级人民法院关于审理建设工程施工合同纠纷案件若干问题的解答》　15、建设工程施工合同无效，承包人是否享有建设工程价款优先受偿权？

建设工程价款优先受偿权不受建设工程施工合同效力的影响。建设工程施工合同无效，承包人仍然享有建设工程价款优先受偿权。

125. 承包人可以就逾期支付建设工程价款的利息、违约金、损害赔偿金主张优先受偿吗？

【情景案例】

A公司与B建筑公司签订《建设工程施工合同》，约定由B建筑公司施工A公司开发的某游泳馆改造项目工程。合同价款执行预决算，合同价款最终以双方审定的结算价为准；A公司在工程造价结(决)算汇总表确定后10天内无正当理由不支付工程竣工结算价款，从第11天起按同期银行贷款利率支付拖欠工程价款的利息，并承担违约责任。合同签订后，B建筑公司依照合同约定开始施工，并在约定时间内竣工并投入使用。后双方形成《某游泳馆改造项目工程造价结(决)算汇总表》，工程最终结算总造价2000万元。B建筑公司认可A公司已付工程款1200万元，A公司尚欠工程款800万元未支付。后B建筑公司将某游泳馆抵押给银行借款1000万元。B建筑公司遂诉至法院，请求确认其对某游泳馆的工程价款及利息享有优先受偿权，并要求甲公司支付1000万元工程款及利息。

请问：B建筑公司的请求能得到法院支持吗？

【案例分析】

本案涉及的是建设工程价款的利息、违约金、损害赔偿等是否属于建设工程价款优先受偿权的范围问题。

我国《民法典》第八百零七条规定,发包人未按照约定支付价款的,承包人可以催告发包人在合理期限内支付价款。发包人逾期不支付的,除根据建设工程的性质不宜折价、拍卖外,承包人可以与发包人协议将该工程折价,也可以请求人民法院将该工程依法拍卖。建设工程的价款就该工程折价或者拍卖的价款优先受偿。《最高人民法院关于审理建设工程施工合同纠纷案件适用法律问题的解释(一)》第四十条规定,承包人建设工程价款优先受偿的范围依照国务院有关行政主管部门关于建设工程价款范围的规定确定。承包人就逾期支付建设工程价款的利息、违约金、损害赔偿金等主张优先受偿的,人民法院不予支持。根据《建筑安装工程费用项目组成》第一条的规定,建筑安装工程费用项目按费用构成要素组成划分为人工费、材料费、施工机具使用费、企业管理费、利润、规费和税金。

依照上述规定,建设工程价款优先受偿的范围包括人工费、材料费、施工机具使用费、企业管理费、利润、规费和税金等全部工程价款,逾期支付工程价款的利息、违约金、损害赔偿等不属于建设工程价款优先受偿的范围。

就本案而言,B 建筑公司请求确认其对某游泳馆的工程价款 1000 万元享有优先受偿权,符合法律规定,其这一请求能得到法院的支持。但其要求对工程款的利息享有优先受偿权,于法无据,难以得到法院的支持。

【风险防范建议】

建设工程价款优先受偿的范围问题,在司法实践中曾存在较大争议。为最大限度地保障当事人的合法权益,保证承包人工程款优先权的行使,建议如下:

(1)承包人应高度重视并了解工程价款优先受偿权的法律意义及操作程序,依法及时行使权利,避免盲目、不合实际行使权利造成的不必要损失。

(2)承包人应聘用专业人员或工程专业律师提前介入,如在合同履行过程中,就已付款部分,承包人可通过会议纪要、协议书的方式确认该款项为利息、停窝工损失等;就将来需要支付的款项部分,则约定优先支付利息、停窝工损失等,而不是工程款。尽量提前实现不是优先受偿的范围部分,化被动为主动,争取承包人利益最大化。

(3)在承包人垫资施工情况下,该部分垫资的资金成本尽量体现为工程造价下浮率的调整,而不要体现为垫资利息,以避免在主张优先权时发生争议而使利益落空。

【法条链接】

《民法典》第八百零七条 发包人未按照约定支付价款的,承包人可以催告发包人在合理期限内支付价款。发包人逾期不支付的,除根据建设工程的性质不宜折价、拍卖外,承包人可以与发包人协议将该工程折价,也可以请求人民法院将该工程依法拍卖。建设工程的价款就该工程折价或者拍卖的价款优先受偿。

《最高人民法院关于审理建设工程施工合同纠纷案件适用法律问题的解释(一)》第四十条 承包人建设工程价款优先受偿的范围依照国务院有关行政主管部门关于建设工程价款范围的规定确定。

承包人就逾期支付建设工程价款的利息、违约金、损害赔偿金等主张优先受偿的,人民法院不予支持。

《建筑安装工程费用项目组成》 一、《费用组成》调整的主要内容:

(一)建筑安装工程费用项目按费用构成要素组成划分为人工费、材料费、施工机具使用费、企业管理费、利润、规费和税金……

《浙江省高级人民法院执行局执行中处理建设工程价款优先受偿权有关问题的解答》 三、建筑工程价款优先受偿权的范围如何掌握?

建设工程价款优先受偿权的范围如何掌握?建设工程价款优先受偿权的范围为建设工程的工程价款,包括承包人应当支付的工作人员报酬、材料款和用于建设工程的垫资款等。工程价款的利息不在优先受偿范围内。

发包人应当支付的违约金或者因为发包人违约所造成的损失,不属于建设工程价款优先受偿权的受偿范围。

126. 建设工程合同已解除,承包人对已完工程享有优先受偿权吗?

【情景案例】

甲建筑公司承建了乙公司开发的某服装商城工程,双方签订的《建设工程施工合同》约定:服装商城工程为框架结构、地下二层、地上十二层,工程承包范围为施工图纸所涉及的桩基、主体、安装、装饰等全部工程内容(不含电梯、空调主机、高压配电),工期为1年3个月;施工价款以施工图纸、变更、签证、计价依据计算的结算价为准。在施工过程中,由于乙公司不按合同约定支付工程进度款导致工程停工,因此甲建筑公司向乙公司发出《关于解除合同的通知》,乙公司同意解除合同。之后,乙公司将工程抵押给丙公司借款500万元并办理了抵押登记手续。后甲建筑公司提起诉讼,请求判令乙公司支付拖欠的工程款,并确认其对已完工程依法享有优先受偿权。

请问:建设工程合同解除后,甲建筑公司对已完工程享有优先受偿权吗?

【案例分析】

本案涉及的是建设工程合同解除后,工程未竣工的,承包人就已完工部分工程价款是否享有优先受偿权的问题。

我国《民法典》第八百零七条规定,发包人未按照约定支付价款的,承包人可以催告发包人在合理期限内支付价款。发包人逾期不支付的,除根据建设工程的性质不宜折价、拍卖外,承包人可以与发包人协议将该工程折价,也可以请求人民法院将该工程依法拍卖。建设工程的价款就该工程折价或者拍卖的价款优先受偿。《最高人民法院关于审理建设工程施工合同纠纷案件适用法律问题的解释(一)》第三十九条规定,未竣工的建设工程质量合格,承包人请求其承建工程的价款就其承建工程部分折价或者拍卖的价款优先受偿的,人民法院应予支持。第四十条规定,承包人建设工程价款优先受偿的范围依照国务院有关行政主管部门关于建设工程价款范围的规定确定。承包人就逾期支付建设工程价款的利息、违约金、损害赔偿金等主张优先受偿的,人民法院不予支持。第四十一条规定,承包人应当在合理期限内行使建设工程价款优先受偿权,但最长不得超过18个月,自发包人应当给付建设工程价款之日起算。从以上条文表述分析,没有要求承包人享有优先受偿工程款以工程完工并经竣工验收为先决条件,在合同解除的情况下,承包人也对未完工程享有优先受偿的权利。因此,建设工程是否竣工,不影响建设工程价款优先受偿权的成立。合同解除,承包人已完成的工程质量合格的,承包人对该工程价款享有优先受偿权。

本案中,由于乙公司在履行合同过程中不按合同约定支付工程进度款导致工程停工,甲建筑公司于是按照合同约定提出解除合同。其请求判令乙公司支付拖欠的工程款,并确认其对已完工程依法享有优先受偿权。甲建筑公司的请求符合法律规定,应予支持。所以,本案的建设工程合同解除后,甲建筑公司可对已完工程主张享有优先受偿权。

【风险防范建议】

(1)合同解除的,承包人应注意保存已完成工程量的工程价款结算的证据,如及时采用双方共同委托的方式或司法鉴定的方式进行审价等,就现场工作界面、已完成施工情况,采用公证录像等的方式进行保全。

(2)未竣工工程的工程款优先权,只是需以质量验收合格为前提。因此,承包人一定要关注工程质量。目前,在我国司法实践中,发包人就工程质量提起反诉的案件愈加频繁,此时,只要发包人就工程质量问题申请鉴定,很多承包人都较难摆脱责任。对此,笔者特别提醒承包人,工程质量是施工中的重中之重,不可忽视,工程质量一旦存在问题,不仅无法获得工程款及其优先受偿权,还将面临巨额赔偿。

(3)承包人行使优先受偿权的期限为6个月,自发包人应当给付建设工程价款之日起算。对于合同解除的,承包人尽量在合同解除之日起6个月内行使,避免超过法定保护期间。

(4)建设工程合同解除后,由于工程未完工,该工程拍卖成交的可能性较小。就此,在操作上,要特别提醒承包人,可以对承包人施工部分的价值先行评估,然后转让该工程,由新的承包商接盘后继续承建,并由接盘人对已完工程的价款负责清偿。

【法条链接】

《民法典》第八百零七条　发包人未按照约定支付价款的，承包人可以催告发包人在合理期限内支付价款。发包人逾期不支付的，除根据建设工程的性质不宜折价、拍卖外，承包人可以与发包人协议将该工程折价，也可以请求人民法院将该工程依法拍卖。建设工程的价款就该工程折价或者拍卖的价款优先受偿。

《最高人民法院关于审理建设工程施工合同纠纷案件适用法律问题的解释（一）》第三十九条　未竣工的建设工程质量合格，承包人请求其承建工程的价款就其承建工程部分折价或者拍卖的价款优先受偿的，人民法院应予支持。

第四十条　承包人建设工程价款优先受偿的范围依照国务院有关行政主管部门关于建设工程价款范围的规定确定。

承包人就逾期支付建设工程价款的利息、违约金、损害赔偿金等主张优先受偿的，人民法院不予支持。

第四十一条　承包人应当在合理期限内行使建设工程价款优先受偿权，但最长不得超过十八个月，自发包人应当给付建设工程价款之日起算。

127. 发包人与承包人约定放弃建设工程价款优先受偿权，有效吗？

【情景案例】

A建筑公司与B房地产公司签订《建设工程施工合同》，约定：A建筑公司为B房地产公司开发的住宅项目工程进行施工建设，合同价款为9000万元，工期为20个月。后工程竣工并经验收合格。A建筑公司、B房地产公司签订了《工程结算确认书》，确认B房地产公司已支付工程价款5000万元，代A建筑公司支付材料款1000万元，尚欠3000万元工程款项未支付。B房地产公司作为借款人与某银行长沙分行签订《贷款合同》一份，贷款金额为人民币5000万元（以实际金额为准）。经B房地产公司的请求，A建筑公司向B房地产公司出具书面《承诺函》，载明："（1）无论B房地产公司现在及以后是否欠付我公司上述项目工程的工程款，我公司自愿放弃上述项目工程的优先受偿权。（2）承诺期限自本承诺书签订之日起至B房地产公司履行完毕《贷款合同》项下贷款期限和展期期限内的全部义务之日止。（3）承诺书一经签发不可撤销。"之后，因B房地产公司未按《借款合同》约定履行还款义务，某银行长沙分行向法院提起诉讼，胜诉后向法院申请强制执行，A建筑公司以施工人的身份向执行局提出书面申请主张优先受偿权。

请问：A建筑公司与B房地产公司约定放弃建设工程价款优先受偿权，有效吗？

【案例分析】

本案涉及的是发包人与承包人约定放弃建设工程价款优先受偿权的效力认定

问题。

我国《民法典》第八百零七条规定，发包人未按照约定支付价款的，承包人可以催告发包人在合理期限内支付价款。发包人逾期不支付的，除根据建设工程的性质不宜折价、拍卖外，承包人可以与发包人协议将该工程折价，也可以请求人民法院将该工程依法拍卖。建设工程的价款就该工程折价或者拍卖的价款优先受偿。《最高人民法院关于审理建设工程施工合同纠纷案件适用法律问题的解释(一)》第四十二条规定，发包人与承包人约定放弃或者限制建设工程价款优先受偿权，损害建筑工人利益，发包人根据该约定主张承包人不享有建设工程价款优先受偿权的，人民法院不予支持。

从以上规定可见，建设工程价款优先受偿权是法定的优先权，如果法律上允许当事人通过协商的方式任意处分建设工程价款优先受偿权，则可能引诱发包人利用自己的优势地位，强制要求承包人接受放弃或者限制优先受偿权行使的条款，这不仅会损害承包人的利益，还可能影响农民工工资权益的实现。因此，如果承包人事先放弃或者限制建设工程价款优先受偿权，使承包人无充分的责任财产支付建筑工人工资等债务，则可以认定双方的约定损害了建筑工人的利益。在这种情形下，发包人根据双方事先的约定抗辩承包人不再享有建设工程价款优先受偿权的，人民法院不予支持。

综上所述，建设工程合同中的发包人和承包人可事先约定承包人放弃或者限制建设工程价款优先受偿权，但该约定不得损害建筑工人的利益，否则无效。

本案中，A 建筑公司与 B 房地产公司在工程竣工后签订的《工程结算确认书》是双方真实意思的表示，在表达真实的情况下，应认定双方的结算效力。按法律规定，A 建筑公司可以对工程款行使优先受偿权。对于 A 建筑公司与 B 房地产公司约定放弃建设工程价款优先受偿权问题，如该约定未损害建筑工人利益，应认定其放弃有效；如约定放弃损害建筑工人利益，人民法院应判决不予支持。

【风险防范建议】

对于优先受偿权放弃的效力，法律规定的原则是：承包人同意放弃或限制工程优先受偿权的原则上有效，但损害建筑工人利益的除外。因此，如承包人一旦选择放弃或限制优先权，将造成较大被动。为此，承包人一定要谨慎对待，特别要注意：

(1)工程款优先受偿权作为承包人的“保护伞”，不得轻易在合同中承诺放弃，或作出放弃的约定。

(2)如果迫于压力，即使要放弃，承包人也应该要求发包人提供相应的抵押担保、银行保函或要求其法定代表人及其他有实力的主体承担连带责任保证等。

(3)承包人如不得已要承诺放弃优先偿权的，也尽量不要预先放弃，要争取在工程款结算完成后承诺放弃，做到心中有数，以最大限度地维护承包人、农民工等弱势群体的利益。

(4)为了保护建筑工人利益,对于是否侵害建筑工人利益,笔者认为,应当做有利于建筑工人利益的解释。如承包人不得已而放弃,在诉讼中要尽量从这一角度进行抗辩,除非发包人和承包人专门调拨资金全部清偿了建筑工人工资或者为建筑工人工资另行提供了足额担保,否则,放弃或限制工程价款优先受偿权,都应当认定为损害建筑工人利益。

【法条链接】

《民法典》第一百三十二条　民事主体不得滥用民事权利损害国家利益、社会公共利益或者他人合法权益。

第八百零七条　发包人未按照约定支付价款的,承包人可以催告发包人在合理期限内支付价款。发包人逾期不支付的,除根据建设工程的性质不宜折价、拍卖外,承包人可以与发包人协议将该工程折价,也可以请求人民法院将该工程依法拍卖。建设工程的价款就该工程折价或者拍卖的价款优先受偿。

《最高人民法院关于审理建设工程施工合同纠纷案件适用法律问题的解释(一)》第四十二条　发包人与承包人约定放弃或者限制建设工程价款优先受偿权,损害建筑工人利益,发包人根据该约定主张承包人不享有建设工程价款优先受偿权的,人民法院不予支持。

《江苏省高级人民法院关于审理建设工程施工合同纠纷案件若干问题的解答》　19、承包人放弃建设工程价款优先受偿权的效力如何认定?

法律并未禁止承包人放弃建设工程价款优先受偿权,承包人自愿放弃建设工程价款优先受偿权的,只涉及承包人自身利益的,该放弃行为有效。但该放弃行为损害实际施工人等第三人利益的,对该第三人不产生效力。

128. 建设工程的优先受偿权与抵押权相比,哪个优先受偿?

【情景案例】

甲公司与乙建筑公司签订《建设工程施工合同》,约定:甲公司将某花园一期合作改建工程发包给乙建筑公司,工程面积为5万平方米,合同工期为1年;合同总价款为6000万元,工程款支付方式按每月支付50%工程进度款,当工程款付至95%时停止付款,工程竣工后1个月内结清工程款。乙建筑公司如期组织人员进场施工,但因被告未按约定支付工程进度款,工程停工。开工9个月后,乙建筑公司依约完成的工程量累计达4200万元,但甲公司仅支付2100万元。另外,某花园已对银行抵押,而且甲公司已与其他公司协议以某花园部分商业裙房和部分地库抵债。乙建筑公司向法院起诉,要求甲公司支付工程款2100万元及利息,同时确定其对某花园拍卖或折价的价款享有法定优先受偿权。

请问:乙建筑公司的请求能到法院支持吗?

【案例分析】

本案涉及的是建设工程的优先受偿权是否优先于抵押权的问题。

我国《民法典》第八百零七条规定,发包人未按照约定支付价款的,承包人可以催告发包人在合理期限内支付价款。发包人逾期不支付的,除根据建设工程的性质不宜折价、拍卖外,承包人可以与发包人协议将该工程折价,也可以请求人民法院将该工程依法拍卖。建设工程的价款就该工程折价或者拍卖的价款优先受偿。《最高人民法院关于审理建设工程施工合同纠纷案件适用法律问题的解释(一)》第三十五条规定,与发包人订立建设工程施工合同的承包人,依据《民法典》第八百零七条的规定请求其承建工程的价款就工程折价或者拍卖的价款优先受偿的,人民法院应予支持。根据以上规定,建设工程的优先受偿权是法定优先权,其与其他权利冲突时,按照消费者权利、优先受偿权、抵押权、一般债权进行了权利顺位的排序。因此,该权利一旦确定,工程款优先受偿权当然优先于抵押权及其他一般债权。

本案中,甲公司与乙建筑公司签订的《建设工程施工合同》合法有效,乙建筑公司对结算的工程价款依法享有优先受偿权。尽管甲公司将花园抵押给了银行,花园部分商业裙房和部分地库协议抵债给了其他公司,但银行的抵押权不能对抗乙建筑公司的工程款优先权,通过以物抵债取得的其他公司不是《最高人民法院关于建设工程价款优先受偿权问题的批复》第二条规定的消费者,也不能对抗乙建筑公司的工程款优先权。因此,乙建筑公司要求对某花园拍卖或折价的价款享有法定优先受偿权符合法律规定,其请求能得到法院的支持。

【风险防范建议】

法律虽然规定工程款优先受偿权一般优先于抵押权及其他债权,但实践中就相关权利的冲突问题仍然存在争议。为此,提醒承包人注意以下几点:

(1)优先受偿权并不是可以对抗所有的抵押权和债权的,其中之一就是经过预告登记的已经支付全部或者部分购房款的商品房买受人,但是这里的买受人的购房合同必须是已经经过预告登记的。因此,承包人应注意优先权的适用限制,考虑对自己权利的影响。一旦出现限制情况,应该全面仔细审查相关证据和事实,避免自己优先权权益受损。

(2)注意及时书面催告。当发包人未及时支付工程竣工结算价款时,承包人应及时通过直接送达、快递送达、挂号信送达或者公证送达等方式书面催告发包人支付,并保存好签收记录和快递、挂号信凭证等资料,以保证优先受偿权的前置条件成就。

(3)及时行使优先权。作为工程承包人,经催告发包人未支付的,自发包人应当给付建设工程价款之日起18个月内行使法律赋予的工程价款优先受偿权,向法院或仲裁机构主张这个优先权,从而更好地保护自身合法权益。

(4)关于救济措施选择问题上,建议不要选择仲裁,而应优先考虑选择诉讼。优先权行使方式可以是双方协商折价,也可以是申请法院拍卖。如选择了仲裁,仲裁机构无权将建筑物直接拍卖,具体执行程序还须向法院申请。为避免诉累,尽量选择法院诉讼程序。

【法条链接】

《民法典》第八百零七条　发包人未按照约定支付价款的,承包人可以催告发包人在合理期限内支付价款。发包人逾期不支付的,除根据建设工程的性质不宜折价、拍卖外,承包人可以与发包人协议将该工程折价,也可以请求人民法院将该工程依法拍卖。建设工程的价款就该工程折价或者拍卖的价款优先受偿。

《最高人民法院关于审理建设工程施工合同纠纷案件适用法律问题的解释(一)》第三十五条　与发包人订立建设工程施工合同的承包人,依据民法典第八百零七条的规定请求其承建工程的价款就工程折价或者拍卖的价款优先受偿的,人民法院应予支持。

第四十一条　承包人应当在合理期限内行使建设工程价款优先受偿权,但最长不得超过十八个月,自发包人应当给付建设工程价款之日起算。

《北京市高级人民法院企业破产案件审理规程》　253、破产人为建设工程发包人时,就该工程折价或者拍卖的价款,承包人的建设工程价款债权优先于抵押权受偿。

129. 发包人破产时,承包人的优先受偿权与破产企业的工资债权,哪个优先受偿?

【情景案例】

某建筑公司与某钢铁厂签订了《建筑工程施工同》,约定:某建筑公司承建某钢铁厂的5层办公大楼,由某建筑公司预先垫付50%的工程款;该建筑工程验收合格后,除5%的质量保证金外,某钢铁厂一次性付清全部工程款。后工程竣工并经验收合格,双方进行了结算,某钢铁厂应支付某建筑公司工程款项400万元。某钢铁厂因资金紧张,给某建筑公司制订了一份还款计划。此后不久,由于该厂资不抵债,丧失了还款能力,被债权人向法院提出破产申请。此时,某建筑公司拖欠员工工资600万元。某建筑公司遂向人民法院起诉,申请依法拍卖某钢铁厂的办公大楼,要求优先清偿拖欠的工程款项;同时某钢铁厂工会也向法院提出拍卖某钢铁厂的该办公大楼,并用该款项发放员工工资的诉求。

请问:某建筑公司的优先受偿权与破产企业的工资债权,哪个优先受偿?

【案例分析】

本案涉及的是发包人破产时优先受偿权与工资债权发生冲突的处理问题。

我国《民法典》第八百零七条规定，发包人未按照约定支付价款的，承包人可以催告发包人在合理期限内支付价款。发包人逾期不支付的，除根据建设工程的性质不宜折价、拍卖外，承包人可以与发包人协议将该工程折价，也可以请求人民法院将该工程依法拍卖。建设工程的价款就该工程折价或者拍卖的价款优先受偿。《最高人民法院关于审理建设工程施工合同纠纷案件适用法律问题的解释(一)》第三十五条规定，与发包人订立建设工程施工合同的承包人，依据《民法典》第八百零七条的规定请求其承建工程的价款就工程折价或者拍卖的价款优先受偿的，人民法院应予支持。《最高人民法院关于适用〈中华人民共和国企业破产法〉若干问题的规定(二)》第二条规定，债务人基于仓储、保管、承揽、代销、借用、寄存、租赁等合同或者其他法律关系占有、使用的他人财产，不应认定为债务人财产。建设工程合同性质上属于承揽合同，因此，建设工程的价款不属于破产财产，是依照法律规定存在优先权的财产。《企业破产法》第一百零九条规定，对破产人的特定财产享有担保权的权利人，对该特定财产享有优先受偿的权利。

从以上规定可知，企业破产时，承包人的工程价款依法享有优先受偿权。而且建设工程价款优先受偿权应适用《企业破产法》关于别除权的规定，即承包人享有就该建设工程不依照破产清算程序而优先获得清偿和满足的权利。因此，建设工程价款优先权应该优先于破产企业的工资债权。

本案中，破产企业某钢铁厂应支付某建筑公司工程款项400万元，某建筑公司向人民法院起诉，要求依法拍卖某钢铁厂的办公大楼优先受偿。而某钢铁厂工会也向法院提出拍卖该办公大楼，并用该款项发放员工的工资。某建筑公司的工程价款优先受偿权与破产企业的工资债权发生了冲突，关于两者哪个优先受偿，根据法律规定，某建筑公司的工程价款应该优先受偿。

【风险防范建议】

破产程序中承包人申报建设工程价款债权的注意事项如下：

(1)注意在18个月优先受偿权期限内主张优先权。《最高人民法院关于审理建设工程施工合同纠纷案件适用法律问题的解释(一)》第四十一条规定，承包人应当在合理期限内行使建设工程价款优先受偿权，但最长不得超过18个月，自发包人应当给付建设工程价款之日起算。据此可以看出，建设工程价款优先受偿权的起算点统一为应当支付工程款之日，笔者认为该起算包含两项标准，即“工程价款确定+支付期限届满”。因此承包人应在工程价款确定且支付期限届满后18个月内行使优先受偿权。

(2)破产管理人要求解除施工合同的,应及时办理工程款结算,确认付款期限,在前述法定期限内行使优先权。建设工程合同履行过程中如遇发包人进入破产重整程序,承包人应该关注管理人对合同是否继续履约的书面函件及意思表示,确认合同的履约状态,保障建设工程价款优先受偿权能在限期内及时主张,维护自身合法权益。若发包人决定解除合同或不做任何意思表示,承包人应第一时间向破产管理人发函要求办理已完工程的结算,确定发包人的应付工程款金额,并根据施工合同约定明确发包人的付款期限。同时,承包人应及时向发包人书面主张工程价款优先受偿权,确定优先权的主张期限,保障债权在破产程序中的优先受偿。

(3)破产管理人要求继续施工,应签订继续履行协议。同时应当根据继续履行协议的不同履行情况及时确认工程价款、主张优先受偿权。若管理人决定继续履行建设工程合同,承包人应就合同的继续履行与管理人签订相关继续履行合同意向书、补充协议或其他能够充分证明管理人继续履行合同意思表示的书面文件(以下简称继续履行协议),同时承包人应当注意在继续履行协议中明确结算、支付期限等条款。

管理人决定继续履行协议且承包人同意继续履行的,若承包人继续履行协议直至工程竣工结算,承包人应按照继续履行协议约定与管理人办理工程结算,若继续履行协议中明确约定了发包人的付款期限,承包人可依据《最高人民法院关于审理建设工程施工合同纠纷案件适用法律问题的解释(一)》第四十一条的规定依法享有优先受偿权,并据此期限起算18个月的优先受偿权期限。若继续履行协议中未明确约定发包人付款期限的,承包人可依《最高人民法院关于审理建设工程施工合同纠纷案件适用法律问题的解释(一)》第二十七条的规定确认工程价款,并主张依法享有优先受偿权。

管理人决定继续履行协议且承包人同意继续履行后,管理人又决定终止合同履行的,承包人应当积极要求管理人办理工程结算或审计,确定管理人应付款金额和付款期限,同时向管理人书面发函要求明确承包人工程价款优先受偿权的起算时间,保障承包人在破产程序中债权的优先受偿。

综上所述,在发包人进入破产重整程序后,承包人应根据合同的履行情况及相关期限及时确认工程价款并申报债权,保障建设工程价款优先受偿权的实现。

【法条链接】

《民法典》第八百零七条 发包人未按照约定支付价款的,承包人可以催告发包人在合理期限内支付价款。发包人逾期不支付的,除根据建设工程的性质不宜折价、拍卖外,承包人可以与发包人协议将该工程折价,也可以请求人民法院将该工程依法拍卖。建设工程的价款就该工程折价或者拍卖的价款优先受偿。

《最高人民法院关于审理建设工程施工合同纠纷案件适用法律问题的解释(一)》第二十七条 利息从应付工程价款之日计付。当事人对付款时间没有约定或者约定不明的,下列时间视为应付款时间：

（一）建设工程已实际交付的，为交付之日；

（二）建设工程没有交付的，为提交竣工结算文件之日；

（三）建设工程未交付，工程价款也未结算的，为当事人起诉之日。

第三十五条 与发包人订立建设工程施工合同的承包人，依据民法典第八百零七条的规定请求其承建工程的价款就工程折价或者拍卖的价款优先受偿的，人民法院应予支持。

第四十一条 承包人应当在合理期限内行使建设工程价款优先受偿权，但最长不得超过十八个月，自发包人应当给付建设工程价款之日起算。

《企业破产法》第一百零九条 对破产人的特定财产享有担保权的权利人，对该特定财产享有优先受偿的权利。

第一百一十三条 破产财产在优先清偿破产费用和共益债务后，依照下列顺序清偿：

（一）破产人所欠职工的工资和医疗、伤残补助、抚恤费用，所欠的应当划入职工个人账户的基本养老保险、基本医疗保险费用，以及法律、行政法规规定应当支付给职工的补偿金；

（二）破产人欠缴的除前项规定以外的社会保险费用和破产人所欠税款；

（三）普通破产债权。

破产财产不足以清偿同一顺序的清偿要求的，按照比例分配。

……

《最高人民法院关于适用〈中华人民共和国企业破产法〉若干问题的规定（二）》第二条 下列财产不应认定为债务人财产：

（一）债务人基于仓储、保管、承揽、代销、借用、寄存、租赁等合同或者其他法律关系占有、使用的他人财产；

（二）债务人在所有权保留买卖中尚未取得所有权的财产；

（三）所有权专属于国家且不得转让的财产；

（四）其他依照法律、行政法规不属于债务人的财产。

130. 工程价款的优先受偿权从什么时候起算？

【情景案例】

A建筑公司与B化妆品公司签订《建设工程施工合同》，约定：由A建筑公司承建B化妆品公司位于广州经济技术开发区出口加工区内5号、6号厂房，工期为8个月；工程款总价款为6000万元。合同签订后，A建筑公司如期进场施工，并如期竣工。截至竣工6个月后，B化妆品公司尚欠A建筑公2000万元工程款未支付。A建筑公司向法院起诉，请求确认A建筑公司对B化妆品公司的5号、6号标准厂房享有建设工程价款的优先受偿权。在庭审中，B化妆品公司抗辩称，A建筑公司已超过行使优先受偿权的期限。

请问：A 建筑公司的请求能得到法院支持吗？

【案例分析】

本案涉及的是建设工程价款优先受偿权行使期间的起算点问题。

我国《民法典》第八百零七条规定，发包人未按照约定支付价款的，承包人可以催告发包人在合理期限内支付价款。发包人逾期不支付的，除根据建设工程的性质不宜折价、拍卖外，承包人可以与发包人协议将该工程折价，也可以请求人民法院将该工程依法拍卖。建设工程的价款就该工程折价或者拍卖的价款优先受偿。《最高人民法院关于审理建设工程施工合同纠纷案件适用法律问题的解释（一）》第三十五条规定，与发包人订立建设工程施工合同的承包人，依据《民法典》第八百零七条的规定请求其承建工程的价款就工程折价或者拍卖的价款优先受偿的，人民法院应予支持。第四十一条规定，承包人应当在合理期限内行使建设工程价款优先受偿权，但最长不得超过 18 个月，自发包人应当给付建设工程价款之日起算。

根据以上规定可知，建设工程价款优先受偿权的起算点现已统一为应当支付工程款之日，即“工程价款确定 + 支付期限届满”。因此，承包人应在工程价款确定且支付期限届满后 6 个月内行使优先受偿权。

就本案而言，A 建筑公司承建的 B 化妆品公司 5 号、6 号标准厂房工程竣工后，经竣工结算，截至竣工 6 个月后，B 化妆品公司尚欠 A 建筑公 2000 万元工程款未支付。A 建筑公司行使优先权的期间应从 B 化妆品公司应当给付建设工程价款之日起算，即从竣工 6 个月后起算。A 建筑公司向法院起诉，主张优先受偿权时，已超过行使优先受偿权的期限。故 B 化妆品公司的抗辩成立，A 建筑公司的请求不能得到法院的支持。

【风险防范建议】

建设工程价款优先受偿权的行使期限在性质上属于除斥期间，不发生中断、中止、延长的情形，当事人双方也不能对行使期限进行约定，更不能附条件行使。因此，关注优先权行使期间，明确其起算点，对实现和保护承包人的工程价款优先受偿权至关重要。对此笔者建议：

（1）完善合同约定，在合同中明确约定结算期限和工程价款支付期限，一般应当少于 6 个月，一旦发生纠纷便于掌握优先权行使的期间。

（2）承包人要高度重视并熟悉工程价款优先受偿权的法律意义及操作程序，并对可能发生逾期结算及付款风险项目的发包人重点监控。注意收集好证据，随时维权。

（3）承包人在工程施工过程中应分阶段做好工程结算的相关工作，以保证工程竣工后及时向发包人提交完整、准确的竣工结算报告和结算文件，为行使优先权做好准备。

(4)如发包人在合同约定的应付工程价款期限届满之日起6个月内未支付工程款，承包人应及时通过提起仲裁或诉讼的方式主张优先受偿权。承包人应在合理的期限内及时使用权利，不要做一个怠于行使权利、在“权利上睡眠”的人，不然一旦权利丧失，法律也无能为力。

【法条链接】

《民法典》第八百零七条 发包人未按照约定支付价款的，承包人可以催告发包人在合理期限内支付价款。发包人逾期不支付的，除根据建设工程的性质不宜折价、拍卖外，承包人可以与发包人协议将该工程折价，也可以请求人民法院将该工程依法拍卖。建设工程的价款就该工程折价或者拍卖的价款优先受偿。

《最高人民法院关于审理建设工程施工合同纠纷案件适用法律问题的解释(一)》第三十五条 与发包人订立建设工程施工合同的承包人，依据民法典第八百零七条的规定请求其承建工程的价款就工程折价或者拍卖的价款优先受偿的，人民法院应予支持。

第四十一条 承包人应当在合理期限内行使建设工程价款优先受偿权，但最长不得超过十八个月，自发包人应当给付建设工程价款之日起算。

《江苏省高级人民法院关于审理建设工程施工合同纠纷案件若干问题的解答》 14.建设工程价款优先受偿权起算如何确定？

建设工程施工合同的承包人行使建设工程价款优先受偿权的期限为六个月，具体起算按照以下方式确定：

(1)工程已竣工且工程结算款已届期的，自建设工程竣工之日或者建设工程施工合同约定的竣工之日起算；

(2)建设工程施工合同解除、终止履行的，自合同实际解除、终止之日起算；

(3)工程已竣工验收合格，但合同约定除质保金以外的工程款付款期限尚未届满的，自合同约定的工程款付款期限届满之日起算。

131.购房人已支付全部或者大部分购房款，承包人可主张优先受偿权吗？

【情景案例】

A房地产公司与B建筑公司签订《建设工程施工合同》，约定由B建筑公司承建某小区的1、2、3号楼工程，合同价款为1.5亿元，工期为2年。工程交付使用后，A房地产公司尚欠7000万元工程款未支付。后A房地产公司取得某小区1号楼的预售许可证。张某与A房地产公司签订了《商品房买卖合同》，购买某小区1号楼603号房屋，该房单价为每平方米8000元，价款总价80万元；合同签订后，张某当天支付全部购房款。但因A房地产公司拖欠工程款,B建筑公司向法院提起诉讼,要求申请依法拍卖某小区的1号楼,并要求拍卖款优先清偿拖欠的工程款项。张某知道1号楼涉诉后,以已与A房地产公司签订《商品房买卖合同》为由向法院申请排除B建筑公司的优先受偿权。

请问:张某的请求能得到法院支持吗?

【案例分析】

本案涉及的是优先受偿权与其他权利的顺位中是否对抗购买商品房的消费者问题。

我国《民法典》第八百零七条规定,发包人未按照约定支付价款的,承包人可以催告发包人在合理期限内支付价款。发包人逾期不支付的,除根据建设工程的性质不宜折价、拍卖外,承包人可以与发包人协议将该工程折价,也可以请求人民法院将该工程依法拍卖。建设工程的价款就该工程折价或者拍卖的价款优先受偿。《最高人民法院关于审理建设工程施工合同纠纷案件适用法律问题的解释(一)》第三十五条规定,与发包人订立建设工程施工合同的承包人,依据《民法典》第八百零七条的规定请求其承建工程的价款就工程折价或者拍卖的价款优先受偿的,人民法院应予支持。

就本案而言,B建筑公司向法院提起诉讼,要求申请依法拍卖某小区的1号楼,并要求拍卖款优先清偿拖欠的工程款项。张某知道1号楼涉诉后,以已与A房地产公司签订《商品房买卖合同》为由向法院申请排除B建筑公司的优先受偿权。由于张某与A房地产公司签订的《商品房买卖合同》合法有效,且已支付全部购房款,其应属于购房"消费者",故其主张可以依法对抗承包人的工程款优先受偿权。张某的请求能得到法院的支持。

【风险防范建议】

根据法律规定,工程价款优先受偿权不得对抗交付购买商品房的全部或者大部分款项的消费者,这一规定对保障人民群众基本生活和维护整体社会稳定有积极意义,但在司法实践中也要防止被不当利用,避免引发道德风险。对此笔者建议:

(1)建设工程优先权不能对抗购房消费者,如果项目销售较好,则项目会属于不宜折价拍卖的情形,导致优先权无法实现。对此,承包人应关注项目销售情况,如项目销售较好,应按合同及时主张工程款;如发现发包人销售房屋后拖延支付,要及时提起诉讼或仲裁,进行财产保全(查封、冻结其银行账户),以保证工程优先权不失权,保证工程款债权的实现。

(2)承包人主张优先权时,与购房消费者发生权利冲突的,可从适用上对其进行审查和抗辩。此前,《最高人民法院关于建设工程价款优先受偿权问题的批复》(已失效)

所称的“消费者”,仅包括以自有居住为主且支付了全部或大部分款项的自然人;该商品房应仅指生活居住用房,不包括商业用房。对于大部分购房款的认定,则可参考部分地方高级人民法院意见,认定为超过50%的购房款。据此,不符合相关条件的就无法对抗承包人的工程优先权。

【法条链接】

《民法典》第八百零七条 发包人未按照约定支付价款的,承包人可以催告发包人在合理期限内支付价款。发包人逾期不支付的,除根据建设工程的性质不宜折价、拍卖外,承包人可以与发包人协议将该工程折价,也可以请求人民法院将该工程依法拍卖。建设工程的价款就该工程折价或者拍卖的价款优先受偿。

《消费者权益保护法》第二条 消费者为生活消费需要购买、使用商品或者接受服务,其权益受本法保护;本法未作规定的,受其他有关法律、法规保护。

《最高人民法院关于审理建设工程施工合同纠纷案件适用法律问题的解释(一)》第三十五条 与发包人订立建设工程施工合同的承包人,依据民法典第八百零七条的规定请求其承建工程的价款就工程折价或者拍卖的价款优先受偿的,人民法院应予支持。

132. 对于违法建筑,承包人可行使工程价款优先受偿权吗?

【情景案例】

甲房地产公司在未取得建设工程规划许可证的情况下与乙建筑公司签订《建设工程施工合同》,约定:乙建筑公司承包甲房地公司开发的幸福家园工程,建筑面积为8万平方米,承包范围为图纸设计范围内的土建、安装(不含挖土、地基处理、消防、门窗、电梯);工期为2年6个月;合同价款为1.3亿元。后工程完工,并经甲房地产公司、监理公司等机构验收合格。工程验收合格后,甲房地公司共支付8000万元工程款,尚欠5000万元工程款未支付。经多次催款无果后,乙建筑公司遂诉至法院,要求甲房地产公司支付拖欠的工程款,并主张对该工程享有优先受偿权。甲房地产认为,幸福家园项目直至现在没有办理建设工程规划许可证,属于违法建筑,其不能主张对该工程享有优先受偿权。

请问:甲房地产公司的说法符合我国法律规定吗?

【案例分析】

本案涉及的是对违法建筑,承包人是否享有工程价款优先受偿权的问题。

我国《民法典》第八百零七条规定,发包人未按照约定支付价款的,承包人可以催告发包人在合理期限内支付价款。发包人逾期不支付的,除根据建设工程的性质不宜折价、拍卖外,承包人可以与发包人协议将该工程折价,也可以请求人民法院将该工程依法拍卖。建设工程的价款就该工程折价或者拍卖的价款优先受偿。《最高人民法院关于审理建设工程施工合同纠纷案件适用法律问题的解释(一)》第三十五条规定,与发包人订立建设工程施工合同的承包人,依据《民法典》第八百零七条的规定请求其承建工程的价款就工程折价或者拍卖的价款优先受偿的,人民法院应予支持。

根据以上规定可知,建设工程优先受偿权并不适用于所有的建设工程,根据工程性质不宜折价或拍卖的建设工程,不得主张优先权。对于违法建筑是否应排除在优先权范围之外,实务中存在两种观点。所谓违法建筑物,是指未取得建设工程规划许可证或者未按照建设工程规划许可证的规定建设的房屋,具体包括违反了城乡规划规定的建筑物、构筑物以及违反临时建筑管理规定的临时建筑。肯定的观点认为,只要违法建筑存在,建设工程价款优先受偿权的标的也就客观存在,且违法建筑可以通过补办手续成为合法建筑,故违法建筑上应允许成立工程价款优先权。否定的观点认为,根据我国的相关法律,对违法建筑的处理规则是,在不能补正的情况下应依法拆除,并不予补偿。因此,违法建筑不能成为权利客体,对其也不能进行拍卖,故不能成为建设工程价款优先权的标的。

司法实践的主流观点倾向于否定的观点。原因如下:首先,建设工程价款优先受偿权的实现方式一是折价,二是拍卖。无论是折价还是拍卖,均涉及建设工程所有权的变动,而违法建筑不能产生合法产权,也就不可能进行所有权的变动。因此,即使肯定违法建筑上成立工程价款优先权,该权利也难以实现。其次,建筑是违法建筑的即标的违法。在标的违法的情况下,人民法院不能对该标的进行裁决,以免通过民事审判变相为违法建筑确权。据此,人民法院不能对违法建进行裁决,违法建筑也就不可能成为建设工程价款优先权的标的。

就本案而言,甲房地产公司未取得建设工程规划许可证,所以幸福家园项目属于违法建筑。乙建筑公司主张的对该工程的优先受偿权,因该工程属于违法建筑,而不能得到法院支持。故甲房地产公司的说法符合我国的法律规定。

【风险防范建议】

对违法建筑,不得行使建设工程价款优先受偿权。为防范风险,承包人要特别注意:

(1)在签订施工合同时及施工前,需注意考察发包方履约能力,以及工程规划许可、施工许可等文件,以保证在发包方不按照施工合同支付工程款时,能够依据法律保护自身权益。

(2)承包人在承建工程前,应进行尽职调查,就工程是否属于未取得建设用地或建设工程规划许可证等的违章建筑、是否属于事业单位、社会团体等的教育设施、医疗设施或其他社会公益设施等进行熟悉调查,如果属于该类工程,则建议:在合同中明确发包人在竣工验收前工程款必须付至95%,并约定如发包人逾期支付工程款,则承包人有权停工。否则,应要求发包人提供足额的履约担保或银行担保。

【法条链接】

《民法典》第八百零七条　发包人未按照约定支付价款的,承包人可以催告发包人在合理期限内支付价款。发包人逾期不支付的,除根据建设工程的性质不宜折价、拍卖外,承包人可以与发包人协议将该工程折价,也可以请求人民法院将该工程依法拍卖。建设工程的价款就该工程折价或者拍卖的价款优先受偿。

《最高人民法院关于审理建设工程施工合同纠纷案件适用法律问题的解释(一)》第三十五条　与发包人订立建设工程施工合同的承包人,依据民法典第八百零七条的规定请求其承建工程的价款就工程折价或者拍卖的价款优先受偿的,人民法院应予支持。

133. 承包人将工程款债权出质,质权人善意且无过失的,质权与实际施工人的优先受偿权,哪个优先受偿?

【情景案例】

郭某作为挂靠人,以乙建筑公司名义与A置业公司签订了《建设工程施工合同》,约定:由乙建筑公司对A置业公司开发的"金鑫国际大厦"项目土建、安装工程进行施工,工期为6个月。施工过程中,乙建筑公司向丙银行贷款,将工程款向丙银行做了应收账款质押并依法办理登记。工程完工后,A置业公司由于经营不善,众多债权人起诉讨债。此时,郭某与丙银行同时向法院提出主张优先受偿权。

请问:郭某与丙银行的优先受偿权,哪个优先受偿?

【案例分析】

本案涉及的是前手设定的他物权(质权)与实际施工人享有的优先受偿权之间的冲突处理问题。

我国《民法典》第四百二十五条第一款规定,为担保债务的履行,债务人或者第三人将其动产出质给债权人占有的,债务人不履行到期债务或者发生当事人约定的实现质权的情形,债权人有权就该动产优先受偿。第四百四十五条第一款规定,以应收账款出质的,质权自办理出质登记时设立。第五百三十五条第一款规定,因债务人怠于行使其债权或者与该债权有关的从权利,影响债权人的到期债权实现的,债权人可以向人民法院请求以自己的名义代位行使债务人对相对人的权利,但是该权利专属于债务人自身的除外。第八百零七条规定,发包人未按照约定支付价款的,承包人可以催告发包人在合理期限内支付价款。发包人逾期不支付的，除根据建设工程的性质不宜折价、拍卖外，承包人可以与发包人协议将该工程折价，也可以请求人民法院将该工程依法拍卖。建设工程的价款就该工程折价或者拍卖的价款优先受偿。《最高人民法院关于审理建设工程施工合同纠纷案件适用法律问题的解释（一）》第四十四条规定，实际施工人依据《民法典》第五百三十五条的规定，以转包人或者违法分包人怠于向发包人行使到期债权或者与该债权有关的从权利，影响其到期债权实现，提起代位权诉讼的，人民法院应予支持。

根据以上规定，工程款优先受偿权优先于抵押权及其他一般债权，优先受偿权与其他权利的顺位，按照消费者权利、优先受偿权、抵押权、一般债权进行了排序。但实践中相关权利的冲突问题仍然比较复杂。实际施工人以代位权为依据，在向发包人追索工程款的同时一并主张优先受偿权的，如承包人已将该工程款债权出质的，就出现了前手设定的他物权与后手享有的优先受偿权之间的冲突。在这种情形下，由于承包人将工程款债权质押给质权人后，不再享有优先受偿权，而实际施工人也就无法再主张优先受偿权。因为实际施工人主张的优先受偿权实为承包人之权利，即其代位主张的本就是承包人的权利。故司法实践对此形成的裁判规则为，承包人将工程款债权出质，质权人善意且无过失的，质权优先于实际施工人的优先受偿权。

就本案而言，郭某作为挂靠人，以乙建筑公司名义承接了该项工程，郭某为实际施工人。施工过程中，乙建筑公司向丙银行贷款，将工程款向丙银行做了应收账款质押并依法办理登记。因此，该案中，对于A置业公司应当支付的工程款，丙银行享有质权，乙建筑公司将工程款债权质押给丙银行后，不再享有优先受偿权。而郭某作为实际施工人，其代位主张的本就是乙建筑公司的权利，既然乙建筑公司不再享有优先受偿权，郭某也就无法再主张优先受偿权。所以，在郭某与丙银行的优先受偿权之间，丙银行优先受偿。

【风险防范建议】

工程款优先受偿权对于实际施工人的作用不容小觑，如实际施工人无法享有该权利，则将会存在赢了官司，却最终无法实际取得工程款的风险。对此笔者建议如下：

（1）一旦实际施工人与发包人、承包人就工程款支付问题发生争议，则应注意选择起诉主体。在承包人信誉状况、经营管理等较好，且未出具放弃工程款优先权，也未对工程款设定他物权的，则建议以承包人名义起诉，但是如果承包人面临破产、资不抵债、诉讼累累或财产已被司法部门查封，则建议以实际施工人名义起诉。

（2）以实际施工人的名义起诉发包人与承包人的，则会存在实际施工人与发包人之间可能会被认定为不存在合同关系，而导致实际施工人向发包人主张工程款的请求及工程款优先受偿权可能不会被支持。因此，实际施工人在施工过程中一定要注意收集证据并加以固定，避免发生纠纷而被动。选择诉讼的，必要时可以考虑代位权诉讼。

（3）在诉讼前，实际施工人要注意完善与承包人的合同，如约定承包人处分工程款债权相关权利时必须要经得实际施工人的书面认可或同意，否则给实际施工人造成损失的要给予赔偿等，以切实保障自己权益。如发现承包人将其实际施工可取得的工程款债权予以设定抵押或质押的，建议实际施工人要求承包人增补资信较好的连带保证人或补充其他担保措施，以保证自己工程款债权的实现。

【法条链接】

《民法典》第四百二十五条第一款 为担保债务的履行，债务人或者第三人将其动产出质给债权人占有的，债务人不履行到期债务或者发生当事人约定的实现质权的情形，债权人有权就该动产优先受偿。

第四百四十五条第一款 以应收账款出质的，质权自办理出质登记时设立。

第五百三十五条 因债务人怠于行使其债权或者与该债权有关的从权利，影响债权人的到期债权实现的，债权人可以向人民法院请求以自己的名义代位行使债务人对相对人的权利，但是该权利专属于债务人自身的除外。

代位权的行使范围以债权人的到期债权为限。债权人行使代位权的必要费用，由债务人负担。

相对人对债务人的抗辩，可以向债权人主张。

第八百零七条 发包人未按照约定支付价款的，承包人可以催告发包人在合理期限内支付价款。发包人逾期不支付的，除根据建设工程的性质不宜折价、拍卖外，承包人可以与发包人协议将该工程折价，也可以请求人民法院要将该工程依法拍卖。建设工程的价款就该工程折价或者拍卖的价款优先受偿。

《最高人民法院关于审理建设工程施工合同纠纷案件适用法律问题的解释（一）》第四十四条 实际施工人依据民法典第五百三十五条规定，以转包人或者违法分包人怠于向发包人行使到期债权或者与该债权有关的从权利，影响其到期债权实现，提起代位权诉讼的，人民法院应予支持。

134. 工程款债权转让的，优先受偿权是否一同转让？

【情景案例】

A建筑公司与乙公司签订《建设工程施工合同》，约定由A建筑公司承包乙公司在某工业园区的新建厂房工程。双方在合同中对工程概况、工程承包范围、合同工期、质量标准、合同价款、工程结算标准、付款方式等进行了约定。后A建筑公司按乙公司的通知进场施工。施工过程中，由于乙公司的原因，致使工程项目多次停工，停工给A建筑公司造成了重大经济损失。鉴于该工程项目无法继续施工的实际情况，双方就A建筑公司已完成部分工程量及A建筑公司现场剩余材料进行了结算,按双方确认的结算金额,乙公司共计还欠A建筑公司工程款及材料费300万元。由于乙公司违约,A建筑公司通知乙公司解除了《建设工程施工合同》。后A建筑公司与韩某签订《债权转让协议书》,约定A建筑公司将乙公司尚欠的300万元工程款转让给韩某。当天,A建筑公司将债权转让事宜依法书面通知了乙公司。韩某将乙公司诉至法院,要求乙公司立即给付300万元工程款及利息,并确认其享有建设工程价款的优先受偿权。

请问:A建筑公司将工程款债权转让给韩某,优先受偿权是否一同转让?

【案例分析】

本案涉及的是工程款债权转让,优先受偿权是否一并转让的问题。

我国《民法典》第五百四十五条第一款规定,债权人可以将债权的全部或者部分转让给第三人,但是有下列情形之一的除外:(1)根据债权性质不得转让;(2)按照当事人约定不得转让;(3)依照法律规定不得转让。第五百四十六条第一款规定,债权人转让债权,未通知债务人的,该转让对债务人不发生效力。第五百四十七条第一款规定,债权人转让债权的,受让人取得与债权有关的从权利,但是该从权利专属于债权人自身的除外。第八百零七条规定,发包人未按照约定支付价款的,承包人可以催告发包人在合理期限内支付价款。发包人逾期不支付的,除根据建设工程的性质不宜折价、拍卖外,承包人可以与发包人协议将该工程折价,也可以请求人民法院将该工程依法拍卖。建设工程的价款就该工程折价或者拍卖的价款优先受偿。《最高人民法院关于审理建设工程施工合同纠纷案件适用法律问题的解释(一)》第三十五条规定,与发包人订立建设工程施工合同的承包人,依据《民法典》第八百零七条的规定请求其承建工程的价款就工程折价或者拍卖的价款优先受偿的,人民法院应予支持。

从以上规定可见,我国法律法规并不禁止建设工程债权转让,只要建设工程施工合同的当事人没有约定合同项下的债权不得转让,债权人向第三人转让债权并通知债务人的,债权转让合法有效,债权人无须就债权转让事项征得债务人同意。建设工程债权转让后,作为从权利的工程款优先受偿权应一并转移,受让人也享有工程款优先受偿权。

本案中,《建设工程施工合同》未对A建筑公司对外转让工程款债权作出限制,工程款债权也非专属于A建筑公司自身的债权,故A建筑公司转让债权的通知送达乙公司后,对乙公司即有约束力,韩某依法取得A建筑公司的工程款债权及其法定优先权,即韩某对酒店工程拍卖所得具有优先受偿权的主张,应得到人民法院的支持。所以,A建筑公司将工程款债权转让给韩某,优先受偿权能一同转让。

【风险防范建议】

对于工程价款债权受让人来说,为维护权益防范风险,需重点关注以下操作层面的问题：

(1)审查建设工程施工合同及相关单据。应注重审查施工合同中是否存在禁止或限制工程价款及优先受偿权转让的条款，还应注意审查合同的合法有效性、签章有效性、合同约定的付款条件(施工合同往往是根据工程进度周期分期付款)及合同金额等内容。而且，除了施工合同、协议书等主合同外，建设工程项目往往存在较多附属性文件，如施工进度表、工程情况报告、竣工验收单、结算单、监理报告、项目审计报告等文件，在实务中，建议受让人在受让建设工程债权时注意收集好此类文件，以进一步保障债权权益的实现。若存在限制性条款的，则需要通过承包人和发包人另行签订补充协议或是发包人在债权转让通知书上盖章确认等方式对该等条款进行变更。

(2)考察本地区对建设工程价款优先受偿权的明文规定及司法判例。受让人受让工程款债权转让的，还需注意查明相应地区的司法政策，若在广东、江苏等支持优先受偿权一并转让的地区受让，可以按照相关指导意见执行，同时建议在债权转让协议中明确约定本次债权转让的范围，包括建设工程价款和其他一切权利(包括但不限于建设工程价款优先受偿权、抵押权等权利)，进一步强化优先受偿权一并转让的效力；若在存在限制性规定地区进行受让，建议受让人要求承包人增补资信较好的连带保证人或补充其他担保措施，以保证债权权益的实现。而在其他未有明确指导意见的地区办理受让的，建议在债权转让协议中明确约定建设工程价款优先受偿权随着建设工程价款一并转让，以供法院在日后审理时作为尊重当事人意思自治的重要参考。

(3)注意在债权转让通知中载明建设工程价款优先受偿权一并转让。根据《民法典》的规定，债权人转让权利的，应当通知债务人。未经通知，该转让对债务人不产生效力。未将转让事实通知债务人(发包人)的，不对其产生效力，发包人可据此抗辩给付请求，也会影响优先受偿权的实现，因此，注意将债权转让事实明确通知发包人。同时，在向发包人发送的债权转让通知书中载明优先受偿权随工程价款一并转让，防止出现发包人的抗辩。

(4)注意行使建设工程优先受偿权的特殊限制。首先，建设工程优先受偿权需在法定期限内行使。根据规定，建设工程承包人行使优先权的期限为18个月，自发包人应当给付建设工程价款之日起计算。受让人应在此期限内及时行使。其次，需知悉优先受偿权的受偿范围仅限于工程价款、工作人员报酬等费用，不包括违约损失。最后，工程价款优先受偿权还受到消费者基于购房款产生的请求权的限制，消费者交付购买商品房的全部或者大部分款项后，承包人就该商品房享有的工程价款优先受偿权不得对抗买受人。消费者已经支付大部分或全部房款的，其享有的房产利益优先于工程价款债权。

综上所述，就受让人而言，建设工程价款优先受偿权为其顺利实现债权提供了一个有力的保障，笔者建议受让人在受让建设工程款债权时，最好同时在转让合同及转让通知书中明确约定建设工程价款优先受偿权随应收工程款债权一并转让,以免引发后续争议。

【法条链接】

《民法典》第五百四十五条第一款　债权人可以将债权的全部或者部分转让给第三人,但是有下列情形之一的除外:

(一)根据债权性质不得转让;

(二)按照当事人约定不得转让;

(三)依照法律规定不得转让。

第五百四十六条第一款　债权人转让债权,未通知债务人的,该转让对债务人不发生效力。

第五百四十七条第一款　债权人转让债权的,受让人取得与债权有关的从权利,但是该从权利专属于债权人自身的除外。

第八百零七条　发包人未按照约定支付价款的,承包人可以催告发包人在合理期限内支付价款。发包人逾期不支付的,除根据建设工程的性质不宜折价、拍卖外,承包人可以与发包人协议将该工程折价,也可以请求人民法院将该工程依法拍卖。建设工程的价款就该工程折价或者拍卖的价款优先受偿。

《最高人民法院关于审理建设工程施工合同纠纷案件适用法律问题的解释(一)》第三十五条　与发包人订立建设工程施工合同的承包人,依据民法典第八百零七条的规定请求其承建工程的价款就工程折价或者拍卖的价款优先受偿的,人民法院应予支持。

第四十一条　承包人应当在合理期限内行使建设工程价款优先受偿权,但最长不得超过十八个月,自发包人应当给付建设工程价款之日起算。

《江苏省高院关于审理建设工程施工合同纠纷案件若干问题的意见》第二十条　承包人将建设工程价款债权转让的,建设工程价款的优先受偿权随之转让。

《深圳市中级人民法院关于审理建设工程施工合同纠纷案件的指导意见》　二十一、承包人将其对发包人的工程款债权转让给第三人的,建设工程价款优先受偿权随之转让。

第七章
竣工验收及备案

一、竣工验收

135. 施工单位拒绝竣工验收的，要承担什么责任？

【情景案例】

甲房地产公司与乙建筑公司签订《建设工程施工合同》，约定甲房地产公司将某项目的全部土建及安装工程发包给乙建筑公司总承包施工，工期为11个月；工程竣工验收后，乙建筑公司向甲房地产公司移交完整的竣工资料及竣工图纸四套和相应的电子磁盘资料，竣工资料及竣工图纸必须准确真实地反映实际施工情况；乙建筑公司不得因工程竣工结算原因拖延或拒绝配合甲房地产公司办理工程的竣工验收备案手续；乙建筑公司有责任在工程的中间验收、竣工验收、档案验收过程中为甲房地产公司提供与政府相关部门的沟通与协调服务，并为甲房地产公司办理相应手续。施工过程中，甲房地产公司均按约支付工程进度款，但乙建筑公司因自身原因，致使工程未能如期竣工。双方签署会议纪要，调整竣工日期。工程按约定日期竣工验收后，乙建筑公司又拒不移交工程竣工档案资料，拒不配合办理验收备案手续，致使甲房地产公司违反与业主商品房买卖合同中关于房产证办理的约定。由于业主的房产证迟迟不能办理，甲房地产公司需向业主支付大量的逾期提交办理房产证登记资料违约金。甲房地产公司在多次要求乙建筑公司履行其应尽之移交竣工档案资料、配合办理验收备案手续等义务未果的情况下，遂向法院提起诉讼，要求乙建筑公司移交竣工档案资料、配合办理验收备案手续，要求乙建筑公司支付逾期竣工违约金，要求乙建筑公司支付60万元的保工期违约金，要求乙建筑公司赔偿向业主承担的逾期交房违约金的损失，要求乙建筑公司赔偿向业主承担的逾期提交办理产证登记资料违约金的损失等。

请问：甲房地产公司的请求能得到法院支持吗？

【案例分析】

本案涉及的是承包人拒绝或延迟竣工验收至发包人受到损失，要承担哪些责任的问题。

我国《民法典》第五百七十七条规定，当事人一方不履行合同义务或者履行合同义务不符合约定的，应当承担继续履行、采取补救措施或者赔偿损失等违约责任。第五百八十四条规定，当事人一方不履行合同义务或者履行合同义务不符合约定，造成对方损失的，损失赔偿额应当相当于因违约所造成的损失，包括合同履行后可以获得的利益；但是，不得超过违约一方订立合同时预见到或者应当预见到的可能因违约造成的损失。《建设工程质量管理条例》第十七条规定，建设单位应当严格按照国家有关档案管理的规定，及时收集、整理建设项目各环节的文件资料，建立、建立健全项目档案，并在建设工程竣工验收后，及时向建设行政主管部门或者其他有关部门移交建设项目档案。

交付使用的建设工程都必须经过竣工验收这一重要环节，在本案中，作为建设单位，需要施工单位提供用于备案所需的建设项目档案中的资料，施工单位提供相应资料，是其法定义务。作为合同违约金，应具有合同担保和违约补偿的双重功能，既有惩罚性，也具有补偿性。工期违约金，应当具有合同对工期的特殊担保要求所作出的约定，不应包含在逾期竣工违约金内。关于逾期竣工违约金与甲房地产公司向业主承担逾期交房违约金的损失，虽一为违约金，二为损失，但二者皆因乙建筑公司逾期竣工这一项违约行为产生，且损失金额小于逾期竣工违约金额，故逾期竣工违约金涵盖了甲房地产公司逾期交房违约金的损失。甲房开公司向小业主承担的逾期交房违约金的损失，可以认定为逾期竣工违约金内已经涵盖，应包含在逾期竣工违约金内，不应重复由乙建筑公司承担。另外，甲房地产公司向第三方承担的逾期提交办理产证登记资料违约金的起算，往往以实际交房的时间为起算时间，交房时间逾期，则提交办理产证登记资料时间会相应顺延。

综上所述，乙建筑公司应当向甲房开公司承担移交竣工档案资料、配合办理验收备案手续的责任，乙建筑公司也应当向甲房开公司承担60万元的保工期违约金以及逾期竣工违约金，关于甲公司逾期交房违约金的损失以及逾期提交办理产证登记资料违约金的损失，乙建设单位不应承担赔偿责任。

【风险防范建议】

就发包人而言，在签订建设工程施工合同时，务必将履约保证金、竣工逾期违约金、工期逾期违约金以及向第三人所承担的赔偿义务，是否由施工人来承担，以及起算时间、金额计算标准和方法，应进行明确和细化，并注意与第三方的合同中交付等义务的时间节点约定，在施工中，注意及时履行检查、提出承包人整改返工等发包人的法定以及约定的权利和义务、收集相应资料及证据。

就承包人而言，在签订建设工程施工合同前，务必做好工程情况分析、考察，事前考虑好影响竣工工期中的各种因素，把可能引起逾期的可能性因素、时间节点考虑周全，避免违约风险。在施工过程中，遇到不可抗力或其他客观原因以及因第三方甚至发包人的原因所引起延期等正当理由，可以确认竣工工期顺延的，应及时取得发包人的书面确认。在施工中，科学高效管理，避免逾期，也同时要注意收集相应资料及证据。例如，竣工逾期违约的，如果违约金较损失偏高，可以及时申请要求降低，争取机会。

【法条链接】

《民法典》第四百六十五条 依法成立的合同，受法律保护。

依法成立的合同，仅对当事人具有法律约束力，但是法律另有规定的除外。

第五百七十七条 当事人一方不履行合同义务或者履行合同义务不符合约定的，应当承担继续履行、采取补救措施或者赔偿损失等违约责任。

第五百八十四条 当事人一方不履行合同义务或者履行合同义务不符合约定，造成对方损失的，损失赔偿额应当相当于因违约所造成的损失，包括合同履行后可以获得的利益；但是，不得超过违约一方订立合同时预见到或者应当预见到的因违约可能造成的损失。

第五百八十五条 当事人可以约定一方违约时应当根据违约情况向对方支付一定数额的违约金，也可以约定因违约产生的损失赔偿额的计算方法。

约定的违约金低于造成的损失的，人民法院或者仲裁机构可以根据当事人的请求予以增加；约定的违约金过分高于造成的损失的，人民法院或者仲裁机构可以根据当事人的请求予以适当减少。

当事人就迟延履行约定违约金的，违约方支付违约金后，还应当履行债务。

第七百九十九条 建设工程竣工后，发包人应当根据施工图纸及说明书、国家颁发的施工验收规范和质量检验标准及时进行验收。验收合格的，发包人应当按照约定支付价款，并接收该建设工程。

建设工程竣工经验收合格后，方可交付使用；未经验收或者验收不合格的，不得交付使用。

《建筑法》第十五条 建筑工程的发包单位与承包单位应当依法订立书面合同，明确双方的权利和义务。

发包单位和承包单位应当全面履行合同约定的义务。不按照合同约定履行义务的，依法承担违约责任。

第六十一条 交付竣工验收的建筑工程，必须符合规定的建筑工程质量标准，有完整的工程技术经济资料和经签署的工程保修书，并具备国家规定的其他竣工条件。

建筑工程竣工经验收合格后，方可交付使用；未经验收或者验收不合格的，不得交付使用。

《建设工程质量管理条例》第十六条 建设单位收到建设工程竣工报告后，应当组织设计、施工、工程监理等有关单位进行竣工验收。

建设工程竣工验收应当具备下列条件：

（一）完成建设工程设计和合同约定的各项内容；

（二）有完整的技术档案和施工管理资料；

（三）有工程使用的主要建筑材料、建筑构配件和设备的进场试验报告；

（四）有勘察、设计、施工、工程监理等单位分别签署的质量合格文件；

（五）有施工单位签署的工程保修书。

建设工程经验收合格的，方可交付使用。

第十七条　建设单位应当严格按照国家有关档案管理的规定，及时收集、整理建设项目各环节的文件资料，建立、健全建设项目档案，并在建设工程竣工验收后，及时向建设行政主管部门或者其他有关部门移交建设项目档案。

《房屋建筑和市政基础设施工程竣工验收规定》第四条　工程竣工验收由建设单位负责组织实施。

第五条　工程符合下列要求方可进行竣工验收：

（一）完成工程设计和合同约定的各项内容。

（二）施工单位在工程完工后对工程质量进行了检查，确认工程质量符合有关法律、法规和工程建设强制性标准，符合设计文件及合同要求，并提出工程竣工报告。工程竣工报告应经项目经理和施工单位有关负责人审核签字。

（三）对于委托监理的工程项目，监理单位对工程进行了质量评估，具有完整的监理资料，并提出工程质量评估报告。工程质量评估报告应经总监理工程师和监理单位有关负责人审核签字。

（四）勘察、设计单位对勘察、设计文件及施工过程中由设计单位签署的设计变更通知书进行了检查，并提出质量检查报告。质量检查报告应经该项目勘察、设计负责人和勘察、设计单位有关负责人审核签字。

（五）有完整的技术档案和施工管理资料。

（六）有工程使用的主要建筑材料、建筑构配件和设备的进场试验报告，以及工程质量检测和功能性试验资料。

（七）建设单位已按合同约定支付工程款。

（八）有施工单位签署的工程质量保修书。

（九）对于住宅工程，进行分户验收并验收合格，建设单位按户出具《住宅工程质量分户验收表》。

（十）建设主管部门及工程质量监督机构责令整改的问题全部整改完毕。

（十一）法律、法规规定的其他条件。

第六条　工程竣工验收应当按以下程序进行：

（一）工程完工后，施工单位向建设单位提交工程竣工报告，申请工程竣工验收。实行监理的工程，工程竣工报告须经总监理工程师签署意见。

（二）建设单位收到工程竣工报告后，对符合竣工验收要求的工程，组织勘察、设计、施工、监理等单位组成验收组，制定验收方案。对于重大工程和技术复杂工程，根据需要可邀请有关专家参加验收组。

(三)建设单位应当在工程竣工验收7个工作日前将验收的时间、地点及验收组名单书面通知负责监督该工程的工程质量监督机构。

(四)建设单位组织工程竣工验收。

1. 建设、勘察、设计、施工、监理单位分别汇报工程合同履约情况和在工程建设各个环节执行法律、法规和工程建设强制性标准的情况;

2. 审阅建设、勘察、设计、施工、监理单位的工程档案资料;

3. 实地查验工程质量;

4. 对工程勘察、设计、施工、设备安装质量和各管理环节等方面作出全面评价,形成经验收组人员签署的工程竣工验收意见。

参与工程竣工验收的建设、勘察、设计、施工、监理等各方不能形成一致意见时,应当协商提出解决的方法,待意见一致后,重新组织工程竣工验收。

第七条 工程竣工验收合格后,建设单位应当及时提出工程竣工验收报告。工程竣工验收报告主要包括工程概况,建设单位执行基本建设程序情况,对工程勘察、设计、施工、监理等方面的评价,工程竣工验收时间、程序、内容和组织形式,工程竣工验收意见等内容。

工程竣工验收报告还应附有下列文件:

(一)施工许可证。

(二)施工图设计文件审查意见。

(三)本规定第五条(二)、(三)、(四)、(八)项规定的文件。

(四)验收组人员签署的工程竣工验收意见。

(五)法规、规章规定的其他有关文件。

第八条 负责监督该工程的工程质量监督机构应当对工程竣工验收的组织形式、验收程序、执行验收标准等情况进行现场监督,发现有违反建设工程质量管理规定行为的,责令改正,并将对工程竣工验收的监督情况作为工程质量监督报告的重要内容。

第九条 建设单位应当自工程竣工验收合格之日起15日内,依照《房屋建筑和市政基础设施工程竣工验收备案管理办法》的规定,向工程所在地的县级以上地方人民政府建设主管部门备案。

136. 建设工程未经竣工验收,发包人可以擅自使用吗?

【情景案例】

A建筑公司与B房地产公司签订《建设工程施工合同》,约定:B房地产公司将开发建设的华浩家园小区3号楼及裙楼工程发包给A建筑公司,工期为1年;单价按建筑面积4500元/平方米计算,一次性包死,最终按工程面积计算工程款,现场签证、设计变更、合同外增减工程量另行结算。合同签订后,A建筑公司按约定进场施工,并按时完工。工程竣工后,由于双方就现场签证、设计变更、合同外增减工程、工程款数额等问题发生争议，导致工程未能进行竣工验收。

请问：B房地产公司如果擅自使用未经竣工验收的工程，要承担什么责任？

【案例分析】

本案涉及的是发包人擅自使用未经竣工验收的工程，产生的质量问题以及工期逾期由谁承担责任的问题。

《建筑法》第六十一条第二款规定，建筑工程竣工经验收合格后，方可交付使用；未经验收或者验收不合格的，不得交付使用。《民法典》第七百九十九条第二款也规定，建设工程竣工经验收合格后，方可交付使用；未经验收或者验收不合格的，不得交付使用。《最高人民法院关于审理建设工程施工合同纠纷案件适用法律问题的解释(一)》第十四条规定，建设工程未经竣工验收，发包人擅自使用后，又以使用部分质量不符合约定为由主张权利的，人民法院不予支持；但是承包人应当在建设工程的合理使用寿命内对地基基础工程和主体结构质量承担民事责任。第九条规定，当事人对建设工程实际竣工日期有争议的，人民法院应当分别按照以下情形予以认定：(1)建设工程经竣工验收合格的，以竣工验收合格之日为竣工日期；(2)承包人已经提交竣工验收报告，发包人拖延验收的，以承包人提交验收报告之日为竣工日期；(3)建设工程未经竣工验收，发包人擅自使用的，以转移占有建设工程之日为竣工日期。

竣工验收，是指建筑工程全部建成后为检查工程质量而进行的一项工作程序，也是建设过程中最后一个工序，是全面考核基本建设工作，检查是否合乎设计要求和工程质量的重要环节，是房屋从建设生产转入使用的一个重要的标志，交付使用的房屋必须经过这一环节。

本案中，如果工程未经竣工验收，B房地产公司擅自使用，产生的质量问题，除了承包人应当在建设工程的合理使用寿命内，对地基基础工程和主体结构质量承担民事责任外，其余质量问题应当由B房地产公司自行承担。关于工期逾期谁承担责任的问题。应当结合案情来分析，如果承包人已经提交了竣工验收报告，发包人拖延验收的，以承包人提交验收报告之日为竣工日期，如果工程未及时竣工验收系发包人的原因导致发包人擅自使用，以转移占有建设工程之日为竣工日期。结合竣工日期及合同约定的工期来明确是否承担违约责任。

【风险防范建议】

对于发包人而言，应当及时对项目的完工情况进行检查，需要整改的，提出整改意见；整改完毕后，催促承包人及时提交竣工验收报告以及相应的资料，及时进行验收，如果承包人提交验收报告后发包人不及时组织验收，则承包人提交验收报告之日为竣工日期；擅自使用，除了承包人应当在建设工程的合理使用寿命内对地基基础工程和主体结构质量承担民事责任外,其余质量问题应当由发包人自行承担。

对于承包人而言,工程竣工后,应当及时提交竣工验收报告以及相应的资料,书面催告发包人验收,告知逾期验收的法律后果,以此避免空口无凭,并积极协助发包人组织验收。竣工验收后,有需要整改的地方,及时整改,整改完毕后及时通知发包人再次组织验收。发包人未经验收擅自使用的,承包人可及时取证,可提出由发包人承担擅自使用部分工程质量风险责任的主张,但地基基础工程和主体结构质量除外。

【法条链接】

《建筑法》第六十一条 交付竣工验收的建筑工程,必须符合规定的建筑工程质量标准,有完整的工程技术经济资料和经签署的工程保修书,并具备国家规定的其他竣工条件。

建筑工程竣工经验收合格后,方可交付使用;未经验收或者验收不合格的,不得交付使用。

《民法典》第七百九十九条 建设工程竣工后,发包人应当根据施工图纸及说明书、国家颁发的施工验收规范和质量检验标准及时进行验收。验收合格的,发包人应当按照约定支付价款,并接收该建设工程。

建设工程竣工经验收合格后,方可交付使用;未经验收或者验收不合格的,不得交付使用。

《建设工程质量管理条例》第十六条 建设单位收到建设工程竣工报告后,应当组织设计、施工、工程监理等有关单位进行竣工验收。

建设工程竣工验收应当具备下列条件:

(一)完成建设工程设计和合同约定的各项内容;

(二)有完整的技术档案和施工管理资料;

(三)有工程使用的主要建筑材料、建筑构配件和设备的进场试验报告;

(四)有勘察、设计、施工、工程监理等单位分别签署的质量合格文件;

(五)有施工单位签署的工程保修书。

建设工程经验收合格的,方可交付使用。

《最高人民法院关于审理建设工程施工合同纠纷案件适用法律问题的解释(一)》第九条 当事人对建设工程实际竣工日期有争议的,人民法院应当分别按照以下情形予以认定:

(一)建设工程经竣工验收合格的,以竣工验收合格之日为竣工日期;

(二)承包人已经提交竣工验收报告,发包人拖延验收的,以承包人提交验收报告之日为竣工日期;

(三)建设工程未经竣工验收,发包人擅自使用的,以转移占有建设工程之日为竣工日期。

第十四条 建设工程未经竣工验收,发包人擅自使用后,又以使用部分质量不符合约定为由主张权利的,人民法院不予支持;但是承包人应当在建设工程的合理使用寿命内对地基基础工程和主体结构质量承担民事责任。

137. 承包人已经按约定完工,发包人拖延竣工验收的,怎么办?

【情景案例】

甲建筑公司和乙公司签订《室内装饰工程施工合同》,约定:甲建筑公司承包乙公司的某住宅项目室内装饰工程,承包范围为某住宅项目A标段室内装饰工程施工;承包方式为按户总价包干;工期为7个月;工程款支付方式为每月30日计量,乙公司于次月15日前按月进度的80%向甲建筑公司支付工程款。后工程完工,同日甲建筑公司向乙公司送达了竣工验收通知书一份,载明:"××××年3月25日我司与贵公司签订《室内装饰工程施工合同》,该工程我司已全部完工,现书面通知贵公司组织相关单位进行竣工验收,并请贵司将应付的工程款给付我司。"乙公司收到通知书后,以各种理由拖延竣工验收,目的是拖延支付工程款。

请问:甲建筑公司应当如何维护自己的合法权益?

【案例分析】

本案主要涉及的是发包人故意拖延竣工验收,承包人应当如何维权的问题。

我国《民法典》第七百九十九条规定,建设工程竣工后,发包人应当根据施工图纸及说明书、国家颁发的施工验收规范和质量检验标准及时进行验收。验收合格的,发包人应当按照约定支付价款,并接收该建设工程。建设工程竣工经验收合格后,方可交付使用;未经验收或者验收不合格的,不得交付使用。根据《最高人民法院关于审理建设工程施工合同纠纷案件适用法律问题的解释(一)》第九条的规定,当事人对建设工程实际竣工日期有争议的,承包人已经提交竣工验收报告,发包人拖延验收的,以承包人提交验收报告之日为竣工日期。该司法解释第三十七条规定,装饰装修工程具备折价或者拍卖条件,装饰装修工程的承包人请求工程价款就该装饰装修工程折价或者拍卖的价款优先受偿的,人民法院应予支持。故工程竣工后,发包人应当及时组织竣工验收,这是法定以及合同约定的义务。

本案中,甲建筑公司作为承包人,可按提交验收报告之日为竣工日期,要求发包人承担付款义务,装饰装修工程的发包人不是该建筑物所有权人的除外,甲建筑公司还可以一并提出要求装饰装修工程价款就该装饰装修工程折价或者拍卖的价款优先受偿。如果和解不成,可以通过诉讼方式主张权利,维护自身合法权益,解决纠纷。

【风险防范建议】

就发包人而言,在工程竣工后,收到承包人的验收报告之日,就应当依法组织竣工验收,对于验收过程中,出现的需要整改的地方,可以及时提出,整改合格后再进行验收,如果未经验收擅自使用,该部分质量责任将由发包人自行承担。

就承包人而言，在工程竣工后，应当及时向发包人提交书面的竣工验收报告，如果发包人拖延验收，向发包人提交书面的验收报告之日，可视为竣工日期。另外，承包人在自发包人应当给付建设工程价款之日起算6个月内，可行使建设工程价款优先受偿权，但装饰装修工程的发包人不是该建筑物的所有权人的除外。

【法条链接】

《民法典》第四百六十五条　依法成立的合同，受法律保护。

依法成立的合同，仅对当事人具有法律约束力，但是法律另有规定的除外。

第五百七十七条　当事人一方不履行合同义务或者履行合同义务不符合约定的，应当承担继续履行、采取补救措施或者赔偿损失等违约责任。

第七百九十九条　建设工程竣工后，发包人应当根据施工图纸及说明书、国家颁发的施工验收规范和质量检验标准及时进行验收。验收合格的，发包人应当按照约定支付价款，并接收该建设工程。

建设工程竣工经验收合格后，方可交付使用；未经验收或者验收不合格的，不得交付使用。

《建筑法》第十五条　建筑工程的发包单位与承包单位应当依法订立书面合同，明确双方的权利和义务。

发包单位和承包单位应当全面履行合同约定的义务。不按照合同约定履行义务的，依法承担违约责任。

《建设工程质量管理条例》第十六条　建设单位收到建设工程竣工报告后，应当组织设计、施工、工程监理等有关单位进行竣工验收。

建设工程竣工验收应当具备下列条件：

（一）完成建设工程设计和合同约定的各项内容；

（二）有完整的技术档案和施工管理资料；

（三）有工程使用的主要建筑材料、建筑构配件和设备的进场试验报告；

（四）有勘察、设计、施工、工程监理等单位分别签署的质量合格文件；

（五）有施工单位签署的工程保修书。

建设工程经验收合格的，方可交付使用。

《房屋建筑和市政基础设施工程竣工验收规定》第四条　工程竣工验收由建设单位负责组织实施。

第五条　工程符合下列要求方可进行竣工验收：

（一）完成工程设计和合同约定的各项内容。

（二）施工单位在工程完工后对工程质量进行了检查，确认工程质量符合有关法律、法规和工程建设强制性标准，符合设计文件及合同要求，并提出工程竣工报告。工程竣工报告应经项目经理和施工单位有关负责人审核签字。

（三）对于委托监理的工程项目，监理单位对工程进行了质量评估，具有完整的监理资料，并提出工程质量评估报告。工程质量评估报告应经总监理工程师和监理单位有关负责人审核签字。

（四）勘察、设计单位对勘察、设计文件及施工过程中由设计单位签署的设计变更通知书进行了检查，并提出质量检查报告。质量检查报告应经该项目勘察、设计负责人和勘察、设计单位有关负责人审核签字。

（五）有完整的技术档案和施工管理资料。

（六）有工程使用的主要建筑材料、建筑构配件和设备的进场试验报告，以及工程质量检测和功能性试验资料。

（七）建设单位已按合同约定支付工程款。

（八）有施工单位签署的工程质量保修书。

（九）对于住宅工程，进行分户验收并验收合格，建设单位按户出具《住宅工程质量分户验收表》。

（十）建设主管部门及工程质量监督机构责令整改的问题全部整改完毕。

（十一）法律、法规规定的其他条件。

第六条 工程竣工验收应当按以下程序进行：

（一）工程完工后，施工单位向建设单位提交工程竣工报告，申请工程竣工验收。实行监理的工程，工程竣工报告须经总监理工程师签署意见。

（二）建设单位收到工程竣工报告后，对符合竣工验收要求的工程，组织勘察、设计、施工、监理等单位组成验收组，制定验收方案。对于重大工程和技术复杂工程，根据需要可邀请有关专家参加验收组。

（三）建设单位应当在工程竣工验收7个工作日前将验收的时间、地点及验收组名单书面通知负责监督该工程的工程质量监督机构。

（四）建设单位组织工程竣工验收。

1. 建设、勘察、设计、施工、监理单位分别汇报工程合同履约情况和在工程建设各个环节执行法律、法规和工程建设强制性标准的情况；

2. 审阅建设、勘察、设计、施工、监理单位的工程档案资料；

3. 实地查验工程质量；

4. 对工程勘察、设计、施工、设备安装质量和各管理环节等方面作出全面评价，形成经验收组人员签署的工程竣工验收意见。

参与工程竣工验收的建设、勘察、设计、施工、监理等各方不能形成一致意见时，应当协商提出解决的方法，待意见一致后，重新组织工程竣工验收。

第七条 工程竣工验收合格后，建设单位应当及时提出工程竣工验收报告。工程竣工验收报告主要包括工程概况，建设单位执行基本建设程序情况，对工程勘察、设计、施工、监理等方面的评价，工程竣工验收时间、程序、内容和组织形式，工程竣工验收意见等内容。

工程竣工验收报告还应附有下列文件：

（一）施工许可证。

（二）施工图设计文件审查意见。

(三)本规定第五条(二)、(三)、(四)、(八)项规定的文件。

(四)验收组人员签署的工程竣工验收意见。

(五)法规、规章规定的其他有关文件。

《最高人民法院关于审理建设工程施工合同纠纷案件适用法律问题的解释(一)》第九条 当事人对建设工程实际竣工日期有争议的,人民法院应当分别按照以下情形予以认定:

(一)建设工程经竣工验收合格的,以竣工验收合格之日为竣工日期;

(二)承包人已经提交竣工验收报告,发包人拖延验收的,以承包人提交验收报告之日为竣工日期;

(三)建设工程未经竣工验收,发包人擅自使用的,以转移占有建设工程之日为竣工日期。

第三十七条 装饰装修工程具备折价或者拍卖条件,装饰装修工程的承包人请求工程价款就该装饰装修工程折价或者拍卖的价款优先受偿的,人民法院应予支持。

第四十一条 承包人应当在合理期限内行使建设工程价款优先受偿权,但最长不得超过十八个月,自发包人应当给付建设工程价款之日起算。

138. 承包人可要求发包人支付“提前竣工费”吗?

【情景案例】

A建筑公司与B置业公司签订《建筑安装工程施工总承包合同》,约定:B置业公司将其开发建设的某危改小区丁区2号楼工程发包给A建筑公司承包施工,承包方式为包工包料,工期为9个月。合同对承包范围、工期、结算原则与方法、工程款支付等事项做了明确约定。施工过程中,B置业公司提出提前完工缩短工期的要求。为满足B置业公司的要求,A建筑公司调动公司所有资源加快施工进程,最终让工程提前2个月通过竣工验收,并实际交付使用。但是,为让工程提前竣工,A建筑公司加大了生产成本。为此,A建筑公司请求乙置业公司按照工程价款的日万分之二支付工程提前完工费(2号楼工程提前60天完工),但遭到B置业公司拒绝。B置业公司认为,双方没有提前竣工费的约定,不同意支付该款项。协商无果后,A建筑公司诉至法院。

请问:A建筑公司可要求B置业公司支付“提前竣工费”吗?

【案例分析】

本案涉及的是“提前竣工费”是否应当支付以及应按照什么标准支付的问题。

我国《民法典》第五百一十条规定,合同生效后,当事人就质量、价款或者报酬、履行地点等内容没有约定或者约定不明确的,可以协议补充;不能达成补充协议的,按照合同相关条款或者交易习惯确定。第五百一十一条规定,当事人就有关合同内容约定不明确,依据前条规定仍不能确定的,适用下列规定:……价款或者报酬不明确的,按照订立合同时履行地的市场价格履行;依法应当执行政府定价或者政府指导价的,按照规定履行。《最高人民法院关于审理建设工程施工合同纠纷案件适用法律问题的解释(一)》第三十二条第一款规定,当事人对工程造价、质量、修复费用等专门性问题有争议,人民法院认为需要鉴定的,应当向负有举证责任的当事人释明。当事人经释明未申请鉴定,虽申请鉴定但未支付鉴定费用或者拒不提供相关材料的,应当承担举证不能的法律后果。

遵循诚实信用原则、完全履行合同义务是当事人的责任。本案中,B 置业公司提出提前完工缩短工期的要求。为满足 B 置业公司的要求,A 建筑公司调动公司所有资源加快施工进程,提前完工,可以向 B 置业公司主张提前竣工的费用。如果双方不能协商一致,可以通过鉴定的方式来确定此补偿金的数额或计算方式。

【风险防范建议】

就发包人而言,涉及需要提前竣工的,除了考虑项目本身的质量、安全外,双方应事先在合同中约定工期,以及发生提前竣工情况下如何支付补偿金的数额或计算方式,避免发生纠纷造成损失。

就承包人而言,涉及需要提前竣工的,首先要考虑项目的质量、安全因素;其次考虑能否在新工期内完成,是否会构成违约;最后是要将补偿金数额或计算方式在补充合同中详细约定,避免约定不明或未约定的情况发生。

【法条链接】

《民法典》第五百零九条　当事人应当按照约定全面履行自己的义务。

当事人应当遵循诚信原则,根据合同的性质、目的和交易习惯履行通知、协助、保密等义务。

当事人在履行合同过程中,应当避免浪费资源、污染环境和破坏生态。

第五百一十条　合同生效后,当事人就质量、价款或者报酬、履行地点等内容没有约定或者约定不明确的,可以协议补充;不能达成补充协议的,按照合同相关条款或者交易习惯确定。

第五百一十一条　当事人就有关合同内容约定不明确,依据前条规定仍不能确定的,适用下列规定:

……

(二)价款或者报酬不明确的,按照订立合同时履行地的市场价格履行;依法应当执行政府定价或者政府指导价的,依照规定履行。

……

《建筑法》第十五条　建筑工程的发包单位与承包单位应当依法订立书面合同,明确双方的权利和义务。

发包单位和承包单位应当全面履行合同约定的义务。不按照合同约定履行义务的,依法承担违约责任。

《最高人民法院关于审理建设工程施工合同纠纷案件适用法律问题的解释(一)》第十九条 当事人对建设工程的计价标准或者计价方法有约定的,按照约定结算工程价款。

因设计变更导致建设工程的工程量或者质量标准发生变化,当事人对该部分工程价款不能协商一致的,可以参照签订建设工程施工合同时当地建设行政主管部门发布的计价方法或者计价标准结算工程价款。

建设工程施工合同有效,但建设工程经竣工验收不合格的,工程价款结算参照民法典第五百七十七规定处理。

第三十二条 当事人对工程造价、质量、修复费用等专门性问题有争议,人民法院认为需要鉴定的,应当向负有举证责任的当事人释明。当事人经释明未申请鉴定,虽申请鉴定但未支付鉴定费用或者拒不提供相关材料的,应当承担举证不能的法律后果。

一审诉讼中负有举证责任的当事人未申请鉴定,虽申请鉴定但未支付鉴定费用或者拒不提供相关材料,二审诉讼中申请鉴定,人民法院认为确有必要的,应当依照民事诉讼法第一百七十条第一款第三项的规定处理。

139. 工程竣工验收不合格的,可以返修后重新进行验收吗?

【情景案例】

甲建筑公司与乙公司签订《建设工程施工合同》,约定:由甲建筑公司承包乙公司位于某区的办公楼工程,建筑面积1200平方米,承包范围包括土建、给排水、电照等,工期为5个月,工程质量标准合格,合同总价款300万元。合同签订后,由甲建筑公司组织人员、机械开始施工,整个工程按时完工。在验收过程中,乙公司发现工程存在严重的质量问题,验收不合格。由于乙公司无法按期使用办公楼,甲建筑公司给乙公司造成严重的经济损失。为此,乙公司诉至法院,要求判令甲建筑公司赔偿相应损失。甲建筑公司辩称,工程存在质量问题,其可以返修直至竣工合格为止,但不同意赔偿损失。

请问:甲建筑公司的说法符合我国法律规定吗?

【案例分析】

本案涉及的是工程出现质量问题,施工单位可否采用修复至验收合格的方式进行补救的问题。

我国《建筑法》第六十条规定,建筑物在合理使用寿命内,必须确保地基基础工程和主体结构的质量;建筑工程竣工时,屋顶、墙面不得留有渗漏、开裂等质量缺陷;对已发现的质量缺陷,建筑施工企业应当修复。第七十四条规定,建筑施工企业在施工中偷工减料的,使用不合格的建筑材料、建筑构配件和设备的,或者有其他不按照工程设计图纸或者施工技术标准施工的行为的,责令改正,处以罚款;情节严重的,责令停业整顿,降低资质等级或者吊销资质证书;造成建筑工程质量不符合规定的质量标准的,负责返工、修理,并赔偿因此造成的损失;构成犯罪的,依法追究刑事责任。第七百九十九条规定,建设工程竣工后,发包人应当根据施工图纸及说明书、国家颁发的施工验收规范和质量检验标准及时进行验收。验收合格的,发包人应当按照约定支付价款,并接收该建设工程。

施工人对工程质量问题进行修复是其法定的义务,也可以理解为一种权利。本案中,甲建筑公司辩称,工程存在质量问题,其可以返修直至竣工合格为止,此抗辩应该得到支持,甲建筑公司作为该工程项目的原来的施工人,由其进行返工、修复,最有利于质量问题的根本解决。甲建筑公司经返工、修复后经验收合格,甲建筑公司即完成了主要的合同义务,可以向乙公司主张索要工程款的权利。如果甲建筑公司拒绝对质量问题进行返工、修复或因质量问题造成乙公司损失,乙公司仍然可要求其承担赔偿损失等责任。同时根据《民法典》第五百八十二条、第五百八十三条的规定,因施工人甲建筑公司不按合同约定导致返修对发包人乙公司的合法利益造成损害的,发包人乙公司有权要求甲建筑公司进行合理的赔偿。

【风险防范建议】

就发包人而言,应当要求施工人按照工程设计要求、施工技术标准和合同的约定进行施工,对建筑材料、建筑构配件和设备进行检验,不合格的不得使用。如工程存在质量问题,可要求原来的施工人返修整改直至竣工验收合格为止。如质量问题造成发包人损失,发包人可要求施工人承担赔偿损失等责任。另外,发包人应保留好各种资料,以此避免因在建筑物的合理使用寿命内,出现建筑工程质量不合格受到损害索赔,作为责任者被要求承担赔偿责任。

就承包人而言,应当按照工程设计要求、施工技术标准和合同的约定,严格施工,对建筑材料、建筑构配件和设备进行检验,不合格的不得使用。对于隐蔽工程,及时催促发包人或监理单位验收。如工程存在质量问题,承包人可主动提出及时返修整改,直至竣工验收合格为止。另外,务必保留各种资料,以此避免因在建筑物的合理使用寿命内,出现建筑工程质量不合格受到损害索赔,承包人作为责任者被要求承担赔偿责任的情况。

【法条链接】

《民法典》第五百七十七条 当事人一方不履行合同义务或者履行合同义务不符合约定的,应当承担继续履行、采取补救措施或者赔偿损失等违约责任。

第五百八十二条 履行不符合约定的,应当按照当事人的约定承担违约责任。对违约责任没有约定或者约定不明确,依据本法第五百一十条的规定仍不能确定的,受损害方根据标的的性质以及损失的大小,可以合理选择请求对方承担修理、重作、更换、退货、减少价款或者报酬等违约责任。

第五百八十三条 当事人一方不履行合同义务或者履行合同义务不符合约定的,在履行义务或者采取补救措施后,对方还有其他损失的,应当赔偿损失。

第七百九十三条 建设工程施工合同无效,且建设工程经验收不合格的,按照以下情形处理:

(一)修复后的建设工程经验收合格的,发包人可以请求承包人承担修复费用;

(二)修复后的建设工程经验收不合格的,承包人无权请求参照合同关于工程价款的约定折价补偿。

发包人对因建设工程不合格造成的损失有过错的,应当承担相应的责任。

第七百九十九条 建设工程竣工后,发包人应当根据施工图纸及说明书、国家颁发的施工验收规范和质量检验标准及时进行验收。验收合格的,发包人应当按照约定支付价款,并接收该建设工程。

建设工程竣工经验收合格后,方可交付使用;未经验收或者验收不合格的,不得交付使用。

《建筑法》第五十九条 建筑施工企业必须按照工程设计要求、施工技术标准和合同的约定,对建筑材料、建筑构配件和设备进行检验,不合格的不得使用。

第六十条 建筑物在合理使用寿命内,必须确保地基基础工程和主体结构的质量。

建筑工程竣工时,屋顶、墙面不得留有渗漏、开裂等质量缺陷;对已发现的质量缺陷,建筑施工企业应当修复。

第六十一条 交付竣工验收的建筑工程,必须符合规定的建筑工程质量标准,有完整的工程技术经济资料和经签署的工程保修书,并具备国家规定的其他竣工条件。

建筑工程竣工经验收合格后,方可交付使用;未经验收或者验收不合格的,不得交付使用。

第七十四条 建筑施工企业在施工中偷工减料的,使用不合格的建筑材料、建筑构配件和设备的,或者有其他不按照工程设计图纸或者施工技术标准施工的行为的,责令改正,处以罚款;情节严重的,责令停业整顿,降低资质等级或者吊销资质证书;造成建筑工程质量不符合规定的质量标准的,负责返工、修理,并赔偿因此造成的损失;构成犯罪的,依法追究刑事责任。

第八十条 在建筑物的合理使用寿命内,因建筑工程质量不合格受到损害的,有权向责任者要求赔偿。

《建设工程质量管理条例》第三十二条 施工单位对施工中出现质量问题的建设工程或者竣工验收不合格的建设工程,应当负责返修。

二、竣工备案

140. 竣工验收备案表是否可约定为房屋交付的条件?

【情景案例】

鞠某东(乙方,买方)与广东某云尚房地产开发有限公司(甲方,卖方)签订《商品房预售合同》,约定:乙方购买甲方位于广州市番禺区房屋一套,房屋建筑面积为160

平方米，每平方米单价为48,800元，总价78,208,000元。该预售合同第二十条约定，商品房验收合格，甲方交付乙方使用。甲方向乙方发出收楼通知书，提供《住宅质量保证书》和《住宅使用说明书》，签署《房屋交接书》办理商品房交接手续。但鞠某东坚持提出，该条款还应约定竣工验收备案表为房屋交付条件，才能使房屋质量更有保障。

请问：鞠某东提出的理由是否成立？

【案例分析】

我国《城乡规划法》第四十五条第一款规定，县级以上地方人民政府城乡规划主管部门按照国务院规定对建设工程是否符合规划条件予以核实。未经核实或者经核实不符合规划条件的，建设单位不得组织竣工验收。《房屋建筑和市政基础设施工程竣工验收备案管理办法》第五条规定，建设单位办理工程竣工验收备案应当提交下列文件：(1)工程竣工验收备案表。(2)工程竣工验收报告。竣工验收报告应当包括工程报建日期，施工许可证号，施工图设计文件审查意见，勘察、设计、施工、工程监理等单位分别签署的质量合格文件及验收人员签署的竣工验收原始文件，市政基础设施的有关质量检测和功能性试验资料以及备案机关认为需要提供的有关资料。(3)法律、行政法规规定应当由规划、环保等部门出具的认可文件或者准许使用文件。(4)法律规定应当由公安消防部门出具的对大型的人员密集场所和其他特殊建设工程验收合格的证明文件。(5)施工单位签署的工程质量保修书。(6)法规、规章规定必须提供的其他文件。住宅工程还应当提交《住宅质量保证书》和《住宅使用说明书》。第六条规定，备案机关收到建设单位报送的竣工验收备案文件，验证文件齐全后，应当在工程竣工验收备案表上签署文件收讫。工程竣工验收备案表一式两份：一份由建设单位保存，另一份留备案机关存档。

本案中，鞠某东提出《商品房预售合同》应约定竣工验收备案表为房屋交付条件。但从上述法律及相关规定内容可知，无论是否在《商品房预售合同》中约定工程竣工验收备案表，广东某云尚房地产开发有限公司到建设行政主管部门办理工程竣工验收备案必须提供该文件，且该备案表只一式两份，一份由该房地产公司保存，另一份留备案机关存档。因此，对于规定必须提供且由该房地产公司保存的竣工验收备案表，不必要求在《商品房预售合同》中约定为房屋交付条件。故鞠某东的要求难以成立。

【风险防范建议】

虽然法律和相关法规、规章规定房屋竣工验收合格的证明是取得建设行政部门签署收讫的工程竣工验收备案表，但该表并不能证明房屋质量没有问题。实践中，要审查商品房竣工验收报告合格，房地产公司除了提供住宅质量保证书和住宅使用说明书外，尚需考虑下列情形：

(1)完成建设工程设计和合同约定的各项内容;

(2)有完整的技术档案和施工管理资料;

(3)有工程使用的主要建筑材料、建筑构配件和设备的进场试验报告;

(4)有勘察、设计、施工、工程监理等单位分别签署的质量合格文件;

(5)规划、环保和消防等部门出具的认可文件或者准许使用文件;

(6)有施工单位签署的工程保修书。

【法条链接】

《城乡规划法》第四十五条 县级以上地方人民政府城乡规划主管部门按照国务院规定对建设工程是否符合规划条件予以核实。未经核实或者经核实不符合规划条件的,建设单位不得组织竣工验收。

建设单位应当在竣工验收后六个月内向城乡规划主管部门报送有关竣工验收资料。

《建设工程质量管理条例》第四十九条 建设单位应当自建设工程竣工验收合格之日起15日内,将建设工程竣工验收报告和规划、公安消防、环保等部门出具的认可文件或者准许使用文件报建设行政主管部门或者其他有关部门备案。

建设行政主管部门或者其他有关部门发现建设单位在竣工验收过程中有违反国家有关建设工程质量管理规定行为的,责令停止使用,重新组织竣工验收。

《房屋建筑和市政基础设施工程竣工验收备案管理办法》第五条 建设单位办理工程竣工验收备案应当提交下列文件:

(一)工程竣工验收备案表;

(二)工程竣工验收报告。竣工验收报告应当包括工程报建日期,施工许可证号,施工图设计文件审查意见,勘察、设计、施工、工程监理等单位分别签署的质量合格文件及验收人员签署的竣工验收原始文件,市政基础设施的有关质量检测和功能性试验资料以及备案机关认为需要提供的有关资料;

(三)法律、行政法规规定应当由规划、环保等部门出具的认可文件或者准许使用文件;

(四)法律规定应当由公安消防部门出具的对大型的人员密集场所和其他特殊建设工程验收合格的证明文件;

(五)施工单位签署的工程质量保修书;

(六)法规、规章规定必须提供的其他文件。

住宅工程还应当提交《住宅质量保证书》和《住宅使用说明书》。

第六条 备案机关收到建设单位报送的竣工验收备案文件,验证文件齐全后,应当在工程竣工验收备案表上签署文件收讫。

工程竣工验收备案表一式两份,一份由建设单位保存,一份留备案机关存档。

141. 对竣工验收备案行为，是否可以起诉？

【情景案例】

陈某是金建置业有限公司开发销售的金山云景花园住宅小区的购房户，该公司向××市××区住建局申请办理该商品房住宅小区3号楼项目竣工验收备案，提交了建设工程规划许可证和建筑工程施工许可证，施工图设计文件审查意见，勘察、设计、施工、工程监理等单位分别签署的质量合格文件及验收人员签署的竣工验收文件以及提交《住宅质量保证书》和《住宅使用说明书》。××市××区住建局认为金建置业有限公司提交的上述材料符合《房屋建筑和市政基础设施工程竣工验收备案管理办法》《××省房屋建筑和市政基础设施工程竣工验收备案管理实施办法》所规定的办理竣工验收备案时应提交的文件要求，故签署文件收讫章予以备案。陈某认为住建局作出涉案备案行为，审批事实不清，金建置业有限公司没有提交规划部门和环保、消防等部门出具的认可文件或者准许使用文件，属于竣工验收备案文件不齐全，住建局验收备案办理不符合法定条件。因此，陈某向××市住建委提起行政复议。之后，××市住建委作出《行政复议决定书》，维持××区住建局作出的×商品房住宅小区3号楼工程建设工程竣工验收备案。陈某不服，遂向法院提起行政诉讼，请求确认××区住建局竣工验收备案行为违法。

请问：陈某可以起诉区住建局的竣工验收备案行为吗？

【案例分析】

本案涉及的是住建局的竣工验收备案行为是否属于可以提起行政诉讼的问题。

根据我国《行政诉讼法》第十二条的规定，公民认为行政机关侵犯其他人身权、财产权等合法权益的，可以提起诉讼。《城乡规划法》第四十五条第一款规定，县级以上地方人民政府城乡规划主管部门按照国务院规定对建设工程是否符合规划条件予以核实。未经核实或者经核实不符合规划条件的，建设单位不得组织竣工验收。《建设工程质量管理条例》第四十九条第一款规定，建设单位应当自建设工程竣工验收合格之日起15日内，将建设工程竣工验收报告和规划、公安消防、环保等部门出具的认可文件或者准许使用文件报建设行政主管部门或者其他有关部门备案。

本案中，住建局没有根据法律及相关规定验证齐全金建置业有限公司提交的办理竣工验收备案时需要的文件，就签署文件收讫章予以备案，违反国家有关建设工程质量管理的规定，使不符合办理工程竣工验收备案的金建置业有限公司的商品房通过备案，对商品房质量留下隐患，侵犯了购房户陈某的财产权，故陈某起诉区住建局的竣工验收备案行为符合法律规定，应当得到法院支持。

【风险防范建议】

公民对行政机关及其工作人员的行政行为不服，要提起行政诉讼，须符合《行政诉讼法》的受案范围，特别是认为行政机关及其工作人员侵犯其人身权、财产权等合法权益以及法律、法规规定可以提起诉讼的其他行政案件。否则，如果对公民的权利义务不产生实际影响，起诉将难以得到法院受理。

【法条链接】

《城乡规划法》第四十五条 县级以上地方人民政府城乡规划主管部门按照国务院规定对建设工程是否符合规划条件予以核实。未经核实或者经核实不符合规划条件的，建设单位不得组织竣工验收。

建设单位应当在竣工验收后六个月内向城乡规划主管部门报送有关竣工验收资料。

《行政诉讼法》第十二条 人民法院受理公民、法人或者其他组织提起的下列诉讼：

……

（十二）认为行政机关侵犯其他人身权、财产权等合法权益的。

……

第七十四条第一款 行政行为有下列情形之一的，人民法院判决确认违法，但不撤销行政行为：

（一）行政行为依法应当撤销，但撤销会给国家利益、社会公共利益造成重大损害的；

（二）行政行为程序轻微违法，但对原告权利不产生实际影响的。

《建设工程质量管理条例》第四十九条 建设单位应当自建设工程竣工验收合格之日起15日内，将建设工程竣工验收报告和规划、公安消防、环保等部门出具的认可文件或者准许使用文件报建设行政主管部门或者其他有关部门备案。

建设行政主管部门或者其他有关部门发现建设单位在竣工验收过程中有违反国家有关建设工程质量管理规定行为的，责令停止使用，重新组织竣工验收。

142. 能否将工程竣工验收备案表的时间认定为工程竣工日期?

【情景案例】

甲房地产公司与乙建筑公司签订《建设工程施工合同》，约定：甲房地产公司将“某住宅小区”工程发包给乙建筑公司承包建设，工程价款为1.2亿元。工程完工后，双方因工程款结算产生纠纷，乙建筑公司遂起诉至法院要求甲房地产公司支付剩余的工程款800万元及利息，并要求利息应从工程竣工验收之日起计算，但双方均未提供竣工验收报告等证据来证明“某住宅小区”工程的竣工验收日期，只由乙建筑公司提供的“工程竣工验收备案表”。乙建筑公司认为，应当以工程实际交付使用的日期为工程竣工日期;甲房地产公司认为,应当以取得竣工验收备案表的日期为工程竣工日期。

请问:甲房地产的说法符合我国法律规定吗?

【案例分析】

本案涉及的是工程竣工验收日期是以实际交付使用时间还是以取得竣工验收备案时间为准的问题。

我国《民法典》第五百零九条第一款、第二款规定,当事人应当按照约定全面履行自己的义务。当事人应当遵循诚信原则,根据合同的性质、目的和交易习惯履行通知、协助、保密等义务。《建设工程质量管理条例》第四十九条规定,建设单位应当自建设工程竣工验收合格之日起 15 日内,将建设工程竣工验收报告和规划、公安消防、环保等部门出具的认可文件或者准许使用文件报建设行政主管部门或者其他有关部门备案;建设行政主管部门或者其他有关部门发现建设单位在竣工验收过程中有违反国家有关建设工程质量管理规定行为的,责令停止使用,重新组织竣工验收。《最高人民法院关于审理建设工程施工合同纠纷案件适用法律问题的解释(一)》第九条规定,当事人对建设工程实际竣工日期有争议的,按照以下情形分别处理:(1)建设工程经竣工验收合格的,以竣工验收合格之日为竣工日期;(2)承包人已经提交竣工验收报告,发包人拖延验收的,以承包人提交验收报告之日为竣工日期;(3)建设工程未经竣工验收,发包人擅自使用的,以转移占有建设工程之日为竣工日期。

竣工验收、竣工备案的组织责任主体均为建设单位。建设单位应当自建设工程竣工验收合格之日起 15 日内,报建设行政主管部门或者其他有关部门备案。换言之,验收合格在前,备案在后,这是法定的时间顺序。本案仅有《工程竣工验收备案表》,根据我国相关规定,该备案表不能当作工程已经竣工验收完毕的证据,且若本案仅有备案表,则不能认定该工程已经竣工验收。故在本案中,因为没有竣工验收,甲房地产公司擅自使用工程,应由甲房地产公司承担不利后果,故应以转移占有建设工程之日为竣工日期,对乙建筑公司较为公平。

综上所述,甲房地产的说法不符合我国法律规定。

【风险防范建议】

(1)就发包人而言,建设工程竣工后,发包人应当根据施工图纸及说明书、国家颁发的施工验收规范和质量检验标准及时进行竣工验收。验收时发现问题可要求承包人进行整改,整改后再行验收,并保管好相关资料,以利于管理以及纠纷的解决。

(2)就承包人而言,建设工程竣工后,应及时书面向发包人提交建设工程竣工报告,催促其尽快验收,出现问题及时整改,早日通过验收,有利于早日起算保修期限和退还质量保证金期限。如果发包人拖延验收的,可以从提交发包方验收报告之日为竣工日期,采用诉讼等方式依法主张工程尾款以及行使优先受偿权。

【法条链接】

《民法典》第五百零九条　当事人应当按照约定全面履行自己的义务。

当事人应当遵循诚信原则,根据合同的性质、目的和交易习惯履行通知、协助、保密等义务。

当事人在履行合同过程中,应当避免浪费资源、污染环境和破坏生态。

第五百一十条　合同生效后,当事人就质量、价款或者报酬、履行地点等内容没有约定或者约定不明确的,可以协议补充;不能达成补充协议的,按照合同相关条款或者交易习惯确定。

第七百九十九条　建设工程竣工后,发包人应当根据施工图纸及说明书、国家颁发的施工验收规范和质量检验标准及时进行验收。验收合格的,发包人应当按照约定支付价款,并接收该建设工程。

建设工程竣工经验收合格后,方可交付使用;未经验收或者验收不合格的,不得交付使用。

《建设工程质量管理条例》第十六条　建设单位收到建设工程竣工报告后,应当组织设计、施工、工程监理等有关单位进行竣工验收。

建设工程竣工验收应当具备下列条件:

(一)完成建设工程设计和合同约定的各项内容;

(二)有完整的技术档案和施工管理资料;

(三)有工程使用的主要建筑材料、建筑构配件和设备的进场试验报告;

(四)有勘察、设计、施工、工程监理等单位分别签署的质量合格文件;

(五)有施工单位签署的工程保修书。

建设工程经验收合格的,方可交付使用。

第四十九条　建设单位应当自建设工程竣工验收合格之日起15日内,将建设工程竣工验收报告和规划、公安消防、环保等部门出具的认可文件或者准许使用文件报建设行政主管部门或者其他有关部门备案。

建设行政主管部门或者其他有关部门发现建设单位在竣工验收过程中有违反国家有关建设工程质量管理规定行为的,责令停止使用,重新组织竣工验收。

《房屋建筑和市政基础设施工程竣工验收规定》第四条　工程竣工验收由建设单位负责组织实施。

第五条　工程符合下列要求方可进行竣工验收:

(一)完成工程设计和合同约定的各项内容。

(二)施工单位在工程完工后对工程质量进行了检查,确认工程质量符合有关法律、法规和工程建设强制性标准,符合设计文件及合同要求,并提出工程竣工报告。工程竣工报告应经项目经理和施工单位有关负责人审核签字。

(三)对于委托监理的工程项目,监理单位对工程进行了质量评估,具有完整的监理资料,并提出工程质量评估报告。工程质量评估报告应经总监理工程师和监理单位有关负责人审核签字。

（四）勘察、设计单位对勘察、设计文件及施工过程中由设计单位签署的设计变更通知书进行了检查，并提出质量检查报告。质量检查报告应经该项目勘察、设计负责人和勘察、设计单位有关负责人审核签字。

（五）有完整的技术档案和施工管理资料。

（六）有工程使用的主要建筑材料、建筑构配件和设备的进场试验报告，以及工程质量检测和功能性试验资料。

（七）建设单位已按合同约定支付工程款。

（八）有施工单位签署的工程质量保修书。

（九）对于住宅工程，进行分户验收并验收合格，建设单位按户出具《住宅工程质量分户验收表》。

（十）建设主管部门及工程质量监督机构责令整改的问题全部整改完毕。

（十一）法律、法规规定的其他条件。

第六条 工程竣工验收应当按以下程序进行：

（一）工程完工后，施工单位向建设单位提交工程竣工报告，申请工程竣工验收。实行监理的工程，工程竣工报告须经总监理工程师签署意见。

（二）建设单位收到工程竣工报告后，对符合竣工验收要求的工程，组织勘察、设计、施工、监理等单位组成验收组，制定验收方案。对于重大工程和技术复杂工程，根据需要可邀请有关专家参加验收组。

（三）建设单位应当在工程竣工验收 7 个工作日前将验收的时间、地点及验收组名单书面通知负责监督该工程的工程质量监督机构。

（四）建设单位组织工程竣工验收。

1. 建设、勘察、设计、施工、监理单位分别汇报工程合同履约情况和在工程建设各个环节执行法律、法规和工程建设强制性标准的情况；

2. 审阅建设、勘察、设计、施工、监理单位的工程档案资料；

3. 实地查验工程质量；

4. 对工程勘察、设计、施工、设备安装质量和各管理环节等方面作出全面评价，形成经验收组人员签署的工程竣工验收意见。

参与工程竣工验收的建设、勘察、设计、施工、监理等各方不能形成一致意见时，应当协商提出解决的方法，待意见一致后，重新组织工程竣工验收。

第七条 工程竣工验收合格后，建设单位应当及时提出工程竣工验收报告。工程竣工验收报告主要包括工程概况，建设单位执行基本建设程序情况，对工程勘察、设计、施工、监理等方面的评价，工程竣工验收时间、程序、内容和组织形式，工程竣工验收意见等内容。

工程竣工验收报告还应附有下列文件：

（一）施工许可证。

（二）施工图设计文件审查意见。

（三）本规定第五条（二）、（三）、（四）、（八）项规定的文件。

（四）验收组人员签署的工程竣工验收意见。

（五）法规、规章规定的其他有关文件。

《最高人民法院关于审理建设工程施工合同纠纷案件适用法律问题的解释（一）》第九条 当事人对建设工程实际竣工日期有争议的，人民法院应当分别按照以下情形予以认定：

（一）建设工程经竣工验收合格的，以竣工验收合格之日为竣工日期；

（二）承包人已经提交竣工验收报告，发包人拖延验收的，以承包人提交验收报告之日为竣工日期；

（三）建设工程未经竣工验收，发包人擅自使用的，以转移占有建设工程之日为竣工日期。

《房屋建筑和市政基础设施工程竣工验收备案管理办法》第四条 建设单位应当自工程竣工验收合格之日起15日内，依照本办法规定，向工程所在地的县级以上地方人民政府建设主管部门（以下简称备案机关）备案。

第二篇

房地产篇

PART 02

第八章

土地法律问题

一、土地使用权

143. 未缴纳出让金的土地使用权上设立的抵押权能实现吗？

【情景案例】

某房地产公司由张某创办。张某与某县国土资源局局长陈某是大学同学，两人关系甚好。某房地产公司以出让方式取得一块国有土地使用权。之后，因某房地产公司资金紧张，于是张某找到陈某帮忙，让其先办理国有建设用地使用权证，当某房地产公司以土地使用证为抵押向某银行贷款后再支付土地出让金。在陈某的帮助下，某县国土资源局同意并为某房地产公司办理了国有建设用地使用权证。随后某房地产公司一方面在某银行办理抵押贷款，另一方面以各种理由拒付土地出让金。后由于某房地产公司经营不善无法按时向某银行还款，某银行欲实现抵押权。某县国土资源局在某银行来办理相关手续时告之该土地未缴纳土地出让金，土地使用证有瑕疵，抵押权不能实现。双方协商未果，某银行遂将某房地产公司与某县国土资源局诉至法院，要求顺利实现抵押权。

请问：某银行的请求能得到法院支持吗？

【案例分析】

本案涉及土地使用证有瑕疵是否会影响银行的抵押优先受偿权问题。

我国《民法典》第二百一十四条规定，不动产物权的设立、变更、转让和消灭，依照法律规定应当登记的，自记载于不动产登记簿时发生效力。第二百一十五条规定，当事人之间订立有关设立、变更、转让和消灭不动产物权的合同，除法律另有规定或者当事人另有约定外，自合同成立时生效；未办理物权登记的，不影响合同效力。第三百九十四条规定，为担保债务的履行，债务人或者第三人不转移财产的占有，将该财产抵押给债权人的，债务人不履行到期债务或者发生当事人约定的实现抵押权的情形，债权人有权就该财产优先受偿。

本案中,由于某房地产公司办理了国有建设用地使用权证后,在某银行办理抵押贷款,抵押权已经登记,应受法律保护。故银行的抵押权应优先受偿,能顺利得以实现,即使土地使用证有瑕疵也不会影响银行的抵押优先受偿权。如果房地产公司没有履行支付土地出让金的责任,某县国土资源局可以向房地产公司另行主张,以此实现催缴土地出让金的目的。

【风险防范建议】

就抵押权人而言,为了资金安全,最好在办理抵押登记前到自然资源行政部门对建设用地使用情况进行了解,审查建设用地使用权是否存在土地出让金未支付等瑕疵,确保标的物在抵押人不能到期偿还债务时能够依法拍卖变卖实现抵押目的。

就抵押人而言,应当诚实守信,及时支付土地出让金。即使资金困难,也应当在抵押权登记取得资金后,及时支付此土地出让金,以此避免受到行政部门的处罚及承担更大的损失赔偿责任。

【法条链接】

《民法典》第二百一十四条 不动产物权的设立、变更、转让和消灭,依照法律规定应当登记的,自记载于不动产登记簿时发生效力。

第二百一十五条 当事人之间订立有关设立、变更、转让和消灭不动产物权的合同,除法律另有规定或者当事人另有约定外,自合同成立时生效;未办理物权登记的,不影响合同效力。

第三百九十四条 为担保债务的履行,债务人或者第三人不转移财产的占有,将该财产抵押给债权人的,债务人不履行到期债务或者发生当事人约定的实现抵押权的情形,债权人有权就该财产优先受偿。

前款规定的债务人或者第三人为抵押人,债权人为抵押权人,提供担保的财产为抵押财产。

《城市房地产管理法》第十六条 土地使用者必须按照出让合同约定,支付土地使用权出让金;未按照出让合同约定支付土地使用权出让金的,土地管理部门有权解除合同,并可以请求违约赔偿。

《不动产登记暂行条例实施细则》第六十六条 自然人、法人或者其他组织为保障其债权的实现,依法以不动产设定抵押的,可以由当事人持不动产权属证书、抵押合同与主债权合同等必要材料,共同申请办理抵押登记。

抵押合同可以是单独订立的书面合同,也可以是主债权合同中的抵押条款。

《城镇国有土地使用权出让和转让暂行条例》第十四条 土地使用者应当在签订土地使用权出让合同后六十日内,支付全部土地使用权出让金。逾期未全部支付的,出让方有权解除合同,并可请求违约赔偿。

144. 政府土地管理部门不按约定提供土地，需要承担违约责任吗？

【情景案例】

某市国土资源局刊登《国有建设用地使用权出让公告》，决定以挂牌方式出让某地块的国有建设用地使用权。某公司向市土地征用收购储备中心（以下简称储备中心）交纳土地保证金3000万元。某市国土资源局向某公司发出竞买资格确认书，确认某公司具备参加某地块国有土地使用权挂牌竞买资格。某市国土资源局与某公司签署了成交确认书，该成交确认书载明的竞得人为某公司，某公司同日向储备中心支付了剩余的土地出让金5000万元。某市国土资源局与某公司签订国有土地使用权出让合同，出让人为某市国土资源局，受让人为某公司。国有土地使用权出让合同订立后，某市国土资源局未能按合同约定向某公司交付土地。为此，某公司诉至法院，要求解除出让合同，返还土地出让款8000万元，并要求国土资源局依照合同约定承担违约金1600万元。

请问：某公司的请求能得到法院支持吗？

【案例分析】

本案涉及的是国有土地使用权出让合同目的不能实现，受让人如何救济的问题。

我国《土地管理法》第五十五条第一款规定，以出让等有偿使用方式取得国有土地使用权的建设单位，按照国务院规定的标准和办法，缴纳土地使用权出让金等土地有偿使用费和其他费用后，方可使用土地。根据《民法典》第五百六十三条的规定，有下列情形的，当事人可以解除合同：因不可抗力致使不能实现合同目的；在履行期限届满前，当事人一方明确表示或者以自己的行为表明不履行主要债务。第五百六十六条第一款规定，合同解除后，尚未履行的，终止履行；已经履行的，根据履行情况和合同性质，当事人可以请求恢复原状或者采取其他补救措施，并有权请求赔偿损失。根据该法第五百八十五条的规定，当事人可以约定一方违约时应当根据违约情况向对方支付一定数额的违约金，也可以约定因违约产生的损失赔偿额的计算方法。约定的违约金低于造成的损失的，人民法院或者仲裁机构可以根据当事人的请求予以增加。

本案中，某公司取得国有土地使用权是通过出让的方式，就应该按照法定以及合同约定缴纳土地使用权出让金。该案中某市国土资源局也应当按照国有土地使用权出让合同的约定全面履行义务，即某市国土资源局应该按照合同约定及时交付土地，某公司应当按照合同约定缴纳土地出让金。某公司已经按照合同约定及时、全面缴纳土地出让金；由于某市国土资源局的原因，未能按时向某公司交付土地，其行为已经构成重大违约。根据我国《民法典》第五百六十三条的规定，在履行期限届满之前，当事人一方明确表示或者以自己的行为表明不履行主要债务，另一方当事人可以请求解除合同,这是法律赋予另一方当事人的法定解除权,可以诉至法院请求解除合同。当合同解除后,尚未履行的,终止履行;已经履行的,根据履行情况和合同性质,当事人可以要求恢复原状、采取其他补救措施,并有权要求赔偿损失。即某公司可以请求某市国土资源局返还出让金,并可以按照合同约定请求某市国土资源局承担违约责任、支付违约金;如果双方约定的违约金低于造成的损失,当事人可以请求人民法院或者仲裁机构予以增加。

综上所述,某市国土资源局不履行合同义务的行为,已经构成重大违约;某公司可以诉至法院,请求解除合同,要求其退还土地出让金,并可以要求其承担违约责任,支付违约金。故某公司的诉讼请求可以得到法院支持。

【风险防范建议】

就土地出让方而言,依法成立的合同对双方当事人均有约束力,即合同签订之后,就应该严格遵守诚实守信原则,严格按照合同约定的义务全面履行,否则会承担违约责任,甚至承担损失的赔偿责任。

就土地受让方而言,应当按照合同约定及时缴纳土地使用权出让金,全面履行义务。出让方违约之后,应当第一时间与违约方协商,寻求解决途径。如果不能协商妥当,应该及时运用法律手段维护自身权益。受让方可以在合同中约定一定违约金,以起到约束对方履约的积极作用,并约定明确具体的管辖法院、送达方式,以便维权时降低相关成本费用。

【法条链接】

《土地管理法》第五十五条第一款 以出让等有偿使用方式取得国有土地使用权的建设单位,按照国务院规定的标准和办法,缴纳土地使用权出让金等土地有偿使用费和其他费用后,方可使用土地。

《民法典》第七条 民事主体从事民事活动,应当遵循诚信原则,秉持诚实,恪守承诺。

第四百六十五条 依法成立的合同,受法律保护。

依法成立的合同,仅对当事人具有法律约束力,但是法律另有规定的除外。

第五百六十三条 有下列情形之一的,当事人可以解除合同:

(一)因不可抗力致使不能实现合同目的;

(二)在履行期限届满前,当事人一方明确表示或者以自己的行为表明不履行主要债务;

(三)当事人一方迟延履行主要债务,经催告后在合理期限内仍未履行;

(四)当事人一方迟延履行债务或者有其他违约行为致使不能实现合同目的;

(五)法律规定的其他情形。

以持续履行的债务为内容的不定期合同,当事人可以随时解除合同,但是应当在合理期限之前通知对方。

第五百六十六条　合同解除后，尚未履行的，终止履行；已经履行的，根据履行情况和合同性质，当事人可以请求恢复原状或者采取其他补救措施，并有权请求赔偿损失。

合同因违约解除的，解除权人可以请求违约方承担违约责任，但是当事人另有约定的除外。

主合同解除后，担保人对债务人应当承担的民事责任仍应当承担担保责任，但是担保合同另有约定的除外。

第五百七十七条　当事人一方不履行合同义务或者履行合同义务不符合约定的，应当承担继续履行、采取补救措施或者赔偿损失等违约责任。

第五百八十五条　当事人可以约定一方违约时应当根据违约情况向对方支付一定数额的违约金，也可以约定因违约产生的损失赔偿额的计算方法。

约定的违约金低于造成的损失的，人民法院或者仲裁机构可以根据当事人的请求予以增加；约定的违约金过分高于造成的损失的，人民法院或者仲裁机构可以根据当事人的请求予以适当减少。

当事人就迟延履行约定违约金的，违约方支付违约金后，还应当履行债务。

《最高人民法院关于审理行政协议案件若干问题的规定》第十七条　原告请求解除行政协议，人民法院认为符合约定或者法定解除情形且不损害国家利益、社会公共利益和他人合法权益的，可以判决解除该协议。

第十九条　被告未依法履行、未按照约定履行行政协议，人民法院可以依据行政诉讼法第七十八条的规定，结合原告诉讼请求，判决被告继续履行，并明确继续履行的具体内容；被告无法履行或者继续履行无实际意义的，人民法院可以判决被告采取相应的补救措施；给原告造成损失的，判决被告予以赔偿。

原告要求按照约定的违约金条款或者定金条款予以赔偿的，人民法院应予支持。

第二十条　被告明确表示或者以自己的行为表明不履行行政协议，原告在履行期限届满之前向人民法院起诉请求其承担违约责任的，人民法院应予支持。

145. 依法取得的土地使用权，可以作价入股吗？

【情景案例】

甲房地产公司与某市国土资源局签订国有建设用地使用权出让合同，约定某市国土资源局将某市一块面积为20万平方米的土地出让给甲房地产公司，土地用途为商业住宅，出让价款为3000万元。甲房地产公司按合同约定向某市土地储备交易中心缴纳土地价款，并取得了某市人民政府就上述土地核发的国有土地使用证。后甲房地产公司与乙房地产公司拟成立一间项目公司来开发某大型楼盘，双方协商确定：项目公司注册资本1亿元。乙房地产公司出资7000万元，占70%的股权；甲房地产公司以依法取得的20万平方米土地使用权出资，占30%的股权。

请问：甲房地产公司能否以土地使用权出资？

【案例分析】

本案涉及的是企业能否以土地使用权进行出资设立公司的法律问题。

我国《公司法》第二十七条规定，股东可以用货币出资，也可以用实物、知识产权、土地使用权等可以用货币估价并可以依法转让的非货币财产作价出资；但是，法律、行政法规规定不得作为出资的财产除外。对作为出资的非货币财产应当评估作价，核实财产，不得高估或者低估作价；法律、行政法规对评估作价有规定的，从其规定。《最高人民法院关于适用〈中华人民共和国公司法〉若干问题的规定(三)》第八条规定，出资人以划拨土地使用权出资，或者以设定权利负担的土地使用权出资，公司、其他股东或者公司债权人主张认定出资人未履行出资义务的，人民法院应当责令当事人在指定的合理期间内办理土地变更手续或者解除权利负担；逾期未办理或者未解除的，人民法院应当认定出资人未依法全面履行出资义务。

本案中，甲房地产公司已经按照约定缴纳国有土地使用权出让金，并取得某市人民政府国有土地使用证；据此可以认定，甲房地产开发公司已经取得该地块国有土地使用权。又根据我国《公司法》的规定，股东可以用土地使用权出资，但是应当进行评估作价，确定出资金额。故甲房地产公司可以有偿方式取得土地使用权出资。

【风险防范建议】

关于股东在用土地使用权进行出资时，公司如何降低法律风险，建议如下：

(1)土地的出资只能是使用权的出资，而不是所有权的出资。因此，企业或公司对土地享有的权利是使用权，而不是所有权。当企业以土地出资的时候，所出资的标的是土地的使用权而不是土地的所有权，据此，在企业作为股东用土地出资时，应该是使用权，而非所有权，公司应当严格审查股东的出资方式，以降低风险。

(2)用于出资的土地使用权只能是国有土地的使用权，而不能是集体土地的使用权。据此，当企业作为股东用土地进行出资时，应严格审查股东所出资的土地是不是国有土地。

(3)用于出资的土地使用权只能是出让土地的使用权，而不能是划拨土地的使用权。划拨的土地只能用于特定用途。据此，公司应当严格审查股东出资土地的性质是否属于划拨所得。

(4)用于出资的土地使用权应是未设权利负担的土地使用权。出资的土地不应背负权利的负担，而且，在出资之后，出资人亦应继续承担免除土地负担的义务。据此，公司应当严格审查股东用于出资的土地上是否有权利负担。

【法条链接】

《公司法》第二十七条 股东可以用货币出资，也可以用实物、知识产权、土地使用权等可以用货币估价并可以依法转让的非货币财产作价出资；但是，法律、行政法规规定不得作为出资的财产除外。

对作为出资的非货币财产应当评估作价，核实财产，不得高估或者低估作价。法律、行政法规对评估作价有规定的，从其规定。

《土地管理法》第八十二条　擅自将农民集体所有的土地通过出让、转让使用权或者出租等方式用于非农业建设，或者违反本法规定，将集体经营性建设用地通过出让、出租等方式交由单位或者个人使用的，由县级以上人民政府自然资源主管部门责令限期改正，没收违法所得，并处罚款。

《最高人民法院关于适用〈中华人民共和国公司法〉若干问题的规定（三）》第八条　出资人以划拨土地使用权出资，或者以设定权利负担的土地使用权出资，公司、其他股东或者公司债权人主张认定出资人未履行出资义务的，人民法院应当责令当事人在指定的合理期间内办理土地变更手续或者解除权利负担；逾期未办理或者未解除的，人民法院应当认定出资人未依法全面履行出资义务。

146. 非法转让土地使用权，有什么法律后果？

【情景案例】

A公司通过竞标以2800万元取得了某市100亩的国有土地使用权，并与某市国土资源局签订国有土地使用权出让合同。合同约定其中40亩用于酒店建设，60亩用于配套房地产开发。合同签订后，A公司当场缴纳土地出让金1500万元，余款1300万元约定在指定日期之前付清。A公司在资金链已断裂、没有对项目进行投资开发、没有完全支付土地出让金的情况下，以牟利为目的，将其上述100亩土地使用权以3300万元转让给B公司，从中非法获利500万元。A公司获得土地转让款后用于清偿债务，但由于资金不够，A公司尚欠C公司1500万元未能归还。经多次催款无果，C公司向法院起诉，要求依法查封、拍卖A公司旗下的100亩的土地使用权用于抵债。

请问：A公司给B公司非法转让100亩土地，有什么法律后果？

【案例分析】

本案涉及的是非法转让土地的法律责任承担问题。

我国《土地管理法》第七十四条规定，买卖或者以其他形式非法转让土地的，由县级以上人民政府自然资源主管部门没收违法所得；对违反土地利用总体规划擅自将农用地改为建设用地的，限期拆除在非法转让的土地上新建的建筑物和其他设施，恢复土地原状，对符合土地利用总体规划的，没收在非法转让的土地上新建的建筑物和其他设施；可以并处罚款；对直接负责的主管人员和其他直接责任人员，依法给予处分；构成犯罪的，依法追究刑事责任。《刑法》第二百二十八条规定，以牟利为目的，违反土地管理法规,非法转让、倒卖土地使用权,情节严重的,处3年以下有期徒刑或者拘役,并处或者单处非法转让、倒卖土地使用权价额5%以上20%以下罚金;情节特别严重的,处3年以上7年以下有期徒刑,并处非法转让、倒卖土地使用权价额5%以上20%以下罚金。《刑法》第二百六十六条规定,诈骗公私财物,数额较大的,处3年以下有期徒刑、拘役或者管制,并处或者单处罚金;数额巨大或者有其他严重情节的,处3年以上10年以下有期徒刑,并处罚金;数额特别巨大或者有其他特别严重情节的,处10年以上有期徒刑或者无期徒刑,并处罚金或者没收财产。本法另有规定的,依照规定。

本案中,A公司给B公司非法转让100亩土地,A公司构成非法转让土地使用权罪,A公司未按照国有土地使用权出让合同的约定对项目进行投资开发,没有完全支付土地出让金,且隐瞒该情况将土地转让给B公司,A公司因此非法获得了500万元利润,B公司遭受了损失,A公司的行为同时构成了非法转让土地使用权罪和诈骗罪,构成想象竞合犯,择一重罪处罚,以诈骗罪定罪处罚,故A公司给B公司非法转让100亩土地,应当承担诈骗罪的刑事责任。

【风险防范建议】

就土地使用权出让方而言,转让土地应当依据法律进行。以出让方式取得土地使用权的,转让房地产时,应当具备两个条件:一是转让方按照出让合同的约定已经支付全部土地使用权出让金,并取得土地使用权证书。二是转让方按照出让合同约定进行投资开发:属于房屋建设工程的,完成开发投资总额的25%以上;属于成片开发土地的,形成工业用地或其他建设用地条件。只有两个条件同时具备,才可以转让。

就土地使用权受让方而言,签订土地转让合同前需要尽职调查,进行实体勘查,了解转让方是否履行出让金的全部缴纳;开发投资总额是否达25%以上;属于成片开发土地的,形成工业用地或其他建设用地条件,是否设置了其他限制转让的权利,以避免蒙受损失。

【法条链接】

《土地管理法》第七十四条　买卖或者以其他形式非法转让土地的,由县级以上人民政府自然资源主管部门没收违法所得;对违反土地利用总体规划擅自将农用地改为建设用地的,限期拆除在非法转让的土地上新建的建筑物和其他设施,恢复土地原状,对符合土地利用总体规划的,没收在非法转让的土地上新建的建筑物和其他设施;可以并处罚款;对直接负责的主管人员和其他直接责任人员,依法给予处分;构成犯罪的,依法追究刑事责任。

《城市房地产管理法》第三十八条　下列房地产,不得转让:

(一)以出让方式取得土地使用权的,不符合本法第三十九条规定的条件的;

……

第三十九条　以出让方式取得土地使用权的,转让房地产时,应当符合下列条件:

（一）按照出让合同约定已经支付全部土地使用权出让金，并取得土地使用权证书；

（二）按照出让合同约定进行投资开发，属于房屋建设工程的，完成开发投资总额的百分之二十五以上，属于成片开发土地的，形成工业用地或者其他建设用地条件。

转让房地产时房屋已经建成的，还应当持有房屋所有权证书。

《刑法》第二百二十八条　以牟利为目的，违反土地管理法规，非法转让、倒卖土地使用权，情节严重的，处三年以下有期徒刑或者拘役，并处或者单处非法转让、倒卖土地使用权价额百分之五以上百分之二十以下罚金；情节特别严重的，处三年以上七年以下有期徒刑，并处非法转让、倒卖土地使用权价额百分之五以上百分之二十以下罚金。

第二百六十六条　诈骗公私财物，数额较大的，处三年以下有期徒刑、拘役或者管制，并处或者单处罚金；数额巨大或者有其他严重情节的，处三年以上十年以下有期徒刑，并处罚金；数额特别巨大或者有其他特别严重情节的，处十年以上有期徒刑或者无期徒刑，并处罚金或者没收财产。本法另有规定的，依照规定。

《最高人民法院关于审理单位犯罪案件具体应用法律有关问题的解释》第二条　个人为进行违法犯罪活动而设立的公司、企业、事业单位实施犯罪的，或者公司、企业、事业单位设立后，以实施犯罪为主要活动的，不以单位犯罪论处。

第三条　盗用单位名义实施犯罪，违法所得由实施犯罪的个人私分的，依照刑法有关自然人犯罪的规定定罪处罚。

147. 土地闲置超过2年，国家可以无偿收回土地吗？

【情景案例】

甲公司与某县土地管理局签订国有土地使用权出让合同，约定：某县土地管理局将30亩土地出让给甲公司兴建服装加工厂，出让价款为600万元。合同签订后，甲公司按约定缴纳全部土地出让金。后某县土地管理局向甲公司颁发国有土地使用证。由于公司经营业务有所调整，甲公司受让土地后一直未对土地进行投资建设。2015年12月，某县政府对甲公司作出无偿收回土地使用权决定，决定无偿收回甲公司土地证所登记的国有土地使用权。甲公司向法院提起行政诉讼，请求法院撤销某县政府作出无偿收回土地使用权的决定或者置换同等价值的土地使用权，或者依据上述土地使用权的现市场价值支付赔偿金900万元。

请问：甲公司的能请求能得到法院支持吗？

【案例分析】

本案涉及的是对土地闲置被决定收回，提起行政诉讼能否得到支持的问题。

我国《房地产管理法》第二十六条规定，以出让方式取得土地使用权进行房地产开发的，必须按照土地使用权出让合同约定的土地用途、动工开发期限开发土地。超过出让合同约定的动工开发日期满1年未动工开发的,可以征收相当于土地使用权出让金20%以下的土地闲置费;满2年未动工开发的,可以无偿收回土地使用权;但是,因不可抗力或者政府、政府有关部门的行为或者动工开发必需的前期工作造成动工开发迟延的除外。根据《闲置土地处置办法》第十四条的规定,除该办法第八条规定情形外,闲置土地按照下列方式处理:(1)未动工开发满一年的,由市、县国土资源主管部门报经本级人民政府批准后,向国有建设用地使用权人下达征缴土地闲置费决定书,按照土地出让或者划拨价款的20%征缴土地闲置费。土地闲置费不得列入生产成本。(2)未动工开发满2年的,由市、县国土资源主管部门按照《土地管理法》第三十七条和《城市房地产管理法》第二十六条的规定,报经有批准权的人民政府批准后,向国有建设用地使用权人下达收回国有建设用地使用权决定书,无偿收回国有建设用地使用权。闲置土地设有抵押权的,同时抄送相关土地抵押权人。

本案中,甲公司虽然与某县土地管理局签订了国有土地使用权出让合同,但甲公司并未对土地进行开发、利用,后某县政府对甲公司作出无偿收回土地使用权决定,从合同签订之日起至决定作出之日止,已经超过2年的时间,满2年未动工开发的,可以无偿收回土地使用权,因此,本案中该政府作出无偿收回土地使用权的行为符合法律规定,甲公司的请求不能得到法院支持。

【风险防范建议】

对于土地受让人来说,在政府出让建设用地使用权后,应当按照土地使用权出让合同约定的动工开发期限开发土地。超过出让合同约定的动工开发日期未动工开发的,将可能遭受行政处罚:如超过出让合同约定的动工开发日期满1年未动工开发,政府可以征收相当于土地使用权出让金20%以下的土地闲置费;如超过出让合同约定的动工开发日期满2年未动工开发,政府可以无偿收回土地使用权。但是,因不可抗力或者政府、政府有关部门的行为或者动工开发必需的前期工作造成动工开发迟延的除外。如果因客观原因无法如期进行建设,签订合同后1年内,应当向政府缴纳土地使用权出让金20%以下的土地闲置费。签订合同后2年内,应当积极地向政府报告无法进行建设的原因,得到政府部门的批准后,再缴纳相应的费用。

对于出让人政府来说,土地出让后,应加强管理,遇到土地受让人闲置土地的情况,应及时书面提醒严重闲置土地的法律后果,可以提前告知。注意执法的程序和证据保留,不要超越权限和滥用职权,避免在行政复议或诉讼中被撤销行政处罚决定。

【法条链接】

《城市房地产管理法》第二十六条 以出让方式取得土地使用权进行房地产开发的,必须按照土地使用权出让合同约定的土地用途、动工开发期限开发土地。超过出让合同约定的动工开发日期满一年未动工开发的，可以征收相当于土地使用权出让金百分之二十以下的土地闲置费；满二年未动工开发的，可以无偿收回土地使用权；但是，因不可抗力或者政府、政府有关部门的行为或者动工开发必需的前期工作造成动工开发迟延的除外。

《闲置土地处置办法》第二条　本办法所称闲置土地，是指国有建设用地使用权人超过国有建设用地使用权有偿使用合同或者划拨决定书约定、规定的动工开发日期满一年未动工开发的国有建设用地。

已动工开发但开发建设用地面积占应动工开发建设用地总面积不足三分之一或者已投资额占总投资额不足百分之二十五，中止开发建设满一年的国有建设用地，也可以认定为闲置土地。

第八条　有下列情形之一，属于政府、政府有关部门的行为造成动工开发延迟的，国有建设用地使用权人应当向市、县国土资源主管部门提供土地闲置原因说明材料，经审核属实的，依照本办法第十二条和第十三条规定处置：

（一）因未按照国有建设用地使用权有偿使用合同或者划拨决定书约定、规定的期限、条件将土地交付给国有建设用地使用权人，致使项目不具备动工开发条件的；

（二）因土地利用总体规划、城乡规划依法修改，造成国有建设用地使用权人不能按照国有建设用地使用权有偿使用合同或者划拨决定书约定、规定的用途、规划和建设条件开发的；

（三）因国家出台相关政策，需要对约定、规定的规划和建设条件进行修改的；

（四）因处置土地上相关群众信访事项等无法动工开发的；

（五）因军事管制、文物保护等无法动工开发的；

（六）政府、政府有关部门的其他行为。

因自然灾害等不可抗力导致土地闲置的，依照前款规定办理。

第十二条　因本办法第八条规定情形造成土地闲置的，市、县国土资源主管部门应当与国有建设用地使用权人协商，选择下列方式处置：

（一）延长动工开发期限。签订补充协议，重新约定动工开发、竣工期限和违约责任。从补充协议约定的动工开发日期起，延长动工开发期限最长不得超过一年；

（二）调整土地用途、规划条件。按照新用途或者新规划条件重新办理相关用地手续，并按照新用途或者新规划条件核算、收缴或者退还土地价款。改变用途后的土地利用必须符合土地利用总体规划和城乡规划；

（三）由政府安排临时使用。待原项目具备开发建设条件，国有建设用地使用权人重新开发建设。从安排临时使用之日起，临时使用期限最长不得超过两年；

（四）协议有偿收回国有建设用地使用权；

（五）置换土地。对已缴清土地价款、落实项目资金，且因规划依法修改造成闲置的，可以为国有建设用地使用权人置换其它价值相当、用途相同的国有建设用地进行开发建设。涉及出让土地的，应当重新签订土地出让合同，并在合同中注明为置换土地；

（六）市、县国土资源主管部门还可以根据实际情况规定其他处置方式。

除前款第四项规定外，动工开发时间按照新约定、规定的时间重新起算。

符合本办法第二条第二款规定情形的闲置土地,依照本条规定的方式处置。

第十四条　市、县国土资源主管部门与国有建设用地使用权人协商一致后,应当拟订闲置土地处置方案,报本级人民政府批准后实施。

闲置土地设有抵押权的,市、县国土资源主管部门在拟订闲置土地处置方案时,应当书面通知相关抵押权人。

除本办法第八条规定情形外,闲置土地按照下列方式处理:

(一)未动工开发满一年的,由市、县国土资源主管部门报经本级人民政府批准后,向国有建设用地使用权人下达《征缴土地闲置费决定书》,按照土地出让或者划拨价款的百分之二十征缴土地闲置费。土地闲置费不得列入生产成本;

(二)未动工开发满两年的,由市、县国土资源主管部门按照《中华人民共和国土地管理法》第三十七条和《中华人民共和国城市房地产管理法》第二十六条的规定,报经有批准权的人民政府批准后,向国有建设用地使用权人下达《收回国有建设用地使用权决定书》,无偿收回国有建设用地使用权。闲置土地设有抵押权的,同时抄送相关土地抵押权人。

《中华人民共和国城镇国有土地使用权出让和转让暂行条例》第十七条　土地使用者应当按照土地使用权出让合同的规定和城市规划的要求,开发、利用、经营土地。

未按合同规定的期限和条件开发、利用土地的,市、县人民政府土地管理部门应当予以纠正,并根据情节可以给予警告、罚款直至无偿收回土地使用权的处罚。

148. 开发商在商业用地上盖别墅,合法吗?

【情景案例】

A房地产公司通过竞标取得某市某湖风景区附近的120亩的国有土地使用权,并与某市国土资源局签订国有土地使用权出让合同。土地用途为商业用地,出让价款为1.2亿元。某湖风景区是国家4A级的自然风景区,不但风景优美,更可谓“寸土寸金”。为获得高利润,A房地产公司取得土地后,没有进行商业住宅开发,而是盖别墅出售,并以全城最美的“湖景别墅”对外进行广告宣传。林某以一次性付款的方式在A房地产公司购买了一套售价为1000万元的别墅;正式交房前一次性支付500万元。后林某得知盖别墅的土地是商业用地,且别墅的产权只有40年,十分不满。为此,林某将A房地产公司诉至法院,以A房地产公司在商业用地上盖别墅违法为由,要求解除合同并退回500万元购房款。

请问:林某的请求能得到法院支持?

【案例分析】

本案主要涉及的是房地产开发企业改变土地用途以及购房人能否据此解除商品房买卖合同的问题。

我国《民法典》第三百五十条规定，建设用地使用权人应当合理利用土地，不得改变土地用途；需要改变土地用途的，应当依法经有关行政主管部门批准。同时，《城乡规划法》第四十五条第一款规定，县级以上地方人民政府城乡规划主管部门按照国务院规定对建设工程是否符合规划条件予以核实；未经核实或者经核实不符合规划条件的，建设单位不得组织竣工验收。《城市用地分类与规划建设用地标准》将城市建设用地分为8大类35中类42小类。其中，居住用地是指住宅和相应服务设施的用地，商业用地是指商业及餐饮、旅馆等服务业用地。而别墅类房地产开发项目，在《禁止用地项目目录》第十七项“其他”中已经被列为禁止用地项目。《民法典》第五百六十三条第一款规定，当事人可以解除合同的情形包括：(一)因不可抗力致使不能实现合同目的；(二)在履行期限届满前，当事人一方明确表示或者以自己的行为表明不履行主要债务；(三)当事人一方迟延履行主要债务，经催告后在合理期限内仍未履行；(四)当事人一方迟延履行债务或者有其他违约行为致使不能实现合同目的；(五)法律规定的其他情形。《最高人民法院关于审理商品房买卖合同纠纷案件适用法律若干问题的解释》第三条规定，商品房的销售广告和宣传资料为要约邀请，但是出卖人就商品房开发规划范围内的房屋及相关设施所作的说明和允诺具体确定，并对商品房买卖合同的订立以及房屋价格的确定有重大影响的，构成要约。该说明和允诺即使未载入商品房买卖合同，亦应当为合同内容；当事人违反的，应当承担违约责任。

本案中，A房地产公司在商业用地上盖别墅出售，并对外进行广告宣传，违反相关法律规定，实际上改变了土地的用途，属于违约行为。林某提出解除合同，正是因为A房地产公司违反合同约定导致合同的目的不能实现，符合法律规定解除合同的情形。因此，林某以目的不能实现为由，提出解除合同的请求，应该能得到支持。

【风险防范建议】

对于房地产开发商来说，在进行房地产项目开发以及销售时，应在进行项目开发时，充分了解城市用地分类与规划建设用地标准，按照土地用途合理利用土地，避免“货不对板”；土地规划用途与实际用途不一致时，严格按照法律规定完善相关变更手续，避免“打擦边球”。在进行房地产项目销售宣传时，明示宣传广告要约邀请性质，拒绝虚假、夸大广告宣传，避免不当广告造成企业损失。另外，订立商品房买卖合同时，对免责条款、格式条款严格落实“说明、告知、注意”义务，避免条款无效。

对于房屋买受人来说，购房前，要查看房地产开发企业的“五证”，即建设用地使用证或土地预登记证、建设用地规划许可证、建设工程规划许可证、建筑工程施工许可证、商品房预售许可证。县级以上地方人民政府城乡规划主管部门依法对建设工程是否符合规划条件予以核实。未经核实或者经核实不符合规划条件的，建设单位不得组织竣工验收。如果开发企业擅自变更规划用途，房屋将难以办理产权登记手续。

【法条链接】

《民法典》第三百五十条 建设用地使用权人应当合理利用土地，不得改变土地用途；需要改变土地用途的，应当依法经有关行政主管部门批准。

第五百六十二条 当事人协商一致，可以解除合同。

当事人可以约定一方解除合同的事由。解除合同的事由发生时，解除权人可以解除合同。

第五百六十三条 有下列情形之一的，当事人可以解除合同：

（一）因不可抗力致使不能实现合同目的；

（二）在履行期限届满前，当事人一方明确表示或者以自己的行为表明不履行主要债务；

（三）当事人一方迟延履行主要债务，经催告后在合理期限内仍未履行；

（四）当事人一方迟延履行债务或者有其他违约行为致使不能实现合同目的；

（五）法律规定的其他情形。

以持续履行的债务为内容的不定期合同，当事人可以随时解除合同，但是应当在合理期限之前通知对方。

《城乡规划法》第四十三条 建设单位应当按照规划条件进行建设；确需变更的，必须向城市、县人民政府城乡规划主管部门提出申请。变更内容不符合控制性详细规划的，城乡规划主管部门不得批准。城市、县人民政府城乡规划主管部门应当及时将依法变更后的规划条件通报同级土地主管部门并公示。

建设单位应当及时将依法变更后的规划条件报有关人民政府土地主管部门备案。

第四十五条 县级以上地方人民政府城乡规划主管部门按照国务院规定对建设工程是否符合规划条件予以核实。未经核实或者经核实不符合规划条件的，建设单位不得组织竣工验收。

建设单位应当在竣工验收后六个月内向城乡规划主管部门报送有关竣工验收资料。

《城市房地产管理法》第十八条 土地使用者需要改变土地使用权出让合同约定的土地用途的，必须取得出让方和市、县人民政府城市规划行政主管部门的同意，签订土地使用权出让合同变更协议或者重新签订土地使用权出让合同，相应调整土地使用权出让金。

第二十六条 以出让方式取得土地使用权进行房地产开发的，必须按照土地使用权出让合同约定的土地用途、动工开发期限开发土地。……

《城市房地产开发经营管理条例》第十五条 房地产开发企业应当按照土地使用权出让合同约定的土地用途、动工开发期限进行项目开发建设。……

《中华人民共和国城镇国有土地使用权出让和转让暂行条例》第十七条 土地使用者应当按照土地使用权出让合同的规定和城市规划的要求，开发、利用、经营土地。

未按合同规定的期限和条件开发、利用土地的，市、县人民政府土地管理部门应当予以纠正，并根据情节可以给予警告、罚款直至无偿收回土地使用权的处罚。

第十八条 土地使用者需要改变土地使用权出让合同规定的土地用途的，应当征得出让方同意并经土地管理部门和城市规划部门批准，依照本章的有关规定重新签订土地使用权出让合同，调整土地使用权出让金，并办理登记。

《最高人民法院关于审理商品房买卖合同纠纷案件适用法律若干问题的解释》第三条　商品房的销售广告和宣传资料为要约邀请，但是出卖人就商品房开发规划范围内的房屋及相关设施所作的说明和允诺具体确定，并对商品房买卖合同的订立以及房屋价格的确定有重大影响的，构成要约。该说明和允诺即使未载入商品房买卖合同，亦应当为合同内容，当事人违反的，应当承担违约责任。

149. 国家划拨的土地可以转让吗？

【情景案例】

甲公司为某市国有企业，持有一宗国有划拨土地，用途为住宅用地，面积为60亩。甲公司与乙房地产公司签订土地转让合同，约定甲公司将上述60亩土地转让给乙房地产公司，转让费用为300万元。合同签订并支付转让款后，乙房地产公司即在该宗土地上组织人员进行房屋建设及相关基础工作。后某市国土资源局以该宗土地系国家划拨的土地为由，责令乙房地产公司立即停工。乙房地产公司以土地转让合同合法有效且已支付土地转让费用为由进行抗辩。

请问：甲公司与乙房地产公司签订的合同有效吗？

【案例分析】

本案涉及的是国家划拨土地是否可以转让的问题。

根据我国《民法典》第一百五十三条的规定，违反法律、行政法规的强制性规定的民事法律行为无效。需要说明的是，合同是一种民事法律行为，合同无效的情形适用有关民事法律行为无效的规定。《城市房地产管理法》第四十条第一款规定，以划拨方式取得土地使用权的，转让房地产时，应当按照国务院规定，报有批准权的人民政府审批。有批准权的人民政府准予转让的，应当由受让方办理土地使用权出让手续，并依照国家有关规定缴纳土地使用权出让金。《中华人民共和国城镇国有土地使用权出让和转让暂行条例》第四十五条第一款规定，符合下列条件的，经市、县人民政府土地管理部门和房产管理部门批准，其划拨土地使用权和地上建筑物、其他附着物所有权可以转让、出租、抵押：(1)土地使用者为公司、企业、其他经济组织和个人；(2)领有国有土地使用证；(3)具有地上建筑物、其他附着物合法的产权证明；(4)依照本条例第二章的规定签订土地使用权出让合同，向当地市、县人民政府补交土地使用权出让金或者以转让、出租、抵押所获效益抵交土地使用权出让金。

本案中，甲公司所持有的土地为划拨土地，其没有签订土地使用权出让合同，没有向当地市、县人民政府补交土地使用权出让金或者以转让、出租、抵押所获效益抵交土地使用权出让金，未经过有批准权的政府部门批准就将划拨土地转让给乙公司，签订的土地转让合同违反了法律、行政法规的强制性规定，故甲公司与乙房地产公司签订的土地转让合同应认定为无效合同。

【风险防范建议】

由于划拨用地本质的特殊性，划拨土地使用权人是没有权利自行处分土地使用权的，通常需要报政府审批；这也是划拨用地与出让用地的重要区别之一。以划拨方式取得土地使用权的，转让须报有批准权的人民政府及相关行政部门审批同意后，并且补缴土地出让金，否则转让合同就会被认定为无效，双方容易产生纠纷。

【法条链接】

《民法典》第一百五十三条 违反法律、行政法规的强制性规定的民事法律行为无效。但是，该强制性规定不导致该民事法律行为无效的除外。

违背公序良俗的民事法律行为无效。

《城市房地产管理法》第二十三条第一款 土地使用权划拨，是指县级以上人民政府依法批准，在土地使用者缴纳补偿、安置等费用后将该幅土地交付其使用，或者将土地使用权无偿交付给土地使用者使用的行为。

第四十条第一款 以划拨方式取得土地使用权的，转让房地产时，应当按照国务院规定，报有批准权的人民政府审批。有批准权的人民政府准予转让的，应当由受让方办理土地使用权出让手续，并依照国家有关规定缴纳土地使用权出让金。

《中华人民共和国城镇国有土地使用权出让和转让暂行条例》第四十五条 符合下列条件的，经市、县人民政府土地管理部门和房产管理部门批准，其划拨土地使用权和地上建筑物、其他附着物所有权可以转让、出租、抵押：

（一）土地使用者为公司、企业、其他经济组织和个人；

（二）领有国有土地使用证；

（三）具有地上建筑物、其他附着物合法的产权证明；

（四）依照本条例第二章的规定签订土地使用权出让合同，向当地市、县人民政府补交土地使用权出让金或者以转让、出租、抵押所获效益抵交土地使用权出让金。

转让、出租、抵押前款划拨土地使用权的，分别依照本条例第三章、第四章和第五章的规定办理。

二、土地征收

150. 用“以租代征”方式使用集体土地，合法吗？

【情景案例】

某塑料厂通过“以租代征”的方式与某村委会签订土地有偿租赁协议，租期30年，占地5亩,租金为每年每亩8000元。某塑料厂与某建筑公司签订建设工程施工合同,约定:由某建筑公司承建某塑料厂的新厂房建设,工期为5个月。合同签订后,某建筑公司组织人员在某塑料厂租用的土地上施工。后某市土地行政主管部门向某塑料厂下达了责令停止违法用地行为通知书,但某塑料厂认为,其已与村委会签订合同并支付租金,其是合法的建设行为,于是拒不停止占地和建设行为。执法人员对该违法占地行为进行立案调查,经过多次现场取证,记录当事人笔录,掌握了某塑料厂违法占地行为的基本情况,并对其下达了行政处罚决定书,要求其在接到决定书后15日内自行拆除在非法占用土地上的建(构)筑物和其他设施,恢复土地原状。但此后某塑料厂并未在规定时限内履行处罚决定内容,执法人员待诉讼期满后,于次年6月向当地人民法院提交强制执行申请书,要求法院依法对胡某非法占用土地上的建筑物予以强制拆除。

请问:某塑料厂通过“以租代征”方式使用集体土地,合法吗?

【案例分析】

本案涉及的是“以租代征”的方式使用农村集体土地是否合法的问题。

我国《土地管理法》第四十四条第一款规定,建设占用土地,涉及农用地转为建设用地的,应当办理农用地转用审批手续。根据《中华人民共和国土地管理法实施条例》第六条的规定,依法改变土地所有权、使用权的,因依法转让地上建筑物、构筑物等附着物导致土地使用权转移的,必须向土地所在地的县级以上人民政府土地行政主管部门提出土地变更登记申请,由原土地登记机关依法进行土地所有权、使用权变更登记。土地所有权、使用权的变更,自变更登记之日起生效。依法改变土地用途的,必须持批准文件,向土地所在地的县级以上人民政府土地行政主管部门提出土地变更登记申请,由原土地登记机关依法进行变更登记。根据《国务院关于加强土地调控有关问题的通知》第六条的规定,禁止擅自将农用地转为建设用地。农用地转为建设用地,必须符合土地利用总体规划、城市总体规划、村庄和集镇规划,纳入年度土地利用计划,并依法办理农用地转用审批手续。禁止通过“以租代征”等方式使用农民集体所有农用地进行非农业建设,擅自扩大建设用地规模。农民集体所有建设用地使用权流转,必须符合规划并严格限定在依法取得的建设用地范围内。未依法办理农用地转用审批,国家机关工作人员批准通过“以租代征”等方式占地建设的,属非法批地行为;单位和个人擅自通过“以租代征”等方式占地建设的,属非法占地行为,要依法追究有关人员的法律责任。

本案中,某塑料厂与村委会签订租赁合同取得农村集体土地的使用权,但不意味着某塑料厂可以将农业用地合法地转为建设用地;要将农业用地合法地转为建设用地应当办理农用地转用审批手续,某塑料厂并未办理审批手续就建设新厂房,该厂房是违法建设的,应当予以拆除,且土地的使用权人变更时塑料厂没有向土地所在地的县级以上人民政府土地行政主管部门提出土地变更登记申请,由原土地登记机关依法进行土地所有权、使用权变更登记,故以“以租代征”的方式取得农村集体土地是不合法的。

【风险防范建议】

就在农村租赁土地的企业而言,应当注意以下事项:(1)必须严格审查农村集体土地是否取得合法手续,是否需要向司法部门提交申请等相关的法律问题。(2)需要注意办理农用用地转为建设用地的合法手续后,才能将农用土地转为建设用地。

就村委会而言,要清楚“以租代征”是违法行为,相关建设项目随时可能被紧急叫停,被要求重新恢复耕地用途,此时村委会可能面临需要自己出钱出力恢复耕地用途的局面,更有甚者,有些建设项目可能造成土地永久性损害,而无法恢复耕地的用途,故村委会要规避本案出现的问题就应当每一步都严格按照国家法律的规定来执行,切记不可“以租代征”。

【法条链接】

《土地管理法》第四十四条 建设占用土地,涉及农用地转为建设用地的,应当办理农用地转用审批手续。

永久基本农田转为建设用地的,由国务院批准。

在土地利用总体规划确定的城市和村庄、集镇建设用地规模范围内,为实施该规划而将永久基本农田以外的农用地转为建设用地的,按土地利用年度计划分批次按照国务院规定由原批准土地利用总体规划的机关或者其授权的机关批准。在已批准的农用地转用范围内,具体建设项目用地可以由市、县人民政府批准。

在土地利用总体规划确定的城市和村庄、集镇建设用地规模范围外,将永久基本农田以外的农用地转为建设用地的,由国务院或者国务院授权的省、自治区、直辖市人民政府批准。

《国务院关于加强土地调控有关问题的通知》 六、禁止擅自将农用地转为建设用地 农用地转为建设用地,必须符合土地利用总体规划、城市总体规划、村庄和集镇规划,纳入年度土地利用计划,并依法办理农用地转用审批手续。禁止通过“以租代征”等方式使用农民集体所有农用地进行非农业建设,擅自扩大建设用地规模。农民集体所有建设用地使用权流转,必须符合规划并严格限定在依法取得的建设用地范围内。未依法办理农用地转用审批,国家机关工作人员批准通过“以租代征”等方式占地建设的,属非法批地行为;单位和个人擅自通过“以租代征”等方式占地建设的,属非法占地行为,要依法追究有关人员的法律责任。

《中华人民共和国土地管理法实施条例》第六条 依法改变土地所有权、使用权的,因依法转让地上建筑物、构筑物等附着物导致土地使用权转移的,必须向土地所在地的县级以上人民政府土地行政主管部门提出土地变更登记申请,由原土地登记机关依法进行土地所有权、使用权变更登记。土地所有权、使用权的变更，自变更登记之日起生效。

依法改变土地用途的，必须持批准文件，向土地所在地的县级以上人民政府土地行政主管部门提出土地变更登记申请，由原土地登记机关依法进行变更登记。

《国务院办公厅关于严格执行有关农村集体建设用地法律和政策的通知》 四、严格禁止和严肃查处"以租代征"转用农用地的违法违规行为　近年来，一些地方出现了违反土地利用总体规划和土地利用年度计划，规避农用地转用和土地征收审批，通过出租(承租)、承包等"以租代征"方式非法使用农民集体所有土地进行非农业项目建设的行为。对此，必须严格禁止，并予以严肃查处。国土资源管理部门要对"以租代征"的违法违规问题进行全面清查，并严格依法依纪处理。严肃追究瞒案不报、压案不查的责任。严肃处理以罚代法、处罚不到位的行为。国家机关工作人员批准"以租代征"占地建设的，要追究其非法批地的法律责任，涉嫌犯罪的要及时移送司法机关依法处理；应给予政纪处分的，依据《行政机关公务员处分条例》等规定办理。单位和个人擅自通过"以租代征"占地建设的，要追究其非法占地的法律责任，涉嫌犯罪的要及时移送司法机关依法处理。对纠正、整改土地违法违规行为不力的地区和土地违法违规行为大量发生、造成严重后果的地区，实行问责制，由国家土地总督察责令限期整改，限期整改期间暂停该地区农用地转用和土地征收审批。

151. 村民没有拿到征地补偿，开发企业是否可以先进行拆除？

【情景案例】

某市政府为进行旅游项目和配套房地产项目开发建设，需要征收某村500户村民的800亩耕地。但是，在征地公告发布之后，当地政府与村委会进行补偿安置方案协商，但由于大多村民对补偿安置方案不满意，征地事宜迟迟得不到落实。后在村民还没有拿到补偿款的情况下，某房地产开发企业不顾村民的反对，使用推土机强行进行拆除。推土机进到村里后，村民自发组织起来进行阻止，进而引发了村民与某房地产开发企业之间的冲突。某房产开发企业声称：其与投资方签订合同，必须于11月开始进行拆除，否则要承担违约责任，并愿意拿出1000万元给村委会进行担保，保证村民能依法取得征地补偿款。对于某房地产开发企业的提议，大多村民不同意，最终村民打"110"报警处理。

请问：某房产开发企业可以先进行拆除吗？

【案例分析】

本案涉及征收主体、程序不合法时，村民应该如何救济的问题。

依照我国《民法典》第二百四十三条的规定，为了公共利益的需要，依照法律规定的权限和程序可以征收集体所有的土地和组织、个人的房屋以及其他不动产。征收集体所有的土地，应当依法及时足额支付土地补偿费、安置补助费以及农村村民住宅、其他地上附着物和青苗等的补偿费用，并安排被征地农民的社会保障费用，保障被征地农民的生活，维护被征地农民的合法权益。征收组织、个人的房屋以及其他不动产，应当依法给予征收补偿，维护被征收人的合法权益；征收个人住宅的，还应当保障被征收人的居住条件。根据《土地管理法》第四十六条的规定，征收下列土地的，由国务院批准：永久基本农田；永久基本农田以外的耕地超过35公顷的；其他土地超过70公顷的。征收前款规定以外的土地的，由省、自治区、直辖市人民政府批准。《行政强制法》第十三条规定，行政强制执行由法律设定；法律没有规定行政机关强制执行的，作出行政决定的行政机关应当申请人民法院强制执行。

本案中，征收某村500户村民的800亩耕地的批准权应在国务院，其他行政机关无权作出征收决定，应报国务院批准之后再实施。某房产开发企业在本案中是民事主体，不具备征收主体资格。与法律规定的"先补偿后征收"的立法目的相违背，其提供担保后进行强制拆迁，严重违反法律规定、违反法定程序。因此，某房地产开发企业不能先行拆迁，村民可以通过诉讼方式维护自己的合法权益。

【风险防范建议】

（1）就房产开发企业而言，在未得到国务院批准之前，切不可强行拆除土地上的建筑物，否则就会违反法律规定，需承担相应责任；如国务院批准之后，应先补偿后征收，严格按照法定程序，合理合法进行拆迁。

（2）就村民而言，任何单位不按法律规定、违反法定程序，强行征收其土地以及土地上建筑物时，可以通过提起诉讼的方式维护自己的权益。征收主体不适格，强行征收村民土地的，是严重违法的，应当承当法律责任。

【法条链接】

《民法典》第二百四十三条　为了公共利益的需要，依照法律规定的权限和程序可以征收集体所有的土地和组织、个人的房屋以及其他不动产。

征收集体所有的土地，应当依法及时足额支付土地补偿费、安置补助费以及农村村民住宅、其他地上附着物和青苗等的补偿费用，并安排被征地农民的社会保障费用，保障被征地农民的生活，维护被征地农民的合法权益。

征收组织、个人的房屋以及其他不动产，应当依法给予征收补偿，维护被征收人的合法权益；征收个人住宅的，还应当保障被征收人的居住条件。

任何组织或者个人不得贪污、挪用、私分、截留、拖欠征收补偿费等费用。

第一千一百六十五条　行为人因过错侵害他人民事权益造成损害的，应当承担侵权责任。

依照法律规定推定行为人有过错，其不能证明自己没有过错的，应当承担侵权责任。

《土地管理法》第四十六条　征收下列土地的，由国务院批准：

（一）永久基本农田；

（二）永久基本农田以外的耕地超过三十五公顷的；

（三）其他土地超过七十公顷的。

征收前款规定以外的土地的，由省、自治区、直辖市人民政府批准。

征收农用地的，应当依照本法第四十四条的规定先行办理农用地转用审批。其中，经国务院批准农用地转用的，同时办理征地审批手续，不再另行办理征地审批；经省、自治区、直辖市人民政府在征地批准权限内批准农用地转用的，同时办理征地审批手续，不再另行办理征地审批，超过征地批准权限的，应当依照本条第一款的规定另行办理征地审批。

《行政强制法》第十三条　行政强制执行由法律设定。

法律没有规定行政机关强制执行的，作出行政决定的行政机关应当申请人民法院强制执行。

第三十四条　行政机关依法作出行政决定后，当事人在行政机关决定的期限内不履行义务的，具有行政强制执行权的行政机关依照本章规定强制执行。

第三十五条　行政机关作出强制执行决定前，应当事先催告当事人履行义务。催告应当以书面形式作出，并载明下列事项：

（一）履行义务的期限；

（二）履行义务的方式；

（三）涉及金钱给付的，应当有明确的金额和给付方式；

（四）当事人依法享有的陈述权和申辩权。

第三十六条　当事人收到催告书后有权进行陈述和申辩。行政机关应当充分听取当事人的意见，对当事人提出的事实、理由和证据，应当进行记录、复核。当事人提出的事实、理由或者证据成立的，行政机关应当采纳。

第三十七条　经催告，当事人逾期仍不履行行政决定，且无正当理由的，行政机关可以作出强制执行决定。

强制执行决定应当以书面形式作出，并载明下列事项：

（一）当事人的姓名或者名称、地址；

（二）强制执行的理由和依据；

（三）强制执行的方式和时间；

（四）申请行政复议或者提起行政诉讼的途径和期限；

（五）行政机关的名称、印章和日期。

在催告期间，对有证据证明有转移或者隐匿财物迹象的，行政机关可以作出立即强制执行决定。

第三十八条　催告书、行政强制执行决定书应当直接送达当事人。当事人拒绝接收或者无法直接送达当事人的，应当依照《中华人民共和国民事诉讼法》的有关规定送达。

152. 未经征收，可以通过“农转非”把农村集体土地变为国有土地吗？

【情景案例】

某村的土地因某县体育馆与文化广场工程建设大部分被征收为国有。3年后某村全部村民转成城市户口，某村村委会也变成居委会，但是，某村还有100亩土地没有被征收。某县政府计划在该土地上盖一座购物中心，于是通过“农转非”将土地变成国有土地。某县政府认为，只要农民集体建制被撤销或其人口全部转为非农业人口（或城市居民）的，该集体原有的土地就将转归国家所有，不需要走征地程序。对于政府的“农转非”行为，大多村民表示强烈抗议。村委会向法院提起诉讼，请求撤销某县政府作出“农转非”的具体行政行为。

请问：某县政府可以通过“农转非”把农村集体土地变为国有土地吗？

【案例分析】

本案涉及农村集体经济组织成员全部“农转非”后，原集体所有的土地能否直接转为国有土地的问题。

依照《民法典》第二百四十三条第一款规定，为了公共利益的需要，依照法律规定的权限和程序可以征收集体所有的土地和组织、个人的房屋以及其他不动产。《确定土地所有权和使用权的若干规定》第十四条规定，因国家建设征收土地，农民集体建制被撤销或其人口全部转为非农业人口，其未经征收的土地，归国家所有。《中华人民共和国土地管理法实施条例》第二条第五项规定，农村集体经济组织全部成员转为城镇居民的，原属于其成员集体所有的土地属于全民所有即国家所有。

本案中，该县政府正是根据上述法律规定，单方认为只要农民集体建制被撤销或其人口全部转为非农业人口（或城市居民）的，该集体原有的土地就将转归国家所有，不需要走征地程序。通过撤销村庄改成居委会的方式，将农民集体所有的土地直接转变为国家所有，规避依照法定程序征收集体土地所支付的补偿费用，其行为严重侵害农民利益。为防止政府再次依据上述法律规定，侵害农民集体所有的土地，损害农民合法权益，国家又另行作出相应法律解释。首先，根据《关于深化改革严格土地管理的决定》第十条之规定，凡占用农用地的必须依法办理审批手续。禁止擅自通过“村改居”等方式将农民集体所有土地转为国有土地。进一步说明本案中县政府的行为是违反法律规定的，必须按照法定程序将集体土地转为国有土地。其次，有意见指出，《中华人民共和国土地管理法实施条例》第二条第五项“是指农村集体经济组织土地被依法征收后，其成员随土地征收已经全部转为城镇居民，该农村集体经济组织剩余的少量集体土地可以依法征收为国家所有”。故根据“后法优先于前法、特别法优于一般法”的原理，可以得出，农村集体经济组织全部成员转为城镇居民的，原属于其成员集体所有的土地可以依法征收为国家所有,而不是直接转变为国家所有。本案政府不能通过“村改居”等方式将农民集体所有的土地直接宣布为国家所有,从而规避土地征收的法定审批程序。我国《宪法》和《土地管理法》明确规定,国家为了公共利益的需要,可以对农民集体所有的土地实行征收或征用,并依法给予补偿。征收是国家依照法定程序将农民集体所有土地变为国家所有的唯一形式,且必须先补偿后征收。

综上所述,某县政府通过“农转非”的方式,把农村集体土地变为国有土地是不合法的。

【风险防范建议】

(1)就征收主体而言,必须依照法律规定、通过法定程序,才能征收相应土地。否则,其行为就是违法行为,应当承担相应法律责任。

(2)就村民而言,当国家为了公共利益征收其土地时,应当配合有关行政机关的工作。但在配合的同时,应当注意行政机关的行为是否符合法律规定、是否遵守法定程序,如发现有违法之处,应该及时通过提起行政诉讼的方式维护权益。

【法条链接】

《民法典》第二百四十三条　为了公共利益的需要,依照法律规定的权限和程序可以征收集体所有的土地和组织、个人的房屋以及其他不动产。

征收集体所有的土地,应当依法及时足额支付土地补偿费、安置补助费以及农村村民住宅、其他地上附着物和青苗等的补偿费用,并安排被征地农民的社会保障费用,保障被征地农民的生活,维护被征地农民的合法权益。

征收组织、个人的房屋以及其他不动产,应当依法给予征收补偿,维护被征收人的合法权益;征收个人住宅的,还应当保障被征收人的居住条件。

任何组织或者个人不得贪污、挪用、私分、截留、拖欠征收补偿费等费用。

《土地管理法》第四十六条　征收下列土地的,由国务院批准:

(一)永久基本农田;

(二)永久基本农田以外的耕地超过三十五公顷的;

(三)其他土地超过七十公顷的。

征收前款规定以外的土地的,由省、自治区、直辖市人民政府批准。

征收农用地的,应当依照本法第四十四条的规定先行办理农用地转用审批。其中,经国务院批准农用地转用的,同时办理征地审批手续,不再另行办理征地审批;经省、自治区、直辖市人民政府在征地批准权限内批准农用地转用的,同时办理征地审批手续,不再另行办理征地审批,超过征地批准权限的,应当依照本条第一款的规定另行办理征地审批。

第四十七条　国家征收土地的,依照法定程序批准后,由县级以上地方人民政府予以公告并组织实施。

县级以上地方人民政府拟申请征收土地的，应当开展拟征收土地现状调查和社会稳定风险评估，并将征收范围、土地现状、征收目的、补偿标准、安置方式和社会保障等在拟征收土地所在的乡（镇）和村、村民小组范围内公告至少三十日，听取被征地的农村集体经济组织及其成员、村民委员会和其他利害关系人的意见。

多数被征地的农村集体经济组织成员认为征地补偿安置方案不符合法律、法规规定的，县级以上地方人民政府应当组织召开听证会，并根据法律、法规的规定和听证会情况修改方案。

拟征收土地的所有权人、使用权人应当在公告规定期限内，持不动产权属证明材料办理补偿登记。县级以上地方人民政府应当组织有关部门测算并落实有关费用，保证足额到位，与拟征收土地的所有权人、使用权人就补偿、安置等签订协议；个别确实难以达成协议的，应当在申请征收土地时如实说明。

相关前期工作完成后，县级以上地方人民政府方可申请征收土地。

《中华人民共和国土地管理法实施条例》第二条 下列土地属于全民所有即国家所有：

（一）城市市区的土地；

（二）农村和城市郊区中已经依法没收、征收、征购为国有的土地；

（三）国家依法征收的土地；

（四）依法不属于集体所有的林地、草地、荒地、滩涂及其他土地；

（五）农村集体经济组织全部成员转为城镇居民的，原属于其成员集体所有的土地；

（六）因国家组织移民、自然灾害等原因，农民成建制地集体迁移后不再使用的原属于迁移农民集体所有的土地。

《国务院关于深化改革严格土地管理的决定》 （十）加强村镇建设用地的管理。要按照控制总量、合理布局、节约用地、保护耕地的原则，编制乡（镇）土地利用总体规划、村庄和集镇规划，明确小城镇和农村居民点的数量、布局和规模。鼓励农村建设用地整理，城镇建设用地增加要与农村建设用地减少相挂钩。农村集体建设用地，必须符合土地利用总体规划、村庄和集镇规划，并纳入土地利用年度计划，凡占用农用地的必须依法办理审批手续。禁止擅自通过“村改居”等方式将农民集体所有土地转为国有土地。禁止农村集体经济组织非法出让、出租集体土地用于非农业建设。改革和完善宅基地审批制度，加强农村宅基地管理，禁止城镇居民在农村购置宅基地。引导新办乡村工业向建制镇和规划确定的小城镇集中。在符合规划的前提下，村庄、集镇、建制镇中的农民集体所有建设用地使用权可以依法流转。

《确定土地所有权和使用权的若干规定》第十四条 因国家建设征收土地，农民集体建制被撤销或其人口全部转为非农业人口，其未经征收的土地，归国家所有。继续使用原有土地的原农民集体及其成员享有国有土地使用权。

第九章
房地产开发

一、开发资质

153. 房地产企业超越资质从事房地产开发经营的，要承担什么责任？

【情景案例】

甲公司是一家具有二级开发资质的房地产开发企业，由陈某与郭某共同创办，陈某担任公司法定代表人兼执行董事，占公司70%的股权，全面负责公司业务经营；郭某是公司监事，占公司30%的股权，平时很少理会公司事务。陈某决定在某市郊区建设一个26万平方米的工业厂房。为防止郭某阻止工程开展，陈某告知郭某该厂房建设面积为24.5万平方米。甲公司与乙建筑公司签订《建设工程施工合同》，将工业厂房项目发包给乙建筑公司，工期为1年。后郭某得知该工程实际施工面积为26万平方米，以甲公司不具备开发资质为由要求陈某与乙建筑公司立即停工。陈某认为，甲公司具备二级开发资质，项目建筑面积仅超出1.5万平方米，政府部门不会理会的，于是以甲公司执行董事名义让乙建筑公司继续施工。无奈之下，郭某将陈某诉至法院。

请问：甲公司超越资质开发工业厂房项目，要承担什么责任？

【案例分析】

本案涉及的是超越资质开发项目，要承担什么责任的问题。

根据《城市房地产管理法》第三十条的规定，房地产开发企业是以营利为目的，从事房地产开发和经营的企业，应当办理工商登记；设立公司，还应当执行公司法的有关规定。依照《城市房地产开发经营管理条例》第九条的规定，房地产开发主管部门应当根据房地产开发企业的资产、专业技术人员和开发经营业绩等，对备案的房地产开发企业核定资质等级。房地产开发企业应当按照核定的资质等级，承担相应的房地产开发项目。《房地产开发企业资质管理规定》第十八条第二款、第三款规定，二级资质及二级资质以下的房地产开发企业可以承担建筑面积25万平方米以下的开发建设项目，承担业务的具体范围由省、自治区、直辖市人民政府建设行政主管部门确定；各资质等级企业应当在规定的业务范围内从事房地产开发经营业务,不得越级承担任务。第二十条规定,企业超越资质等级从事房地产开发经营的,由县级以上地方人民政府房地产开发主管部门责令限期改正,处5万元以上10万元以下的罚款;逾期不改正的,由原资质审批部门吊销资质证书,并提请工商行政管理部门吊销营业执照。房地产项目事关公共利益,资质是一个企业从事某种行业、有能力完成某项目的准入证和资格认证。

本案中,如果政府认定甲公司超越资质开发工业厂房项目,甲公司就会面临由县级以上地方人民政府房地产开发主管部门责令限期改正,处5万元以上10万元以下的罚款;逾期不改正的,由原资质审批部门吊销资质证书,并提请工商行政管理部门吊销营业执照。

因此,甲公司超越资质开发工业厂房项目,要承担相应的行政处罚责任。

【风险防范建议】

住建部门会根据房地产开发企业的资产、专业技术人员和开发经营业绩等,对备案的房地产开发企业核定资质等级。对于房地产开发企业来说,应当在进行开发之前,认真对项目进行了解,按照核定的资质等级,进行项目开发,承接相应的房地产开发项目,否则将承担相应的法律责任。

【法条链接】

《城市房地产管理法》第三十条　房地产开发企业是以营利为目的,从事房地产开发和经营的企业。设立房地产开发企业,应当具备下列条件:

(一)有自己的名称和组织机构;

(二)有固定的经营场所;

(三)有符合国务院规定的注册资本;

(四)有足够的专业技术人员;

(五)法律、行政法规规定的其他条件。

设立房地产开发企业,应当向工商行政管理部门申请设立登记。工商行政管理部门对符合本法规定条件的,应当予以登记,发给营业执照;对不符合本法规定条件的,不予登记。

设立有限责任公司、股份有限公司,从事房地产开发经营的,还应当执行公司法的有关规定。

房地产开发企业在领取营业执照后的一个月内,应当到登记机关所在地的县级以上地方人民政府规定的部门备案。

《城市房地产开发经营管理条例》第九条　房地产开发主管部门应当根据房地产开发企业的资产、专业技术人员和开发经营业绩等,对备案的房地产开发企业核定资质等级。房地产开发企业应当按照核定的资质等级,承担相应的房地产开发项目。具体办法由国务院建设行政主管部门制定。

第三十四条　违反本条例规定，未取得资质等级证书或者超越资质等级从事房地产开发经营的，由县级以上人民政府房地产开发主管部门责令限期改正，处5万元以上10万元以下的罚款；逾期不改正的，由工商行政管理部门吊销营业执照。

《房地产开发企业资质管理规定》第五条　房地产开发企业按照企业条件分为一、二、三、四四个资质等级。

各资质等级企业的条件如下：

（一）一级资质：

1. 从事房地产开发经营5年以上；

2. 近3年房屋建筑面积累计竣工30万平方米以上，或者累计完成与此相当的房地产开发投资额；

3. 连续5年建筑工程质量合格率达100%；

4. 上一年房屋建筑施工面积15万平方米以上，或者完成与此相当的房地产开发投资额；

5. 有职称的建筑、结构、财务、房地产及有关经济类的专业管理人员不少于40人，其中具有中级以上职称的管理人员不少于20人，持有资格证书的专职会计人员不少于4人；

6. 工程技术、财务、统计等业务负责人具有相应专业中级以上职称；

7. 具有完善的质量保证体系，商品住宅销售中实行了《住宅质量保证书》和《住宅使用说明书》制度；

8. 未发生过重大工程质量事故。

（二）二级资质：

1. 从事房地产开发经营3年以上；

2. 近3年房屋建筑面积累计竣工15万平方米以上，或者累计完成与此相当的房地产开发投资额；

3. 连续3年建筑工程质量合格率达100%；

4. 上一年房屋建筑施工面积10万平方米以上，或者完成与此相当的房地产开发投资额；

5. 有职称的建筑、结构、财务、房地产及有关经济类的专业管理人员不少于20人，其中具有中级以上职称的管理人员不少于10人，持有资格证书的专职会计人员不少于3人；

6. 工程技术、财务、统计等业务负责人具有相应专业中级以上职称；

7. 具有完善的质量保证体系，商品住宅销售中实行了《住宅质量保证书》和《住宅使用说明书》制度；

8. 未发生过重大工程质量事故。

……

第十八条　一级资质的房地产开发企业承担房地产项目的建设规模不受限制，可以在全国范围承揽房地产开发项目。

二级资质及二级资质以下的房地产开发企业可以承担建筑面积25万平方米以下的开发建设项目，承担业务的具体范围由省、自治区、直辖市人民政府建设行政主管部门确定。

各资质等级企业应当在规定的业务范围内从事房地产开发经营业务，不得越级承担任务。

第二十条 企业超越资质等级从事房地产开发经营的，由县级以上地方人民政府房地产开发主管部门责令限期改正，处5万元以上10万元以下的罚款；逾期不改正的，由原资质审批部门吊销资质证书，并提请工商行政管理部门吊销营业执照。

154. 借用有资质的房地产开发企业名义进行工程建设，合法吗?

【情景案例】

A公司是一家具有一级开发资质的房地产开发企业，B公司是一家具有二级开发资质的房地产开发企业。B公司为承接一个开发建设面积为30万平方米的住宅项目，与A公司签订《合作协议》，双方约定：B公司以A公司名义对外承接工程，B公司给予A公司工程款的3%作为管理费；B公司在经营过程中产生一切债务、责任与A公司无关，均由B公司承担。后B公司以A公司名义与C建筑公司签订《建设工程施工合同》，约定：工程款为15亿元，工期为8个月。后工期完工并经竣工验收合格后，B公司一直以各种理由拖欠C建筑公司1.2亿元工程款未支付。C建筑公司将A公司诉至法院，要求其支付1.2亿元工程款及利息。庭审过程中，A公司以项目实际房产开发企业系B公司为由拒绝承担任何责任。

请问：C建筑公司的请求能得到法院支持吗?

【案例分析】

本案涉及的是出租、出借房地产房产开发企业资质的合同是否有效及是否能对抗第三人的问题。

根据《房地产开发企业资质管理规定》第二十一条的规定，企业有下列行为之一的，由原资质审批部门公告资质证书作废，收回证书，并可处以1万元以上3万元以下的罚款：(1)隐瞒真实情况、弄虚作假骗取资质证书的；(2)涂改、出租、出借、转让、出卖资质证书的。A公司与B公司签订《合作协议》约定B公司以A公司的名义对外承接工程，其实质是A公司借用一级开发资质给B公司。B公司与A公司签订的《合作协议》是违反法律规定的，若查明A公司与B公司之间签订的协议的真实目的是租用A公司的一级资质，则A公司必然面临接受法律处罚的后果。

本案中，B公司与A公司签订的合作协议实际上是具有二级开发资质的房地产B公司向具有一级开发资质的房地产A公司租用其一级开发资质的资质签订协议，双方意思表示真实，故A公司与B公司之前签订的《合作协议》肯定是有效的，那么，本案最大的争议就在于A公司与B公司之间签订的实际性质为借用/租用A公司一级开发资质的《合作协议》中A公司不承担责任的条款是否具有对抗善意第三人C公司的效力。

首先,依照《房地产开发企业资质管理规定》第五条的规定,一级资质是指:从事房地产开发经营5年以上;近3年房屋建筑面积累计竣工30万平方米以上,或者累计完成与此相当的房地产开发投资额;连续5年建筑工程质量合格率达100%;上一年房屋建筑施工面积15万平方米以上,或者完成与此相当的房地产开发投资额;有职称的建筑、结构、财务、房地产及有关经济类的专业管理人员不少于40人,其中具有中级以上职称的管理人员不少于20人,持有资格证书的专职会计人员不少于4人;工程技术、财务、统计等业务负责人具有相应专业中级以上职称;具有完善的质量保证体系,商品住宅销售中实行了《住宅质量保证书》和《住宅使用说明书》制度;未发生过重大工程质量事故。二级资质是指:从事房地产开发经营3年以上;近3年房屋建筑面积累计竣工15万平方米以上,或者累计完成与此相当的房地产开发投资额;连续3年建筑工程质量合格率达100%;上一年房屋建筑施工面积10万平方米以上,或者完成与此相当的房地产开发投资额;有职称的建筑、结构、财务、房地产及有关经济类的专业管理人员不少于20人,其中具有中级以上职称的管理人员不少于10人,持有资格证书的专职会计人员不少于3人;工程技术、财务、统计等业务负责人具有相应专业中级以上职称;具有完善的质量保证体系,商品住宅销售中实行了《住宅质量保证书》。根据上述规定,本案中的A公司的承接工程的范围明显大于B公司,故A公司与B公司签订的《合作协议》的真实目的应为B公司向A公司租用A公司的一级资质,违反相关规定。

其次,B公司与A公司签订的《合作协议》,内容约定B公司可以代理A公司对外承接项目,这就使C公司完全有理由相信,B公司有权代理A公司对外承接工程,签订协议,B公司的代理行为对A公司发生效力,由A公司承担责任。故A公司与B公司协议约定的A公司不承担责任的条款只约束两公司,不具有对抗善意第三人C公司的效力。

综上所述,C公司有权请求A公司与B公司承担责任,即C公司的诉求能够得到法院的支持。

【风险防范建议】

就A公司而言,要最大限度地避免与B公司签订合作协议的风险,首先要划定清楚,B公司以A公司名义对外承接项目的具体范围,不能超过B公司所具有的二级资质的范围,否则将会造成A公司租用、借用一级资质的情况,是违法的,要承担相应法律后果。

就B公司而言,在与A公司签订合作协议时,应当将风险承担、利益分配等项目合理化、规范化,不可随意了事。

就C公司而言,在涉及可能是代理人与其签订合同的情况下,要最大限度地弄清楚代理人的权限,在分清代理人无权代理或超越代理权限的情况下,应当直接与被代理人签订协议。

【法条链接】

《民法典》第一百六十二条　代理人在代理权限内，以被代理人名义实施的民事法律行为，对被代理人发生效力。

第一百七十二条　行为人没有代理权、超越代理权或者代理权终止后，仍然实施代理行为，相对人有理由相信行为人有代理权的，代理行为有效。

《房地产开发企业资质管理规定》第五条　房地产开发企业按照企业条件分为一、二、三、四四个资质等级。各资质等级企业的条件如下：

（一）一级资质：

1. 从事房地产开发经营5年以上；

2. 近3年房屋建筑面积累计竣工30万平方米以上，或者累计完成与此相当的房地产开发投资额；

3. 连续5年建筑工程质量合格率达100%；

4. 上一年房屋建筑施工面积15万平方米以上，或者完成与此相当的房地产开发投资额；

5. 有职称的建筑、结构、财务、房地产及有关经济类的专业管理人员不少于40人，其中具有中级以上职称的管理人员不少于20人，持有资格证书的专职会计人员不少于4人；

6. 工程技术、财务、统计等业务负责人具有相应专业中级以上职称；

7. 具有完善的质量保证体系，商品住宅销售中实行了《住宅质量保证书》和《住宅使用说明书》制度；

8. 未发生过重大工程质量事故。

（二）二级资质：

1. 从事房地产开发经营3年以上；

2. 近3年房屋建筑面积累计竣工15万平方米以上，或者累计完成与此相当的房地产开发投资额；

3. 连续3年建筑工程质量合格率达100%；

4. 上一年房屋建筑施工面积10万平方米以上，或者完成与此相当的房地产开发投资额；

5. 有职称的建筑、结构、财务、房地产及有关经济类的专业管理人员不少于20人，其中具有中级以上职称的管理人员不少于10人，持有资格证书的专职会计人员不少于3人；

6. 工程技术、财务、统计等业务负责人具有相应专业中级以上职称；

7. 具有完善的质量保证体系，商品住宅销售中实行了《住宅质量保证书》和《住宅使用说明书》制度；

8. 未发生过重大工程质量事故。

（三）三级资质：

1. 从事房地产开发经营2年以上；

2. 房屋建筑面积累计竣工5万平方米以上，或者累计完成与此相当的房地产开发投资额；

3. 连续2年建筑工程质量合格率达100%；

4. 有职称的建筑、结构、财务、房地产及有关经济类的专业管理人员不少于10人，其中具有中级以上职称的管理人员不少于5人，持有资格证书的专职会计人员不少于2人；

5. 工程技术、财务等业务负责人具有相应专业中级以上职称，统计等其他业务负责人具有相应专业初级以上职称；

6. 具有完善的质量保证体系，商品住宅销售中实行了《住宅质量保证书》和《住宅使用说明书》制度；

7. 未发生过重大工程质量事故。

（四）四级资质：

1. 从事房地产开发经营1年以上；

2. 已竣工的建筑工程质量合格率达100%；

3. 有职称的建筑、结构、财务、房地产及有关经济类的专业管理人员不少于5人，持有资格证书的专职会计人员不少于2人；

4. 工程技术负责人具有相应专业中级以上职称，财务负责人具有相应专业初级以上职称，配有专业统计人员；

5. 商品住宅销售中实行了《住宅质量保证书》和《住宅使用说明书》制度；

6. 未发生过重大工程质量事故。

第二十一条　企业有下列行为之一的，由原资质审批部门公告资质证书作废，收回证书，并可处以1万元以上3万元以下的罚款：

（一）隐瞒真实情况、弄虚作假骗取资质证书的；

（二）涂改、出租、出借、转让、出卖资质证书的。

二、合作开发

155. 合作开发房地产需要双方都具有房地产开发资质吗？

【情景案例】

甲公司是一家具有一级开发资质的房地产开发企业，乙公司是一家具有四级开发资质的房地产开发企业。乙公司由李某创办。某日，甲公司与乙公司签订《投资合作意向书》，约定：双方共同投资开发建设面积为35万平方米的某大型综合商场项目，双方各按50%出资及分享利润、分担亏损。合作意向书签订后，妻子冯某对李某说，乙公司不具备开发某大型综合商场项目的资质，建议不要投资，否则会面临巨大法律风险。李某认为，虽然乙公司不具备开发资质，但我们是合作开发项目，只需要甲公司具备开发资质即可。

请问：李某的说法符合我国法律规定吗？

【案例分析】

本案主要涉及的是合同双方合作开发建设工程项目时，只有一方具备开发资质时,该开发项目是否合法的问题。

根据《最高人民法院关于审理涉及国有土地使用权合同纠纷案件适用法律问题的解释》第十三条的规定,合作开发房地产合同的当事人一方具备房地产开发经营资质的,应当认定合同有效。当事人双方均不具备房地产开发经营资质的,应当认定合同无效;但起诉前当事人一方已经取得房地产开发经营资质或者已依法合作成立具有房地产开发经营资质的房地产开发企业的,应当认定合同有效。

本案中,甲公司与乙公司共同投资开发建设面积为35万平方米的某大型综合商场项目,需要由一级资质的房地产开发企业承建。虽然乙公司仅具有四级开发资质,但甲公司具有一级开发资质,根据上述司法解释的规定,甲公司与乙公司如果签订合作开发协议,该协议是有效的,受我国法律保护。综上所述,李某的说法符合我国法律相关规定。

【风险防范建议】

两家具有不同资质的房地产企业合作开发项目,应当注意以下事项:

(1)就合作开发的双方而言,在对建设工程进行合作开发时要确保至少有一方具备房地产开发经营资质,否则将会导致双方签订的合作开发合同效力问题产生争议,从而导致出现因合同效力产生的各种纠纷。

(2)合作双方在合同中要明确约定,该合作项目以具备资质一方公司为主导,用具备资质一方的名义办理各类手续,以避免出现法律风险。

【法条链接】

《城市房地产管理法》第三十条 房地产开发企业是以营利为目的,从事房地产开发和经营的企业。设立房地产开发企业,应当具备下列条件:

(一)有自己的名称和组织机构;

(二)有固定的经营场所;

(三)有符合国务院规定的注册资本;

(四)有足够的专业技术人员;

(五)法律、行政法规规定的其他条件。

设立房地产开发企业,应当向工商行政管理部门申请设立登记。工商行政管理部门对符合本法规定条件的,应当予以登记,发给营业执照;对不符合本法规定条件的,不予登记。

设立有限责任公司、股份有限公司,从事房地产开发经营的,还应当执行公司法的有关规定。

房地产开发企业在领取营业执照后的一个月内,应当到登记机关所在地的县级以上地方人民政府规定的部门备案。

《城市房地产开发经营管理条例》第九条 房地产开发主管部门应当根据房地产开发企业

的资产、专业技术人员和开发经营业绩等,对备案的房地产开发企业核定资质等级。房地产开发企业应当按照核定的资质等级,承担相应的房地产开发项目。具体办法由国务院建设行政主管部门制定。

《最高人民法院关于审理涉及国有土地使用权合同纠纷案件适用法律问题的解释》第十三条 合作开发房地产合同的当事人一方具备房地产开发经营资质的,应当认定合同有效。

当事人双方均不具备房地产开发经营资质的,应当认定合同无效。但起诉前当事人一方已经取得房地产开发经营资质或者已依法合作成立具有房地产开发经营资质的房地产开发企业的,应当认定合同有效。

《房地产开发企业资质管理规定》第十八条 一级资质的房地产开发企业承担房地产项目的建设规模不受限制,可以在全国范围承揽房地产开发项目。

二级资质及二级资质以下的房地产开发企业可以承担建筑面积25万平方米以下的开发建设项目,承担业务的具体范围由省、自治区、直辖市人民政府建设行政主管部门确定。

各资质等级企业应当在规定的业务范围内从事房地产开发经营业务,不得越级承担任务。

156. 以划拨土地使用权作为投资与他人订立的合作开发房地产合同,有效吗?

【情景案例】

某国有企业与某房地产公司签订《合作协议书》,约定:某国有企业提供6亩土地(该土地为划拨用地),乙房地产公司提供资金共同修建某酒店公寓,建成后将由某国有企业和某房地产公司共同经营并按照2:8的比例分配利润;以某房地产公司名义对外签订合同,涉及项目的责任由双方共同承担。某房地产公司将工程发包给某建筑公司。工程竣工后,由于附近地价上涨了2倍,某国有企业对于按2:8的分配利润不合理,于是提出按3:7的比例分配利润,但遭到乙房地产公司的拒绝。某国有企业向法院起诉,以合作土地为划拨用地为由请求判令《合作协议书》无效。

请问:某国有企业的请求能得到法院支持吗?

【案例分析】

本案主要涉及的是以未经批准的划拨土地作为投资房地产合作开发建设项目的合同效力问题。

根据《民法典》第一百五十三条的规定,违反法律、行政法规的强制性规定的民事法律行为无效。但是,该强制性规定不导致该民事法律行为无效的除外。《城市房地产管理法》第四十条第一款规定,以划拨方式取得土地使用权的,转让房地产时,应当按照国务院规定,报有批准权的人民政府审批。有批准权的人民政府准予转让的,应当由受让方办理土地使用权出让手续,并依照国家有关规定缴纳土地使用权出让金。《中华人民共和国城镇国有土地使用权出让和转让暂行条例》第四十五条第一款规定,符合下列条件的,经市、县人民政府土地管理部门和房产管理部门批准,其划拨土地使用权和地上建筑物、其他附着物所有权可以转让、出租、抵押:(1)土地使用者为公司、企业、其他经济组织和个人;(2)领有国有土地使用证;(3)具有地上建筑物、其他附着物合法的产权证明;(4)依照本条例第二章的规定签订土地使用权出让合同,向当地市、县人民政府补交土地使用权出让金或者以转让、出租、抵押所获效益抵交土地使用权出让金。《最高人民法院关于审理涉及国有土地使用权合同纠纷案件适用法律问题的解释》第十二条规定,本解释所称的合作开发房地产合同,是指当事人订立的以提供出让土地使用权、资金等作为共同投资,共享利润、共担风险合作开发房地产为基本内容的合同。

本案中,某国有企业所提供的6亩土地为划拨用地,该土地未经有批准权的人民政府批准,未与市、县人民政府土地管理部门签订土地使用权出让合同,未向当地市、县人民政府补交土地使用权出让金或者以转让、出租、抵押所获效益抵交土地使用权出让金。因此,《合作协议书》违反法律、行政法规的强制性规定,某国有企业与某房地产公司所签订的《合作协议书》无效。故某国有企业的请求可以得到法院的支持。

【风险防范建议】

关于在合作协议无效且某酒店公寓已经建成并且开始营业的情况下,某国有企业与某房地产开发公司如何才能将自身损失降到最低,建议如下:

(1)就某国有企业而言,在起诉之前要争取获得有批准权的人民政府批准,以此为前提与某房地产公司就利润分配问题进行调解,将双方损失最低化、利益最大化。

(2)就某房地产公司而言,要么选择与某国有企业和解,重新分配利润比例,要么就抓住时机,在某国有企业还未办理批准手续之前,以某国有企业欺骗等原因要求某国有企业进行违约赔偿,这样才能将损失和风险降到最低。

就房地产开发企业而言,与划拨土地使用权人合作开发房地产项目前,务必要确定划拨土地使用权人是否已取得有批准权的政府的批准。在签订合作协议时,应当按照以下建议进行操作:

(1)约定划拨土地使用权人办理审批手续的时限、相应的违约责任以及补救措施。

(2)约定先办理完审批手续,资金方才提供大部分的资金。

(3)约定资金方将款项支付至资金共管账户,避免在未办妥审批手续之前资金已投入项目建设。

就划拨土地使用权主体而言,合作必须依法进行,其自身必须清楚明确地知道不能擅自变更土地用途,否则将可能面临被责令交还土地、罚款等行政处罚。

【法条链接】

《民法典》第一百五十三条 违反法律、行政法规的强制性规定的民事法律行为无效。但是,该强制性规定不导致该民事法律行为无效的除外。

违背公序良俗的民事法律行为无效。

《城市房地产管理法》第四十条第一款 以划拨方式取得土地使用权的,转让房地产时,应当按照国务院规定,报有批准权的人民政府审批。有批准权的人民政府准予转让的,应当由受让方办理土地使用权出让手续,并依照国家有关规定缴纳土地使用权出让金。

《中华人民共和国城镇国有土地使用权出让和转让暂行条例》第四十五条 符合下列条件的,经市、县人民政府土地管理部门和房产管理部门批准,其划拨土地使用权和地上建筑物、其他附着物所有权可以转让、出租、抵押:

(一)土地使用者为公司、企业、其他经济组织和个人;

(二)领有国有土地使用证;

(三)具有地上建筑物、其他附着物合法的产权证明;

(四)依照本条例第二章的规定签订土地使用权出让合同,向当地市、县人民政府补交土地使用权出让金或者以转让、出租、抵押所获效益抵交土地使用权出让金。

转让、出租、抵押前款划拨土地使用权的,分别依照本条例第三章、第四章和第五章的规定办理。

《最高人民法院关于审理涉及国有土地使用权合同纠纷案件适用法律问题的解释》第十二条 本解释所称的合作开发房地产合同,是指当事人订立的以提供出让土地使用权、资金等作为共同投资,共享利润、共担风险合作开发房地产为基本内容的合同。

157. 合作开发房地产合同可以约定提供土地使用权一方不承担经营风险,只收取固定利益吗?

【情景案例】

A 公司通过招商引资形式与 B 房地产公司签订《引资协议书》,A 公司以通过出让方式取得的国有土地使用权作价投资并与 B 房地产公司合作建设。双方签订《联合开发投资某公寓项目合作开发协议书》,约定:A 公司以性质为商住用地的土地使用权作为投资,不承担项目投资盈亏风险及销售之责,B 房地产公司筹集工程建设所需的资金,并负责工程的开发建设及房地产销售;从项目竣工之日起,无论公寓项目经营是否盈利,B 房地产公司须于每年给予 A 公司固定利益 500 万元,连续给予 10 年。后工程竣工并经验收合格。

请问:A 公司与 B 房地产公司签订的协议有效吗?

【案例分析】

本案主要涉及的是提供土地使用权一方，在房地产合作开发协议中约定不承担风险，只收取固定利益时，该合同是否应当被认定为《土地使用权转让合同》的问题。

我国《民法典》第一百四十六条第一款规定，行为人与相对人以虚假的意思表示实施的民事法律行为无效。第一百五十三条规定，违反法律、行政法规的强制性规定的民事法律行为无效。但是，该强制性规定不导致该民事法律行为无效的除外。违背公序良俗的民事法律行为无效。需要说明的是，合同是一种民事法律行为，合同无效的情形适用《民法典》有关规定。《最高人民法院关于审理涉及国有土地使用权合同纠纷案件适用法律问题的解释》第十二条规定，本解释所称的合作开发房地产合同，是指当事人订立的以提供出让土地使用权、资金等作为共同投资，共享利润、共担风险合作开发房地产为基本内容的合同。第二十一条规定，合作开发房地产合同约定提供土地使用权的当事人不承担经营风险，只收取固定利益的，应当认定为土地使用权转让合同。

本案中，A 公司与 B 房地产公司所签订协议是在其双方意思表示真实、自愿且具有民事行为能力的条件下签订的，即双方所签订协议不具有《民法典》规定的法定无效的条件，故协议具有法律效力。但是，根据上述司法解释的规定，双方所签订的协议内容存在“只收取固定利益不承担经营风险”的内容，因此该协议应当认定为土地使用权转让合同。

【风险防范建议】

关于拥有土地使用权的企业与房地产开发企业合作，双方如何规避相关风险，建议如下：

(1)就拥有土地使用权的企业而言，可以选择在签订协议时就以土地使用权转让合同的方式签订，这样可以避免一开始以合作协议的形式签订，产生纠纷后，法官裁判时又以土地使用权转让合同形式认定，这样一来就会造成合同金额大幅减少的情况；若拥有土地使用权的企业的真实意思表示不是转让土地使用权，则应当与对方签订一份严谨、合格、合法的合作开发协议，完全以合作开发协议的方式约定，最大限度地避免风险。

(2)就房地产房产开发企业而言，若真实意思是签订土地使用权转让合同，则应该以土地使用权转让合同的标准签订协议。切记不可以合作开发协议的方式签订此合同，这样可能会导致房地产房产开发企业得不到该土地的使用权，且价格较高。

【法条链接】

《民法典》第一百四十六条　行为人与相对人以虚假的意思表示实施的民事法律行为无效。

以虚假的意思表示隐藏的民事法律行为的效力,依照有关法律规定处理。

第一百五十三条　违反法律、行政法规的强制性规定的民事法律行为无效。但是,该强制性规定不导致该民事法律行为无效的除外。

违背公序良俗的民事法律行为无效。

第五百零二条　依法成立的合同,自成立时生效,但是法律另有规定或者当事人另有约定的除外。

依照法律、行政法规的规定,合同应当办理批准等手续的,依照其规定。未办理批准等手续影响合同生效的,不影响合同中履行报批等义务条款以及相关条款的效力。应当办理申请批准等手续的当事人未履行义务的,对方可以请求其承担违反该义务的责任。

依照法律、行政法规的规定,合同的变更、转让、解除等情形应当办理批准等手续的,适用前款规定。

《城市房地产管理法》第二十八条　依法取得的土地使用权,可以依照本法和有关法律、行政法规的规定,作价入股,合资、合作开发经营房地产。

《最高人民法院关于审理涉及国有土地使用权合同纠纷案件适用法律问题的解释》第十二条　本解释所称的合作开发房地产合同,是指当事人订立的以提供出让土地使用权、资金等作为共同投资,共享利润、共担风险合作开发房地产为基本内容的合同。

第二十一条　合作开发房地产合同约定提供土地使用权的当事人不承担经营风险,只收取固定利益的,应当认定为土地使用权转让合同。

158. 合作开发房地产合同约定一方“只赚不赔”,合法吗?

【情景案例】

甲投资公司与乙房地产公司签订《投资合作协议书》,约定由乙房地产公司分期向甲房地产公司投入资金2亿元。协议第1条记载:为保障乙房地产公司投资权益,在乙房地产公司按期如数将投资款汇入甲投资公司指定账户的情况下,甲投资公司给予乙房地产公司固定投资回报,本合同项下的年回报率按年利率15%计算,在本合同有效期内回报率保持不变。第4条记载:鉴于乙房地产公司不直接参与公司经营管理,因此甲投资公司在经营管理过程中产生的风险责任由甲投资公司承担,即乙房地产公司承担投资责任,不承担经营风险责任。

请问:请问甲投资公司与乙房地产公司签订的协议有效吗?

【案例分析】

本案主要涉及的是房地产开发合作协议约定投资方只盈利,不承担亏损的情况下,该《投资合作协议书》的效力问题。

《民法典》第一百四十六条第一款规定,行为人与相对人以虚假的意思表示实施的民事法律行为无效。第一百五十三条规定，违反法律、行政法规的强制性规定的民事法律行为无效。但是，该强制性规定不导致该民事法律行为无效的除外。违背公序良俗的民事法律行为无效。第一百五十四条规定，行为人与相对人恶意串通，损害他人合法权益的民事法律行为无效。需要说明的是，合同是一种民事法律行为，合同无效的情形适用有关民事法律行为无效的规定。《最高人民法院关于审理涉及国有土地使用权合同纠纷案件适用法律问题的解释》第二十三条规定，合作开发房地产合同约定提供资金的当事人不承担经营风险，只收取固定数额货币的，应当认定为借款合同。《最高人民法院关于审理民间借贷案件适用法律若干问题的规定》第二十五条第一款规定，出借人请求借款人按照合同约定利率支付利息的，人民法院应予支持，但是双方约定的利率超过合同成立时 1 年期贷款市场报价利率 4 倍的除外。

本案中，甲投资公司与乙房地产公司所签订协议是在意思表示真实、自愿且具有民事行为能力的条件下签订的，即双方所签订协议不具有《民法典》第一百五十三条规定的法定无效的情形，故协议具有法律效力。但是，根据上述司法解释的规定，双方所签订的协议内容存在“不承担经营风险只收取固定数额货币”的内容，因此该协议应当认定为借款合同。从借款利率角度来分析，双方约定的借款年利率为 15%，未超过合同成立时 1 年期贷款市场报价利率 4 倍，未出现任何使合同无效的情形，故双方此约定有效。

【风险防范建议】

资金方在与房地产开发企业合作时，为规避相关风险，应当注意以下事项：

(1)要明确合作目的是投资还是借贷。需要注意的是，如果是投资，好处是收益较大，但要与房地产房产开发企业共担经营风险；如果是借贷，好处是不需要承担经营风险，但收益相对较小，只能向对方主张还本付息的权利。

(2)明确合作目的后，建议聘请专业律师按照合作意图起草规范的合作协议，否则签订的协议不规范，将导致因合同产生纠纷的风险。

【法条链接】

《民法典》第一百四十六条 行为人与相对人以虚假的意思表示实施的民事法律行为无效。

以虚假的意思表示隐藏的民事法律行为的效力，依照有关法律规定处理。

第一百五十三条 违反法律、行政法规的强制性规定的民事法律行为无效。但是，该强制性规定不导致该民事法律行为无效的除外。

违背公序良俗的民事法律行为无效。

第一百五十四条 行为人与相对人恶意串通，损害他人合法权益的民事法律行为无效。

第五百零二条 依法成立的合同，自成立时生效，但是法律另有规定或者当事人另有约定的除外。

依照法律、行政法规的规定，合同应当办理批准等手续的，依照其规定。未办理批准等手续影响合同生效的，不影响合同中履行报批等义务条款以及相关条款的效力。应当办理申请批准等手续的当事人未履行义务的，对方可以请求其承担违反该义务的责任。

依照法律、行政法规的规定，合同的变更、转让、解除等情形应当办理批准等手续的，适用前款规定。

《最高人民法院关于审理涉及国有土地使用权合同纠纷案件适用法律问题的解释》第二十三条　合作开发房地产合同约定提供资金的当事人不承担经营风险，只收取固定数额货币的，应当认定为借款合同。

《最高人民法院关于审理民间借贷案件适用法律若干问题的规定》第十三条　具有下列情形之一的，人民法院应当认定民间借贷合同无效：

（一）套取金融机构贷款转贷的；

（二）以向其他营利法人借贷、向本单位职工集资，或者以向公众非法吸收存款等方式取得的资金转贷的；

（三）未依法取得放贷资格的出借人，以营利为目的向社会不特定对象提供借款的；

（四）出借人事先知道或者应当知道借款人借款用于违法犯罪活动仍然提供借款的；

（五）违反法律、行政法规强制性规定的；

（六）违背公序良俗的。

第十八条　人民法院审理民间借贷纠纷案件时发现有下列情形之一的，应当严格审查借贷发生的原因、时间、地点、款项来源、交付方式、款项流向以及借贷双方的关系、经济状况等事实，综合判断是否属于虚假民事诉讼：

（一）出借人明显不具备出借能力；

（二）出借人起诉所依据的事实和理由明显不符合常理；

（三）出借人不能提交债权凭证或者提交的债权凭证存在伪造的可能；

（四）当事人双方在一定期限内多次参加民间借贷诉讼；

（五）当事人无正当理由拒不到庭参加诉讼，委托代理人对借贷事实陈述不清或者陈述前后矛盾；

（六）当事人双方对借贷事实的发生没有任何争议或者诉辩明显不符合常理；

（七）借款人的配偶或者合伙人、案外人的其他债权人提出有事实依据的异议；

（八）当事人在其他纠纷中存在低价转让财产的情形；

（九）当事人不正当放弃权利；

（十）其他可能存在虚假民间借贷诉讼的情形。

第二十五条　出借人请求借款人按照合同约定利率支付利息的，人民法院应予支持，但是双方约定的利率超过合同成立时一年期贷款市场报价利率四倍的除外。

前款所称“一年期贷款市场报价利率”，是指中国人民银行授权全国银行间同业拆借中心自2019年8月20日起每月发布的一年期贷款市场报价利率。

159. 合作开发房地产合同约定以投资数额确定利润分配比例，当事人未足额交纳出资的，如何进行利润分配？

【情景案例】

A房地产公司与B房地产公司签订《联合建房协议书》，约定：A房地产公司出资3000万元，B房地产公司出资7000万元合作开发某住宅项目；双方分成比例为3:7；以A房地产公司的名义对外签订合同。合同签订后，工程项目进展十分顺利，并按时竣工。工程竣工时，A房地产公司按约定实际出资3000万元，但B房地产公司实际出资6000万元，尚欠1000元未出资。某住宅项目所有房屋全部销售完毕，经财务核算税后利润为2000万元。对于如何进行利润分配，A房地产公司与B房地产公司发生分歧。A房地产公司认为，应当按实际出资金额进行利润分配。B房地产公司认为，应当按合同约定进行分配，并提出不是故意不出资，而是项目建设不需要这么多钱，所以没有全额出资。

请问：A房地产公司的说法符合我国法律规定吗？

【案例分析】

本案涉及的是合作开发房地产约定的出资未全部到位的情况下，按照实际出资分配利润还是按合同约定比例分配利润的问题。

我国《民法典》第五百零九条第一款、第二款规定，当事人应当按照约定全面履行自己的义务；当事人应当遵循诚信原则，根据合同的性质、目的和交易习惯履行通知、协助、保密等义务。根据《最高人民法院关于审理涉及国有土地使用权合同纠纷案件适用法律问题的解释》第十九条的规定，合作开发房地产合同约定仅以投资数额确定利润分配比例，当事人未足额交纳出资的，按照当事人的实际投资比例分配利润。

本案中，A房地产公司与B房地产公司签订《联合建房协议书》并在协议中约定了分成比例。依据《民法典》对于合同成立和生效的相关规定，民事合同只要在合意的基础上符合生效要件，那么合同双方应当依据合同的约定履行合同义务，但最高人民法院针对合作房地产开发及相关的专业领域作出了特殊规定，在最高人民法院的司法解释中，针对合作开发房地产合同这一专业领域，规定了在合作开发房地产合同中，仅以投资数额确定利润分配比例，当事人未足额交纳出资的，按照当事人的实际投资比例分配利润。即以合同当事人实际出资的数额来确定利润的分配。依据特别法优于一般法的原则，对于合作开发房地产合同的利润分配，应当依据《最高人民法院关于审理涉及国有土地使用权合同纠纷案件适用法律问题的解释》第十九条的规定，而不是《民法典》关于合同的约定。

本案中，虽然在协议文字表述方面不是明说“按照投资比例分配利润”而是一个固定的比例,但是该固定比例的计算实际上是蕴含了按照实际出资比例进行分配而且该约定的固定比例实际上是按照投资比例得出的。因此,A 房地产公司的说法符合我国法律规定。

【风险防范建议】

签订合作开发房地产合同后,一定要及时按约定足额缴纳出资,否则会存在按实际出资额影响最终利润分配的风险,导致不能按合同中约定的比例分配利润;不要有出资不到位,最后也可以按照合同约定的比例分配利润、坐享其成的心态。

司法实践中,合作一方在合同内约定的出资没有全部到位,如果因为合同的利润分配问题发生纠纷,法院不会按照合同约定的比例分配利润,而是按照特殊规则,按照实际出资的比例分配利润。

【法条链接】

《民法典》第四百八十三条 承诺生效时合同成立,但是法律另有规定或者当事人另有约定的除外。

第五百零二条 依法成立的合同,自成立时生效,但是法律另有规定或者当事人另有约定的除外。

依照法律、行政法规的规定,合同应当办理批准等手续的,依照其规定。未办理批准等手续影响合同生效的,不影响合同中履行报批等义务条款以及相关条款的效力。应当办理申请批准等手续的当事人未履行义务的,对方可以请求其承担违反该义务的责任。

依照法律、行政法规的规定,合同的变更、转让、解除等情形应当办理批准等手续的,适用前款规定。

第五百零九条 当事人应当按照约定全面履行自己的义务。

当事人应当遵循诚信原则,根据合同的性质、目的和交易习惯履行通知、协助、保密等义务。

当事人在履行合同过程中,应当避免浪费资源、污染环境和破坏生态。

《最高人民法院关于审理涉及国有土地使用权合同纠纷案件适用法律问题的解释》第十九条 合作开发房地产合同约定仅以投资数额确定利润分配比例,当事人未足额交纳出资的,按照当事人的实际投资比例分配利润。

三、项目融资

160. 房产开发企业自有资金较少,可以向银行申请房地产项目贷款吗?

【情景案例】

甲房地产公司由张某与赵某共同创办,其中张某占51%的股权,赵某占49%的股权。甲房地产公司与某市国土资源局签订《国有建设用地使用权出让合同》,约定某市国土资源局将某市一块面积为10万平方米的土地出让给甲房地产公司,土地用途为商业住宅,出让价款为1500万元。后甲房地产公司按合同约定向某市土地储备交易中心缴纳土地价款,并取得了某市人民政府就上述土地核发的国有建设土地使用证。在取得土地使用权后,根据市场调查数据,张某提议公司开发一个预算投资额为3亿元的商业住宅项目,但赵某表示反对。赵某认为,公司资金只有8000万元,如果开发3亿元的项目,自有资金太少不能向银行申请房地产项目贷款。

请问:赵某的说法符合我国规定吗?

【案例分析】

本案主要涉及房地产公司向银行申请房地产项目贷款的资格问题。

《中国人民银行关于进一步加强房地产信贷业务管理的通知》第一条规定,加强房地产开发贷款管理、引导规范贷款投向。房地产开发贷款对象应为具备房地产开发资质、信用等级较高、没有拖欠工程款的房地产开发企业。贷款应重点支持符合中低收入家庭购买能力的住宅项目,对大户型、大面积、高档商品房、别墅等项目应适当限制。对商品房空置量大、负债率高的房地产开发企业,要严格审批新增房地产开发贷款并重点监控。各商业银行应严格执行《建设部、国家计委、财政部、国土资源部、中国人民银行、国家税务总局关于加强房地产市场宏观调控促进房地产市场健康发展的若干意见》,对未取得土地使用权证书、建设用地规划许可证、建设工程规划许可证和施工许可证的项目,不得发放任何形式的贷款。商业银行对房地产开发企业申请的贷款,只能通过房地产开发贷款科目发放,严禁以房地产开发流动资金贷款及其他形式贷款科目发放。对房地产开发企业已发放的非房地产开发贷款,各商业银行按照只收不放的原则执行。房地产开发企业申请银行贷款,其自有资金(指所有者权益)应不低于开发项目总投资的30%。商业银行发放的房地产贷款,只能用于本地区的房地产项目,严禁跨地区使用。第二条规定,严格控制土地储备贷款的发放。各商业银行应规范对政府土地储备机构贷款的管理,在《土地储备机构贷款管理办法》颁布前,审慎发放此类贷款。对土地储备机构发放的贷款为抵押贷款,贷款额度不得超过所收购土地评估价值的70%,贷款期限最长不得超过2年。商业银行不得向房地产开发企业发放用于缴交土地出让金的贷款。第四条规定,加强个人住房贷款管理,重点支持中低收入家庭购买住房的需要。商业银行应进一步扩大个人住房贷款的覆盖面,扩大住房贷款的受益群体。为减轻借款人不必要的利息负担,商业银行只能对购买主体结构已封顶住房的个人发放个人住房贷款。对借款人申请个人住房贷款购买第一套自住住房的,首付款比例仍执行20%的规定;对购买第二套以上(含第二套)住房的,应适当提高首付款比例。商业银行应将发放的个人住房贷款情况登记在当地人民银行的信贷登记咨询系统,详细记载借款人的借款金额、贷款期限、借款人及其配偶的身份证号码。商业银行在发放个人住房贷款前,应到信贷登记咨询系统进行查询。即除了对房地产筹资中规定必须具有四证及达到规定的自有资金比例之外,还禁止对房地产企业发放流动资金贷款,防止出现房地产开发商进行土地款融资。2003 年 6 月 5 日,《中国人民银行关于进一步加强房地产信贷业务管理的通知》出台后,对房地产业造成了较大的冲击,这个以规范房地产信贷为主要内容的“121 号文件”有针对性地对房地产开发企业贷款和建筑施工企业流动资金贷款用途作了详细规定,其中,要求房地产企业申请银行贷款,自有资金比例应不少于 30%;商业银行只能对购买主体结构已封顶住房的个人发放个人住房贷款。对借款人申请个人住房贷款购买第一套自住住房的,首付款比例仍执行 20% 的规定;对购买第二套以上(含第二套)住房的,应适当提高首付款比例。这些规定切中了房地产企业的“要害”。虽然我国房地产企业较多,但大部分是中小房地产企业,自有资金有限,“121 号文件”的出台对“定金及预付款”的资金影响很大。

从银行业内放款条件的要求来看,只要符合相关条件,就可以向银行申请贷款,但必须符合“管紧土地,看好信贷”为主的宏观调控政策,本案中,甲房地产公司自有资金虽然低于开发项目的要求,但自有资金的比例为 26.67%,只要甲房地产公司的实际情况符合其他贷款条件,就可以向符合条件的银行申请项目贷款。

【风险防范建议】

从本案案情来看,如果在房地产房产开发企业顺利办理了贷款之后,出现了不利的市场情况,预期项目的市场价值可能会低于预算价值,这种情况下,房产开发企业可能会选择让项目烂尾,从而给债权人造成信用风险损失,这时的债权人相当于卖出一份看跌期权。看跌期权又称卖权选择权、卖方期权、卖权、延卖期权或敲出。看跌期权,是指期权的购买者甲房地产公司拥有在期权合约有效期内按执行价格卖出一定数量标的物的权利,但不负担必须卖出的义务。如果未来基础资产的市场价格下跌低于期权约定的价格,期权的买方就可以高于当时市场价格的价格卖出基础资产而获利,此时,卖方需要承担损失。如果未来基础资产的市场价格上涨超过该期权约定的价格,期权的买方可以放弃权利。

本案中,如果甲房地产公司成功向银行申请到贷款,那么银行相当于卖出一份看跌期权,银行作为债权人将承受信用风险损失。需要提醒的是,此时因为合同权利无法行使,银行可能会采取向法院申请针对房产开发企业的法律强制性救助手段,包括但不限于查封、扣押、冻结等,可能会对房产开发企业的固有资产和银行账号的正常使用等造成严重阻碍。

【法条链接】

《中国人民银行关于进一步加强房地产信贷业务管理的通知》 一、加强房地产开发贷款管理、引导规范贷款投向

房地产开发贷款对象应为具备房地产开发资质、信用等级较高、没有拖欠工程款的房地产开发企业。贷款应重点支持符合中低收入家庭购买能力的住宅项目,对大户型、大面积、高档商品房、别墅等项目应适当限制。对商品房空置量大、负债率高的房地产开发企业,要严格审批新增房地产开发贷款并重点监控。

各商业银行应严格执行《建设部、国家计委、财政部、国土资源部、中国人民银行、国家税务总局关于加强房地产市场宏观调控促进房地产市场健康发展的若干意见》(建住房[2002]217号),对未取得土地使用权证书、建设用地规划许可证、建设工程规划许可证和施工许可证的项目,不得发放任何形式的贷款。

商业银行对房地产开发企业申请的贷款,只能通过房地产开发贷款科目发放,严禁以房地产开发流动资金贷款及其他形式贷款科目发放。对房地产开发企业已发放的非房地产开发贷款,各商业银行按照只收不放的原则执行。房地产开发企业申请银行贷款,其自有资金(指所有者权益)应不低于开发项目总投资的30%。

商业银行发放的房地产贷款,只能用于本地区的房地产项目,严禁跨地区使用。

二、严格控制土地储备贷款的发放

各商业银行应规范对政府土地储备机构贷款的管理,在《土地储备机构贷款管理办法》颁布前,审慎发放此类贷款。对土地储备机构发放的贷款为抵押贷款,贷款额度不得超过所收购土地评估价值的70%,贷款期限最长不得超过2年。

商业银行不得向房地产开发企业发放用于缴交土地出让金的贷款。

三、规范建筑施工企业流动资金贷款用途

商业银行要严格防止建筑施工企业使用银行贷款垫资房地产开发项目。承建房地产建设项目的建筑施工企业只能将获得的流动资金贷款用于购买施工所必需的设备(如塔吊、挖土机、推土机等)。企业将贷款挪作他用的,经办银行应限期追回挪用资金,并向当地其他的商业银行通报该企业违规行为,各商业银行不应再对该企业提供相应的信贷支持。对自有资金低、应收账款多的承建房地产建设项目的建筑施工企业,商业银行应限制对其发放贷款。

四、加强个人住房贷款管理,重点支持中低收入家庭购买住房的需要

商业银行应进一步扩大个人住房贷款的覆盖面,扩大住房贷款的受益群体。为减轻借款人不必要的利息负担,商业银行只能对购买主体结构已封顶住房的个人发放个人住房贷款。对借款人申请个人住房贷款购买第一套自住住房的,首付款比例仍执行20%的规定;对购买第二套以上(含第二套)住房的,应适当提高首付款比例。

商业银行应将发放的个人住房贷款情况登记在当地人民银行的信贷登记咨询系统,详细记载借款人的借款金额、贷款期限、借款人及其配偶的身份证号码。商业银行在发放个人住房贷款前,应到信贷登记咨询系统进行查询。

五、强化个人商业用房贷款管理

借款人申请个人商业用房贷款的抵借比不得超过60%，贷款期限最长不得超过10年，所购商业用房为竣工验收的房屋。对借款人以“商住两用房”名义申请银行贷款的，商业银行一律按照个人商业用房贷款管理规定执行。

六、充分发挥利率杠杆对个人住房贷款需求的调节作用

对借款人申请个人住房贷款购买房改房或第一套自住住房的（高档商品房、别墅除外），商业银行按照中国人民银行公布的个人住房贷款利率（不得浮动）执行；购买高档商品房、别墅、商业用房或第二套以上（含第二套）住房的，商业银行按照中国人民银行公布的同期同档次贷款利率执行。

……

《中国人民银行、中国银行业监督管理委员会关于贯彻落实〈国务院办公厅关于促进房地产市场平稳健康发展的通知〉的通知》　二、各金融机构要抓紧修改完善房地产信贷业务管理操作细则，加大差别化信贷政策执行力度，加强房地产信贷风险管理。继续支持居民首次购买普通自住房的贷款需求，根据借款人信用记录和还款能力、购房用途和住房性质、抵押物价值和变现能力、当地房地产市场状况等因素，合理进行风险评估，在贷款利率下限和最低首付款比例之上确定贷款利率和首付款比例。严格抑制投机投资性购房需求。对已利用贷款购买住房又申请购买第二套（含）以上住房的家庭（包括借款人、配偶及未成年子女），贷款首付款比例不得低于40%，贷款利率严格按照风险定价。

《国务院办公厅关于进一步做好房地产市场调控工作有关问题的通知》

……

五、严格住房用地供应管理

各地要增加土地有效供应，认真落实保障性住房、棚户区改造住房和中小套型普通商品住房用地不低于住房建设用地供应总量的70%的要求。在新增建设用地年度计划中，要单列保障性住房用地，做到应保尽保。今年的商品住房用地供应计划总量原则上不得低于前2年年均实际供应量。进一步完善土地出让方式，大力推广“限房价、竞地价”方式供应中低价位普通商品住房用地。房价高的城市要增加限价商品住房用地计划供应量。

加强对企业土地市场准入资格和资金来源的审查。参加土地竞买的单位或个人，必须说明资金来源并提供相应证明。对擅自改变保障性住房用地性质的，要坚决纠正和严肃查处。对已供房地产用地，超过两年没有取得施工许可证进行开工建设的，必须及时收回土地使用权，并处以闲置一年以上罚款。要依法查处非法转让土地使用权的行为，对房地产开发建设投资达不到25%以上的（不含土地价款），不得以任何方式转让土地及合同约定的土地开发项目。

……

《中国人民银行办公厅关于做好2013年信贷政策工作的意见》　六、继续落实好差别化住房信贷政策，加大对中小套型普通商品住房和保障性安居工程的支持力度

认真贯彻落实《国务院办公厅关于进一步做好房地产市场调控工作有关问题的通知》（国办发〔2011〕1号）和《中国人民银行关于做好差别化住房信贷政策实施工作的通知》（银发〔2011〕

66号)等文件精神,严格执行差别化住房信贷政策,优化利率结构、合理定价,满足居民家庭首次购买自住普通商品住房的贷款需求。对房价上涨过快的城市,人民银行各分支机构可根据当地人民政府房地产调控目标和政策要求,进一步提高第二套住房贷款的首付款比例和利率。持续跟踪监测个人住房贷款发放情况,密切关注首套房贷款利率和首付款比例、借款人贷款负担变化情况以及第二套及以上住房贷款、非本地居民购房贷款政策执行情况。

深入贯彻落实《国务院办公厅关于保障性安居工程建设和管理的指导意见》(国办发〔2011〕45号)和《中国人民银行中国银行业监督管理委员会关于认真做好公共租赁住房等保障性安居工程金融服务工作的通知》(银发〔2011〕193号)等文件精神,不断提升保障性安居工程金融服务水平。人民银行各分支机构要持续跟踪监测辖区保障性安居工程建设和融资情况,加强与地方政府部门的沟通协调和信息共享,督促银行业金融机构在加强管理、防范风险的基础上,对符合条件的保障性安居工程项目及时发放贷款。支持符合条件的企业在银行间债券市场发行中期票据等债务融资工具,专项用于保障性安居工程建设。全面系统总结金融支持公共租赁住房等各类保障性住房建设和棚户区改造的实践经验,及时针对保障房融资中发现的问题开展专题调研,提出政策建议。

支持中小套型普通商品住房项目和政府土地储备机构的合理信贷需求,促进增加市场有效供给。人民银行各分支机构要按照《中国人民银行中国银行业监督管理委员会关于完善差别化住房信贷政策有关问题的通知》(银发〔2010〕275号)和《国土资源部关于加强土地储备与融资管理的通知》(国土资发〔2012〕162号)等文件要求,加强窗口指导,引导银行业金融机构在防范风险的基础上,继续支持政府土地储备机构和房地产开发企业合理信贷需求。密切关注房地产企业资金状况及其对贷款质量的影响,持续跟踪房地产融资结构变化、外资流入趋势等情况。

人民银行各分支机构要加强对辖区房地产金融市场的动态监测分析,及时报告辖区内出现的趋势性、苗头性问题,持续关注主要国家房地产市场运行情况。进一步扎实做好地震灾区农房重建贷款贷后管理工作。注意掌握当地住房公积金账户设立、归集、使用、贷款管理等政策执行情况及存在的问题,研究提出政策建议。继续做好个人住房贷款抽样调查工作。

161. 房产开发企业通过"假按揭"进行融资,有什么法律后果?

【情景案例】

某房地产公司由张某与秦某共同创办,张某担任公司董事长。某房地产公司在开发"盛×华府"商品房项目时,为解决公司资金不足的问题,张某发动公司员工提供自己和亲友的身份证明、婚姻、收入证明,再由财务总监李某等人签字制作虚假购房合同,出纳赵某负责伪造"首付款"票据,以虚假购房人的身份在中国建设银行某支行申办个人住房按揭贷款。某房地产公司共签订200份虚假合同,获得银行贷款金额1.5亿元。由于房屋销售情况较好,某房地产公司将上述贷款本金及利息全部归还给银行。

请问:某房地产公司通过“假按揭”进行融资,需要承担法律责任吗?

【案例分析】

本案涉及的是房地产房产开发企业为了缓解资金紧张,组织员工伪造申请资料,向银行申请办理贷款,后将申请到的贷款用于购买房屋以外的其他目的的情况下是否需要承担法律责任的问题。

根据我国《刑法》第一百九十三条的规定,贷款诈骗罪,是指以非法占有为目的,编造引进资金、项目等虚假理由、使用虚假的经济合同、使用虚假的证明文件、使用虚假的产权证明作担保、超出抵押物价值重复担保或者以其他方法,诈骗银行或者其他金融机构的贷款、数额较大的行为。根据第二百二十四条的规定,合同诈骗罪,是指以非法占有为目的,在签订、履行合同过程中,采取虚构事实或者隐瞒真相等欺骗手段,骗取对方当事人的财物,数额较大的行为。同时,《民法典》第一百四十六条第一款规定,行为人与相对人以虚假的意思表示实施的民事法律行为无效。第一百五十四条规定,行为人与相对人恶意串通,损害他人合法权益的民事法律行为无效。需要说明的是,合同是一种民事法律行为,合同无效的情形适用有关民事法律行为无效的规定。

在“假按揭”中,房地产开发企业扮演者重要角色,是“假按揭”的策划者、组织者和实施者。房地产开发企业负责联系当事人、伪造贷款资料、帮助“购房人”集中申请按揭贷款,为了应对银行的审查,房产开发企业往往伪造借款人的身份证明、收入证明、购房文件、担保文件等,以此骗取银行贷款。为了使“假按揭”的事实不被揭露,房产开发企业以自己的资金为“购房人”偿还贷款,确保自己对银行资金的长期占有和使用。可以说,房产开发企业是“假按揭”的实际受益者,也是还款义务的真实主体。因此,在办理“假按揭”的整个过程中,房产开发企业是商品房买卖合同中的房屋出售人和按揭贷款的保证人,其行为决定商品房买卖合同的效力,对此,房产开发企业的行为面临承担刑事责任和民事责任的风险。

因此,在银行行使撤销的请求权之前,借款合同有效,借款人应按照合同约定清偿贷款,并由房产开发企业承担连带责任(实务中,银行在与房产开发企业签订某按揭合作协议时,往往会约定由房产开发企业承担连带保证责任)。另外,在签订贷款合同时,房产开发企业通过公司员工提供自己或亲友的身份证明、婚姻、收入证明,并伪造票据,以虚假购房人的身份向银行申请办理贷款,此时房产开发企业通过“假按揭”的方式获得银行贷款的行为,可能涉嫌合同诈骗罪或贷款诈骗罪,须承担刑事责任。

综上所述,某房地产公司通过“假按揭”进行融资的行为,需要承担相应的民事责任或刑事责任。

【风险防范建议】

本案中某房地产公司为防范相关法律风险,应当注意以下两个方面:

(1)从2014年1月起,《中国银行业监督管理委员会关于继续深入贯彻国家宏观调控政策切实加强房地产贷款管理的通知》严厉批评银行贷款“三查”制度形同虚设,授信尽职调查流于形式;并指出个人住房贷款“假按揭”问题突出,一些房地产开发企业和房产中介机构,通过虚假按揭或一房多贷、虚增注册资本、虚抬房价等手段套取银行贷款,有的甚至挪用流动资金贷款投资房地产项目开发,利用银行贷款囤积土地,扰乱了房地产市场秩序,加大了银行信贷风险。

“监管意见”和“风险提示”的上述通知提醒各国有银行与股份制商业银行,对房地产贷款要尽职调查,认真审核贷款的真实用途;对个人住房按揭贷款,要通过网络等途径,查询拟购房产的产权状况和商品房买卖合同的备案情况;要切实落实面谈制度,面谈必须由银行经办人员进行,通过面谈了解借款人的购房意愿、购房行为真实性和还款能力,并做好面谈记录,由借款人签字确认;要严厉打击“虚假按揭”等套取和欺诈银行贷款的行为,以维护银行业和消费者的合法权益。与此同时,该通知指出,各商业银行应该严把房地产贷款准入关,从源头上防控个人住房贷款“假按揭”。

房产开发企业在“按揭”中最大的风险就在于承担连带保证责任。该风险也可谓一切风险之源头,一切风险也皆因之而生。

所谓“连带保证责任”,就是作为被保证人的购房人,一旦不履行还款义务,无论是恶意,还是善意,此时,作为受益人的银行可以要求购房人承担还款义务,不仅包括本金,还包括利息、逾期利息、违约金,并承担违约责任,也可以要求房产开发企业履行还款义务及违约责任。体现在诉讼中,银行可以起诉购房人和房产开发企业,也可以单独起诉房产开发企业。

(2)刑事责任主要表现在:在准备“假按揭”的材料中,公司出纳伪造“首付款”票据的行为和房产开发企业明显地以非法占有为目的,利用签订借款合同诈骗银行的贷款的行为是《刑法》禁止的,存在刑事风险。

【法条链接】

《民法典》第一百四十六条 行为人与相对人以虚假的意思表示实施的民事法律行为无效。

以虚假的意思表示隐藏的民事法律行为的效力,依照有关法律规定处理。

第一百四十八条 一方以欺诈手段,使对方在违背真实意思的情况下实施的民事法律行为,受欺诈方有权请求人民法院或者仲裁机构予以撤销。

第一百五十四条 行为人与相对人恶意串通,损害他人合法权益的民事法律行为无效。

《刑法》第一百九十三条 有下列情形之一,以非法占有为目的,诈骗银行或者其他金融机构的贷款,数额较大的,处五年以下有期徒刑或者拘役,并处二万元以上二十万元以下罚金;数额巨大或者有其他严重情节的,处五年以上十年以下有期徒刑,并处五万元以上五十万元以下罚金;数额特别巨大或者有其他特别严重情节的,处十年以上有期徒刑或者无期徒刑,并处五万元以上五十万元以下罚金或者没收财产:

（一）编造引进资金、项目等虚假理由的；

（二）使用虚假的经济合同的；

（三）使用虚假的证明文件的；

（四）使用虚假的产权证明作担保或者超出抵押物价值重复担保的；

（五）以其他方法诈骗贷款的。

第二百二十四条　有下列情形之一，以非法占有为目的，在签订、履行合同过程中，骗取对方当事人财物，数额较大的，处三年以下有期徒刑或者拘役，并处或者单处罚金；数额巨大或者有其他严重情节的，处三年以上十年以下有期徒刑，并处罚金；数额特别巨大或者有其他特别严重情节的，处十年以上有期徒刑或者无期徒刑，并处罚金或者没收财产：

（一）以虚构的单位或者冒用他人名义签订合同的；

（二）以伪造、变造、作废的票据或者其他虚假的产权证明作担保的；

（三）没有实际履行能力，以先履行小额合同或者部分履行合同的方法，诱骗对方当事人继续签订和履行合同的；

（四）收受对方当事人给付的货物、货款、预付款或者担保财产后逃匿的；

（五）以其他方法骗取对方当事人财物的。

《最高人民法院关于印发〈全国法院审理金融犯罪案件工作座谈会纪要〉的通知》　……对于单位十分明显地以非法占有为目的，利用签订、履行借款合同诈骗银行或其他金融机构贷款，符合《刑法》第二百二十四条规定的合同诈骗罪构成要件的，应当以合同诈骗罪定罪处罚……

162. 房产开发企业以新贷偿还旧贷，原担保人要承担担保责任吗？

【情景案例】

A房地产公司与B银行签订《借款合同》，约定：A房地产公司向某银行借款8000万元，借款利率为年利率6.2%，借款期限为2年，借款用途为用于房地产项目及其配套设施开发建设；A房地产公司应当按季度向B银行提供有关财务会计报表和借款资金使用情况；任何一方违约的，违约方应当向守约方按借款总额支付1%的违约金。在A房地产公司与B银行签订上述借款合同的同时，B银行与A房地产公司和C公司签订了《保证合同》，约定：如果A公司不能按时偿还借款或不能承担违约责任，C公司要承担保证责任。由于房屋销售情况不理想，A房地产公司无力偿还贷款，于是向B银行再贷款8000万元（借款期限为1年），并用新贷款偿还了旧贷款。1年后，A房地产公司无力偿还上述贷款。为此，B银行向法院提起诉讼，要求A房地产公司与C公司承担连带责任。

请问：C公司需对A房地产公司的第二次贷款承担保证责任吗？

【案例分析】

本案涉及的是房地产房产开发企业为了解决无力偿还贷款的合同义务，向银行多次申请贷款，并用后贷款金额偿还前贷款金额，导致后贷款合同无法清偿时，担保人是否对后贷款合同承担责任的问题。

我国《民法典》第五百四十三条规定，当事人协商一致，可以变更合同。根据《最高人民法院关于适用〈中华人民共和国民法典〉有关担保制度的解释》第十六条的规定，主合同当事人协议以新贷偿还旧贷，债权人请求旧贷的担保人承担担保责任的，人民法院不予支持；新贷与旧贷的担保人相同的，或者债权人有证据证明新贷的担保人提供担保时对以新贷偿还旧贷的事实知道或者应当知道的，债权人请求新贷的担保人承担担保责任的，人民法院应予支持。因此，主合同当事人双方协议以新贷偿还旧贷，除新贷与旧贷系同一保证人的，或者债权人有证据证明新贷的担保人提供担保时对以新贷偿还旧贷的事实知道或者应当知道的外，保证人不承担民事责任。

对于担保人是否承担保证责任，需要区分第二份及之后的新贷合同中是否有保证人承担责任的情形：(1)如果新贷合同中均有保证人的签字，依据法律规定，保证人不能主张免除责任，保证人依法应当承担担保责任。(2)如果第二份及之后的借款合同中没有保证人的签字，且保证人并非旧贷当事人，对旧贷当事人达成新贷的合同不知晓或明确表示反对，新贷合同当事人也没有通过以下方式通知保证人：①在签订借新还旧协议之前书面通知保证人，征得保证人同意或者要求保证人答复，如果保证人在接到相关通知后同意或者未作否定答复的；②要求原保证人对新贷继续承担担保责任。此时，依据《最高人民法院关于适用〈中华人民共和国民法典〉有关担保制度的解释》第十六条的规定，保证人可以以不知道或不应当知道旧贷当事人签订新的贷款合同为由主张不承担保证责任。

本案中，依据《最高人民法院关于适用〈中华人民共和国民法典〉有关担保制度的解释》第十六条的规定，需要区分旧贷保证人C公司对旧贷合同当事人签订新贷款合同是否知道或者应当知道的两种情形，才能确定C公司是否应当承担新贷的保证责任。

【风险防范建议】

就房地产公司而言，如确需通过借新还旧的方式处理旧贷的，应当通过以下方式保证新贷的担保：

(1)在签订借新还旧协议之前书面通知保证人，征得保证人同意或者要求保证人答复，如果保证人在接到相关通知后同意或者未作否定答复的，可推定保证人已知晓主合同当事人达成了借新还旧协议，此时债权人可根据《最高人民法院关于适用〈中华人民共和国民法典〉有关担保制度的解释》第十六条的例外性规定，主张“新贷的担保人提供担保时对以新贷偿还旧贷的事实知道或者应当知道”，进而要求保证人继续承担担保责任。

(2)可以要求原保证人对新贷继续承担担保责任。此时,根据《最高人民法院关于适用〈中华人民共和国民法典〉有关担保制度的解释》第十六条的规定,主合同当事人协议以新贷偿还旧贷,债权人请求旧贷的担保人承担担保责任的,人民法院不予支持;新贷与旧贷的担保人相同的,或者债权人有证据证明新贷的担保人提供担保时对以新贷偿还旧贷的事实知道或者应当知道,债权人请求新贷的担保人承担担保责任的,人民法院应予支持。

就担保公司而言,作为保证人,在知晓主合同当事人意欲达成借新还旧协议或者已经达成借新还旧协议时,应尽快对借新还旧事宜表示反对,并明确告知不再继续承担保证责任。切勿以为在"借新还旧"的合同签订中保证人当然免责,进而对相关事项听之任之,最终导致需继续承担更重的担保责任。同时,在对同一债权债务人之间的债权债务关系提供担保时,也应要求主合同当事人明确各债权债务之间的关系,防止出现为"借新还旧"的协议的"新贷"提供担保的情况。

【法条链接】

《民法典》第四百六十五条 依法成立的合同,受法律保护。

依法成立的合同,仅对当事人具有法律约束力,但是法律另有规定的除外。

第五百四十三条 当事人协商一致,可以变更合同。

《最高人民法院关于适用〈中华人民共和国民法典〉有关担保制度的解释》第十六条 主合同当事人协议以新贷偿还旧贷,债权人请求旧贷的担保人承担担保责任的,人民法院不予支持;债权人请求新贷的担保人承担担保责任的,按照下列情形处理:

(一)新贷与旧贷的担保人相同的,人民法院应予支持;

(二)新贷与旧贷的担保人不同,或者旧贷无担保新贷有担保的,人民法院不予支持,但是债权人有证据证明新贷的担保人提供担保时对以新贷偿还旧贷的事实知道或者应当知道的除外。

主合同当事人协议以新贷偿还旧贷,旧贷的物的担保人在登记尚未注销的情形下同意继续为新贷提供担保,在订立新的贷款合同前又以该担保财产为其他债权人设立担保物权,其他债权人主张其担保物权顺位优先于新贷债权人的,人民法院不予支持。

163. 房地产项目可以进行债券融资吗?

【情景案例】

杜某与董某创办甲房地产公司,杜某出资5100万元,占51%的股权;董某出资4900万元,占49%的股权。甲房地产公司决定在某市开发一个大型购物中心,并与乙建筑公司签订《建筑工程施工合同》,约定:工程款为2亿元,付款办法为每月按工程进度的80%支付,工程竣工经验收合格付至98%,余款2%作保修金待保修期满无质量问题再支付;工期为1年6个月。后甲房地产公司因资金周转困难,无法按约定给乙建筑公司支付工程款，导致乙建筑公司停工。由于甲房地产公司无资产再向银行抵押，无法再次向银行贷款。在这种情况下，董某提出可考虑进行债券融资，以解燃眉之急。杜某认为，有限责任公司是无法发行公司债券的，债券融资不可行，建议用高利息向民间集资或借高利贷。

请问：甲房地产公司可以进行债券融资吗？

【案例分析】

本案主要涉及房地产公司能否通过发行债券的形式进行融资的资格问题。

我国《证券法》第十五条规定，公开发行公司债券，应当符合下列条件：(1)具备健全且运行良好的组织机构；(2)最近3年平均可分配利润足以支付公司债券1年的利息；(3)国务院规定的其他条件。公开发行公司债券筹集的资金，必须按照公司债券募集办法所列资金用途使用；改变资金用途，必须经债券持有人会议作出决议。公开发行公司债券筹集的资金，不得用于弥补亏损和非生产性支出。上市公司发行可转换为股票的公司债券，除应当符合第一款规定的条件外，还应当遵守本法第十二条第二款的规定。但是，按照公司债券募集办法，上市公司通过收购本公司股份的方式进行公司债券转换的除外。《证券法》第十七条规定，有下列情形之一的，不得再次公开发行公司债券：(1)对已公开发行的公司债券或者其他债务有违约或者延迟支付本息的事实，仍处于继续状态；(2)违反本法规定，改变公开发行公司债券所募资金的用途。

本案中，甲房地产公司在性质上只要符合《证券法》规定的公司形式，就有向相关部门或机构申请发行公司债券的资格，但依据《证券法》第十六条的规定："申请公开发行公司债券，应当向国务院授权的部门或者国务院证券监督管理机构报送下列文件：(一)公司营业执照；(二)公司章程；(三)公司债券募集办法；(四)国务院授权的部门或者国务院证券监督管理机构规定的其他文件。依照本法规定聘请保荐人的，还应当报送保荐人出具的发行保荐书。"申请发行公司债券时，可能因为公司当前面临的情况不符合《证券法》第十五条的条件被拒绝。

因此，甲房地产公司进行债券融资存在不确定性，不一定具备条件。

【风险防范建议】

就房地产公司而言，《证券法》第十五条第二款规定了发行公司债券的禁止性条件："公开发行公司债券筹集的资金，必须按照公司债券募集办法所列资金用途使用；改变资金用途，必须经债券持有人会议作出决议。公开发行公司债券筹集的资金，不得用于弥补亏损和非生产性支出。"如果甲地产公司改变发行公司债券的方式融资到的资金用途的，依据《证券法》第十七条的规定，可能存在不得再次发行公司债券，进而导致公司永久性的失去这一融资通道的风险。

【法条链接】

《证券法》第十五条　公开发行公司债券，应当符合下列条件：

（一）具备健全且运行良好的组织机构；

（二）最近三年平均可分配利润足以支付公司债券一年的利息；

（三）国务院规定的其他条件。

公开发行公司债券筹集的资金，必须按照公司债券募集办法所列资金用途使用；改变资金用途，必须经债券持有人会议作出决议。公开发行公司债券筹集的资金，不得用于弥补亏损和非生产性支出。

上市公司发行可转换为股票的公司债券，除应当符合第一款规定的条件外，还应当遵守本法第十二条第二款的规定。但是，按照公司债券募集办法，上市公司通过收购本公司股份的方式进行公司债券转换的除外。

第十六条　申请公开发行公司债券，应当向国务院授权的部门或者国务院证券监督管理机构报送下列文件：

（一）公司营业执照；

（二）公司章程；

（三）公司债券募集办法；

（四）国务院授权的部门或者国务院证券监督管理机构规定的其他文件。

依照本法规定聘请保荐人的，还应当报送保荐人出具的发行保荐书。

第十七条　有下列情形之一的，不得再次公开发行公司债券：

（一）对已公开发行的公司债券或者其他债务有违约或者延迟支付本息的事实，仍处于继续状态；

（二）违反本法规定，改变公开发行公司债券所募资金的用途。

四、项目转让

164. 房地产公司股权转让要注意哪些风险？

【情景案例】

A房地产公司是一家具有一级开发资质的房地产开发企业。B房地产公司是一家具有三级开发资质的房地产开发企业，由刘某与关某共同创办，注册资本5000万元，刘某出资3000万元，占60%的股权；关某出资2000万元，占40%的股权。A房地产公司创始人张某计划全家移民加拿大，遂想将其所持有A房地产公司51%的股权对外转让，股权转让价款为1亿元。由于A房地产公司具有一级开发资质，B房地产公司想受让张某转让的51%股权，以便于承接更大的工程。但是，B房地产公司股东刘某与关某担心A房地产公司或张某所持的股权存在他们不知道的风险，不知道如何才能顺利受让该股权。

请问:B房地产公司受让张某的51%股权,如何做才能规避相关风险?

【案例分析】

本案涉及的是公司股东转让股权时,受让人应该如何规避法律风险的问题。

我国《公司法》第七十一条规定,有限责任公司的股东之间可以相互转让其全部或者部分股权。股东向股东以外的人转让股权,应当经其他股东过半数同意。股东应就其股权转让事项书面通知其他股东征求同意,其他股东自接到书面通知之日起满30日未答复的,视为同意转让。其他股东半数以上不同意转让的,不同意的股东应当购买该转让的股权;不购买的,视为同意转让。经股东同意转让的股权,在同等条件下,其他股东有优先购买权。两个以上股东主张行使优先购买权的,协商确定各自的购买比例;协商不成的,按照转让时各自的出资比例行使优先购买权。公司章程对股权转让另有规定的,从其规定。《最高人民法院关于适用〈中华人民共和国公司法〉若干问题的规定(三)》第十八条第一款规定,有限责任公司的股东未履行或者未全面履行出资义务即转让股权,受让人对此知道或者应当知道,公司请求该股东履行出资义务、受让人对此承担连带责任的,人民法院应予支持;公司债权人依照本规定第十三条第二款向该股东提起诉讼,同时请求前述受让人对此承担连带责任的,人民法院应予支持。

本案中,B房地产公司应当到公司备案登记机关对张某在A房地产公司的出资情况,是否已经全面履行出资义务等问题进行查询。B房地产公司应当审查张某对外转让股权时是否经过其他股东同意,在同等条件下,法律优先保护其他股东的优先购买权。如果张某通知了其他股东,就要审查是否取得其他股东的书面同意,是否超过默示同意转让期,其他股东是否行使优先购买权或者放弃。B房地产公司即受让人必须审查前述问题,取得书面文件,才能规避股东转让股权中的相应法律风险。

【风险防范建议】

就出让方而言,应当对公司全面履行出资义务,转让股权时,应当事先告知其他股东,公司内部股东享有优先购买权,不得侵害其他股东权利。

就受让方而言,应当审查出让方的出资情况、是否告知其他股东在同等条件下享有优先购买权、公司是否有债务,这些问题都是受让方必须严格审查的。

【法条链接】

《公司法》第七十一条 有限责任公司的股东之间可以相互转让其全部或者部分股权。

股东向股东以外的人转让股权,应当经其他股东过半数同意。股东应就其股权转让事项书面通知其他股东征求同意,其他股东自接到书面通知之日起满三十日未答复的,视为同意转让。

其他股东半数以上不同意转让的,不同意的股东应当购买该转让的股权;不购买的,视为同意转让。

经股东同意转让的股权,在同等条件下,其他股东有优先购买权。两个以上股东主张行使优先购买权的,协商确定各自的购买比例;协商不成的,按照转让时各自的出资比例行使优先购买权。

公司章程对股权转让另有规定的,从其规定。

第七十二条 人民法院依照法律规定的强制执行程序转让股东的股权时,应当通知公司及全体股东,其他股东在同等条件下有优先购买权。其他股东自人民法院通知之日起满二十日不行使优先购买权的,视为放弃优先购买权。

第七十三条 依照本法第七十一条、第七十二条转让股权后,公司应当注销原股东的出资证明书,向新股东签发出资证明书,并相应修改公司章程和股东名册中有关股东及其出资额的记载。对公司章程的该项修改不需再由股东会表决。

《最高人民法院关于适用〈中华人民共和国公司法〉若干问题的规定(四)》第十七条 有限责任公司的股东向股东以外的人转让股权,应就其股权转让事项以书面或者其他能够确认收悉的合理方式通知其他股东征求同意。其他股东半数以上不同意转让,不同意的股东不购买的,人民法院应当认定视为同意转让。

经股东同意转让的股权,其他股东主张转让股东应当向其以书面或者其他能够确认收悉的合理方式通知转让股权的同等条件的,人民法院应当予以支持。

经股东同意转让的股权,在同等条件下,转让股东以外的其他股东主张优先购买的,人民法院应当予以支持,但转让股东依据本规定第二十条放弃转让的除外。

第十八条 人民法院在判断是否符合公司法第七十一条第三款及本规定所称的"同等条件"时,应当考虑转让股权的数量、价格、支付方式及期限等因素。

第十九条 有限责任公司的股东主张优先购买转让股权的,应当在收到通知后,在公司章程规定的行使期间内提出购买请求。公司章程没有规定行使期间或者规定不明确的,以通知确定的期间为准,通知确定的期间短于三十日或者未明确行使期间的,行使期间为三十日。

第二十条 有限责任公司的转让股东,在其他股东主张优先购买后又不同意转让股权的,对其他股东优先购买的主张,人民法院不予支持,但公司章程另有规定或者全体股东另有约定的除外。其他股东主张转让股东赔偿其损失合理的,人民法院应当予以支持。

第二十一条 有限责任公司的股东向股东以外的人转让股权,未就其股权转让事项征求其他股东意见,或者以欺诈、恶意串通等手段,损害其他股东优先购买权,其他股东主张按照同等条件购买该转让股权的,人民法院应当予以支持,但其他股东自知道或者应当知道行使优先购买权的同等条件之日起三十日内没有主张,或者自股权变更登记之日起超过一年的除外。

前款规定的其他股东仅提出确认股权转让合同及股权变动效力等请求,未同时主张按照同等条件购买转让股权的,人民法院不予支持,但其他股东非因自身原因导致无法行使优先购买权,请求损害赔偿的除外。

股东以外的股权受让人,因股东行使优先购买权而不能实现合同目的的,可以依法请求转让股东承担相应民事责任。

第二十二条　通过拍卖向股东以外的人转让有限责任公司股权的，适用公司法第七十一条第二款、第三款或者第七十二条规定的“书面通知”“通知”“同等条件”时，根据相关法律、司法解释确定。

在依法设立的产权交易场所转让有限责任公司国有股权的，适用公司法第七十一条第二款、第三款或者第七十二条规定的“书面通知”“通知”“同等条件”时，可以参照产权交易场所的交易规则。

《最高人民法院关于适用〈中华人民共和国公司法〉若干问题的规定（三）》第十八条　有限责任公司的股东未履行或者未全面履行出资义务即转让股权，受让人对此知道或者应当知道，公司请求该股东履行出资义务、受让人对此承担连带责任的，人民法院应予支持；公司债权人依照本规定第十三条第二款向该股东提起诉讼，同时请求前述受让人对此承担连带责任的，人民法院应予支持。

受让人根据前款规定承担责任后，向该未履行或者未全面履行出资义务的股东追偿的，人民法院应予支持。但是，当事人另有约定的除外。

第二十七条　股权转让后尚未向公司登记机关办理变更登记，原股东将仍登记于其名下的股权转让、质押或者以其他方式处分，受让股东以其对于股权享有实际权利为由，请求认定处分股权行为无效的，人民法院可以参照民法典第三百一十一条的规定处理。

原股东处分股权造成受让股东损失，受让股东请求原股东承担赔偿责任、对于未及时办理变更登记有过错的董事、高级管理人员或者实际控制人承担相应责任的，人民法院应予支持；受让股东对于未及时办理变更登记也有过错的，可以适当减轻上述董事、高级管理人员或者实际控制人的责任。

165. 被法院查封的在建工程，可以转让吗？

【情景案例】

甲房地产公司是一家具有一级开发资质的房地产开发企业，并决定在某市中心建一座32层高的写字楼。甲房地产公司与乙建筑公司签订《建设工程施工合同》，约定乙建筑公司承接该写字楼工程，工期为16个月。后由于资金周转困难，甲房地产公司欠丙公司的3000万元到期债务未能偿还，被丙公司诉至法院。后甲房地产公司在建的写字楼工程被法院查封。甲房地产公司与丙公司签订《工程项目转让协议》，约定将上述在建写字楼工程转让给丙公司，转让价格为1.2亿元，价款在签订合同之日起7天内一次性付清。丙公司得知上述写字楼工程已被法院查封，于是以双方签订合同无效为由拒绝付款。

请问：甲房地产公司与丙公司签订的《工程项目转让协议》有效吗？

【案例分析】

本案主要涉及的是被司法查封的在建工程的转让问题。

我国《城市房地产管理法》第三十九条规定，以出让方式取得土地使用权的，转让房地产时，应当符合下列条件：(1)按照出让合同约定已经支付全部土地使用权出让金，并取得土地使用权证书；(2)按照出让合同约定进行投资开发，属于房屋建设工程的，完成开发投资总额的25%以上，属于成片开发土地的，形成工业用地或者其他建设用地条件。转让房地产时房屋已经建成的，还应当持有房屋所有权证书。同时，根据我国《民法典》第五百零二条的规定，依法成立的合同，自成立时生效。

如果在建工程已经遭到司法查封，则是禁止转让的，只有依法解除了司法查封，才可以进行转让。本案中，甲房地产公司与丙公司签订的《工程项目转让协议》没有违反法律禁止性规范，符合《民法典》所要求的合同有效要件，依法有效，但根据合同的二分性，合同有效并不意味着合同所约定的内容能够实现。丙公司作为原告方将甲公司诉至法院，并申请法院查封甲房地产公司在建的写字楼，丙公司又作为《工程项目转让协议》的相对方，那么丙公司可以在申请法院撤销查封或者在查封期限届满后，要求甲公司按照合同约定履行合同义务。

【风险防范建议】

在建工程有两种转让方式：第一种就是本案所涉及的在建工程及相关土地使用权的直接转让，也就是通常所说的房地产开发项目的转让，对此，法律规定得较为严格。在建工程转让需要考虑是否存在多方面的限制条件，比如，在建工程是否被司法查封、在建工程是否已经支付了全部土地使用权出让金、在建工程的抵押情况、在建工程的施工情况、在建工程是否取得合法手续等，综合考虑多方面限制因素。第二种就是项目公司的股权转让，即如果该房地产开发公司只有一个项目，转让这个项目的全部股权，即可以转让该项目公司所有的土地使用权及在建工程，这种操作方式省去了项目受让方重新办理施工许可证、预售许可证等审批手续，在实践中经常被采用，这种方式的法律操作经常被公司采纳。

【法条链接】

《城市房地产管理法》第三十九条　以出让方式取得土地使用权的，转让房地产时，应当符合下列条件：

(一)按照出让合同约定已经支付全部土地使用权出让金，并取得土地使用权证书；

(二)按照出让合同约定进行投资开发，属于房屋建设工程的，完成开发投资总额的百分之二十五以上，属于成片开发土地的，形成工业用地或者其他建设用地条件。

转让房地产时房屋已经建成的，还应当持有房屋所有权证书。

《民法典》第五百零二条　依法成立的合同，自成立时生效，但是法律另有规定或者当事人另有约定的除外。

依照法律、行政法规的规定，合同应当办理批准等手续的，依照其规定。未办理批准等手续影响合同生效的，不影响合同中履行报批等义务条款以及相关条款的效力。应当办理申请批准等手续的当事人未履行义务的，对方可以请求其承担违反该义务的责任。

依照法律、行政法规的规定，合同的变更、转让、解除等情形应当办理批准等手续的，适用前款规定。

《民事诉讼法》第一百零四条　财产纠纷案件，被申请人提供担保的，人民法院应当裁定解除保全。

第十章
商品房买卖

一、房地产广告

166. 房地产销售广告内容是商品房买卖合同条款吗?

【情景案例】

"金×湾"是某房地产公司在某市打造的高档住宅项目。某房地产公司在某市地方报纸上刊登广告,声称在"金×湾"小区东边将会建设一个大型的商业综合体。看到广告的张某到某地产公司售楼部了解情况。销售人员吴某向其介绍正在预售的"金×湾"小区楼房,并向其详细展示了该小区的销售广告和宣传资料,并强调在小区东边将会建设一个大型的商业综合体,将会引进多个世界著名品牌进驻,届时业主生活极为方便,房屋也将大幅升值。张某与某房地产公司签订《商品房买卖合同》并如期收楼直至收楼2年后,某房地产公司声称要建商业综合体的地块依然杂草一片。张某通过查询得知,该商业综合体根本就不存在,上述地块尚属于政府用地,某房地产公司并未取得该地块的土地使用权,也无其他企业决定在该地块投资兴建商业综合体。也就是说,某房地产公司广告宣传中所称的商业综合体并不在该小区的开发规划范围之内,该商业综合体至今并不存在。为此,张某诉至法院,以某房地产公司违约为由,要求其赔偿销售广告和宣传资料给其造成的损失。

请问:张某的请求能得到法院支持吗?

【案例分析】

本案涉及的是房地产销售广告内容是否属于商品房买卖合同条款的问题。

我国《最高人民法院关于审理商品房买卖合同纠纷案件适用法律若干问题的解释》第三条规定,商品房的销售广告和宣传资料为要约邀请,但是出卖人就商品房开发规划范围内的房屋及相关设施所作的说明和允诺具体确定,并对商品房买卖合同的订立以及房屋价格的确定有重大影响的,构成要约。该说明和允诺即使未载入商品房买卖合同,亦应当为合同内容,当事人违反的,应当承担违约责任。

要约是一方当事人以缔结合同为目的,向对方当事人提出合同条件,希望对方当事人接受的意思表示。发出要约的一方称要约人,接受要约的一方称受要约人。要约人作出的意思表示经受要约人承诺,要约人即受该意思表示约束。

本案中,某房地产公司广告宣传中所称的商业综合体并不在该小区的开发规划范围之内,该商业综合体并不存在。明显,该房地产公司的行为属于虚假广告行为。因此,根据上述规定,其广告内容对商品房买卖合同的订立以及房屋价格的确定有重大影响的,应当视为要约,属于合同内容的一部分。房地产公司的虚假广告行为构成了严重违约,应当承担违约责任。为此,张某诉至法院,以某房地产公司违约为由,要求其赔偿销售广告和宣传资料给其造成的损失的主张是可以获得支持的。

【风险防范建议】

关于房地产企业在进行广告宣传时,如何规避相关法律风险,建议如下:

(1)根据《民法典》以及最高人民法院的司法解释的规定,广告内容对合同的签订有重大影响的,应当视为合同的内容。因此,房地产企业在进行广告宣传的时候,一定要根据实际的情况,不可以进行虚假宣传,否则就有可能要承担违约责任,甚至有可能违反《广告法》的规定,需要承担行政上的处罚责任。

(2)由于广告可能属于合同的一部分,所以房地产企业应将广告纳入法律风险的审核范畴来进行管理。在发布广告前,房地产企业应将广告内容交由法律专业人员把关,尽可能地降低法律风险。

【法条链接】

《广告法》第四条 广告不得含有虚假或者引人误解的内容,不得欺骗、误导消费者。

广告主应当对广告内容的真实性负责。

第五十六条 违反本法规定,发布虚假广告,欺骗、误导消费者,使购买商品或者接受服务的消费者的合法权益受到损害的,由广告主依法承担民事责任。广告经营者、广告发布者不能提供广告主的真实名称、地址和有效联系方式的,消费者可以要求广告经营者、广告发布者先行赔偿。

关系消费者生命健康的商品或者服务的虚假广告,造成消费者损害的,其广告经营者、广告发布者、广告代言人应当与广告主承担连带责任。

前款规定以外的商品或者服务的虚假广告,造成消费者损害的,其广告经营者、广告发布者、广告代言人,明知或者应知广告虚假仍设计、制作、代理、发布或者作推荐、证明的,应当与广告主承担连带责任。

《民法典》第四百七十二条 要约是希望与他人订立合同的意思表示,该意思表示应当符合下列条件:

(一)内容具体确定;

（二）表明经受要约人承诺，要约人即受该意思表示约束。

《最高人民法院关于审理商品房买卖合同纠纷案件适用法律若干问题的解释》第三条 商品房的销售广告和宣传资料为要约邀请，但是出卖人就商品房开发规划范围内的房屋及相关设施所作的说明和允诺具体确定，并对商品房买卖合同的订立以及房屋价格的确定有重大影响的，构成要约。该说明和允诺即使未载入商品房买卖合同，亦应当为合同内容，当事人违反的，应当承担违约责任。

167. 因"买楼必升值"的违法广告语被处罚，开发商可以要求广告公司承担责任吗？

【情景案例】

某房地产公司与某广告公司签订《某楼盘广告设计合同》，约定某广告公司为某房地产公司提供户外平面宣传广告的设计、安装服务。一个含有"买楼必升值"的大型广告品牌在楼盘外墙体处安装展示。后某市工商局以虚假宣传为由对房地产公司作出行政处罚，处以10万元罚款。某房地产公司认为，广告公司是专业性广告策划机构，应当熟悉《广告法》的规定，10万元罚款的损失应当由广告公司承担。广告公司认为，其仅提供广告创意、设计及安装服务，关于"买楼必升值"的广告语创意，某房地产公司没有提出反对意见，即表示其认可该广告语，故罚款损失应当由房地产公司承担。双方协商未果，某房地产公司诉至法院，要求某广告公司赔偿其相应损失。

请问：某房地产公司的请求能得到法院支持吗？

【案例分析】

本案涉及的是广告内容违法的责任究竟由谁承担的问题。

根据我国《广告法》第二十六条的规定，房地产广告不得含有升值或者投资回报的承诺内容，不得对规划或者建设中的交通、商业、文化教育设施以及其他市政条件作误导宣传。该法第五十五条规定，违反本法规定，发布虚假广告的，由市场监督管理部门责令停止发布广告，责令广告主在相应范围内消除影响，处广告费用3倍以上5倍以下的罚款，广告费用无法计算或者明显偏低的，处20万元以上100万元以下的罚款；2年内有三次以上违法行为或者有其他严重情节的，处广告费用5倍以上10倍以下的罚款，广告费用无法计算或者明显偏低的，处100万元以上200万元以下的罚款，可以吊销营业执照，并由广告审查机关撤销广告审查批准文件、1年内不受理其广告审查申请。

本案中，某房地产公司是上述广告的广告主，因此其应承担该条规定的行政处罚责任。至于广告公司是否要承担责任的问题，涉及两个责任：一个是行政处罚责任；另一个是民事责任。根据《广告法》的规定,在一定的违法情形下,广告经营者也有会受到行政处罚的可能。但是本案中,行政管理机关仅仅处罚了广告主而已,并没有处罚广告经营者。民事责任方面,即开发商与广告公司的责任分担问题,则属于合同法律关系范畴。根据《民法典》的规定,合同双方应该严格按照合同的约定履行合同,依据合同的约定享有相关权利,承担相应的责任。也就是说,合同的责任分担应该遵循约定,没有约定的情况下,主张则没有依据。因此,某房地产公司的请求在没有合同约定的情况下,是不能得到法院支持的。

【风险防范建议】

关于房地产企业在发布广告时,如何规避相关的法律风险,建议如下:

(1)房地产企业对发布的广告内容应该严格把关,对照《广告法》的规定,分析是否违反了《广告法》等相关规定。一旦发现违法的内容,房地产企业一定要及时予以纠正。

(2)房地产企业委托广告公司发布广告的,一定要重视合同的签署工作,明确约定双方的权利和义务,特别是对于可能产生的风险责任的分担要作出具体约定。

【法条链接】

《广告法》第二十六条 房地产广告,房源信息应当真实,面积应当表明为建筑面积或者套内建筑面积,并不得含有下列内容:

(一)升值或者投资回报的承诺;

(二)以项目到达某一具体参照物的所需时间表示项目位置;

(三)违反国家有关价格管理的规定;

(四)对规划或者建设中的交通、商业、文化教育设施以及其他市政条件作误导宣传。

第五十五条第一款 违反本法规定,发布虚假广告的,由市场监督管理部门责令停止发布广告,责令广告主在相应范围内消除影响,处广告费用三倍以上五倍以下的罚款,广告费用无法计算或者明显偏低的,处二十万元以上一百万元以下的罚款;两年内有三次以上违法行为或者有其他严重情节的,处广告费用五倍以上十倍以下的罚款,广告费用无法计算或者明显偏低的,处一百万元以上二百万元以下的罚款,可以吊销营业执照,并由广告审查机关撤销广告审查批准文件、一年内不受理其广告审查申请。

《民法典》第五条 民事主体从事民事活动,应当遵循自愿原则,按照自己的意思设立、变更、终止民事法律关系。

第五百零九条 当事人应当按照约定全面履行自己的义务。

当事人应当遵循诚信原则,根据合同的性质、目的和交易习惯履行通知、协助、保密等义务。

当事人在履行合同过程中,应当避免浪费资源、污染环境和破坏生态。

第五百七十七条 当事人一方不履行合同义务或者履行合同义务不符合约定的,应当承担继续履行、采取补救措施或者赔偿损失等违约责任。

二、商品房预售

168. 商品房预售合同需要登记备案才生效吗?

【情景案例】

雷某与某房地产公司签订《商品房预售合同》,约定由雷某向某房地产公司购买一套面积为100平方米的商品房,总价款为80万元。雷某向某房地产公司一次性支付80万元购房款,双方没有办理商品房预售合同登记备案手续。后雷某被单位调到另一城市生活,于是其以《商品房预售合同》没有登记备案为由向某房地产公司主张合同无效,要求解除合同并要求某房地产公司退还80万元购房款。某房地产公司认为,《商品房预售合同》经双方签章即生效,不需要办理登记备案手续,于是不同意退款。

请问:某房地产公司的说法符合我国法律规定吗?

【案例分析】

本案涉及的是商品房预售合同的效力是否与备案有关的问题。

我国《民法典》第五百零二条第一款、第二款规定,依法成立的合同,自成立时生效,但是法律另有规定或者当事人另有约定的除外。依照法律、行政法规的规定,合同应当办理批准等手续的,依照其规定。未办理批准等手续影响合同生效的,不影响合同中履行报批等义务条款以及相关条款的效力。应当办理申请批准等手续的当事人未履行义务的,对方可以请求其承担违反该义务的责任。《最高人民法院关于审理商品房买卖合同纠纷案件适用法律若干问题的解释》第六条规定,当事人以商品房预售合同未按照法律、行政法规规定办理登记备案手续为由,请求确认合同无效的,不予支持;当事人约定以办理登记备案手续为商品房预售合同生效条件的,从其约定,但当事人一方已经履行主要义务,对方接受的除外。

本案中,《商品房预售合同》一经双方签署,即宣告成立。该合同为双方的真实意思表示,没有违反法律、行政法规的规定。目前,我国的法律、行政法规也没有强制性规定商品房预售合同一定要办理登记备案手续才生效,故雷某与某房地产公司签订的《商品房预售合同》合法有效,双方应严格按照合同的约定履行,否则就应承担违约责任。因此,某房地产公司的说法是符合我国法律规定的。

【风险防范建议】

关于房地产企业在签署合同和处理合同纠纷的时候,如何规避法律风险,建议如下:

(1)我国部分地方政府,为了加强对房地产业务的管控,出台了不少管理措施,其中就包括备案登记手续。但是,该等规定不一定影响合同的效力。故一定要将行政管理措施与法律、行政法规规定进行区分。

(2)我国《民法典》第一百五十八条规定,当事人对合同的生效可以约定附条件;附生效条件的合同,自条件成就时生效。也就是说,如果将"备案登记"作为合同生效的条件,该合同是否生效就要受备案登记的约束。因此,房地产企业在起草合同时,应当注意合同的生效条件。特别是房地产企业使用地方政府提供的格式合同时,要格外留意合同的生效条件,尽可能将该等条款删除。

【法条链接】

《民法典》第一百五十八条 民事法律行为可以附条件,但是根据其性质不得附条件的除外。附生效条件的民事法律行为,自条件成就时生效。附解除条件的民事法律行为,自条件成就时失效。

第一百五十九条 附条件的民事法律行为,当事人为自己的利益不正当地阻止条件成就的,视为条件已经成就;不正当地促成条件成就的,视为条件不成就。

第一百六十条 民事法律行为可以附期限,但是根据其性质不得附期限的除外。附生效期限的民事法律行为,自期限届至时生效。附终止期限的民事法律行为,自期限届满时失效。

第五百零二条 依法成立的合同,自成立时生效,但是法律另有规定或者当事人另有约定的除外。

依照法律、行政法规的规定,合同应当办理批准等手续的,依照其规定。未办理批准等手续影响合同生效的,不影响合同中履行报批等义务条款以及相关条款的效力。应当办理申请批准等手续的当事人未履行义务的,对方可以请求其承担违反该义务的责任。

依照法律、行政法规的规定,合同的变更、转让、解除等情形应当办理批准等手续的,适用前款规定。

《最高人民法院关于审理商品房买卖合同纠纷案件适用法律若干问题的解释》第六条 当事人以商品房预售合同未按照法律、行政法规规定办理登记备案手续为由,请求确认合同无效的,不予支持。

当事人约定以办理登记备案手续为商品房预售合同生效条件的,从其约定,但当事人一方已经履行主要义务,对方接受的除外。

169. 开发商没有预售证,签订的认购协议有法律效力吗?

【情景案例】

赵某与某房地产公司签订了《房屋认购协议》,约定:双方于15日后正式签订《商品房买卖合同》,且当天赵某要支付首付款20万元,否则赵某所交2万元定金不予退还。在签订《房屋认购协议》前，赵某询问过售楼人员房屋的手续是否齐全，售楼人员回答所有的手续都齐全，当时赵某用手机对上述对话过程进行了录音。赵某从朋友口中得知该楼盘没有预售许可证，因担心房屋存在质量不合格等问题，于是赵某不想购买已预订的房屋。赵某向某房地产公司提出退款的要求，但遭到某地产公司的拒绝。无奈之下，赵某诉至法院，以《房屋认购协议》无效为由，要求某房地产公司退还2万元定金。

请问：赵某的请求能得到法院支持吗？

【案例分析】

本案涉及的是房屋认购协议的效力问题。

我国《最高人民法院关于审理商品房买卖合同纠纷案件适用法律若干问题的解释》第四条规定，出卖人通过认购、订购、预订等方式向买受人收受定金作为订立商品房买卖合同担保的，如果因当事人一方原因未能订立商品房买卖合同，应当按照法律关于定金的规定处理；因不可归责于当事人双方的事由，导致商品房买卖合同未能订立的，出卖人应当将定金返还买受人。第二条规定，出卖人未取得商品房预售许可证明，与买受人订立的商品房预售合同，应当认定无效，但是在起诉前取得商品房预售许可证明的，可以认定有效。

本案中，赵某与某房地产公司签订了《房屋认购协议》，"认购协议"虽然不是正式的商品房买卖合同，但是也属于一种预约合同。根据上述规定，协议只要符合合同的生效要件，即生效并受其约束。因此，赵某的请求是得不到法院支持的。

【风险防范建议】

关于房地产企业在销售商品房的时候，如何避免合同无效的问题，建议如下：

（1）在尚未取得商品房预售证的时候，绝对不能签署正式的《商品房买卖合同》，否则就面临合同无效的风险。

（2）虽然法律认可预约合同的效力，开发商可以在取得商品房预售证之前与客户签署预约合同（认购协议），但可能会因违法销售受到当地行政部门处罚。

（3）当然，预约合同即认购协议等，也要符合合同的基本内容要求，要有具体的房号、金额、签署正式合同的时间等主要条款，否则也有合同不成立的风险。

【法条链接】

《民法典》第四百七十一条　当事人订立合同，可以采取要约、承诺方式或者其他方式。

第四百七十二条　要约是希望与他人订立合同的意思表示，该意思表示应当符合下列条件：

（一）内容具体确定；

（二）表明经受要约人承诺，要约人即受该意思表示约束。

第四百七十九条 承诺是受要约人同意要约的意思表示。

第四百八十条 承诺应当以通知的方式作出；但是，根据交易习惯或者要约表明可以通过行为作出承诺的除外。

第四百八十三条 承诺生效时合同成立，但是法律另有规定或者当事人另有约定的除外。

《最高人民法院关于审理商品房买卖合同纠纷案件适用法律若干问题的解释》第二条 出卖人未取得商品房预售许可证明，与买受人订立的商品房预售合同，应当认定无效，但是在起诉前取得商品房预售许可证明的，可以认定有效。

第四条 出卖人通过认购、订购、预订等方式向买受人收受定金作为订立商品房买卖合同担保的，如果因当事人一方原因未能订立商品房买卖合同，应当按照法律关于定金的规定处理；因不可归责于当事人双方的事由，导致商品房买卖合同未能订立的，出卖人应当将定金返还买受人。

170. 法院可以查封未过户的预售房屋吗？

【情景案例】

王某与某房地产公司签订《商品房买卖合同》，合同价款为150万元，并办理了房屋产权预告登记。王某与中国工商银行某分行、某房地产公司签订借款合同，并以所购房屋办理抵押预告登记。因王某对第三人张某有50万元到期债务未还，张某遂向法院提起诉讼。在庭审过程中，张某得知王某刚刚购买了一套商品房，于是向法院提出对王某所购预售房屋进行财产保全的申请。王某辩称，其所购买商品房是预售房屋，只是办理了商品房预告登记但尚未办理产权过户手续，因此法院不能查封其所购房屋。

请问：王某的说法符合我国法律规定吗？

【案例分析】

本案涉及的是预售房屋是否可以进行财产保全的问题。

《最高人民法院、国土资源部、建设部关于依法规范人民法院执行和国土资源房地产管理部门协助执行若干问题的通知》第十五条规定，下列房屋虽未进行房屋所有权登记，人民法院也可以进行预查封：(1)作为被执行人的房地产开发企业，已办理了商品房预售许可证且尚未出售的房屋；(2)被执行人购买的已由房地产开发企业办理了房屋权属初始登记的房屋；(3)被执行人购买的办理了商品房预售合同登记备案手续或者商品房预告登记的房屋。

本案中，王某所购商品房虽然是预售房屋，但其支付完毕了房款，该房屋实际所有权已经归其所有。故根据上述规定，王某购买房屋后，办理了商品房预告登记，虽尚未办理产权过户手续，其房屋亦是可以被预查封的。所以，王某的说法是不成立的。

【风险防范建议】

关于房地产企业在预售房屋的过程中,碰到类似的法院查封房屋的情形时,如何处理,建议如下:

(1)对于经济困难的购房者,如果其本身已经债务缠身,开发商应该在签署预售合同时就提醒其房屋可能被查封的风险。

(2)如果预售房被查封已经成了事实,开发商只能告知购房者积极应对诉讼,通过司法途径进行解决。

(3)因为预查封不同于正式查封,正式查封是在办理完成正式的房屋登记手续之后才能进行的。故如果通过司法途径都难以解决的话,开发商只能告知购房者采取缓冲的方式应对,拖延办理正式房屋产权登记手续,从而暂时缓解资金压力。

【法条链接】

《民法典》第二百零九条　不动产物权的设立、变更、转让和消灭,经依法登记,发生效力;未经登记,不发生效力,但是法律另有规定的除外。

依法属于国家所有的自然资源,所有权可以不登记。

《最高人民法院、国土资源部、建设部关于依法规范人民法院执行和国土资源房地产管理部门协助执行若干问题的通知》　十五、下列房屋虽未进行房屋所有权登记,人民法院也可以进行预查封:

(一)作为被执行人的房地产开发企业,已办理了商品房预售许可证且尚未出售的房屋;

(二)被执行人购买的已由房地产开发企业办理了房屋权属初始登记的房屋;

(三)被执行人购买的办理了商品房预售合同登记备案手续或者商品房预告登记的房屋。

171. 法院查封购房人预购的商品房,开发商应如何救济?

【情景案例】

伍某与某房地产公司签订《商品房预售合同》,并办理了房屋产权预告登记。合同约定:伍某购买某房地产公司开发建设的某小区7幢603号房屋1套,建筑面积136平方米,总价款180万元,付款方式为合同签订后7天内支付36万元,2个月内一次性付清余款,指定时间交付房屋。伍某仅支付了首期款36万元。后某法院因黄某诉伍某借款合同纠纷一案,作出执行裁定,并预查封了伍某所购房屋,且向某房地产公司发出协助执行通知书,要求某房地产公司对伍某所购房屋禁止办理转移、抵押手续。执行过程中,某房地产公司向该法院提出执行异议,请求停止对诉争房屋的执行。

请问:某房地产公司的请求能得到法院支持吗?

【案例分析】

本案涉及的是仅支付了首期款的业主房屋被查封,开发商如何应对的问题。

我国《民法典》第二百零九条规定,不动产物权的设立、变更、转让和消灭,经依法登记,发生效力;未经登记,不发生效力,但是法律另有规定的除外。

本案中,涉案房屋系由某房地产公司依法开发建设,出卖给伍某后,由于伍某尚未依预售合同约定支付完毕大部分房款,涉案房屋至今未将房屋办理正式登记到伍某名下,根据上述法律规定,涉案房屋所有权仍归属于房地产公司。故房地产公司可以依据《最高人民法院关于人民法院办理执行异议和复议案件若干问题的规定》,提出执行异议之诉,中止、排除对涉案房屋的执行。同时,可以依据《民法典》的规定,请求法院或者仲裁委员会追究伍某的违约责任,请求解除合同,并解除预告登记。当然,房地产公司解除合同后,伍某预付的首期款扣除合理的违约金后,应当返还伍某,可以作为法院的执行标的,由法院执行。

【风险防范建议】

关于预售的房屋被查封时,房地产公司如何规避法律风险,建议如下:

(1)预售的房屋被查封,如果业主支付了全部房款,对房地产公司来说,权益影响不大;如果仅支付首期款,业主往往不愿意或没能力继续付款,此时房地产公司一定要依法及时向执行法院提出案外人执行异议之诉,使法院中止执行,对涉案房屋停止强制执行。

(2)由于提出执行异议之诉属于民事诉讼程序上的措施,房地产公司提出对涉案房屋的执行异议之后,如果法院裁定驳回,房地产公司还要就实体权利再提出执行异议之诉,排除法院对涉案房屋的强制执行。因为购买方没有继续依约支付房地产公司后续大部分房屋款,所以房地产公司的异议主张一般会获得法院支持。

【法条链接】

《民法典》第二百零九条 不动产物权的设立、变更、转让和消灭,经依法登记,发生效力;未经登记,不发生效力,但是法律另有规定的除外。

依法属于国家所有的自然资源,所有权可以不登记。

第五百六十三条 有下列情形之一的,当事人可以解除合同:

(一)因不可抗力致使不能实现合同目的;

(二)在履行期限届满前,当事人一方明确表示或者以自己的行为表明不履行主要债务;

(三)当事人一方迟延履行主要债务,经催告后在合理期限内仍未履行;

(四)当事人一方迟延履行债务或者有其他违约行为致使不能实现合同目的;

(五)法律规定的其他情形。

以持续履行的债务为内容的不定期合同,当事人可以随时解除合同,但是应当在合理期限之前通知对方。

《最高人民法院关于人民法院办理执行异议和复议案件若干问题的规定》第五条 有下列情形之一的,当事人以外的自然人、法人和非法人组织,可以作为利害关系人提出执行行为异议:

(一)认为人民法院的执行行为违法,妨碍其轮候查封、扣押、冻结的债权受偿的;

(二)认为人民法院的拍卖措施违法,妨碍其参与公平竞价的;

(三)认为人民法院的拍卖、变卖或者以物抵债措施违法,侵害其对执行标的的优先购买权的;

(四)认为人民法院要求协助执行的事项超出其协助范围或者违反法律规定的;

(五)认为其他合法权益受到人民法院违法执行行为侵害的。

172. 购房者可转让购买的预售房屋吗?

【情景案例】

冯某与某房地产公司签订《商品房预售合同》,约定:冯某购买某房地产公司开发建设的某小区3幢902号房屋1套,建筑面积95平方米,总价款80万元,首付款24万元。合同签订后,冯某依照合同约定向某房地产公司支付首付款24万元。冯某与中国农业银行某分行、某房地产公司签订借款合同,并以所购房屋办理抵押预告登记。后由于生意出现亏损,为还清供应商货款,冯某打算将已购买的预售房屋出售,于是向售楼人员雷某咨询。雷某对冯某说:预售房屋正在建设中,还没有竣工,且房产证还没有办理下来,是不能转让的。

请问:冯某所购买的预售房屋可以转让吗?

【案例分析】

本案涉及的是预售房屋是否可以转让的问题。

我国《民法典》第二百零九条规定,不动产物权的设立、变更、转让和消灭,经依法登记,发生效力;未经登记,不发生效力,但是法律另有规定的除外。第二百一十四条规定,不动产物权的设立、变更、转让和消灭,依照法律规定应当登记的,自记载于不动产登记簿时发生效力。物权法定原则是法律的一项基本原则,根据上述规定,房屋是在建设完成且在不动产登记中心登记后才产生物权的。根据《城市房地产管理法》第三十八条的规定,未依法登记领取权属证书的房地产不得转让。

本案中,涉案房屋还没有竣工,故房屋物权并没有依法登记成功设立。由于冯某并未取得所购房屋的物权,未依法登记领取权属证书,因此该房屋是不能再进行转让的。

【风险防范建议】

关于房地产公司在销售房屋时,如何防范类似的法律风险,建议如下:

(1)根据《民法典》的规定,尚未竣工办理登记的房屋是不能产生物权效应的。故房地产公司不能协助购买方办理相关转让手续,如果房地产公司违法办理相关转让手续,则要承担因转让违反物权法定而构成根本违约的法律责任。

(2)司法实践中,法院认可预约合同的法律效力,考虑到购房者实际已经支付全部购房款,在预售的房屋能如期竣工的情况下,可以建议购房者私下与受让方签署预约合同,约定在未来房产证办理完成后,再签署正式的买卖合同进行交易即可。

【法条链接】

《民法典》第二百零九条 不动产物权的设立、变更、转让和消灭,经依法登记,发生效力;未经登记,不发生效力,但是法律另有规定的除外。

依法属于国家所有的自然资源,所有权可以不登记。

第二百一十四条 不动产物权的设立、变更、转让和消灭,依照法律规定应当登记的,自记载于不动产登记簿时发生效力。

《城市房地产管理法》第三十八条 下列房地产,不得转让:

(一)以出让方式取得土地使用权的,不符合本法第三十九条规定的条件的;

(二)司法机关和行政机关依法裁定、决定查封或者以其他形式限制房地产权利的;

(三)依法收回土地使用权的;

(四)共有房地产,未经其他共有人书面同意的;

(五)权属有争议的;

(六)未依法登记领取权属证书的;

(七)法律、行政法规规定禁止转让的其他情形。

173. 建筑材料价格上涨,开发商可以"情势变更"为由提高房价吗?

【情景案例】

汪某与某房地产公司签订《商品房预售合同》,约定:汪某购买某房地产公司一套商品房,房屋按每平方米8000元计价,房屋总价款为80万元,指定日期交房。合同载明了付款方式、付款日期及其相关事宜。预售合同签订后,按照合同的约定,汪某如期交付首付款并按某房地产公司的要求办理了银行贷款手续。后因市场建筑材料价格上涨导致房屋建造的成本增加,某房地产公司遂向汪某提出房屋价格每平方米提高300元,要求汪某补缴房款3万元,并发出书面缴款通知。汪某表示异议,认为商品房买卖合同已经订立,不能随意变动,不同意甲公司提高房价。甲公司则以"情势变更"

为由,坚持房价上调。双方协商无果,某房地产公司遂将汪某诉至法院,以“情势变更”为由要求汪某补缴购房款。

请问:某房地产公司的请求能得到法院支持吗?

【案例分析】

本案的争议焦点是能否适用情势变更原则作为房地产公司提高商品房售价的理由。

《民法典》第四百六十五条规定,依法成立的合同,受法律保护;依法成立的合同,仅对当事人具有法律约束力,但是法律另有规定的除外。第五百三十三条规定,合同成立后,合同的基础条件发生了当事人在订立合同时无法预见的、不属于商业风险的重大变化,继续履行合同对于当事人一方明显不公平的,受不利影响的当事人可以与对方重新协商;在合理期限内协商不成的,当事人可以请求人民法院或者仲裁机构变更或者解除合同。人民法院或者仲裁机构应当结合案件的实际情况,根据公平原则变更或者解除合同。

《民法典》规定情势变更原则的意义在于通过司法权力的介入,强行改变合同已经确定的条款或撤销合同,在合同双方当事人订约意志之外,重新分配交易双方在交易中应当获得的利益和承担的风险,其追求的价值目标,是公平和公正。

本案中,某房地产公司并未证明市场建筑材料价格上涨导致房屋建造的成本增加是订立合同时无法预见的、不属于商业风险的重大变化,还是属于正常的价格波动,因此,该公司提出房屋价格每平方米提高300元,不适用情势变更原则。而且,汪某和某房地产公司并未在所签订的商品房预售合同中就诉争房屋的价格调整问题作出约定,在此情况下,某房地产公司未与汪某协商一致就擅自提高商品房售价的行为,就是单方面变更合同的行为。根据上述法律规定,某房地产公司单方面变更合同的行为应属违约,因此其请求不能得到法院支持。

【风险防范建议】

关于房地产企业在经营过程中,如何通过法律手段规避原材料较大波动的商业风险,建议如下:

(1)虽然法律有情势变更的规定,但是适用要求非常严格。因此,适用该规定时,一定要注意适用的条件,及时固定证据,与合同对方当事人重新协商后提出的诉请才有可能得到法律支持;否则不仅将面临败诉的风险,还可能造成对商誉的不良影响。

(2)如果项目建设周期长,原材料确实存在波动较大的风险,建议在预售合同中约定:如果某种关键的原材料价格上浮达到50%以上,应就销售的合同价格进行适当的调整,从而取得约定的价格调整权。

【法条链接】

《民法典》第四百六十五条　依法成立的合同，受法律保护。

依法成立的合同，仅对当事人具有法律约束力，但是法律另有规定的除外。

第五百零九条　当事人应当按照约定全面履行自己的义务。

当事人应当遵循诚信原则，根据合同的性质、目的和交易习惯履行通知、协助、保密等义务。

当事人在履行合同过程中，应当避免浪费资源、污染环境和破坏生态。

第五百三十三条　合同成立后，合同的基础条件发生了当事人在订立合同时无法预见的、不属于商业风险的重大变化，继续履行合同对于当事人一方明显不公平的，受不利影响的当事人可以与对方重新协商；在合理期限内协商不成的，当事人可以请求人民法院或者仲裁机构变更或者解除合同。

人民法院或者仲裁机构应当结合案件的实际情况，根据公平原则变更或者解除合同。

三、商品房销售

174. 客户签订认购书后不按约定买房，开发商可以没收定金吗？

【情景案例】

毛某在长沙市芙蓉区某楼盘看中一套90平方米的商品房，房屋总价款为100万元，随即毛某与某房地产公司签订《商品房认购协议》，约定：毛某向某房地产公司交纳5万元购房定金，商品房买卖合同签订时再缴付余款95万元。当日，毛某通过银行转账方式给某房地产公司支付了5万元。但在签订正式购房合同时，毛某因对房屋设计、居住环境、配套设施等不满意，突然不想买这套房，便向某房地产公司提出退还定金的要求，但被某房地产公司拒绝。某房地产公司认为，其已按认购协议为毛某保留了所选定的房屋，且未变动房价，不存在任何过错，毛某如果放弃购买房屋系单方违约，其有权没收定金。双方协商无果，毛某将某房地产公司诉至法院，要求退还5万元购房定金。

请问：毛某的请求能得到法院支持吗？

【案例分析】

本案涉及的是商品房买卖合同签署前的认购协议是否合法有效的问题。

《最高人民法院关于审理商品房买卖合同纠纷案件适用法律若干问题的解释》第四条规定，出卖人通过认购、订购、预订等方式向买受人收受定金作为订立商品房买卖合同担保的，如果因当事人一方原因未能订立商品房买卖合同，应当按照法律关于定金的规定处理；因不可归责于当事人双方的事由，导致商品房买卖合同未能订立的，出卖人应当将定金返还买受人。《民法典》第五百八十六条规定，当事人可以约定一方向对方给付定金作为债权的担保。定金合同自实际交付定金时成立。定金的数额由当事人约定；但是，不得超过主合同标的额的20%，超过部分不产生定金的效力。实际交付的定金数额多于或者少于约定数额的，视为变更约定的定金数额。第五百八十七条规定，债务人履行债务的，定金应当抵作价款或者收回。给付定金的一方不履行债务或者履行债务不符合约定，致使不能实现合同目的的，无权请求返还定金；收受定金的一方不履行债务或者履行债务不符合约定，致使不能实现合同目的的，应当双倍返还定金。实务中，认购、认筹等方式是开发商常用的销售手段。由上述规定可知，开发商通过认购、订购、预订等方式向买受人收受定金作为订立商品房买卖合同的担保，是合法的。

本案中，毛某与某房地产公司签订的《商品房认购协议》是双方真实意思表示，没有违反我国法律、行政法规的强制性规定，是合法有效的，双方应当遵守。根据《民法典》的相关规定，毛某不想购买已预订的房屋的，某房地产公司有权没收毛某的定金5万元。因此，毛某的请求不能得到法院的支持。

【风险防范建议】

关于房地产公司在预售房屋的时候，如何规避预约合同的风险，建议如下：

(1)在《最高人民法院关于审理商品房买卖合同纠纷案件适用法律若干问题的解释》出台前，各地法院对于预约合同的效力认定意见不一。该解释出台后，官方正式认可了开发商通过认购、订购、预订等方式向买受人收受定金作为订立商品房买卖合同担保的方法。因此，开发商可以放心地在签署正式合同前签署类似的预约合同，但需注意定金数额不得超过法律规定。

(2)顾名思义，预约合同也是合同的一种，也应具备合同的基本条款，否则也有可能因为合同内容不具体、明确，导致合同不成立。因此，在签署预约合同时，合同中应明确约定房号、面积、价款等主要条款。

【法条链接】

《民法典》第四百六十五条　依法成立的合同，受法律保护。

依法成立的合同，仅对当事人具有法律约束力，但是法律另有规定的除外。

第五百八十六条　当事人可以约定一方向对方给付定金作为债权的担保。定金合同自实际交付定金时成立。

定金的数额由当事人约定；但是，不得超过主合同标的额的百分之二十，超过部分不产生定金的效力。实际交付的定金数额多于或者少于约定数额的，视为变更约定的定金数额。

第五百八十七条　债务人履行债务的，定金应当抵作价款或者收回。给付定金的一方不履行债务或者履行债务不符合约定，致使不能实现合同目的的，无权请求返还定金；收受定金的一方不履行债务或者履行债务不符合约定，致使不能实现合同目的的，应当双倍返还定金。

《最高人民法院关于审理商品房买卖合同纠纷案件适用法律若干问题的解释》第四条　出卖人通过认购、订购、预订等方式向买受人收受定金作为订立商品房买卖合同担保的，如果因当事人一方原因未能订立商品房买卖合同，应当按照法律关于定金的规定处理；因不可归责于当事人双方的事由，导致商品房买卖合同未能订立的，出卖人应当将定金返还买受人。

175. 开发商"一房多卖"，要承担什么责任?

【情景案例】

戴某与某房地产公司签订《房屋认购协议》，购买某楼盘6号楼1103号楼房一套，房价款为60万元，并于当天交给某房地产公司定金6万元。戴某与某房地产公司正式签订了《商品房买卖合同》，并按合同约定支付余款54万元。由于某房地产公司拖欠银行到期债务未还，资金周转十分困难，于是某房地产公司将戴某所购房屋卖给不知情的宋某，并为宋某办理了房产证。后戴某得知其所认购房屋已被房地产公司另出售给他人，遂向法院提起诉讼，要求某房地产公司按合同约定履行义务，向其交付房屋并办理房产证。

请问：戴某的请求能得到法院支持吗?

【案例分析】

本案涉及的是开发商"一房多卖"如何处理的问题。

我国《民法典》第五百零九条第一款规定，当事人应当按照约定全面履行自己的义务。根据该法第五百六十三条的规定，在合同履行期限届满之前，当事人一方明确表示或者以自己的行为表明不履行主要债务的，当事人可以解除合同；当事人一方迟延履行债务或者有其他违约行为致使不能实现合同目的，当事人亦可以解除合同。第五百六十六条第二款规定，合同因违约解除的，解除权人可以请求违约方承担违约责任，但是当事人另有约定的除外。第五百八十七条规定，收受定金的一方不履行债务或者履行债务不符合约定，致使不能实现合同目的的，应当双倍返还定金。第五百八十八条规定，当事人既约定违约金，又约定定金的，一方违约时，对方可以选择适用违约金或者定金条款。定金不足以弥补一方违约造成的损失的，对方可以请求赔偿超过定金数额的损失。第五百八十四条规定，当事人一方不履行合同义务或者履行合同义务不符合约定，造成对方损失的，损失赔偿额应当相当于因违约所造成的损失，包括合同履行后可以获得的利益；但是，不得超过违约一方订立合同时预见到或者应当预见到的因违约可能造成的损失。

本案中，戴某与某房地产公司正式签订的《商品房买卖合同》合法有效，双方当事人应当严格按照合同约定履行自己的义务。但是，某房地产公司未经戴某同意，将《商品房买卖合同》中约定的房屋买卖标的物卖给不知情的宋某且办理了房产证。宋某基于法律规定的不动产产权变动规则已经取得房屋产权，某房地产公司已经构成履行不能，无法交付房屋给戴某，因此戴某的请求不能得到法院支持。虽然戴某不能得到该房屋，但根据上述法律规定，戴某提出以下主张应该得到法院支持：(1)解除双方签订的《商品房买卖合同》；(2)要求某房地产公司返还其已支付的购房款及相应利息；(3)要求某房地产公司双倍返还定金，定金不足以弥补该公司违约造成的损失的，对方可以请求赔偿超过定金数额的损失。损失赔偿额应当相当于因违约所造成的损失，包括合同履行后可以获得的利益。

【风险防范建议】

关于房地产公司在销售房屋的时候，如何规避"一房多卖"的法律风险，建议如下：

(1)"双倍返还"曾是最高人民法院明确规定的针对"一房多卖"的严重惩罚措施。因此，房地产公司在销售房屋的时候一定要防范"一房多卖"的情形，做好销控管理，已经签署销售合同卖出去的房屋绝对不能再销售。

(2)如果由于管理不善出现"一房多卖"的情形，房地产公司一定要做好客户的协调工作，友好协商解除买卖合同，或者通过调整房子来变更买卖合同，以杜绝被要求巨额赔偿的可能。

【法条链接】

《民法典》第五百零九条　当事人应当按照约定全面履行自己的义务。

当事人应当遵循诚信原则，根据合同的性质、目的和交易习惯履行通知、协助、保密等义务。

当事人在履行合同过程中，应当避免浪费资源、污染环境和破坏生态。

第五百六十三条　有下列情形之一的，当事人可以解除合同：

(一)因不可抗力致使不能实现合同目的；

(二)在履行期限届满前，当事人一方明确表示或者以自己的行为表明不履行主要债务；

(三)当事人一方迟延履行主要债务，经催告后在合理期限内仍未履行；

(四)当事人一方迟延履行债务或者有其他违约行为致使不能实现合同目的；

(五)法律规定的其他情形。

以持续履行的债务为内容的不定期合同，当事人可以随时解除合同，但是应当在合理期限之前通知对方。

第五百六十六条　合同解除后，尚未履行的，终止履行；已经履行的，根据履行情况和合同性质，当事人可以请求恢复原状或者采取其他补救措施，并有权请求赔偿损失。

合同因违约解除的，解除权人可以请求违约方承担违约责任，但是当事人另有约定的除外。

主合同解除后，担保人对债务人应当承担的民事责任仍应当承担担保责任，但是担保合同另有约定的除外。

第五百八十四条 当事人一方不履行合同义务或者履行合同义务不符合约定，造成对方损失的，损失赔偿应当相当于因违约所造成的损失，包括合同履行后可以获得的利益；但是，不得超过违约一方订立合同时预见到或者应当预见到的因违约可能造成的损失。

第五百八十五条 当事人可以约定一方违约时应当根据违约情况向对方支付一定数额的违约金，也可以约定因违约产生的损失赔偿额的计算方法。

约定的违约金低于造成的损失的，人民法院或者仲裁机构可以根据当事人的请求予以增加；约定的违约金过分高于造成的损失的，人民法院或者仲裁机构可以根据当事人的请求予以适当减少。

当事人就迟延履行约定违约金的，违约方支付违约金后，还应当履行债务。

第五百八十七条 债务人履行债务的，定金应当抵作价款或者收回。给付定金的一方不履行债务或者履行债务不符合约定，致使不能实现合同目的的，无权请求返还定金；收受定金的一方不履行债务或者履行债务不符合约定，致使不能实现合同目的的，应当双倍返还定金。

第五百八十八条 当事人既约定违约金，又约定定金的，一方违约时，对方可以选择适用违约金或者定金条款。

定金不足以弥补一方违约造成的损失的，对方可以请求赔偿超过定金数额的损失。

176. 开发商出售已抵押给银行的房屋，要承担什么责任？

【情景案例】

宋某与某房地产公司签订《商品房买卖合同》，约定：某房地产公司将某小区18号楼5单元2505室出售给宋某，该房建筑面积为100平方米，单价为每平方米7500元，总房款为75万元。合同签订后，宋某按合同约定一次性支付了购房款，某房地产公司也给宋某开具购房发票。2019年7月，宋某没有收到某房地产公司的收房通知，后调查得知，该房于《商品房买卖合同》签订前已被某房地产公司抵押给某商业银行用于贷款。为此，宋某要求某房地产公司退款并赔偿损失。某房地产公司告知宋某，现在可以先交付房屋，其会尽快偿还银行贷款，房屋解押后即可办证，并承诺愿意承担补偿延迟办证的违约责任。由于资金周转困难，宋某现不想要该房屋了，于是诉至法院，要求某房地产公司退还房款并赔偿损失。

请问：宋某的请求能得到法院支持吗？

【案例分析】

本案涉及的是开发商出售已抵押房屋的责任承担问题。

《民法典》第五百零九条第一款规定，当事人应当按照约定全面履行自己的义务。第五百八十四条的规定，当事人一方不履行合同义务或者履行合同义务不符合约定，造成对方损失的，损失赔偿额应当相当于因违约所造成的损失，包括合同履行后可以获得的利益；但是，不得超过违约一方订立合同时预见到或者应当预见到的因违约可能造成的损失。

本案中，某房地产公司在将房产抵押给某商业银行后却又将其出售给宋某，其行为违反《民法典》第五百八十四条的规定，宋某可主张解除合同，并请求某房地产公司返还购房款并赔偿利益损失。因此，宋某的主张能获得法院的支持。

【风险防范建议】

关于房地产企业在资金紧张时销售房屋，如何规避法律风险，建议如下：

（1）在签订售房合同时，应当向购房人明示房产的实际情况，房屋是否负有权利负担如抵押等情况，并在合同中表明或与购买者签署告知书等。

（2）如果要销售已经办理抵押登记的房子，房地产企业应先还清银行贷款，赎回契约并到房管部门办理抵押涂销登记手续后，再实施销售行为。

【法条链接】

《民法典》第五百零九条　当事人应当按照约定全面履行自己的义务。

当事人应当遵循诚信原则，根据合同的性质、目的和交易习惯履行通知、协助、保密等义务。

当事人在履行合同过程中，应当避免浪费资源、污染环境和破坏生态。

第五百八十四条　当事人一方不履行合同义务或者履行合同义务不符合约定，造成对方损失的，损失赔偿额应当相当于因违约所造成的损失，包括合同履行后可以获得的利益；但是，不得超过违约一方订立合同时预见到或者应当预见到的因违约可能造成的损失。

177. 开发商购房协议书的“霸王条款”有法律效力吗？

【情景案例】

某房地产公司在电视广告宣传中声称某楼盘拥有大型游泳池、骑马乐园等数十项尊贵设施等内容。庞某是一位游泳爱好者，其看中某楼盘的大型游泳池配套设施，于是次日与某房地产公司签订《商品房预售合同》，该合同第二十条约定：“某房地产公司在本合同签订之前对本房屋及本房屋的相关事项以及文字、图片、模型、口头描述等方式所作的广告宣传和印刷品仅为要约邀请，不具有要约效力，甲乙双方的权利义务以本合同及附件明确约定的内容为准。凡在签约之前买卖双方任何一方通过口头、书面及其他形式（包括口头讲解、广告、沙盘等）所表达和提供的信息都不再作为确定双方义务的依据。”庞某在收房时发现小区没有游泳池，遂将某房地产公司诉至法院，要求退房并赔偿相应损失。某房地产公司辩称，购房合同已约定广告内容仅为要约邀请，不是要约，因此不同意庞某的诉求。庞某在庭审中认为，购房合同第二十条约定的内容是“霸王条款”,应认定无效。

请问:庞某的请求能得到法院支持吗?

【案例分析】

本案涉及的是“霸王条款”如何判断和效力问题。

《最高人民法院关于审理商品房买卖合同纠纷案件适用法律若干问题的解释》第三条规定,商品房的销售广告和宣传资料为要约邀请,但是出卖人就商品房开发规划范围内的房屋及相关设施所作的说明和允诺具体确定,并对商品房买卖合同的订立以及房屋价格的确定有重大影响的,构成要约。该说明和允诺即使未载入商品房买卖合同,亦应当为合同内容,当事人违反的,应当承担违约责任。《民法典》第四百七十一条规定,当事人订立合同,可以采取要约、承诺方式或者其他方式。根据该法第一百三十七条、第四百七十四条的规定,要约到达受要约人时生效。第四百七十九条规定,承诺是受要约人同意要约的意思表示。《广告法》第二十八条第一款规定,广告以虚假或者引人误解的内容欺骗、误导消费者的,构成虚假广告。

要约是一方当事人以订立合同为目的,向对方当事人提出合同条件,并希望对方当事人接受的意思表示。要约邀请是一方邀请对方向自己发出要约的邀请。从法律性质来看,要约是当事人旨在订立合同的意思表示,它是一经承诺并且承诺生效时,便产生合同成立的效果,所以,要约在发出后,对要约人和受约人都产生一定的拘束力;要约人违反了有效的要约的,应承担法律责任。但要约邀请不是一种意思表示,而是一种事实行为,没有法律约束力。

本案中,某房地产公司在电视广告宣传中声称某楼盘拥有大型游泳池、骑马乐园等数十项尊贵设施等内容,该等内容子虚乌有,为虚假广告,对庞某等客户的是否购买房屋的决策具有重大影响,因此应当视为要约。房地产公司自己的广告与上述法律规定相抵触,属于“霸王条款”,是违法无效的。因此,庞某的主张可以获得法院支持。

【风险防范建议】

关于房地产公司在销售房屋的过程中,如何规避“霸王条款”的法律风险,建议如下:

(1)广告、宣传等内容是否属于虚假内容、是否有效由法律来规定。房地产公司企图通过合同的方式来规避法律责任的内容很容易被判定为“霸王条款”,面临违法或无效的可能。因此,房地产公司的销售合同和广告内容一定要纳入公司的合规性审查的范畴,与法律抵触的内容,一定要删除。

(2)如果确实已经发布了类似本案的广告,由于该广告属于要约的范畴,房地产公司应当根据《民法典》的规定,在签署合同前及时与购房者说明并撤销该要约内容,同时发公告澄清。

(3)如果确实已经签署了类似的商品房买卖合同,房地产公司应及时与买家协商,友好解除合同或者变更合同,以避免更大的损失。

【法条链接】

《民法典》第一百三十七条　以对话方式作出的意思表示,相对人知道其内容时生效。

以非对话方式作出的意思表示,到达相对人时生效。以非对话方式作出的采用数据电文形式的意思表示,相对人指定特定系统接收数据电文的,该数据电文进入该特定系统时生效;未指定特定系统的,相对人知道或者应当知道该数据电文进入其系统时生效。当事人对采用数据电文形式的意思表示的生效时间另有约定的,按照其约定。

第四百七十一条　当事人订立合同,可以采取要约、承诺方式或者其他方式。

第四百七十四条　要约生效的时间适用本法第一百三十七条的规定。

第四百七十九条　承诺是受要约人同意要约的意思表示。

《广告法》第二十八条　广告以虚假或者引人误解的内容欺骗、误导消费者的,构成虚假广告。

广告有下列情形之一的,为虚假广告:

(一)商品或者服务不存在的;

(二)商品的性能、功能、产地、用途、质量、规格、成分、价格、生产者、有效期限、销售状况、曾获荣誉等信息,或者服务的内容、提供者、形式、质量、价格、销售状况、曾获荣誉等信息,以及与商品或者服务有关的允诺等信息与实际情况不符,对购买行为有实质性影响的;

(三)使用虚构、伪造或者无法验证的科研成果、统计资料、调查结果、文摘、引用语等信息作证明材料的;

(四)虚构使用商品或者接受服务的效果的;

(五)以虚假或者引人误解的内容欺骗、误导消费者的其他情形。

《最高人民法院关于审理商品房买卖合同纠纷案件适用法律若干问题的解释》第三条　商品房的销售广告和宣传资料为要约邀请,但是出卖人就商品房开发规划范围内的房屋及相关设施所作的说明和允诺具体确定,并对商品房买卖合同的订立以及房屋价格的确定有重大影响的,构成要约。该说明和允诺即使未载入商品房买卖合同,亦应当为合同内容,当事人违反的,应当承担违约责任。

178. 开发商如何规避购房合同由第三人付款的法律风险?

【情景案例】

熊先生系广东佛山市人,由于没钱购买婚房,熊先生的姐姐熊女士答应出钱为其购房。熊先生看中了市区某楼盘,于是与某房地产公司签订了《商品房买卖合同》,约定:某房地产公司将某楼盘1号楼602房出售给熊先生,房屋建筑面积为100平方米,房屋价款为160万元。合同签订后,熊女士通过银行转账的方式为熊先生一次性支付了购房款。在收楼时,熊先生对房屋采光不满意,于是以房屋不是他本人付款为由要求解除购房合同;另外,熊女士以不当得利为由要求某房地产公司给其退还160万元。某房地产公司认为,《商品房买卖合同》是双方真实意思表示,应当合法有效,熊女士代熊先生支付购房款不影响合同的效力,因此不同意解除合同,也不同意退款。

请问:某房地产公司的说法符合我国法律规定吗?

【案例分析】

本案涉及的是合同生效后的债务转移问题。

我国《民法典》第四百六十五条规定,依法成立的合同,受法律保护;依法成立的合同,仅对当事人具有法律约束力,但是法律另有规定的除外。第五百零九条第一款规定,当事人应当认定按照约定全面履行自己的义务。第五百五十一条第一款规定,债务人将债务的全部或者部分转移给第三人的,应当经债权人同意。

本案中,《商品房买卖合同》是熊先生与某房地产公司的真实意思表示,没有违反法律、行政法规的强制性规定,不违背公序良俗,应当认定合法有效,当事人应当按照约定履行自己的义务;因此,熊先生无权解除合同。熊女士的付款行为实际是其经某房地产公司同意后,代熊先生履行了合同的义务,根据上述法律规定,该行为依法有据,受法律保护。因此,熊女士的不当得利主张不能得到法律支持。

【风险防范建议】

关于房地产公司在销售房屋、收取房款时,如何规避代为付款的法律风险,建议如下:

(1)代付款实际是债务转移的行为。合同有效的情况下,遇到类似事件时,开发商应该坚持自己的意见,敢于主张自己的合法权益,不同意当事人解除合同的无理要求。

(2)代付款行为由于涉及合同当事人以外的第三人,往往难以查清第三人的代理关系。因此存在代付款行为即债务转移的时候,开发商应当要求原债务人和新债务人作出一定的书面声明,声明其双方的代理关系,从而为查清案件事实留下充足的证据。

【法条链接】

《民法典》第一百四十三条 具备下列条件的民事法律行为有效:

(一)行为人具有相应的民事行为能力;

(二)意思表示真实;

(三)不违反法律、行政法规的强制性规定,不违背公序良俗。

第四百六十五条 依法成立的合同,受法律保护。

依法成立的合同,仅对当事人具有法律约束力,但是法律另有规定的除外。

第五百零九条　当事人应当按照约定全面履行自己的义务。

当事人应当遵循诚信原则，根据合同的性质、目的和交易习惯履行通知、协助、保密等义务。

当事人在履行合同过程中，应当避免浪费资源、污染环境和破坏生态。

第五百五十一条　债务人将债务的全部或者部分转移给第三人的，应当经债权人同意。

债务人或者第三人可以催告债权人在合理期限内予以同意，债权人未作表示的，视为不同意。

179. 开发商给购房者垫付首付款，合法吗？

【情景案例】

纪某是某外资企业管理人员，月薪1万元。纪某通过公交车广告看到某楼盘打出的"零首付"购房广告，于是打算前往购买一套房屋用于投资。纪某到售楼部咨询得知，"零首付"购房的实质是某房地产公司为购房者垫付三成首付款，这三成首付款不需要支付利息，但需要购房者在1年内还清。纪某认为，自己存款仅有8万元，如果需要三成首付，自己根本买不了房屋，觉得某房地产公司的"零首付"售房方式很适合自己，于是当天与某房地产签订《商品房买卖合同》，并与某银行签署了《按揭贷款合同》，购买了一套建筑面积为60平方米的房屋，房屋价款为40万元。合同签订后，纪某除需要按月给银行还房贷外，还需要每月给某房地产公司还款1万元。后纪某按合同约定还清了某房地产公司的12万元。

请问：某开发商给纪某垫付首付款购房的行为，合法吗？

【案例分析】

本案涉及的是开发商垫付首付款，从而让购房者获得银行按揭贷款的行为的法律定性问题。

我国《民法典》第一百四十三条规定，具备下列条件的民事法律行为有效：(1)行为人具有相应的民事行为能力；(2)意思表示真实；(3)不违反法律、行政法规的强制性规定，不违背公序良俗。第一百五十三条第一款规定，违反法律、行政法规的强制性规定的民事法律行为无效。但是，该强制性规定不导致该民事法律行为无效的除外。《个人住房贷款管理办法》第五条规定，借款人须同时具备以下条件：(1)具有城镇常住户口或有效居留身份；(2)有稳定的职业和收入，信用良好，有偿还贷款本息的能力；(3)具有购买住房的合同或协议；(4)无住房补贴的以不低于所购住房全部价款的30%作为购房的首期付款；有住房补贴的以个人承担部分的30%作为购房的首期付款；(5)有贷款人认可的资产作为抵押或质押，或有足够代偿能力的单位或个人作为保证人；(6)贷款人规定的其他条件。根据《国务院关于坚决遏制部分城市房价过快上涨的通知》的规定,对购买首套自住房且套型建筑面积在90平方米以上的家庭(包括借款人、配偶及未成年子女),贷款首付款比例不得低于30%;对贷款购买第二套住房的家庭,贷款首付款比例不得低于50%。后来各地政府还采取了更加严格的限贷措施。根据《立法法》的规定,《个人住房贷款管理办法》不属于法律或者行政法规的范畴,不能作为民事法律行为有效性的判断标准。但是2010年《国务院关于坚决遏制部分城市房价过快上涨的通知》具有行政法规的性质。因此,按揭贷款的首付款比例不能低于30%,否则无效。

本案中,某房地产公司是以一种在法律上并不成立的"垫付"托词,先与纪某签订《商品房买卖合同》,而实际上却规避了我国法律规定的首付比例和限贷政策,以获得银行的按揭贷款,达到回笼资金的目的。因此,某房地产公司为纪某垫付首付款的行为实质是变相套贷,是违法的。

【风险防范建议】

关于房地产公司在按揭方式销售房屋时,如何规避首付款的法律风险,建议如下:

(1)房地产公司为购房者"垫付"首付款,然后支付给自己的行为,在司法实践中极有可能被法院认定为"以合法形式掩盖非法目的"的无效行为,而一旦认定为无效,则合同自始无效,法律后果是房地产公司返还购房款、购房者退房。从银行的角度来看,这种行为还可能被认定为"恶意串通损害第三人利益的无效行为"。在购房者办理按揭贷款的过程中,因需要开发商出具购房者已付清全部首付款的证明,但由于存在开发商"垫付"的因素,购房者的首付款实际并未付清,如后期购房者未能按期偿付按揭贷款,银行除按照一般的程序拍卖抵押物外,还可以起诉开发商,要求开发商因开具虚假证明而承担连带清偿责任。

(2)如果购房者从第三方借首付款支付给房地产公司,我国法律是没有禁止的。因此,我们建议开发商可以推荐或者协助购房者从第三方短期地借小部分的款项作为首付款。

【法条链接】

《立法法》第六十五条第一款 国务院根据宪法和法律,制定行政法规。

《民法典》第一百四十三条 具备下列条件的民事法律行为有效:

(一)行为人具有相应的民事行为能力;

(二)意思表示真实;

(三)不违反法律、行政法规的强制性规定,不违背公序良俗。

第一百四十四条 无民事行为能力人实施的民事法律行为无效。

第一百四十六条 行为人与相对人以虚假的意思表示实施的民事法律行为无效。

以虚假的意思表示隐藏的民事法律行为的效力,依照有关法律规定处理。

第一百五十三条　违反法律、行政法规的强制性规定的民事法律行为无效。但是，该强制性规定不导致该民事法律行为无效的除外。

违背公序良俗的民事法律行为无效。

第一百五十四条　行为人与相对人恶意串通，损害他人合法权益的民事法律行为无效。

《个人住房贷款管理办法》第五条　借款人须同时具备以下条件：

一、具有城镇常住户口或有效居留身份；

二、有稳定的职业和收入，信用良好，有偿还贷款本息的能力；

三、具有购买住房的合同或协议；

四、无住房补贴的以不低于所购住房全部价款的30%作为购房的首期付款；有住房补贴的以个人承担部分的30%作为购房的首期付款；

五、有贷款人认可的资产作为抵押或质押，或有足够代偿能力的单位或个人作为保证人；

六、贷款人规定的其他条件。

《国务院关于坚决遏制部分城市房价过快上涨的通知》　（三）实行更为严格的差别化住房信贷政策。对购买首套自住房且套型建筑面积在90平方米以上的家庭（包括借款人、配偶及未成年子女），贷款首付款比例不得低于30%；对贷款购买第二套住房的家庭，贷款首付款比例不得低于50%，贷款利率不得低于基准利率的1.1倍；对贷款购买第三套及以上住房的，贷款首付款比例和贷款利率应大幅度提高，具体由商业银行根据风险管理原则自主确定。人民银行、银监会要指导和监督商业银行严格住房消费贷款管理。住房城乡建设部要会同人民银行、银监会抓紧制定第二套住房的认定标准。

180.买房人不按照约定支付购房款的，开发商如何处理？

【情景案例】

舒某到某房地产公司售楼部看房，看了几个样板房后，舒某最终决定购买一套四室二厅的房子。舒某与售楼人员谈好价格后便签订了《商品房买卖合同》。合同约定舒某在10天内付清房子的首付款40万元。但是，在付款期限的最后一天，某房地产公司依然没有收到舒某的款项。于是，售楼人员电话催促舒某尽快付清款项，但舒某以资金突然周转困难为由，希望延期付款。由于投资失败，舒某至延期后约定时间前仍未支付首付款。为此，某房地产公司给舒某发送律师函，要求解除合同并赔偿相应损失。

请问：某房地产公司的请求能得到法院支持吗？

【案例分析】

本案涉及的是违约后是否可以解除合同的问题。

我国《民法典》第五百零九条第一款规定，当事人应当按照约定全面履行自己的义务。第五百六十三条规定,有下列情形之一的,当事人可以解除合同:(1)因不可抗力致使不能实现合同目的;(2)在履行期限届满前,当事人一方明确表示或者以自己的行为表明不履行主要债务;(3)当事人一方迟延履行主要债务,经催告后在合理期限内仍未履行;(4)当事人一方迟延履行债务或者有其他违约行为致使不能实现合同目的;(5)法律规定的其他情形。第五百七十七条规定,当事人一方不履行合同义务或者履行合同义务不符合约定的,应当承担继续履行、采取补救措施或者赔偿损失等违约责任。《最高人民法院关于审理商品房买卖合同纠纷案件适用法律若干问题的解释》第十一条规定,根据《民法典》第五百六十三条第一款的规定,出卖人迟延交付房屋或者买受人迟延支付购房款,经催告后在三个月的合理期限内仍未履行,解除权人请求解除合同的,应予支持,但当事人另有约定的除外。

本案中,舒某与某房地产公司签订的《商品房买卖合同》系双方真实意思表示,合法有效,双方应当按照约定履行义务,合同到期经某房地产公司催告后,舒某仍未履行支付房款义务。因此,某房地产公司有权解除合同,并追究舒某的违约责任。所以,某房地产公司的请求能得到法院的支持。

【风险防范建议】

关于房地产公司在销售房屋、收取房款的时候,如何利用法律保护自己的权益,建议如下:

(1)商品房买卖合同合法有效,买卖双方应当按照约定履行义务,购房者如果不履行其中的付款等义务时,房地产公司可以拿起法律武器,主张自己的合法权益。

(2)根据《民法典》的规定,一方的行为构成根本性违约时,另一方才具有合同解除权。房地产公司在解除合同的时候要把握好分寸,对于轻微的违约行为,是不能行使解除权的。譬如本案中,舒某不及时付款,房地产公司应进行合理的催告,对方依然不付款时才能解除合同,并追究对方违约责任。

【法条链接】

《民法典》第五百零九条 当事人应当按照约定全面履行自己的义务。

当事人应当遵循诚信原则,根据合同的性质、目的和交易习惯履行通知、协助、保密等义务。

当事人在履行合同过程中,应当避免浪费资源、污染环境和破坏生态。

第五百六十三条 有下列情形之一的,当事人可以解除合同:

(一)因不可抗力致使不能实现合同目的;

(二)在履行期限届满前,当事人一方明确表示或者以自己的行为表明不履行主要债务;

(三)当事人一方迟延履行主要债务,经催告后在合理期限内仍未履行;

(四)当事人一方迟延履行债务或者有其他违约行为致使不能实现合同目的;

(五)法律规定的其他情形。

以持续履行的债务为内容的不定期合同，当事人可以随时解除合同，但是应当在合理期限之前通知对方。

第五百七十七条 当事人一方不履行合同义务或者履行合同义务不符合约定的，应当承担继续履行、采取补救措施或者赔偿损失等违约责任。

《最高人民法院关于审理商品房买卖合同纠纷案件适用法律若干问题的解释》第十一条 根据民法典第五百六十三条的规定，出卖人迟延交付房屋或者买受人迟延支付购房款，经催告后在三个月的合理期限内仍未履行，解除权人请求解除合同的，应予支持，但当事人另有约定的除外。

法律没有规定或者当事人没有约定，经对方当事人催告后，解除权行使的合理期限为三个月。对方当事人没有催告的，解除权应当在解除权发生之日起一年内行使；逾期不行使的，解除权消灭。

181. 购房人因不能办理银行贷款而无法支付全部购房款，可以要求开发商退还购房款吗？

【情景案例】

某房地产公司与董某签订《商品房预售合同》，约定：董某向某房地产公司购买广州市增城区某小区9号楼501室的房屋，总房价款为200万元；董某应于合同签订后支付定金5万元，于合同签订起20日内支付房价款55万元；于合同签订起3个月内办妥余款140万元的银行按揭手续，并支付至某房地产公司指定的银行账户。合同签订后，董某按约定支付了5万元定金与55万元房价款，合计60万元。但是，在向银行申请贷款期间，因董某有不良信用记录，故申请房屋贷款未获得银行批准。为此，董某向某房地产公司提出解除合同，并请求其退还60万元购房款，但遭到某房地产公司拒绝。某房地产公司认为，双方签订的《商品房预售合同》合法有效，且合同没有约定董某在"无法办理银行贷款"情况下，拥有合同解除权，因此不同意董某的要求。

请问：董某可以要求某房地产公司退还购房款吗？

【案例分析】

本案涉及的是银行按揭贷款不成功导致无法交易的责任承担问题。

我国《民法典》第五百零九条第一款规定，当事人应当按照约定全面履行自己的义务。《最高人民法院关于审理商品房买卖合同纠纷案件适用法律若干问题的解释》第十九条规定，商品房买卖合同约定，买受人以担保贷款方式付款，因当事人一方原因未能订立商品房担保贷款合同并导致商品房买卖合同不能继续履行的，对方当事人可以请求解除合同和赔偿损失；因不可归责于当事人双方的事由未能订立商品房担保贷款合同并导致商品房买卖合同不能继续履行的，当事人可以请求解除合同，出卖人应当将收受的购房款本金及其利息或者定金返还买受人。

本案中，某房地产公司与董某签订的《商品房预售合同》合法有效，双方应当按照合同约定全面履行自己的义务。但合同没有约定董某在“无法办理银行贷款”情况下如何处理，责任在于谁呢？在司法实践中，一般认为购房者对于自己的贷款资格应该有基本的认识，特别是自己的资信情况，应当充分认识和了解。所以董某因自己的原因导致无法按揭贷款，不符合上述规定的解除合同条件，应承担无法交易的责任，无权要求某房地产公司退款。

【风险防范建议】

房地产公司在销售房屋时，按揭付款方式的商品房买卖合同细节非常重要。关于如何防范风险，建议如下：

(1)司法实践中，由于按揭不成功导致无法交易的纠纷非常多。所以房地产公司要特别关注此类问题，商品房买卖合同中应详细约定可能出现的情形的应对方式。

(2)由于各地的限购、限贷政策不同，所以在销售的时候，售楼人员应详细地向客户介绍当地的房地产限购、限贷政策。同时，将房地产限购、限贷政策写进合同中，要求客户声明已经充分理解和清楚相关的规定，也可以签署相应的告知书。

(3)客户的资信也是按揭银行着重审核的内容。因此，售楼人员应尽可能在签署商品房买卖合同前，审查清楚客户的按揭贷款资格。同时要求客户声明在不具备贷款资格的情况下，应自己承担责任，并采取现金等其他方式支付房款。

【法条链接】

《民法典》第五百零九条 当事人应当按照约定全面履行自己的义务。

当事人应当遵循诚信原则，根据合同的性质、目的和交易习惯履行通知、协助、保密等义务。

当事人在履行合同过程中，应当避免浪费资源、污染环境和破坏生态。

第五百六十三条 有下列情形之一的，当事人可以解除合同：

(一)因不可抗力致使不能实现合同目的；

(二)在履行期限届满前，当事人一方明确表示或者以自己的行为表明不履行主要债务；

(三)当事人一方迟延履行主要债务，经催告后在合理期限内仍未履行；

(四)当事人一方迟延履行债务或者有其他违约行为致使不能实现合同目的；

(五)法律规定的其他情形。

以持续履行的债务为内容的不定期合同，当事人可以随时解除合同，但是应当在合理期限之前通知对方。

《最高人民法院关于审理商品房买卖合同纠纷案件适用法律若干问题的解释》第十九条 商品房买卖合同约定，买受人以担保贷款方式付款，因当事人一方原因未能订立商品房担保贷款合同并导致商品房买卖合同不能继续履行的，对方当事人可以请求解除合同和赔偿损失。因不可归责于当事人双方的事由未能订立商品房担保贷款合同并导致商品房买卖合同不能继续履行的，当事人可以请求解除合同，出卖人应当将收受的购房款本金及其利息或者定金返还买受人。

182. 房屋买卖合同中没有约定违约金数额，也没有约定如何赔偿损失的，如果一方违约，应当怎么办？

【情景案例】

梁某是某家具公司创始人，为让家人过上更好的生活，梁某打算购买一套别墅。梁某在某房地产公司看中一套建筑面积为320平方米的湖景别墅。经多次协商，最终确定别墅销售价格为600万元。梁某与某房地产公司签订《商品房买卖合同》，约定于指定日期前一次性支付全部购房款。合同签订后，由于公司经营出现问题，梁某原计划用于购买别墅的资金全部投入公司，无法按时履行支付购房款的义务。后由于梁某违反合同约定，某房地产公司诉至法院，提出与梁某解除购房合同，并要求梁某承担违约责任。对于解除合同，梁某没有异议，但合同中没有约定违约金数额，也没有约定损失赔偿额的计算方式，就只说明了违约方向对方承担责任。对此，梁某不知道要给某房地产公司赔偿多少损失，心里没底。

请问：法院会按照什么标准要求梁某承担违约责任？

【案例分析】

本案涉及的是违约金的计算方式的问题。

我国《民法典》第五百七十七条规定，当事人一方不履行合同义务或者履行合同义务不符合约定的，应当承担继续履行、采取补救措施或者赔偿损失等违约责任。第五百八十四条规定，当事人一方不履行合同义务或者履行合同义务不符合约定，造成对方损失的，损失赔偿额应当相当于因违约所造成的损失，包括合同履行后可以获得的利益；但是，不得超过违约一方订立合同时预见到或者应当预见到的因违约可能造成的损失。

本案中，依据上述规定，梁某违约要对某房地产公司承担赔偿责任是没有争议的，赔偿额应当相当于因违约所造成的损失，包括可预期收益，即合同履行后可以获得的利益，但不得超过违反合同一方订立合同时预见到或者应当预见到的因违反合同可能造成的损失。如果房价上涨，某房地产公司的损失实际是可以忽略不计的；如果房价下跌，某房地产公司的损失实际就是降价部分的款项，此时梁某要承担的违约责任就是房屋价格下跌导致的差价。

【风险防范建议】

关于房地产公司如何就客户的违约问题防范法律风险,建议如下:

(1)房地产公司面对的客户五花八门,违约的情形时常发生,所以一定要提前做好防范工作,以减少公司的损失。我们国家是成文法国家,法律对于各种问题都有原则性的处理方式,包括《民法典》关于违约金的计算方式。如果合同没有约定违约金计算方式,当事人一方不履行合同义务或者履行合同义务不符合约定,给对方造成损失的,损失赔偿额应当相当于违约造成的损失,含可预期收益。

(2)意思自治原则是合同法律的基本原则。当事人可以约定一方违约时应当根据违约情况向对方支付一定数额的违约金,也可以约定因违约产生的损失赔偿额的计算方法。因此,虽然在没有约定的情况下,法律给出了原则性的违约金计算方式,但是在司法实践中,该计算方式是笼统的、不够具体的,往往存在较大的争议,带来较大的不确定性。所以,我们建议房地产公司应尽可能结合房屋销售的实际情况,对违约金作出具体的约定,如具体的违约金数额或者具体的违约金计算公式,甚至是定金的担保方式。

根据《民法典》的规定,约定的违约金低于或者高于造成的损失的,当事人可以请求人民法院或者仲裁机构予以调整。因此,为了避免诉累,我们建议房地产公司尽量将违约金的数额约定在可能造成的损失上下浮动30%以内。

【法条链接】

《民法典》第五百七十七条　当事人一方不履行合同义务或者履行合同义务不符合约定的,应当承担继续履行、采取补救措施或者赔偿损失等违约责任。

第五百八十四条　当事人一方不履行合同义务或者履行合同义务不符合约定,造成对方损失的,损失赔偿额应当相当于因违约所造成的损失,包括合同履行后可以获得的利益;但是,不得超过违约一方订立合同时预见到或者应当预见到的因违约可能造成的损失。

第五百八十五条　当事人可以约定一方违约时应当根据违约情况向对方支付一定数额的违约金,也可以约定因违约产生的损失赔偿额的计算方法。

约定的违约金低于造成的损失的,人民法院或者仲裁机构可以根据当事人的请求予以增加;约定的违约金过分高于造成的损失的,人民法院或者仲裁机构可以根据当事人的请求予以适当减少。

当事人就迟延履行约定违约金的,违约方支付违约金后,还应当履行债务。

第五百八十六条　当事人可以约定一方向对方给付定金作为债权的担保。定金合同自实际交付定金时成立。

定金的数额由当事人约定;但是,不得超过主合同标的额的百分之二十,超过部分不产生定金的效力。实际交付的定金数额多于或者少于约定数额的,视为变更约定的定金数额。

第五百八十七条　债务人履行债务的,定金应当抵作价款或者收回。给付定金的一方不履行债务或者履行债务不符合约定，致使不能实现合同目的的，无权请求返还定金；收受定金的一方不履行债务或者履行债务不符合约定，致使不能实现合同目的的，应当双倍返还定金。

第五百八十八条 当事人既约定违约金，又约定定金的，一方违约时，对方可以选择适用违约金或者定金条款。

定金不足以弥补一方违约造成的损失的，对方可以请求赔偿超过定金数额的损失。

183. 房产代理中介机构以开发商名义与买房人签订《商品房买卖合同》，应当由谁负责合同履行？

【情景案例】

甲房地产公司与乙房产中介公司签订《“幸×里”商品房包干销售合同》，约定由乙房产中介公司代理销售由甲房地产公司开发的“幸×里”项目。杜某与乙房产中介公司就购买3号楼2103房签订了《商品房买卖合同》，该合同载明：甲方为甲房地产公司，乙方为杜某。后由于销售业绩不理想及乙房产中介公司内部管理混乱等原因，甲房地产公司给乙房产中介公司发出《解除“幸×里”商品房包干销售合同的通知》。此后，乙房产中介公司销售人员退出售楼部，甲房地产公司重新组织人员对该项目进行销售。杜某到“幸×里”售楼部要求办理交房手续时，甲房地产公司以并未与杜某签订合同，也未收到其购房款为由拒绝办理交房手续。无奈之下，杜某将甲房地产公司诉至法院，以合同已由甲房地产公司盖章为由要求甲房地产公司办理交房手续。

请问：杜某的请求能得到法院支持吗？

【案例分析】

本案涉及的是关于代理的法律问题。

我国《民法典》第一百六十一条第一款规定，民事主体可以通过代理人实施民事法律行为。第一百六十二条规定，代理人在代理权限内，以被代理人名义实施的民事法律行为，对被代理人发生效力。第一百七十二条规定，行为人没有代理权、超越代理权或者代理权终止后，仍然实施代理行为，相对人有理由相信行为人有代理权的，代理行为有效。

本案中，甲房地产公司与乙房产中介公司签订了《“幸×里”商品房包干销售合同》，乙房产中介公司实际是甲房地产公司的代理人，而且杜某的商品房买卖合同已由甲房地产公司盖章，因此乙房产中介公司以被代理人甲房地产公司名义实施的民事法律行为，对被代理人甲房地产公司发生效力。所以，该商品房买卖合同合法有效，甲房地产公司拒绝办理交房手续的理由不能成立。杜某的请求能得到法院的支持。

【风险防范建议】

关于房地产公司通过中介公司以代理的方式销售房屋时，如何规避代理法律风险，建议如下：

(1)根据《民法典》的规定，代理人的代理效果是归于被代理人的。因此，管控好中介代理公司在销售房屋过程中的行为非常重要。

(2)对于销售房屋的合同和公章应该严格管理。笔者建议房屋买卖合同应该由房地产公司统一审核，不能任由中介代理公司乱签署合同。由于合同公章代表房地产公司，也应与房地产公司的公章一样，统一管理，规范使用，不能由代理公司持有。购房者缴纳房款的账户也应由房地产公司统一管理。

(3)民法上，还要特别注意表见代理行为。由于房地产公司与房产中介公司存在或者曾经存在代理关系，中介代理公司超越代理权或者代理权终止后，仍然实施代理行为，消费者无法识别，根据表象认为其具有代理权的话，也有可能要房地产公司承担法律责任。因此，对于中介代理公司的代理权限，应该在合适的位置向公众、消费者公示。代理关系终止后，房地产公司亦应告知相关消费者，以防范中介代理公司欺诈消费者。

【法条链接】

《民法典》第一百六十一条第一款 民事主体可以通过代理人实施民事法律行为。

第一百六十二条 代理人在代理权限内，以被代理人名义实施的民事法律行为，对被代理人发生效力。

第一百七十二条 行为人没有代理权、超越代理权或者代理权终止后，仍然实施代理行为，相对人有理由相信行为人有代理权的，代理行为有效。

184. 开发商可以采取“返本销售”的方式销售商铺吗？

【情景案例】

蓝某看到某房地产公司打出“返本销售商铺”的广告，于是次日去售楼部咨询。经与家人商量后，蓝某决定购买一间商铺用于投资。蓝某与某房地产公司签订《商铺买卖合同》，约定：蓝某购买某房地产公司开发的商铺一间，总价款为60万元。同时，双方还通过网络交易保平台签订了《商铺回购承诺书》，载明：蓝某一次性支付完购买商铺的款项后，某房地产公司保证自房屋交付之日起每月给蓝某返还1万元，共计5年。后同事杜某得知蓝某购买“返本销售”的商铺后，告知其风险巨大，如果开发商跑路，钱将很难追回来。

请问：某房地产公司可以采取“返本销售”的方式销售商铺吗？

【案例分析】

本案涉及的是“返本销售”商业模式的合法性问题。

我国《民法典》第一百四十三条规定，具备下列条件的民事法律行为有效：(1)行为人具有相应的民事行为能力；(2)意思表示真实；(3)不违反法律、行政法规的强制性规定，不违背公序良俗。第一百五十三条第一款规定，违反法律、行政法规的强制性规定的民事法律行为无效。但是，该强制性规定不导致该民事法律行为无效的除外。

本案中，签订合同的主体适格，意思表示真实，关键是看是否违反了法律、行政法规的强制性规定。目前对这种行为的规范主要体现在《商品房销售管理办法》和《最高人民法院关于审理非法集资刑事案件具体应用法律若干问题的解释》中。根据《商品房销售管理办法》第十一条的规定，开发商不得采取返本方式销售商品房。根据《最高人民法院关于审理非法集资刑事案件具体应用法律若干问题的解释》第二条的规定，不具有房产销售的真实内容，或者不以房产销售为主要目的，以返本销售、售后包租、约定回购、销售房产份额等方式非法吸收资金的，以非法吸收公众存款罪定罪处罚。《商品房销售管理办法》是部门规章，根据《民法典》第一百四十三条的规定，违反部门规章订立的合同并不能导致合同无效。最高人民法院上述非法集资相关的司法解释规定不具有房产销售的实际内容，以非法吸收资金为目的的，才能视为违法。因此本案涉及的行为并不违反法律、行政法规的效力性强制规定，该民事法律行为有效。又根据《禁止传销条例》第二条的规定，传销是指组织者或者经营者发展人员，通过对被发展人员以其直接或者间接发展的人员数量或者销售业绩为依据计算和给付报酬，或者要求被发展人员以交纳一定费用为条件取得加入资格等方式牟取非法利益，扰乱经济秩序，影响社会稳定的行为。本案中，显然也没有类似的层级发展模式，不属于传销的范畴。

综上所述，房地产公司采取“返本销售”方式销售商铺的行为是合法有效的。但是楼价下跌的话，具有一定的商业风险。

【风险防范建议】

关于房地产公司在销售商品房时，使用“返本销售”模式如何规避法律风险，建议如下：

(1)“返本销售”模式本来是没有问题的，但是容易出现变相情形，可能触碰的法律禁区之一是非法集资。因此，开发商在采取本模式时，一定要核算好成本和利润，衡量好商业风险，不能低于成本销售，不能假销售，否则资金无法兑现时就容易掉进非法集资犯罪的陷阱。

(2)另外一个可能的变相形式是传销模式。因此,开发商一定不能采取发展下线、拉人头等层级方式销售房屋,特别是控制三层以上人员的利益,多人参与的时候,就有可能触犯刑事法律,构成组织、领导传销活动罪。

【法条链接】

《民法典》第一百四十三条 具备下列条件的民事法律行为有效:

(一)行为人具有相应的民事行为能力;

(二)意思表示真实;

(三)不违反法律、行政法规的强制性规定,不违背公序良俗。

第一百五十三条 违反法律、行政法规的强制性规定的民事法律行为无效。但是,该强制性规定不导致该民事法律行为无效的除外。

违背公序良俗的民事法律行为无效。

《商品房销售管理办法》第十一条 房地产开发企业不得采取返本销售或者变相返本销售的方式销售商品房。

房地产开发企业不得采取售后包租或者变相售后包租的方式销售未竣工商品房。

《最高人民法院关于审理非法集资刑事案件具体应用法律若干问题的解释》第二条第一款 实施下列行为之一,符合本解释第一条第一款规定的条件的,应当依照刑法第一百七十六条的规定,以非法吸收公众存款罪定罪处罚:

(一)不具有房产销售的真实内容或者不以房产销售为主要目的,以返本销售、售后包租、约定回购、销售房产份额等方式非法吸收资金的;

……

《禁止传销条例》第二条 本条例所称传销,是指组织者或者经营者发展人员,通过对被发展人员以其直接或者间接发展的人员数量或者销售业绩为依据计算和给付报酬,或者要求被发展人员以交纳一定费用为条件取得加入资格等方式牟取非法利益,扰乱经济秩序,影响社会稳定的行为。

185. 开发商可以“售后包租”的方式销售商品房吗?

【情景案例】

甲房地产公司在报纸上刊登“售后包租”销售公寓的广告。季某看到广告后,认为是一个稳赚不赔的投资,于是打算购买一间公寓出租。季某去某房地产公司销售中心后,销售人员告知季某:“购买这里的公寓不用担心租不掉,因为我司在卖房给业主的时候,已经帮业主联系好第三方经营单位乙公司,由乙公司包租10年,而且前三年租金可以冲抵购房款,价值60万元的公寓,现在只需要付42万元就能买下来。”另外,销售人员表示,为帮助业主少缴税,虽然公寓售价60万元,但实际写在购房合同里是42

万元。季某与甲房地产公司签订《商品房买卖合同》,购买了一间公寓;另外,季某与乙公司签订《租赁合同》,合同约定:租期10年,乙公司应于每月25日前向季某支付租金,租金标准为每月2000元,上述租金标准为税前租金,乙公司有权以代扣代缴形式向政府支付应由季某缴纳的税费;乙公司如逾期支付租金,应按日向季某支付所欠租金万分之二的违约金。

请问:甲房地产公司以"售房包租"的方式销售公寓,合法吗?

【案例分析】

本案涉及的是开发商采取"售房包租"方式销售房屋是否合法的问题。

我国《民法典》第一百四十三条规定,具备下列条件的民事法律行为有效:(1)行为人具有相应的民事行为能力;(2)意思表示真实;(3)不违反法律、行政法规的强制性规定,不违背公序良俗。第一百五十三条第一款规定,违反法律、行政法规的强制性规定的民事法律行为无效。但是,该强制性规定不导致该民事法律行为无效的除外。

本案中,签订合同的主体合格,意思表示真实,关键是是否违反了效力性的法律、行政法规。目前对这种行为的规范主要体现在《商品房销售管理办法》和《最高人民法院关于审理非法集资刑事案件具体应用法律若干问题的解释》。根据《商品房销售管理办法》第十一条的规定,开发商不得采取售后包租方式销售尚未竣工的商品房。根据《最高人民法院关于审理非法集资刑事案件具体应用法律若干问题的解释》第二条的规定,不具有房产销售的真实内容,或者不以房产销售为主要目的,以返本销售、售后包租、约定回购、销售房产份额等方式非法吸收资金的,以非法吸收公众存款罪定罪处罚。根据《民法典》的规定,违反部门规章订立的合同并不能导致合同无效,根据《商品房销售管理办法》是部门规章。最高人民法院上述非法集资相关的司法解释规定不具有房产销售的实际内容,以非法吸收资金为目的的,才能视为违法。

本案中,在房屋已经竣工,也没有违反《商品房销售管理办法》规定的情况下,甲房地产公司以"售房包租"的方式销售公寓的行为并不违反法律、行政法规效力性的强制规定,其销售行为是合法的。至于合同价格写少以规避税收的问题,属于税法的行政管理范畴,并不影响合同行为的有效性。

【风险防范建议】

关于房地产公司在采取"售房包租"方式销售房屋时,如何规避法律风险,建议如下:

(1)虽然以"售房包租"方式销售房屋没有违反法律、行政法规的强制性规定,但是对于尚未竣工的房屋,建设部是禁止采取此种方式销售的。所以,尚未竣工的预售商品房不能以"售房包租"方式销售。

(2)《商品房买卖合同》价格写少以规避税收的做法,属于违反税收法律的严重行为,如经查实,开发商将会面临税务机关的严厉处罚。因此,房地产企业一定要慎重为之。

【法条链接】

《民法典》第一百四十三条 具备下列条件的民事法律行为有效:

(一)行为人具有相应的民事行为能力;

(二)意思表示真实;

(三)不违反法律、行政法规的强制性规定,不违背公序良俗。

第一百五十三条 违反法律、行政法规的强制性规定的民事法律行为无效。但是,该强制性规定不导致该民事法律行为无效的除外。

违背公序良俗的民事法律行为无效。

《商品房销售管理办法》第十一条 房地产开发企业不得采取返本销售或者变相返本销售的方式销售商品房。

房地产开发企业不得采取售后包租或者变相售后包租的方式销售未竣工商品房。

《最高人民法院关于审理非法集资刑事案件具体应用法律若干问题的解释》第二条第一款 实施下列行为之一,符合本解释第一条第一款规定的条件的,应当依照刑法第一百七十六条的规定,以非法吸收公众存款罪定罪处罚:

(一)不具有房产销售的真实内容或者不以房产销售为主要目的,以返本销售、售后包租、约定回购、销售房产份额等方式非法吸收资金的……

……

186. 在按揭贷款中,开发商要为购房者的延迟还款承担连带责任吗?

【情景案例】

贾某与某房地产公司签订《商品房买卖合同》,约定:某房地产公司将某小区9号楼801房出售给贾某,房屋面积为102平方米,房屋价款60万元,首付款为总价的1/3共18万元。合同签订后,贾某按约定支付了首付款。贾某以按揭购房方式与某房地产公司、某银行签订《个人一手住房贷款合同》,约定贾某向某银行申请贷款42万元用于购买上述房屋,借款期限为30年,每月归还借款本息、利率为5.92%,某房地产公司为该笔借款提供连带保证责任方式的担保。合同履行过程中,贾某连续3个月不履行还款义务。

请问:某房地产公司要为贾某的延迟还款承担连带责任吗?

【案例分析】

本案涉及的是保证担保责任的问题。

我国《民法典》第六百八十一条规定，保证合同是为保障债权的实现，保证人和债权人约定，当债务人不履行到期债务或者发生当事人约定的情形时，保证人履行债务或者承担责任的合同。第六百八十八条规定，当事人在保证合同中约定保证人和债务人对债务承担连带责任的，为连带责任保证；连带责任保证的债务人不履行到期债务或者发生当事人约定的情形时，债权人可以请求债务人履行债务，也可以请求保证人在其保证范围内承担保证责任。根据该法第三百九十二条的规定，被担保的债权既有物的担保又有人的担保的，债务人不履行到期债务或者发生当事人约定的实现担保物权的情形，债权人应当按照约定实现债权；没有约定或者约定不明确，债务人自己提供物的担保的，债权人应当先就该物的担保实现债权。

本案中，贾某以按揭购房方式与某房地产公司、某银行签订了《个人一手住房贷款合同》，某房地产公司为该笔借款提供连带保证责任方式的担保。按揭方式贷款实际是要对商品房进行抵押担保登记的，那么本案就既有贾某本人的物的担保方式，又有人的担保方式。因此，在贾某延迟还款时，银行应先就该商品房的担保实现债权，实现不了后才可以要求保证人即某房地产公司承担连带责任担保。

【风险防范建议】

关于房地产公司在销售房屋，办理按揭业务时，如何规避担保的法律风险，建议如下：

（1）保证担保是指保证人和债权人约定，当债务人不履行债务时，保证人按照约定履行债务或者承担责任的行为。因此，保证担保的商业风险是比较大的。如果银行确实要求提供保证担保，房地产公司应对债务人即购房人的资信情况、履约能力进行深入的调查，衡量好是否值得担保。

（2）要区分使用两种不同的保证方式。保证的方式有一般保证和连带责任保证。一般保证的保证人在主合同纠纷未经审判或者仲裁，并就债务人财产依法强制执行仍不能履行债务前，对债权人可以拒绝承担保证责任。当事人在保证合同中约定保证人与债务人对债务承担连带责任的，为连带责任保证。因此，连带责任保证的风险比一般保证要高。笔者建议能使用一般保证方式担保的，尽量不使用连带责任保证担保方式。

（3）根据《民法典》的规定，同时存在物的担保和人的担保时，主张担保责任的先后顺序是可以约定的，因此我们应尽量约定先由业主来承担责任，从而减少房地产公司的风险。如果没有约定，债务人自己提供物的担保的，债权人应当先就该物的担保实现债权；如果无法约定承担担保责任的先后顺序，应尽量要求业主就其所购买的商品房作为担保物。

【法条链接】

《民法典》第三百九十二条 被担保的债权既有物的担保又有人的担保的，债务人不履行到期债务或者发生当事人约定的实现担保物权的情形，债权人应当按照约定实现债权；没有约定或者约定不明确，债务人自己提供物的担保的，债权人应当先就该物的担保实现债权；第三人提供物的担保的，债权人可以就物的担保实现债权，也可以请求保证人承担保证责任。提供担保的第三人承担担保责任后，有权向债务人追偿。

第六百八十一条 保证合同是为保障债权的实现，保证人和债权人约定，当债务人不履行到期债务或者发生当事人约定的情形时，保证人履行债务或者承担责任的合同。

第六百八十四条 保证合同的内容一般包括被保证的主债权的种类、数额，债务人履行债务的期限，保证的方式、范围和期间等条款。

第六百八十五条第一款 保证合同可以是单独订立的书面合同，也可以是主债权债务合同中的保证条款。

第六百八十六条 保证的方式包括一般保证和连带责任保证。

当事人在保证合同中对保证方式没有约定或者约定不明确的，按照一般保证承担保证责任。

第六百八十七条 当事人在保证合同中约定，债务人不能履行债务时，由保证人承担保证责任的，为一般保证。

一般保证的保证人在主合同纠纷未经审判或者仲裁，并就债务人财产依法强制执行仍不能履行债务前，有权拒绝向债权人承担保证责任，但是有下列情形之一的除外：

（一）债务人下落不明，且无财产可供执行；

（二）人民法院已经受理债务人破产案件；

（三）债权人有证据证明债务人的财产不足以履行全部债务或者丧失履行债务能力；

（四）保证人书面表示放弃本款规定的权利。

第六百八十八条 当事人在保证合同中约定保证人和债务人对债务承担连带责任的，为连带责任保证。

连带责任保证的债务人不履行到期债务或者发生当事人约定的情形时，债权人可以请求债务人履行债务，也可以请求保证人在其保证范围内承担保证责任。

187. 开发商售房时可否赠送或免收物业管理费？

【情景案例】

某房地产公司是某花园小区的开发商，其在售楼广告中作出承诺：购房者赠送2年物业管理费；老业主推荐客户购房，老业主也可赠送2年物业管理费。童某是该小区老业主，看到广告后，为少交物业管理费，于是推荐同事江某在该小区购房。江某与某房地产公司签订《商品房买卖合同》，约定某房地产公司依照承诺免收2年物业管理费。当天，某房地产公司也给童某出具一份免收2年物业管理费的证明。小区物业管理公司通知童某缴纳当月物业管理费，童某以某房地产公司承诺免收物管费的期限未到为由,拒绝支付管理费。双方因此起纠纷,协商无果后,童某将某房地产公司、某物业管理公司诉至法院。

请问:某房地产公司以赠送物业管理费的方式售房,合法吗?

【案例分析】

本案涉及的是合同的相对性问题。

我国《民法典》第四百六十五条规定,依法成立的合同,受法律保护;依法成立的合同,仅对当事人具有法律约束力,但是法律另有规定的除外。第一百七十一条规定,行为人没有代理权、超越代理权或者代理权终止后,仍然实施代理行为,未经被代理人追认的,对被代理人不发生效力;相对人可以催告被代理人自收到通知之日起30日内予以追认。被代理人未作表示的,视为拒绝追认。行为人实施的行为被追认前,善意相对人有撤销的权利。撤销应当以通知的方式作出。行为人实施的行为未被追认的,善意相对人有权请求行为人履行债务或者就其受到的损害请求行为人赔偿。但是,赔偿的范围不得超过被代理人追认时相对人所能获得的利益。相对人知道或者应当知道行为人无权代理的,相对人和行为人按照各自的过错承担责任。

本案中,根据合同的相对性原则和上述规定,江某与某房地产公司签订《商品房买卖合同》只能约束江某与某房地产公司。某房地产公司给童某出具的免收2年物业管理费的证明,实际是赠与合同的内容,该合同也只能约束童某与某房地产公司。因此,某房地产公司在没有获得某物业管理公司代理权的情况下,擅自对外作出的承诺,对某物业管理公司是不发生法律效力的,由此产生的法律责任应当由某房地产公司承担。

【风险防范建议】

关于房地产公司在销售房屋时,如何处理赠送物业管理费等法律关系,建议如下:

(1)房地产公司和物业管理公司是两个互相独立的法律主体,双方法律地位是平等的。因此,房地产公司如果要赠送物业管理公司的物业管理费等权益时,应获得物业管理公司的同意,取得其授权。

(2)实践中,很多房地产公司由于和前期物业管理公司存在关联关系,往往就忽略了相关的代理和授权手续。为了避免纠纷,根据《民法典》的规定,如果作出赠送物业管理费的承诺,房地产公司应该获得物业管理公司的事后追认,补充完善相关的授权手续。

【法条链接】

《民法典》第一百七十一条　行为人没有代理权、超越代理权或者代理权终止后,仍然实施代理行为,未经被代理人追认的,对被代理人不发生效力。

相对人可以催告被代理人自收到通知之日起三十日内予以追认。被代理人未作表示的,视为拒绝追认。行为人实施的行为被追认前,善意相对人有撤销的权利。撤销应当以通知的方式作出。

行为人实施的行为未被追认的,善意相对人有权请求行为人履行债务或者就其受到的损害请求行为人赔偿。但是,赔偿的范围不得超过被代理人追认时相对人所能获得的利益。

相对人知道或者应当知道行为人无权代理的,相对人和行为人按照各自的过错承担责任。

第四百六十五条 依法成立的合同,受法律保护。

依法成立的合同,仅对当事人具有法律约束力,但是法律另有规定的除外。

第五百二十三条 当事人约定由第三人向债权人履行债务,第三人不履行债务或者履行债务不符合约定的,债务人应当向债权人承担违约责任。

188. 房屋买受人可以受限贷政策影响无法继续履行合同为由请求解除合同吗?

【情景案例】

颜某与某房地产公司签订《商品房买卖合同》,约定:颜某购买某房地产公司开发的某小区房屋一套,房屋售价为90万元,首付27万元,剩余房款以银行贷款方式一次性支付。合同签订后,颜某当场支付了27万元首付款。后因国家出台限购政策,颜某不符合购房条件,无法办理银行贷款。为了按合同约定给某房地产公司支付购房余款,颜某多方借款也不能凑齐63万元。无奈之下,颜某提出与某房地产公司解除合同,但遭到某房地产公司拒绝。某房地产公司认为,《商品房买卖合同》是双方真实意思表示,合法有效,合同不因国家限贷政策而无效。协商无果后,颜某诉至法院,请求解除其与某房地产公司签订的购房合同,并要求某房地产公司退还27万元首付款。

请问:颜某的请求能得到法院支持吗?

【案例分析】

本案涉及的是限购政策是否属于情势变更,以及情势变更是否可以解除合同的问题。

我国《民法典》第四百六十五条规定,依法成立的合同,受法律保护;依法成立的合同,仅对当事人具有法律约束力,但是法律另有规定的除外。第五百零九条第一款规定,当事人应当按照约定全面履行自己的义务。第五百三十三条规定,合同成立后,合同的基础条件发生了当事人在订立合同时无法预见的、不属于商业风险的重大变化,继续履行合同对于当事人一方明显不公平的,受不利影响的当事人可以与对方重新协商;在合理期限内协商不成的,当事人可以请求人民法院或者仲裁机构变更或者解除合同。人民法院或者仲裁机构应当结合案件的实际情况,根据公平原则变更或者解除合同。根据《最高人民法院关于审理商品房买卖合同纠纷案件适用法律若干问题的解释》第十九条的规定,商品房买卖合同约定,买受人以担保贷款方式付款,因不可归责于当事人双方的事由未能订立商品房担保贷款合同并导致商品房买卖合同不能继续履行的,当事人可以请求解除合同,出卖人应当将收受的购房款本金及其利息或者定金返还买受人。

本案中,因国家出台限购政策,颜某不符合购房条件,无法办理银行贷款,双方所签订合同无法继续履行。限购政策是当事人在订立合同时无法预见的、不属于商业风险的重大变化,属于不可归责于当事人双方的事由,属法律规定的情势变更情形,其导致颜某不能与银行订立商品房担保贷款合同,并导致商品房买卖合同不能继续履行,所以颜某依法可以请求解除合同,并要求退还购房款本金及其利息。综上所述,颜某的请求能得到法院支持。

【风险防范建议】

关于房地产公司在销售商品房时,如何规避情势变更的法律风险,建议如下:

(1)房地产企业应学会准确判断"情势变更"的标准。根据《民法典》的规定,关键要把握好两点:①双方都没有责任,即发生了签署合同时无法预测的客观重大变化;②合同无法继续履行,或者继续履行将明显不公平。

(2)因为情势变更的情况是无法预测的,所以在草拟合同的时候,房地产公司应尽可能约定发生情势变更情形时的变通执行方法,如发生限贷政策无法贷款时,应约定购房者现金支付房款等。

(3)如果商品房买卖合同没有约定发生情势变更情形时的变通执行方法,房地产公司应及时与购房者协商变更合同,采取延期付款、担保付款等应对措施,以免诉累和退房的情形出现。

【法条链接】

《民法典》第四百六十五条　依法成立的合同,受法律保护。

依法成立的合同,仅对当事人具有法律约束力,但是法律另有规定的除外。

第五百零九条　当事人应当按照约定全面履行自己的义务。

当事人应当遵循诚信原则,根据合同的性质、目的和交易习惯履行通知、协助、保密等义务。

当事人在履行合同过程中,应当避免浪费资源、污染环境和破坏生态。

第五百三十三条　合同成立后,合同的基础条件发生了当事人在订立合同时无法预见的、不属于商业风险的重大变化,继续履行合同对于当事人一方明显不公平的,受不利影响的当事人可以与对方重新协商;在合理期限内协商不成的,当事人可以请求人民法院或者仲裁机构变更或者解除合同。

人民法院或者仲裁机构应当结合案件的实际情况，根据公平原则变更或者解除合同。

《最高人民法院关于审理商品房买卖合同纠纷案件适用法律若干问题的解释》第十九条 商品房买卖合同约定，买受人以担保贷款方式付款，因当事人一方原因未能订立商品房担保贷款合同并导致商品房买卖合同不能继续履行的，对方当事人可以请求解除合同和赔偿损失。因不可归责于当事人双方的事由未能订立商品房担保贷款合同并导致商品房买卖合同不能继续履行的，当事人可以请求解除合同，出卖人应当将收受的购房款本金及其利息或者定金返还买受人。

189. 外国人可以在中国贷款买房吗?

【情景案例】

高某是美国国籍，在北京某大学读书，毕业后在上海某外资企业从事研发工作。高某考虑到上海的房租较贵，于是想在上海购买一间60平方米、价款为300万元左右的商品房。由于高某刚毕业不久，手上只有80万元人民币，其没有能力全款购房，需要向银行贷款才能购买房子，于是咨询同事夏某，问其能否在中国通过按揭贷款的方式购房。夏某告知高某：外国人在中国居住满1年即可购房，一般情况下，需要一次性付款才能购房；如果想通过按揭贷款的方式购房，必须要找一位中国人提供担保才行。

请问：夏某的说法对吗？

【案例分析】

本案涉及的是外国人在中国是否具有购房资格以及如何按揭贷款买房的问题。

根据2006年《建设部、商务部、国家发展和改革委员会、中国人民银行、国家工商行政管理总局、国家外汇管理局关于规范房地产市场外资准入和管理的意见》第十条的规定，境外机构在境内设立的分支、代表机构（经批准从事经营房地产业的企业除外）和在境内工作、学习时间超过1年的境外个人可以购买符合实际需要的自用、自住商品房，不得购买非自用、非自住商品房。2015年《住房城乡建设部、商务部、国家发展改革委、人民银行、工商总局、外汇局关于调整房地产市场外资准入和管理有关政策的通知》和2006年公布的意见相比，调整的内容主要有两个方面。一是放松了境外个人购房条件；二是做到了境内外个人购房的政策平等。2006年意见要求境外个人要在境内工作、学习时间超过1年后，才有资格购房。2015年通知则把“超过一年”的时间限制取消了，还取消了“不得购买非自用、非自住商品房”的规定。但当地的住房限购政策同时适用于境内外购买者。

按揭贷款的本质是银行的一种营利经营行为，目前我国法律没有专门的限制。各个商业银行可否按揭贷款的依据主要是贷出资金的安全性问题。所以，如果外国人在中国,有足够的抵押物或者担保人,且符合相关银行规定,是可以贷到款的。本案中,根据上述规定,高某在境内有稳定的工作的话,是具备购买商品房的资格的,其按揭贷款是否需要担保人不是法律规定的必要条件。

【风险防范建议】

关于房地产公司在办理外国籍人员的购房手续时,如何防范法律风险,建议如下:

(1)要审查清楚外国籍人员是否具备购房资格。根据目前的国家规定,主要的判断依据是《住房城乡建设部、商务部、国家发展改革委、人民银行、工商总局、外汇局关于调整房地产市场外资准入和管理有关政策的通知》和当地的限购政策。各地的限购政策因时间的不同,也有可能不断调整。所以房地产公司要与时俱进,留意清楚当时当地的相关规定。

(2)关于按揭贷款问题,各个银行的要求也有不同。但是具有稳定收入、资信良好是各个商业银行的共同要求。房地产公司一般都与合作按揭银行有比较良好的关系,所以房地产公司在销售房屋时,应咨询好合作银行的按揭贷款条件,并不断地留意其变化情况。

当然,房地产公司也可以与合作银行签署合同,约定好一定时期内,外国籍购房客户可以办理银行按揭贷款的条件,符合约定条件的客户,都应该给予办理,从而方便商品房的销售管理。

【法条链接】

《建设部、商务部、国家发展和改革委员会、中国人民银行、国家工商行政管理总局、国家外汇管理局关于规范房地产市场外资准入和管理的意见》 (十)境外机构在境内设立的分支、代表机构(经批准从事经营房地产业的企业除外)和在境内工作、学习时间超过一年的境外个人可以购买符合实际需要的自用、自住商品房,不得购买非自用、非自住商品房……

《住房城乡建设部、商务部、国家发展改革委、人民银行、工商总局、外汇局关于调整房地产市场外资准入和管理有关政策的通知》 三、境外机构在境内设立的分支、代表机构(经批准从事经营房地产的企业除外)和在境内工作、学习的境外个人可以购买符合实际需要的自用、自住商品房。对于实施住房限购政策的城市,境外个人购房应当符合当地政策规定。

190. 商品房降价出售,购房人要求退房怎么办?

【情景案例】

蔡某与某房地产公司签订《商品房买卖合同》,约定:蔡某购买某房地产公司所开发楼盘6号楼1503室,建筑面积100平方米,每平方米1.5万元,总价为150万元。合同签订后，蔡某于当天就交付首付45万元。由于房地产市场下行压力较大，某房地产公司资金周转出现困难，于是开展去库存活动，蔡某所购买楼盘每平方米价格下降了3000元。赵某得知后感觉自己购买的房子不到一个月就贬值30万元，于是向某房地产公司提出退房，但遭到某房地产公司拒绝。后蔡某等100多位购房者围攻售楼处、上访，要求某房地产公司退房或退还房屋贬值的差价。由于某房地产公司坚持不退房，无奈之下，蔡某诉至法院，要求某房地产公司退房。

请问：蔡某的请求能得到法院支持吗？

【案例分析】

本案涉及的是解除合同的法定条件问题。

我国《民法典》第四百六十五条规定，依法成立的合同，受法律保护；依法成立的合同，仅对当事人具有法律约束力，但是法律另有规定的除外。第五百六十三条规定，有下列情形之一的，当事人可以解除合同：(1)因不可抗力致使不能实现合同目的；(2)在履行期限届满前，当事人一方明确表示或者以自己的行为表明不履行主要债务；(3)当事人一方迟延履行主要债务，经催告后在合理期限内仍未履行；(4)当事人一方迟延履行债务或者有其他违约行为致使不能实现合同目的；(5)法律规定的其他情形。以持续履行的债务为内容的不定期合同，当事人可以随时解除合同，但是应当在合理期限之前通知对方。

本案中，蔡某等购房者是否可以利用上述《民法典》第五百六十三条第(二)项、第(三)项、第(四)项解除合同呢？根据民法理论以及司法实践，《民法典》上述第(二)项、第(三)项、第(四)项规定的解除选择权是专属于守约方的。因此，即使蔡某等购房者不履行合同，也无权适用法定解除条件支持自己主张。所以，蔡某等人不符合上述法律规定的情形，其退房请求不能得到法院支持。

【风险防范建议】

关于房地产公司在销售房屋，遇到市场价格波动时，如何规避相关风险，建议如下：

(1)市场价格波动是市场的规律，但是波动过大，一定会引起消费者的心理反应。价格突然下跌过大时，购房者心理不平衡是肯定的。因此，房地产公司在大幅度降价前，应做好安抚业主的应对措施，如给予业主一定的优惠等。

(2)关于降价的方法，我们建议房地产公司采取逐步降价的方式，而不是一步到位降价。如果条件允许，也可以仅对部分房屋降价，暂时维持部分房屋的价格。或者采取赠送装修、给予优惠等方法，以吸引新客户。

(3)当然，如果确实已经出现了退房纠纷，房地产公司亦应积极应对，依据《民法典》的规定和合同约定,主张自己的合法权益。

【法条链接】

《民法典》第四百六十五条　依法成立的合同,受法律保护。

依法成立的合同,仅对当事人具有法律约束力,但是法律另有规定的除外。

第五百六十三条　有下列情形之一的,当事人可以解除合同:

(一)因不可抗力致使不能实现合同目的;

(二)在履行期限届满前,当事人一方明确表示或者以自己的行为表明不履行主要债务;

(三)当事人一方迟延履行主要债务,经催告后在合理期限内仍未履行;

(四)当事人一方迟延履行债务或者有其他违约行为致使不能实现合同目的;

(五)法律规定的其他情形。

以持续履行的债务为内容的不定期合同,当事人可以随时解除合同,但是应当在合理期限之前通知对方。

191. 小区的实际建设和宣传册中规划不一样,购房者可以要求解除合同吗?

【情景案例】

田某打算购买一套婚房。田某看完某市所有在售楼盘后,最终选中了某大型小区的高档商品房。根据售楼人员给的宣传册显示,该小区有会所、学校、篮球场、游戏池、网球场等规划。田某考虑到这里的居住环境好,很适合小孩的成长,于是就与某房地产公司签订了《商品房买卖合同》,购买了一间138平方米的房屋,价款为85万元。田某在收楼时发现小区的实际建设和宣传册中规划的内容完全不一样,小区只有篮球场、游戏池、网球场,根本没有会所与学校。田某认为,小区如果没有学校,以后小孩上学很不方便,于是对某房地产公司非常不满。田某向某房地产公司提出退房的诉求,但被某房地产公司拒绝。无奈之下,田某诉至法院,以某房地产公司欺诈为由,要求解除双方签订的购房合同。

请问:田某的请求能得到法院支持吗?

【案例分析】

本案涉及的是房地产公司的宣传册内容是否属于合同重要内容的问题。

《最高人民法院关于审理商品房买卖合同纠纷案件适用法律若干问题的解释》第三条规定,商品房的销售广告和宣传资料为要约邀请,但是出卖人就商品房开发规划范围内的房屋及相关设施所作的说明和允诺具体确定,并对商品房买卖合同的订立以及房屋价格的确定有重大影响的,构成要约。该说明和允诺即使未载入商品房买卖合同，亦应当为合同内容，当事人违反的，应当承担违约责任。

要约是一方当事人以订立合同为目的，向对方当事人提出合同条件，并希望对方当事人接受的意思表示。要约邀请，是指一方邀请对方向自己发出要约。从法律性质上看，要约是当事人旨在订立合同的意思表示，它是一经承诺并且承诺生效时，合同便成立，所以，要约在发出后，对要约人和受约人都产生一定的拘束力；如果要约人违反了有效的要约，应承担法律责任。但要约邀请不是一种意思表示，而是一种事实行为，没有法律约束力。

本案中，宣传册显示该小区有会所、学校、篮球场、游戏池、网球场等规划。田某就是基于有学校，方便小孩上学而购买的该商品房，因此，该规划对于商品房买卖合同的订立有重大影响，应视为要约和合同内容。某房地产公司违反约定，属于重大的根本性违约，应当承担违约责任，田某可解除合同。

【风险防范建议】

关于房地产公司在销售商品房时，关于宣传广告等资料，需要注意的问题，建议如下：

（1）宣传资料中关于商品房开发规划范围内的房屋及相关设施所作的说明和允诺具体确定，并对商品房买卖合同的订立以及房屋价格的确定有重大影响的，属于合同的重要内容。因此，房地产公司应将宣传广告等资料纳入企业的法律风险审查范畴，在印刷之前交由专业的法律人员把关和审核。

（2）不实的广告不单单是要承担违约责任的问题，房地产公司还有可能涉嫌违反《广告法》，面临行政管理部门的处罚。因此，出现类似的情况，房地产公司应及时协调好客户、管理部门的关系，避免不必要的纠纷。

【法条链接】

《民法典》第五百六十三条　有下列情形之一的，当事人可以解除合同：

（一）因不可抗力致使不能实现合同目的；

（二）在履行期限届满前，当事人一方明确表示或者以自己的行为表明不履行主要债务；

（三）当事人一方迟延履行主要债务，经催告后在合理期限内仍未履行；

（四）当事人一方迟延履行债务或者有其他违约行为致使不能实现合同目的；

（五）法律规定的其他情形。

以持续履行的债务为内容的不定期合同，当事人可以随时解除合同，但是应当在合理期限之前通知对方。

《广告法》第四条　广告不得含有虚假或者引人误解的内容，不得欺骗、误导消费者。

广告主应当对广告内容的真实性负责。

《最高人民法院关于审理商品房买卖合同纠纷案件适用法律若干问题的解释》第三条　商

品房的销售广告和宣传资料为要约邀请，但是出卖人就商品房开发规划范围内的房屋及相关设施所作的说明和允诺具体确定，并对商品房买卖合同的订立以及房屋价格的确定有重大影响的，构成要约。该说明和允诺即使未载入商品房买卖合同，亦应当为合同内容，当事人违反的，应当承担违约责任。

四、商品房交付使用与保修

192. 开发商因市政配套不到位逾期交楼，要承担违约责任吗？

【情景案例】

郭某与某房地产公司签订《商品房买卖合同》，约定：郭某购买某房地产公司开发的某花园小区1栋6单元502号商品房，房屋总售价85万元；某房地产公司应在指定日期前，依照国家和地方人民政府的有关规定，将经验收合格的商品房交付给郭某使用。合同还约定，商品房达到交付使用条件后某房地产公司应当书面通知买受人办理交付手续；双方进行验收交接时，某房地产公司应当出示本合同规定的证明文件；某房地产公司不出示证明文件或者出示证明文件不齐全的，买受人有权拒绝交接，由此产生的延期交房责任由某房地产公司承担。合同订立后，郭某依约定付清了全部购房款。但某房地产公司于指定日期还没有交楼。某房地产公司给郭某发函称因市政配套不到位无法通过消防验收，房屋将延迟交楼。郭某对此极为不满，遂向法院提起诉讼，要求某房地产公司承担逾期交楼的违约责任。某房地产公司认为市政配套不到位是地方政府的责任，属于不可抗力，不应承担违约责任。

请问：郭某的请求能得到法院支持吗？

【案例分析】

本案涉及的是不可抗力的认定问题。

我国《民法典》第五百零九条第一款规定，当事人应当按照约定全面履行自己的义务。第五百九十条规定，当事人一方因不可抗力不能履行合同的，根据不可抗力的影响，部分或者全部免除责任，但是法律另有规定的除外。因不可抗力不能履行合同的，应当及时通知对方，以减轻可能给对方造成的损失，并应当在合理期限内提供证明。当事人迟延履行后发生不可抗力的，不免除其违约责任。

本案中，市政配套不到位究竟是否属于不能预见、不能避免且不能克服的问题呢？某房地产公司应在商品房开发的立项准备、规划建设审批以及建设施工的过程中对项目周边的市政设施的情况应有充分的了解，对市政设施的建设影响商品房项目建设的因素应有充足的准备和应对措施，在与郭某签订商品房买卖合同时应充分考虑市政设施的建设对买卖合同中交房时间约定的影响。即使存在市政配套问题，某房地产公司亦可以通过协调予以克服解决。这不存在不能预见、不能避免且不能克服的问题。某房地产公司认为的不可抗力抗辩理由不能成立，郭某的请求可以获得法院的支持，某房地产公司应承担逾期交楼的违约责任，对郭某予以经济损失赔偿。

【风险防范建议】

关于房地产公司在经营过程中，如何应对不可抗力法律问题，建议如下：

(1)根据《民法典》的规定，房地产公司遇到不可抗力情形出现时，是可以免除责任的，但是应准确把握不可抗力的判断标准。不可抗力主要具有三个特征：①遇到的客观情况是不能预见的；②遇见的情况是无论采取什么措施都不能避免的；③发生的事件是不能事后通过努力克服的困难。

(2)由于意思自治原则是合同法律的基本原则，因此有些情况即使不属于不可抗力情形，也可以通过约定的方式予以解决。譬如，本案就属于当地政策对周围环境的支持力度不够导致的，开发商就可以将政府的影响因素作为合同免责的约定内容，从而避免被客户追责。在签订合同时，可以让购买者在相关的条款处签署名字、捺手印予以确认。

【法条链接】

《民法典》第五百零九条　当事人应当按照约定全面履行自己的义务。

当事人应当遵循诚信原则，根据合同的性质、目的和交易习惯履行通知、协助、保密等义务。

当事人在履行合同过程中，应当避免浪费资源、污染环境和破坏生态。

第五百九十条　当事人一方因不可抗力不能履行合同的，根据不可抗力的影响，部分或者全部免除责任，但是法律另有规定的除外。因不可抗力不能履行合同的，应当及时通知对方，以减轻可能给对方造成的损失，并应当在合理期限内提供证明。

当事人迟延履行后发生不可抗力的，不免除其违约责任。

193. 开发商交楼面积与合同约定面积不符的，如何处理?

【情景案例】

梅某与某房地产公司签订《商品房买卖合同》，约定：某房地产公司将某小区12号楼701号房出售给梅某，房屋建筑面积100平方米，房价为每平方米9000元，房款为90万元，物业管理费为2元/平方米/月。梅某收楼后，找专业的测量人员进行测量，经测量发现，房屋建筑面积为98平方米，比合同约定少了2平方米。另外，梅某验房时发现房屋的地理位置与采光度较差，所以不想要了，想解除这套房屋的合同。后梅某以房屋实际面积与合同约定面积不符为由，向某房地产公司提出解除购房合同的诉求，但遭到某房地产公司的拒绝。某房地产公司只同意对这2平方米的差价补偿,但不同意解除购房合同。双方协商无果,梅某诉至法院,请求判令解除其与某房地产公司签订的购房合同。

请问:梅某的请求能得到法院支持吗?

【案例分析】

本案涉及的是商品房面积差如何解决的问题。

根据《民法典》第五百六十三条的规定,当事人一方迟延履行债务或者有其他违约行为致使不能实现合同目的的,当事人可以解除合同。这即是通常所说的根本性违约。根据《商品房销售管理办法》第二十条的规定,按套内建筑面积或者建筑面积计价的,当事人应当在合同中载明合同约定面积与产权登记面积发生误差的处理方式。合同未作约定的,按以下原则处理:(1)面积误差比绝对值在3%以内(含3%)的,据实结算房价款;(2)面积误差比绝对值超出3%时,买受人有权退房。买受人退房的,房地产开发企业应当在买受人提出退房之日起30日内将买受人已付房价款退还给买受人,同时支付已付房价款利息。买受人不退房的,产权登记面积大于合同约定面积时,面积误差比在3%以内(含3%)部分的房价款由买受人补足;超出3%部分的房价款由房地产开发企业承担,产权归买受人。产权登记面积小于合同约定面积时,面积误差比绝对值在3%以内(含3%)部分的房价款由房地产开发企业返还买受人;绝对值超出3%部分的房价款由房地产开发企业双倍返还买受人。面积误差比=(产权登记面积-合同约定面积)/合同约定面积×100%。因本办法第二十四条规定的规划设计变更造成面积差异,当事人不解除合同的,应当签署补充协议。

实践中,由于商品房是大件建筑物,虽然事先有严格的设计,但施工中存在一定的误差是不可避免的。因此,《商品房销售管理办法》对此作出了上述规定。本案中,梅某与某房地产公司签订的《商品房买卖合同》约定房屋建筑面积100平方米,测量发现房屋建筑面积为98平方米,比合同中约定少了2平方米,面积误差为2%,并没有超出《商品房销售管理办法》规定的3%。又根据《民法典》第五百六十三条的规定,本案也是不构成根本性违约,不符合法定解除合同条件的。因此,梅某解除合同的请求不能得到法院支持,只能要求差价补偿。

【风险防范建议】

关于房地产公司在销售房屋时,如何应对面积误差问题,建议如下:

(1)因为商品房存在误差是必然的,所以房地产公司应在合同中增加专门针对面积误差的条款,对面积误差的解决方法进行约定,以避免纠纷。

(2)相关司法解释规定,在没有约定的情况下,面积误差比超出3%部分的房价款由出卖人承担，所有权归买受人；房屋实际面积小于合同约定面积的，面积误差比超过3%部分的房价款由出卖人双倍返还买受人。这个规定实际是对开发商的一个惩罚。因此，房地产公司应该抓好工程的施工质量，严格按照设计进行施工，避免过大的误差。

（3）当然，房地产公司亦可以通过与建筑公司签署合同约定的方式，将上述误差的惩罚转由建筑公司承担，从而减少自己的风险。

【法条链接】

《民法典》第五百六十三条 有下列情形之一的，当事人可以解除合同：

（一）因不可抗力致使不能实现合同目的；

（二）在履行期限届满前，当事人一方明确表示或者以自己的行为表明不履行主要债务；

（三）当事人一方迟延履行主要债务，经催告后在合理期限内仍未履行；

（四）当事人一方迟延履行债务或者有其他违约行为致使不能实现合同目的；

（五）法律规定的其他情形。

以持续履行的债务为内容的不定期合同，当事人可以随时解除合同，但是应当在合理期限之前通知对方。

《商品房销售管理办法》第二十条 按套内建筑面积或者建筑面积计价的，当事人应当在合同中载明合同约定面积与产权登记面积发生误差的处理方式。

合同未作约定的，按以下原则处理：

（一）面积误差比绝对值在3%以内（含3%）的，据实结算房价款。

（二）面积误差比绝对值超出3%时，买受人有权退房。买受人退房的，房地产开发企业应当在买受人提出退房之日起30日内将买受人已付房价款退还给买受人，同时支付已付房价款利息。买受人不退房的，产权登记面积大于合同约定面积时，面积误差比在3%以内（含3%）部分的房价款由买受人补足；超出3%部分的房价款由房地产开发企业承担，产权归买受人。产权登记面积小于合同约定面积时，面积误差比绝对值在3%以内（含3%）部分的房价款由房地产开发企业返还买受人；绝对值超出3%部分的房价款由房地产开发企业双倍返还买受人。

$$\text{面积误差比} = \frac{\text{产权登记面积} - \text{合同约定面积}}{\text{合同约定面积}} \times 100\%$$

因本办法第二十四条规定的规划设计变更造成面积差异，当事人不解除合同的，应当签署补充协议。

194. 业主在商品房交付后发现存在质量缺陷，开发商要承担什么责任？

【情景案例】

林某与某房地产公司签订《商品房屋买卖合同》，约定：林某购买某房地产公司位于江门市新会区某小区3号楼2205室的房屋,建筑面积为120平方米,单价为每平方米1万元,合计房款为120万元,指定日期交房。合同签订后,林某按约定支付了全部购房款,其中84万元是向某银行申请贷款交付的。后林某发现房屋存在多处质量问题,其中包括:主体墙有三处渗水;地面裂缝比较明显;主人房墙裂纹明显等。上述问题已经小区物业管理公司工作人员张某确认。张某告知林某,房屋质量问题不归物业管理公司管,需要找某房地产公司处理。林某找某房地产公司反馈问题时,某房地产公司拒绝承担修复责任。某房地产公司认为,房屋交付后,房屋存在质量问题与其无关,需由林某自己找人修复处理。

请问:某房地产公司的说法符合我国法律规定吗?

【案例分析】

本案涉及的是商品房质量瑕疵如何解决的问题。

我国《民法典》第五百八十二条规定,履行不符合约定的,应当按照当事人的约定承担违约责任。对违约责任没有约定或者约定不明确,依据本法第五百一十条的规定仍不能确定的,受损害方根据标的的性质以及损失的大小,可以合理选择请求对方承担修理、重作、更换、退货、减少价款或者报酬等违约责任。本案中,如果双方签订的《商品房屋买卖合同》对上述商品房瑕疵有约定的,开发商应按照约定处理;没有约定的,则依据法律的强制性规定处理。《最高人民法院关于审理商品房买卖合同纠纷案件适用法律若干问题的解释》第十条规定,因房屋质量问题严重影响正常居住使用,买受人请求解除合同和赔偿损失的,应予支持。交付使用的房屋存在质量问题,在保修期内,出卖人应当承担修复责任;出卖人拒绝修复或者在合理期限内拖延修复的,买受人可以自行或者委托他人修复。修复费用及修复期间造成的其他损失由出卖人承担。

本案中,根据《房屋建筑工程质量保修办法》的规定,商品房都存在一个保修期。交付使用的房屋如存在质量问题,在保修期内,出卖人应当承担修复责任;出卖人拒绝修复或者在合理期限内拖延修复的,买受人可以自行或者委托他人修复,修复费用及修复期间造成的其他损失由出卖人承担。林某要求某房地产公司履行修复房屋的请求,符合法律规定,应予支持。某房地产公司关于房屋交付后,其不应承担修复义务的主张违反相关规定,某房地产公司的说法不成立。

【风险防范建议】

关于房地产公司在处理商品房质量问题时,如何防范法律风险,建议如下:

(1)根据我国法律的规定,商品房是存在保修期的,并不是交付即完事。因此,房地产公司应把好商品房的建设质量关,严格按照设计施工,避免工程质量问题。

(2)为了避免质量纠纷引起赔偿等,建议房地产公司与建筑施工公司签订合同,将质量问题的风险转移给建筑施工公司,由其来承担或者加倍承担质量违约责任。

(3)在交付房屋给业主时,房地产公司和业主双方应一起办理验收手续,如果商品房合格,则双方共同确认。如果存在某些问题,应做好登记,及时通知建筑施工公司予以解决,从而避免引起商品房质量纠纷。

【法条链接】

《民法典》第五百八十二条 履行不符合约定的,应当按照当事人的约定承担违约责任。对违约责任没有约定或者约定不明确,依据本法第五百一十条的规定仍不能确定的,受损害方根据标的的性质以及损失的大小,可以合理选择请求对方承担修理、重作、更换、退货、减少价款或者报酬等违约责任。

《最高人民法院关于审理商品房买卖合同纠纷案件适用法律若干问题的解释》第十条 因房屋质量问题严重影响正常居住使用,买受人请求解除合同和赔偿损失的,应予支持。

交付使用的房屋存在质量问题,在保修期内,出卖人应当承担修复责任;出卖人拒绝修复或者在合理期限内拖延修复的,买受人可以自行或者委托他人修复。修复费用及修复期间造成的其他损失由出卖人承担。

《房屋建筑工程质量保修办法》第七条 在正常使用下,房屋建筑工程的最低保修期限为:

(一)地基基础和主体结构工程,为设计文件规定的该工程的合理使用年限;

(二)屋面防水工程、有防水要求的卫生间、房间和外墙面的防渗漏,为5年;

(三)供热与供冷系统,为2个采暖期、供冷期;

(四)电气系统、给排水管道、设备安装为2年;

(五)装修工程为2年。

其他项目的保修期限由建设单位和施工单位约定。

195. 商品房保修期从什么时候开始计算?

【情景案例】

钟某购买了一套面积为95平方米的商品房,《商品房买卖合同》约定于指定日期前交房,房屋保修期为5年。钟某在收楼时,没有发现房屋存在质量问题,于是按某房地产公司的程序办理了相关收楼手续。使用几年后,钟某发现厨房存在严重的漏水问题。于是钟某找到某房地产公司处理漏水的问题。但当钟某找到某房地产公司时,某房地产公司却说:房屋的保修期从双方签订合同之日起计算,至今已过了保修期,其对此不承担维修责任。钟某认为,房屋的保修期应当从收楼之日起计算,至今仍未过保修期。双方协商无果,钟某遂向法院提起诉讼,要求某房地产公司承担保修责任。

请问:钟某的请求能得到法院支持吗?

【案例分析】

本案涉及的是商品房的保修期起算时间点问题。

根据《商品住宅实行住宅质量保证书和住宅使用说明书制度的规定》第六条的规定,住宅保修期从开发企业将竣工验收的住宅交付用户使用之日起计算,保修期限不应低于本规定第五条规定的期限。

本案中,某房地产公司主张房屋的保修期从双方签订合同之日起计算。实践中,还有人主张根据《建设工程质量管理条例》从建筑竣工验收之日起计算。通常来说,建设工程项目竣工或者签署合同后往往要经过一段时间以后才能完成交付。当竣工日期与实际交付日期不一致时,保修期该如何计算?商品房建设项目工程竣工后,房屋的预售一般刚刚开始或者还没有完成,有的房屋预售可能要数年才能完成。如果保修期按竣工验收合格之日起算,则购房者购房时保修期将要到期或期限已满,对于购房者来说,就会享受不到或者享受很短时间的保修服务;这对购房者明显不公平。因此,根据《商品住宅实行住宅质量保证书和住宅使用说明书制度的规定》,住宅保修期从开发企业将竣工验收的住宅交付用户使用之日起计算。

因此,钟某等人的请求有了法律依据,请求能得到法院支持。

【风险防范建议】

房地产公司防范房屋保修期法律风险时,应当注意以下事项:

(1)国家规定的商品房保修期是从房地产公司将竣工验收的住宅交付用户使用之日起计算的,不同于对于建筑公司而言的建设工程保修期。

(2)建设工程项目竣工或者签订合同后往往要经过一段时间以后才能完成交付,那么就有可能出现对于消费者保修期内的房屋过了建设工程保修期的情况。这是重要的风险点,容易出现脱节的情形。因此,我们建议开发商与建筑施工企业合同约定,将对业主的保修责任转嫁给建筑施工企业,适当延长建设工程的保修期,以避免纠纷。

【法条链接】

《商品住宅实行住宅质量保证书和住宅使用说明书制度的规定》第六条　住宅保修期从开发企业将竣工验收的住宅交付用户使用之日起计算,保修期限不应低于本规定第五条规定的期限。房地产开发企业可以延长保修期。

国家对住宅工程质量保修期另有规定的,保修期限按照国家规定执行。

《建设工程质量管理条例》第四十条　在正常使用条件下,建设工程的最低保修期限为:

(一)基础设施工程、房屋建筑的地基基础工程和主体结构工程,为设计文件规定的该工程的合理使用年限;

(二)屋面防水工程、有防水要求的卫生间、房间和外墙面的防渗漏,为5年;

（三）供热与供冷系统，为2个采暖期、供冷期；

（四）电气管线、给排水管道、设备安装和装修工程，为2年。

其他项目的保修期限由发包方与承包方约定。

建设工程的保修期，自竣工验收合格之日起计算。

196. 开发商有权处分其投资建设的会所、游泳池等配套设施吗？

【情景案例】

徐某是某大型小区的业主，其在购买该小区房屋时，与甲房地产公司签订的《商品房买卖合同》约定：小区配套设施包括会所一处和游泳池一座。2017年9月，徐某收楼入住小区后，小区会所与游泳池都是免费开放的。直至购房3年后，小区会所与游泳池开始收费。经打听，原来是甲房地产公司将小区会所与游泳池卖给了乙公司。对此，徐某等小区业主表示抗议，一致认为按购房合同约定，会所与游泳池的所有权应归全体业主所有，甲房地产公司无权处分。甲房地产公司认为，购房合同中约定作为公共配套设施的会所与游泳池，并未明确产权归全体业主共有，房产管理局颁发的商品房预售许可证的明细表中也未明确会所为全体业主共有。协商无果后，业主委员会遂诉至法院，要求甲房地产公司向业主委员会交付会所、游泳池及有关设施设备。

请问：业主委员会的请求能得到法院的支持吗？

【案例分析】

本案涉及的是小区的公共配套设施的归属问题。

我国《民法典》第二百七十一条规定，业主对建筑物内的住宅、经营性用房等专有部分享有所有权，对专有部分以外的共有部分享有共有和共同管理的权利。第二百七十四条规定，建筑区划内的道路，属于业主共有，但是属于城镇公共道路的除外。建筑区划内的绿地，属于业主共有，但是属于城镇公共绿地或者明示属于个人的除外。建筑区划内的其他公共场所、公用设施和物业服务用房，属于业主共有。

根据上述规定，是否具有经营性或者公益性是判断小区内的会所、游泳池等公共配套设施是否为业主共有的关键。本案中，《商品房买卖合同》仅约定小区配套设施包括会所一处和游泳池一座，因此我们难以区分其属性，业主委员会的主张难以得到法院支持。

司法实践中，我们一般判断配套设施归属的方法为：（1）国家及地方政府规定开发商应配套修建，并明确其产权归属的配套公共设施，则该部分房屋产权按国家及地方政府有关规定确定；（2）在没有规定的情况下，商品房买卖合同如约定会所整体或其中的某些房屋产权归属的，按约定执行；（3）没有规定也没有约定的情况下，如果会所等被列入小区公摊面积范围，则其产权归全体业主；（4）如果没有纳入公摊面积，由开发商投资建设的话，则属于开发商所有。

【风险防范建议】

关于房地产公司在区分小区配套设施的所有权时，如何防范法律风险，建议如下：

（1）目前我国法律对于配套设施的规定比较笼统，导致争议不断。因此，房地产公司应该尽可能在规划设计的时候，就明确配套设施的产权归属。

（2）如果在政府的产权登记部门无法登记权属的情况下，房地产公司应在商品房买卖合同中，对小区配套设施的归属进行约定，明确配套设施的占有权、使用权、收益权或者处分权归属，从而避免纠纷。

【法条链接】

《民法典》第二百七十一条　业主对建筑物内的住宅、经营性用房等专有部分享有所有权，对专有部分以外的共有部分享有共有和共同管理的权利。

第二百七十四条　建筑区划内的道路，属于业主共有，但是属于城镇公共道路的除外。建筑区划内的绿地，属于业主共有，但是属于城镇公共绿地或者明示属于个人的除外。建筑区划内的其他公共场所、公用设施和物业服务用房，属于业主共有。

《最高人民法院关于审理建筑物区分所有权纠纷案件具体应用法律若干问题的解释》第二条　建筑区划内符合下列条件的房屋，以及车位、摊位等特定空间，应当认定为民法典第二编第六章所称的专有部分：

（一）具有构造上的独立性，能够明确区分；

（二）具有利用上的独立性，可以排他使用；

（三）能够登记成为特定业主所有权的客体。

规划上专属于特定房屋，且建设单位销售时已经根据规划列入该特定房屋买卖合同中的露台等，应当认定为前款所称专有部分的组成部分。

本条第一款所称房屋，包括整栋建筑物。

第三条　除法律、行政法规规定的共有部分外，建筑区划内的以下部分，也应当认定为民法典第二编第六章所称的共有部分：

（一）建筑物的基础、承重结构、外墙、屋顶等基本结构部分，通道、楼梯、大堂等公共通行部分，消防、公共照明等附属设施、设备，避难层、设备层或者设备间等结构部分；

（二）其他不属于业主专有部分，也不属于市政公用部分或者其他权利人所有的场所及设施等。

建筑区划内的土地，依法由业主共同享有建设用地使用权，但属于业主专有的整栋建筑物的规划占地或者城镇公共道路、绿地占地除外。

197. 开发商不能在约定期限内给购房者办理房产证的,要承担什么责任?

【情景案例】

邱某从某房地产公司购买商品房一套,双方签订的《房屋买卖合同》,约定:该商品房套内建筑面积为110平方米,公共部位与公用房屋分摊建筑面积10平方米,按建筑面积计算房价款,单价为1万元/平方米,总计110万元;某房地产公司在指定日期前交楼,并且在交楼后1年内交付房产证。后邱某先向某房地产公司支付购房款10万元,又向某房地产公司支付剩余房款100万元。该商品房如期交付使用。直至交付使用2年后,徐某虽多次催促,但某房地产公司迟迟未能办理房产证,严重侵犯了邱某的合法权益。无奈之下,邱某诉至法院,要求某房地产公司交付房产证,并支付违约金。

请问:徐某的请求能得到法院支持吗?

【案例分析】

本案涉及的是开发商不按约定期限给购房者办理房产证,如何承担违约责任的问题。

我国《民法典》第五百七十七条规定,当事人一方不履行合同义务或者履行合同义务不符合约定的,应当承担继续履行、采取补救措施或者赔偿损失等违约责任。《最高人民法院关于审理商品房买卖合同纠纷案件使用法律若干问题的解释》第十四条第一款规定,由于出卖人的原因,买受人在下列期限届满未能取得不动产权属证书的,除当事人有特殊约定外,出卖人应当承担违约责任:(1)商品房买卖合同约定的办理不动产登记的期限;(2)商品房买卖合同的标的物为尚未建成房屋的,自房屋交付使用之日起90日;(3)商品房买卖合同的标的物为已竣工房屋的,自合同订立之日起90日。

本案中,双方签订的《房屋买卖合同》约定:某房地产公司在指定日期前交楼,并且在交楼后1年内交付房产证。该商品房如期交付使用,但直至交付2年后邱某虽多次催促,某房地产公司仍迟迟未能办理房产证。因此,某房地产公司的行为构成了违约,徐某可以请求某房地产公司交付房产证并支付违约金(或赔偿损失)。

【风险防范建议】

关于房地产公司涉及办理房产证的问题时,如何规避法律风险,建议如下:

(1)房地产公司往往注重交楼的时间点,而容易忽视办理房产证的时间点。根据法律规定,逾期办理房产证是要承担法律责任的,而且司法实践中赔偿的例子非常多。因此,房地产公司一定要重视。

(2)办理房产证是房地产公司的义务,房地产公司当然应尽快妥善处理。如果确实担心违约的问题出现,房地产公司在起草商品房买卖合同时,就应将交付房产证的时间适当延长，以避免纠纷。

(3)以防万一逾期交付房产证的情形出现，房地产公司在起草商品房买卖合同时，应对违约金作出约定，约定在一个较低的、自己能接受的范围内，以避免大额的赔偿。

【法条链接】

《民法典》第五百七十七条　当事人一方不履行合同义务或者履行合同义务不符合约定的，应当承担继续履行、采取补救措施或者赔偿损失等违约责任。

《最高人民法院关于审理商品房买卖合同纠纷案件使用法律若干问题的解释》第十四条　由于出卖人的原因，买受人在下列期限届满未能取得不动产权属证书的，除当事人有特殊约定外，出卖人应当承担违约责任：

(一)商品房买卖合同约定的办理不动产登记的期限；

(二)商品房买卖合同的标的物为尚未建成房屋的，自房屋交付使用之日起90日；

(三)商品房买卖合同的标的物为已竣工房屋的，自合同订立之日起90日。

合同没有约定违约金或者损失数额难以确定的，可以按照已付购房款总额，参照中国人民银行规定的金融机构计收逾期贷款利息的标准计算。

198.购房者拒绝领取交房通知，房屋发生损毁，风险由谁承担？

【情景案例】

赵某是某房地产公司的一名销售人员。骆某到某房地产公司售楼部看别墅，赵某给他介绍几种别墅户型后，骆某决定购买一套建筑面积为260平方米的别墅。当日，骆某与某房地产公司签订了《商品房买卖合同》。骆某一次性支付了购房款520万元。按合同约定，某房地产公司应当于指定日期前交房。后赵某打电话通知骆某到售楼部领取书面交房通知，但骆某拒绝接收，也没有说明理由。又一周后由于当地发生七级地震，骆某所购别墅在地震中全部损毁。对于别墅损毁的损失承担，某房地产公司与骆某发生争议。骆某认为，自己还没有收楼，房屋所有权还没有转移，损失应当由某房地产公司承担；某房地产公司则认为，已通知骆某办理收楼手续，其已尽通知职责，骆某无正当理由不收楼，损失应当由骆某承担。无奈之下，骆某将某房地产公司起诉至法院，要求其退还520万元购房款。

请问：骆某的请求能得到法院支持吗？

【案例分析】

本案涉及的是标的物风险由买方还是卖方承担的问题。

我国《民法典》第六百零四条规定，标的物毁损、灭失的风险，在标的物交付之前由出卖人承担,交付之后由买受人承担,但是法律另有规定或者当事人另有约定的除外。第六百零五条规定,因买受人的原因致使标的物未按照约定的期限交付的,买受人应当自违反约定时起承担标的物毁损、灭失的风险。《最高人民法院关于审理商品房买卖合同纠纷案件使用法律若干问题的解释》第八条规定,对房屋的转移占有,视为房屋的交付使用,但当事人另有约定的除外。房屋毁损、灭失的风险,在交付使用前由出卖人承担,交付使用后由买受人承担;买受人接到出卖人的书面交房通知,无正当理由拒绝接收的,房屋毁损、灭失的风险自书面交房通知确定的交付使用之日起由买受人承担,但法律另有规定或者当事人另有约定的除外。

本案中,双方在签订的《商品房买卖合同》中约定,某房地产公司应当于指定日期前交房。后某房地产公司的销售人员赵某打电话通知骆某到售楼部领取书面交房通知,但骆某拒绝接收,也没有说明理由,骆某的这种做法符合因买受人的原因致使标的物不能按照约定的期限交付的情形,买受人应当根据法律及司法解释的规定,自违反约定之日起承担标的物毁损、灭失的风险。所以此损毁导致的损失应当由骆某自己承担。因此,骆某的请求不能得到法院的支持。

【风险防范建议】

房地产公司在通知对方收楼时,应当注意以下关键事项:

(1)交付完成或者视为交付完成,是区分商品房毁损的责任的关键时间点。买受人接到出卖人的书面交房通知,无正当理由拒绝接收的,视为交付完成。

(2)房地产公司遇到业主不能按时收楼的情形时,一定要固定好已经完成通知收楼义务的证据。固定证据的方式具体有:书面发函、电话录音、手机短信等。

【法条链接】

《民法典》第六百零四条 标的物毁损、灭失的风险,在标的物交付之前由出卖人承担,交付之后由买受人承担,但是法律另有规定或者当事人另有约定的除外。

第六百零五条 因买受人的原因致使标的物未按照约定的期限交付的,买受人应当自违反约定时起承担标的物毁损、灭失的风险。

《最高人民法院关于审理商品房买卖合同纠纷案件使用法律若干问题的解释》第八条 对房屋的转移占有,视为房屋的交付使用,但当事人另有约定的除外。

房屋毁损、灭失的风险,在交付使用前由出卖人承担,交付使用后由买受人承担;买受人接到出卖人的书面交房通知,无正当理由拒绝接收的,房屋毁损、灭失的风险自书面交房通知确定的交付使用之日起由买受人承担,但法律另有规定或者当事人另有约定的除外。

第十一章
物业管理

一、前期物业管理

199. 开发商与物业公司签订的前期物业服务合同对业主是否具有约束力?

【情景案例】

胡某向甲房地产公司购买一套100平方米的商品房,合同约定1年后房屋交付使用。在房屋交付前,甲房地产公司与乙物业公司签订《前期物业服务合同》,约定:乙物业公司对甲房地产公司开发的东方×苑小区实行物业管理,服务期限至小区业委会成立之日并依法选聘物业公司之日止,物业服务费收取标准为每平方米2.8元。由于附近小区的物业服务费为每平方米1.8元,现乙物业公司收取物业管理费用明显过高,胡某等业主对此表示强烈反对。乙物业公司向胡某催交3个月的物业管理费1120元,但遭到胡某拒绝。胡某认为,《前期物业服务合同》是甲房地产公司与乙物业公司签订的,不能约束业主。

请问:胡某的说法符合我国法律规定吗?

【案例分析】

本案涉及的是开发商与物业公司签订的前期物业服务合同对业主是否具有约束力的问题。

我国《物业管理条例》第二十一条规定,在业主、业主大会选聘物业服务企业之前,建设单位选聘物业服务企业的,应当签订书面的前期物业服务合同。《民法典》第九百三十九条规定,建设单位依法与物业服务人订立的前期物业服务合同,以及业主委员会与业主大会依法选聘的物业服务人订立的物业服务合同,对业主具有法律约束力。

前期物业服务合同,是指建设单位与物业服务企业就前期物业管理阶段双方的权利义务所达成的协议,是物业服务企业被授权开展物业管理服务的依据。根据上述法律规定,前期物业服务合同突破了合同相对性原则,对业主具有约束力,并为我国立法、司法所确认。物业管理企业的选聘一般由业主大会决定，但是实践中，从物业开始交付给业主到业主大会成立有较长时间，如果让每个业主自己与物业管理企业签订前期物业服务合同，会导致小区由于缺乏前期物业管理，损害广大业主的合法权益。因此，为维护广大业主的合法利益，只能暂时“剥夺”业主自主选聘物业服务企业的权利。

本案中，在房屋交付前，甲房地产公司与乙物业公司签订的《前期物业服务合同》是合法有效的，对全体业主具有法律约束力，胡某等业主不能单独以自己未对前期物业服务合同作出承诺为由，拒交物业管理费用。因此，胡某的说法不符合我国法律规定。

对于物业服务费收取标准明显过高的问题，胡某等业主可通过以下方法进行维权：(1)向房地产主管部门和物价主管部门投诉；(2)根据《民法典》第一百五十一条的规定，以“显失公平”为由请求人民法院或者仲裁机构变更或者撤销《前期物业服务合同》；(3)成立业主委员会，然后通过业主委员会的名义来主张权利，如更换物业服务公司。

【风险防范建议】

关于物业服务企业与开发商签订前期物业服务合同时，如何规避相关法律风险，建议如下：

(1)在确定物业服务费收费标准时，不仅要参照我国《物业服务收费管理办法》等法律法规的规定，而且还要考虑附近同档次小区的物业服务费收取标准。否则，如果制定的收费标准过高，可能会导致合同履行困难或不能履行，甚至有可能导致企业被业主起诉而撤销或变更合同。

(2)要求开发商在《商品房买卖合同》的合同条款中增加“前期物业服务合同”约定的主要内容，如服务的物业企业名称、物业服务的内容、收费标准、交费方式等。

(3)要求开发商在房屋销售前将《临时管理规约》向房屋购买人明示，并予以说明。在签订《商品房买卖合同》时，应当要求房屋购买人对遵守《临时管理规约》予以书面承诺。

(4)物业管理服务公司毕竟是服务性质的企业，面对众多需求形形色色的业主，也要注重服务质量，不断提升服务水平，与业主之间形成融洽的关系。

【法条链接】

《民法典》第一百四十七条 基于重大误解实施的民事法律行为，行为人有权请求人民法院或者仲裁机构予以撤销。

第一百五十一条 一方利用对方处于危困状态、缺乏判断能力等情形，致使民事法律行为成立时显失公平的，受损害方有权请求人民法院或者仲裁机构予以撤销。

第九百三十九条 建设单位依法与物业服务人订立的前期物业服务合同，以及业主委员会与业主大会依法选聘的物业服务人订立的物业服务合同，对业主具有法律约束力。

《物业服务收费管理办法》第二十一条 政府价格主管部门会同房地产行政主管部门，应当加强对物业管理企业的服务内容、标准和收费项目、标准的监督。物业管理企业违反价格法律、法规和规定，由政府价格主管部门依据《中华人民共和国价格法》和《价格违法行为行政处罚规定》予以处罚。

《物业管理条例》第二十一条 在业主、业主大会选聘物业服务企业之前，建设单位选聘物业服务企业的，应当签订书面的前期物业服务合同。

第二十三条 建设单位应当在物业销售前将临时管理规约向物业买受人明示，并予以说明。

物业买受人在与建设单位签订物业买卖合同时，应当对遵守临时管理规约予以书面承诺。

第二十五条 建设单位与物业买受人签订的买卖合同应当包含前期物业服务合同约定的内容。

第二十六条 前期物业服务合同可以约定期限；但是，期限未满、业主委员会与物业服务企业签订的物业服务合同生效的，前期物业服务合同终止。

200. 开发商与物业管理公司未通过招投标签订的前期物业管理合同，有效吗？

【情景案例】

甲房地产公司与乙物业管理公司签订《前期物业管理合同》，约定：由乙物业管理公司在小区业主委员会未成立之前为金×苑提供物业管理服务；委托管理期限自指定日期起至该小区业主委员会成立并依法选聘物业公司之日止。樊某购买了金×苑第17幢2102房，该房建筑面积为110平方米，总价款为86万元。樊某与甲房地产公司办理了收楼手续。直至购房6个月后，樊某没有向乙物业管理公司交纳物业管理费。经多次追缴未果后，乙物业管理公司向法院提起诉讼，要求樊某交纳购房后6个月内的物业服务费及滞纳金。樊某在庭审中辩称，甲房地产公司与乙物业管理公司没有经过招投标程序签订的《前期物业管理合同》是无效合同，因此拒绝支付物业管理费。

请问：樊某的说法符合我国法律规定吗？

【案例分析】

本案涉及的是未经招投标程序签订的《前期物业管理合同》的效力问题。

《前期物业管理招标投标管理暂行办法》第二条规定，前期物业管理，是指在业主、业主大会选聘物业管理企业之前，由建设单位选聘物业管理企业实施的物业管理。《物业管理条例》第二十四条规定，国家提倡建设单位按照房地产开发与物业管理相分离的原则,通过招投标的方式选聘物业服务企业。《民法典》第一百五十三条规定,违反法律、行政法规的强制性规定的民事法律行为无效。需要说明的是,合同属于平等主体之间的民事法律行为,合同无效的情形适用有关民事法律行为无效的规定。《最高人民法院关于审理物业服务纠纷案件具体应用法律若干问题的解释》第四条规定,业主违反物业服务合同,实施妨害物业服务与管理的行为,物业服务企业请求业主承担相应民事责任的,人民法院应予支持。

本案中,虽然乙物业公司并不是甲房地产公司通过招投标的方式选聘的物业管理企业,但是依据《物业管理条例》第二十四条和第五十七条的规定,国家提倡并规定住宅物业必须通过招投标的方式选聘物业服务企业,甲房地产公司的操作并不违反法律、行政法规的效力性强制规定,只是违反管理性强制规定,因此甲房地产公司与乙物业管理公司签订的《前期物业管理合同》为有效合同,不能适用《民法典》第一百五十三条的规定,认定为无效合同。综上所述,本案中的《前期物业管理合同》有效,樊某的说法不符合我国法律规定,应当支付物业管理费。

【风险防范建议】

关于在前期物业管理方面,房地产公司应当如何做才能规避法律风险,建议如下:

(1)在业主、业主大会选聘物业管理企业之前,房地产公司尽可能提倡依照《物业管理条例》第二十四条的规定,通过招投标的方式选定符合资质的物业管理企业,并接受行政主管部门的监督。

(2)若无法通过招投标完成,需要采用协议方式选聘具有相应资质的物业管理企业,应当经物业所在地的区、县人民政府房地产行政主管部门批准。

(3)在和物业管理企业签订前期物业服务合同时,应当以书面方式签订。

(4)销售房屋时,应当向买受人明示前期物业服务合同的约定内容及适用范围。

【法条链接】

《民法典》第一百五十三条 违反法律、行政法规的强制性规定的民事法律行为无效。但是,该强制性规定不导致该民事法律行为无效的除外。

违背公序良俗的民事法律行为无效。

《前期物业管理招标投标管理暂行办法》第二条 前期物业管理,是指在业主、业主大会选聘物业管理企业之前,由建设单位选聘物业管理企业实施的物业管理。

建设单位通过招投标的方式选聘具有相应资质的物业管理企业和行政主管部门对物业管理招投标活动实施监督管理,适用本办法。

《物业管理条例》第二十四条 国家提倡建设单位按照房地产开发与物业管理相分离的原则,通过招投标的方式选聘物业服务企业。

住宅物业的建设单位,应当通过招投标的方式选聘物业服务企业;投标人少于3个或者住宅规模较小的，经物业所在地的区、县人民政府房地产行政主管部门批准，可以采用协议方式选聘物业服务企业。

第五十七条　违反本条例的规定，住宅物业的建设单位未通过招投标的方式选聘物业服务企业或者未经批准，擅自采用协议方式选聘物业服务企业的，由县级以上地方人民政府房地产行政主管部门责令限期改正，给予警告，可以并处10万元以下的罚款。

201.针对未售商品房，开发商需要向物业服务企业支付前期物业服务费吗？

【情景案例】

君×花园是A房地产公司开发的第一个楼盘，竣工后A房地产公司与B物业公司签订《物业管理合同》，约定由A房地产公司委托B物业公司负责小区的前期物业服务管理，业主每月按时给B物业公司交纳物业管理费。直至竣工1年后，A房地产公司共有100套商品房没有销售出去，处于闲置状态。B物业公司给A房地产公司发送交费通知单，要求A房地产公司为尚未出售处于闲置状态的房屋交纳物业管理费，但遭到A房地产公司拒绝。A房地产公司认为：首先，双方在合同中对我司未售商品房是否需要交纳物业管理费没有约定；其次，交纳管理费是业主义务，开发商没有义务给物业管理公司交纳管理费。

请问：A房地产公司的说法符合我国法律规定吗？

【案例分析】

本案涉及的是开发商未售的商品房，前期物业服务费由谁负责的问题。

我国《物业管理收费管理办法》第十六条规定，纳入物业管理范围的已竣工但尚未出售或者因开发建设单位原因未按时交给物业买受人的物业，物业服务费用或者物业服务资金由开发建设单位全额交纳。

本案中，A房地产公司共有100套商品房没有销售出去，其是该100套房屋的实际业主，根据上述规定，A房地产公司是需要支付前期物业服务费的。因此，A房地产公司的说法不符合我国法律规定。

【风险防范建议】

关于房地产公司在处理未售出的商品房时，如何防范法律风险，建议如下：

（1）对于尚未销售的商品房，房地产公司实际是业主的身份，其具有交纳物业管理费用的义务。因此，房地产公司如果希望少交或不交物业管理费，应尽量缩短销售周期。

（2）前期物业管理公司一般是由开发商选定的，因此在与前期物业服务公司签订

《物业管理合同》时，可以适当约定物业管理费的减免措施，如约定对于未出售的商品房，没有享受到物业管理服务的时候，开发商只支付50%～75%的物业服务费等。

【法条链接】

《物业管理收费管理办法》第十六条 纳入物业管理范围的已竣工但尚未出售或者因开发建设单位原因未按时交给物业买受人的物业，物业服务费用或者物业服务资金由开发建设单位全额交纳。

202. 开发商可以委托自己的子公司担任前期物业服务企业吗？

【情景案例】

甲房地产公司是一家全国知名的房地产开发企业，其名下拥有众多子公司，乙物业公司就是其中之一。甲房地产公司在广州市白云区开发了一处住宅楼。霍某与甲房地产公司签订《商品房买卖合同》，购买该住宅楼一套面积为105平方米的商品房，并于指定日期收楼。收楼前，乙物业公司与甲房地产公司签订《前期物业服务合同》，接受委托为该小区提供前期物业管理服务。合同签订后，乙物业公司依约为该小区提供前期物业服务。直至收楼1年后，霍某拖欠乙物业公司物业费1050元。经多次催要未果，乙物业公司最终将霍某诉至法院。霍某辩称，乙物业公司是甲房地产公司的一个子公司，违反我国法律强制性规定，因此不同意交纳上述费用。

请问：霍某的说法符合我国法律规定吗？

【案例分析】

本案涉及的是开发商委托自己的子公司担任物业服务公司合法与否的问题。

我国《物业管理条例》第二十四条规定，国家提倡建设单位按照房地产开发与物业管理相分离的原则，通过招投标的方式选聘物业服务企业。住宅物业的建设单位，应当通过招投标的方式选聘物业服务企业；投标人少于3个或者住宅规模较小的，经物业所在地的区、县人民政府房地产行政主管部门批准，可以采用协议方式选聘物业服务企业。《公司法》第十四条第二款规定，公司可以设立子公司，子公司具有法人资格，依法独立承担民事责任。

本案中，乙物业公司聘用过程如果符合法律规定的招投标要求，其是可以担任前期物业服务企业的。也就是说，甲房地产公司的子公司如果经合法程序被选聘成为小区的前期物业服务提供商，是完全合法有效的。实践中，很多物业服务企业都跟开发商具有一定的关联关系。

【风险防范建议】

关于房地产公司在委托自己的子公司担任前期物业服务企业时，如何规避法律风险，建议如下：

(1)国家是鼓励房地产开发与物业管理相分离的，因此作为物业管理服务的企业应该独立于房地产公司。笔者建议成立的物业管理服务企业应该是具有独立法人资格的公司。

(2)房地产公司遵守《招标投标法》的规定，根据其中的规定和要求聘用物业管理服务公司，以使选聘过程符合招投标要求，从而避免纠纷。

【法条链接】

《公司法》第十四条第二款 公司可以设立子公司，子公司具有法人资格，依法独立承担民事责任。

《招标投标法》第二条 在中华人民共和国境内进行招标投标活动，适用本法。

第五条 招标投标活动应当遵循公开、公平、公正和诚实信用的原则。

《物业管理条例》第二十四条 国家提倡建设单位按照房地产开发与物业管理相分离的原则，通过招投标的方式选聘物业服务企业。

住宅物业的建设单位，应当通过招投标的方式选聘物业服务企业；投标人少于3个或者住宅规模较小的，经物业所在地的区、县人民政府房地产行政主管部门批准，可以采用协议方式选聘物业服务企业。

203. 前期物业服务合同约定的期限未满，业主委员会可以解聘物业服务企业吗?

【情景案例】

A房地产公司与B物业公司签订《前期物业管理服务协议》，由B物业公司对某小区实施物业管理服务，合同期为4年，同时该协议约定A房地产公司应移交的资料。后该小区召开业主大会，选举成立某小区业主委员会，且小区所在县镇人民政府批复认可全体业主选举产生业主委员会程序符合相关规定，选举结果有效。之后，某小区业委会向房地产管理局登记备案。由于小区业主对B物业公司服务很不满意，于是以某小区业主委员会的名义，给B物业公司发出通知，不再要求B物业公司提供物业服务，并附有600户业主签字。后某小区业主委员会与C物业公司签订了《物业服务合同》，并向B物业公司发出通知，要求解除《前期物业管理服务协议》，让其7天内撤离小区，并移交物业用房及相关资料给C物业公司。但B物业公司以《前期物业管理服务协议》未到期为由拒绝搬走。

请问:某小区业主委员会可以解聘B物业公司吗?

【案例分析】

本案涉及的是业主委员会是否可以解聘未满约定期限的前期物业服务公司的问题。

我国《物业管理条例》第二十六条规定,前期物业服务合同可以约定期限;但是,期限未满、业主委员会与物业管理企业签订的物业服务合同生效的,前期物业服务合同终止。

本案中,由于某小区业主委员会与C物业公司签订的《物业服务合同》生效,B物业公司与A房地产公司签订的合同即使未到约定期限,某小区业主委员会依法也是有权解聘B物业公司的。

【风险防范建议】

关于前期物业服务公司在实施物业管理过程中,如何规避法律风险,建议如下:

(1)根据法律规定,前期物业服务公司应当认识到其签订的《前期物业服务合同》是属于临时性质的,在业委会的新聘物业服务合同生效时,该临时合同同时失效。因此,前期物业服务公司应未雨绸缪,做好随时有可能被替换的防范准备。

(2)前期物业服务公司应考虑到业主不满意自身的服务时,可以在约定期满前终止服务合同,所以应当认真负责地做好物业服务工作,不断提升服务水平,在业主面前展现优秀的服务能力,从而在新合同的签署过程中赢得优先选聘地位。

【法条链接】

《物业管理条例》第二十六条 前期物业服务合同可以约定期限;但是,期限未满、业主委员会与物业管理企业签订的物业服务合同生效的,前期物业服务合同终止。

二、物业管理费

204. 业主从什么时候开始交纳物业管理费?

【情景案例】

万某在上海徐汇区投资购买一套房产,建筑面积为70平方米,物业费为2.5元/平方米/月。万某打算装修完后就租出去,用租金来偿还银行贷款,时机成熟再转手赚差价。万某在甲房地产公司的通知下办理了收楼手续。后万某将房屋装修好,并找到租客。之后,万某收到乙物业公司发来的收费单,要求从办理收楼手续之日起支付物业费，合计共1225元。对此，万某表示不解，因为其找到租客之日起才算正式入住，应当从入住时间开始计算物业服务费。双方协商无果后，乙物业公司诉至法院。

请问：万某应当在什么时候开始交纳物业管理费？

【案例分析】

本案涉及的是业主从何时开始交纳物业管理费的问题。

我国《物业管理条例》第二十一条规定，在业主、业主大会选聘物业服务企业之前，建设单位选聘物业服务企业的，应当签订书面的前期物业服务合同。《物业管理条例》第四十一条规定，业主应当根据物业服务合同的约定交纳物业服务费用。业主与物业使用人约定由物业使用人交纳物业服务费用的，从其约定，业主负连带交纳责任。已竣工但尚未出售或者尚未交给物业买受人的物业，物业服务费用由建设单位交纳。

本案中，万某购买的是一手新房屋，甲房地产公司应该在交楼之前就与物业服务公司签订了前期物业服务合同，合同上应有缴费时间的约定，万某应按照该约定交纳物业管理费。实践中，已竣工但尚未出售或者尚未交给物业买受人的，物业服务费用由建设单位交纳。房屋交付后，建设单位不再享受物业服务，因此建设单位签订的前期物业服务合同约定由新业主承担物业管理费，是符合上述规定的。

综上所述，房屋是否住人跟交纳物业费没有必然联系，物管费应当从万某收到收楼通知书之日算起。因此，万某应当在收到收楼通知书之日起开始交纳物业管理费。

【风险防范建议】

关于物业服务公司在实施物业管理过程中，如何规避法律风险，建议如下：

（1）法律规定对交纳物业管理费的起算时间点实行意思自治原则，由当事人约定。因此，物业服务公司在签订前期物业服务合同时，应明确约定物业管理费的时间点，建议约定从业主收楼或收到收楼通知之日起就要开始交纳物业管理费。

（2）由于业主收楼或收到收楼通知之日的信息是由开发商所掌握的，因此物业服务公司应主动与开发商联系，取得该等信息。如果条件允许，物业服务公司应备份业主签收房屋的签收单、书面收楼通知、快递单等资料，以备查询使用。

【法条链接】

《民法典》第九百三十九条 建设单位依法与物业服务人订立的前期物业服务合同，以及业主委员会与业主大会依法选聘的物业服务人订立的物业服务合同，对业主具有法律约束力。

《物业管理条例》第二十一条 在业主、业主大会选聘物业服务企业之前，建设单位选聘物业服务企业的，应当签订书面的前期物业服务合同。

第四十一条 业主应当根据物业服务合同的约定交纳物业服务费用。业主与物业使用人约定由物业使用人交纳物业服务费用的,从其约定,业主负连带交纳责任。

已竣工但尚未出售或者尚未交给物业买受人的物业,物业服务费用由建设单位交纳。

205. 业主可以没有签订物业服务合同为由拒交物业管理费吗?

【情景案例】

卢某与柯某是高中同学,卢某是A物业公司创始人,柯某是某小区业主委员会主任。由于某小区业主对原物业公司服务不满意,柯某以业主委员会主任的名义委托A物业公司提供物业服务。由于卢某与柯某双方关系较好,双方没有签订任何书面协议,只是对物业服务内容与收费标准进行了口头协商,当时,某小区业主委员会的所有人员都在场。后A物业公司的工作人员向业主们收取物业费时却遭到拒绝,业主们称双方并未签订任何书面的物业服务合同。经柯某与A物业公司多次催促与讲理,业主们也是不交物业费。无奈之下,A物业公司将某小区业主委员会诉至法院。

请问:某小区业主以没有签订物业服务合同为由拒交物业费,合法吗?

【案例分析】

本案涉及的是业主是否可以没有签订书面物业服务合同为由拒交物业费的问题。

我国《民法典》第四百六十九条规定,当事人订立合同,可以采用书面形式、口头形式或者其他形式。书面形式是合同书、信件、电报、电传、传真等可以有形地表现所载内容的形式。以电子数据交换、电子邮件等方式能够有形地表现所载内容,并可以随时调取查用的数据电文,视为书面形式。第四百九十条第一款规定,当事人采用合同书形式订立合同的,自当事人均签名、盖章或者按指印时合同成立。在签名、盖章或者按指印之前,当事人一方已经履行主要义务,对方接受时,该合同成立。

本案中,A物业公司与业主双方没有签订任何书面协议,只是对物业服务内容与收费标准进行了口头协商,当时业主委员会的所有人员都在场见证,这就相当于以口头形式形成了合同关系。再者,物业公司已经履行了主要义务,业主们也接受,因此物业服务合同已经成立生效,各方应遵照执行,业主拒交物业费的理由不成立。

【风险防范建议】

关于物业服务公司在实施物业管理过程中,如何规避合同法律风险,建议如下:

(1)虽然订立合同的形式多样,但是为了避免争议,物业服务公司应有证据保存意识,尽可能与业主签订书面的物业服务合同。

(2)司法实践中,拖欠物业管理费的案例屡见不鲜。因此,物业服务公司在签订物业服务合同时,应对物业管理费的收费标准、交纳时间、交纳方式等进行明确的约定。

【法条链接】

《民法典》第四百六十九条　当事人订立合同,可以采用书面形式、口头形式或者其他形式。

书面形式是合同书、信件、电报、电传、传真等可以有形地表现所载内容的形式。

以电子数据交换、电子邮件等方式能够有形地表现所载内容,并可以随时调取查用的数据电文,视为书面形式。

第四百九十条　当事人采用合同书形式订立合同的,自当事人均签名、盖章或者按指印时合同成立。在签名、盖章或者按指印之前,当事人一方已经履行主要义务,对方接受时,该合同成立。

法律、行政法规规定或者当事人约定合同应当采用书面形式订立,当事人未采用书面形式但是一方已经履行主要义务,对方接受时,该合同成立。

第五百七十七条　当事人一方不履行合同义务或者履行合同义务不符合约定的,应当承担继续履行、采取补救措施或者赔偿损失等违约责任。

206.业主可以房屋没人居住为由拒交物业管理费吗?

【情景案例】

莫某在北京市昌平区购买了一套86平方米的一手房屋,并于1年后收楼。收楼不久,妻子就怀孕了,于是莫某和妻子一起搬到父母家中居住,由父母来照顾怀孕的妻子,这样一住就是3年。由于小孩要上幼儿园,于是莫某搬回原来购买的房子居住。令莫某感到意外的是,其回家后第二天,物业公司的工作人员就上门催其补交3年的物业管理费。莫某认为,房子空置了3年,在此期间,并未享受某物业公司的服务,因此某物业公司无权索要物业费。由于莫某拒交物业费,于是与物业公司产生了纠纷。为了收取物业费,某物业公司将莫某告上法院。

请问:莫某需要补交3年的物业管理费吗?

【案例分析】

本案涉及的是业主是否可以房屋没人居住为由拒交物业管理费的问题。

我国《物业管理条例》第二条规定,本条例所称物业管理,是指业主通过选聘物业服务企业,由业主和物业服务企业按照物业服务合同约定,对房屋及配套的设施设备和相关场地进行维修、养护、管理,维护物业管理区域内的环境卫生和相关秩序的活动。根据该条例第七条的规定,业主在物业管理活动中,履行按时交纳物业服务费用义务。第四十一条规定,业主应当根据物业服务合同的约定交纳物业服务费用。业主与物业使用人约定由物业使用人交纳物业服务费用的,从其约定,业主负连带交纳责任;已竣工但尚未出售或者尚未交给物业买受人的物业,物业服务费用由建设单位交纳。由上述规定可知,房屋是否有住人跟物业费是否要缴纳没有必然联系。

本案中,莫某自收楼日起,与某物业公司建立物业服务合同关系。虽然房屋空置了3年,但小区卫生仍需天天清洁打扫,公共秩序须时时巡查维护,所有设施设备如电梯、消防、二次供水、配电等费用也要支出,莫某实际上已经享受了某物业公司的公共服务。故物业管理费应该从莫某收到收楼通知书之日起算。因此,莫某应当补交3年的物业管理费。

【风险防范建议】

关于物业服务公司在实施物业管理过程中,如何规避法律风险,建议如下:

(1)法律规定交纳物业管理费的起算时间点的确定遵循意思自治原则,由当事人约定。因此,物业服务企业在签署物业服务合同时,应明确约定物业管理费的时间点,建议约定从业主收楼或收到收楼通知之日起就要开始交纳物业管理费。

(2)由于业主收楼或收到收楼通知之日的信息是由开发商所掌握的,因此物业服务公司应主动与开发商联系,取得该信息。如果条件允许,物业服务公司应备份业主签收房屋的签收单、书面收楼通知、快递单等资料,以备查询使用。

【法条链接】

《物业管理条例》第二条 本条例所称物业管理,是指业主通过选聘物业服务企业,由业主和物业服务企业按照物业服务合同约定,对房屋及配套的设施设备和相关场地进行维修、养护、管理,维护物业管理区域内的环境卫生和相关秩序的活动。

第七条 业主在物业管理活动中,履行下列义务:

(一)遵守管理规约、业主大会议事规则;

(二)遵守物业管理区域内物业共用部位和共用设施设备的使用、公共秩序和环境卫生的维护等方面的规章制度;

(三)执行业主大会的决定和业主大会授权业主委员会作出的决定;

(四)按照国家有关规定交纳专项维修资金;

(五)按时交纳物业服务费用;

(六)法律、法规规定的其他义务。

第四十一条 业主应当根据物业服务合同的约定交纳物业服务费用。业主与物业使用人约定由物业使用人交纳物业服务费用的,从其约定,业主负连带交纳责任。

已竣工但尚未出售或者尚未交给物业买受人的物业,物业服务费用由建设单位交纳。

207. 业主可否以物业服务企业服务不到位为由拒交、少交或缓交物业费用？

【情景案例】

房某所在小区内车辆占道停放现象严重，每日清晨小区内车辆发动声、叫卖声、广场舞等问题令人烦躁不安。房某多次向乙物业公司反映未果，因此对乙物业公司十分不满。后房某一直不交物业费。乙物业公司多次上门催收，房某以乙物业公司服务不到位为由拒绝。乙物业公司故诉至法院，请求法院判决房某支付拖欠的物业费。

请问：乙物业公司的诉讼请求能得到法院支持吗？

【案例分析】

本案涉及的是业主可否以物业服务企业服务不到位拒交、少交或缓交物业费的问题。

根据我国《物业管理条例》第七条第（五）项的规定，业主在物业管理活动中，履行按时交纳物业服务费用义务。该条例第六十五条规定，违反物业服务合同约定，业主逾期不交纳物业服务费用的，业主委员会应当督促其限期交纳；逾期仍不交纳的，物业服务企业可以向人民法院起诉。

本案中，小区内车辆占道停放现象严重，每日清晨小区内车辆发动声、叫卖声、广场舞等问题令人烦躁不安，房某多次向乙物业公司反映未果，其可以向业主委员会反映诉求，也可以起诉乙物业公司。

在司法实践中，如果物业公司基本按约定履行了物业服务义务，只是存在部分的瑕疵，并不构成根本违约，业主应当按约定履行支付物业服务费的义务。对于物业公司履行义务存在的瑕疵，业主依法享有要求物业公司继续履行和采取补救措施的权利，但房某没有依法主张权利，而是采取拒绝交纳物业管理费的消极手段，不符合法律规定。因此，乙物业公司的请求能得到法院支持。

【风险防范建议】

关于物业服务公司在实施物业管理过程中，如何规避法律风险，建议如下：

（1）物业服务公司应不断提升服务水平，对业主提出的服务不到位问题，积极解决好，以避免纠纷。

（2）物业服务公司一定要有合同意识，在提供物业服务过程中，应与业主或者业主委员会签订书面的物业服务合同，明确双方的权力和义务，约定好物业管理费的交纳条件、交纳时间等。

【法条链接】

《物业管理条例》第七条　业主在物业管理活动中，履行下列义务：

（一）遵守管理规约、业主大会议事规则；

（二）遵守物业管理区域内物业共用部位和共用设施设备的使用、公共秩序和环境卫生的维护等方面的规章制度；

（三）执行业主大会的决定和业主大会授权业主委员会作出的决定；

（四）按照国家有关规定交纳专项维修资金；

（五）按时交纳物业服务费用；

（六）法律、法规规定的其他义务。

第六十四条　违反物业服务合同约定，业主逾期不交纳物业服务费用的，业主委员会应当督促其限期交纳；逾期仍不交纳的，物业服务企业可以向人民法院起诉。

208. 上调物业管理费的，物业公司应该提前多久通知业主？

【情景案例】

某物业公司为某小区提供物业管理服务，物业费用为1元/平方米/月，收费时间为每月的30日。由于某物业公司服务很到位，业主委员会与小区业主都十分满意。几年后由于物价大幅上涨及工人工资提高，某物业公司打算将物业费用上调至1.5元/平方米/月。对于某物业公司提出上调物业费的诉求，某小区业主委员会征求广大业主意见后，表示同意。某物业公司通过发送短信方式通知所有业主，并于通知发出次日起按新的收费标准收取物业费。对此，小区业主宣某表示不服，宣某认为，某物业公司上调物业费至少要提前1个月通知业主，发通知当月物业费不能按1.5元/平方米/月收取。

请问：宣某的说法符合我国法律规定吗？

【案例分析】

本案涉及的是物业管理公司上调物业管理费要提前多久告知业主的问题。

我国《物业服务收费管理办法》第七条规定，物业服务收费实行政府指导价的，有定价权限的人民政府价格主管部门应当会同房地产行政主管部门根据物业管理服务等级标准等因素，制定相应的基准价及其浮动幅度，并定期公布。具体收费标准由业主与物业管理企业根据规定的基准价和浮动幅度在物业服务合同中约定。实行市场调节价的物业服务收费，由业主与物业管理企业在物业服务合同中约定。《物业服务收费明码标价规定》第十条规定，实行明码标价的物业服务收费的标准等发生变化时，物业管理企业应当在执行新标准前1个月，将所标示的相关内容进行调整，并应标示新标准开始实行的日期。

本案中，物业公司通过发送短信方式通知所有业主，于通知发出次日起按新的收费标准收取物业费，没有达到1个月的时间，根据上述规定，物业公司至少应该在通知发出1个月之后才能按新的收费标准收取物业费。所以，宣某的说法符合我国法律规定。

【风险防范建议】

关于物业服务公司在实施物业管理过程中上调物业管理费时，如何规避法律风险，建议如下：

(1)物业服务公司应清楚调整物业管理费的程序，区分政府指导价和市场调节价；实行政府指导价的，调整的范围不能超出政府的指导上限。

(2)物业服务公司提出上调物业费的诉求，应通过业主委员会征得广大业主同意后再执行。

(3)在执行物业管理费新标准前1个月，物业服务公司应将明码标价牌所标示的相关内容进行调整，并应标示新标准开始实行的日期。

【法条链接】

《物业服务收费管理办法》第七条　物业服务收费实行政府指导价的，有定价权限的人民政府价格主管部门应当会同房地产行政主管部门根据物业管理服务等级标准等因素，制定相应的基准价及其浮动幅度，并定期公布。具体收费标准由业主与物业管理企业根据规定的基准价和浮动幅度在物业服务合同中约定。

实行市场调节价的物业服务收费，由业主与物业管理企业在物业服务合同中约定。

《物业服务收费明码标价规定》第十条　实行明码标价的物业服务收费的标准等发生变化时，物业管理企业应当在执行新标准前一个月，将所标示的相关内容进行调整，并应标示新标准开始实行的日期。

209. 物业服务企业能否采取停水、停电措施催交物业服务费用？

【情景案例】

邓某通过房产中介从赵某处购买了某小区的一套二手房，该房建筑面积为100平方米。后邓某聘请装修工人对房屋进行重新装修。某物业公司以邓某没有办理装修手续为由禁止其进行装修施工。邓某于是向某物业公司提出装修房屋的申请。在申请过程中，邓某被告知这套房屋从其购买前1年前起至今未交物业管理费，合计3600

元。如果要申请装修房屋,必须先交纳这笔物业管理费用。为此,邓某致电赵某,但电话一直无人接听,联系不上赵某。某物业公司不仅禁止装修施工,还对这套房子采取了停水、停电措施,并电话告知邓某:如果不交纳物业费,将一直停水、停电。邓某认为,原房东欠下的物业管理费让其交纳是极其不合理的,于是诉至法院。

请问:某物业公司采取停水、停电措施向邓某催交物业费,合法吗?

【案例分析】

本案涉及的是物业公司能否采取停水、停电措施向业主催交物业费的问题。

我国《民法典》第六百五十四条规定,用电人应当按照国家有关规定和当事人的约定及时支付电费。用电人逾期不支付电费的,应当按照约定支付违约金。经催告用电人在合理期限内仍不支付电费和违约金的,供电人可以按照国家规定的程序中止供电。供电人依据前款规定中止供电的,应当事先通知用电人。第六百五十六条规定,供用水、供用气、供用热力合同,参照适用供用电合同的有关规定。供水供电的主体是供水供电企业,供水供电义务所对应的是交纳水费电费义务,只有在业主逾期不交付水电费的情况下,供水供电企业才有权对业主采取停水停电措施,物业公司非合同主体,无权停水停电。

本案中,某物业公司采取停水、停电措施向邓某催交物业费,逾越了合同的相对性,其做法不仅损害了业主对房屋的所有权,也损害了公民的基本生存权利,因此,某物业公司擅自停水停电向邓某催交物业费是不符合法律规定的。

【风险防范建议】

关于物业服务公司在实施物业管理过程中,如何规避业主不交物业费的法律风险,建议如下:

(1)交纳物业费是业主的义务,当业主拒交物业费时,物业管理企业可对该业主下发《催交物业费用通知书》,以书面通知的形式向业主催要,要求业主在一定的期限内交纳。

(2)如该业主仍拒不交纳,物业企业可将该业主诉至法院。若业主水电等费用也拒不交纳,物业公司也可致函相应的公司说明情况,由供水、电等单位作为主体行使权利。

【法条链接】

《民法典》第六百五十四条 用电人应当按照国家有关规定和当事人的约定及时支付电费。用电人逾期不支付电费的,应当按照约定支付违约金。经催告用电人在合理期限内仍不支付电费和违约金的,供电人可以按照国家规定的程序中止供电。

供电人依据前款规定中止供电的，应当事先通知用电人。

第六百五十六条　供用水、供用气、供用热力合同，参照适用供用电合同的有关规定。

《物业管理条例》第四十四条第一款　物业管理区域内，供水、供电、供气、供热、通信、有线电视等单位应当向最终用户收取有关费用。

三、业主及业主大会

210. 业主可以将住宅改为商业用房开设公司吗？

【情景案例】

钱某在广州市猎德村购买了一套150平方米的精装修商品房，物业费为3.3元/平方米/月。后钱某到某房地产公司办理了收楼手续。钱某想创办一间财税公司，但由于市区写字楼租金太贵，为节省租金，故钱某想在自己购买的房屋里开设公司，并向小区物业公司提出以所购房屋申请注册公司的申请。小区物业公司在公告栏贴了关于钱某用自家房屋注册公司的公示，公告45天后，小区里没有人提出反对；故钱某将公司注册手续办下来。之后，随着到钱某家里办事的人越来越多，很多邻居对此表示不满，于是以住宅不能注册公司为由要求钱某将公司搬走。

请问：钱某将住宅改为商业用房开设公司，合法吗？

【案例分析】

本案涉及的是业主可否将住宅改为商业用房开设公司以及程序是否合法的问题。

我国《民法典》第二百七十九条规定，业主不得违反法律、法规以及管理规约，将住宅改变为经营性用房。业主将住宅改变为经营性用房的，除遵守法律、法规以及管理规约外，应当经有利害关系的业主一致同意。《最高人民法院关于审理建筑物区分所有权纠纷案件适用法律若干问题的解释》第十条规定，业主将住宅改变为经营性用房，未依据《民法典》第二百七十九条的规定经有利害关系的业主一致同意，有利害关系的业主请求排除妨害、消除危险、恢复原状或者赔偿损失的，人民法院应予支持。将住宅改变为经营性用房的业主以多数有利害关系的业主同意其行为进行抗辩的，人民法院不予支持。第十一条规定，业主将住宅改变为经营性用房，本栋建筑物内的其他业主，应当认定为《民法典》第二百七十九条所称"有利害关系的业主"。

本案中，钱某在自己购买的房屋开设公司，只是向小区物业公司提出用所购房屋申请注册公司的申请，并进行了公示，没有经整栋楼的业主一致书面同意。所以，钱某将住宅改为商业用房开设公司的程序不合法。

【风险防范建议】

关于物业服务公司在实施物业管理过程中，如何规避业主用自家房屋开设公司而

产生的法律风险,建议如下:

(1)遇到业主要将住宅改为商业用房开设公司的,物业服务公司应判断是否符合管理规约,同时提醒其征得有利害关系的业主一致同意,并签署书面的同意书,不可以进行简单的公示即视为同意。

(2)业主对其所有的房屋进行使用和处分时不能为所欲为、想怎么做就怎么做。因为建筑物的不可分性以及建筑物管理区域内的公共利益一致性,决定了业主在行使自己权利的同时不得危及建筑物的安全,不得损害其他业主的合法权益。因此,物业服务公司应该履行好相关的监督职责。

【法条链接】

《民法典》第二百七十九条 业主不得违反法律、法规以及管理规约,将住宅改变为经营性用房。业主将住宅改变为经营性用房的,除遵守法律、法规以及管理规约外,应当经有利害关系的业主一致同意。

《最高人民法院关于审理建筑物区分所有权纠纷案件适用法律若干问题的解释》第十条 业主将住宅改变为经营性用房,未按照民法典第二百七十九条的规定经有利害关系的业主一致同意,有利害关系的业主请求排除妨害、消除危险、恢复原状或者赔偿损失的,人民法院应予支持。

将住宅改变为经营性用房的业主以多数有利害关系的业主同意其行为进行抗辩的,人民法院不予支持。

第十一条 业主将住宅改变为经营性用房,本栋建筑物内的其他业主,应当认定为民法典第二百七十九条所称"有利害关系的业主"。建筑区划内,本栋建筑物之外的业主,主张与自己有利害关系的,应证明其房屋价值、生活质量受到或者可能受到不利影响。

211.业主人数较少,需要成立业主大会吗?

【情景案例】

孙某在某市郊区购买了一套别墅。由于小区离市区较远,小区的入住率很低,入住人数总共不到80人。业主在商议过程中,小部分业主认为,按照我国相关法律规定,小区必须成立业主大会与业主委员会,由业主委员会负责物业公司的选聘以及后续管理。大部分业主认为,在小区目前入住人数较少的情况下,聘请一家服务周到的物业公司提供服务即可,成立业主大会与业主委员会是没有必要的。由于意见不一,孙某等业主去当地律师事务所进行咨询。

请问:孙某所在小区业主人数较少,可以不成立业主大会吗?

【案例分析】

本案涉及的是业主人数较少,是否可以不成立业主大会的问题。

我国《物业管理条例》第十条规定，同一个物业管理区域内的业主，应当在物业所在地的区、县人民政府房地产行政主管部门或者街道办事处、乡镇人民政府的指导下成立业主大会，并选举产生业主委员会。但是，只有一个业主的，或者业主人数较少且经全体业主一致同意，决定不成立业主大会的，由业主共同履行业主大会、业主委员会职责。所以，在业主人数较少的物业管理区，经业主们同意可以不成立业主大会，由业主共同履行业主大会、业主委员会职责。

本案中，该别墅区的业主少，而且大部分业主达成了不成立业主大会的共识，因此，该别墅区可以不成立业主大会。

【风险防范建议】

关于物业服务公司在提供物业服务，签订合同时，如何处理合同法律主体的风险，建议如下：

（1）根据《物业管理条例》的规定，在业主人数较少的物业管理区，经业主们同意可以不成立业主大会，由业主共同履行业主大会、业主委员会职责。也就是说，对于不成立业主大会的物业管理区，物业服务合同的主体就是物业服务公司和全体业主，即物业服务合同的相对方是全体业主。所以，进行物业服务合同的签订、变更、增加合同内容等时，物业服务公司应找全体业主签名确认。

（2）但是实践中，小区大小事情都要全体业主签名同意是很难做到的。因此，笔者建议物业服务公司应组织全体业主召开大会，制定一个议事规则和表决办法，对小区事情实行民主集中制，一般事情过半数表决通过，重大事情超过2/3通过，从而方便日常的管理工作。

【法条链接】

《民法典》第二百七十七条 业主可以设立业主大会，选举业主委员会。业主大会、业主委员会成立的具体条件和程序，依照法律、法规的规定。

地方人民政府有关部门、居民委员会应当对设立业主大会和选举业主委员会给予指导和协助。

第二百七十八条 下列事项由业主共同决定：

（一）制定和修改业主大会议事规则；

（二）制定和修改管理规约；

（三）选举业主委员会或者更换业主委员会成员；

（四）选聘和解聘物业服务企业或者其他管理人；

（五）使用建筑物及其附属设施的维修资金；

（六）筹集建筑物及其附属设施的维修资金；

（七）改建、重建建筑物及其附属设施；

(八)改变共有部分的用途或者利用共有部分从事经营活动;

(九)有关共有和共同管理权利的其他重大事项。

业主共同决定事项,应当由专有部分面积占比三分之二以上的业主且人数占比三分之二以上的业主参与表决。决定前款第六项至第八项规定的事项,应当经参与表决专有部分面积四分之三以上的业主且参与表决人数四分之三以上的业主同意。决定前款其他事项,应当经参与表决专有部分面积过半数的业主且参与表决人数过半数的业主同意。

《物业管理条例》第十条 同一个物业管理区域内的业主,应当在物业所在地的区、县人民政府房地产行政主管部门或者街道办事处、乡镇人民政府的指导下成立业主大会,并选举产生业主委员会。但是,只有一个业主的,或者业主人数较少且经全体业主一致同意,决定不成立业主大会的,由业主共同履行业主大会、业主委员会职责。所以,在业主人数较少的物业管理区,经业主们同意可以不成立业主大会,由业主共同履行业主大会、业主委员会职责。

212. 经过多少业主同意,才能改建、重建建筑物及其附属设施?

【情景案例】

李某通过选举成为某小区的业主委员会主任。该小区有一个网球场,由于小区的人不热爱打网球,该网球场长期没有使用,杂草丛生,早已经破败不堪。李某上任后,听取了大家的意见,大部分业主都希望将网球场改造成一个健身广场,并配备健身器材,方便老人家锻炼身体。为此,李某决定将网球场改造成健身广场,并与某建筑公司签订《建设工程施工合同》。刚搬回小区居住的周某知道此事后,表示强烈反对,因为健身广场在周某所居住房屋楼下,周某担心健身广场建好后,业主以后在这里活动会影响自己休息。周某认为,要将小区网球场改造成健身广场,要经小区 2/3 以上业主签名同意才行,李某无权擅自做决定。

请问:周某的说法符合我国法律规定吗?

【案例分析】

本案涉及的是经过多少业主同意,才能改建、重建建筑物及其附属设施的问题。

根据我国《物业管理条例》第十一条第(六)项的规定,改建、重建建筑物及其附属设施由业主共同决定。根据该条例第十二条的规定,业主大会会议可以采用集体讨论的形式,也可以采用书面征求意见的形式;但是,应当有物业管理区域内专有部分占建筑物总面积过半数的业主且占总人数过半数的业主参加。业主大会决定本条例第十一条第(六)项规定的事项,应当经专有部分占建筑物总面积 2/3 以上的业主且占总人数 2/3 以上的业主同意;决定本条例第十一条规定的其他事项,应当经专有部分占建筑物总面积过半数的业主且占总人数过半数的业主同意。

本案中,只是说大部分业主希望将网球场改造成一个健身广场,并配备健身器材,方便老人家锻炼身体,并没有说明改造这个健身广场应当经专有部分占建筑物总面积2/3以上的业主且占总人数2/3以上的业主同意。所以,李某无权擅自做决定,周某的说法符合我国法律规定。

【风险防范建议】

关于业主委员会在小区实施管理过程中,对重大事情的决策如何规避法律风险,建议如下:

(1)业主委员会在对小区进行管理的过程中,应严格遵照《民法典》《物业管理条例》等规定,决策程序不应有法律上的纰漏,否则决策的事项就有违法、无效的风险。

(2)业主委员会的权力来自业主或者业主大会,日常管理应充分尊重业主的意愿,重大事项应广泛征求业主的意见,依法实行民主集中的表决机制。

【法条链接】

《民法典》第二百七十八条　下列事项由业主共同决定:

(一)制定和修改业主大会议事规则;

(二)制定和修改管理规约;

(三)选举业主委员会或者更换业主委员会成员;

(四)选聘和解聘物业服务企业或者其他管理人;

(五)使用建筑物及其附属设施的维修资金;

(六)筹集建筑物及其附属设施的维修资金;

(七)改建、重建建筑物及其附属设施;

(八)改变共有部分的用途或者利用共有部分从事经营活动;

(九)有关共有和共同管理权利的其他重大事项。

业主共同决定事项,应当由专有部分面积占比三分之二以上的业主且人数占比三分之二以上的业主参与表决。决定前款第六项至第八项规定的事项,应当经参与表决专有部分面积四分之三以上的业主且参与表决人数四分之三以上的业主同意。决定前款其他事项,应当经参与表决专有部分面积过半数的业主且参与表决人数过半数的业主同意。

《物业管理条例》第十一条　下列事项由业主共同决定:

(一)制定和修改业主大会议事规则;

(二)制定和修改管理规约;

(三)选举业主委员会或者更换业主委员会成员;

(四)选聘和解聘物业服务企业;

(五)筹集和使用专项维修资金;

(六)改建、重建建筑物及其附属设施;

(七)有关共有和共同管理权利的其他重大事项。

第十二条 业主大会会议可以采用集体讨论的形式，也可以采用书面征求意见的形式；但是，应当有物业管理区域内专有部分占建筑物总面积过半数的业主且占总人数过半数的业主参加。

业主可以委托代理人参加业主大会会议。

业主大会决定本条例第十一条第（五）项和第（六）项规定的事项，应当经专有部分占建筑物总面积2/3以上的业主且占总人数2/3以上的业主同意；决定本条例第十一条规定的其他事项，应当经专有部分占建筑物总面积过半数的业主且占总人数过半数的业主同意。

业主大会或者业主委员会的决定，对业主具有约束力。

业主大会或者业主委员会作出的决定侵害业主合法权益的，受侵害的业主可以请求人民法院予以撤销。

213. 业主大会决议不合法的，业主能请求法院撤销决议吗？

【情景案例】

周某购买某小区的商品房，成为该小区业主。某小区业主委员会召开业主大会会议，要求业主大会"授权业主委员会聘请专业招标代理机构组织公开招标"，"授权业主委员会确定中标单位，并与中标单位签订新的物业服务合同"。由于该业主大会会议议题违反我国相关法律规定，侵犯业主利益，周某提出异议，表示强烈反对。但业主委员会部分委员一意孤行，组织业主投票，但没有组织业主唱票、计票并公告业主大会会议决定。会议后小区业主委员会在小区内张贴公告，周某才得知业主委员会制造业主大会决议，授权业主委员会招投标并直接确定物业服务企业。周某认为，选聘物业服务企业应当由业主共同决定，而业主委员会谋求业主大会会议授权，侵犯了业主的共同决定权，程序违法。为此，周某诉至法院，请求法院将业主大会决议撤销。

请问：周某的请求能得到法院支持吗？

【案例分析】

本案涉及的是业主大会决议不合法，业主能否请求法院撤销决议的问题。

根据我国《物业管理条例》第十一条第（四）项的规定，选聘物业服务企业由业主共同决定。根据该条例第十一条第（七）项的规定，有关业主共有和共同管理权利的其他重大事项由业主共同决定。根据该条例第十二条的规定，业主大会决定本条例第十一条第（五）项和第（六）项规定的事项，应当经专有部分占建筑物总面积2/3以上的业主且占总人数2/3以上的业主同意；决定本条例第十一条规定的其他事项，应当经专有部分占建筑物总面积过半数的业主且占总人数过半数的业主同意。《民法典》第二百八十条规定，业主大会或者业主委员会的决定，对业主具有法律约束力；业主大会或者业主委员会作出的决定侵害业主合法权益的,受侵害的业主可以请求人民法院予以撤销。

本案中,就选聘物业服务企业,某小区业委会发布小区业主大会决议,授权小区业委会聘请专业招标代理机构组织公开招标,并授权小区业委会确定中标单位及与中标单位签订物业服务合同,均未得到小区部分业主的认可。另外,业主委员会组织业主投票,但没有组织业主唱票、计票并公告业主大会会议决定,说明业主大会决议事项及程序均不合法,因此,周某的请求能得到法院支持。

【风险防范建议】

关于业主委员会对小区实施管理时,如何规避重大事项决策程序的法律风险,建议如下:

(1)业主大会和业主委员会是两个不同的组织,法律对其权力和职责均有明确的规定。因此,业主委员会不应越权擅自决策,或者设法绕过法定程序进行决策。

(2)公开、公平原则是表决事情的基本原则。因此,业主大会的召开、表决等程序应实行公开原则,让业主平等参与,使业主大会的决定事项是真正代表业主的自主意愿。否则,其作出的决议事项将是违法、无效的。

【法条链接】

《民法典》第二百八十条　业主大会或者业主委员会的决定,对业主具有法律约束力。

业主大会或者业主委员会作出的决定侵害业主合法权益的,受侵害的业主可以请求人民法院予以撤销。

《物业管理条例》第十一条　下列事项由业主共同决定:

(一)制定和修改业主大会议事规则;

(二)制定和修改管理规约;

(三)选举业主委员会或者更换业主委员会成员;

(四)选聘和解聘物业服务企业;

(五)筹集和使用专项维修资金;

(六)改建、重建建筑物及其附属设施;

(七)有关共有和共同管理权利的其他重大事项。

第十二条　业主大会会议可以采用集体讨论的形式,也可以采用书面征求意见的形式;但是,应当有物业管理区域内专有部分占建筑物总面积过半数的业主且占总人数过半数的业主参加。

业主可以委托代理人参加业主大会会议。

业主大会决定本条例第十一条第(五)项和第(六)项规定的事项,应当经专有部分占建筑物总面积2/3以上的业主且占总人数2/3以上的业主同意;决定本条例第十一条规定的其他事项,应当经专有部分占建筑物总面积过半数的业主且占总人数过半数的业主同意。

业主大会或者业主委员会的决定，对业主具有约束力。

业主大会或者业主委员会作出的决定侵害业主合法权益的，受侵害的业主可以请求人民法院予以撤销。

214. 业主违章搭建，物业公司有权拆除吗？

【情景案例】

吴某在某小区购买了一间二手住宅并聘请装修公司对房屋进行装修。在此过程中，吴某在内厨房外南阳台上，用轻钢龙骨材料搭建了一间约 10 平方米的厨房，且进行了内外装修。后经邻居投诉，小区物业公司经理郑某来到吴某的房屋，以该厨房是违章搭建的建筑物为由，限其在两天内拆除。郑某到吴某家检查时，发现厨房还没有拆除，于是组织数名保安人员将其违章搭建的厨房全部砸毁，厨房内的生活设施及物品全部被毁坏。事后，吴某了解相关法律后，得知其私自搭建厨房的行为是违法行为，其对搭建的厨房是违章建筑不持异议。但吴某认为，物业公司无权拆除违建，并坚称厨房及室内物品是小区物业公司强行拆除并毁坏的。因此，吴某诉至法院，要求小区物业公司赔偿物品损失 3 万元。

请问：小区物业公司有权拆除吴某违章搭建的厨房吗？

【案例分析】

本案涉及的是业主违章搭建，物业公司是否有权拆除的问题。

我国《物业管理条例》第四十五条规定，对物业管理区域内违反有关治安、环保、物业装饰装修和使用等方面法律、法规规定的行为，物业服务企业应当制止，并及时向有关行政管理部门报告；有关行政管理部门在接到物业服务企业的报告后，应当依法对违法行为予以制止或者依法处理。《民法典》第三条规定，民事主体的人身权利、财产权利以及其他合法权益受法律保护，任何组织或者个人不得侵犯。第二百七十一条规定，业主对建筑物内的住宅、经营性用房等专有部分享有所有权，对专有部分以外的共有部分享有共有和共同管理的权利。

本案中，物业公司对吴某违章搭建的建筑行为，其依法具有的职责和义务是进行劝阻、制止，在制止无效的情况下，应在规定时间内报告房屋行政管理部门予以制止或者依法处理，也可建议相关业主或业主委员会提起民事诉讼进行维权。违法建设行为依法应当由规划、城管等部门进行行政处罚或处理。因此，小区物业公司无权拆除吴某违章搭建的厨房。

【风险防范建议】

关于物业服务公司在处理违章搭建过程中，如何规避法律风险，建议如下：

（1）加强装修管理，对装修现场、屋面、露台、庭院等可能违章搭建的重点部位的装修加强巡视，一旦发现破坏房屋承重结构或违章搭建的苗头应当及时制止，防止其他业主效仿。

（2）联合业主委员会或社区工作人员耐心做好违章搭建业主的说服工作，说服不成功的应当及时向业主发出整改通知书，并向相关部门报告，向相邻业主通告，获得其他业主的支持。

（3）虽然物业管理相关规定为物业管理公司设定了相关义务，却并没有赋予物业管理企业行政执法权，因此物业服务公司应慎重采取强制拆除措施。

【法条链接】

《民法典》第三条　民事主体的人身权利、财产权利以及其他合法权益受法律保护，任何组织或者个人不得侵犯。

第二百七十一条　业主对建筑物内的住宅、经营性用房等专有部分享有所有权，对专有部分以外的共有部分享有共有和共同管理的权利。

第二百七十三条第一款　业主对建筑物专有部分以外的共有部分，享有权利，承担义务；不得以放弃权利为由不履行义务。

《物业管理条例》第四十五条　对物业管理区域内违反有关治安、环保、物业装饰装修和使用等方面法律、法规规定的行为，物业服务企业应当制止，并及时向有关行政管理部门报告。

有关行政管理部门在接到物业服务企业的报告后，应当依法对违法行为予以制止或者依法处理。

四、停车位

215. 小区内停车位，归谁所有？

【情景案例】

金×花园是某房地产公司开发的大型小区。某房地产公司将金×花园环保停车场内的30个停车位出售给郑某。对此，金×花园业主委员会不服，向法院提起诉讼，要求某房地产公司将擅自出售的金×花园业主共有的环保停车场的30个停车位返给业主委员会。在庭审中，某房地产公司辩称：车位经过规划，且在与业主签订的《商住楼买卖合同》中也已约定“内院物业产权属甲方（某房地产公司）所有，乙方（购房人）无权干预甲方物业产权变动”，故车位属某房地产公司所有，其有权处分。金×花园业主委员会对此认为，上述合同并无明确约定环保停车场归某房地产公司所有，且在某市住房和城乡建设局存档的所有的房屋买卖合同中，都没有关于停车场归属的约定；即使合同有约定也应是格式条款而属无效，故某房地产公司以此主张环保停车场属其所有的理由不成立。

请问：金×花园业主委员会的诉求能得到法院支持吗？

【案例分析】

本案涉及的是小区内停车位归谁所有的问题。

我国《民法典》第二百七十四条规定，建筑区划内的道路，属于业主共有，但是属于城镇公共道路的除外。建筑区划内的绿地，属于业主共有，但是属于城镇公共绿地或者明示属于个人的除外。建筑区划内的其他公共场所、公用设施和物业服务用房，属于业主共有。第二百七十五条规定，建筑区划内，规划用于停放汽车的车位、车库的归属，由当事人通过出售、附赠或者出租等方式约定；占用业主共有的道路或者其他场地用于停放汽车的车位，属于业主共有。第二百七十六条规定，建筑区划内，规划用于停放汽车的车位、车库应当首先满足业主的需要。

本案中，某房地产公司提出：车位经过规划，且在与业主签订的《商住楼买卖合同》中也已约定"内院物业产权属甲方（某房地产公司）所有，乙方（购房人）无权干预甲方物业产权变动"，但合同中并无明确约定环保停车场归某房地产公司所有的内容，且在某市住房和城乡建设局存档的所有的房屋买卖合同都没有关于停车场归属的约定，说明某房地产公司的理由缺乏依据，不能成立。在这种情况下，全体业主才有权决定该停车场的停车位使用权归属。因此，金×花园业委会的诉求能得到法院支持。

【风险防范建议】

关于房地产公司在处理停车场的问题时，如何防范法律风险，建议如下：

（1）房地产公司规划停车位时，应取得政府的批准，条件许可的情况下，应由政府明确产权归自己所有，甚至办理停车场所有权人为自己的产权证书，以避免争议。

（2）如果没有获得停车场产权，房地产公司应在与业主签订的《商住楼买卖合同》中明确约定停车场归房地产公司所有。

【法条链接】

《民法典》第二百七十四条 建筑区划内的道路，属于业主共有，但是属于城镇公共道路的除外。建筑区划内的绿地，属于业主共有，但是属于城镇公共绿地或者明示属于个人的除外。建筑区划内的其他公共场所、公用设施和物业服务用房，属于业主共有。

第二百七十五条 建筑区划内，规划用于停放汽车的车位、车库的归属，由当事人通过出售、附赠或者出租等方式约定。

占用业主共有的道路或者其他场地用于停放汽车的车位，属于业主共有。

第二百七十六条　建筑区划内，规划用于停放汽车的车位、车库应当首先满足业主的需要。

216. 小区停车位可以出租或出售给小区业主以外的人使用吗？

【情景案例】

王某在购买了某房地产公司开发的某小区一手房屋，成为该小区业主。某房地产公司在此之前将小区停车位面向业主发起公开认购，满足了业主的购买需要。后某房地产公司将剩余的200个车位出租给某汽车租赁公司，租期为10年，对此王某等业主并不知情。此后，王某购买汽车后才发现小区没有车位停车，十分不解。经打听，车位紧张的原因是某房地产公司将车位出租给小区业主以外的公司。随着小区买车的业主越来越多，业主矛盾爆发，王某等数十位业主联合向法院提起诉讼，请求确认某房地产公司与某汽车租赁公司签订的《车位租赁合同》无效，并要求某房地产公司只能将车位出租或出售给小区业主。

请问：王某等业主的请求能得到法院支持吗？

【案例分析】

本案涉及的是小区停车位是否可以出租或出售给小区业主以外的人使用以及出租或出售合同效力的问题。

我国《民法典》第二百七十六条规定，建筑区划内，规划用于停放汽车的车位、车库应当首先满足业主的需要。何为满足业主需要呢？应当做如下理解：向业主公开认购出售的时间要足以满足业主的需求，即时间长度要适当；车位的数量要足够，不能明显少于需要购买车位的业主数量。我国法律对合同效力有明确规定，根据《民法典》第一百四十四条、第一百四十六条、第一百五十三条、第一百五十四条的规定，合同无效有以下四种法定情形：(1)无民事行为能力人实施的合同无效；(2)行为人与相对人以虚假的意思表示实施的合同无效；(3)违反法律、行政法规的强制性规定的合同无效；(4)行为人与相对人恶意串通，损害他人合法权益的合同无效。

本案中，某房地产公司在王某成为业主前就将车位面向小区业主公开认购出售，满足了业主的购买需要；王某错过了公开认购的时期。某房地产公司后来把剩余车位出租给某汽车租赁公司，时间也是远在王某购买汽车之前，该行为不违反《民法典》第二百七十六条的规定。双方签订的《车位租赁合同》也没有《民法典》规定的合同无效的情形，合同合法有效。因此王某等业主请求确认某房地产公司与某汽车租赁公司签订的《车位租赁合同》无效的诉求不能得到法院的支持。

【风险防范建议】

关于房地产开发公司在对外销售房屋时，如何防范停车位买卖风险，建议如下：

(1)销售房屋时，应当对区域内的配套设施作出详细介绍，避免商品房买卖合同存在瑕疵的情形产生。

(2)对于小区内停车位的销售，能够和房屋进行配套销售的情况下，应优先一并售出，对剩余的车位也应当及时面向小区业主发起公开认购，公开认购的时间一定要适当，达到足以满足业主的购买需要的程度。

(3)当需要对小区以外的个人或组织出售、出租车位时，应当在区内发出公告，通知认购期结束后才购买房屋的业主，以便业主也能买到车位，防止发生不必要的争端。

【法条链接】

《民法典》第一百四十四条 无民事行为能力人实施的民事法律行为无效。

第一百四十六条 行为人与相对人以虚假的意思表示实施的民事法律行为无效。

以虚假的意思表示隐藏的民事法律行为的效力，依照有关法律规定处理。

第一百五十三条 违反法律、行政法规的强制性规定的民事法律行为无效。但是，该强制性规定不导致该民事法律行为无效的除外。

违背公序良俗的民事法律行为无效。

第一百五十四条 行为人与相对人恶意串通，损害他人合法权益的民事法律行为无效。

第二百七十六条 建筑区划内，规划用于停放汽车的车位、车库应当首先满足业主的需要。

217. 业主擅自将车停在非指定车位造成损失，物业公司需要承担责任吗？

【情景案例】

棠×花苑是某市一个大型小区，居住人员达数万人，车位供不应求。冯某在该小区购买了一间二手房屋，但所购房屋没有附带停车位。因此，冯某便经常在交纳停车费后将车停入小区指定的停车位。后由于小区指定的停车位离家较远，于是冯某将车停在自己楼下附近的停车位。次日，冯某发现自己的车被盗，由于汽车没有购买防盗险，冯某于是以某物业公司保管不当为由，要求某物业公司赔偿汽车被盗的损失，但遭到某物业公司拒绝。某物业公司认为，冯某没有将车停在指定车位，汽车被盗是冯某的过错所造成的，某物业公司无须承担责任。无奈之下，冯某诉至法院。

请问：某物业公司的说法符合我国法律规定吗？

【案例分析】

本案涉及的是物业公司对未停在指定车位的车辆遭受的损失，是否需要承担责任的问题。

我国《民法典》第八百八十九条规定，寄存人应当按照约定向保管人支付保管费；当事人对保管费没有约定或者约定不明确，依据本法第五百一十条的规定仍不能确定的，视为无偿保管。第八百九十七条规定，保管期内，因保管人保管不善造成保管物毁损、灭失的，保管人应当承担赔偿责任。但是，无偿保管人证明自己没有故意或者重大过失的，不承担赔偿责任。第七百零八条规定，出租人应当按照约定将租赁物交付承租人，并在租赁期限内保持租赁物符合约定的用途。第七百一十二条规定，出租人应当履行租赁物的维修义务，但是当事人另有约定的除外。

法律实务中，交纳停车费用后将车停入小区车位的行为究竟属于何种法律行为？在没有做明确说明和约定的情况下，笔者认为有两种观点：一是双方成立的是保管合同关系；二是双方成立的是租赁合同关系。

本案中，冯某主张和某物业公司之间成立的是保管合同，但是冯某把车停入小区所交纳的是停车费用，双方并没有对其是否为保管费作出约定，依据《民法典》第八百八十九条的规定，该保管合同应视为无偿保管的合同。某物业公司对冯某汽车被盗损失没有故意或者重大过失，依据《民法典》第八百九十七条的规定，无须承担责任。因此，某物业公司的说法符合我国法律规定。

【风险防范建议】

近年来，小区内丢车的案件时有发生，丢车赔偿动辄数万元或数十万元，使物业公司承担较大的经营风险。关于物业公司如何规避小区丢车赔偿风险，建议如下：

（1）在规章制度等内部文件上，避免使用带有结果意义的“看管”“保管”等字样，应使用纯粹描述行为的“巡视”“检查”等。

（2）在《物业服务合同》或者《停车场租赁使用合同》中明确约定为车位租用关系，或对车位使用关系和车辆保管关系区别收费，由业主自主选择，选择车辆保管的，要付较高费用。针对不同风险区别收费，体现了公平原则；业主自选，体现了自愿原则。

（3）在交给车主的停车卡或出入卡上标示：“本出入卡只作收费记录使用，本停车场仅提供场地，不负责保管。”

（4）在小区门口、停车场醒目位置安置类似提醒告示牌，告知对方加强注意，停车场不负责保管，并进行拍照、保留发票等凭证。但要避免使用“一切后果自负”“丢失概不负责”等确定法律后果的词句。

（5）合理调配人力，加强对小区的巡查，建立外来人员的登记制度，有条件的可以设置多个电子监控点，以最大限度地减少小区汽车被盗的风险。

【法条链接】

《民法典》第五百一十条　合同生效后，当事人就质量、价款或者报酬、履行地点等内容没有约定或者约定不明确的，可以协议补充；不能达成补充协议的，按照合同相关条款或者交易习惯确定。

第七百零八条 出租人应当按照约定将租赁物交付承租人，并在租赁期限内保持租赁物符合约定的用途。

第七百一十二条 出租人应当履行租赁物的维修义务，但是当事人另有约定的除外。

第八百八十九条 寄存人应当按照约定向保管人支付保管费。

当事人对保管费没有约定或者约定不明确，依据本法第五百一十条的规定仍不能确定的，视为无偿保管。

第八百九十七条 保管期内，因保管人保管不善造成保管物毁损、灭失的，保管人应当承担赔偿责任。但是，无偿保管人证明自己没有故意或者重大过失的，不承担赔偿责任。

218. 车库被淹致车辆受损，物业公司需要承担责任吗？

【情景案例】

陈某是某小区业主，某物业公司是某小区的物业服务企业。陈某购买了一辆汽车，在某物业公司租用了一个停车位。某日晚上11时至次日凌晨，某小区所在区域连降暴雨，整个小区内的车库均被雨水浸泡。陈某的汽车因被水浸泡而花费修理费用3万元。陈某认为，某物业管理公司未尽合同义务，应赔偿其全部损失。经协商未果，陈某诉至法院。某物业公司在庭审中辩称，当天晚上8时左右，其得知本市将下特大暴雨的消息后，就立即安排工作人员通过打电话、发信息、发微信和上门呼叫等方式，通知业主将车辆从地下停车场开出，并采取抽水等措施进行排水；其已尽相应义务，无须承担责任。

请问：请问某物业公司对陈某的损失，需要承担责任吗？

【案例分析】

本案涉及的是小区车库被淹致使车辆受损，某物业公司是否需要承担责任的问题。

我国《民法典》第七百零八条规定，出租人应当按照约定将租赁物交付承租人，并在租赁期限内保持租赁物符合约定的用途。第七百一十二条规定，出租人应当履行租赁物的维修义务，但是当事人另有约定的除外。第七百二十九条规定，因不可归责于承租人的事由，致使租赁物部分或者全部毁损、灭失的，承租人可以请求减少租金或者不支付租金；因租赁物部分或者全部毁损、灭失，致使不能实现合同目的的，承租人可以解除合同。第五百九十条规定，当事人一方因不可抗力不能履行合同的，根据不可抗力的影响，部分或者全部免除责任，但是法律另有规定的除外。因不可抗力不能履行合同的,应当及时通知对方,以减轻可能给对方造成的损失,并应当在合理期限内提供证明。当事人迟延履行后发生不可抗力的,不免除其违约责任。

本案中,暴雨属于不可抗力,物业公司在暴雨发生前3小时就已经通过多种方式告知业主将车开出车库,并在暴雨期间采取了适当措施进行排水,尽最大努力减少损失。虽然有业主发生了损失,但损失的发生是由不可抗力的因素造成的,与物业公司无关,依据《民法典》第五百九十条的规定,物业公司无须承担责任。同时,因不可归责于承租人的事由,致使车库毁损的,承租人可以要求物业公司减少租金或者不支付租金,甚至解除合同。

综上所述,物业公司无须承担陈某损失的责任。

【风险防范建议】

为规避业主汽车在地下停车场被水淹的法律风险,物业公司或开发商应当注意以下事项:

(1)作为提供物业服务的物业公司,对于车库进水的问题,应履行的义务包括:日常暴雨预报和提醒义务;对管辖范围内的服务对象可能遭受的侵害有所预知,负有事前通知相关业主的义务;发现车库进水后应及时采取合理、有效的防范措施,如排水、拖车等,负有事后及时补救的义务。如果物业公司疏于防范,没有尽到必要的注意或者管理义务,导致车辆受损,根据我国《民法典》第八百九十七条的规定,物业公司应当对车主承担损害赔偿责任。

(2)物业公司平时应对地下车库的排水系统做好维护与管理工作,保证在险情发生时,能采取有效的应急排水措施。

(3)开发商在设计地下车库时,应慎重考虑其防水抗涝的规划标准。如果因为排水系统在设计之初就无法满足排水的需要,导致地下车库进水汽车受损,那么,对于已经购买或租赁地下停车位的车主来说,可以根据相关法律要求开发商承担一定的赔偿责任。

【法条链接】

《民法典》第五百九十条　当事人一方因不可抗力不能履行合同的,根据不可抗力的影响,部分或者全部免除责任,但是法律另有规定的除外。因不可抗力不能履行合同的,应当及时通知对方,以减轻可能给对方造成的损失,并应当在合理期限内提供证明。

当事人迟延履行后发生不可抗力的,不免除其违约责任。

第七百零八条　出租人应当按照约定将租赁物交付承租人,并在租赁期限内保持租赁物符合约定的用途。

第七百一十二条　出租人应当履行租赁物的维修义务,但是当事人另有约定的除外。

第七百二十九条　因不可归责于承租人的事由,致使租赁物部分或者全部毁损、灭失的,承租人可以请求减少租金或者不支付租金;因租赁物部分或者全部毁损、灭失,致使不能实现合同目的的,承租人可以解除合同。

219. 开发商将小区人防工程变成地下车库出售,合法吗?

【情景案例】

旭×家园是某房地产公司开发的住宅小区。旭×家园地下室面积为3万平方米,其中3000平方米为人防工程,该地下室没有列入共用面积进行分摊出售。某房地产公司与业主签订的《商品房买卖合同》约定:"小区地下车位及权属归出卖人所有。"某房地产公司在人防工程(属于防空工程)通道另划出30个停车位,以每个15万元的价格销售,李某、刘某等15人与某房地产公司签订了《车位买卖合同》,购买了该类型停车位。某小区业主委员会认为某房地产公司的行为不仅侵犯了业主的共有物权,而且严重影响了业主的通行,已侵犯了业主的合法权益。为此,某小区业主委员会向法院提起诉讼,要求判令某房地产公司停止侵权,将地下车位恢复原状。

请问:某小区业主委员会的请求能得到法院支持吗?

【案例分析】

本案涉及开发商将小区人防工程变成地下车库出售是否合法的问题。

人防工程是适应国防现代化需要而建设的一种国防设施,开发商需遵守我国现行法律规定。《人民防空工程平时开发利用管理办法》第九条第二款规定,使用单位必须持有《人民防空工程平时使用证》,方可使用人民防空工程。第十条规定,《人民防空工程平时使用证》实行审验制度。人民防空主管部门应当定期对《人民防空工程平时使用证》进行审验,并按规定收取审验费。禁止无证使用人民防空工程或者转让《人民防空工程平时使用证》。第十三条规定,使用单位不得改变人民防空工程的主体结构,不得擅自拆除人民防空工程设备设施或者危害人民防空工程的安全和使用效能;使用单位因使用需要可对人民防空工程进行装修,并向工程隶属单位提出书面申请。装修方案和施工图纸必须报经工程所在地人民防空主管部门批准。根据《国防法》第四十二条的规定,未经国务院、中央军事委员会或者国务院、中央军事委员会授权的机构批准,国防资产的占有、使用单位不得改变国防资产用于国防的目的。根据《民法典》第一百五十三条的规定,违反法律、行政法规的强制性规定的合同无效。根据《物业管理条例》第十一条的规定,改建,重建建筑物及其附属设施由业主共同决定。根据该条例第四十九条的规定,物业管理区域内部按照规划建设的公共建筑和共用设施,不得更改用途。

本案中,人防工程属于国家所有,房地产公司擅自将部分人防工程变成地下车库,违反了《国防法》第四十二条以及《物业管理条例》第十一条、第四十九条的规定。另外，某房地产公司所签订的车位买卖合同，根据《民法典》第一百五十三条规定的情形，属于无效的买卖合同。

因此，业主委员会有权要求房地产公司停止侵权，并将地下车位恢复原状。

【风险防范建议】

关于房地产企业公司如何规范使用自己开发的小区、如何规避法律风险，建议如下：

(1)住宅小区内，涉及国防的工程设施，绝对不能擅自使用及变更用途。和平时期，房地产企业需要使用人防工程等国防设施的，应当依法依规办理相关手续，获得使用资格后，在不损害广大业主利益的情况下，才能进行相关的开发利用。

(2)凡是涉及共有建筑及其附属设施的改建和重建的，一定要征得大部分业主的同意，避免损害业主的共同利益，也避免给自己造成损失。

(3)房地产企业只能对自己享有所有权的不动产进行相关处分，不得违反法律法规效力性强制规定，以避免对合同双方带来不利影响。

【法条链接】

《国防法》第四十二条　国家保护国防资产不受侵害，保障国防资产的安全、完整和有效。

禁止任何组织或者个人破坏、损害和侵占国防资产。未经国务院、中央军事委员会或者国务院、中央军事委员会授权的机构批准，国防资产的占有、使用单位不得改变国防资产用于国防的目的……

《民法典》第一百五十三条　违反法律、行政法规的强制性规定的民事法律行为无效。但是，该强制性规定不导致该民事法律行为无效的除外。

违背公序良俗的民事法律行为无效。

《物业管理条例》第十一条　下列事项由业主共同决定：

(一)制定和修改业主大会议事规则；

(二)制定和修改管理规约；

(三)选举业主委员会或更换业主委员会成员；

(四)选聘和解聘物业服务企业；

(五)筹集和使用专项维修资金；

(六)改建，重建建筑物及其附属设施；

(七)有关共有和共同管理权利的其他重大事项。

第四十九条　物业管理区域内部按照规划建设的公共建筑和共用设施，不得更改用途。

业主依法确需改变公共建筑和共用设施用途的，应当在依法办理有关手续后告知物业服务企业；物业服务企业确需改变公共建筑和共用设施用途的，应当提请业主大会讨论决定同意后，由业主依法办理有关手续。

《人民防空工程平时开发利用管理办法》第九条 人民防空主管部门应当根据使用单位提交的备案资料，经审查合格后发给《人民防空工程平时使用证》。

使用单位必须持有《人民防空工程平时使用证》，方可使用人民防空工程。

《人民防空工程平时使用证》由国家人民防空主管部门统一格式，省、自治区、直辖市人民防空主管部门印制。

第十条 《人民防空工程平时使用证》实行审验制度。人民防空主管部门应当定期对《人民防空工程平时使用证》进行审验，并按规定收取审验费。禁止无证使用人民防空工程或者转让《人民防空工程平时使用证》。

审验时间、内容由省、自治区、直辖市人民防空主管部门确定，审验工作由工程所在地人民防空主管部门具体实施。

审验费用的收取标准由省、自治区、直辖市价格主管部门会同人民防空主管部门制定。

第十三条 使用单位不得改变人民防空工程的主体结构，不得擅自拆除人民防空工程设备设施或者危害人民防空工程的安全和使用效能。

使用单位因使用需要可对人民防空工程进行装修，并向工程隶属单位提出书面申请。装修方案和施工图纸必须报经工程所在地人民防空主管部门批准。

五、物业使用与维护

220. 住宅首层的业主是否需承担电梯使用费？

【情景案例】

蒋某购买了某小区一层的一套三居室，建筑面积为100平方米。蒋某收楼后就与某物业公司签订了《前期物业管理服务协议》，约定，某物业公司为蒋某提供各项物业服务，物业费为2元/平方米/月。同时，该协议对物业费所包含的内容做了明确约定，包括管理费用、物业共用部位维修费用、小区公共设施设备日常运行和维护费用、电梯运营费用等。合同签订后，蒋某交纳了自签订之日起1年的物业服务费用。后因工作调动蒋某搬到另一个城市居住，之后没有交纳过物业费用。某物业公司多次向蒋某催交物业费，蒋某以各种理由推脱不交纳。故某物业公司诉至法院，要求判令蒋某立即支付拖欠的物业费共计人民币2400元。蒋某在庭审中辩称，电梯运营费用包括在物业费用中，其住在一楼，且小区没有地下室，其根本用不到电梯，也从未用过电梯，因此不应当再支付电梯的运营费用。

请问：蒋某的说法符合我国法律规定吗？

【案例分析】

本案涉及的是首层住宅业主是否需承担电梯使用费的问题。

我国《民法典》第二百七十三条第一款规定,业主对建筑物专有部分以外的共有部分,享有权利,承担义务;不得以放弃权利为由不履行义务。第二百八十三条规定,建筑物及其附属设施的费用分摊、收益分配等事项,有约定的,按照约定;没有约定或者约定不明确的,按照业主专有部分面积所占比例确定。第四百六十五条规定,依法成立的合同,受法律保护;依法成立的合同,仅对当事人具有法律约束力,但是法律另有规定的除外。第五百七十七条规定,当事人一方不履行合同义务或者履行合同义务不符合约定的,应当承担继续履行、采取补救措施或者赔偿损失等违约责任。第五百七十八条规定,当事人一方明确表示或者以自己的行为表明不履行合同义务的,对方可以在履行期限届满前请求其承担违约责任。

本案中,蒋某和物业公司签订了《前期物业管理服务协议》这样一个物业服务合同,在合同内容中,明确约定了电梯运营费用。蒋某以未使用电梯为由拒绝交纳费用的行为违反了《民法典》第二百七十三条、第五百七十七条、第五百七十八条的规定。因此蒋某对不交纳费用的说法不符合我国法律规定。

【风险防范建议】

关于物业公司与业主签订物业服务合同时,如何防范相关风险,建议如下:

(1)物业公司在和业主签订物业服务合同时,应当依据《物业管理条例》第三十四条的规定,对物业管理事项、服务质量、服务费用、双方的权利义务、专项维修资金的管理与使用、物业管理用房、合同期限、违约责任等内容进行约定。另外,物业公司应当充分了解双方的权利义务,从实际出发,把双方一致同意的内容约定到合同中,约定相关的违约责任,如补偿金、延迟给付的赔偿金及利息。

(2)物业公司在和业主所签订的物业服务合同中对物业费用的约定应当遵循依照《物业管理条例》第四十条的规定,由业主和物业服务企业按照国务院价格主管部门会同国务院建设行政主管部门制定的物业服务收费方法,在物业服务合同中约定。

(3)物业公司应当切实履行好物业合同里约定的合同义务,并在履行过程中完善自身管理能力和管理制度,避免出现履行不能或者履行不当的情形。

【法条链接】

《民法典》第二百七十三条 业主对建筑物专有部分以外的共有部分,享有权利,承担义务;不得以放弃权利为由不履行义务。

业主转让建筑物内的住宅、经营性用房,其对共有部分享有的共有和共同管理的权利一并转让。

第二百八十三条 建筑物及其附属设施的费用分摊、收益分配等事项,有约定的,按照约定;没有约定或者约定不明确的,按照业主专有部分面积所占比例确定。

第四百六十五条 依法成立的合同,受法律保护。

依法成立的合同,仅对当事人具有法律约束力,但是法律另有规定的除外。

第五百七十七条 当事人一方不履行合同义务或者履行合同义务不符合约定的,应当承担继续履行、采取补救措施或者赔偿损失等违约责任。

第五百七十八条 当事人一方明确表示或者以自己的行为表明不履行合同义务的,对方可以在履行期限届满前请求其承担违约责任。

《物业管理条例》第三十四条 业主委员会应当与业主大会选聘的物业服务企业订立书面的物业服务合同。

物业服务合同应当对物业管理事项、服务质量、服务费用、双方的权利义务、专项维修资金的管理与使用、物业管理用房、合同期限、违约责任等内容进行约定。

第四十条 物业服务收费适当合理,公开以及费用与服务水平相适应的原则,区别不同物业的性质和特点,由业主和物业服务企业按照国务院价格主管部门会同国务院建设行政主管部门制定的物业服务收费方法,在物业服务合同中约定。

221. 小区内的商业广告收益,归物业管理公司所有吗?

【情景案例】

沈某是广州市海珠区某小区业主,自从入住后,小区内环境非常清新干净。入住1个月后,沈某发现居住的小区内广告不断增多,如50栋楼宇内的电梯中、小区园内的诸多广告牌;小区5个车辆出入口,都已经满满地张贴了楼盘、旅游、餐饮、家装、教育培训、汽车、整形医院等各种各样的广告。经打听,这些广告收入全部归某物业公司所有,与业主无关。沈某认为,小区内的公告牌、电梯都应该属于全体业主共有,广告收入也理应归全体业主所有,而不是揣进某物业公司的“腰包”。为此,沈某找到小区的业主委员会,但是业主委员会的工作人员却是一问三不知,有意回避此事。随后,沈某找到某物业公司,要求某物业公司公布每年的广告收入,并说明广告收入的去向,但是却遭到了某物业公司的拒绝。某物业公司总经理韩某认为,这是该公司的正常收入,与业主没有关系。

请问:韩某的说法符合我国法律规定吗?

【案例分析】

本案涉及的是小区商业广告收入的所有权问题。

根据我国《物业管理条例》第六条的规定,业主对物业共用部位、共用设施设备和相关场地使用情况享有知情权和监督权。《民法典》第二百七十三条第一款规定,业主对建筑物专有部分以外的共有部分,享有权利,承担义务;不得以放弃权利为由不履行义务。第二百七十四条规定,建筑区划内的道路,属于业主共有,但是属于城镇公共道路的除外。建筑区划内的绿地,属于业主共有,但是属于城镇公共绿地或者明示属于个人的除外。建筑区划内的其他公共场所、公用设施和物业服务用房,属于业主共有。第二百八十三条规定,建筑物及其附属设施的费用分摊、收益分配等事项,有约定的,按照约定;没有约定或者约定不明确的,按照业主专有部分面积所占比例确定。

本案中,小区内的公告牌、电梯等公共设施属于全体业主共有,依据《民法典》第二百七十三条、第二百八十三条的规定,广告的收入属于业主共有,若无相关约定,某物业公司无权获得广告收益。此外,由于某物业公司使用业主共有部分张贴广告,依据《物业管理条例》第六条的规定,业主有权享有对共有部分使用情况的知情权和监督权。因此,韩某的说法不符合我国法律规定。

【风险防范建议】

关于物业公司在小区管理工作方面的建议如下:

(1)物业公司应当根据签订的物业服务合同履行义务和行使权力,如超出约定范围,应当预先和业主或者业主大会签订补充协议。

(2)物业公司不得擅自使用小区内业主共有部分从事经营活动;对共有部分的处分权归业主大会所有。

(3)物业公司应当积极维护小区内的环境,和业主大会或者业主委员会建立广告准入规则,充分考虑业主的利益,合理分配收益。

(4)为提高小区整体管理和服务能力,可以和业主大会联合成立共有部分收益管理部门,把收益合理分配到小区各个公共场所、公共设施等维护方面。

【法条链接】

《民法典》第二百七十三条　业主对建筑物专有部分以外的共有部分,享有权利,承担义务;不得以放弃权利为由不履行义务。

业主转让建筑物内的住宅、经营性用房,其对共有部分享有的共有和共同管理的权利一并转让。

第二百七十四条　建筑区划内的道路,属于业主共有,但是属于城镇公共道路的除外。建筑区划内的绿地,属于业主共有,但是属于城镇公共绿地或者明示属于个人的除外。建筑区划内的其他公共场所、公用设施和物业服务用房,属于业主共有。

第二百八十三条　建筑物及其附属设施的费用分摊、收益分配等事项,有约定的,按照约定;没有约定或者约定不明确的,按照业主专有部分面积所占比例确定。

《物业管理条例》第六条　房屋的所有权人为业主。

业主在物业管理活动中,享有下列权利:

(一)按照物业服务合同的约定,接受物业服务企业提供的服务;

(二)提议召开业主大会会议,并就物业管理的有关事项提出建议;

（三）提出制定和修改管理规约、业主大会议事规则的建议；

（四）参加业主大会会议，行使投票权；

（五）选举业主委员会成员，并享有被选举权；

（六）监督业主委员会的工作；

（七）监督物业服务企业履行物业服务合同；

（八）对物业共用部位、共用设施设备和相关场地使用情况享有知情权和监督权；

（九）监督物业共用部位、共用设施设备专项维修资金（以下简称专项维修资金）的管理和使用；

（十）法律、法规规定的其他权利。

六、责任承担

222. 物业管理区域内车辆损毁或丢失，物业管理公司需要承担责任吗？

【情景案例】

杨某与其小区某物业公司签订《车位租用协议》，主要约定内容为：某物业公司为杨某提供地下停车场车位租用服务，收费标准为每月300元，租赁期限为1年；杨某的车辆凭物业公司核发的有效车卡进出小区停车场，物业公司秩序维护人员及工作人员有权检查进出车辆，对违章行驶和违章停放车辆有权检查纠正；物业公司对车辆的丢失或损坏不承担责任。后杨某发现自己停放在停车场的车辆被撞损毁，维修该车共花费1.5万元。杨某与物业公司就赔偿事宜进行协商，但双方未能达成一致意见，杨某遂诉至法院，请求判令物业公司赔偿自己1.5万元汽车修理费。物业公司辩称，双方签订的《车位租用协议》中明确约定了车辆停放过程中发生损失的免责条款，杨某无权就车辆因盗窃损失要求物业公司赔偿。杨某认为，物业公司提供的格式合同免除了其赔偿责任、加重了自己的责任，且在签订合同时物业公司并未就该合同第二十五条的免责约定向杨某进行了合理的提示和说明，故此免责条款应当视为无效。

请问：杨某的请求能得到法院支持吗？

【案例分析】

本案涉及的是有相关协议的情况下，物业管理区域内车辆损毁或丢失的责任承担问题。

我国《民法典》第四百九十六条规定，格式条款是当事人为了重复使用而预先拟定，并在订立合同时未与对方协商的条款。采用格式条款订立合同的，提供格式条款的一方应当遵循公平原则确定当事人之间的权利和义务，并采取合理的方式提示对方注意免除或者减轻其责任等与对方有重大利害关系的条款，按照对方的要求，对该条款予以说明。提供格式条款的一方未履行提示或者说明义务,致使对方没有注意或者理解与其有重大利害关系的条款的,对方可以主张该条款不成为合同的内容。根据该法第四百九十八条的规定,对格式条款有两种以上解释的,应当作出不利于提供格式条款一方的解释。根据该法第一千一百九十八条的规定,因第三人的行为造成他人损害的,由第三人承担侵权责任;经营者、管理者或者组织者未尽到安全保障义务的,承担相应的补充责任。根据《物业管理条例》第四十六条的规定,物业服务企业应当协助做好物业管理区域内的安全防范工作。

本案中,杨某和物业公司签订的《车位租用协议》系格式条款合同,物业公司并未就其中的免责条款向杨某说明,依据《民法典》第四百九十六条、第四百九十七条的规定,该免责条款无效。物业公司援用免责条款抗辩的,依据《民法典》第四百九十八条的规定,该抗辩不能得到支持。此外,物业公司对管理区域内的安全控制能力要比业主强得多,从《物业管理条例》第四十六条的规定来看,物业公司负有安保义务,未尽安保义务的,依据《民法典》第一千一百九十八条的规定,也应当承担责任。综上可知,杨某的请求是能得到法院支持的。

【风险防范建议】

关于物业公司在管理区域内的安全管理上,如何做才能防范风险,建议如下:

(1)物业公司应当加强保安人员的培训,正确履行职责,维护物业管理区域内的公共秩序。

(2)物业公司和业主订立协议或者合同的,最好以书面形式。和业主就合同内容协商一致的情况下,签订相关合同或协议,即使订立格式合同,也应当依照《民法典》的相关规定进行说明等。

(3)在存放有贵重物品的公共场所中,如车库内,应当安装电子监控设备,全天候实施监控,有效保障业主的利益。

【法条链接】

《民法典》第四百九十六条 格式条款是当事人为了重复使用而预先拟定,并在订立合同时未与对方协商的条款。

采用格式条款订立合同的,提供格式条款的一方应当遵循公平原则确定当事人之间的权利和义务,并采取合理的方式提示对方注意免除或者减轻其责任等与对方有重大利害关系的条款,按照对方的要求,对该条款予以说明。提供格式条款的一方未履行提示或者说明义务,致使对方没有注意或者理解与其有重大利害关系的条款的,对方可以主张该条款不成为合同的内容。

第四百九十七条 有下列情形之一的,该格式条款无效:

(一)具有本法第一编第六章第三节和本法第五百零六条规定的无效情形;

（二）提供格式条款一方不合理地免除或者减轻其责任、加重对方责任、限制对方主要权利；

（三）提供格式条款一方排除对方主要权利。

第四百九十八条 对格式条款的理解发生争议的，应当按照通常理解予以解释。对格式条款有两种以上解释的，应当作出不利于提供格式条款一方的解释。格式条款和非格式条款不一致的，应当采用非格式条款。

第一千一百九十八条 宾馆、商场、银行、车站、机场、体育场馆、娱乐场所等经营场所、公共场所的经营者、管理者或者群众性活动的组织者，未尽到安全保障义务，造成他人损害的，应当承担侵权责任。

因第三人的行为造成他人损害的，由第三人承担侵权责任；经营者、管理者或者组织者未尽到安全保障义务的，承担相应的补充责任。经营者、管理者或者组织者承担补充责任后，可以向第三人追偿。

《物业管理条例》第四十六条 物业服务企业应当协助做好物业管理区域内的安全防范工作。发生安全事故时，物业服务企业在采取应急措施的同时，应当及时向有关行政管理部门报告，协助做好救助工作。

物业服务企业雇请保安人员的，应当遵守国家有关规定。保安人员在维护物业管理区域内的公共秩序时，应当履行职责，不得侵害公民的合法权益。

223. 小区“安全隐患”导致业主人身损害，物业公司须担责吗？

【情景案例】

某日，某小区的围墙倒塌，导致路过的小区业主秦某骨折，共花医疗费2万元。经相关部门鉴定，围墙倒塌是围墙外的土堆长期受雨水浸泡挤压导致的。秦某认为，此围墙由某物业公司负责管理，倒塌的原因系管理不善，因此某物业公司应当承担责任。为此，秦某找到物业公司，要求其赔偿医疗费2万元，但遭到某物业公司拒绝。某物业公司认为，小区的围墙倒塌是意外事件，故要其赔偿没有法律依据。双方协商无果后，秦某找业主委员会处理，在业主委员会的调解下，某物业公司仍不愿意承担责任。无奈之下，秦某将某物业公司起诉至法院，要求其赔偿医疗费2万元及误工费等损失。

请问：秦某的请求能得到法院支持吗？

【案例分析】

本案涉及的是小区公共场所建筑物倒塌致人损害的责任承担问题。

我国《民法典》第一千一百九十八条第一款规定，宾馆、商场、银行、车站、机场、体育场馆、娱乐场所等经营场所、公共场所的经营者、管理者或者群众性活动的组织者，未尽到安全保障义务，造成他人损害的，应当承担侵权责任。第一千二百五十二条第二款规定，因所有人、管理人、使用人或者第三人的原因，建筑物、构筑物或者其他设施倒塌、塌陷造成他人损害的，由所有人、管理人、使用人或者第三人承担侵权责任。第一千二百五十三条规定，建筑物、构筑物或者其他设施及其搁置物、悬挂物发生脱落、坠落造成他人损害，所有人、管理人或者使用人不能证明自己没有过错的，应当承担侵权责任。所有人、管理人或者使用人赔偿后，有其他责任人的，有权向其他责任人追偿。《物业管理条例》第四十六条规定，物业服务企业应当协助做好物业管理区域内的安全防范工作。第五十五条规定，物业存在安全隐患，危及公共利益及他人合法权益时，责任人应当及时维修养护。

本案中，秦某所受的人身损害系小区围墙倒塌导致的，如果能证明责任人或者管理人是物业公司，那么依据《民法典》第一千一百九十八条、第一千二百五十二条的规定，物业公司未尽到安全保障义务，造成他人损害的，或者因其原因，建筑物、构筑物或者其他设施倒塌、塌陷造成他人损害的，应当承担侵权责任。依据《物业管理条例》第四十六条的规定，物业公司也负有安全保障义务，小区墙体因得不到及时的维修和养护而产生安全隐患，最后倒塌致人损害，依据《物业管理条例》第五十五条的规定，物业公司和责任人也应当承担侵权责任。因此，秦某的请求可以得到法院的支持。

【风险防范建议】

生活中，小区多少都有可能发生安全事故。关于物业公司应当如何防范相关风险，建议如下：

（1）安排专门人手巡查小区建筑及其附属建筑和设备，公共设施和设备，做到及时发现，及时处理，及时公告，及时上报。

（2）对已经存在安全隐患的地段或者建筑应当及时进行隔离，并且在明显位置要设置安全标识，防止因处置的不当和不及时给让人造成损害。

（3）可以联合业主的大会制定小区内公共场所责任人管理制度，明确责任分配，明确相关义务，以此来加强小区的各项管理。

【法条链接】

《民法典》第一千一百九十八条 宾馆、商场、银行、车站、机场、体育场馆、娱乐场所等经营场所、公共场所的经营者、管理者或者群众性活动的组织者，未尽到安全保障义务，造成他人损害的，应当承担侵权责任。

因第三人的行为造成他人损害的，由第三人承担侵权责任；经营者、管理者或者组织者未尽到安全保障义务的，承担相应的补充责任。经营者、管理者或者组织者承担补充责任后，可以向第三人追偿。

第一千二百五十二条 建筑物、构筑物或者其他设施倒塌、塌陷造成他人损害的，由建设单位与施工单位承担连带责任，但是建设单位与施工单位能够证明不存在质量缺陷的除外。建设单位、施工单位赔偿后，有其他责任人的，有权向其他责任人追偿。

因所有人、管理人、使用人或者第三人的原因,建筑物、构筑物或者其他设施倒塌、塌陷造成他人损害的,由所有人、管理人、使用人或者第三人承担侵权责任。

第一千二百五十三条 建筑物、构筑物或者其他设施及其搁置物、悬挂物发生脱落、坠落造成他人损害,所有人、管理人或者使用人不能证明自己没有过错的,应当承担侵权责任。所有人、管理人或者使用人赔偿后,有其他责任人的,有权向其他责任人追偿。

《物业管理条例》第四十六条 物业服务企业应当协助做好物业管理区域内的安全防范工作。发生安全事故时,物业服务企业在采取应急措施的同时,应当及时向有关行政管理部门报告,协助做好救助工作。

物业服务企业雇请保安人员的,应当遵守国家有关规定。保安人员在维护物业管理区域内的公共秩序时,应当履行职责,不得侵害公民的合法权益。

第五十五条 物业存在安全隐患,危及公共利益及他人合法权益时,责任人应当及时维修养护,有关业主应当给予配合。

责任人不履行维修养护义务的,经业主大会同意,可以由物业服务企业维修养护,费用由责任人承担。

224. 物业公司工作人员的行为致业主人身、财产损害的,物业管理公司需要担责吗?

【情景案例】

某日,许某在自家楼下大厅摔倒受伤,经某医院诊断为左手骨折并住院治疗。住院期间,许某花医疗费1.8万元。许某认为,其摔倒是由于某物业公司保洁员何某用沾水的拖布擦拭楼门大厅的大理石地面,造成地面湿滑,并没有设警示标志;而何某是某物业公司的工作人员,故医疗费应当由某物业公司承担。某物业公司辩称,许某作为一个身体健康的成年人,其摔倒是自己不小心造成的,其应承担部分责任;另外,保洁员何某没有设警示标志也有过错,也应当承担部分责任,但这是何某的过错,与其无关,许某可直接向何某主张赔偿损失。双方协商无果后,许某遂诉至法院,要求判令某物业公司赔偿医疗费、住院伙食补助费、营养费、交通费、护理费、精神损失费共计2.5万元。

请问:许某的请求能得到法院支持吗?

【案例分析】

本案涉及的是因物业公司工作人员行为致业主人身、财产损害的,物业公司是否需要承担责任的问题。

我国《民法典》第一千一百九十八条规定,宾馆、商场、银行、车站、机场、体育场馆、娱乐场所等经营场所、公共场所的经营者、管理者或者群众性活动的组织者,未尽到安全保障义务,造成他人损害的,应当承担侵权责任。因第三人的行为造成他人损害的,由第三人承担侵权责任;经营者、管理者或者组织者未尽到安全保障义务的,承担相应的补充责任。经营者、管理者或者组织者承担补充责任后,可以向第三人追偿。根据《物业管理条例》第四十六条的规定,物业服务企业应当协助做好物业管理区域内的安全防范工作。

本案中,事故发生地点在物业公司管理的公共通行区域,应当认定物业公司对其管理的区域负有一定的安全保障义务。许某摔倒受伤的位置自家楼下大厅,铺设了大理石,地面潮湿时较滑,物业公司在履行公共环境卫生的管理服务职责时,应做好防滑措施,并对业主负有合理的安全提醒义务。但物业公司员工在拖地后,并未及时采取干燥措施,也未设立明显的警示标志,所以物业公司在实施物业管理过程中存在漏洞,未尽到安全保障义务,应承担主要的过错责任。同时,许某作为完全民事行为能力人,应当对其自身安全负有谨慎注意义务,在行走过程中应充分注意路面的情况。但许某忽视风险,未小心注意地面隐患导致受伤,应承担次要的过错责任。另外,保洁员何某的行为属于职务行为,其不应直接对许某承担责任。综上所述,许某的请求能得到法院部分支持。

【风险防范建议】

关于物业服务企业在实施物业管理过程中,如何规避法律风险,建议如下:

(1)物业服务企业应定期对员工进行培训,学习《物业管理条例》的相关知识,加强员工的风险防范意识和服务意识。

(2)物业服务企业一定要全面了解管理区域的状况,排查可能发生的危险和损害,并及时排除安全隐患。

(3)对于员工服务过程中可能产生的风险点,物业服务企业应全面评估,然后制定合理的服务流程,从而避免法律风险,提升服务质量。

【法条链接】

《民法典》第一千一百九十八条　宾馆、商场、银行、车站、机场、体育场馆、娱乐场所等经营场所、公共场所的经营者、管理者或者群众性活动的组织者,未尽到安全保障义务,造成他人损害的,应当承担侵权责任。

因第三人的行为造成他人损害的,由第三人承担侵权责任;经营者、管理者或者组织者未尽到安全保障义务的,承担相应的补充责任。经营者、管理者或者组织者承担补充责任后,可以向第三人追偿。

《物业管理条例》第四十六条　物业服务企业应当协助做好物业管理区域内的安全防范工作……

225. 业主家中物品被盗,物业管理公司需要承担责任吗?

【情景案例】

张某是某小区的业主,并与某物业公司签订《物业管理服务协议》,约定:在物业管理区域内,乙方提供的物业管理服务包括公共秩序维护、安全防范等事项的协助管理等。某日,张某发现房内的保险柜被打开,里面的财物不见了。张某立即报警,警方到场进行了侦查,张某陈述其保险柜内3万元均被盗。由于该案迟迟未被侦破,张某便向某物业公司提出了赔偿要求。张某认为,自己与某物业公司签订了《物业管理服务协议》且已交纳1年的物业管理费,现家中财物被盗是某物业公司失职导致的,造成的损失应当由某物业公司赔偿。某物业公司总经理施某认为,公司已安排保安做好出入登记、值班巡逻等工作,即已经根据合同约定履行了基本的管理义务,尽到了维护良好公共秩序的职责,因此,对于张某被盗事件不存在过错,不需要承担责任。

请问:张某家中财物被盗,某物业公司需要承担赔偿责任吗?

【案例分析】

本案涉及的是物业管理公司对于业主家中物品被盗是否应当承担责任的问题。

我国《民法典》第一千一百九十八条第一款规定,宾馆、商场、银行、车站、机场、体育场馆、娱乐场所等经营场所、公共场所的经营者、管理者或者群众性活动的组织者,未尽到安全保障义务,造成他人损害的,应当承担侵权责任。根据《物业管理条例》第三十六条的规定,物业管理企业应当按照物业服务合同的约定,提供相应的服务;物业管理企业未能履行物业服务合同的约定,导致业主人身、财产安全受到损害的,应当依法承担相应的法律责任。《民法典》第四百六十五条规定,依法成立的合同,受法律保护;依法成立的合同,仅对当事人具有法律约束力,但是法律另有规定的除外。

本案中,物业公司已根据合同约定,安排保安做好出入登记、值班巡逻等工作,即已经根据合同约定履行了基本的管理义务,尽到了维护良好公共秩序的职责,尽到安全保障义务。业主张某房内的保险柜被打开,里面财物不见,不是物业管理企业未履行物业服务合同义务引起的,所以物业公司不承担赔偿责任。盗窃行为属于治安管理或刑事案件,丢失的财物应由公安机关负责处理,与物业公司无关。

【风险防范建议】

关于物业服务企业在实施物业管理过程中,如何规避法律风险,建议如下:

(1)物业管理公司与业主是服务合同关系,因此《物业管理服务协议》的签订非常重要。物业公司和业主签订《物业管理服务协议》时,一般应尽可能将服务的内容、服务的方式等具体化,不应抽象化地描述服务内容,以避免被解释为服务不到位,服务不符合合同约定,从而被认定存在过错。

(2)物业管理公司应积极配合公安机关破案,提供相应的资料,给予业主案发后的帮助(建议业主报案、建议业主保护现场等),并尽可能在小区的重要位置装防盗网、监控等,做好防盗措施。

【法条链接】

《民法典》第四百六十五条 依法成立的合同,受法律保护。

依法成立的合同,仅对当事人具有法律约束力,但是法律另有规定的除外。

第一千一百九十八条 宾馆、商场、银行、车站、机场、体育场馆、娱乐场所等经营场所、公共场所的经营者、管理者或者群众性活动的组织者,未尽到安全保障义务,造成他人损害的,应当承担侵权责任。

因第三人的行为造成他人损害的,由第三人承担侵权责任;经营者、管理者或者组织者未尽到安全保障义务的,承担相应的补充责任。经营者、管理者或者组织者承担补充责任后,可以向第三人追偿。

《物业管理条例》第三十六条 物业管理企业应当按照物业服务合同的约定,提供相应的服务。

物业管理企业未能履行物业服务合同的约定,导致业主人身、财产安全受到损害的,应当依法承担相应的法律责任。

图书在版编目(CIP)数据

房地产与建设工程法律问题及解决之道 / 郑静昊，高建平，吴银书主编. -- 北京 ：法律出版社，2021
ISBN 978-7-5197-5358-0

Ⅰ. ①房… Ⅱ. ①郑… ②高… ③吴… Ⅲ. ①房地产法-研究-中国 Ⅳ. ①D922.384

中国版本图书馆 CIP 数据核字(2021)第 030664 号

房地产与建设工程法律问题及解决之道
FANGDICHAN YU JIANSHE GONGCHENG FALÜ WENTI JI JIEJUE ZHI DAO

郑静昊 高建平 吴银书 主编

责任编辑 周 洁 林 蕊
装帧设计 鲁 娟

出版发行 法律出版社
编辑统筹 司法实务出版分社
责任校对 王晓萍 王语童
责任印制 胡晓雅
经　　销 新华书店

开本 710 毫米×1000 毫米 1/16
印张 30.25 **字数** 592 千
版本 2021 年 6 月第 1 版
印次 2021 年 6 月第 1 次印刷
印刷 固安华明印业有限公司

地址：北京市丰台区莲花池西里 7 号(100073)
网址：www.lawpress.com.cn
投稿邮箱：info@lawpress.com.cn
举报盗版邮箱：jbwq@lawpress.com.cn

销售电话：010-83938349
客服电话：010-83938350
咨询电话：010-63939796

书号：ISBN 978-7-5197-5358-0　　**定价**：85.00 元